W0069369

Christoph Butterwegge

Krise und Zukunft des Sozialstaates

Christoph Butterwegge

Krise und Zukunft des Sozialstaates

2., durchgesehene Auflage

VS VERLAG FÜR SOZIALWISSENSCHAFTEN

Bibliografische Information Der Deutschen Bibliothek
Die Deutsche Bibliothek verzeichnet diese Publikation in der Deutschen Nationalbibliografie;
detaillierte bibliografische Daten sind im Internet über <http://dnb.ddb.de> abrufbar.

1. Auflage Juli 2005
2. Auflage Oktober 2005

Alle Rechte vorbehalten
© VS Verlag für Sozialwissenschaften/GWV Fachverlage GmbH, Wiesbaden 2005

Lektorat: Frank Engelhardt

Der VS Verlag für Sozialwissenschaften ist ein Unternehmen von Springer Science+Business Media.
www.vs-verlag.de

Das Werk einschließlich aller seiner Teile ist urheberrechtlich geschützt. Jede Verwertung außerhalb der engen Grenzen des Urheberrechtsgesetzes ist ohne Zustimmung des Verlags unzulässig und strafbar. Das gilt insbesondere für Vervielfälti-
gungen, Übersetzungen, Mikroverfilmungen und die Einspeicherung und Verarbeitung in elektronischen Systemen.

Die Wiedergabe von Gebrauchsnamen, Handelsnamen, Warenbezeichnungen usw. in diesem Werk
berechtigt auch ohne besondere Kennzeichnung nicht zu der Annahme, dass solche Namen im Sinne der Warenzeichen- und Markenschutz-Gesetzgebung als frei zu betrachten wären und daher von
jedermann benutzt werden dürften.

Umschlaggestaltung: KünkelLopka Medienentwicklung, Heidelberg
Druck und buchbinderische Verarbeitung: MercedesDruck, Berlin
Gedruckt auf säurefreiem und chlorfrei gebleichtem Papier
Printed in Germany

ISBN 3-531-14848-6

Inhaltsverzeichnis

Vorbemerkungen 9

1   Grundlagen und Organisationsstrukturen des Sozialstaates 11

1.1   Begrifflichkeiten, Definitionen und Wohlfahrtsstaatstheorien 11

1.1.1   Aufgaben der Sozialpolitik: Inklusion, Kompensation und Emanzipation 12

1.1.2   Wohlfahrts- und Sozialstaat: Entwicklungsstufen, Gegensätze oder
Synonyme?...16

1.2   Wohlfahrtsstaatstypen im *internationalen* Vergleich 22

1.3   Struktur- und Gestaltungsprinzipien des *deutschen* Sozialsystems 28

**2   Das „goldene Zeitalter" des Wohlfahrtsstaates: Auf-, Ab- und Ausbau des
Systems der sozialen Sicherung**..37

2.1   Entstehung und Entwicklung des Sozialstaates im Kaiserreich
(1870/71 bis 1914)...38

2.2   Konsolidierung des Sozialstaates, Weltwirtschaftskrise 1929/33 und
„Drittes Reich" 47

2.2.1   Der Erste Weltkrieg als Katalysator und die Weimarer Republik als
Stabilisatorin der Entwicklung zum Wohlfahrtsstaat 47

2.2.2   Volkswirtschaft, Wohlfahrtsstaat und Demokratie im Niedergang...............52

2.2.3   Zentralisierung, Entdemokratisierung und Ethnisierung des Sozialstaates
unter Adolf Hitler...59

2.3   Vom Zweiten Weltkrieg bis zur Weltwirtschaftskrise 1974/75:
Sozialpolitik als Waffe im Kampf der Systeme...63

**3   Vom Modellfall zum Auslaufmodell? – Medienberichterstattung und
Akzeptanzprobleme des Sozialstaates**..75

3.1   Die *prinzipielle* Kritik am Sozialstaat...76

3.1.1   Neoliberale beklagen die Bürokratisierung des Staates und die
Schwächung der wirtschaftlichen Dynamik 76

3.1.2   Kommunitarier monieren die Dominanz des Marktes und die
Entmachtung bzw. Entmündigung der Zivilgesellschaft...................................87

3.1.3   Feministinnen bemängeln die Orientierung des Sozialleistungssystems
am Industriearbeiter und die Benachteiligung der Frau.....................................91

3.2   Die *populäre* Kritik am Sozialstaat 94

3.2.1   Generosität als Strukturmangel des Wohlfahrtsstaates – das Argument
seiner übertriebenen Großzügigkeit („soziale Hängematte") 95

3.2.2   Leistungsmissbrauch als permanente Gefahr – das Argument einer
massenhaften Ausbeutung des Wohlfahrtsstaates (durch
„Sozialschmarotzer")..97

3.2.3   Alterung und Schrumpfung der Bevölkerung als Bedrohung des
        Sozialstaates – das Argument seiner Überlastung durch den
        demografischen Wandel („Vergreisung") 105
3.2.4   Sozialpolitik als übermäßige Belastung des Wirtschaftsstandortes –
        das Argument eines durch die Globalisierung erzwungenen Umbaus
        („Standortschwäche")...107
3.3   Auswirkungen der Kritik auf das Massenbewusstsein: Ergebnisse von
        Umfragen zum Rückhalt des Sozialstaates..109

4   **Wirtschaft, Soziales und Wohlfahrt in der (Sinn-)Krise**................................115
4.1   Massenarbeitslosigkeit, Finanzierungsprobleme des Sozialstaates und
        Leistungsabbau durch die Regierung Schmidt (1974/75 bis 1982) 116
4.2   Die erste Halbzeit der Regierung Kohl (1982 bis 1989/90):
        „Wende"-Rhetorik und staatliche Konsolidierungspolitik................................120
4.3   Die zweite Halbzeit der Regierung Kohl (1990 bis 1998):
        Wiedervereinigung auf Kosten des Sozialstaates?...125
4.4   Die liberalkonservative Transformation des Sozialstaates und ihre
        Legitimation auf einzelnen Politikfeldern 137
    4.4.1   Deregulierung und Flexibilisierung des Arbeitsmarktes als Rezept zur
            Verringerung der Erwerbslosigkeit 137
    4.4.2   Kommerzialisierung des Gesundheitswesens und Reindividualisierung
            des Krankheitsrisikos 141
    4.4.3   Rekultivierung der Familienpolitik als Kernstück konservativer
            Sozialstaatlichkeit...147
    4.4.4   Die Soziale Pflegeversicherung als neuer Versicherungszweig:
            Krönung oder Niedergang der Wohlfahrtsstaatsentwicklung?....................152
4.5   Fazit..155

5   **Die rot-grüne Regierungspolitik: Auflösung des „Reformstaus" oder**
      Verschärfung des Sozialabbaus?...159
5.1   Sozialreform im Konsens? – Wiederbelebung, Ergebnisse und Scheitern
        des „Bündnisses für Arbeit" 159
5.2   Haushaltskonsolidierung auf Kosten der Beschäftigten, Bedürftigen und
        sozial Benachteiligten?..167
5.3   Die rot-grünen Steuerreformen als modifizierte Fortsetzung der
        Umverteilung von unten nach oben...170
5.4   Die sog. Riester-Rente: ein Schritt zu mehr Generationen- und
        Geschlechtergerechtigkeit?..175
5.5   Revolution in der staatlichen Familienpolitik oder frauenpolitischer
        Rollback?..180
5.6   Die sog. Hartz-Kommission, ihre Vorschläge zur Arbeitsmarktreform und
        deren Umsetzung 184
5.7   Gerhard Schröders „Agenda 2010" als Bauplan für den Um- bzw. Abbau
        des Sozialstaates 202
5.8   Einrichtung, Arbeit und Resultate der sog. Rürup-Kommission 208
5.9   Gesundheitsreformen zwischen mehr Solidarität, Marktorientierung und
        Wettbewerbswahn 213

5.10   Armutsberichterstattung und -bekämpfung 219
5.11   Fazit 223

6   Diskussionen über den Wohlfahrtsstaat der Zukunft 233
6.1   Die sozialdemokratische Programmdebatte und Wandlungen der
Wohlfahrtsstaatstheorie 234
6.2   Das Schröder/Blair-Papier und der „aktivierende Sozialstaat" als Leitbild
der sog. Neuen Mitte 237
6.3   Die soziale Gerechtigkeit – Grundwert oder Standortrisiko? 247
6.4   Rot-grüne Regierungspraxis und sozialdemokratische Prinzipien im
Widerstreit 255
6.5   Modernisierung oder Abschied der SPD (wie auch der CDU) von sich
selbst? 259

7   Alternativen zum neoliberalen Um- bzw. Abbau des Sozialstaates 267
7.1   Vermarktlichung des Sozialstaates oder Einführung der
Bürgerversicherung 268
7.2   Vorgeschichte und Wegbereiter (der Idee) einer Bürgerversicherung.............272
7.3   Finanzierungsalternativen der Krankenversicherung: Gesundheitsprämie
oder Bürgerversicherung 275
7.4   Steuer- statt Beitragsfinanzierung der sozialen Sicherung: eine
Fehlorientierung..278
7.5   Abkopplung der sozialen Sicherung von der Erwerbsarbeit durch eine
Wertschöpfungsabgabe..283
7.6   Die solidarische Bürgerversicherung – institutioneller Kern eines
zukunftsfähigen Sozialstaates 289
7.7   Einwände gegen die Bürgerversicherung und Möglichkeiten ihrer
Widerlegung 292
7.8   Die bedarfsabhängige Grundsicherung als Schritt zur (bzw. als Ergänzung
der) Bürgerversicherung 294
7.9   Existenzgeld und bedingungsloses Grundeinkommen – Irrtümer einer
linksradikalen Sozialstaatskritik 295

Abkürzungsverzeichnis...301

Literaturauswahl..305

Vorbemerkungen

In der Bundesrepublik Deutschland bildet das Soziale einen konstitutiven Bestandteil der politischen Kultur wie der Staatsarchitektur. Gleichwohl bemühen sich die etablierten Parteien seit geraumer Zeit, den Wohlfahrtsstaat um- bzw. abzubauen. Dass dieser eine Krise durchmacht, ist allen Betrachter(inne)n – unabhängig von ihrem politischen Standpunkt – bewusst, allerdings nicht, wer oder was sie ausgelöst hat. Von einer „Krise *des* Sozialstaates" sollte man nicht sprechen, weil dies den Eindruck erwecken würde, dass er selbst die Ursache der wirtschaftlichen Misere und der gesellschaftlichen Missstände darstellt. Kontrovers diskutiert wird, ob drastische Leistungskürzungen nötig sind, um den Sozialstaat „in seiner Substanz" zu erhalten, oder ob es sich bei den unter Namen wie „Agenda 2010" oder „Hartz-Gesetze" bekannten Reformen um einen „Systemwechsel" und das Ende des im Kern auf Reichskanzler Otto von Bismarck zurückgehenden Sicherungssystems handelt.

Das vorliegende Buch erläutert die Struktur- und Gestaltungsprinzipien des deutschen Sozialstaates, zeichnet seine wechselhafte Geschichte vom Kaiserreich bis heute nach und analysiert die Ursachen des Wandels, in dem er sich seit geraumer Zeit befindet. Überschneidungen waren nicht vermeidbar, weil die Entwicklung des Sozialstaates *drei*dimensional untersucht werden muss: Veränderungen auf der institutionellen, der materiellen und der diskursiven Ebene bedingen einander. Deshalb ergänzen systematische Ausführungen beispielsweise zur Wohlfahrtsstaatstheorie bzw. -kritik und zu Wandlungen des Gerechtigkeitsbegriffs die chronologische Darstellung. Da es sich um eine *politik*wissenschaftliche und nicht um eine historische Arbeit handelt, fällt die Analyse umso detaillierter aus, je näher sie der aktuellen Tagespolitik kommt. Ausführlicher behandelt wird die Sozialpolitik der CDU/CSU/FDP-Regierung unter Helmut Kohl (1982 bis 1998) und der rot-grünen Koalition unter Gerhard Schröder (1998 bis 2005).

Eine zentrale These des Buches lautet, dass der Sozialstaat seit Mitte der 1970er-Jahre restrukturiert und demontiert wird, obwohl er weder Verursacher der damaligen Weltwirtschafts- und der im Grunde bis heute anhaltenden Beschäftigungskrise war, noch aus seinem Um- bzw. Abbau irgendein Nutzen für die wirtschaftliche oder gesellschaftliche Entwicklung des Landes erwächst. Vielmehr bringt die neoliberale Wende zwar das Ende des Wohlfahrtsstaates, wie ihn die „alte" Bundesrepublik kannte, mit sich; eine Hochleistungs-, Konkurrenz- und Ellbogengesellschaft nach US-amerikanischem Muster bietet aber für die Mehrheit der Bevölkerung keine erstrebenswerte Alternative.

Die öffentliche Debatte wird nicht nur in Wahlkampfzeiten von kurzatmigen und tagespolitischen Vorschlägen beherrscht, die den aktuellen Problemen des Sozialstaates so wenig gerecht werden wie seinen längerfristigen Perspektiven. Auch die zuletzt flutartig anschwellende Fachliteratur bietet zwar eine Fülle an Erklärungsmustern für die Krise, in welcher sich der Wohlfahrtsstaat befindet, gibt aber wenig Aufschluss über die ihr zugrunde liegenden Entwicklungsprozesse und Lösungsmöglichkeiten, sieht man von wohlfeilen Ratschlägen hinsichtlich einer „Verschlankung" der Sozialbürokratie und Kürzung der Leistungen ab. Häufig bleiben die hinter solchen Vorschlägen zum Um- bzw. Abbau des

Wohlfahrtsstaates verborgenen Interessen teilweise sehr (einfluss)reicher Gesellschaftsgruppen unerkannt, obwohl sie erklären könnten, warum das Soziale gegenwärtig verstärkt unter Druck steht.

Sozialstaatlichkeit ist an ein gesellschaftspolitisches Klima gebunden, das sich im Massenbewusstsein widerspiegelt, aber auch von ihren Gegnern beeinflusst und verändert bzw. verschlechtert wird. Dies geschieht durch eine *prinzipielle* Sozialstaatskritik, wie sie der Neoliberalismus, der Kommunitarismus und der Feminismus formulieren, sowie durch eine *populäre* Sozialstaatskritik, wie man sie etwa in den Massenmedien findet, wo moniert wird, dass wirklich Bedürftige kaum noch in den Genuss staatlicher Transferleistungen kämen, während immer mehr „Faulenzer" in der „sozialen Hängematte" lägen, die Wohlfahrtsbürokratie der Gesellschaft die Luft abschnüre und die Freiheit der Bürger/innen darunter leide. Weiter heißt es, die Kosten des Sozialstaates würden in naher Zukunft unbezahlbar, zumal er die Familien ausbeute und die wenigen Jüngeren nicht mehr in der Lage seien, die ständig wachsende Zahl von Altersrenten zu finanzieren. Ob solche Befürchtungen zutreffen, übertrieben sind oder gar geschürt werden, um die Wirtschafts- und Sozialordnung der Bundesrepublik grundlegend ändern zu können, ist gleichfalls Gegenstand der folgenden Erörterungen. Schließlich sollen Zusammenhänge zwischen der Weltmarktentwicklung, Debatten über die neue (Kinder-)Armut, Strategien gesellschaftlich relevanter Gruppen sowie verschiedenen Konzepten zum „Umbau" des Sozialstaates hergestellt, die Hintergründe der aktuellen Kontroverse über seine Zukunft beleuchtet und Alternativen zur bisherigen Sozialpolitik entwickelt werden.

Dass die Erstauflage des Buches bereits nach wenigen Tagen zur Neige ging, mag an seiner Aktualität im Wahlkampf gelegen haben. Über die vorgezogene Bundestagswahl hinaus bleibt das Schicksal des Wohlfahrtsstaates jedoch eine Frage, auf welche Politiker und Parteien mehr als nur taktisch motivierte Antworten geben müssen.

Köln, im Sommer 2005

Christoph Butterwegge

1 Grundlagen und Organisationsstrukturen des Sozialstaates

Will man die aktuellen Kontroversen über die Krisenerscheinungen und den Um- bzw. Abbau des Sozialstaates verstehen, muss man seine Strukturen, Konstruktionsprinzipien sowie Entstehung und Entwicklung zumindest in Grundzügen kennen. Hier wird deshalb in Terminologien, Theorien und Typologien des Wohlfahrtsstaates eingeführt und seine Geschichte stichwortartig nachgezeichnet, bevor wir uns einer Analyse sowohl der liberalkonservativen als auch der rot-grünen Sozialpolitik mitsamt ihren gesellschaftlichen, ökonomischen und ideologischen Rahmenbedingungen zuwenden.

1.1 Begrifflichkeiten, Definitionen und Wohlfahrtsstaatstheorien

„Sozial", von Hans F. Zacher als „extrem unbestimmter" Terminus bezeichnet, meint gesellschaftliche Verhältnisse und damit zusammenhängende individuelle Befindlichkeiten.[1] Das Soziale fordert Werturteile über deren Entwicklung heraus, hat mit Gleichheit und Ungleichheit zu tun, die verringert werden soll, aber gleichzeitig akzeptiert wird, und zielt im Kern auf Ökonomisches: „Die *Relativität der Gleichheitsmaximen*, welche den *Sinn des ,Sozialen'* kennzeichnet, hat (...) *zwei Wurzeln*: auf der einen Seite die *Vielfalt dessen, was Gleichheit bedeuten kann*; auf der anderen Seite den *Vorbehalt der Ungleichheit*, der für das Verhältnis dieser Gesellschaft zum Sozialen immer wesentlich war und blieb."[2]

Die (staatliche) Sozialpolitik, der Sozialstaat und das System der sozialen Sicherung gehören eng zusammen, ohne allerdings identisch zu sein. Vielmehr bezeichnet die Sozial*politik* das Mittel, um soziale Benachteiligungen und Gegensätze innerhalb einer Gesellschaft durch politisches Handeln auszugleichen bzw. auszuschließen, während der Sozial*staat* eine geschlossenere Zielprojektion, wenn nicht ein gesellschaftspolitisches Alternativprojekt zum „Raubtierkapitalismus" des freien Marktes verkörpert und das *System der sozialen Sicherung* den institutionellen Rahmen dafür zur Verfügung stellt.

In jüngster Zeit verlor der Begriff „Sozialpolitik" gegenüber dem komplexeren, sehr viel mehr umfassenden Terminus „Sozialstaat" erheblich an Bedeutung, was Franz-Xaver Kaufmann darauf zurückführt, dass die krisenhaften Entwicklungen bzw. Verwerfungen auf dem Arbeitsmarkt, d.h. insbesondere die strukturelle Erwerbslosigkeit und der demografische Wandel, nicht mehr bloß Herausforderungen für einzelne Politikfelder und Institutionen, sondern für das wohlfahrtsstaatliche Arrangement insgesamt bildeten.[3] Eher stellt

---

1   Siehe Hans F. Zacher, Grundlagen der Sozialpolitik in der Bundesrepublik Deutschland, in: Bundesministerium für Arbeit und Sozialordnung/Bundesarchiv (Hrsg.), Geschichte der Sozialpolitik in Deutschland seit 1945, Bd. 1: Grundlagen der Sozialpolitik, Baden-Baden 2001, S. 345f.
2   Ebd., S. 347 (Hervorh. im Original)
3   Vgl. Franz-Xaver Kaufmann, Sozialpolitisches Denken. Die deutsche Tradition, Frankfurt am Main 2003, S. 168

jedoch die „*Reform*politik" neoliberaler Kräfte einen Frontalangriff auf sämtliche Errungenschaften der europäischen Zivilisation dar, welcher über die Sozialpolitik i.e.S. hinausgeht und den Wohlfahrtsstaat als Ganzes bedroht. Aus diesem Grund ist meistens von einer „Krise des Sozial*staates*", also nicht nur der Sozial*politik* bzw. des *Systems der sozialen Sicherung*, die Rede. Möglicherweise ist heute das (kontinental)europäische Sozialmodell, verstanden als Gegenstück zum angloamerikanischen, in akuter Gefahr, der nur durch Rückbesinnung auf seine Wurzeln sowie seine Festigung und sinnvolle Weiterentwicklung begegnet werden kann. „Verwirft man diese Möglichkeit und setzt in erster Linie auf soziale Leistungsminderungen, um die Wettbewerbsfähigkeit zu stärken, dann wird es für Europa kaum möglich sein, seine Grundrechte der Arbeit gegen das soziale Dumping etwa in China, in Indien oder anderswo zu verteidigen."[4]

1.1.1 Aufgaben der Sozialpolitik: Inklusion, Kompensation und Emanzipation

Daran, was eigentlich Sozialpolitik bzw. was Sozialpolitik eigentlich ist, scheiden sich seit jeher die Geister. Zwar sind die Versuche einer Definition längst Legion,[5] aber nie so weit gediehen, dass die Sozialwissenschaft hierüber einen Konsens wenigstens unter Fachkolleg(inn)en hätte herbeiführen können. Eher scheint es, als hätten alle Forscher/innen ihren eigenen Begriff von Sozialpolitik und Wohlfahrtsstaatlichkeit, was die wissenschaftliche Debatte über das Thema natürlich nicht gerade erleichtert.

Franz-Xaver Kaufmann weist darauf hin, dass sich Sozialpolitik nicht nur an Individuen richtet, sondern auch gesellschaftliche Funktionen hat, also neben personalen stets auch systemfunktionale Aspekte zu beachten sind: „Sozialpolitik, auch soziale Umverteilungspolitik, ist eine Weise, in der sich ein Gemeinwesen seiner basalen Solidarität versichert. Und es tut dies um des kollektiven Nutzens willen, wie der Humankapitalbildung, der inneren Pazifizierung oder der Verwirklichung akzeptierter Werte."[6]

Konstitutiv für eine fundierte Theorie des Wohlfahrtsstaates ist m.E. die Unterscheidung zwischen *sozialer* und *Sozial*politik. Letztere bezeichnet das Politikfeld, Erstere den Gehalt bzw. die Funktion einer *bestimmten* Sozialpolitik. Man kann außerdem zwischen emanzipatorischer, kompensatorischer und kompetitorischer Sozialpolitik differenzieren. Die *emanzipatorische* Sozialpolitik dient der Befreiung unterversorgter bzw. -privilegierter Gesellschaftsmitglieder von Zwängen, welche es ihnen verwehren, ein gutes Leben zu führen, sich optimal zu entwickeln und eine gereifte Persönlichkeit zu werden; die *kompensatorische* Sozialpolitik gleicht Nachteile aus, welche durch das bestehende Wirtschaftssystem verursacht sind, ohne indes darüber hinausweisende Perspektiven zu eröffnen; die *kompetitorische* Sozialpolitik schließlich sucht dessen reibungsloses Funktionieren durch Anerkennung/Übernahme seiner Konkurrenzprinzipien zu fördern. Letztere gewann im Rahmen der aktuellen Diskussion über ökonomische Globalisierungs- und Europäisierungsprozesse sowie die Notwendigkeit, den „Wirtschaftsstandort Deutschland" durch Modernisierung des Sozialstaates zu sichern, erheblich an Bedeutung. „Alle nationalen

---

4   Giacomo Barbieri, Die Ausstrahlung des europäischen Sozialmodells nutzen, in: Stephan Lessenich u.a., Den Sozialstaat neu denken, Hamburg 2005, S. 19
5   Wolf Reiner Leenen (Tausendundeine Definition: Was ist Sozialpolitik?, in: Sozialer Fortschritt 1/1978, S. 1) sprach damals schon von einer „Endlosdiskussion" um diesen Begriff.
6   Franz-Xaver Kaufmann, Sozialpolitisches Denken, a.a.O., S. 180

gesellschaftlichen Verhältnisse, Institutionen und Gewohnheiten werden unter Druck gesetzt, sich daraufhin überprüfen zu lassen oder sich selbst zu prüfen, ob sie zur internationalen Wettbewerbsfähigkeit beitragen oder ein Hindernis darstellen."[7]

Zumindest primitive Formen einer sozialen Sicherung, die der Integration bzw. Inklusion von benachteiligten Gesellschaftsmitgliedern dient, gibt es, solange Menschen auf der Erde leben. „Vorkehrungen zum Schutz vor Risiken sind so alt, dass sich ihre Spur im Dunkel der Geschichte verliert."[8] Erinnert sei an unterschiedliche Formen der Wohltätigkeit und der Armenpflege im Alten Ägypten, die mittlerweile gut erforscht sind.[9] Sozialpolitik im heutigen Sinne ist hingegen ein Produkt der Moderne: Hatte man die Armen im Mittelalter als bevorzugte Objekte der karitativen Zuwendung seitens wohlhabender Individuen und kirchlicher Einrichtungen (christlicher Orden bzw. Klöster) begriffen, so avancierten sie in der Neuzeit zu Adressat(inn)en ganz gezielter Eingriffe von politischen Institutionen. Rainer Zoll fragt sich und die Leser/innen seines Buches „Was ist Solidarität heute?", ob Armenpflege eine besondere Spielart der Sozialpolitik war, und gibt darauf die folgende Antwort: „Nein, es ist sogar umgekehrt so, dass die Züge von Armenpflege, die der Sozialpolitik noch anhaften oder die wieder in sie eingeführt werden, ein widersprüchliches Moment in der Sozialpolitik sind, dass ein entwickelter Sozialstaat – wie etwa das Beispiel Schweden zeigt – keine Armenpflege mehr kennt."[10]

Der preußische Reformer Lorenz von Stein hat laut Franz-Xaver Kaufmann als erster Theoretiker der Sozialpolitik in Deutschland überhaupt eine Position bezogen, die dem heutigen Verständnis des Wohlfahrtsstaates entspricht: „Sein ‚sozialer Staat‘ hat die Aufgabe, gleichzeitig die Bedingungen des Privateigentums und damit der Entfaltung einer unabhängigen Unternehmerfunktion zu gewährleisten und die Arbeits- und Lebensbedingungen der Arbeiter zu verbessern."[11] Sozialpolitik trägt ganz entscheidend zur Modernisierung der Gesellschaft bei, indem sie die materiellen Voraussetzungen für neuartige (industrielle) Produktionsverfahren, andere Lebensformen und sich ständig wandelnde Generationen- wie Geschlechterverhältnisse schafft. „Konstitutiv-gestalterisch beobachtet, bildet die Sozialpolitik eines der Fundamente, auf dem die moderne Gesellschaft errichtet wurde."[12] Daher ist Sozialpolitik auch nicht von den bestehenden Produktions-, Eigentums- und Machtverhältnissen zu trennen. Eckart Reidegeld überbetont allerdings ihren *Herrschafts*charakter, wenn er sie als eine „vor allem Staats- bzw. Herrschaftszwecken" dienende, einseitig-manipulative Integrationsveranstaltung begreift: „Unter staatlicher Sozialpolitik wird eine Handlungsstrategie verstanden, die in erster Linie bewirken soll, daß sich bestimmte soziale Gruppen, Schichten und Klassen in die jeweils ‚gegebene‘ soziale und

---

7   Alex Demirović, Tendenzen im Fluß. Globalisierung und die Krise des fordistischen Modells Deutschland, in: Gabriele Cleve u.a. (Hrsg.), Wissenschaft – Macht – Politik. Interventionen in aktuelle gesellschaftliche Diskurse, Münster 1997, S. 288
8   Michael Stolleis, Historische Grundlagen. Sozialpolitik in Deutschland bis 1945, in: Bundesministerium für Arbeit und Sozialordnung/Bundesarchiv (Hrsg.), Geschichte der Sozialpolitik in Deutschland seit 1945, Bd. 1: Grundlagen der Sozialpolitik, a.a.O., S. 207
9   Vgl. Hendrik Bolkestein u.a., Armut und Wohltätigkeit im Alten Ägypten. Fünf Studien, Frankfurt am Main 2002
10   Rainer Zoll, Was ist Solidarität heute?, Frankfurt am Main 2000, S. 94
11   Franz-Xaver Kaufmann, Sozialpolitisches Denken, a.a.O., S. 29
12   Stefan Huf, Sozialstaat und Moderne. Modernisierungseffekte staatlicher Sozialpolitik, Berlin 1998, S. 212

politische Ordnung ‚fügen‘, in die sie als Unterprivilegierte und Fremdbestimmte ‚einge-baut' sind.“[13]

Gero Lenhardt und Claus Offe haben die *Sozialfunktion* des Staates in sehr grundsätz-licher Weise dahingehend bestimmt, dass dieser für eine Zurichtung der Arbeitskraft als marktadäquate Ware sorge: „Sozialpolitik ist die staatliche Bearbeitung des Problems der dauerhaften Transformation von *Nicht-Lohnarbeitern in Lohnarbeiter.*“[14] Die kapitalisti-sche Industrialisierung und die Proletarisierung der Landbevölkerung erforderten staatliche Intervention. Sozialpolitik reagiere nicht auf „Probleme“ der Arbeiterklasse, konstituiere diese vielmehr. Sie beantworte jene Strukturprobleme, die aus der Depossedierung von Arbeitskraft erwüchsen: „Vergesellschaftung geschieht nicht durch den Markt allein, son-dern dieser bedarf der Sanktionierung durch einen politischen Herrschaftsverband, durch staatliche Gewalt. Der Besitzer von Arbeitskraft wird erst *als* Staatsbürger zum Lohnarbei-ter.“[15]

Zu fragen ist, ob sich Lenhardt und Offe bei ihrem Versuch der Entwicklung einer all-gemeinen Sozialstaatstheorie nicht zu stark auf die *Entstehung* des Wohlfahrtsstaates kon-zentriert und seine späteren *Entwicklungs-* und *Wandlungs*prozesse zu wenig berücksichtigt haben. So ging es Mitte der 1970er-Jahre, als die beiden Verfasser ihren Artikel schrieben, eigentlich längst nicht mehr um die Gewinnung neuer Lohnarbeiter, sondern fast nur noch um deren Verringerung zwecks Entlastung des kriselnden Arbeitsmarktes. Aus einer femi-nistischen Perspektive bemängelt Teresa Kulawik zudem, Lenhardts und Offes *lohnarbeits-bzw. arbeitsmarkt*zentrierte Funktionsbestimmung der Sozialpolitik klammere die Bedeu-tung des Geschlechterverhältnisses aus: „Bei Frauen zielt(e) Sozialpolitik nicht auf ‚Prole-tarisierung‘, sondern nicht selten gerade auf den Ausschluss vom Arbeitsmarkt und die mit dem Begriff der ‚Hausfrauisierung‘ etikettierte Zwangsrekrutierung zur unbezahlten Fami-lienarbeit.“[16] Später hob Offe bei seiner Definition von Sozialstaatlichkeit weniger auf die Arbeitsmarktintegration, vielmehr auf die allgemeine Inklusion, eine nicht nur materiell befriedigende Existenz von Personen unterschiedlicher Herkunft in wie außerhalb des Lohnarbeitsverhältnisses, ab: „Ich verstehe darunter ein Arrangement, nach dem die wich-tigsten der für kapitalistische Industriegesellschaften typischen Lebensrisiken aufgrund von subjektiven öffentlichen Rechtsansprüchen so abgedeckt werden, daß alle Bürger zur Teil-habe an der herrschenden Lebensweise befähigt werden.“[17]

Eine *systemkonforme* Sozialpolitik, deren Hauptzweck die Kompensation von biomet-rischen oder Lebensrisiken (Krankheit, Invalidität, Pflegebedürftigkeit, Arbeitslosigkeit und Alter), aber nicht die gesellschaftliche Emanzipation der Betroffenen bildet, verkümmert zur abhängigen Variablen der Kapitalreproduktion und schließt eine Regression in Krisen-,

---

13   Eckart Reidegeld, Staatliche Sozialpolitik in Deutschland. Historische Entwicklung und theoretische Ana-lyse von den Ursprüngen bis 1918, Opladen 1996, S. 12
14   Gero Lenhardt/Claus Offe, Staatstheorie und Sozialpolitik. Politisch-soziologische Erklärungsansätze für Funktionen und Innovationsprozesse der Sozialpolitik, in: Christian von Ferber/Franz-Xaver Kaufmann (Hrsg.), Soziologie und Sozialpolitik, Opladen 1977, S. 101 (Hervorh. im Original)
15   Ebd., S. 107 (Hervorh. im Original)
16   Teresa Kulawik, Modern bis maternalistisch: Theorien des Wohlfahrtsstaates, in: dies./Birgit Sauer (Hrsg.), Der halbierte Staat. Grundlagen feministischer Politikwissenschaft, Frankfurt am Main/New York 1996, S. 55
17   Claus Offe, Sozialstaat und politische Legitimation, in: Albrecht Randelzhofer/Werner Süß (Hrsg.), Kon-sens und Konflikt. 35 Jahre Grundgesetz. Vorträge und Diskussionen einer Veranstaltung der Freien Universität Berlin vom 6. bis 8. Dezember 1984, Berlin/New York 1986, S. 127

Depressions- und Stagnationsphasen keineswegs aus. Die staatliche Sozialpolitik war nie konsistent, sondern stets ambivalent, in sich heterogen und widersprüchlich. Eduard Heimann hat in der Weimarer Republik das „konservativ-revolutionäre Doppelwesen", die merkwürdige „Doppelstellung der Sozialpolitik als Fremdkörper und zugleich als Bestandteil im kapitalistischen System", herausgearbeitet.[18] Für Jens Alber erklärt dieser „Doppelcharakter" der Sozialpolitik auch, warum Gewerkschafts- ebenso wie Unternehmensvertreter nicht nur in Deutschland manchmal gewissermaßen „die Seite wechselten", wenn die Errichtung oder Erweiterung wohlfahrtsstaatlicher Institutionen auf der Tagesordnung stand: „Als Eingriff in die Arbeitsvertragsfreiheit und Einkommensverwendung sowie als Ergänzung der Markteinkommen durch öffentliche Transferzahlungen stellte die staatliche Sozialversicherung einerseits eine Veränderung des kapitalistischen Wirtschaftssystems dar. Andererseits trug sie durch die Milderung sozialen Elends und die Verstetigung der Massenkaufkraft bei gleichzeitigem Verzicht auf tiefergehende Eingriffe in das Herrschaftsverhältnis von Kapital und Arbeit im Betrieb zur Stabilisierung des Kapitalismus bei."[19]

Parallel zur Stabilisierung der Kapitalherrschaft durch die sozialpolitischen Maßnahmen gab es immer auch eine Machtbegrenzung und einen Herrschaftsabbau. In einer durchaus vergleichbaren Weise bestimmt Claus Offe die Janusköpfigkeit oder strukturkonservativ-revolutionäre Doppelrolle des Wohlfahrtsstaates: „Der Sozialstaat konserviert die Kontrolle des Kapitals über die Produktion und damit die Grundstruktur des industriellen und Klassenkonflikts zwischen Kapital und Arbeit; in keiner Weise begründet er Institutionen, die einer ‚Arbeiterselbstverwaltung' ähneln. Zur gleichen Zeit stärkt er aber das Potential der Lohnarbeiter, sich der Kontrolle durch das Kapital zu widersetzen."[20]

Sozialpolitik ist Sisyphusarbeit, weil sie ihr Endziel – gleiche Entwicklungsmöglichkeiten für alle Gesellschaftsmitglieder herzustellen – nie erreicht, aber immer wieder Teilerfolge hinsichtlich der Schaffung sozialer Gerechtigkeit aufzuweisen hat, die ohne ihre Bemühungen ausbleiben würden. Das wohlfahrtsstaatliche Arrangement verbindet den Markt, die Familie und den Staat als Sphären der gesellschaftlichen Reproduktion und Distribution so miteinander, dass sich der Kapitalismus relativ frei entfalten kann, ohne seiner Verantwortung für Leistungsschwächere und sozial Benachteiligte völlig zu entfliehen. Die sozialstaatliche Intervention bezweckt über notwendige Korrekturen der primären Einkommensverteilung hinaus, dass niemand durch die Folgen privaten Gewinnstrebens anderer in seiner physischen Existenz und soziokulturellen Entfaltung gefährdet wird.

In einer auf dem Privateigentum an Produktionsmitteln, der Warenproduktion und der Konkurrenz beruhenden Gesellschaft müssen die materiellen Niveauunterschiede hinsichtlich der Versorgung ihrer Mitglieder durch Sozialpolitik wenigstens bis zu jenem Punkt ausgeglichen werden, der eine friedliche Koexistenz zwischen den Menschen ermöglicht. Funktionalistische Erklärungsansätze übersehen allerdings, dass dies nur dann geschieht, wenn gesellschaftliche Akteure, Klassen und Schichten mit Nachdruck entsprechende For-

---

18   Siehe Eduard Heimann, Soziale Theorie des Kapitalismus. Theorie der Sozialpolitik, Mit einem Vorwort von Bernhard Badura, Frankfurt am Main 1980, S. 168
19   Jens Alber, Vom Armenhaus zum Wohlfahrtsstaat. Analysen zur Entwicklung der Sozialversicherung in Westeuropa, Frankfurt am Main/New York 1982, S. 41f.
20   Claus Offe, Zu einigen Widersprüchen des modernen Sozialstaates, in: ders., „Arbeitsgesellschaft". Strukturprobleme und Zukunftsperspektiven, Frankfurt am Main/New York 1984, S. 328

derungen stellen und deren Verwirklichung im Rahmen machtpolitischer Auseinandersetzungen erreichen.

1.1.2 Wohlfahrts- und Sozialstaat: Entwicklungsstufen, Gegensätze oder Synonyme?

Die staatliche Sozialpolitik konstituiert den Sozialstaat, ohne dass dieser gänzlich darin aufginge. Er schafft den institutionellen Rahmen und bestimmt das Ziel, während sie ein mögliches Mittel darstellt, um es zu erreichen. „Sozialpolitik und Sozialstaat sind nicht identisch, denn in der Sozialpolitik geht es primär um monetäre Transferleistungen, die sich am Ziel des sozial gerechten Ausgleichs orientieren. Demgegenüber soll der Sozialstaat im umfassenden Sinne zur Daseinsvorsorge und zum Schutz des Individuums vor unsozialen sowie ungerechten Maßnahmen oder Effekten und damit schließlich zur Zukunftsgestaltung der Gesellschaft beitragen."[21]

Jeder moderne Nationalstaat betreibt Sozial*politik*; zum *Sozial*staat machen ihn aber erst deren Reichweite, Qualität und Quantität. Eine allgemein verbindliche Konvention darüber, was unter „Sozialstaat" zu verstehen ist, gibt es bislang freilich nicht. Selbst die Frage, ob „Sozial-" und „Wohlfahrtsstaat" als Synonyme verwendet werden können oder sollen, ist ungeklärt. Klaus Koch plädiert dafür, den Umstand, dass die deutsche Sprache über zwei miteinander verwandte, aber nicht identische Termini verfügt, zu nutzen: „Schärft man die Begriffe gegeneinander, so lassen sich damit nicht nur zwei Phasen der deutschen Staatsentwicklung bestimmen. Es lassen sich mit ihnen auch zwei Funktionssysteme, zwei Modi des Staates unterscheiden."[22] Restlos überzeugen kann dieser Versuch einer Begriffsdifferenzierung aber deshalb nicht, weil sie hinfällig wird, sobald man die Grenze zu den europäischen Nachbarländern überschreitet. Als organisierten Kern des Sozialstaates betrachtet Koch die Systeme der sozialen Sicherung: „Sozialstaat bezeichnet nicht die ‚Substanz' des Staates oder ein Organisationsprinzip der Herrschaft durch den Staat, sondern nur die Regelungsform für einen Teilbereich, wenn auch einen zentralen."[23]

Ursula Münch hält eine Trennung der beiden genannten Termini aus zwei Gründen für angebracht: „Zum einen ist sie Ausdruck dafür, daß Staaten, wie zum Beispiel Deutschland und Großbritannien, unterschiedlich auf soziale Probleme reagierten und demgemäß deutlich abweichende Systeme sozialer Sicherung entwickelten. Zum anderen ist eine Unterscheidung auch deshalb sinnvoll, weil *Sozialstaat*, anders als *Wohlfahrtsstaat*, nicht ein ‚Organisationsprinzip der Herrschaft durch den Staat' bezeichnet, sondern nur die Regelungsform für einen wichtigen Teilbereich. Während Sozialpolitik institutionell bestimmten Ressorts zugeordnet werden kann, trifft dies auf den ‚überall und nirgends verankerten' Wohlfahrtsstaat nicht zu."[24]

Für die Verwendung des Begriffs „Sozialstaat" spricht Gerhard A. Ritter zufolge, „daß er weiter und eindeutiger gefaßt ist als der Begriff des Wohlfahrtsstaates. Er vermeidet

---

21   Wolfgang Kowalsky/Wolfgang Schroeder, Linke 2000 – Konturen eines Projekts der Moderne, in: dies. (Hrsg.), Linke, was nun?, o.O. 1993, S. 10
22   Claus Koch, Die Gier des Marktes. Die Ohnmacht des Staates im Kampf der Weltwirtschaft, München/Wien 1995, S. 43
23   Ebd., S. 48
24   Ursula Münch, Sozialpolitik und Föderalismus. Zur Dynamik der Aufgabenverteilung im sozialen Bundesstaat, Opladen 1997, S. 14f. (Hervorh. im Original)

sowohl die Anklänge an die bürgerliche Freiheiten beschränkende paternalistische Wohlfahrt absolutistischer Staaten wie auch die Mißverständnisse, die sich aus der in den Vereinigten Staaten inzwischen üblichen Unterscheidung zwischen ‚Welfare‘, der oft als uner-
wünschte Notwendigkeit verstandenen Sozialhilfe für Bedürftige, und der meist positiv
beurteilten ‚Social Security‘ (soziale Sicherheit), der auch auf eigenen Beitragsleistungen
beruhenden Sozialversicherung, ergeben.“[25] Hieraus ließe sich allerdings auch die gegentei-
lige Argumentation ableiten: Gerade weil „Wohlfahrt“ mancherorts negative Assoziationen
weckt, was aber z.B. nicht für die skandinavischen Länder gilt, müsste die Verklammerung
beider Teilbereiche der Sozialpolitik betont und durch eine *synonyme* Begriffsverwendung
unterstrichen werden, dass sie nicht je nach Opportunität gegeneinander ausgespielt werden
dürfen.

Damit böte die Begriffsidentität den Vorteil, keine konstruiert wirkenden Abgren-
zungskriterien nachschieben zu müssen. Auch wenn Günther Schmid, Direktor der Abteilung Arbeitsmarktpolitik und Beschäftigung am Wissenschaftszentrum Berlin für Sozial-
forschung (WZB), den Begriff „kooperativer Sozialstaat“ präferiert, erscheinen die Unterschiede gegenüber dem in der medialen und politischen Öffentlichkeit, aber auch Teilen der
Fachwissenschaft pejorativ besetzten Terminus „Wohlfahrtsstaat“ mehr als willkürlich: „In
Abgrenzung zum fürsorgenden Wohlfahrtsstaat orientiert sich der kooperative Sozialstaat
nicht an einheitlichen, sondern an gleichwertigen Lebensverhältnissen; er steuert nicht über
umverteilende Transfers, sondern über ergebnisorientierte Anreize; er ist nicht in hierarchischen Bürokratien, sondern in selbststeuernden Netzwerken organisiert; und schließlich
wird ein Großteil seiner Leistungen nicht mehr vollfinanziert, sondern nur noch kofinan-
ziert, wobei Arbeitseinkommen von Steuern und Abgaben entlastet, Konsum, Energie-
verbrauch und nicht investive Vermögenszuwächse dagegen stärker belastet werden.“[26]

Lutz Leisering, Professor für Soziologie der Sozialpolitik an der Universität Bielefeld,
liefert eine rein additive Bestimmung, die letztlich nur *auflistet*, was Struktur, Funktion und
inhaltlicher Zielsetzung nach *erklärt* werden müsste, sofern man nach einer umfassenden
sowie in sich schlüssigen Definition sucht: „Der Sozialstaat in einem engeren Sinne umfasst die soziale Sicherung und das Arbeitsrecht, in einem weiteren Sinne auch das Bil-
dungswesen, die Wirtschafts- und Betriebsverfassung und die Arbeitsbeziehungen sowie
die wachstums- und beschäftigungsbezogene Wirtschaftspolitik.“[27]

Den institutionellen Kristallisationskern jedes Wohlfahrtsstaates bildet ein (oft in sich
ausgesprochen heterogenes) System der sozialen Sicherung.[28] Volker Hentschel differenziert dagegen zwischen zwei komplementären Systemen, die seiner Ansicht nach Gestalt
und Funktion aller demokratisch verfassten Industriegesellschaften prägen: Die soziale
Sicherung mit einem Rechtsanspruch auf geldwerte Leistungen und Soziale Dienste sowie
der institutionalisierte Interessenausgleich begründen für ihn gewissermaßen einen *dualen*
Wohlfahrtsstaat: „Zum System der sozialen Sicherung gehören der überwiegend materielle
Schutz bei Krankheit, Invalidität und Arbeitslosigkeit, im Alter und beim Tod des Ernäh-

25   Gerhard A. Ritter, Der Sozialstaat. Entstehung und Entwicklung im internationalen Vergleich, München
1989, S. 13
26   Günther Schmid, Reform der Arbeitsmarktpolitik. Vom fürsorgenden Wohlfahrtsstaat zum kooperativen
Sozialstaat, in: WSI-Mitteilungen 10/1996, S. 629
27   Lutz Leisering, Der deutsche Sozialstaat – Entfaltung und Krise eines Sozialmodells, in: Siegfried
Frech/Josef Schmid (Hrsg.), Der Sozialstaat. Reform, Umbau, Abbau?, Schwalbach im Taunus 2004, S. 11
28   Vgl. Lothar Böhnisch/Helmut Arnold/Wolfgang Schröer, Sozialpolitik. Eine sozialwissenschaftliche Einführung, Weinheim/München 1999, S. 201

rers, die Minderung besonderer Belastungen sowie das Bemühen, alle Staatsbürger mit einem historisch variablen Mindestmaß an Lebensgütern auszustatten. Zum System des sozialen Interessenausgleichs gehören die großteils staatsfernen, aber allemal in Bestand und Wirksamkeit staatlich garantierten Einrichtungen und Verfahrensregeln des kollektiven Arbeitsrechts: Koalitionsfreiheit, Vereinsrecht, Tarifautonomie, Betriebsverfassung, Unternehmensmitbestimmung."[29]

Gewiss wäre es falsch, den Wohlfahrtsstaat auf das soziale Sicherungssystem zu reduzieren. Er ist nämlich viel mehr als die Summe seiner Versicherungs-, Versorgungs- und Fürsorgeeinrichtungen, zumal der gesamte Staatsapparat in Deutschland einen Verfassungsauftrag (Sozialstaatsgebot des Grundgesetzes) in diesem Sinne hat. Ingeborg Nahnsen wendet sich daher zu Recht gegen einen ökonomistisch verkürzten, auf die Maßnahmen zur Gewährleistung sozialer Sicherheit beschränkten Sozialstaatsbegriff. „Denn es geht in einer freiheitlichen Sozialpolitik nicht bloß um Verbesserung und Vervollkommnung eines Leistungsstandards, um Zuwendungen und Umverteilung. Es geht um die Art und die rechtliche Ausgestaltung des Anspruchs."[30] Erst der Rechtsanspruch mache das Individuum frei von der Willkür anderer, auch ihrer fürsorglichen Zuwendung. Nach diesem Begriffsverständnis bleibt dem Sozialstaat ein gesellschaftspolitischer Gestaltungsanspruch ausdrücklich vorbehalten.

Dem angloamerikanischen Sprachgebrauch folgend, verwendet der Konstanzer Hochschullehrer Jens Alber den Begriff „Wohlfahrtsstaat" rein deskriptiv, nämlich zur Kennzeichnung bestimmter Staatsaktivitäten, und setzt ihn mit dem Terminus „Sozialstaat" gleich. Er fasst den Wohlfahrtsstaat, der die Verantwortung für die Verteilung von Lebenschancen durch eine gesetzliche Fixierung von Rechtsansprüchen auf die Zuteilung bestimmter Güter oder Dienste institutionalisiert, als zentrales Strukturelement und spezifisches Merkmal moderner Gesellschaften auf. Wohlfahrtsstaaten sind für Alber das Produkt eines gesellschaftlichen Modernisierungsprozesses und wirken als Katalysatoren auf diesen zurück. „Der Begriff ‚Wohlfahrtsstaat' bezeichnet

- einen Satz politischer Reaktionen auf gesellschaftliche Strukturwandlungen im Rahmen der Modernisierung,
- der aus staatlichen Interventionen in die gesellschaftliche Verteilung von Lebenschancen in den Dimensionen Einkommen, Gesundheit, Wohnen und Bildung besteht,
- die auf die Förderung der Sicherheit und Gleichheit der Bürger abzielen."[31]

Je mehr sich der Wohlfahrtsstaat seiner Idee nach entfaltete, umso signifikanter wurde aus einer Institution für kleine Minderheiten eine Institution für alle, zumindest eine Institution der ganz großen Mehrheit. „Diente staatliche Sozialpolitik in ihrer Entstehungsphase der minimalen und selektiven Abfederung elementarer Lebensrisiken bestimmter Bevölkerungsgruppen, bezeichnet *Sozialstaat heute die staatliche Verantwortung und Garantie für Ausgestaltung und Einhaltung der Sozialordnung der Gesellschaft und betrifft alle Gesell-*

---

29   Volker Hentschel, Geschichte der deutschen Sozialpolitik (1880-1980). Soziale Sicherung und kollektives Arbeitsrecht, Frankfurt am Main 1983, S. 7
30   Ingeborg Nahnsen, Gegen einen verengten Sozialstaatsbegriff, in: spw – Zeitschrift für Sozialistische Politik und Wirtschaft 80 (1994), S. 37f.
31   Jens Alber, Der Sozialstaat in der Bundesrepublik 1950-1983, Frankfurt am Main/New York 1989, S. 30

schaftsmitglieder."[32] Durch diese sukzessive Verallgemeinerung des Sozialen werden die Grenzen zwischen Staat und Gesellschaft fließend, was Konsequenzen für beide, aber natürlich auch für die Definition des Sozialstaates hat: „Sozialstaat kann bestimmt werden als staatliche Aufgabe, bei Akzeptanz gesellschaftlicher Freiräume soziale Positionen, Beziehungen und Strukturen nach jeweiligen normativen Vorgaben zu beeinflussen, zu regulieren oder zu institutionalisieren."[33] Geht man nach den Staatsfunktionen, weist die moderne Wohlfahrtsstaatlichkeit damit über den liberalen „Nachtwächterstaat" der bürgerlichen Gesellschaft hinaus.

Das zentrale Kriterium für die Existenz fortgeschrittener Wohlfahrtsstaaten bildet nach Ansicht des Bielefelder Emeritus Franz-Xaver Kaufmann ein hoher Generalisierungsgrad sozialer Sicherheit: „Von einer *wohlfahrtsstaatlichen Entwicklung* sollte erst gesprochen werden, insoweit soziale Sicherungssysteme und soziale Dienstleistungen immer weitere Bevölkerungskreise und tendenziell die Gesamtbevölkerung – sei es in einheitlicher, sei es in gegliederter Form – erfassen und insoweit Arbeitnehmer staatlich gewährleistete Rechte einklagen können, die sie vor Ausbeutung im Arbeitsverhältnis schützen."[34] Kaufmann reserviert den Sozialstaatsbegriff für die spezifisch deutsche Entwicklungsvariante, während er den Wohlfahrtsstaatsbegriff als Typenbezeichnung verwendet: „Da jedes Land seine eigenen Traditionen und Bezeichnungen entwickelt hat, empfiehlt es sich (...), bei länderübergreifenden Fragestellungen den international eingeführten Leitbegriff ,Wohlfahrtsstaat' beizubehalten, bezogen auf die Bundesrepublik dagegen von Sozialstaat und sozialer Marktwirtschaft zu sprechen."[35]

Horst Afheldt stützt sich auf Hans F. Zacher, wenn er ein Gemeinwesen, „in dem jedermann eine menschenwürdige Existenz finden kann und das dafür sorgt, daß niemand aus sozialen Gründen von der Teilnahme am gesellschaftlichen Leben ausgegrenzt bleibt", als Sozialstaat bezeichnet.[36] Man kann ein institutionelles Arrangement als Wohlfahrts- oder Sozialstaat bezeichnen, das wenigstens versucht, Versorgungssicherheit für möglichst viele bzw. alle Bürger/innen zu gewährleisten und ein hohes Maß an Verteilungsgerechtigkeit zwischen ihnen herzustellen.

Wohlfahrtsstaaten haben ein hoch entwickeltes, in sich nach Lebens- bzw. Zuständigkeitsbereichen differenziertes System der sozialen Sicherung, das institutionelle Regelungen für Standardrisiken unterschiedlichster Art trifft, beschränken sich jedoch nicht darauf, greifen vielmehr auch gezielt in Wirtschaftsprozesse ein und beeinflussen deren Rahmenbedingungen, etwa durch finanz-, steuer-, regional- und strukturpolitische Entscheidungen. Zusammen erreichen sie, dass der gesellschaftliche Reproduktionsprozess ohne gefährliche Friktionen funktioniert und die Stabilität des betreffenden Gemeinwesens garantiert wird.

Als moderner Wohlfahrtsstaat gilt ein Gemeinwesen, das die Benachteiligung größerer Gruppen im ökonomischen Reproduktionsprozess (Alte, Kranke, Behinderte, Erwerbslose usw.) durch Geld-, Sach- und/oder personenbezogene Dienstleistungen des Bildungs-, Gesundheits- und Sozialwesens kompensiert, sei es aus öffentlichen Kassen oder über bei-

---

32   Klaus Schroeder, Der Kampf um den Sozialstaat, in: Gotthard Breit (Hrsg.), Sozialstaatsprinzip und Demokratie, Schwalbach im Taunus 1996, S. 11 (Hervorh. im Original)
33   Ebd., S. 12
34   Franz-Xaver Kaufmann, Herausforderungen des Sozialstaates, Frankfurt am Main 1997, S. 31 (Hervorh. im Original)
35   Ders., Sozialpolitik und Sozialstaat: soziologische Analysen, 2. Aufl. Wiesbaden 2005, S. 131 (Fn. 2)
36   Siehe Horst Afheldt, Wohlstand für niemand? – Die Marktwirtschaft entläßt ihre Kinder, München 1994, S. 11f.

tragsfinanzierte Versicherungssysteme, die soziale Teilhabe aller Bürger/innen gewährleistet und – möglichst per Rechtsanspruch – sicherstellt, dass niemand von der kollektiven Wohlstandsmehrung ausgeschlossen wird (soziale Gerechtigkeit). Man versteht darunter auch ein Gemeinwesen, das seine Mitglieder gegen allgemeine Lebensrisiken wie Krankheit, Invalidität, Erwerbslosigkeit, Unterversorgung im Alter o.Ä. schützt und den davon Betroffenen, strukturell Benachteiligten und Bedürftigen ausreichende Unterstützung gewährt. Die staatlicherseits organisierte Hilfestellung basiert nicht auf persönlichen Beziehungen, emotionalen Bindungen oder individuellen Entscheidungen, sondern auf einem gesellschaftlichen Grundkonsens. Sozial- bzw. Wohlfahrtsstaatlichkeit ist, anders formuliert, ein in Verfassungen, Gesetzestexten und Verordnungen kodifizierter Vergesellschaftungsmodus, der eine Parteinahme für sozial Schwächere voraussetzt, Eingriffe in das Wirtschaftsleben bedingt und neben Schutz- auch Gestaltungsaufgaben umfasst.

Hans F. Zacher nennt vier Politikfelder, auf denen sich die soziale Verantwortung des Staates nach seiner Ansicht *„in besonderer Weise verdichtet*: *erstens* die Gewährleistung des *Existenzminimums für jedermann*; *zweitens* die *soziale Sicherung* gegen ein Einbrechen der individuellen Lebensverhältnisse durch *soziale Vorsorge und soziale Entschädigung*; *drittens* die *Vielfalt von Vorkehrungen des sozialen Schutzes und des sozialen Ausgleichs, um mehr Gleichheit zu bewirken*; und schließlich *viertens* die *Verantwortung des Staates für die Wirtschaft.“*[37] Soll sie mehr sein als Armutsbekämpfung, beinhaltet Wohlfahrtsstaatlichkeit folglich im Wesentlichen drei Aspekte:

1. ein *Höchstmaß an sozialer Sicherheit* für alle Wohnbürger/innen (im Hinblick auf das erreichte Maß an Produktivität, Wirtschaftskraft und gesellschaftlichem Wohlstand);
2. ein *Mindestmaß an sozialer Gerechtigkeit* (im Sinne von Bedarfs- statt Leistungsgerechtigkeit);
3. eine *soziale Balance*, die extreme Einkommens- und Vermögensunterschiede ausschließt. Die insofern notwendige Korrektur der Primärverteilung durch den Sozialstaat zielt allerdings nicht auf eine völlige Nivellierung der Verteilungsverhältnisse, sondern die Vermeidung einer Spaltung der Gesellschaft in Arm und Reich mit den daraus erwachsenden Problemen: (Gewalt-)Kriminalität, Verwahrlosung, Sittenverfall, Steigen der Suizidquote, Drogensucht usw. Es geht um (relative) soziale Gleichheit, nicht etwa um „kommunistische Gleichmacherei“.

Wie sich die konservative Sozialreform des Industriezeitalters aus der Furcht vor einer Revolution speiste, so entstand der Wohlfahrtsstaat als Reaktion auf die Herausbildung der Arbeiterbewegung, wiewohl diese ihm anfangs kritisch, skeptisch oder ablehnend gegenüberstand. Gerhard A. Ritter sieht im Sozialstaat, der seiner Meinung nach aus dem Wohlfahrtsstaat hervorgeht, „eine Antwort auf den steigenden Bedarf nach Regulierung der im Gefolge von Industrialisierung und Urbanisierung immer komplizierter gewordenen sozialen und wirtschaftlichen Verhältnisse, auf die geringere Bedeutung der traditionellen Formen der Daseinsvorsorge vor allem in der Familie und auf die Zuspitzung von Klassengegensätzen. Sein Ziel ist es, durch soziale Sicherheit, vermehrte Gleichheit und politisch-soziale Mitbestimmung die Bevölkerung zu integrieren und die bestehenden politischen,

---

37   Siehe Hans F. Zacher, Grundlagen der Sozialpolitik in der Bundesrepublik Deutschland, a.a.O., S. 348 (Hervorh. im Original)

sozialen und wirtschaftlichen Systeme durch einen Prozess ständiger Anpassung gleichzeitig zu stabilisieren und evolutionär zu verändern."[38]

Sozialstaat und Demokratie sind unabhängig voneinander entstanden, aber strukturell
aufeinander bezogen und miteinander verzahnt. Letztere bedarf gerade unter den heutigen
Bedingungen, deren wichtigste das Stichwort „Globalisierung" markiert, eines wohlfahrtsstaatlichen Fundaments, wenn sie mehr sein soll als eine leere Hülle. „Erst eine durch re-
distributive Maßnahmen erzielte Verringerung der materiellen Unterschiede zwischen den
Bevölkerungsschichten erfüllt das Versprechen einer *demokratischen Ordnung*, die ohne
ein gewisses Maß an Gleichheit nur ein die wahren Macht- und Verteilungsverhältnisse
verschleiernder formaler Apparat bliebe."[39]

Thomas H. Marshall hat eine Dreistadientheorie entwickelt, nach der die bürgerlichen
bzw. zivilen Rechte im 18., die politischen Rechte im 19. und die sozialen Rechte im 20.
Jahrhundert staatlich kodifiziert wurden.[40] Zwar erscheint die Abgrenzung zwischen den
von ihm genannten Kategorien unscharf, die Terminierung der einzelnen Stufenfolgen zu
grobschlächtig und die Verallgemeinerung des in erster Linie auf Großbritannien bezogenen Entwicklungsschemas problematisch. Gleichwohl müsste die Staatsentwicklung im 21.
Jahrhundert, folgt man der genannten Periodisierung, eine noch höhere Stufe erreichen. Der
sozialpolitische Fortschritt gleicht aber einer Schnecke, zum Teil auch einem Bumerang.
Heute scheint es, als drohe umgekehrt die Rücknahme sozialer Errungenschaften der früheren Epochen. Bisweilen zeichnet sich in der Sozialpolitik ein postmodernes Mittelalter ab,
das mit dem Alten nur bricht, um das Uralte (einer ständisch anmutenden Privilegienherr-
schaft, verbunden mit dem Patriarchat und der Protektion durch Familien- bzw. Nachbar-
schaftsbeziehungen, die Schutz vor sozialen Verwerfungen bieten) unter dem Deckmantel
einer dem neoliberalen Zeitgeist entsprechenden Innovationsrhetorik zu rekonstruieren.

Die sozialpolitische Postmoderne weist, obwohl es paradox klingen mag, durchaus an-
tiquierte Züge auf. Anthony Giddens spricht mit Blick auf den Marktradikalismus von der
Gefahr einer Art „neuer Mittelalterlichkeit", die gebannt werden müsse.[41] Es gibt offenbar
einen Trend zur Reprivatisierung sozialer Risiken,[42] der als Rückfall in die Prämoderne zu
kritisieren ist, weil unklar erscheint, wie er bewältigt werden kann. Manches ähnelt einer
partiellen Refeudalisierung der Arbeits-, Lebens- und Sozialbeziehungen, wie sich auch
jenseits des Wohlfahrtsstaates historische Parallelen zu Forderungen der Tagespolitik finden lassen, sei es im Hochschulbereich (Einführung von Studiengebühren, dem früheren
Hörergeld vergleichbar, das die Dozenten „nach Leistung" entlohnte) oder in der staatlichen Verkehrspolitik (Erhebung von Mautgebühren, die trotz ihrer positiven ökologischen
Nebeneffekte an fürstliche Wegezölle erinnern).

Als gesellschaftspolitisches Arrangement unterliegt ein Sozialstaat der Dynamik sich
wandelnder Machtkonstellationen, parlamentarischer Mehrheitsverhältnisse und allgemei-

---

38   Gerhard A. Ritter, Der Sozialstaat, a.a.O., S. 19f.
39   Manfred Prisching, Solidarität: der vielschichtige Kitt gesellschaftlichen Zusammenlebens, in: Stephan
Lessenich (Hrsg.), Wohlfahrtsstaatliche Grundbegriffe. Historische und aktuelle Diskurse, Frankfurt am
Main/New York 2003, S. 167 (Hervorh. im Original)
40   Vgl. Thomas H. Marshall, Staatsbürgerrechte und soziale Klassen, in: ders., Bürgerrechte und soziale
Klassen. Zur Soziologie des Wohlfahrtsstaates, Frankfurt am Main/New York 1992, S. 42f.
41   Siehe Anthony Giddens, „Schöne neue Welt". Der neue Kontext von Politik, in: Berliner Journal für Soziologie 4/1994, S. 454
42   Vgl. Michael Stolleis, Historische Grundlagen, a.a.O., S. 205

ner Stimmungslagen. Frank Niess spricht von einer „Konjunkturgeschichte des Sozialstaates", weil dieser kein stabiles Gebilde ist, sondern bezüglich seiner Leistungszusagen in hohem Maße von den Wirtschaftszyklen und Wachstumsraten im Kapitalismus abhängt: „Die Sozialversicherungen (...) haben sich nicht als Konstante im Gefüge des Sozialstaates erwiesen, sondern immer wieder, je nach wirtschaftlicher und politischer Wetterlage, sowohl quantitativ als auch grundsätzlich zur Disposition gestanden."[43]

Begreift man Sozialstaatlichkeit als gesellschaftlichen Regulierungsmodus, der sich von anderen (früher üblichen) Mechanismen unterscheidet, mit denen das kollektive Zusammenleben gestaltet wurde, handelt es sich um einen „historischen Kompromiss", aber auch eine Errungenschaft von wahrhaft epochalem Rang, die deren Nutznießer/innen aus guten Gründen verteidigen.[44] Claus Offe hat den Sozialstaat i.e.S. – auf die Zeitspanne nach dem Zweiten Weltkrieg bezogen – als „wichtigste Friedensformel fortgeschrittener kapitalistischer Demokratien" bezeichnet, in diesem Zusammenhang warnend darauf hingewiesen, dass sein plötzliches Verschwinden das System in einen „Zustand explosiver Konflikte und Anarchie" stürzen würde, aber auch den Widerspruch hervorgehoben, wonach der Kapitalismus weder mit dem Sozialstaat leben noch ohne ihn fortbestehen könne.[45]

1.2 Wohlfahrtsstaatstypen im *internationalen* Vergleich

Die leistungsfähigsten Garanten der Sicherung einzelner Personen gegenüber Existenzrisiken wie Krankheit, Invalidität oder Arbeitslosigkeit sind der Markt, die Gesellschaft/Familie und der Staat. Familien, genossenschaftliche Selbsthilfeeinrichtungen und private Assekuranzen versagten aber oft, wenn es galt, dauerhaft bzw. über viele Generationen hinweg Risikovorsorge zu betreiben. „Staaten ‚leben‘ nicht nur länger als die meisten anderen Organisationen, sie besitzen vor allem die Entscheidungsmacht, den Erwerbstätigen per Gesetz als Steuern oder Beiträge einen beträchtlichen Teil ihres Einkommens abzunehmen und es den Sozialversicherten oder als bedürftig Anerkannten zuzuführen."[46] Hier dürfte ein Hauptgrund dafür liegen, dass sich der Wohlfahrtsstaat herausbildete und die Sozialfunktion für sich reklamierte, wenn nicht gar monopolisierte, während Markt, Familie und Gesellschaft auf diesem Sektor zurückgedrängt wurden. Welches Gewicht die drei genannten Pole haben, mag zur Klassifizierung der unterschiedlichen Wohlfahrtsregime herangezogen werden: Ob der Markt, die Familie/Gesellschaft oder der Staat im Mittelpunkt eines sozialen Arrangements stehen, gibt Aufschluss über dessen spezifischen Charakter.

Sozialstaat ist nicht gleich Sozialstaat. Vielmehr unterscheiden sich die einzelnen Wohlfahrtsstaaten hinsichtlich der Leistungsdichte, der Anspruchsvoraussetzungen und der Art, wie Sozialleistungen finanziert und erbracht werden, zum Teil erheblich voneinander. Folgt man der dreiteiligen Typologie von Gøsta Esping-Andersen, die sich international durchgesetzt hat, und ergänzt sie um eine vierte Kategorie, die auf andere Fachwissenschaftler/innen zurückgeht, dominiert in den angelsächsischen Ländern der *liberale*, in den

---

43   Frank Niess, Die Maschen des „sozialen Netzes". Zur Konjunkturgeschichte des Sozialstaates, in: Blätter für deutsche und internationale Politik 3/1982, S. 344
44   Siehe Pierre Bourdieu, Die sozialen Bewegungen zusammenführen, ohne zu vereinheitlichen, in: ders. u.a., Neue Wege der Regulierung. Vom Terror der Ökonomie zum Primat der Politik, Hamburg 2001, S. 22
45   Vgl. Claus Offe, Zu einigen Widersprüchen des modernen Sozialstaates, a.a.O., S. 323 und 330
46   Heiner Ganßmann, Politische Ökonomie des Sozialstaates, Münster 2000, S. 28

kontinentaleuropäischen Ländern der *konservative* bzw. *korporatistische*, in den skandinavischen Ländern der *sozialdemokratische* und in den südeuropäischen wie auch den osteuropäischen Transformationsländern der *residuale* Wohlfahrtsstaat.[47] Wolfgang Merkel hält es allerdings weder theoretisch noch empirisch für überzeugend, die südeuropäischen Sozialstaaten als eigene „vierte Welt" des Wohlfahrtskapitalismus zu stilisieren. „Denn nicht die Institutionen, Verfahren, Rechte und Pflichten weichen von jenen des kontinentalen Sozialstaats kategorial ab. Es sind vielmehr vor allem die Leistungshöhe und partiell begrenzt auch die Finanzierungsmodalitäten, die einen (eher quantitativen) Unterschied begründen."[48] Michael Opielka wiederum erweitert die genannte Typologie um ein *garantistisches* Wohlfahrtsstaatsregime, das gegenwärtig zwar noch nicht bzw. erst ansatzweise existiere, seiner Meinung nach allerdings das Sozialsystem der Zukunft bildet, weil es viel mehr als die übrigen auf der Idee allgemeiner Menschen- und Bürgerrechte basiere und diese im Wohlfahrtsbereich universalisiere.[49]

Esping-Andersen definiert Wohlfahrtsstaatlichkeit mit Thomas H. Marshall als Gewährung sozialer Staatsbürgerrechte, die er in drei Richtungen aufschlüsselt. An erster Stelle nennt der dänische Sozialwissenschaftler die „Dekommodifizierung", womit die Befreiung der Menschen von ihrer Marktabhängigkeit und der Notwendigkeit, ihr Auskommen durch Erwerbsarbeit zu verdienen, gemeint ist. Es handelt sich also um die Bereitstellung von alternativen, d.h. nichtmarktförmigen, Mitteln der Wohlfahrtsproduktion: „De-Kommodifizierung kann sich entweder auf die erbrachten Dienste oder den Status einer Person beziehen, aber in jedem Fall steht sie für das Maß, in dem Verteilungsfragen vom Marktmechanismus entkoppelt sind."[50] Zweitens stellt sich nach Esping-Andersen die Frage, welches Schichtungsmodell durch staatliche Sozialpolitik gefördert wird: „Der Wohlfahrtsstaat ist nicht allein ein Instrument zur Beeinflussung und gegebenenfalls Korrektur der gesellschaftlichen Ungleichheitsstruktur. Er stellt vielmehr ein eigenständiges System der Stratifizierung dar, indem er in aktiver und direkter Weise soziale Beziehungsmuster ordnet."[51] Schließlich ist das jeweilige „Arrangement zwischen Staat, Markt und Familie", dem mit Blick auf die (Möglichkeiten zur Vermeidung von) Armut unser besonderes Augenmerk gilt, von Interesse.

Die *vergleichende* Wohlfahrtsstaatsforschung kann interessante Erkenntnisse über Gemeinsamkeiten, nationale Besonderheiten, mögliche Entwicklungsalternativen und die historische „Pfadabhängigkeit" der Sozialstaatsentwicklung liefern. Darunter wird gewöhnlich die „Vorzeichnung der Zukunft durch in der Vergangenheit getroffene Entscheidun-

---

47   Vgl. Gøsta Esping-Andersen, Three worlds of Welfare Capitalism, Cambridge 1990; ders. (Hrsg.), Welfare States in Transition. National Adaptations in Global Economies, London 1996; Stephan Lessenich, „Three Worlds of Welfare Capitalism" – oder vier?, Strukturwandel arbeits- und sozialpolitischer Regulierungsmuster, in: PVS 2/1994, S. 224ff.

48   Wolfgang Merkel, Soziale Gerechtigkeit und die drei Welten des Wohlfahrtskapitalismus, in: Berliner Journal für Soziologie 2/2001, S. 155 (Fn. 12)

49   Vgl. Michael Opielka, Sozialpolitik. Grundlagen und vergleichende Perspektiven, Reinbek bei Hamburg 2004, S. 13 und passim

50   Gøsta Esping-Andersen, Die drei Welten des Wohlfahrtskapitalismus. Zur Politischen Ökonomie des Wohlfahrtsstaates, in: Stephan Lessenich/Ilona Ostner (Hrsg.), Welten des Wohlfahrtskapitalismus. Der Sozialstaat in vergleichender Perspektive, Frankfurt am Main/New York 1998, S. 36

51   Ebd., S. 39

gen" verstanden.[52] Jens Borchert kritisiert, dass Esping-Andersens Theorie die „Pfadabhängigkeit" der einzelnen Wohlfahrtsregime deterministisch überzeichne, weshalb sein Ansatz mit der differenzierteren Wirklichkeit sich ständig fortentwickelnder Sozialstaaten wenig gemein habe und „nur begrenzt tauglich" sei.[53] Er gelangt unter Berücksichtigung des forcierten Wandels im Zeichen der Globalisierung, den Esping-Andersen wegen der Starrheit seines Schemas vernachlässige, zu dem Resultat, „daß die These der Pfadabhängigkeit zwar durchaus ihre Berechtigung hat – die Mehrzahl der Modelle und Fälle bleibt von Phase zu Phase konstant –, daß sich aber gleichzeitig ständig auch Pfadwechsel vollziehen."[54]

Jürgen Kohl, der Borcherts Kritik an Esping-Andersen widerspricht, führt die deutsche Vereinigung als Beispiel für die „Stärke der Pfadbindung" an: „Hier wurde sehr bald ein parteienübergreifender Konsens erzielt, dass die Herstellung der sogenannten Sozialunion im Prinzip auf dem Wege des Institutionentransfers des westdeutschen Sozialsystems auf die neuen Bundesländer erfolgen sollte – ungeachtet der in den Jahren zuvor geführten Diskussion über die strukturellen Mängel eben dieses Systems. Weder wurde die Chance zu grundlegenden Reformen dieses Systems genutzt, noch wurden gar andere ordnungspolitische Alternativen (z.B. Einführung eines Grundsicherungssystems oder eines nationalen Gesundheitsdienstes) ernsthaft erwogen."[55]

Manchmal klagen Kritiker/innen über die „Pfadabhängigkeit" der Entwicklung des heimischen Sozialstaates und „Reformblockaden", die damit einhergingen, meinen allerdings seine Resistenz gegenüber den Versuchen neoliberaler Kräfte, ihn zu demontieren, und die Beharrlichkeit seiner Anhänger/innen, wenn es gilt, bewährte Schutzregelungen zu erhalten. Zwar kann man soziale Sicherungssysteme und deren Funktionsmechanismen nicht wechseln wie ein Mensch seine Kleider. Michael Opielka bemerkt jedoch zu Recht, „dass die Behauptung einer zwingenden Pfadabhängigkeit der Wohlfahrtsregime nicht haltbar ist. Ob und wie Pfadwechsel in der Zukunft gelingen und, vor allem, wer davon profitiert, ist zugleich eine politische Frage wie eine Frage nach dem Kulturniveau der Gesellschaft."[56]

Ferner unterscheidet man Wohlfahrtsstaaten des Bismarck- und des Beveridge-Typs voneinander. Erstere stützen sich auf beitragsfinanzierte Sozialversicherungen, die fast immer an die (abhängige) Erwerbsarbeit gekoppelt sind, Letztere auf eine steuerfinanzierte Mindestsicherung für alle Staats- oder Wohnbürger/innen. Otto von Bismarcks Name steht für ein System, das auf mehreren Sozialversicherungszweigen basiert und seine – erwerbstätigen und einen ihrem Arbeitseinkommen gemäßen Beitrag zahlenden – Mitglieder vor sozialem Absturz bewahrt (Lebensstandardsicherung bzw. Statusschutz). Sir William Beveridge, der als Leiter einer Sachverständigenkommission dem britischen Parlament im November 1942 seinen Bericht zur Reform des Sozialversicherungssystems vorstellte, setzte dagegen viel stärker auf eine Grundversorgung, die durch Eigenleistungen ergänzt werden

---

52   Siehe Jonas Schreyögg/Oliver Farhauer, Die Reformfähigkeit der Sozialpolitik in Deutschland aus Sicht der ökonomischen Theorie der Pfadabhängigkeit, in: Sozialer Fortschritt 10/2004, S. 247
53   Siehe Jens Borchert, Ausgetretene Pfade? – Zur Statik und Dynamik wohlfahrtsstaatlicher Regime, in: Stephan Lessenich/Ilona Ostner (Hrsg.), Welten des Wohlfahrtskapitalismus, a.a.O., S. 162
54   Ebd., S. 170
55   Jürgen Kohl, Der Sozialstaat: die deutsche Version des Wohlfahrtsstaates – Überlegungen zu seiner typologischen Verortung, in: Stephan Leibfried/Uwe Wagschal (Hrsg.), Der deutsche Sozialstaat. Bilanzen – Reformen – Perspektiven, Frankfurt am Main/New York 2000, S. 132f.
56   Michael Opielka, Sozialpolitik, a.a.O., S. 57

sollte.[57] Es ging Beveridge, dessen Report weit über sein Heimatland hinaus Furore machte, um eine Verbesserung, Verallgemeinerung und Vereinheitlichung des britischen Sozialsystems, das ihm – genauso wie der konservativen Regierung als seinem Auftraggeber – zerklüftet, ineffizient und anachronistisch erschien. Der nach Kriegsende unter einer Labour-Regierung mit wenigen Abstrichen verwirklichte Beveridge-Plan war allerdings nicht geeignet, die durch das gemeinsame Schicksal des Zweiten Weltkrieges relativierten bzw. überdeckten Interessengegensätze der Klassengesellschaft zu vermindern, was zu seiner ständigen Revision und einer in sich widersprüchlichen Konzeption von sozialen Bürgerrechten führte.[58]

In jüngster Zeit lässt sich eine Tendenz zur Konvergenz zwischen Ländern des Bismarck- und des Beveridge-Typs feststellen. Einerseits wird in der Bundesrepublik über die Vorzüge einer stärkeren Steuerfinanzierung, eine Abkehr von der Lohn- und Leistungsbezogenheit des Systems, Schwächen des Umlageverfahrens und eine allgemeine Grundrente diskutiert.[59] Gerhard Kleinhenz stellte sogar die Frage: „Wird aus dem Prototyp der Bismarck-Länder ein Beveridge-Land?", fand dafür aber keine zwingenden Gründe oder empirischen Belege.[60] Andererseits bemühen sich zumindest Teile des US-Establishments trotz des Scheiterns einschlägiger Initiativen von Bill und Hillary Clinton noch immer darum, eine Krankenversicherung „für alle Amerikaner" nach Bismarck'schem Muster zu schaffen.

Claus Offe benutzt für den kontinentaleuropäischen Sozialstaat das anschauliche Bild eines Gebäudes, das aus einem Kellergeschoss (Sozialhilfe für Arme), drei weiteren Etagen (Parterre: Regulative zum Schutz der Arbeit; erster Stock: Schutz vor sozialen Standardrisiken außerhalb des Arbeitsplatzes; zweiter Stock: institutionelle Garantien zur Sicherung des Arbeitsentgelts) und einem Dachgeschoss (Arbeitsmarkt-, Beschäftigungs-, Bildungs- und Berufsbildungspolitik) besteht. „Die Metapher des ‚Daches‘ bietet sich deswegen an, weil die historische Erfahrung des Endes der Weimarer Republik wie vielfältige ökonomische Analysen zeigen, dass nur dann, wenn das Dach dicht und gegen die Stürme des konjunkturellen und strukturellen Wandels gefestigt ist, sämtliche darunter liegenden Teile des Gebäudes vor den Schäden zuverlässig geschützt sind, die eben ein undichtes Dach auf sämtlichen Etagen hervorrufen kann."[61]

Sozialpolitik ist kein teurer Kostgänger der Ökonomie, wie manche Kritiker des „Versorgungsstaates" irrtümlich glauben, vielmehr ein autonomer Bereich und deren notwendiges Pendant, wenn es um die Arbeitsproduktivität bzw. den allgemeinen Wohlstand einer Gesellschaft geht. Neben materiellen Zuwendungen, öffentlichen Dienstleistungen und sozialen Infrastruktureinrichtungen determiniert das (sozial)politische Klima die Lebenslagen

---

57   Vgl. Der Beveridge-Plan. Sozialversicherung und verwandte Leistungen. Bericht von Sir William Beveridge, dem britischen Parlament überreicht im November 1942, Zürich/New York 1943

58   Vgl. dazu: Eberhard Eichenhofer, Der Thatcherismus und die Sozialpolitik: Wohlfahrtsstaatlichkeit zu marktwirtschaftlichen Bedingungen, Baden-Baden 1999, S. 14ff.

59   Vgl. z.B. Michael Opielka (Hrsg.), Die Grundrente. Sozialpolitische Analysen, Wiesbaden 2004

60   Vgl. Gerhard Kleinhenz, Erwerbsarbeit und Soziale Sicherung. Wird aus dem Prototyp der Bismarck-Länder ein Beveridge-Land?, in: Irene Becker/Notburga Ott/Gabriele Rolf (Hrsg.), Soziale Sicherung in einer dynamischen Gesellschaft. Festschrift für Richard Hauser zum 65. Geburtstag, Frankfurt am Main/New York 2001, S. 100

61   Vgl. Claus Offe, Freiheit, Sicherheit, Effizienz. Spannungen zwischen Gerechtigkeitsnormen für Arbeitsmarkt und Wohlfahrtsstaat, in: Jutta Allmendinger (Hrsg.), Entstaatlichung und soziale Sicherheit. Verhandlungen des 31. Kongresses der Deutschen Gesellschaft für Soziologie in Leipzig 2002, Opladen 2003, S. 17

der einzelnen Bürger/innen. Wohlfahrtsstaaten werden sowohl durch eine institutionelle als auch eine politisch-ideologische und soziokulturelle Dimension bestimmt. Folglich muss der moderne Sozialstaat *mehr*dimensional gedacht werden: Institutionen bzw. intermediäre Organisationen wie die gesetzlichen Krankenkassen, Rentenversicherungsträger oder Wohlfahrtsverbände, ein Netz komplizierter, selbst von Fachleuten kaum mehr zu durchschauender Detailregelungen in Gesetzen oder Verwaltungsvorschriften und eine für das jeweilige Land typische Kultur der Leistungsgewährung machen ihn gemeinsam aus.

Franz-Xaver Kaufmann unterscheidet im Hinblick auf die Bewertung und daraus resultierende Behandlung sozialer Probleme vier Grundeinstellungen, die seiner Meinung nach unterschiedliche „Wohlfahrtskulturen" hervorbringen:

1. Für die *konservative* Position stören soziale Problemlagen die bestehende Ordnung, weshalb deren Wiederherstellung und nicht die Behebung der auftretenden Nöte das Hauptproblem bildet.
2. Für die *liberale* Haltung sind solche Problemlagen unvermeidliche Begleiterscheinungen des sozialen Wandels, die man nicht durch staatliche Eingriffe ausschließen oder beheben kann, weil eine dynamische Entwicklung behindert und die wirtschaftlichen Selbstheilungskräfte gelähmt würden.
3. Für die *revolutionäre* Einstellung deuten soziale Problemlagen auf Fehlentwicklungen hin, die nur durch radikale Strukturveränderungen zu beheben sind, während sich direkte, auf Lösung der unmittelbaren Nöte abzielende Maßnahmen sogar als kontraproduktiv, weil das bestehende System stabilisierend, erweisen können. Kaufmann unterschätzt allerdings den „Doppelcharakter" der Sozialpolitik und übersieht, dass diese im Konzept der Revolutionäre umgekehrt benutzt wird, um Ansprüche mit dem System unzufriedener Bevölkerungsschichten so lange zu steigern, bis sie bloß noch durch eine grundlegende Transformation befriedigt werden können.
4. Nach *reformistischer* Überzeugung stellen die sozialen Problemlagen das Kardinalproblem dar. Nur jenen Kräften, die sich in sozialdemokratischen Parteien und Gewerkschaften sammeln, geht es laut Kaufmann wirklich um die Korrektur, Abmilderung oder Überwindung der menschlichen Nöte.[62] Somit reserviert Kaufmann denjenigen, die seine eigene Meinung teilen, eine Art wohlfahrtskulturellen Alleinvertretungsanspruch, während er im Grunde sämtlichen anderen Positionen unterstellt, wenigstens auf sozialpolitischem Gebiet keine lauteren Absichten zu haben.

In seiner Typologie wohlfahrtsstaatlicher Interventionen rekurriert Kaufmann auf den Terminus „Lebenslage", den Gerhard Weisser während der 1950er-Jahre entwickelt und mit unterschiedlichen Bedeutungsinhalten gefüllt hat.[63] Entscheidend war die Vorstellung, dass den Menschen mit Hilfe sozialpolitischer Maßnahmen individuell nutzbare Handlungsspielräume eröffnet werden, die es ihnen erlauben, ihre Bedürfnisse nach optimaler Entfaltung zu befriedigen. Zentral ist dabei für Kaufmann die soziale Teilhabe, deren vier Dimensio-

---

62   Vgl. Franz-Xaver Kaufmann, Sozialpolitik und Sozialstaat: soziologische Analysen, a.a.O., S. 108
63   Vgl. Rudolf Möller, „Lebenslage" als Ziel der Politik, in: WSI-Mitteilungen 10/1978, S. 553ff.; Wolfgang Clemens, „Lebenslage" als Konzept sozialer Ungleichheit. Zur Thematisierung sozialer Differenzierung in Soziologie, Sozialpolitik und Sozialarbeit, in: Zeitschrift für Sozialreform 3/1994, S. 141ff.; Diether Döring/Walter Hanesch/Ernst-Ulrich Huster, Armut als Lebenslage. Ein Konzept für Armutsberichterstattung und Armutspolitik, in: dies. (Hrsg.), Armut im Wohlstand, Frankfurt am Main 1990, S. 7ff.

nen (Teilhaberechte, monetäre Ressourcen, Gelegenheiten und Kompetenzen) nach seiner Überzeugung mit darüber entscheiden, welche Eingriffsmöglichkeiten jeweils bestehen: „Die *rechtliche* Interventionsform bestimmt und schützt Rechtsansprüche; die *ökonomische* Interventionsform beeinflußt die verfügbaren Einkommen; die *ökologische* Interventionsform beeinflußt das infrastrukturelle Angebot und damit die Gelegenheitsstrukturen; und die *pädagogische* Interventionsform ist auf die Entwicklung oder Wiederherstellung von Kompetenzen gerichtet."[64]

Seit ein paar Jahren nimmt der internationale Vergleich in der sozialpolitischen Fachliteratur immer mehr Raum ein.[65] Als wissenschaftliche Methode ermöglicht die Komparatistik einen umfassenderen Blick auf den „eigenen" Wohlfahrtsstaat, seine politischen Rahmenbedingungen und Perspektiven. Wahrscheinlich fand die vergleichende Wohlfahrtsstaatsforschung noch nie so viel Resonanz wie derzeit. „Dahinter steht nicht nur die Annahme, daß die Reformen in anderen Ländern in der Sache richtig sind, sondern zugleich sollen durch den Druck von außen und die Wirkung des guten Vorbilds der politische Prozess in Deutschland beschleunigt bzw. Reformblockaden aufgehoben werden."[66] Häufig dient der Hinweis auf jenseits der Grenzen erprobte und angeblich bewährte Musterlösungen weniger einer Verbesserung von Lösungen für soziale Probleme im eigenen Land als der Legitimation ohnehin geplanter Verschlechterungen (Kürzung von Transferleistungen oder deren Bezugsdauer, Verschärfung der Anspruchsvoraussetzungen, Einschränkung von Schutzrechten und Einführung bzw. Ausweitung von Kontrollmechanismen) durch deren Relativierung im internationalen Maßstab.[67]

Statt seriöser Vergleiche und nüchterner Abwägung der Vor- und Nachteile anderer Sozialsysteme dominiert meist eine politisch motivierte und ideologisch gefärbte „Rosinenpickerei", die weniger realistische Alternativlösungen zum bestehenden Wohlfahrtsstaat finden als ihn durch möglichst rudimentäre Formen und im Grunde rückschrittliche Konzepte ersetzen will. Von den benachbarten Niederlanden bis zum fernen Neuseeland, die als Pioniere eines neoliberal orientierten Umbaus des Wohlfahrtsstaates gelten können,[68] wer-

---

64   Franz-Xaver Kaufmann, Sozialpolitik und Sozialstaat: soziologische Analysen, a.a.O., S. 122 (Hervorh. im Original)
65   Exemplarisch seien folgende Buchpublikationen genannt: Hans-Jürgen Bieling/Frank Deppe (Hrsg.), Arbeitslosigkeit und Wohlfahrtsstaat in Westeuropa. Neun Länder im Vergleich, Opladen 1997; Karin Gottschall/Birgit Pfau-Effinger (Hrsg.), Zukunft der Arbeit und Geschlecht. Diskurse, Entwicklungspfade und Reformoptionen im internationalen Vergleich, Opladen 2001; Josef Schmid, Wohlfahrtsstaaten im Vergleich. Soziale Sicherungssysteme in Europa: Organisation, Finanzierung, Leistungen und Probleme, 2. Aufl. Opladen 2002; Franz-Xaver Kaufmann, Varianten des Wohlfahrtsstaats. Der deutsche Sozialstaat im internationalen Vergleich, Frankfurt am Main 2003
66   Josef Schmid, Referenzstaaten, Politikdiffusion und das Auflösen von Reformblockaden, in: Siegfried Frech/Josef Schmid (Hrsg.), Der Sozialstaat, a.a.O., S. 115
67   Vgl. z.B. Werner Eichhorst/Stefan Profit/Eric Thode, Benchmarking Deutschland: Arbeitsmarkt und Beschäftigung. Bericht der Arbeitsgruppe Benchmarking und der Bertelsmann Stiftung an das Bündnis für Arbeit, Ausbildung und Wettbewerbsfähigkeit, Berlin/Heidelberg 2001; Eric Thode, Internationaler Reformmonitor – Was können wir von den anderen lernen?, in: Aus Politik und Zeitgeschichte. Beilage zur Wochenzeitung *Das Parlament* 46-47/2002, S. 13ff.; Werner Eichhorst, „Benchmarking Deutschland" – Wo stehen wir im internationalen Vergleich?, in: ebd., S. 22ff.
68   Vgl. dazu aus einer kritischen Perspektive: Jelle Visser/Anton Hemerijck, Ein holländisches Wunder? – Reform des Sozialstaates und Beschäftigungswachstum in den Niederlanden, Frankfurt am Main/New York 1998; Sebastian Fellmeth/Christian Rohde, Der Abbau eines Wohlfahrtsstaates. Neuseeland als Modell für das nächste Jahrhundert?, Marburg 1999

den Modelle propagiert, die bei genauerem Hinsehen erheblich mehr Nach- als Vorteile gegenüber dem deutschen bieten. Ilona Ostner wendet sich denn auch gegen eine Mixtur unterschiedlicher Rezepte, die weder inhaltlich aufeinander bezogen sind noch wirklich zueinander passen: „Der Rückgriff auf Regime anderer Länder – als Aufforderung zum ‚Regime-Shopping' – ist problematisch, vernachlässigt er doch deren historische Gewordenheit und die vielfältigen Voraussetzungen, in die wohlfahrtsstaatliche Institutionen eingebunden sind."[69] Umso notwendiger erscheinen eine gehörige Portion an Skepsis gegenüber solchen Neuerungen wie auch die Einbettung von Reformmaßnahmen in die nationale Wohlfahrtskultur und die institutionelle Struktur des jeweiligen Sozialstaates. Dies gilt zumindest dann, wenn er – wie der Bismarck'sche – seinerseits Weltruf als historischer Vorreiter genießt, deshalb noch immer Nachahmer in anderen Erdteilen (z.B. der Volksrepublik China[70]) findet und genügend Ansatzpunkte für eine autonome Fortentwicklung seiner Instrumente bietet.

1.3 Struktur- und Gestaltungsprinzipien des *deutschen* Sozialsystems

In diesem Abschnitt geht es primär darum, was einen Sozialstaat ausmacht und wie er funktioniert. Erst wenn dies geklärt ist, kann nach den besonderen Merkmalen des *deutschen* Wohlfahrtsstaates gefragt werden, was deshalb unerlässlich erscheint, weil keine Reform „pfadunabhängig" ist, also auf die nationalen Spezifika der Sozialpolitik, vielleicht schon über ein Jahrhundert lang bestehende organisatorische Strukturen und Instrumente, Rücksicht nehmen muss, wenn sie sich bewähren, d.h. mehr Gerechtigkeit und/oder mehr Effizienz schaffen, soll.

Struktur-, Organisations- oder Verfahrensprinzipien regeln den Aufbau bzw. die Funktionsmodi des Systems der sozialen Sicherung. Zu den *Struktur*prinzipien gehören die Grundsätze, nach denen Sozialstaaten konstruiert sind. Dagegen sind unter den *Gestaltungs*prinzipien jene Grundsätze zu verstehen, die er bei der konkreten Ausgestaltung seiner Sozialpolitik anwendet. Sie bestimmen vor allem seine Außenwirkung, Ziele und Handlungsimperative.

Hinsichtlich der Organisationsstrukturen unterscheidet man zwischen Fürsorge, Versicherung und Versorgung. *Fürsorge* bezeichnet eine Leistungsart, die aus Steuermitteln finanziert und demjenigen gewährt wird, der Bedürftigkeit nachweist. *Versicherung* setzt Beitragszahlungen voraus und bindet die Sozialleistungen an den Eintritt des Versicherungsfalls. *Versorgung* schließlich leistet der Staat aus allgemeinen Steuermitteln, wenn die Empfänger/innen sich um ihn verdient gemacht haben (Beamte, Kriegsopfer und ihre Hinterbliebenen). Detlev Zöllner hält die genannte Begriffstrias jedoch deshalb nicht für erkenntnisfördernd, weil es unmöglich sei, viele der vorhandenen Sicherungsinstitutionen (z.B. das Kinder- und das Erziehungsgeld sowie die Ausbildungsförderung) unzweideutig einem der drei Termini zuzuordnen.[71]

---

69   Ilona Ostner, Am Kind vorbei – Ideen und Interessen in der jüngeren Familienpolitik, in: ZSE 3/2002, S. 260
70   Vgl. dazu: Hans-Peter Bank, Bismarck lässt schön grüßen. Krankenversicherung in China, in: Gesundheit und Gesellschaft 9/2004, S. 20ff.
71   Vgl. Detlev Zöllner, Soziale Sicherung. Systematische Einführung, München/Wien 1997, S. 18

Meist handelt es sich bei den real existierenden Sozialstaaten um Mischtypen, die einen „welfare mix" bzw. einen „Wohlfahrtspluralismus" repräsentieren.[72] Den *deutschen* Sozialstaat kennzeichnet eine Dominanz des *Versicherungs*prinzips, was sich auch in der Art seiner Finanzierung niederschlägt: Das hierzulande bestehende System speist sich nur zu einem guten Drittel aus Steuereinnahmen, während fast zwei Drittel aus Beiträgen stammen, die in sämtlichen Versicherungszweigen (GKV, GRV und AV) – mit Ausnahme der Gesetzlichen Unfallversicherung, wo die traditionelle Arbeitgeberhaftung bei Betriebsunfällen auch dann noch eine Beteiligung der Versicherten an der Finanzierung ausschloss, als sie Berufskrankheiten und Wegeunfälle gleichfalls mit abdeckte – von Arbeitnehmer(inne)n und Arbeitgebern halbparitätisch aufgebracht wurden, bis die Einführung der Pflegeversicherung 1995 durch Streichung eines gesetzlichen Feiertages bzw. die fast völlige Alleinfinanzierung seitens der Arbeitnehmer/innen (im Freistaat Sachsen) damit Schluss machte.

Die mehr als bloß symbolische Bedeutung des Prinzips der Beitragsparität für die Sozialversicherung und den sich darauf gründenden Wohlfahrtsstaat kann man gar nicht hoch genug veranschlagen, besagt es doch, dass Arbeitgeber und Arbeitnehmer/innen das System in gleichberechtigter Partnerschaft tragen und für seine Kosten zu gleichen Teilen aufkommen. Durch seinen paritätischen Beitragsanteil, der allerdings ein verdeckter Lohnbestandteil ist, wird der Arbeitgeber ein Stück weit in die Pflicht genommen, akzeptiert er doch eine Mitverantwortung für schädliche, krank machende Arbeits- und Lebensbedingungen; zudem ist die Beitragsteilung ein Faustpfand der abhängig Beschäftigten, dass ihnen die Folgen von Wirtschaftskrisen, Arbeitslosigkeit und einem teuren Gesundheitsmarkt nicht allein aufgebürdet werden.[73] Selbst wenn der Arbeitgeberbeitrag eine „sozialpolitische Illusion" wäre, also nur die Fiktion nährte, dass die Arbeitnehmer/innen durch ihn finanziell entlastet würden, gehört die Einbindung der Arbeitgeber zum spezifischen Profil der sozialen Sicherung in Deutschland: „Für die Arbeitgeber erleichtert er den Balanceakt zwischen einer grundsätzlichen Bejahung des Systems, in der man die Anerkennung des gesellschaftlichen Nutzens von Sozialpolitik sehen kann, und dem betriebswirtschaftlichen Kostendenken, das die Dauerkritik an Ausgabensteigerungen und Beitragserhöhungen nährt."[74]

Thomas Ebert, der früher an leitender Stelle im zuständigen Ministerium des Bundes gearbeitet hat und keines Lobbyismus für die Wirtschaft verdächtig ist, vertritt demgegenüber ganz prononciert die These, dass es heute „im strategischen Überlebensinteresse des Sozialstaates liegt, die Arbeitgeberseite aus der Finanzierung der Sozialversicherung auszuschließen."[75] Da die Unternehmer vor einiger Zeit den sozialpartnerschaftlichen Grundkonsens der Bundesrepublik aufgekündigt hätten, was sich z.B. in permanenten Kampagnen der Wirtschaftsverbände zur Senkung der „Lohnnebenkosten" und Steuern, zur Deregulierung und zur Verlängerung der Arbeitszeiten manifestiere, schlägt Ebert die Abschaffung der Arbeitgeberbeiträge zur Sozialversicherung bei lohnsteuerneutraler Erhöhung der Bruttolöhne vor. „Wenn die Arbeitnehmer (auf Basis zuvor erhöhter Bruttolöhne) die Sozialver-

---

72   Siehe Adalbert Evers/Thomas Olk (Hrsg.), Wohlfahrtspluralismus. Vom Wohlfahrtsstaat zur Wohlfahrtsgesellschaft, Opladen 1996

73   Vgl. Christian Christen/Tobias Michel/Werner Rätz, Sozialstaat. Wie die Sicherungssysteme funktionieren und wer von den „Reformen" profitiert, Hamburg 2003, S. 71

74   Manfred Groser, Der Arbeitgeberbeitrag – eine sozialpolitische Illusion?, in: Barbara Riedmüller/Thomas Olk (Hrsg.), Grenzen des Sozialversicherungsstaates, Opladen 1994 (Leviathan-Sonderheft 14), S. 215

75   Siehe Thomas Ebert, Welche Art von Sozialreform brauchen wir eigentlich?, in: WSI-Mitteilungen 9/2004, S. 492

sicherungsbeiträge allein tragen, so ist das kein entscheidender verteilungspolitischer Nachteil."[76] Unklar bleibt, wie bei den gegenwärtigen Kräfteverhältnissen zwischen Kapital und Arbeit sowie der gesellschaftspolitischen Situation insgesamt eine völlige Kompensation durch Lohn- und Gehaltssteigerungen erreicht werden soll und ob sich der durch den permanenten Hinweis auf angeblich überhöhte, im Weltmaßstab nicht „konkurrenzfähige" Lohnnebenkosten entfachte Druck der Arbeitgeber dann nicht andere Kanäle zur Entladung sucht. Statt der Personalzusatz- stünden fortan wahrscheinlich die Lohnkosten selbst noch stärker als bisher im Brennpunkt entsprechender Kampagnen. Dafür spricht der Erfolg, mit dem „die Personalzusatzkosten" von den Arbeitgebern und ihren Verbänden zum Popanz aufgebaut werden konnten, obwohl gar nicht die Lohnnebenkosten *insgesamt*, sondern nur die *gesetzlichen* Lohnnebenkosten (in Gestalt der Sozialversicherungsbeiträge) während der letzten Jahrzehnte stark gestiegen sind.[77]

Kein einziger Versicherungszweig (Krankenversicherung, Unfallversicherung, Rentenversicherung, Arbeitslosenversicherung und Pflegeversicherung) ist wie der andere konstruiert. Vielmehr hat jeder seine Eigenart und verwirklicht die Gestaltungsprinzipien des Sozialstaates auf eine für ihn spezifische Weise. Beitragsbemessungsgrenzen, die es in allen Versicherungszweigen gibt, sollen verhindern, dass Besserverdienende (bzw. ihre Arbeitgeber) über Gebühr belastet werden und die Sozialversicherungen konfiskatorischen Charakter annehmen. Sie tragen jedoch nicht unwesentlich zu deren gegenwärtigen Finanzierungsschwierigkeiten bei. Im Gegensatz zu einem progressiven Einkommensteuertarif wirken die Beitragsbemessungsgrenzen *degressiv*, was sie unter Gerechtigkeitsaspekten fragwürdig macht, selbst wenn die breite Akzeptanz der Sozialversicherungen nicht darunter leidet. In der Kranken- und Pflegeversicherung existieren ihrer Höhe nach nicht (mehr) mit den Beitragsbemessungs- identische Versicherungspflichtgrenzen, die es den Besserverdienenden erlauben, sich der Solidargemeinschaft zu entziehen und privat (bzw. gar nicht) zu versichern. Dadurch fehlen den gesetzlichen Kassen gerade die finanzkräftigsten (und häufig gesündesten) Mitglieder, was es ihnen erschwert, „schlechte Risiken" zu kompensieren.

Die demokratische Qualität einer Sozialversicherung hängt nicht zuletzt von deren Selbstverwaltung ab. Denn durch dieses Strukturprinzip soll gewährleistet werden, dass eine Sozialversicherung, die in Deutschland als Körperschaft des öffentlichen Rechts organisiert ist, nicht vom Staat, vielmehr von ihren Trägern bzw. deren Repräsentant(inn)en gesteuert wird. In sog. Sozial(versicherungs)wahlen, die alle 6 Jahre als Urwahl mit Wahlhandlung (Briefwahl) stattfinden, sofern nicht eine „Friedenswahl" genügt, weil die Versicherten wie auch die Arbeitgeber jeweils nur eine Vorschlagsliste eingereicht haben oder auf verschiedenen Listen zusammen nicht mehr Bewerber/innen stehen, als zu wählen sind, bestimmen beide Seiten darüber, wer sie in den Selbstverwaltungsorganen repräsentiert. Die zuletzt eher geringe Wahlbeteiligung der Arbeitnehmer/innen und Rentner/innen hält Diether Döring für ein Indiz nachlassender Akzeptanz: „Der wenig eindrucksvolle Verlauf heutiger Selbstverwaltungswahlen macht mehr als deutlich, dass die Selbstverwaltung von den Versicherten selbst nicht mehr als ernst zu nehmendes Gestaltungsinstrument betrachtet wird."[78] Selbstverwaltung garantiert zwar für sich allein noch keinen demokratischen Sozialstaat, bietet den Arbeitnehmer(inne)n jedoch die Möglichkeit zur Mitbestimmung im

---

76   Ebd., S. 491
77   Vgl. Heinz-J. Bontrup, Zu hohe Löhne und Lohnnebenkosten – eine ökonomische Mär, in: WSI-Mitteilungen 6/2004, S. 317
78   Diether Döring, Sozialstaat, Frankfurt am Main 2004, S. 110

Sozialversicherungsbereich, wenngleich Bürokratisierungstendenzen in dessen riesigem Verwaltungsapparat kaum zu übersehen sind. Gerade deshalb darf den Versicherten nicht die Chance genommen werden, selbst über ihre Repräsentant(inn)en in den Vertreterversammlungen bzw. den Verwaltungsräten von gesetzlichen Krankenkassen zu entscheiden.

Selbstverwaltungsrechte wirken der Tendenz nach eher systemstabilisierend, was die „Modernisierer" des Sozialstaates meist beklagen. Rolf G. Heinze, Josef Schmid und Christoph Strünck etwa stellen fest, Systemveränderungen würden selbst von den Arbeitgebern nicht unterstützt, weil deren Vertreter bereits seit Jahrzehnten mit Repräsentant(inn)en der Gewerkschaften zusammen die Selbstverwaltung organisierten und dadurch fest in die Sozialversicherung eingebunden seien.[79] Marian Döhler bemerkt ganz allgemein, „daß die institutionalisierte Kooperation in den Selbstverwaltungsgremien der Herausbildung allzu radikaler sozialpolitischer Forderungen beider Seiten entgegenwirkt."[80] Tatsächlich bildet die Selbstverwaltung gleichzeitig einen Stolperstein auf dem Weg zur Aufweichung bzw. Aufkündigung bewährter wohlfahrtsstaatlicher Arrangements, wie deren Kritiker konzedieren müssen: „Auch wenn das Selbstverwaltungsprinzip als solches nicht im Grundgesetz verankert ist, nehmen Auseinandersetzungen über die Autonomie der Selbstverwaltung häufig nahezu den Charakter verfassungsrechtlicher Auseinandersetzungen an."[81]

In der Sozialversicherung herrscht das *Äquivalenz*prinzip: Wer höhere Beiträge entrichtet, erwirbt damit auch höhere Leistungsansprüche. Diese sog. Leistungsäquivalenz gilt jedoch nur im Hinblick auf *Lohnersatz-* bzw. *Geld*leistungen (z.B. für die Altersrente oder das Krankengeld) und bedeutet nicht, dass *private* und *Sozial*versicherungen denselben Gesetzen unterliegen, wie häufig unterstellt. Vielmehr ist das Äquivalenzprinzip sehr wohl mit einer solidarischen Gestaltung der Beziehungen zwischen Mitgliedern einer Gesellschaft verträglich, zumindest dann, wenn es nicht verabsolutiert wird.

Welcher bzw. wann ein Leistungsanspruch besteht, richtet sich im deutschen System der sozialen Sicherung traditionsgemäß überwiegend nach dem *Kausal(itäts)*prinzip. Es besagt im Grunde, „daß Sozialleistungen nicht nach dem gegenwärtigen Bedarf bemessen werden, sondern vergleichsweise unflexibel von Anspruchsrechten abgeleitet werden, die in der Vergangenheit erworben wurden."[82] Diesem an Statusinteressen orientierten und historisch überholten Grundsatz hielt Johano Strasser gegen Ende der 1970er-Jahre das *Final(itäts)*prinzip als rationalere Richtschnur der Mittelvergabe entgegen: „Beim Kausalprinzip variieren Anspruch auf und Inhalt sowie Organisationsform der Leistung je nach den verschiedenen *Ursachen* von Hilfsbedürftigkeit, während beim Finalprinzip Anspruch, Inhalt und Organisationsform der Leistung sich aus dem jeweiligen sozialen Problem begründen und allein auf das Ziel der Behebung von Not und Benachteiligung ausgerichtet sind."[83] Strasser plädierte für eine Schwerpunktverlagerung auf die Prävention, weil soziale Benachteiligung und Not seines Erachtens viel leichter verhindert als nachträglich bekämpft werden können: „Eine vorbeugende Sozialpolitik, die die eigentlichen Quellen der

---

79   Vgl. Rolf G. Heinze/Josef Schmid/Christoph Strünck, Vom Wohlfahrtsstaat zum Wettbewerbsstaat. Arbeitsmarkt- und Sozialpolitik in den 90er Jahren, Opladen 1999, S. 69
80   Siehe Marian Döhler, Gesundheitsreform als Ausstieg aus der klassischen Sozialversicherung?, in: Barbara Riedmüller/Thomas Olk (Hrsg.), Grenzen des Sozialversicherungsstaates, a.a.O., S. 153
81   Jonas Schreyögg/Oliver Farhauer, Die Reformfähigkeit der Sozialpolitik in Deutschland aus Sicht der ökonomischen Theorie der Pfadabhängigkeit, a.a.O., S. 249
82   Siehe Volker Hentschel, Geschichte der deutschen Sozialpolitik (1880-1980), a.a.O., S. 265 (Fn. 12)
83   Johano Strasser, Grenzen des Sozialstaats? – Soziale Sicherung in der Wachstumskrise, Köln/Frankfurt am Main 1979, S. 135f. (Hervorh. im Original)

sozialen Probleme so weit wie möglich austrocknen will, darf vor ‚systemüberwindenden‘, antikapitalistischen Konsequenzen nicht zurückschrecken. Nur so wird sie die Beschränkung und die Ineffizienz der herkömmlichen Konzeption einschneidend und nachhaltig überwinden können."[84]

Nach wie vor dominiert jedoch in fast allen Leistungsbereichen das Kausalprinzip, während sich das Finalprinzip schon aufgrund konträrer Interessen seiner Protagonist(inn)en nicht durchsetzen konnte: „Finalität wird meist von den politischen Interessenträgern eingeklagt, die die ausgrenzende Wirkung des Kausalitätsprinzips begrenzen und die solidarischen Elemente stärken wollen, während umgekehrt jene sich gegen eine Verstärkung finaler Elemente wehren, die stärker die Eigenverantwortlichkeit betonen und die sich aus den institutionellen Differenzen heraus ergebenden Abstufungen im System der sozialen Sicherung erhalten wollen."[85] Johannes Frerich weist darauf hin, dass mit einer stärkeren Finalisierung des Systems nicht zwangsläufig eine Abkehr von der kausalen Finanzierung sozialer Leistungen verbunden ist, was möglicherweise zur Schwächung der Gruppensolidarität führen würde, die aufgrund der Orientierung an zur Zahlung verpflichteten Personenkreisen besteht.[86]

Seit geraumer Zeit steht das Versicherungsprinzip unter einem wachsenden Legitimationsdruck. Man wirft ihm vor, dass es die soziale Sicherung an die Erwerbstätigkeit und die Höhe der Löhne binde, worunter der „Wirtschaftsstandort D" leide. Denn die Sozialversicherungsbeiträge in einer Höhe von über 40 Prozent der Bruttolohn- und -gehaltssumme ließen, wie nicht nur Lobbyisten und Neoliberale beklagen, die Lohnnebenkosten dramatisch steigen. Hieraus wird der Schluss gezogen, man müsse vom Versicherungs- zum Fürsorgeprinzip wechseln. Thomas Olk und Barbara Riedmüller bestreiten jedoch, dass zwischen dem besagten Problem und der bisherigen Organisationsform des Sozialstaates ein Kausalzusammenhang besteht.[87] Man kann sich nämlich eine Sozialversicherung (etwa in Form einer Bürgerversicherung) vorstellen, deren Finanzierung in geringerem Maß oder überhaupt nicht an die (Höhe der) Löhne und damit ein kontinuierliches, möglichst konjunkturunabhängiges Wachstum der Wirtschaft gekoppelt ist.

Ob der Sozialstaat die Hilfebedürftigen mittels *Geld-*, *Sach-* oder *Dienst*leistungen unterstützt, ist sekundär. Primär geht es darum, welches Ziel er damit verfolgt und worauf sich seine Zuwendung gründet. Die wichtigsten *Gestaltungs*prinzipien des deutschen Sozialstaates werden im Folgenden skizziert:

1. Das Solidar(itäts)prinzip begründet die institutionelle Existenz des Sozialstaates und macht seine inhaltliche Essenz aus.
2. Das Personalitätsprinzip gibt die Wirkungsrichtung des wohlfahrtsstaatlichen Handelns an und begrenzt gleichzeitig seine Reichweite.

---

84   Ebd., S. 144
85   Jürgen Boeckh/Ernst-Ulrich Huster/Benjamin Benz, Sozialpolitik in Deutschland. Eine systematische Einführung, Wiesbaden 2004, S. 168
86   Vgl. Johannes Frerich, Sozialpolitik. Das Sozialleistungssystem der Bundesrepublik Deutschland. Darstellung, Probleme und Perspektiven der Sozialen Sicherung, 3. Aufl. München/Wien 1987, S. 34
87   Vgl. Thomas Olk/Barbara Riedmüller, Grenzen des Sozialversicherungsstaates oder grenzenloser Sozialversicherungsstaat? – Eine Einführung, in: Barbara Riedmüller/Thomas Olk (Hrsg.), Grenzen des Sozialversicherungsstaates, a.a.O., S. 22

3. Das Subsidiaritätsprinzip vermittelt zwischen dem Solidaritäts- und dem Personalitäts-
    prinzip insofern, als es die Brücke von der gesellschaftlichen zur individuellen Ver-
    antwortung schlägt.

Solidarität mit anderen Menschen bildet *das* Leitmotiv für die Sozialpolitik. Sie erwächst
entweder aus einer gemeinsamen Interessenlage der Betroffenen oder aus dem Bewusstsein,
für die Mitbürger/innen in einem Gemeinwesen, das räumlich begrenzt ist, verantwortlich
zu sein. Christliche Nächstenliebe und Humanismus knüpfen an denselben Grundgedanken
an. Solidarität schließt die Bereitschaft zur *gegenseitigen* Unterstützung ihrer Träger in
Notlagen und Konfliktsituationen (Reziprozität) ebenso ein wie die Bereitschaft zu einem
sozialen Ausgleich zwischen den Besser- und Schlechtergestellten (Redistribution). Im
modernen Sozialstaat gerinnt Solidarität, die vormals auf Familien und andere kleine Gemeinschaften beschränkt war, zu einer materiellen Ressource, die den Individuen durch
Minimierung ihrer existenziellen Risiken ein Höchstmaß an biografischer Sicherheit und
Planbarkeit des eigenen Lebenslaufes bietet und es der Gesellschaft ermöglicht, sich ohne
größere Friktionen zu entwickeln. Die sozialen Sicherungssysteme und der moderne Sozialstaat sind zeitgemäße Formen einer kollektiven Institutionalisierung der Solidarität,[88] die
als Prinzip eines gedeihlichen Miteinanders von Personen unterschiedlicher Herkunft und
ökonomischer Leistungsfähigkeit sehr viel älter ist.

Das Personalitätsprinzip, welches in der katholischen Soziallehre das Scharnier zwischen Solidaritäts- und Subsidiaritätsprinzip darstellt, besagt in erster Linie, dass soziale
Leistungen individuell zugeteilt werden müssen. „Das Subsidiaritätsprinzip soll die Entfaltung der personalen Kräfte ermöglichen, Selbstbestimmung und Selbstverantwortung des
Menschen in den ihn umgebenden Sozialgebilden fördern.“[89] Teilweise wird die Selbstverantwortung heute (im Rahmen der Personalität) geradezu hypostasiert. Neuerdings gewinnt
man den Eindruck, als würde dieses Prinzip instrumentalisiert und damit der Um- bzw.
Abbau des Sozialstaates legitimiert. Im wichtigsten Lehrbuch zur Sozialpolitik in deutscher
Sprache, das Heinz Lampert und Jörg Althammer verfasst haben, heißt es beispielsweise:
„Mittlerweile haben (...) die Eingriffe der staatlichen Sozialpolitik einen Umfang erreicht,
der die Frage nach der Gefährdung der persönlichen Freiheit und der Selbstverantwortung
und damit auch nach den Grenzen des Sozialstaates deswegen aktuell werden lässt, weil in
einer nivellierten Wohlstandsgesellschaft, in der persönliche Leistung und Selbstverantwortung für die Stellung der Individuen in der Gesellschaft kein oder nur geringes Gewicht
haben, die Grundlagen der Wohlfahrt und der sozialen Sicherheit gefährdet werden.“[90]

Subsidiarität hat zwei weltanschauliche, politische bzw. religiöse Wurzeln: den Liberalismus und den sozialen Katholizismus, die als einander wechselseitig bedingende und
ergänzende Wirkungslinien zu beschreiben sind. „Der historische Entwurf liberaler Subsidiarität diente der Durchsetzung der Strukturen bürgerlicher Vergesellschaftung gegenüber
absolutistischem Reglement und damit einem Zurückdrängen des Staates zugunsten markt-

---

88   Vgl. Manfred Prisching, Solidarität: der vielschichtige Kitt gesellschaftlichen Zusammenlebens, a.a.O., S.
     179
89   Heinz Lampert/Jörg Althammer, Lehrbuch der Sozialpolitik, 7. Aufl. Berlin/Heidelberg/New York 2004, S.
     451
90   Ebd.

förmiger Vergesellschaftung. Subsidiarität in der Tradition des sozialen Katholizismus hingegen hat in ihrer über hundertjährigen Geschichte den Auf- und Ausbau der spezifisch deutschen Form des Wohlfahrtsstaates legitimiert – und damit eine Ausweitung staatlichen Handelns."[91]

Seit jeher bildet die Subsidiarität einen konstitutiven Bestandteil der katholischen Soziallehre. Sie lässt sich bis auf Thomas von Aquin und die scholastische Naturrechtslehre zurückführen. Von offizieller Seite wurde das Subsidiaritätsprinzip am 15. Mai 1931 mit der Sozialenzyklika „Quadragesimo anno" etabliert, die – 40 Jahre nach „Rerum novarum" – das gesellschaftliche Ordnungsmodell des Vatikans und von Papst Pius XI. in Abgrenzung zum Kommunismus, Faschismus und Nationalsozialismus umriss. Für die Dominanz des Subsidiaritätsprinzips in der deutschen Sozialpolitik bis heute war aber weniger entscheidend, dass es in Enzykliken begründet wurde, sondern vermutlich eher, dass es auch geeignet ist, die Verantwortung für die Behebung/Vermeidung prekärer Lebenslagen vom Staat bzw. von einer größeren Gemeinschaft auf kleinere Einheiten oder das einzelne Individuum zu verlagern. Subsidiarität kann im Sinne einer schrittweisen Verschiebung der sozialen Verantwortung nach unten missdeutet und zur Entlastung der Stärkeren gegenüber den Schwächeren, die sich selbst helfen sollen, missbraucht werden.

Das Subsidiaritäts- ist dem Solidaritätsprinzip zu-, aber auch unter- bzw. nachgeordnet, weil es (nur) bestimmt, wie dieses organisatorisch und institutionell verwirklicht werden kann. Es handelt sich also um ein „reines Zuständigkeitsprinzip", das in der Tagespolitik häufig benutzt wird, um berechtigte Ansprüche gegenüber der „übergeordneten Einheit", nämlich dem Staat, abzuwehren.[92] Arno Waschkuhn spricht aber von bloßer „Subsidiaritätsrhetorik", wenn unter Berufung auf diese Formel eine Politik des Sozialabbaus legitimiert bzw. bemäntelt wird.[93] Sie findet dort statt, wo Bedürftige zur Lösung struktureller Benachteiligungen auf die Ausschöpfung ihrer eigenen Kompetenzen und individuellen Ressourcen verwiesen werden. Es dürfe aber nicht darum gehen, meint Waschkuhn, elementare Lebensrisiken unter dem Vorwand einer „neuen Subsidiarität" in den sozialen Nahbereich zurückzuverlagern: „Wie immer man das Subsidiaritätsprinzip im Bereich der Sozialpolitik auch interpretiert – es kann jedenfalls staatliche Maßnahmen nicht ersetzen, so daß es stets auch um deren materiale Ausfüllung geht."[94]

Ambivalent wirkt das Subsidiaritätsprinzip, weil es zwar die jeweils höhere Instanz verpflichtet, einer niedrigeren Unterstützung zu gewähren, wenn diese selbst nicht in der Lage ist, ein soziales Problem zu lösen, ihr aber auch erlaubt, mit dem Eingreifen so lange zu warten, bis das definitiv erwiesen ist, und sich auf „Hilfe zur Selbsthilfe" zu beschränken. Im konservativ-korporatistischen Sozialstaat der Bundesrepublik hat das Wort „Subsidiarität" einen ausgesprochen guten Klang und das besagte Prinzip einen hohen Rang. Man kann den deutschen als einen Wohlfahrts*verbände*staat klassifizieren, weil sich die Ämter und Behörden bei der Organisation sozialer Dienste dem Subsidiaritätsprinzip gemäß zurückhalten. Dagegen nehmen die Spitzenverbände der Freien Wohlfahrtspflege hierzulande

---

91   Christoph Sachße, Subsidiarität: Leitmaxime deutscher Wohlfahrtsstaatlichkeit, in: Stephan Lessenich (Hrsg.), Wohlfahrtsstaatliche Grundbegriffe, a.a.O., S. 212
92   Siehe Friedrich Krotz, Zwischen Ahlen und Wahlen. Konzeptionen christdemokratischer Sozialpolitik, in: Peter Grottian u.a., Die Wohlfahrtswende. Der Zauber konservativer Sozialpolitik, München 1988, S. 21
93   Siehe Arno Waschkuhn, Was ist Subsidiarität? – Ein sozialphilosophisches Ordnungsprinzip: Von Thomas von Aquin bis zur „Civil Society", Opladen 1995, S. 48
94   Ebd., S. 49

traditionell eine Schlüsselstellung im Bereich der sozialen Dienste ein: die Arbeiterwohl-
fahrt (AWO), der Deutsche Caritasverband, das Deutsche Rote Kreuz (DRK), der Paritätische Wohlfahrtsverband, das Diakonische Werk der Evangelischen Kirche in Deutschland
sowie die Zentralwohlfahrtstelle der Juden in Deutschland.[95] Mit dem Sozial(versicherungs)staat befindet sich die Freie Wohlfahrtspflege gegenwärtig im Umbruch, ohne dass
klar wäre, welche Veränderungen ihre künftige Gestalt prägen werden. „Die neue, sich am
Horizont schon abzeichnende Sozialstaatlichkeit führt (...) zum einen zu einer Aufwertung
direkter marktbezogener Steuerungselemente, zum anderen aber auch zu einem Wohl-
fahrtsmix aus staatlicher Vorsorge, der Mobilisierung von Sozialkapital und bürgerschaftli-
chem Engagement wie zur Aufwertung philanthropischer Elemente sozialer Interventionen.
Das bedeutet im Ergebnis, dass die klassische Aufgabenteilung zwischen Staat und Verbänden als Auslaufmodell charakterisiert werden kann und die bundesrepublikanischen
Besonderheiten der sozialpartnerschaftlichen Einbindung werteorientierter Verbände in die
Politikgestaltung ein Ende finden. Dies aber bedeutet zugleich das Ende des Systems der
Freien Wohlfahrtspflege in seiner gegebenen Form."[96] Noch ist nicht ausgemacht, ob ihr
die Gratwanderung zwischen Markt- und Gemeinwohlorientierung bzw. betriebswirtschaftlichen Zwängen und solidarischen Ansprüchen gelingt oder ob sie einen Dritten Weg zwi-
schen Wettbewerb und Subsidiarität im Sozialstaat der Zukunft beschreitet, wie Heinz-
Jürgen Dahme, Gertrud Kühnlein und Norbert Wohlfahrt vermuten.

   Strukturdefekte des „rheinischen" Wohlfahrtsstaates bilden seine Spaltung in die Sozialversicherung und die Fürsorge (Arbeiter- und Armenpolitik), seine extrem stark ausgeprägte Leistungsbezogenheit (Verabsolutierung des Äquivalenzprinzips) und seine – im
Grunde systemwidrigen – Barrieren gegen Egalisierungstendenzen (Beitragsbemessungsgrenzen, Versicherungspflichtgrenze in der Kranken- und Pflegeversicherung, Einschränkungen hinsichtlich der Versicherungs- bzw. Steuerpflicht geringfügiger Beschäftigungsverhältnisse). Der wichtigste Pluspunkt des Bismarck'schen Sozialsystems gegenüber allen
mit ihm konkurrierenden Modellen eines Wohlfahrtsstaates liegt darin, dass seine Leistungen keine bloßen Almosen oder Gratifikationen an Bedürftige und Benachteiligte darstellen, die je nach Kassenlage bzw. politischer Opportunität vergeben, gekürzt oder gestrichen
werden können, sondern durch Beitragszahlungen erworbene und verfassungsrechtlich
garantierte Ansprüche.

   Mitte der 1990er-Jahre erreichte der Diskurs über die „Grenzen des (deutschen) Sozialstaates" eine neue Qualität, was sich für Werner Schönig darin manifestierte, dass nunmehr weniger über (die finanzielle Grundlage des Sozialstaates und seine Verfahrensprinzipien betreffende) Reformen eher technischer Art als über das durch Gestaltungsprinzipien
bestimmte Ziel diskutiert wurde.[97] Bei der heutigen „Umbau"-Diskussion handelt es sich
um einen politischen Frontalangriff auf den Sozialstaat in seiner gewohnten Gestalt. Es geht
längst nicht mehr um bloße Leistungskürzungen, sondern um einen Systemwechsel. Damit
ist eine gesellschaftspolitische Richtungsentscheidung von historischer Tragweite verbun-

---

95   Vgl. dazu: Josef Schmid, Wohlfahrtsverbände in modernen Wohlfahrtsstaaten. Soziale Dienste in histo-
risch-vergleichender Perspektive, Opladen 1996, S. 121ff.
96   Heinz-Jürgen Dahme/Gertrud Kühnlein/Norbert Wohlfahrt, Zwischen Wettbewerb und Subsidiarität.
Wohlfahrtsverbände unterwegs in die Sozialwirtschaft, Berlin 2005, S. 251
97   Vgl. Werner Schönig, Zur Zukunft der Prinzipien Sozialer Sicherung, in: ders./Raphael L'Hoest (Hrsg.),
Sozialstaat wohin? – Umbau, Abbau oder Ausbau der Sozialen Sicherung, Darmstadt 1996, S. 101

den. Zwar steht nicht der Sozialstaat selbst zur Disposition, wohl aber seine radikale Transformation nach einem ganz anderen Gerechtigkeitsverständnis auf der Agenda. So verlangte der damalige BDI-Präsident Michael Rogowski im September 2004, die Arbeitgeber zwecks Sicherung des „Standorts D" aus ihrer Verantwortung für das System der sozialen Sicherung zu entlassen und stattdessen die Arbeitnehmer/innen noch mehr als bisher in die Pflicht zu nehmen: „Unternehmen sollen Arbeit schaffen, während die Beschäftigten die soziale Sicherung und das Gesundheitssystem selbst finanzieren. Die primäre Verantwortung der Unternehmen liegt nun einmal nicht in der Sozialfürsorge."[98] Abgesehen davon, dass Rogowski den qualitativen Unterschied zwischen Fürsorge und Sozialversicherung offenbar gar nicht kannte, zeigt dieses Zitat, dass der höchste Repräsentant des Industriekapitals in Deutschland durchaus Sympathien für einen Suppenküchen- bzw. Almosenstaat hegte, der seine Klient(inn)en nicht als mündige Sozialstaatsbürger/innen, sondern als Fürsorgeobjekte betrachtet. Wen wundert es, dass der gesetzliche Kündigungsschutz, der Flächentarifvertrag und die Betriebsverfassung (Michael Rogowski im Oktober 2003 vor der US-amerikanischen Handelskammer in Stuttgart: „Ich wünsche mir manchmal ein großes Lagerfeuer, um das Betriebsverfassungsgesetz und die Tarifverträge hineinzuwerfen") ebenfalls ins Visier der Kapitalverbände gerieten, denen das deutsche Modell einer paritätischen Unternehmensmitbestimmung inzwischen nur noch als „Irrtum der Geschichte" (Rogowski) erschien. Dass die rot-grüne Bundesregierung einen liberalkonservativen Politiker, nämlich den früheren sächsischen Ministerpräsidenten Kurt Biedenkopf, mit der Leitung einer aus je drei Arbeitnehmer- und Arbeitgebervertretern sowie zwei Wissenschaftlern bestehenden Kommission zur „Modernisierung der Mitbestimmung" betraute, war zweifellos kein gutes Omen für deren Fortbestand.[99] Und dass der FDP-Vorsitzende Guido Westerwelle ungefähr zur selben Zeit die „Entmachtung der Gewerkschaften" auf seine Fahnen schrieb, unterstrich erneut, wie unsensibel heute nationale Eliten (bzw. jene, die sich dafür halten) gegenüber eigenen historischen Kardinalfehlern sind, die in Deutschland zu einer faschistischen Diktatur führten.

---

98   „Der Kanzler war bei mir". BDI-Präsident Michael Rogowski ist der oberste Industrielobbyist. Mal wirkt er im Verborgenen, mal will er ganz offen den Umweltminister entmachten. Ein ZEIT-Gespräch über Machtfülle und Einflussverlust, in: Die Zeit v. 16.9.2004
99   Vgl. Alfons Frese, Angriff der Arbeitgeber auf den „Irrtum der Geschichte". Die Modernisierung der Mitbestimmung heißt Beschneidung, in: Das Parlament v. 30.5.2005

2 Das „goldene Zeitalter" des Wohlfahrtsstaates: Auf-, Ab- und Ausbau des Systems der sozialen Sicherung

Deutschland gilt als Mutterland des Sozialstaates. Da dieser nicht am Reißbrett konstruiert, sondern im Laufe eines Jahrhunderts gewachsen und das Ergebnis gesellschaftlicher Konflikte wie politischer und geistig-ideologischer Auseinandersetzungen ist, erschließen sich seine Institutionen nur aus ihrem je konkreten Entstehungszusammenhang heraus. „Was an sozialen Sicherungssystemen etabliert ist und welche gesellschaftliche Funktion diese tatsächlich haben – d.h. auch: wie repressiv sie gegebenenfalls wirken –, das lässt sich nur in einer historischen Konstellation analysieren."[100] Um die momentanen Finanz-, Akzeptanz- und Legitimationsprobleme des Wohlfahrtsstaates verstehen zu können, muss man also seine Geschichte nachzeichnen sowie seine ökonomischen, soziokulturellen und politischen Wurzeln aufspüren.

Fast genauso aussagekräftig wie eine Typologisierung der nationalen Sozial- bzw. Wohlfahrtsstaaten ist eine Periodisierung ihrer Entwicklung. Bezogen auf Deutschland sowie sein politisches System, das im Laufe der Zeit aufgrund zahlreicher gesellschaftlicher Umbrüche, tiefer Wirtschaftskrisen, zweier Weltkriege und mehrerer Regimewechsel ein hohes Maß an strukturellem Wandel erlebte, kann man eine Konstitutionsphase (1870/71 bis 1914), eine am Ende durch das NS-Regime negativ beeinflusste Konsolidierungsphase (1914 bis 1945), eine Rekonstruktions- und Ausbauphase (1945 bis 1974/75) sowie schließlich eine Um- bzw. Abbauphase (1975/76 bis heute) unterscheiden.[101]

Die anschließende Darstellung wichtiger Entwicklungsetappen des Sozialstaates in Deutschland folgt der obigen Ein- bzw. Zweiteilung: Die historische Zäsur gegen Mitte der 1970er-Jahre wirkte als politischer Strukturbruch und rechtfertigt es, die Zeit davor und danach separat voneinander zu behandeln. Das „goldene Zeitalter" (Peter Flora) des Sozialstaates war, selbst wenn man es 1881 mit der Botschaft Kaiser Wilhelms I. an den Reichstag anbrechen lässt, in Analogie zum „kurzen 20. Jahrhundert", das für Eric Hobsbawm mit dem Ersten Weltkrieg 1914 begann und mit dem Zusammenbruch der Sowjetunion 1991 endete,[102] auch kein langes. Vielmehr geriet der Sozialstaat mit dem drastischen Anstieg des Mineralölpreises und seinen Rückwirkungen auf die Weltwirtschaft 1973/74 in eine Dauerkrise, aus der bisher kein Ausweg gefunden wurde. Stattdessen erfolgten fast überall – mit wenigen Ausnahmen, die eine Expansion in Teilbereichen wie der Pflege(versicherung) oder der Frauen- und Familienpolitik brachten – immer mehr Leistungskürzungen,

---

100   Christoph Görg, Neoliberale Globalisierung und Transformation des Nationalstaats. Rahmenbedingungen für den „Umbau des Sozialstaats", in: Komitee für Grundrechte und Demokratie (Hrsg.), Eine Politik sozialer Menschenrechte in Zeiten von Verarmung und Repression. Dokumentation einer Tagung des Komitees für Grundrechte und Demokratie in Kooperation mit der Evangelischen Akademie Arnoldshain vom 12. bis 14. September 2003 in Arnoldshain, Köln 2004, S. 37
101   Vgl. Christian Christen/Tobias Michel/Werner Rätz, Sozialstaat, a.a.O., S. 12f.
102   Siehe Eric Hobsbawm, Das Zeitalter der Extreme. Weltgeschichte des 20. Jahrhunderts, München/Wien 1995, S. 7

Verschärfungen der Anspruchsvoraussetzungen sowie Verstärkungen des Kontrolldrucks auf die Bezieher/innen von Transfereinkommen.

Aufschlussreich ist die Prognose des großen britischen Sozialhistorikers, der die Beseitigung von Verteilungsdisparitäten sowohl bei den Einkommen wie den Vermögen und die Rekonstruktion des Wohlfahrtsstaates zur Schlüsselfrage künftiger Entwicklungsprozesse auf der ganzen Welt erklärt: „Soziale Umverteilung und nicht so sehr Wachstum wird die Politik des neuen Jahrtausends bestimmen. Die marktunabhängige Zuteilung von Ressourcen, oder zumindest eine scharfe Beschränkung der marktwirtschaftlichen Verteilung, wird unumgänglich sein, um der drohenden ökologischen Krise die Spitze zu nehmen. Und auf die eine oder andere Weise wird das Schicksal der Menschheit im neuen Jahrtausend vom Wiederaufbau der öffentlichen Institutionen abhängig sein."[103]

2.1 Entstehung und Entwicklung des Sozialstaates im Kaiserreich (1870/71 bis 1914)

Sozialpolitik und Wohlfahrtsstaat entwickelten sich in Abhängigkeit von der Wirtschaft, politischen Verhältnissen und kulturellen Rahmenbedingungen. Armut war im Altertum integraler Bestandteil einer Alltagsnormalität, die nicht zuletzt von sich wiederholenden Naturkatastrophen, Hungersnöten und Epidemien geprägt wurde. Zum christlichen Mittelalter gehörte das Almosen ebenso wie die Armut und das Betteln. Bettlern brachte man Respekt entgegen, weil sie als gottgefällig galten, die Begüterten zu frommen Gaben veranlassten und damit für deren Seelenheil sorgten. Während des Mittelalters wurde die Armut als Phänomen behandelt, das durch die Zuwendung der Gläubigen einzuhegen war. Die mittelalterliche Caritas basierte auf dem Gebot der christlichen Nächstenliebe, ihr Grundmotiv war weder politischer noch sozialer, vielmehr religiöser Natur: „Es ging dabei nicht um Beseitigung, sondern um Linderung von Not. Es ging nicht um planvolle Maßnahmen, die auf eine genau bestimmte soziale Gruppe zielten, sondern um spontane Hilfe, um Hilfe für den Augenblick und um Hilfe für den, der sich äußerlich als bedürftig auswies. Privatleute, Genossenschaften und geistliche Institutionen leisteten diese Hilfe, nicht irgendwelche weltlichen Einrichtungen."[104]

Sozialpolitik, verstanden als systematisches, auf bestimmte Ziele abgestelltes und eine abgrenzbare Menschengruppe gerichtetes Handeln säkularer Mächte, setzte vermutlich in der zweiten Hälfte des 15. Jahrhunderts ein. Bronislaw Geremek konnte in seiner „Geschichte der Armut" zeigen, „daß die Städte (...) im späten Mittelalter versucht haben, das Problem der Bettler in den Griff zu bekommen und eine eigenständige Sozialpolitik zu entwickeln. Die Verfügungen trugen allerdings nicht ganz der Wirklichkeit Rechnung, denn in den meisten Fällen bezogen sie sich nur auf das Funktionieren der städtischen Spital- und Wohltätigkeitseinrichtungen und das gegen auswärtige Bettler gerichtete Verbot, die Stadt zu betreten."[105]

Dadurch, dass die Sozialpolitik jener Zeit zur Überwindung feudaler Gesellschaftsstrukturen wie zur beruflichen Qualifikation und Sozialisation der von ihr erfassten Personen beitrug, erfüllte sie eine Doppelfunktion: „Die Sozialpolitik wurde ein Geburtshelfer

---

103   Ebd., S. 711
104   Thomas Fischer, Die Anfänge frühbürgerlicher Sozialpolitik, in: Christian Marzahn/Hans-Günther Ritz (Hrsg.), Zähmen und Bewahren. Die Anfänge bürgerlicher Sozialpolitik, Bielefeld 1984, S. 71
105   Bronislaw Geremek, Geschichte der Armut. Elend und Barmherzigkeit in Europa, München 1991, S. 57f.

der bürgerlichen Gesellschaft, indem sie mithalf, die Sozialstruktur so zu formen, daß ein immer größerer Bevölkerungsanteil als Lohnarbeiter verfügbar wurde. Dazu mußten die Menschen zunächst in die Normen und Werte der bürgerlichen Gesellschaft, besonders in bezug auf das neue Arbeitsverhalten, eingepaßt werden."[106]

Die frühbürgerliche Sozialpolitik setzte hauptsächlich auf Repression, die abschreckend wirken sollte, das Problem der Armut aber nicht löste, sondern verschärfte. Wie hart die Maßnahmen und Methoden zur Disziplinierung der Armen waren, illustriert Christian Marzahn am Beispiel der Zucht- und Arbeitshäuser, die vom 16. bis 18. Jahrhundert fast überall in Europa eingerichtet wurden. Sie erfüllten Funktionen, die Marzahn drei unterschiedlichen Sphären (Ökonomie, Ordnungspolitik und Ideologie) zuordnet: „Auf der ökonomischen Ebene bedeutet das Zucht- und Arbeitshaus eine Entlastung der Armenkassen und damit eine allgemeine Zentralisierung, Rationalisierung und Ökonomisierung des Armenwesens. (...) Auf der ordnungspolitischen Ebene war das Zucht- und Arbeitshaus ein Instrument der Sozialdisziplinierung, dessen sich das aufsteigende Bürgertum mittels der Kommunalisierung der Armenpflege immer mehr bemächtigte und mit dem es seine eigenen wirtschaftlichen und gesellschaftlichen Interessen an der Hervorbringung des disziplinierten Lohnarbeiters und an der sozialen Kontrolle abweichender Verhaltensweisen absicherte. Auf der ideologischen Ebene erzwang, demonstrierte und verbreitete das Zucht- und Arbeitshaus pädagogisierend jene neuen Orientierungen und Normen, deren Verinnerlichung den freien Lohnarbeiter erst funktionstüchtig und verwertbar macht."[107]

Vorläufer der heutigen Sozialversicherung bildeten Arbeiterhilfskassen, die wiederum auf ganz ähnliche Einrichtungen der Handwerkerzünfte und der Gesellenbruderschaften im Mittelalter zurückgingen. „Die Reichweite dieser Unterstützungskassen war (...) berufsständisch und lokal beschränkt und ihre Leistungskraft äußerst bescheiden. Strenge Aufnahmekriterien verschlossen alten, schon kranken oder sehr gebrechlichen Arbeitern von vornherein die Mitgliedschaft – im Interesse der Überlebensfähigkeit der Versichertengemeinschaft wurden diese ‚schlechten Risiken' abgewiesen."[108] Gleichwohl manifestierte sich darin eine autonome Form der Vergesellschaftung allgemeiner Lebensrisiken, weil die Unterstützungskassen als kollektive Selbsthilfeeinrichtungen von Proletariern gegründet und in Eigenregie verwaltet wurden.[109]

Eine weitere Triebfeder der Sozialpolitik war die bürgerlich-demokratische Revolution, welche der modernen Industrieproduktion zum Durchbruch verhalf und neben wichtigen geistig-moralischen mit dem Nationalstaat als politischem Hauptakteur auch die materiellen Voraussetzungen für eine mehrere Ebenen erfassende Staatsintervention hervorbrachte. „Die Französische Revolution hat nicht nur die Ideen der Aufklärung, vor allem die Idee der Freiheit und die Idee der Gleichheit verbreitet, sondern auch dem politischen und wirtschaftlichen Liberalismus den Weg bereitet. Die Durchsetzung des Liberalismus

---

106   Hans-Günther Ritz/Volker Stamm, Funktionen staatlicher Sozialpolitik im Übergang zum Frühkapitalismus, in: Christian Marzahn/Hans-Günther Ritz (Hrsg.), Zähmen und Bewahren, a.a.O., S. 93f.
107   Christian Marzahn, Das Zucht- und Arbeitshaus. Die Kerninstitution frühbürgerlicher Sozialpolitik, in: ebd., S. 67
108   Lothar Böhnisch/Helmut Arnold/Wolfgang Schröer, Sozialpolitik, a.a.O., S. 206
109   Vgl. ebd., wo die Verfasser anschließend konstatieren: „Der Anspruch auf ‚Autonomie' wird in den gesetzlichen Sozialversicherungen bis heute aufrechterhalten und konkretisiert sich im Selbstverwaltungsprinzip, das jedoch inzwischen in einer funktionärsbürokratischen Weise so überformt ist, daß die Verständigung über Versichertenbelange mit der Basis kaum noch gelingt, was sich nicht zuletzt in der marginalen Beteiligung bei den Sozialwahlen zeigt."

hatte einen zweifachen Effekt: das sich auf dieser ideellen und rechtlichen Basis entwickelnde Industriesystem schuf sukzessive und in zunehmendem Umfang das wirtschaftliche Fundament für sozialstaatliche Entwicklungen. Gleichzeitig aber produzierte es – wie noch zu zeigen sein wird – die Notwendigkeit zu sozialstaatlichen Eingriffen."[110]

Der preußisch-deutsche Sozialstaat war ein Produkt der industriekapitalistischen Vergesellschaftung des 19. Jahrhunderts, eines Klassenkompromisses, den die aufstrebende Bourgeoisie mit Teilen der Arbeiterschaft schloss, um ihre Herrschaft zu festigen, sowie des Paternalismus einer halbfeudalen Obrigkeit, die als Geburtshelferin des Nationalstaates mit Weltmachtambitionen inneren Frieden zu halten suchte: „Dem Nationalstaat oblag die Aufgabe, die marktfixierten Einzelkapitalien und die Arbeiterbewegung in ein gesellschaftliches Ordnungs- und Entwicklungsverhältnis zu bringen und den Klassenkonflikt auf eine staatspolitische Konfliktebene zu transformieren."[111]

Die zerstörerische Wirkung des Industriesystems bekamen vor allem Kinder und Jugendliche zu spüren, wenn sie von morgens bis abends Fabrikarbeit leisten mussten, worunter ihre körperliche und geistige Entwicklung so sehr litt, dass sich der um seine künftigen Rekruten besorgte Obrigkeitsstaat zum Eingreifen veranlasst sah. 1839 konstituierte das preußische *Regulativ über die Beschäftigung jugendlicher Arbeiter in Fabriken* mit der Arbeiterschutzgesetzgebung einen Kernbestandteil der künftigen Sozialpolitik. In der Kinderschutzdebatte am 6. Juli 1837 im rheinischen Provinziallandtag bemerkte der Ronsdorfer Abgeordnete, Verlegerfabrikant und Kaufmann Johann Heinrich vom Baur, man solle arbeitende und arme Kinder „unter den Schutz milder Gesetze" stellen, die jedoch keine so großen Beschränkungen für die Unternehmen enthalten dürften, „daß dadurch der Bestand unserer Industrieanlagen wegen der Konkurrenz des Auslandes unmöglich gemacht wird. Der Wohlstand und die Zierde unserer Provinz gingen hierdurch verloren."[112] Zwar war das Argument, bei einem Ausbau des Sozialstaates seien (in heutigen Worten ausgedrückt) der jeweilige Wirtschaftsstandort und seine Wettbewerbsfähigkeit gefährdet, schon damals ein Mittel, um die unternehmerische Marktfreiheit zu verteidigen, verfing aber nicht immer, denn trotz dieser Warnung fand die Beschlussvorlage eine große Mehrheit. Nach der Reichsgründung 1870/71, dem sog. Gründerkrach 1873 und der sich unmittelbar daran anschließenden, bis 1896 dauernden „Großen Depression" veranlasste die durch wachsendes Elend der Industriearbeiter/innen gespeiste Angst vor der „roten Gefahr" die Herrschenden zu weiteren Konzessionen.

Sozialstaatlichkeit war nie Selbstzweck, sondern erfüllte Funktionen der Herrschaftssicherung wie der Gesellschaftskonsolidierung: „Indem der Staat in gesellschaftliche Entwicklungen intervenierte, sollten die Integration im Inneren und, damit zusammenhängend, seine Stärke nach außen erhöht werden."[113] Der moderne Sozialstaat war schon von daher kein Geschenk der Obrigkeit, sondern Resultat eines Kampfes, der das staatliche Institutionengefüge und die (sozial)politische Kultur des Landes geprägt hat. Wie die Geschichte der Armut und ihrer Bekämpfung zeigt, reicht ein soziales Problem für sich allein selten aus,

---

110   Heinz Lampert, Krise und Reform des Sozialstaates, Frankfurt am Main 1997, S. 9
111   Lothar Böhnisch/Helmut Arnold/Wolfgang Schröer, Sozialpolitik, a.a.O., S. 45
112   Zit. nach: Ingeborg Weber-Kellermann (Hrsg.), Die Familie. Eine Kulturgeschichte der Familie, 2. Aufl. Frankfurt am Main 1990, S. 192; vgl. auch: Dieter Kastner, Kinderarbeit im Rheinland. Entstehung und Wirkung des ersten preußischen Gesetzes gegen die Arbeit von Kindern in Fabriken von 1839, Köln 2004, S. 149ff.
113   Gabriele Metzler, Der deutsche Sozialstaat. Vom bismarckschen Erfolgsmodell zum Pflegefall, 2. Aufl. Stuttgart/München 2003, S. 9

um die nötige Gegenreaktion hervorzurufen. Hierzu bedarf es vielmehr eines politischen Drucks, der nur entsteht, wenn sich die Betroffenen wehren und/oder einflussreiche Gruppen der Gesellschaft die Folgen des sozialen Problems fürchten. Der moderne Sozialstaat war ein Kind des Industriezeitalters, der bürgerlichen Gesellschaft und des sich erst formierenden Kapitalismus. Ohne die wissenschaftlich-technische Revolution sowie die politische und gewerkschaftliche Mobilisierung seitens der Arbeiterbewegung wäre er vermutlich nie zustande gekommen.[114]

Schon lange vorher gab es Selbsthilfeorganisationen, Versicherungsvereine, gewerkschaftliche Hilfskassen und Genossenschaften, die dafür sorgten, dass ihre Mitglieder den Wechselfällen des Lebens nicht mehr schutzlos ausgeliefert waren. Michael R. Krätke spricht vom „proletarischen Ursprung der Sozialversicherung" und weist darauf hin, dass Reichskanzler Otto von Bismarck die Verstaatlichung und Verdrängung der vorhandenen Selbsthilfeorganisationen bezweckt habe, nachdem sein ursprünglicher Plan, für die Industriearbeiter eine Art Staatsversorgung nach dem Vorbild der Beamtenpension – allerdings auf sehr viel niedrigerem Niveau – zu schaffen, gescheitert war.[115]

Ralf Ptak führt aus, dass sich Bismarck an der Praxis bekannter Fabrikanten seiner Zeit orientierte, die fürsorgerisch-patriarchalische und autoritär-disziplinierende Momente miteinander kombinierte, und sie im Rahmen des monarchischen Obrigkeitsstaates gewissermaßen adaptierte: „Als zeitgemäßes Vorbild fungierte die in vielen Großunternehmen praktizierte betrieblich-patriarchalische Sozialpolitik, etwa bei Krupp, Borsig oder Siemens, die Bismarck als staatlich-patriarchalische Politik auf Reichsebene fortsetzen wollte."[116]

Um die Genese des Sozialstaates ranken sich Anekdoten, Mythen und Legenden. Beispielsweise gilt jene Kaiserliche Botschaft, die Fürst Otto von Bismarck handschriftlich redigierte, dabei in seinem Sinne modifizierte und am 17. November 1881 im Reichstag verlas, als Gründungsdokument des deutschen Sozialstaates, was Volker Hentschel für „nicht einmal zur Hälfte richtig" hält, weil die Sozialpolitik hierzulande *zwei* Geburtsurkunden habe: „Die andere war das ‚Gesetz betreffend die gemeingefährlichen Bestrebungen der Sozialdemokratie', das der Reichstag bereits drei Jahre früher, am 21. Oktober 1878, verabschiedet hatte. Sie war die wichtigere. Denn ohne das ‚Sozialistengesetz', das die erstarkende Arbeiterbewegung zerschlagen wollte, hätte es die ‚sozialpolitische Botschaft', die den Arbeitern Wohltaten verhieß, vermutlich gar nicht gegeben. (...) Kurz, die deutsche Sozialpolitik trat gleichsam als wohlfahrtsstaatlicher Kontrapunkt zur polizeistaatlichen Unterdrückung ins Leben; nicht eigentlich aus eigenem Recht, sondern als Element staatlicher Kraft- und Machtentfaltung gegen die Arbeiterbewegung."[117]

In der Fachliteratur ist die einprägsame und weit verbreitete Metapher von „Zuckerbrot und Peitsche" sehr umstritten. Für manche Beobachter kam dem Interesse des Obrigkeitsstaates an einer Abwehr revolutionärer Umsturzbestrebungen beim Zustandekommen

---

114 Vgl. Hans Mommsen, Die Gewerkschaften und die Durchsetzung des Sozialstaates in Deutschland, in: Gewerkschaftliche Monatshefte 2/1981, S. 78
115 Siehe Michael R. Krätke, Proletarier aller Länder – versichert euch!, Über die Sozialisierung des Sozialstaats, in: Widerspruch 34 (1997), S. 35
116 Ralf Ptak, Verordnet – geduldet – erledigt?, Zur Entwicklung des deutschen Sozialstaates im historischen Kontext, in: Christoph Butterwegge/Rudolf Hickel/Ralf Ptak, Sozialstaat und neoliberale Hegemonie. Standortnationalismus als Gefahr für die Demokratie, Berlin 1998, S. 27
117 Volker Hentschel, Geschichte der deutschen Sozialpolitik (1880-1980), a.a.O., S. 9f. (Hervorh. im Original)

der Bismarck'schen Sozialgesetzgebung keine oder nur eine völlig untergeordnete Bedeutung zu. So meint etwa Rüdeger Baron, dass „ökonomische Notwendigkeiten privatkapitalistischen und finanzpolitischen Charakters die treibenden Momente bei der Formulierung wie der Durchsetzung der Versicherungspläne lieferten."[118] Er beruft sich auf einschlägige Initiativen der Unternehmerschaft, die als Motor der Sozialreform fungiert und sie gegen Widerstände auch in den eigenen Reihen durchgesetzt habe: „Die treibende Kraft hinter den Arbeiterversicherungsplänen war von Anfang an die deutsche Großindustrie."[119] Florian Tennstedt vertritt gleichfalls die These, „daß die oft behauptete politische Doppelstrategie einer durch Prävention ergänzten Repression *auf seiten Bismarcks*, dem unstrittig ein maßgebender Anteil an der spezifischen deutschen Form des Wohlfahrtsstaates mit dem Kernelement Arbeiter- bzw. Sozialversicherung zukommt, nicht bestand bzw. seine Schlüsselrolle nicht hinreichend erklärt."[120] Dafür spricht auch, dass die Lösung einer öffentlich-rechtlichen Pflichtversicherung weder von den umworbenen Arbeitern selbst noch von den Freien Gewerkschaften und der Sozialdemokratie als Integrationsangebot begrüßt wurde.

Wenn es das strategische Kalkül, die Industriearbeiter durch Bereitstellung eines modernen Systems der sozialen Sicherung für das Reich bzw. die Monarchie zu gewinnen und sie der Sozialdemokratie wie den Freien Gewerkschaften abspenstig zu machen, überhaupt gab, ging es nicht auf. Umgekehrt konterkarierte die Sozialgesetzgebung im Grunde das *Sozialistengesetz*: „Die sozialistischen Organisationen wurden durch die Sozialversicherungsgesetze, die sie zudem als Reaktion auf die Erfolge ihrer Arbeit ansahen, nicht geschwächt, sondern durch die Möglichkeiten, die sich zur Agitation und vor allem zur legalen Betätigung in den freien Hilfskassen der Krankenversicherung eröffneten, gestärkt."[121]

Neu und für seine Pionierrolle auf dem Weg zum Wohlfahrtsstaat entscheidend war laut Tennstedt, wie das Reich ins Arrangement der sozialen Sicherung einbezogen wurde: „Der ‚Systemsprung', der mit der ersten Unfallversicherungsvorlage von 1881 begann und mit der Altersversicherung endete, der bekannte ‚Sprung ins Dunkle' lag darin, daß der Staat nicht nur den äußeren Rahmen für die Risikoabsicherung bestimmte, sondern selbst in die entsprechenden Rechtsverhältnisse verstrickt wurde, unmittelbar oder mittelbar zur Befriedigung von Individualinteressen verpflichtet werden konnte."[122] Arbeiterversicherungen unter staatlicher Regie hatten für die Hohenzollernmonarchie den Sinn, das Reich durch Ausgleichung/Abschwächung der inneren (Klassen-)Gegensätze, die seinen Fortbestand gefährden konnten, überhaupt erst als Nationalstaat zu konstituieren. „Über die Sozialpolitik sollte eine neue Legitimationsquelle für den labilen und fragilen Nationalstaat begründet werden – sie sollte dem neugegründeten Reich eine zusätzliche institutionelle Klammer geben."[123]

Glaubt man der offiziellen Historiografie, waren Kaiser Wilhelm I. und sein Reichskanzler die Gründerväter des Sozialstaates. Die eigentlichen Initiatoren des zuerst in Angriff genommenen Versicherungszweiges kommen in den meisten Darstellungen hingegen

---

118   Siehe Rüdeger Baron, Weder Zuckerbrot noch Peitsche. Historische Konstitutionsbedingungen des Sozialstaates in Deutschland, in: Gesellschaft. Beiträge zur Marxschen Theorie 12, Frankfurt am Main 1979, S. 14
119   Ebd., S. 15
120 Siehe Florian Tennstedt, Peitsche und Zuckerbrot oder ein Reich mit Zuckerbrot? – Der Deutsche Weg zum Wohlfahrtsstaat 1871-1881, in: Zeitschrift für Sozialreform 2/1997, S. 89 (Hervorh. im Original)
121   Gerhard A. Ritter, Soziale Frage und Sozialpolitik in Deutschland seit Beginn des 19. Jahrhunderts. Otto-von-Freising-Vorlesungen der Katholischen Universität Eichstätt, Opladen 1998, S. 51f.
122   Florian Tennstedt, Peitsche und Zuckerbrot oder ein Reich mit Zuckerbrot?, a.a.O., S. 92
123   Stefan Huf, Sozialstaat und Moderne, a.a.O., S. 169

bis heute gar nicht vor oder viel zu kurz: „Das Projekt einer von Staats wegen zu begrün-
denden Arbeiter-Zwangsversicherung gegen das Risiko unfallbedingter Erwerbsunfähigkeit
ist 1880 von deutschen Großindustriellen kreiert, gesetzgeberisch aufbereitet und politisch
so lanciert worden, daß daraus ein Kernelement sozialpolitischer Gestaltung auf Reichsebene werden konnte."[124] An der Wiege des deutschen Sozialstaates standen also neben Politikern wie Bismarck einflussreiche Vertreter der Wirtschaft, die um ihre Gewinne bangten,
wenn die Konkurrenz – ohne staatliche Eingriffe – weiter forciert würde. Lothar Machtan
spricht gar von einer „Schöpfung kapitalistischer Interessenpolitik", die freilich im Laufe
des betreffenden Gesetzgebungsverfahrens noch eine Reihe von Formveränderungen erfah-
ren habe.

Ausgangspunkt der Gesetzesinitiativen zur Sozialversicherung war die Unternehmer-
haftpflicht bei Arbeitsunfällen. Das 1871 verabschiedete *Haftpflichtgesetz* barg für alle
Beteiligten, Arbeitgeber wie abhängig Beschäftigte, gravierende Nachteile, was Industrie,
Sozialdemokratie und Gewerkschaften gleichermaßen auf den Plan rief: Um eine Rente zu
erhalten, musste der geschädigte Arbeiter – in der Regel mittels eines langwierigen und
aufwändigen Prozesses – die Schuld des Dienstherrn oder seines Beauftragten nachwei-
sen.[125] Durch die gerichtlichen Auseinandersetzungen über den Ablauf, die Ursachen und
die Folgen eines Unfalls verschärften sich jedoch nach Meinung der Unternehmer nicht nur
die Gegensätze zwischen ihnen und den Lohnarbeitern. Auch litt die Autorität des Fabrik-
herrn darunter, dass er sich einer betriebsfremden Instanz unterwerfen musste. Das größte
Interesse an staatlicher Intervention hatte mit der Schwerindustrie jener Industriezweig, der
seine Beschäftigten einem übermäßig hohen Unfallrisiko aussetzte.

Gerhard A. Ritter betont, dass Unternehmerinteressen in dem Großgrundbesitzer Bismarck einen überzeugten Fürsprecher fanden, und nennt die Verhinderung eines Ausbaus
der Fabrikinspektion wie der Arbeiterschutzgesetzgebung als Indizien dafür. „Hinter solcher Blockadepolitik stand das Bestreben des Reichskanzlers, unter allen Umständen die
Konkurrenzfähigkeit der deutschen Wirtschaft zu erhalten."[126] Damit rückte ein Argument
ins Zentrum der Diskussion über Bismarcks Pläne zur Sozialreform, das die Wohlfahrtsstaatsentwicklung bis heute ständig begleiten sollte. „Unüberhörbar schwangen die Unter-
töne einer ‚Standort Deutschland'-Debatte bereits in den Auseinandersetzungen um die
ersten Sozialgesetze mit; die Frage, ob soziale Leistungen nicht wirtschaftliche Kapazitäten
beeinträchtigten, ist offensichtlich nicht erst eine Erfindung des 20. Jahrhunderts."[127]

Zwar erhielt der Sozialstaat in seiner Gründungsphase durch Vorstellungen Bismarcks
bzw. seiner Berater, wie die Industriearbeiterschaft für die Hohenzollernmonarchie zu gewinnen und gegen „revolutionäre Bestrebungen der Sozialdemokratie" zu immunisieren
sei, wesentliche Impulse, er war aber weit mehr als eine Institution zur Klassenkollaborati-
on, die der taktischen Raffinesse des Reichskanzlers entsprang, und hatte in den Wirt-
schafts- und Verwaltungseliten des Kaiserreiches keineswegs nur Befürworter. Bismarcks
Sozialstaat war auch für seine (potenzielle) Klientel kein Idealstaat. Vielmehr spricht Mi-

124   Lothar Machtan, Einleitung, in: ders. (Hrsg.), Bismarcks Sozialstaat. Beiträge zur Geschichte der Sozialpolitik und zur sozialpolitischen Geschichtsschreibung, Frankfurt am Main/New York 1994, S. 15
125   Vgl. dazu und zum folgenden: Monika Breger, Der Anteil der deutschen Großindustriellen an der Konzep-
tualisierung der Bismarckschen Sozialgesetzgebung, in: ebd., S. 27
126   Gerhard A. Ritter, Sozialversicherung in Deutschland und England. Entstehung und Grundzüge im Vergleich, München 1983, S. 45
127   Gabriele Metzler, Der deutsche Sozialstaat, a.a.O., S. 22

chael Stolleis von einer „Mischung halbautoritärer und autonomer Strukturen", die nur aus der preußisch-deutschen Geschichte erklärbar ist: „Fürsorglicher Zwang auf der einen, Selbstorganisation auf der anderen Seite trafen hier so zusammen, wie man dies auch am Bismarckschen Regierungssystem selbst beobachtet hat."[128]

Durchgesetzt wurde der Sozialstaat letztlich gegen den organisierten Liberalismus, welcher sich im Deutschen Kaiserreich nur bis zum „Gründerkrach" als politisch dominante Kraft behauptete, der interventionistischen Traditionslinie des Merkantilismus, des Staats-sozialismus und des „sozialen Volkskönigtums" aber seither noch größeren Tribut zollen musste. Hauptträger der Bismarck'schen Sozialreform waren die preußische Bürokratie, das kaiserliche Heer, der grundbesitzende Adel und die Evangelische Kirche – konservative Kräfte mit überwiegend etatistischer Grundorientierung, die sich nicht zuletzt aus christlicher Verantwortung mit der „Arbeiterfrage" befassten. „Es vereinigten sich hier die wohl-fahrtsstaatliche Tradition des 18. Jahrhunderts und die lutherische Amtsethik mit einem in den adligen Führungsschichten vorhandenen Misstrauen gegenüber den neuen Mächten des industriellen Kapitalismus."[129]

Den institutionellen Kern von Bismarcks Lösung der „Arbeiterfrage" bildete ein sys-temisches Geflecht von Sozialversicherungen, die durch das *Gesetz betreffend die Kran-kenversicherung der Arbeiter* vom 15. Juni 1883, das *Unfallversicherungsgesetz* vom 6. Juli 1884 sowie das *Gesetz betreffend die Invaliditäts- und Altersversicherung* vom 22. Juli 1889 errichtet wurden. Auch wenn sie zunächst nur einen kleinen Teil der Bevölkerung erfasste und ihre Leistungen nicht im Mindesten ausreichten, um den Bedarf zu decken oder den Empfänger(inne)n ein menschenwürdiges Dasein zu ermöglichen, stellte die deut-sche Sozialversicherung ein Modell dar, das von vielen Ländern – oft erst Jahrzehnte später – übernommen bzw. in der einen oder anderen Form nachgeahmt wurde. „Gerade für die damalige Zeit war sie im internationalen Vergleich ein herausragendes System moderner sozialer Sicherung, das zur Linderung der sozialen Probleme beigetragen und von einer lediglich gewährenden Sozialpolitik zum individuellen Rechtsanspruch auf Versicherungs-leistungen geführt hat."[130] Hans F. Zacher bezeichnet die Einführung der Sozialversiche-rung als einen überaus bedeutsamen Schritt zur Befreiung von materiellen Zwängen, wie sie bis dahin bestanden hatten: „Sozialversicherung bedeutete, die Zusage des Einkommens vom unmittelbaren Zusammenhang mit der Arbeitsleistung zu lösen und die Deckung ge-wisser Bedarfe (die medizinische Versorgung im Fall der Krankheit oder des Unfalls, die Rehabilitation zur Beseitigung der Folgen eines Unfalls) unabhängig von den aktuell ver-fügbaren Mitteln zu garantieren."[131]

Hinsichtlich ihrer Bedeutung für das weitere Schicksal des Wohlfahrtsstaates kaum zu überschätzen sind auch jene kulturellen Elemente der Sozialpolitik, für die Franz-Xaver Kaufmann den Begriff „Wohlfahrtskultur" geprägt hat. „Das Wort verweist auf das, was an der ‚Wohlfahrt' unbezweifelbar werthaft erscheint, auf den Gesamtbereich der Wissensbe-stände, welche Wohlfahrt normativ bestimmen."[132] Kaufmann geht davon aus, dass in einer pluralistischen Gesellschaft wie der unseren mehrere Wohlfahrtskulturen koexistieren,

---

128   Michael Stolleis, Historische Grundlagen, a.a.O., S. 238
129   Ebd., S. 242
130   Ralf Ptak, Verordnet – geduldet – erledigt?, a.a.O., S. 28
131   Hans F. Zacher, Grundlagen der Sozialpolitik in der Bundesrepublik Deutschland, a.a.O., S. 384
132   Franz-Xaver Kaufmann, Wohlfahrtskultur – ein neues Nasobem?, in: Reinhardt P. Nippert u.a. (Hrsg.), Kritik und Engagement. Soziologie als Anwendungswissenschaft. Festschrift für Christian von Ferber zum 65. Geburtstag, München 1991, S. 21

welche die materiellen Interessen der sozialpolitischen Akteure überlagern. Darüber hinaus determinieren die nationalen Traditionslinien jedes Landes das sozialpolitische Denken und Handeln in spezifischer Weise.

Ein ideengeschichtlicher Vergleich mit den USA erschließt die besonderen Merkmale der hiesigen Sozialstaatstradition. Ausschlaggebend für die spezifischen Unterschiede beider Modelle war der Einfluss von zwei Grundrichtungen des Protestantismus: Während der lutherische Pietismus, am Glauben an die allgemeine Gnade Gottes orientiert, das Ideal der Gleichheit vertrat, predigte die calvinistische Prädestinationslehre im Puritanismus ein Ideal der Ungleichheit.[133] Zusammen mit dem Pietismus begründete das preußisch-patriarchalische Moment der Hohenzollernherrschaft die eher autoritäre Sozialstaatstradition in Deutschland. Umgekehrt wirkte der Sozialstaat auf die politische Kultur des Landes verstärkend zurück: „Als in den 1880er Jahren Bismarck – selbst dem Pietismus aufs engste verbunden – das Sozialversicherungssystem in Deutschland einführte, wurde damit auch ein Teil des wohlfahrtsstaatlich-patrimonialen und preußisch-pietistischen Denkens institutionalisiert."[134] Einen nicht unwesentlichen Einfluss auf die deutsche Gesellschaftsgeschichte hatte zudem die im Grunde atypische Ungleichzeitigkeit zwischen der Demokratie- und Sozialstaatsentwicklung: „Anders als in den übrigen großen Industrienationen Europas ging in Deutschland der Sozialstaat, der mit der tripartistischen Organisation der Sozialversicherung das korporatistische Gesellschaftsmuster befestigte, der politischen Demokratie voran."[135] Hinsichtlich ihrer sozialpolitischen Kultur benennt Kurt L. Shell für die Vereinigten Staaten den entscheidenden Unterschied: „Vom Staat und (von; *Ch.B.*) der Gesellschaft wird weniger Solidarität und vom Individuum mehr Eigenverantwortung erwartet."[136]

Durch die Schaffung des Sozialstaates geschah dreierlei: Erstens wurde die Konkurrenz zwischen den einheimischen Unternehmen entschärft, zweitens die Solidarität zwischen den Lohnarbeitern fest institutionalisiert und drittens ein Klassenkompromiss zwischen Kapital und Proletariat durch eine ihnen beiden politisch übergeordnete Macht, den Staatsapparat, rechtlich garantiert. Absichten und Wirkungen der Bismarck'schen Politik sind jedoch deutlich voneinander zu unterscheiden, was die sensationellen Wahlerfolge und Mitgliedergewinne der SPD nach Bismarcks Entlassung im März 1890 und dem Auslaufen des Sozialistengesetzes im Herbst desselben Jahres illustrieren: „Gemessen an den kurz- und mittelfristigen politischen Absichten der ersten Architekten der Sozialreform, erwies sich die Sozialpolitik im Deutschen Kaiserreich als ein Fehlschlag. Viele der Ziele, die Bismarck mit Hilfe der Sozialpolitik zu erreichen hoffte, waren verfehlt worden. Mehr noch: seine Gegner auf der Linken hatte die Sozialpolitik letztendlich gestärkt."[137]

---

133   Vgl. Stefan Liebig/Bernd Wegener, Primäre und sekundäre Ideologien. Ein Vergleich von Gerechtigkeitsvorstellungen in Deutschland und den USA, in: Hans-Peter Müller/Bernd Wegener (Hrsg.), Soziale Ungleichheit und soziale Gerechtigkeit, Opladen 1995, S. 271
134   Ebd., S. 274
135   Claus Koch, Die Gier des Marktes. Die Ohnmacht des Staates im Kampf der Weltwirtschaft, a.a.O., S. 46
136   Kurt L. Shell, Amerikanische Einstellungen zur Armut und sozialen Ungleichheit, in: Diether Döring/Richard Hauser (Hrsg.), Politische Kultur und Sozialpolitik. Ein Vergleich der Vereinigten Staaten und der Bundesrepublik Deutschland unter besonderer Berücksichtigung des Armutsproblems, Frankfurt am Main/New York 1989, S. 23
137   Manfred G. Schmidt, Sozialpolitik in Deutschland. Historische Entwicklung und internationaler Vergleich, 2. Aufl. Opladen 1998, S. 45

Besonders charakteristisch für den Sozialstaat à la Bismarck war die Trennung von Arbeiter- und Armenpolitik,[138] wodurch er nicht nur die Klassenspaltung der bürgerlichen Gesellschaft, sondern auch das Demokratiedefizit des monarchischen Obrigkeitsstaates reproduzierte. Während die meisten Lohnarbeiter als potenziell Leistungsberechtigte anerkannt wurden, mussten Nichterwerbstätige mit bloßen Residualleistungen der Armenpflege vorlieb nehmen. Da die Grenzen zwischen Proletarier und Pauper fließend waren, tat die Hohenzollernmonarchie mehr für die Verbesserung der sozialen Lage von (meist männlichen) Industriearbeitern, als liberale Ökonomen und ihr Leitmotiv „Laissez faire, laissez aller!" erlaubten. Dabei darf indes nicht übersehen werden, dass die finanzielle Ausstattung der Sozialversicherungen mehr als dürftig und ihre Leistungen selbst nach jahrzehntelanger Lohnarbeit und Beitragszahlung der Mitglieder äußerst karg waren. Bismarcks Sozialgesetzgebung zielte darauf ab, Arbeiter und Arme auseinanderzudividieren bzw. gegeneinander auszuspielen. Bis heute hält sich die organisatorische Trennung von Arbeiter- und Armenpolitik im Dualismus von Sozialversicherung und -hilfe.

Systematisch wurde die Sozialversicherung ausgebaut und der Versichertenkreis allmählich erweitert. Mit der *Reichsversicherungsordnung* vom 19. Juli 1911 fasste man nicht nur die damals bestehenden Versicherungszweige in einem Gesetzbuch zusammen, sondern verfolgte auch noch andere Ziele. „Die Reichsversicherungsordnung diente im technischen Sinn nur der Rechtsbereinigung des etappenweise entstandenen Gebietes sowie der Neugliederung der Verfahrenswege. Politisch sollte sie den Einfluss der SPD und der Freien Gewerkschaften in der Krankenversicherung eindämmen und dort allzu kleine Kassen beseitigen. Doch war sie ‚modern' in dem Sinn, als sie völlig emanzipiert vom gemeinen Recht ein Gebiet regelte, das einer Generation zuvor noch unbekannt gewesen war."[139] Am 20. Dezember desselben Jahres bezog das *Versichertengesetz für Angestellte* die sog. Betriebs- bzw. Privatbeamten in die Sozialversicherung ein. Noch bevor der Erste Weltkrieg das Kaiserreich bis ins Mark erschütterte und die Novemberrevolution 1918/19 für den Übergang zur Republik sorgte, waren feste Grundlagen für den Sozialstaat geschaffen worden, seine Basis stabilisiert und die Zukunft in gewisser Weise präjudiziert.

---

138   Vgl. dazu: Stephan Leibfried/Florian Tennstedt, Armenpolitik und Arbeiterpolitik. Zur Entwicklung und Krise der traditionellen Sozialpolitik der Verteilungsformen, in: dies. (Hrsg.), Politik der Armut und die Spaltung des Sozialstaats, Frankfurt am Main 1985, S. 64ff.
139   Michael Stolleis, Historische Grundlagen, a.a.O., S. 264

2.2 Konsolidierung des Sozialstaates, Weltwirtschaftskrise 1929/33 und „Drittes Reich"

2.2.1 Der Erste Weltkrieg als Katalysator und die Weimarer Republik als Stabilisatorin der Entwicklung zum Wohlfahrtsstaat

Kaum zu überschätzen ist die Bedeutung des Ersten Weltkrieges für das spätere Aufblühen des Wohlfahrtsstaates. Schon bald nach Kriegsbeginn im August 1914 erhielt die deutsche Sozialpolitik einen mächtigen Schub, der sich nicht zuletzt auf die Notwendigkeit gründete, im Zeichen des sog. Burgfriedens *alle* Kräfte, auch jene der oppositionellen Arbeiterbewegung, für die „Verteidigung des Vaterlandes", genauer gesagt: die Kriegsziele der Hohenzollernmonarchie, zu mobilisieren, was nur gelingen konnte, wenn man Sozialdemokratie und Gewerkschaften zumindest neutralisierte. Letzteren wurde im *Gesetz über den vaterländischen Hilfsdienst* vom 5. Dezember 1916 ein Vorschlagsrecht für die Besetzung obligatorischer Arbeiter- und Angestelltenausschüsse sowie Schiedsstellen zugebilligt. In dieser Einbindung von Arbeitervertretern wähnte Ludwig Preller, Autor eines Standardwerkes über die Sozialpolitik in der Weimarer Republik, eine „fast hundertprozentige Wendung der Regierung in der Gewerkschaftsfrage" zu sehen: „Durch die Einbeziehung der Gewerkschaften als Sprachrohr der Arbeiter zur Regierung und der Regierung zu den Arbeitern war faktisch nach über dreißigjährigem Kampf für den Anfang des Krieges die *Gleichberechtigung* der Arbeiter in einem wichtigen Punkte moralisch zur Verwirklichung gekommen."[140]

Neben einer Anerkennung der Gewerkschaften als Verhandlungspartnerinnen und ersten Ansätzen zu einer Mitbestimmung auf der Betriebsebene brachte die Kriegssituation auch Verbesserungen im Hinblick auf die Erwerbslosenfürsorge und die Armenunterstützung mit sich: Solche bisher von einer strengen Bedürftigkeitsprüfung abhängigen und traditionell mit dem Verlust der Bürgerrechte verbundenen Unterstützungsleistungen wurden nunmehr in Not geratenen Soldatenfamilien zuteil, ohne dass man sie den gleichen entwürdigenden Prozeduren aussetzte. Hier zeichnete sich Eckart Pankoke zufolge „ein neuer Geist des öffentlichen Umgangs mit der sozialen Not" ab, und zwar vor allem auf der kommunalen Ebene, die dafür zuständig war.[141] Allerdings ging die Ergänzung der Armen- durch die Kriegswohlfahrtspflege mit einer Spaltung der Fürsorgeempfänger/innen in zwei Statusgruppen einher: „Neben die herkömmlichen Armen, die ‚kraft ihres Daseins' zu unterstützen waren, traten die ‚Sonderopfer' des Krieges, die man nicht mit dem Odium der Armenunterstützung belasten wollte. Das betraf primär die Familienunterstützung für Ehefrauen und Kinder von einberufenen Soldaten, die Fürsorge für Kriegsbeschädigte und ihre Familien sowie die Versorgung der Kriegshinterbliebenen, der Witwen und Waisen, daneben aber auch die Sonderfürsorge für solche Kreise, die durch Krieg und Inflation wirtschaftlich so stark geschädigt waren, dass sie Fürsorgeempfänger werden mussten."[142]

Ein historisches Paradoxon bestand darin, dass ausgerechnet der Erste Weltkrieg die Weichen für den Durchbruch des Sozialstaatsgedankens stellte. Nach der sich lange vorher abzeichnenden Niederlage des Deutschen Reiches konnte diese Entwicklung auch nicht mehr rückgängig gemacht werden, weil deren entschiedenste Kritiker durch das von ihnen

---

140   Ludwig Preller, Sozialpolitik in der Weimarer Republik, Stuttgart 1949, S. 19 (Hervorh. im Original)
141   Siehe Eckart Pankoke, Die Arbeitsfrage. Arbeitsmoral, Beschäftigungskrisen und Wohlfahrtspolitik im Industriezeitalter, Frankfurt am Main 1990, S. 136
142   Michael Stolleis, Historische Grundlagen, a.a.O., S. 277

verschuldete Kriegsabenteuer an gesellschaftlicher Macht und politischem Einfluss verloren. Gabriele Metzler vertritt daher die These, „daß der im Krieg konsequent eingeschlagene Kurs in Richtung eines interventionistischen Wohlfahrtsstaates nach 1918 unumkehrbar war. Sozialstaatlichkeit gehörte zur Raison d'être der Republik."[143]

Was im Ersten Weltkrieg eingeleitet worden war, musste sich nach dessen Ende in einer Zeit großer materieller Entbehrungen, allgemeiner Verunsicherung und politischer Umbrüche bewähren. Dies galt angesichts der Demobilmachung gerade für das soziale Kardinalproblem der Massenerwerbslosigkeit: „Die Eingliederung der von der Front zurückflutenden Soldaten in das Arbeits- und Berufsleben erforderte einen raschen und effektiven Ausbau neuer Instrumentarien der Arbeitsvermittlung und der Beschäftigungspolitik."[144] Am 13. November 1918 erließ der Rat der Volksbeauftragten die noch von seiner bürgerlichen Vorgängerregierung entworfene „Verordnung über Erwerbslosenfürsorge", welche er allerdings in der Hoffnung auf 12 Monate befristete, dass diese Zeitspanne ausreichen werde, um eine ordentliche Arbeitslosenversicherung zu schaffen.[145] Darüber vergingen jedoch mehr als 9 Jahre, in denen heftig über die Konstruktionsprinzipien des neuen Versicherungszweiges und die Modalitäten gestritten wurde, wie mit dem Problem der Erwerbslosigkeit sowie den davon Betroffenen umzugehen war.

Geboren aus der Not des Proletariats und dem Wunsch der Hohenzollern, die Arbeiterschaft auch durch sozialpolitische Konzessionen zu integrieren, entwickelte sich der deutsche Wohlfahrtsstaat trotz seiner monarchistischen Wurzeln nach dem Ersten Weltkrieg zu einer legitimatorischen Stütze der Demokratie. Aufgrund der Irritation durch die Novemberrevolution waren die Unternehmer zunächst kompromissbereit. Sie stimmten der gesetzlichen Einführung des Achtstundentages unter bestimmten Bedingungen, paritätischen Vertretungsregelungen (Gleichberechtigung der Tarifvertragsparteien in wichtigen Gremien) und Maßnahmen wohlfahrtsstaatlicher Intervention zu. Umgekehrt akzeptierten die Gewerkschaften das kapitalistische Wirtschaftssystem und bekannten sich zur „Sozialpartnerschaft".

Die gesellschaftspolitische Basis der Weimarer Republik bildete das sog. Stinnes-Legien-Abkommen vom 15. November 1918 über eine institutionalisierte Kooperation zwischen Arbeitgeberverbänden und Freien Gewerkschaften. Dass die Gewerkschaftsfunktionäre von führenden Repräsentanten des Kapitals im *Zentralausschuss* bzw. in der *Zentralarbeitsgemeinschaft* „als berufene Vertreter der Arbeiterschaft anerkannt" wurden, bedeutete Ludwig Preller zufolge „eine grundlegende Änderung" im Verhältnis zwischen Arbeitgebern und -nehmern: „Die Basis dieses Verhältnisses wurde durch die Zentralarbeitsgemeinschaft vom Betrieb weg in die Zusammenarbeit der beiderseitigen Organisationen verlegt. Damit wurde einmal der Klassencharakter dieser Verbände gestärkt, zum anderen aber die Regelung ihrer Angelegenheiten außerhalb des staatlichen Einflusses in gemeinsamer – privater – Tätigkeit, in Selbstverwaltung, propagiert."[146]

In der Weimarer Reichsverfassung vom 11. August 1919 findet sich zwar noch kein Sozialstaatsgebot wie im Grundgesetz der Bundesrepublik Deutschland. Dafür enthielt sie allerdings eine Vielzahl von Einzelbestimmungen, die zum Teil weiter reichende Schutz-

143   Gabriele Metzler, Der deutsche Sozialstaat, a.a.O., S. 85
144   Eckart Pankoke, Die Arbeitsfrage, a.a.O., S. 137
145   Vgl. Karl Christian Führer, Arbeitslosigkeit und die Entstehung der Arbeitslosenversicherung in Deutschland 1902-1927, Mit einem Vorwort von Peter-Christian Witt, Berlin 1990, S. 143
146   Ludwig Preller, Sozialpolitik in der Weimarer Republik, a.a.O., S. 180

rechte für Arbeitnehmer/innen und sozial Benachteiligte gewährten. Außerdem wurde den abhängig Beschäftigten die Möglichkeit eröffnet, in Arbeiter- und Wirtschaftsräten auf Bezirks- und Reichsebene soziale Mitbestimmungs-, Kontroll- und Verwaltungsbefugnisse zu übernehmen. „Die Verfassung proklamierte eine aktive Sozialpolitik."[147] Tatsächlich erlebte Weimar zunächst einen wahren Siegeszug des Sozialstaates. Bedeutsam waren vor allem der öffentliche Wohnungsbau, die Entwicklung des Gesundheitswesens und die Ausweitung der Sozialversicherung.[148] In der Weltwirtschaftskrise gegen Ende der 20er-/ Anfang der 30er-Jahre wurde der Wohlfahrtsstaat und mit ihm die Demokratie schrittweise zerstört.

Selbst während der friedlichsten und erfolgreichsten Jahre des republikanischen Staatswesens wurde seine Sozialpolitik freilich von negativ gefärbten Prognosen der demografischen Entwicklung nach dem Ersten Weltkrieg beeinträchtigt,[149] die dem kulturpessimistischen Zeitgeist entsprachen. Der in solchen Krisenzeiten, wirtschaftlichen Rezessionen und gesellschaftlichen Umbruchsituationen häufig zu beobachtende Geburtenrückgang ließ die bevölkerungspolitischen Motive der Regierungsparteien noch stärker als im kaiserlichen Deutschland hervortreten. Die staatlichen Leistungen für Familien, Schwangere und Mütter wurden deutlich erhöht. Gabriele Metzler nennt das „Wochengeld" sowie die Übernahme der Kosten für eine Entbindung, die Inanspruchnahme einer Hebamme und von nötigen Medikamenten: „Dahinter stand ein ausgesprochen pronatalistischer Grundzug der Weimarer Politik, welche die Sorge um den anhaltenden Geburtenrückgang umtrieb. Gebärfähigkeit und -willigkeit zu erhöhen war deshalb ein besonderes sozial-, ja staatspolitisches Anliegen."[150] Umgekehrt wurden Menschen, die nicht heirateten und keine Familie gründeten, durch Einführung einer „Ledigensteuer" im Juni/Juli 1930 finanziell schlechter gestellt. Art und Weise, wie man damals über die Demografie dachte, nutzten NSDAP und DNVP für ihre parteipolitischen Zwecke aus, indem sie Befürchtungen, Deutschlands „schwindender Volkskörper" könne seine Zukunft gefährden, bis zur Hysterie steigerten, was ihnen die „Machtergreifung" am 30. Januar 1933 erleichterte.

Nach dem Ersten Weltkrieg trat die Erwerbslosenfürsorge an die Stelle der Kriegswohlfahrtspflege. Sie wurde im Falle der Arbeitslosigkeit und der Bedürftigkeit zunächst 26, später 52 Wochen lang gezahlt. Die scharfe Bedürftigkeitsprüfung in der Erwerbslosenfürsorge erfasste nicht nur direkt Betroffene, sondern auch mit dem Antragsteller in einer Wohnung zusammenlebende Verwandte, die nach geltendem Recht gar nicht zum Unterhalt verpflichtet waren.[151] Dadurch wurden keineswegs die Familienbande gestärkt, wie man amtlicherseits hoffte, sondern umgekehrt eher zerstört: Besonders jüngere Arbeitslose, denen man die Unterstützung kürzte oder versagte, zogen von zu Hause aus. Noch schärfer war die Bedürftigkeitsprüfung im Übergang von der Erwerbslosen- zur Wohlfahrtsfürsorge. Regelmäßig wurden 50 Prozent, teilweise sogar bis zu 80 Prozent der Arbeitslosen nicht

---

147   Michael Stolleis, Historische Grundlagen, a.a.O., S. 291

148   Vgl. Werner Abelshauser, Die Weimarer Republik – ein Wohlfahrtsstaat?, in: ders. (Hrsg.), Die Weimarer Republik als Wohlfahrtsstaat. Zum Verhältnis von Wirtschafts- und Sozialpolitik in der Industriegesellschaft, Stuttgart 1987, S. 17

149   Vgl. dazu: Rainer Mackensen (Hrsg.), Bevölkerungslehre und Bevölkerungspolitik vor 1933. Arbeitstagung der Deutschen Gesellschaft für Bevölkerungswissenschaft und der Johann Peter Süßmilch-Gesellschaft für Demographie mit Unterstützung des Max-Planck-Instituts für demographische Forschung, Rostock, Opladen 2002

150   Gabriele Metzler, Der deutsche Sozialstaat, a.a.O., S. 70

151   Vgl. dazu und zum Folgenden: Karl Christian Führer, Arbeitslosigkeit und die Entstehung der Arbeitslosenversicherung in Deutschland 1902-1927, a.a.O., S. 377/388

übernommen, wofür neben den rigiden Maßnahmen der Kommunalverwaltungen zum Schutz ihrer Etats die Scham und Scheu vieler Betroffener verantwortlich war, die als entehrend, wenn nicht anrüchig empfundene Armenpflege in Anspruch zu nehmen.[152]

Kernstück der „produktiven Erwerbslosenfürsorge", die im Oktober 1919 realisiert wurde, waren öffentliche Notstandsarbeiten, zu denen man Arbeitslose zwangsverpflichten konnte. „Als Träger dieser Arbeitsbeschaffungsmaßnahmen kamen nach den Bestimmungen des Reichsarbeitsministeriums fast ausschließlich Körperschaften des öffentlichen Rechts in Frage. In der großen Mehrzahl wurden die Arbeiten von den Gemeinden und Gemeindeverbänden ausgeführt. Sie mussten dem ‚Neubau des Wirtschaftslebens' dienen, volkswirtschaftlich wertvoll sein und zusätzlichen Charakter tragen."[153] Es ging den Behörden hauptsächlich darum, die Arbeitswilligkeit der Antragsteller zu testen und diese im Weigerungsfall von Leistungen auszuschließen. Als die produktive Erwerbslosenfürsorge realisiert wurde, herrschte in der Arbeitsverwaltung wie im Finanzministerium die überaus optimistische, um nicht zu sagen: unrealistische Einschätzung vor, durch das Verlangen einer Gegenleistung würde die Gesamtsumme der Transferleistungen sinken. Schon recht bald kehrte allerdings Ernüchterung bei den Verantwortlichen ein, denn schnell stellte sich heraus, dass die Beschäftigung der Erwerbslosen nicht nur sehr viel mehr kostete als die bloße Unterstützung, sondern auch erheblich mehr, als veranschlagt worden war.[154] Ein Resultat der Kluft zwischen übertriebenen Erwartungen und harter Wirklichkeit bestand darin, dass weniger Notstandsarbeiten finanziert oder dass öffentliche Aufgaben zu solchen umfunktioniert, also reguläre Stellen vernichtet und Arbeitnehmer/innen, die sie sonst besetzt hätten, verdrängt wurden.[155] Im Oktober 1923 wurde zudem die „Pflichtarbeit" eingeführt. Seither sollten die Gemeinden ihre Unterstützung möglichst von einer Arbeitsleistung der Betroffenen abhängig machen, die bis zu 24 Stunden (bei schwerer körperlicher Belastung: bis zu 16 Stunden) wöchentlich dauern durfte.[156] In der Alltagspraxis handelte es sich dabei oft nicht um die Erledigung von „zusätzlichen", sondern von Regelaufgaben. Dies gilt etwa für Bau- und Reinigungsarbeiten der Gemeinden, für die sie zwangsverpflichtete Arbeitslose einsetzten, um Lohnkosten zu sparen, was nicht ohne Kritik blieb. „Weil das vermeintliche Instrument zur Prüfung der Arbeitswilligkeit der Erwerbslosen sich in ein Mittel zur Entlastung der Kommunalhaushalte auf Kosten der sozial schwächsten Bevölkerungsgruppe verwandelte, setzten die Gewerkschaften der Pflichtarbeit wachsenden Widerstand entgegen."[157]

Obwohl mancherlei Rückschläge nicht ausblieben, wurde das System der sozialen Sicherung gegen Mitte der 20er-Jahre in einigen Teilbereichen weiter ausgebaut und komplettiert. Mit dem *Gesetz über Arbeitsvermittlung und Arbeitslosenversicherung* (AVAVG) vom 16. Juli 1927 kam nach heftigen Auseinandersetzungen zwischen Reichsregierung, Gewerkschaften und Unternehmerverbänden die Arbeitslosenversicherung als vierter Versicherungszweig hinzu. Dass es so lange gedauert hatte, war keineswegs versicherungsmathematischen Problemen geschuldet, das Risiko der Arbeitslosigkeit zu kalkulieren. Vielmehr erreichte die Dekommodifizierung der Ware Arbeitskraft damit eine ganz neue Quali-

---

152   Vgl. ebd., S. 427
153   Ebd., S. 508
154   Vgl. Karl Christian Führer, Arbeitslosigkeit und die Entstehung der Arbeitslosenversicherung in Deutschland 1902-1927, a.a.O., S. 511
155   Vgl. ebd., S. 516
156   Vgl. ebd., S. 377
157   Ebd., S. 381

tät, weshalb das Kapital und seine Verbände sich schwer taten, diese Reform zu unterstützen. „Da die Erwerbslosen tendenziell der Notwendigkeit enthoben werden, mit den anderen Arbeitslosen und den noch Arbeitenden in Konkurrenz um die Arbeitsplätze zu treten, wird das Kräfteverhältnis zwischen Arbeitgebern und -nehmern tiefgreifend verändert."[158] Durch den Systemwechsel nahm die Arbeitslosenunterstützung zum ersten Mal überhaupt, wenngleich noch unvollkommen den Charakter einer Lebensstandard-, also nicht nur einer bloßen Existenzsicherung an. Sozialstaatlichkeit war jedoch nie frei von behördlichen Kontroll-, Zwangs- und Disziplinierungsmaßnahmen. Sie schloss z.B. neben der Alimentation von Arbeitslosen immer die Repression gegenüber Leistungsempfänger(inne)n ein, wie auch die Praxis während der Weimarer Republik bewies. Von einer „sozialen Hängematte" konnte im Zusammenhang mit dem Arbeitsnachweis wirklich keine Rede sein. „Die dominierende Rolle der Kontrollmaßnahmen im Alltagsleben der Arbeitslosen zeigt sich schon daran, daß ‚Stempeln' in der Umgangssprache zum Synonym für den Zustand der Arbeitslosigkeit überhaupt wurde."[159] Karl Christian Führer hat in seiner fundierten Untersuchung herausgearbeitet, dass im Übergang von der Fürsorge zur Versicherung keine Lockerung der Kontrolle stattfand.[160]

Unternehmer, Kapitalverbände und wirtschaftsnahe Politiker unterschiedlicher Parteien hegten aber Befürchtungen, dass die Arbeitslosenversicherung zu einer Stärkung der Gewerkschaften führen und außerdem die Arbeitsmotivation der Erwerbslosen schwächen könnte, zumal in- und ausländische Ökonomen entsprechende Argumentationslinien entwickelt hatten, die im Fall einer Konjunkturkrise einen Konfrontationskurs rechtfertigten.[161] Bei der Arbeitslosenversicherung handelte es sich einerseits um die „bedeutsamste" und andererseits um eine „höchst glücklose Errungenschaft" der Weimarer Republik für das deutsche System der sozialen Sicherung.[162] Mit diesem Teilerfolg der Arbeiter- und Gewerkschaftsbewegung war nämlich keine umfassende Demokratisierung des Systems verbunden.

Für die administrative Umsetzung des AVAVG waren 361 Arbeitsämter, 13 Landesarbeitsämter sowie die Reichsanstalt für Arbeitsvermittlung und Arbeitslosenversicherung zuständig, eine Körperschaft des öffentlichen Rechts mit drittelparitätischer Selbstverwaltung, die der Aufsicht des Arbeitsministers unterstand. Da der Winter 1928/29 hart und die Konjunktur nicht stabil war, stieg die Zahl der zu unterstützenden Arbeitslosen so stark, dass die neue Versicherung bereits kurz nach ihrer Gründung in finanzielle Schwierigkeiten geriet. Im Mai 1929 beauftragte die Reichsregierung auf Vorschlag des Arbeitsministers Rudolf Wissell (SPD) eine aus acht Reichstagsabgeordneten und je fünf Vertretern der Tarifvertragsparteien, öffentlichen Körperschaften sowie „Wissenschaft und Praxis" bestehende „Sachverständigenkommission für Fragen der Arbeitslosenversicherung" damit, Vorschläge für eine Reform zu unterbreiten, ohne dass diese unmittelbar Eingang in die Gesetzentwürfe der Regierung fanden.

Letztere konnte das Problem einer sich fast ohne „Erholungspausen" verschärfenden Wirtschafts- und Beschäftigungskrise mit sinkenden Einnahmen des Staates wie der Sozi-

---

158   Karl Christian Führer, Arbeitslosigkeit und die Entstehung der Arbeitslosenversicherung in Deutschland 1902-1927, a.a.O., S. 4
159   Ebd., S. 419
160   Vgl. ebd., S. 423
161   Vgl. Christian Berringer, Sozialpolitik in der Weltwirtschaftskrise. Die Arbeitslosenversicherungspolitik in Deutschland und Großbritannien im Vergleich 1928-1934, Berlin 1999, S. 104f.
162   Siehe Volker Hentschel, Geschichte der deutschen Sozialpolitik (1880-1980), a.a.O., S. 103

alversicherung bei gleichzeitig wachsendem Massenelend nicht lösen. Aufgrund der bestehenden und sich unter Krisenbedingungen noch weiter zugunsten des Kapitals verschiebenden Kräfteverhältnisse wurden die (An-)Rechte von abhängig Beschäftigten wie Arbeitslosen schrittweise abgebaut, während die Unternehmensgewinne unangetastet blieben. In der öffentlichen und Fachdiskussion herrschte die Forderung nach Kürzung der Lohnersatzleistungen sowie der Bezugsdauer bei gleichzeitiger Verlängerung der Sperrzeiten vor. Neben dem „Stempeln" spielte die „Aussteuerung" im Leben der Arbeitslosen daher eine Hauptrolle. Gemeint war hiermit das nach verkürzten Fristen erfolgende Herabsinken von einem höheren in ein niedrigeres Unterstützungssystem, was nicht nur hieß, weniger Geld zur Verfügung zu haben und sich wie seine Familie immer schlechter ernähren zu können, sondern auch, einen weiteren Statusverlust zu erleiden.

Gleichwohl beschritten Politik, Wirtschaft und Wissenschaft diesen Weg. Dabei verwechselte man die Beschleunigung der doppelten Aussteuerung (von der Arbeitslosenunterstützung der Versicherung über die im November 1926 als soziale Auffangstation eingerichtete und hauptsächlich vom Reich getragene Krisenfürsorge zur kommunalen Wohlfahrtshilfe) mit einer Konsolidierung des bestehenden Unterstützungssystems und des Staatshaushalts. Das sozialpolitische Denken dieser Periode blieb weitgehend den Schlüsselbegriffen und Konzeptionen der Vorkriegszeit verhaftet: „Im Gefolge der Wirtschaftskrise, als es um die Frage ging, ob es nicht notwendig sei, soziale Errungenschaften wieder preiszugeben, wurde dieses Denken dann geradezu reaktionär im Sinne einer Rückkehr zu den ‚originär' Bismarckschen Maximen, die nun vielfach volkstumspolitisch aufgeladen wurden."[163]

2.2.2   Volkswirtschaft, Wohlfahrtsstaat und Demokratie im Niedergang

Schon bei ihrer Gründung war absehbar, dass die Weimarer Republik mit einem gut funktionierenden System der sozialen Sicherung stand und fiel, weil manche Bevölkerungsgruppen, die der Monarchie aus traditioneller Verbundenheit nachtrauerten, durch eine Verbesserung ihrer materiellen Situation für die Demokratie erst gewonnen und dann bei der Stange gehalten werden mussten. Ohne ausreichendes Wachstum, einen größeren Wohlstand für breite Schichten und berufliche Aufstiegschancen seiner Bürger/innen blieb das demokratische Gemeinwesen ohne solides Fundament.

Kaum ging die Periode der relativen Stabilisierung (1924 bis 1928) zu Ende, da nahmen die sozialen bzw. Klassenauseinandersetzungen mit Streiks und Aussperrungen in der Metallindustrie wieder an Schärfe zu. Wie der sog. Ruhreisenstreit im November/Dezember 1928 erstmals zeigte, war vor allem die westdeutsche Schwerindustrie nicht mehr bereit, sich staatlichen Schiedssprüchen zu unterwerfen, womit sie den Gründungskonsens der Weimarer Republik praktisch aufkündigte. Anfänglich gerieten übertarifliche, später auch die Tariflöhne unter massiven Druck. Gleichzeitig begann mit der immer wieder auflebenden Diskussion über die wachsenden „Soziallasten" ein argumentativer Sturmlauf gegen den Wohlfahrtsstaat. Hauptträger dieser Angriffe waren Großindustrielle des Ruhrgebiets, die hofften, das Versicherungs- durch das Fürsorgeprinzip ersetzen, sich einer paritätischen

---

163   Lothar Machtan, Einleitung, a.a.O., S. 20

Finanzierung des Sozialsystems entziehen und ihre Gewinne auf diese Weise steigern zu können.[164]

Wie die steigende Massenarbeitslosigkeit, mehr noch jedoch der sukzessive Abbau des Sozialstaates die junge Demokratie untergruben, war ein Lehrstück der historisch-politischen Bildung. Besonders interessant sind zum Teil frappierende Parallelen zwischen damals und heute. So hieß ein Wortführer der parteienübergreifenden Bewegung zur Zerschlagung des Weimarer Sozialsystems – man höre und staune – Gustav *Hartz*. Den im Unternehmerlager favorisierten Privatisierungsplänen entsprechend, schlug dieser deutschnationale Kritiker in seinem Buch „Irrwege der deutschen Sozialpolitik und der Weg zur sozialen Freiheit" schon 1928 vor, die Sozialversicherung à la Bismarck durch persönliches Zwangssparen zu ersetzen.[165] Damals galt übrigens Australien, heute Pionier bei den (nachgelagerten) Studiengebühren, mit einer steuerfinanzierten Minimalversorgung aller Staatsbürger/innen als *das* Vorbild der „Modernisierer" des hiesigen Sozialversicherungssystems.

Über bis zur eher kuriosen Namensgleichheit von Hauptakteuren reichenden Gemeinsamkeiten dürfen die gravierenden Unterschiede zwischen Gegenwart und Vergangenheit aber nicht übersehen werden. Es gab in der Weimarer Republik nur einen ansatzweise entwickelten Wohlfahrtsstaat, was für die über 6 Millionen offiziell registrierten Erwerbslosen auf dem Höhepunkt der Weltwirtschaftskrise hieß, dass ihre Lage viel dramatischer war als die der Betroffenen heute. Sie und ihre Familien hatten oft nichts zu essen und lebten unter Elendsbedingungen. Zudem war die Arbeitslosenquote mehr als doppelt so hoch wie in der Gegenwart und auch die Weltmarktdynamik längst nicht so ausgeprägt. Während die Ökonomen ähnliche Rezepte zur Lösung der Beschäftigungskrise wie heute vertraten,[166] unterschieden sich die Sozialstruktur und die gesellschaftlichen Kräfteverhältnisse umso deutlicher von den aktuell bestehenden Machtkonstellationen. Auch waren die Großunternehmen der Zwischenkriegszeit noch nicht annähernd so stark in die Weltwirtschaft integriert wie transnationale Konzerne heute. Deshalb war seinerzeit von der „Globalisierung" und ihren Folgen für das System der sozialen Sicherung auch noch keine Rede, wenngleich es Anfänge einer Internationalisierung der Kapitalmärkte gab und sich die negativen Folgen des „Schwarzen Freitags" an der New Yorker Börse im Oktober 1929 fast überall bemerkbar machten.

Während der Weltwirtschaftskrise 1929/33 zerbrach nicht nur der gesellschaftspolitische Basiskonsens zwischen den Klassen bzw. deren organisierter Interessenrepräsentanz, Arbeitgeberverbänden und Gewerkschaften, sondern im März 1930 auch die Große Koalition, deren beide Flügelparteien keine Einigung über den Weg zur finanziellen Konsolidierung der Arbeitslosenversicherung erzielten. Die unternehmernahe DVP bestand auf einer Kürzung von Leistungen, wohingegen die SPD-Fraktion im Unterschied zu ihrem Reichskanzler Hermann Müller und seinen Ministerkollegen nur eine Anhebung der Beiträge (damaliger Satz: 3,5 Prozent) unterstützte. In heutiger Diktion würde man sagen, dass die Beitragssatzstabilität bei den bürgerlichen Koalitionären absolute Priorität genoss, weil die Erhöhung der Lohnnebenkosten verhindert und die internationale Wettbewerbsfähigkeit des Wirtschaftsstandorts Deutschland nicht gefährdet werden sollte.

---

164   Vgl. Ludwig Preller, Sozialpolitik in der Weimarer Republik, a.a.O., S. 521
165   Vgl. Gustav Hartz, Irrwege der deutschen Sozialpolitik und der Weg zur sozialen Freiheit, Berlin 1928; erläuternd und kritisch dazu: Ludwig Preller, Sozialpolitik in der Weimarer Republik, a.a.O., S. 331 und 460
166   Vgl. kritisch dazu: Gustav A. Horn, Die deutsche Krankheit – Sparwut und Sozialabbau. Thesen gegen eine verfehlte Wirtschaftspolitik, München/Wien 2005

Nachdem maßgebliche Kräfte die Sozialdemokratie aus der Reichsregierung verdrängt hatten, war die Rechtsentwicklung des Weimarer Staates vorprogrammiert. In kürzer werdenden Abständen folgten der Regierung Müller immer weniger legitimierte (Präsidial-) Kabinette, die zwar kein Konzept zur Krisenbewältigung hatten, aber die sozialen Grundrechte der Arbeitnehmer/innen und Erwerbslosen mit rasantem Tempo beschnitten sowie den Wohlfahrtsstaat und die Demokratie demontierten. Man hat rückblickend den Eindruck, dass die Weimarer Republik und ihr Sozialsystem bewusst zugrunde gerichtet wurden, wobei die „Reform der Arbeitslosenversicherung" ganz oben auf der Agenda stand. Aufgrund der wachsenden Massenarbeitslosigkeit und entsprechender Beitragsausfälle stieg der Beitragssatz auf 6,5 Prozent. Er war damit genauso hoch wie heute. Mittels einer politischen Salamitaktik wurden die Leistungen durch schrittweise Kürzung der Unterstützung bei gleichzeitiger Ausdehnung der Wartezeiten und Sperrfristen für Arbeitslose beschnitten, worunter die Akzeptanz des Sozialstaates insgesamt litt, weil er seine Hauptfunktion kaum noch zu erfüllen vermochte. „Je mehr die soziale Sicherung in der Krise gefordert war, um so weniger Sicherheit konnte sie bieten. So erschien der Wohlfahrtsstaat vielen nurmehr als aufgeblähter bürokratischer Apparat, der mehr seiner Selbsterhaltung als den Interessen der notleidenden Bevölkerung diente."[167]

Nach dem Scheitern der Koalitionsregierung von SPD, DVP, Zentrum, DDP und BVP wurde die Weimarer Republik immer weniger parlamentarisch-demokratisch, sondern aufgrund fehlender Reichstagsmehrheiten für die folgenden Kabinette mittels Notverordnungen regiert. Unter dem christlichen Gewerkschafter und Zentrumspolitiker Heinrich Brüning, der vom 30. März 1930 bis zum 1. Juni 1932 Reichskanzler war, verschärfte ein Austeritätskurs der Regierung die Wirtschaftskrise noch mehr. Brüning hoffte auf die „Selbstheilungskräfte" des Marktes, während seiner Ansicht nach das Geld für Konjunkturprogramme fehlte, zumindest so lange, wie die Reparationsverpflichtungen des Versailler Vertrages bestanden. Durch den neoklassischen Mainstream der Nationalökonomie bestärkt, drang Brüning auf mehr Zurückhaltung in der Lohnpolitik sowie bei den Staatsausgaben, wovon er sich eine Sanierung des Budgets und eine Reaktivierung der Wirtschaft versprach. Diese litt aber unter der fehlenden Nachfrage, die zu den nötigen Erweiterungsinvestitionen und damit neuen Arbeitsplätzen hätte führen können.

Mit der Schwächung des Tarif- und Schlichtungswesens, dem Abbau der Arbeitslosenversicherung und der als „Sonderopfer des öffentlichen Dienstes" deklarierten Senkungen von Beamtengehältern und -pensionen begann unter Brüning ein Rückzug des Sozialstaates, der die Demokratie untergrub und den Weg zur NS-Diktatur ebnete. Dabei verschärfte eine hauptsächlich für die Exportbranchen vorteilhafte Deflationspolitik die Wirtschafts- und Beschäftigungskrise. Erschreckend sind historische Parallelen zur Gegenwart, gleichen doch Vorschläge, mit denen Unternehmerverbände und Politiker heute das System der sozialen Sicherung „verschlanken" wollen, den schon damals diskutierten bzw. ergriffenen Maßnahmen teilweise bis ins Detail. Dies gilt z.B. für die Reform des Föderalismus, den Bürokratieabbau, die Schwächung des Tarifvertragssystems bzw. des staatlichen Schlichtungswesens, die Erleichterung von Kündigungen und die Liberalisierung des Ladenschlusses, mit denen man die Wirtschaft bzw. ihre Konkurrenzfähigkeit auf dem Weltmarkt stärken wollte, genauso wie für Lohn- bzw. Gehaltssenkungen, unter denen die Binnenkaufkraft zu leiden hatte, und die Verlängerung der Wochenarbeitszeit.

---

167   Christoph Sachße/Florian Tennstedt, Der Wohlfahrtsstaat im Nationalsozialismus. Geschichte der Armenfürsorge in Deutschland, Bd. 3, Stuttgart/Berlin/Köln 1992, S. 19

Brünings nur ein halbes Jahr lang amtierender Nachfolger Franz von Papen stützte sich unverhohlen auf Vorschläge der (Schwer-)Industrie, die eine Entrechtung der abhängig Beschäftigten und eine Entmachtung ihrer Gewerkschaften anstrebte. Übereinstimmend erklärten beide Reichskanzler zwar, den Sozialstaat durch Reformen in der Substanz erhalten zu wollen, demontierten ihn aber Schritt um Schritt, was seiner weiteren Zerstörung eher Vorschub leistete. „Brüning und von Papen folgten der sich verstärkt politisch zu Wort meldenden neoklassischen Wirtschaftstheorie, wonach der Staat nur die Option habe, seine Ausgaben der immer restriktiveren Einnahmeseite anzupassen und dabei durch Steuerzurückhaltung gegenüber der Wirtschaft, geringe Löhne und Sozialabgaben die Angebotsbedingungen der Wirtschaft zu verbessern."[168]

Franz von Papen sah im Wohlfahrtsstaat eine Gefahr für die wirtschaftliche Prosperität, das deutsche Volk, dessen (Arbeits-)Moral und die staatliche Ordnung, was eine Stellungnahme dokumentiert, die er unmittelbar nach seinem Amtsantritt am 4. Juni 1932 abgab: „Die Nachkriegsregierungen haben geglaubt, durch einen sich ständig steigernden Staatssozialismus die materiellen Sorgen dem Arbeitnehmer wie dem Arbeitgeber in weitem Maße abnehmen zu können. Sie haben den Staat zu einer Art Wohlfahrtsstaat zu machen versucht und damit die moralischen Kräfte der Nation geschwächt."[169] Noch am selben Tag löste Reichspräsident Paul von Hindenburg den Reichstag auf und schrieb Neuwahlen für den 31. Juli 1932 mit der Begründung aus, dass dieser „nach dem Ergebnis der in den letzten Monaten stattgehabten Wahlen zu den Landtagen der deutschen Länder" nicht mehr dem politischen Willen des deutschen Volkes entspreche.[170] Gemeint waren die Resultate der Wahlen in Preußen, dem mit Abstand größten Land, in Bayern, Württemberg, Hamburg und Anhalt am 24. April sowie in Oldenburg am 29. Mai 1932, wo die NSDAP jeweils klar hinzugewonnen hatte und nun sogar teilweise den Ministerpräsidenten stellte. Mit dem sog. Preußenschlag (Auflösung der Regierung Braun/Severing sowie Einsetzung von Papens als Ministerpräsident und eines Reichskommissars als Innenminister) verlor die SPD am 20. Juli 1932 ihre wichtigste Machtbastion, was die Entmachtung der Arbeiter- und Gewerkschaftsbewegung im Frühjahr 1933 vorbereitete und stark erleichterte.

Die sozialpolitische Agonie der Weimarer Republik begann mit einer Kontroverse um die Sanierung der Arbeitslosenversicherung. Sowohl zwischen den gesellschaftlichen Interessengruppen bzw. den Verbänden von Unternehmern und Beschäftigten wie auch zwischen den Gebietskörperschaften war heftig umstritten, wem die enormen Kosten der Massenarbeitslosigkeit aufgebürdet werden sollten. Das deutsche Unterstützungssystem war dreigliedrig: Versicherte, die erwerbslos wurden, erhielten zunächst höchstens 26 Wochen lang Arbeitslosenhilfe (Hauptunterstützung) und Familienzuschläge für ihre engsten Angehörigen. Danach gab es im Falle der Bedürftigkeit gleichfalls 26, später sogar 52 Wochen lang Krisenfürsorge, bevor die allgemeine Wohlfahrt (der Gemeinden) einsprang. Während das Reich erwerbsfähige Arbeitslose unterstützte, die keine Versicherungsleistungen mehr erhielten, oblag den Gemeinden die Wohlfahrtsunterstützung, in deren Genuss nicht oder nur eingeschränkt Erwerbsfähige kamen. Man sprach von Hauptunterstützungsempfängern, Krisenfürsorgeempfängern und Wohlfahrtserwerbslosen. „Schon 1932 fiel etwa die Hälfte

---

168   Jürgen Boeckh/Ernst-Ulrich Huster/Benjamin Benz, Sozialpolitik in Deutschland, a.a.O., S. 77
169   Kundgebung der Reichsregierung v. Papen vom 4. Juni 1932, zit. nach: Werner Abelshauser, Die Weimarer Republik – ein Wohlfahrtsstaat?, a.a.O., S. 10
170   Siehe Verordnung des Reichspräsidenten über die Auflösung des Reichstags. Vom 4. Juni 1932, RT-Drs. V/1591

aller offiziell arbeitslos gemeldeten Arbeiter und Angestellten unter die Wohlfahrtserwerbslosen, also unter jene Gruppe, der es – örtlich variierend – am weitaus schlechtesten ging."[171]

Innerhalb des dreigliedrigen Systems kam es zu Umschichtungen, die Finanzierungsschwierigkeiten entsprachen, aber auch unterschiedlichen Interessenlagen der Hauptakteure und Machtverschiebungen entsprangen, die nicht zuletzt der steigenden Arbeitslosigkeit geschuldet waren. Gab es anfangs sogar Bemühungen, die kommunale Erwerbslosen- in der staatlichen und teilweise aus Versicherungsmitteln finanzierten Krisenfürsorge aufgehen zu lassen, dominierten ungefähr seit dem Jahreswechsel 1930/31 Bestrebungen, die Krisenunterstützung mit der Wohlfahrtsfürsorge unter einheitlicher Verwaltung der Gemeinden zu verschmelzen. Am Ende des zuletzt genannten Jahres kursierten Pläne der Kommunen wie der Arbeitgeberverbände, alle Zweige des bestehenden Unterstützungssystems auf der Grundlage des (für die Erwerbslosen kargen und sie entrechtenden) Fürsorgeprinzips zusammenzulegen. Man führte zur Begründung die mangelnde Transparenz und die Schwerfälligkeit des gegliederten Systems sowie die Kostspieligkeit einer Versicherungslösung an.

Christian Berringer spricht im Kontext des tiefgreifenden Stimmungsumschwungs zum Nachteil der Arbeitslosen von einem „Paradigmawechsel", für den er folgende Gründe nennt: „Als realpolitische Voraussetzung wirkte sich der offenkundige Wille des Reiches aus, die finanzielle und sozialpolitische Verantwortung für die Arbeitslosenunterstützung auf die kommunalen Institutionen zu übertragen; zweitens sahen Arbeitgeber und andere Kritiker die finanzielle Krise von Arbeitslosenunterstützung und Krisenunterstützung als Zeichen für eine Überlegenheit der Fürsorgelösung; drittens zeigten Städte und Gemeinden, die zwar unter der Last der Erwerbslosenfürsorge litten, gleichwohl den Ehrgeiz und den Willen, ihre vor 1927 ausgeübte Kompetenz im Bereich der Versorgung von Arbeitslosen wieder aufzugreifen, da sie diese Aufgabe effektiver und billiger als das staatliche System der Krisenunterstützung in der Verwaltung der Reichsanstalt und ihrer Arbeitsämter erfüllen könnten."[172]

Da die Arbeitslosen wegen der Wirtschaftskrise immer schneller (aus der staatlichen Krisenfürsorge) „ausgesteuert" wurden, stiegen die finanzielle Belastung und die Verschuldung der Kommunen seit 1929/30 ganz enorm. „Der Grundsatz, alle arbeitsfähigen Arbeitslosen von der gemeindlichen Fürsorge fernzuhalten, zerbrach (...) an der Finanzlage des Reichs. Damit wurde die *Finanzkrise im Reichshaushalt zwangsläufig und unmittelbar in die Haushalte der Gemeinden hineingetragen.*"[173] Sowohl die öffentliche Reformdebatte wie auch die Regierungspolitik verschoben sich immer stärker von einer Fusion der beiden Fürsorgesysteme auf dem (niedrigeren) Niveau der Wohlfahrtshilfe in Richtung einer Preisgabe des Versicherungsprinzips. Dezentralisierung und Kommunalisierung der Arbeitslosenunterstützung führten fast zwangsläufig zu einer sozialen Nivellierung nach unten, die damit meistenteils auch bezweckt war.

In der ersten Verordnung des Reichspräsidenten „zur Behebung finanzieller, wirtschaftlicher und sozialer Notstände", die 1 Monat nach Auflösung des Parlaments am 26. Juli 1930 erlassen wurde, ergänzten sich Steuererhöhungen einerseits sowie Leistungskürzungen im Bereich der Arbeitslosen- und Krankenversicherung andererseits. Obwohl das zuständige Reichsarbeitsministerium noch einen weiteren Ausbau der Krankenversicherung

171   Jürgen W. Falter, Hitlers Wähler, München 1991, S. 292
172   Christian Berringer, Sozialpolitik in der Weltwirtschaftskrise, a.a.O., S. 474
173   Ludwig Preller, Sozialpolitik in der Weimarer Republik, a.a.O., S. 421 (Hervorh. im Original)

vorgeschlagen hatte, dominierten „*Spar*bemühungen", die eine Mehrbelastung der Versicherten durch eine Krankenscheingebühr und einen Arzneimittelbeitrag hervorbrachten.[174] Eine weitere Notverordnung vom 1. Dezember 1930 beinhaltete u.a. eine Erhöhung der Tabaksteuer, während die Vermögen-, Grund- und Gewerbesteuer gesenkt wurden.

Kurzfristig wurde im Frühjahr 1931 eine meist nach ihrem Vorsitzenden, dem früheren langjährigen Arbeitsminister Heinrich Brauns benannte „Gutachterkommission zur Arbeitslosenfrage" gebildet.[175] Ihre zehn Mitglieder, die innerhalb weniger Monate drei Berichte (zur Arbeitszeitfrage und zum sog. Doppelverdienertum, zur Arbeitsbeschaffung sowie zur Arbeitslosenhilfe) unterbreiteten, ohne damit viel Wirkung zu erzielen, kamen aus Verwaltung und Wissenschaft. Dies kann als weiteres Indiz dafür gelten, dass immer stärker expertokratisch statt demokratisch agiert und am Parlament vorbei regiert wurde. Statt die Vorlage sämtlicher Gutachten abzuwarten und die Abgeordneten damit zu befassen, brachte die Reichsregierung eine weitere Notverordnung „zur Sicherung von Wirtschaft und Finanzen" auf den Weg, die am 5. Juni 1931, an eben jenem Tag, als die Sachverständigenkommission ihr letztes Einzelgutachten herausgab, erlassen wurde. Sie enthielt ein ganzes Paket drastischer Kürzungen bei der Arbeitslosenhilfe und der Krisenfürsorge, die Einführung der Bedürftigkeitsprüfung für Frauen und Jugendliche, eine Verlängerung der Wartezeiten sowie eine Begrenzung der Anrechnungszeiten für die Leistungsfestsetzung.

Nach dem Zusammenbruch der österreichischen Credit-Anstalt am 11. Mai 1931 geriet Deutschland in den Strudel einer internationalen Banken- und Währungskrise, die das Heer der Arbeitslosen überall weiter vergrößerte. Je weniger sie Herr der riesigen ökonomischen und sozialen Probleme waren, umso häufiger griffen die Präsidialregime zum Mittel der Notverordnung. Sukzessive setzten sie das (damals noch wenig entwickelte) System der sozialen Sicherung außer Kraft, kündigten allerdings bei jeder Reformmaßnahme an, nach diesem für Großteile der Bevölkerung schmerzhaften Eingriff werde die Wirtschaft wieder Tritt fassen. Ludwig Preller, der die Konjunkturabhängigkeit sozialpolitischer Aktivitäten des Staates in einer kapitalistischen Gesellschaft hervorhebt, erklärt die Demontage des Wohlfahrtsstaates in erster Linie mit dem dramatischen Beschäftigungsrückgang und einer daraus beinahe zwangsläufig resultierenden Schwäche der Gewerkschaften im Kampf gegen die Großindustrie. „Wirtschaftsschläge wie der Bankenkrach von 1931, die Weltwirtschaftskrise und die ungeheuerliche Entwicklung der Arbeitslosigkeit mußten sich unter diesen Umständen katastrophal für die Weimarer Sozialpolitik auswirken, sie trafen schließlich nicht zuletzt über die Sozialpolitik den Nerv der Weimarer Demokratie."[176]

Die sozialdemokratische Reichstagsfraktion trug in der Opposition sogar Gesetzesvorhaben mit, die deutliche Verschlechterungen für von ihr repräsentierte Bevölkerungsschichten beinhalteten. „Je mehr sich die SPD, besonders dann unter Brüning, mit der Mitverantwortung für unpopuläre Maßnahmen belastete, desto geringer wurde ihre Gefolgschaft unter den Wählern, desto mehr entfremdeten sich ihr die jugendlichen Arbeitnehmer."[177] Die sozialdemokratische Tolerierungspolitik zahlte sich keineswegs aus, trug vielmehr zur massenhaft verbreiteten Enttäuschung über die reformistische Arbeiterpartei und das Par-

---

174   Vgl. ebd., S. 472
175   Vgl. hierzu und zum Folgenden: Christian Berringer, Sozialpolitik in der Weltwirtschaftskrise, a.a.O., S. 240f.
176   Ludwig Preller, Sozialpolitik in der Weimarer Republik, a.a.O., S. 512
177   Ebd., S. 180

teiensystem der Weimarer Republik insgesamt bei. Ganz ähnlich verhielt es sich bei den Freien Gewerkschaften, deren Mitgliederzahl nicht nur aufgrund der ständig wachsenden Arbeitslosigkeit und dadurch bedingter Austritte rapide sank. Viele aktive Gewerkschafter/innen wandten sich von der SPD ab, fühlten sich aber auch von der ADGB-Spitze nicht konsequent repräsentiert. Hier lag einer der Gründe für das Scheitern der Weimarer Republik, die zunächst Hoffnungen in Bezug auf Wirtschaftsdemokratie, mehr Mitbestimmung und Entfaltung von Gegenmacht durch das Proletariat geweckt hatte. Schließlich gab es bei den Erwerbslosen ein höheres Maß an Wahlabstinenz, wenn sie nicht für die KPD und – in sehr viel geringerem Umfang als häufig angenommen – für die NSDAP votierten.[178]

Seit man die SPD aus der Regierung hinausgedrängt hatte, war die Wohlfahrtsstaatsentwicklung nur noch durch Stillstand und Rückschritt gekennzeichnet. „Konstruktive Neuansätze im sozialpolitischen Bereich hat es in der Ära Brüning sowie in den Kabinetten Papen und Schleicher nicht mehr gegeben, eher im Gegenteil. Wo der politische Wille fehlte, mußte der deutsche Sozialstaat unter dem Druck der ökonomischen Krise versagen; der strenge Deflationskurs war mit groß angelegten Programmen staatlicher Arbeitsbeschaffung und Konjunkturbelebung nicht vereinbar."[179] Dort dürfte denn auch ein Kardinalfehler der Wirtschaftspolitik dieser Zeit zu suchen sein: Sie setzte auf die Verbesserung der Angebotsseite und ließ die Nachfrageseite weitgehend unberücksichtigt.

Am 14. Juni 1932 höhlte Reichskanzler von Papen das Unterstützungssystem für Arbeitslose weiter aus, ohne es allerdings formal abzuschaffen. Durch die *Verordnung des Reichspräsidenten über Maßnahmen zur Erhaltung der Arbeitslosenhilfe und der Sozialversicherung sowie zur Erleichterung der Wohlfahrtslasten der Gemeinden* wurden die Struktur (Einführung der Bedürftigkeitsprüfung in die Arbeitslosenversicherung) und das Leistungsniveau der drei Systeme noch mehr angeglichen. Papen bediente sich desselben Mittels wie sein Vorgänger, um den noch von diesem gegründeten Freiwilligen Arbeitsdienst (besonders für Jugendliche) auszuweiten, den Versicherungscharakter der Arbeitslosenversicherung de facto aufzuheben und die Selbstverwaltung der Reichsanstalt zu stutzen. Ludwig Preller sah darin die Verwirklichung des Kanzlerwunsches nach einer autoritären Führung: „Gedenkt man schließlich noch des Vorgehens Papens zur Lockerung der Tarifverträge, also auf Beseitigung eines entscheidenden Faktors der Weimarer Sozialpolitik, so wird ersichtlich, in wie hohem Maße sich Papen zum Vollstrecker der Bestrebungen der Schwerindustrie gegen das Wesen der Weimarer Sozialpolitik machte."[180]

Werner Abelshauser beschreibt, wie sich damals der soziale Abstieg einer durchschnittlichen Familie gestaltete: „Ein arbeitsloser Facharbeiter mit drei Angehörigen erhielt im Sommer 1932 nach einer Wartezeit von 14 Tagen wöchentlich rund 17.- RM und damit etwa 50 vH seines zuvor verdienten Lohnes. Gegenüber dem 1929 erzielten Einkommen kam dies einem realen Kaufkraftverlust von etwa 60 vH gleich. Nach 26 Wochen wurde der Arbeitslose aus der Versicherung ‚ausgesteuert' und bezog in der Regel für 32 Wochen von der Krisenfürsorge eine noch geringere Unterstützung, bis er schließlich zum ‚Fall' für die kommunale Erwerbslosenwohlfahrt wurde, deren Sätze sich an diejenigen der Armenfürsorge anlehnten."[181] Schließlich wurde die (dem heutigen Arbeitslosengeld I entsprechende)

---

178   Vgl. Jürgen W. Falter, Hitlers Wähler, a.a.O., S. 311
179   Gabriele Metzler, Der deutsche Sozialstaat, a.a.O., S. 86
180   Ludwig Preller, Sozialpolitik in der Weimarer Republik, a.a.O., S. 521
181   Werner Abelshauser, Macht oder ökonomisches Gesetz? – Sozialpolitik und wirtschaftliche Wechsellagen vom Kaiserreich zur Bundesrepublik, in: Georg Vobruba (Hrsg.), Der wirtschaftliche Wert der Sozialpolitik, Berlin 1989, S. 19

Arbeitslosenhilfe höchstens 6 Wochen lang gezahlt, sodass weniger als 10 Prozent der registrierten Arbeitslosen sie überhaupt noch erhielten. Die mit dem heutigen Arbeitslosengeld II vergleichbare, ursprünglich als Brücke zwischen Arbeitslosenhilfe und Armenfürsorge gedachte Krisenunterstützung durfte nunmehr das Niveau der Fürsorgeleistung nicht mehr überschreiten.[182]

Schon damals wollte man die Wettbewerbsfähigkeit der deutschen Industrie durch eine „*Spar*politik" bei den Löhnen und in den öffentlichen Haushalten wiederherstellen bzw. spürbar erhöhen. Als das nur noch halbdemokratische Regierungs- und Parteiensystem diese Aufgabe gegen Ende der Weimarer Republik trotz drastischer Beschneidung vieler Sozialleistungen nicht erfüllte, drängten einflussreiche Industrie- und Bankenkreise auf eine Kabinettsbeteiligung der NSDAP, die am 31. Juli 1932 zur stärksten Partei geworden war und ihren größten Wahlsieg gefeiert, bei der Novemberwahl desselben Jahres aber erstmals auch wieder Stimmen verloren hatte. Generalleutnant Kurt von Schleicher, der Reichspräsident Paul von Hindenburg sehr nahe und für eine „Querfrontstrategie" (Bündnis aller im nationalkonservativen Sinne „wohlmeinenden" Kräfte, unabhängig von deren Lagerzugehörigkeit) stand, setzte in seiner kurzen, nur vom 3. Dezember 1932 bis zum 30. Januar 1933 dauernden Amtszeit keine sozialpolitischen Akzente mehr.

2.2.3 Zentralisierung, Entdemokratisierung und Ethnisierung des Sozialstaates unter Adolf Hitler

Nach der Ernennung Adolf Hitlers zum Reichskanzler am selben Tag entstand eine faschistische Diktatur, in der das Soziale den Expansionsgelüsten und Weltmachtambitionen des Führerstaates untergeordnet war, wohingegen die Interessen von Unterprivilegierten, sozial Benachteiligten und ärmeren „Volksgenossen" an sozialer Sicherheit und mehr Gerechtigkeit höchstens deklaratorisch Berücksichtigung seitens der Reichsregierung fanden.

Michael Stolleis stellt die Kontinuität zwischen der Sozialpolitik früherer Präsidialkabinette und jener der Regierung Hitler/von Papen/Hugenberg heraus. Teilweise knüpfte das NS-Regime geschickt an Einrichtungen und Planungen der Weimarer Republik (Reichsarbeitsdienst, Autobahnbau, Hilfswerk „Mutter und Kind", Winterhilfswerk des Deutschen Volkes, Nationalsozialistische Volkswohlfahrt) an und lud sie durch die „Inszenierung eines kollektiven Aktionismus" propagandistisch auf: „Die neue ‚Volksgemeinschaft' schien die alten Klassenschranken überwinden zu können, wozu nicht wenig beitrug, dass sich die führenden Politiker als ‚Männer aus dem Volke' zu präsentieren vermochten. Was ‚deutscher Sozialismus' genannt wurde, bestand aus der Entmachtung der Arbeiterbewegung, verbunden mit ideologischen und materiellen Werbegeschenken gegenüber der Arbeiterschaft, aus intakten, durch Beseitigung der Gewerkschaften sogar gestärkten Strukturen der Privatwirtschaft, verbunden mit gewissen, aber nicht die Substanz berührenden Beschränkungen durch die Parole ‚Gemeinnutz geht vor Eigennutz'."[183] Wirtschafts- und sozialpolitisch vollzog man gleichwohl einen Paradigmawechsel: „Nicht soziale Sicherung des einzelnen war bezweckt, sondern konsequente Funktionalisierung der Leistungsfähigkeit des einzelnen für die Zwecke des Regimes."[184] Die nach Auffassung des NS-Regimes unpro-

---

182   Vgl. Diether Döring, Sozialstaat, a.a.O., S. 27
183   Michael Stolleis, Historische Grundlagen, a.a.O., S. 310
184   Christoph Sachße/Florian Tennstedt, Der Wohlfahrtsstaat im Nationalsozialismus, a.a.O., S. 57

duktiven Mitglieder der „Volksgemeinschaft" wurden weitgehend von Transferleistungen ausgeschlossen oder gar „ausgemerzt", was zur Verfolgung körperlich und geistig behinderter Menschen führte, aber auch negative Konsequenzen für Ältere hatte, die auf Hilfe angewiesen waren.[185]

In gewisser Hinsicht stellte die Behandlung der „sozialen Frage" im sog. Dritten bzw. Großdeutschen Reich eine Wiederaufnahme und modifizierte Fortführung des kaiserlichen Sozialimperialismus dar: „In beiden Fällen ging es darum, sozialen, das hieß in der NS-Zeit auch: biologischen Sprengstoff zu vermeiden, um für die kommenden geopolitischen Auseinandersetzungen ‚fit' zu sein."[186] Michael Stolleis sieht die „rassistische Komponente" der NS-Sozialpolitik in einer „Biologisierung" dieses Politikfeldes,[187] bei der man sich an sozialdarwinistischen und eugenischen Irrlehren orientierte, die bereits im Kaiserreich wie in der Weimarer Republik populär gewesen waren. Man könnte auch von einer umfassenden Ethnisierung des Wohlfahrtsstaates sprechen, durch welche die Nationalsozialisten den „Volkskörper" gesund und die „arische Rasse" rein erhalten wollten. Kein „artfremdes Blut" sollte geduldet und minderwertiges Erbgut ausgemerzt werden.

Während sich die patriarchalisch-chauvinistischen, ständisch-paternalistischen und sozialpatriotisch-autoritären Züge des Wohlfahrtsstaates im Nationalsozialismus noch stärker als im wilhelminischen Kaiserreich ausprägten, wurden alle universalistischen, emanzipatorischen und progressiven Elemente, die er gleichfalls besaß, unterdrückt bzw. zurückgedrängt. Einen grundlegenden Bruch mit dem bestehenden Sozialsystem gab es nicht: „Der nationalsozialistische Sozialstaat führte vielmehr – wenn auch in zweifellos radikalisierter Form – bestehende Ansätze fort; genuin Neues im System sozialer Sicherungen wurde während der NS-Zeit kaum eingeführt, sondern die sozialstaatlichen Strukturen (wurden; *Ch.B.*) allenfalls in das spezifische Herrschaftssystem des Nationalsozialismus eingepaßt."[188] DAF-Führer Robert Ley entwickelte 1940 einen Plan, der die beitragsfinanzierte Altersversicherung durch ein steuerfinanziertes Versorgungsmodell ersetzen wollte und deutliche Parallelen zum etwas später vorgelegten Beveridge-Plan aufwies,[189] im Unterschied zu diesem aber nicht realisiert wurde.

Auf wirtschafts- und sozialpolitischem Gebiet gab es nach der „Machtergreifung", die mehr einer freiwilligen Regierungsübergabe durch konservative Kreise des Großbürgertums, des Adels, des Offizierskorps und der Hochfinanz glich, keinen radikalen Bruch oder abrupten Kurswechsel, denn die Nazis setzten hauptsächlich fort oder um, was ihre Amtsvorgänger begonnen und geplant hatten: „In den meisten Bereichen der Sozialpolitik konnten sie sich unmittelbar auf die bereits vollzogene Beschränkung oder gar Beseitigung demokratisch-sozialstaatlicher Grundsätze am Ende der Weimarer Republik stützen, die nun ohne die Notwendigkeit politischer Rücksichtnahmen konsequent fortgesetzt wurde."[190] Während sich die Arbeits- und Lebensbedingungen der großen Bevölkerungsmehrheit trotz einer bald nach Überwindung der Weltwirtschafts- und Beschäftigungskrise spürbar werdenden Rüstungs- bzw. Kriegskonjunktur kaum verbesserten, explodierten die Unternehmensgewinne.

---

185   Vgl. Lil-Christine Schlegel-Voß, Alter in der „Volksgemeinschaft". Zur Lebenslage der älteren Generation im Nationalsozialismus, Berlin 2005
186   Dirk Richter, Nation als Form, Opladen 1996, S. 224
187   Siehe Michael Stolleis, Historische Grundlagen, a.a.O., S. 311
188   Gabriele Metzler, Der deutsche Sozialstaat, a.a.O., S. 13
189   Vgl. Michael Stolleis, Historische Grundlagen, a.a.O., S. 325
190   Ralf Ptak, Verordnet – geduldet – erledigt?, a.a.O., S. 45

Eine andere Qualität nahm der Staat dadurch an, dass die wichtigsten Organisationen der Arbeiter- und Gewerkschaftsbewegung gleichgeschaltet, entmachtet oder ersetzt wurden. „Das neue Regime zerschlug nicht nur die Gewerkschaften, die Koalitionsfreiheit und das Streikrecht, es beseitigte auch die innerbetriebliche Mitbestimmung, senkte die Sozialleistungen, bestimmte über die ‚Treuhänder der Arbeit' die Arbeitsbedingungen, engte die freie Wahl des Arbeitsplatzes ein und ging so stufenweise zu einer neuen Wirtschaftsform über."[191] Zwar stellte man Vierjahrespläne auf, die rüstungsorientierte NS-Planwirtschaft mit dem „Generalbevollmächtigten" Hermann Göring war aber keine Bedrohung für den Kapitalismus, sondern suchte ihn durch staatlichen Dirigismus noch zu effektivieren.

Die bewährte Sozialversicherung wurde entdemokratisiert und so weit demontiert, dass Christoph Sachße und Florian Tennstedt in der Arbeitslosenunterstützung nur noch eine Fürsorgeleistung zu sehen wähnten: „Die nationalsozialistische Gestaltung der Arbeitslosenversicherung (...) knüpfte an die Einschränkung der Selbstverwaltung und die Demontage von Versicherungsgrundsätzen in der Notverordnungspolitik der Präsidialregimes vor 1933 an. Die Fortsetzung dieser Politik bedeutete faktisch die Abschaffung der Arbeitslosenversicherung und ihre Ersetzung durch eine Reichsfürsorge für Arbeitslose. Zwar wurde das Versicherungsprinzip nicht explizit beseitigt, aber völlig ausgehöhlt. Die Beiträge der Versicherten wurden faktisch zu einer Sondersteuer für Versicherungspflichtige, die zur Finanzierung regimespezifischer Schwerpunkte der Sozialpolitik verwendet wurden."[192]

Fälschlicherweise wird das sog. Dritte Reich häufig als „autoritärer Wohlfahrtsstaat" bezeichnet. Dabei kann der NS-Staat dieses Prädikat schwerlich beanspruchen, weil er nicht auf dem Gleichheitsideal gründete, sondern Menschen mit Behinderungen ebenso ausgrenzte wie „rassisch Minderwertige" und seine Leistungen im Wesentlichen „deutschen Volksgenossen" vorbehielt. Sozial war der NS-Staat nicht, machte er doch offen Front gegen „Asoziale", worunter Alkoholiker, „Arbeitsscheue", Bettler, Obdachlose, Prostituierte und Straftäter verstanden wurden.[193] Nicht nur die Erscheinungsform des Sozialstaates veränderte sich, dieser wurde vielmehr pervertiert und sein Sinngehalt ins Gegenteil verkehrt. „Pronatalismus, Familienförderung etc. für die ‚Hochwertigen': der Nationalsozialismus grenzte aus, während der Wohlfahrtsstaat inkludiert."[194]

Vor allem die staatliche Familienpolitik wurde als Instrument der völkisch-rassistischen Ausgrenzung missbraucht und benutzt, um die Gesellschaft den nationalsozialistischen Leitbildern zu unterwerfen. Man reduzierte das Soziale auf die Pflege der „Erbgesundheit" und „Rassenhygiene", die Förderung der Familie als „Keimzelle des Volkskörpers", eine pronatalistische Bevölkerungspolitik (Einführung des Kindergeldes und des bronzenen, silbernen bzw. goldenen Mutterkreuzes für Frauen mit vier, sechs bzw. acht und mehr Kindern), die organisierte Freizeitbeschäftigung sowie Frühformen des Massentourismus. Wie schon Name und Tätigkeit der NS-Gemeinschaft „Kraft durch Freude" (KdF) erkennen ließen, stand die Sozialpolitik ganz im Dienste einer systematischen Leistungssteigerung für das Regime, auch wenn sie diese aufgrund historischer Brüche und immanenter Widersprüche nicht durchgängig erreichte.

---

191   Michael Stolleis, Historische Grundlagen, a.a.O., S. 310
192   Christoph Sachße/Florian Tennstedt, Der Wohlfahrtsstaat im Nationalsozialismus, a.a.O., S. 70
193   Vgl. dazu: Wolfgang Ayaß, „Asoziale" im Nationalsozialismus, Stuttgart 1995; ders. (Bearbeiter), „Gemeinschaftsfremde". Quellen zur Verfolgung von „Asozialen" 1933-1945, Koblenz 1998
194   Günther Schulz, Soziale Sicherung von Frauen und Familien, in: Hans Günter Hockerts (Hrsg.), Drei Wege deutscher Sozialstaatlichkeit. NS-Diktatur, Bundesrepublik und DDR im Vergleich, München 1998, S. 143

Gabriele Metzler widerspricht der These, wonach die NS-Sozialpolitik zu einer Modernisierung von Staat und Gesellschaft beigetragen hat: „Während die große Leistung der Weimarer Republik die Verknüpfung von Demokratie, Parlamentarismus und Sozialstaatlichkeit sowie die wachsende Ausrichtung an Individualrechten war, fiel der Nationalsozialismus dahinter weit zurück, indem er tendenziell entdifferenzierte, politische Partizipationsrechte suspendierte, den freien Wettbewerb politischer Parteien ausschaltete und das Prinzip der Selbstverwaltung rigide beiseite schob. Die Existenz und Legitimität industrieller Konflikte, geradezu ein Signum moderner Gesellschaften, wurden bestritten und unter der Decke der ‚Volksgemeinschafts'-Ideologie nachgerade zu ersticken versucht."[195]

Sozialpolitik wurde im Dritten bzw. Großdeutschen Reich teilweise instrumentalisiert, um einerseits die „innere (Arbeits-)Front" zu festigen und Teile der Arbeiterschaft wie die Mittelschichten durch Ausweitung des Massenwohlstandes für die militärische Expansion zu gewinnen sowie andererseits die Konsumnachfrage und damit den Binnenmarkt zu beleben. Götz Aly überzeichnet jedoch den materiellen Beschwichtigungsaspekt, wenn er vom NS-Regime als „Gefälligkeitsdiktatur" spricht und behauptet: „Kontinuierliche sozialpolitische Bestechung bildete die Grundlage des innenpolitischen Zusammenhalts in Hitlers Volksstaat."[196] Dagegen bleibt die Affinität großer Bevölkerungsteile zu den Kernideologien des Rechtsextremismus bzw. Faschismus (Nationalismus, Rassismus, Antisemitismus, Sozialdarwinismus, Biologismus, Sexismus und Militarismus) als Grundvoraussetzung der Akzeptanz des Regimes eher unterbelichtet. Die enorme Aufmerksamkeit, der sich Alys Buch erfreut, resultiert nicht zuletzt aus der Funktionalisierbarkeit dieser Kernthese durch die liberalkonservativen Kritiker des Sozialstaates. Da die „Stimmungspolitiker" Hitler, Göring und Goebbels als Hauptprotagonisten wie -profiteure des modernen Sozialstaates erscheinen, wird dieser in einer Situation, wo er ohnehin als gescheitert gilt, weil ihn Liberalkonservative mit Erfolg für die gegenwärtige Beschäftigungskrise und anhaltende Wachstumsschwäche verantwortlich machen, nun auch noch moralisch diskreditiert.

Staatsinterventionismus ist aber nicht mit Sozialstaat gleichzusetzen. Hitler war weder der Begründer noch ein Befürworter, vielmehr ein Verächter des modernen Sozialstaates. Daher ließ der „Führer" auch kein gutes Haar am Wohlfahrtsstaat, den er mit der marxistisch orientierten Sozialdemokratie (in Deutschland bzw. Österreich) identifizierte, genauso stark wie diese hasste und für eine Waffe in der Hand des Weltjudentums hielt, die letztlich eine Verweichlichung des deutschen Volkes bezwecke, das er heroisierte und nicht durch „Wohlfahrtsduseleien", wie er in „Mein Kampf" schrieb,[197] verhätscheln (lassen) wollte. Unter einer „Volksgemeinschaft" bzw. einem „Volksstaat" verstand Hitler keinen Hort oder Schutz- bzw. Schonraum für sozial Benachteiligte, weil er „Volk" ausschließlich im Sinne von „ethnos" und nicht von „demos" oder „plebs", d.h. der breiten Mehrheit bzw. sozial Benachteiligten, fasste. Letztlich gibt es ohne Koalitionsfreiheit, Tarifautonomie, unabgängige Gewerkschaften und Mitbestimmung keinen Sozialstaat.

Aly übersieht, dass NS-Sozialprogramme insbesondere dort, wo sie sehr großzügig, wenn nicht gar modern anmuten, bevölkerungspolitischen Motiven, also nicht dem Drang nach Fortentwicklung des Wohlfahrtsstaates oder Besserstellung der Massen entsprangen. Zwar führten die Nazis manche neue Leistung ein, wie z.B. das Ehegattensplitting im Lohn- und Einkommensteuerrecht, das Kindergeld und die Krankenversicherung für Rent-

---

195   Gabriele Metzler, Der deutsche Sozialstaat, a.a.O., S. 138f.
196   Götz Aly, Hitlers Volksstaat. Raub, Rassenstaat und nationaler Sozialismus, Frankfurt am Main 2005, S. 89
197   Siehe Adolf Hitler, Mein Kampf, 469.-473. Aufl. München 1939, S. 30

ner/innen. Es handelte sich dabei jedoch weder um besonders innovative noch um system-
fremde Maßnahmen, die deshalb auch keinen Sprung in der Entwicklung darstellten.

Hans-Ulrich Wehlers Kritik greift jedoch ebenfalls zu kurz, wenn sie Aly einen „ana-
chronistischen Vulgärmaterialismus" vorwirft, gleichwohl aber konzediert, Maßnahmen
wie Ehestandsdarlehen, die „abgekindert" werden konnten, der Familienlastenausgleich,
Subventionen für Kinderreiche, das Müttergenesungswerk oder auch die Verlängerung des
gesetzlich garantierten Urlaubs seien Instrumente einer „klug dosierten" NS-Politik gewesen: „Unstreitig wurde damals der Sozialstaat zügig ausgebaut, so dass er auf manchen
Gebieten zum Spitzenreiter in der westlichen Welt aufstieg."[198]

Der deutsche Faschismus, so scheint es bei Aly, war ein konfiskatorischer Kriegs-
sozialismus, der die Reichen ohne jede Rücksicht zur Kasse bat, „Steuermilde für die Massen" walten ließ und somit von den Vermögenden zu den abhängig Beschäftigten um-
verteilte. Folgendermaßen kommentiert Aly die Debatte um eine Hauszinssteuer, die Ver-
mieter ab 1942 zahlen mussten: „Zu keinem Zeitpunkt der NS-Herrschaft fand eine Geset-
zesdebatte statt, die zu einer nur annähernd vergleichbaren Belastung der Arbeiterschaft
geführt hätte."[199]

Wahrscheinlich zwang der drückende Arbeitskräftemangel in kriegswichtigen Indus-
triezweigen das NS-Regime, den systemkritischen bzw. -skeptischen Bevölkerungskreisen
mehr Konzessionen zu machen, als ihm eigentlich lieb war. Gleichzeitig gerieten die Maßnahmen der Sozialpolitik und der Kriegsvorbereitung in ein Spannungsverhältnis zueinander, das Timothy W. Mason als unlösbares Dilemma der NS-Herrschaft beschrieben hat:
„Die Sicherung der inneren Stabilität des Regimes ließ es geboten erscheinen, der Arbeiterklasse Zugeständnisse zu machen; diese wiederum waren nur auf Kosten der Aufrüstung
und damit der zentralen außenpolitischen Intentionen durchzusetzen."[200]

2.3 Vom Zweiten Weltkrieg bis zur Weltwirtschaftskrise 1974/75: Sozialpolitik als Waffe im Kampf der Systeme

In der Nachkriegszeit erhielt die Entwicklung des Wohlfahrtsstaates einen weiteren Schub,
für den neben großen wissenschaftlich-technischen und Fortschritten auf ökonomischem
Gebiet sowohl die Erkenntnis des Zusammenhangs von Wirtschaftskrise (Massenarbeitslosigkeit), sozialer Not und faschistischer Machtübernahme wie auch die Konkurrenzsituation
zwischen dem Kapitalismus im Westen und dem Sozialismus im Osten Europas mitverant-
wortlich waren. Dieser wirkte quasi als sozialpolitischer Stachel im Fleische der kapitalistischen Marktwirtschaft: „In den Jahren nach 1945 war das Scheitern des planwirtschaftli-
chen Prinzips keinesfalls vorherzusehen – im Gegenteil: Seine Erfolge forderten den Westen heraus. Dieser sah sich angesichts des tatsächlichen oder auch nur antizipierten System-
vergleichs seiner Bevölkerung genötigt, die freie Marktwirtschaft mit planenden und regu-
lierenden Zügeln zu bändigen und ihr eine soziale Seite für die Geschädigten seiner Funktionsweise zu verordnen."[201]

---

198   Hans-Ulrich Wehler, Engstirniger Materialismus, in: Der Spiegel v. 4.4.2005, S. 52
199   Götz Aly, Hitlers Volksstaat, a.a.O., S. 81
200   Timothy W. Mason, Sozialpolitik im Dritten Reich. Arbeiterklasse und Volksgemeinschaft, 2. Aufl. Opladen 1978, S. 31
201   Hubert Heinelt/Michael Weck, Arbeitsmarktpolitik. Vom Vereinigungskonsens zur Standortdebatte, Opladen 1998, S. 114

Lutz Leisering, der die entwickelte Wohlfahrtsstaatlichkeit für ein Strukturmerkmal westlicher Gesellschaften hält, terminiert sie auf die Zeit nach dem Zweiten Weltkrieg und differenziert in Bezug auf die Expansion der Sozialgesetzgebung und -ausgaben noch einmal zwischen den folgenden fünf Phasen: Restauration (1949 bis 1953), Ausbau (1953 bis 1975), Konsolidierung (1975 bis1990), späte Expansion (1990 bis 1995) und Krise (ab 1995). In gesellschaftsgeschichtlicher Hinsicht sind seiner Meinung nach vier Phasen zu unterscheiden: Konstitution, also Aufbau und Normalisierung (1949 bis 1966), Weiterentwicklung und Modernisierung (1966 bis 1975), „Sozialstaat in Bedrängnis" (1975 bis 1995) sowie die der schweren Krise seit Mitte der 90er-Jahre.[202] Auch wenn man dieser Periodisierung folgt, liegt in den 70er-Jahren des vergangenen Jahrhunderts eine Bruchstelle, was Berücksichtigung findet, indem hier zunächst nur die Zeitspanne vom Kriegsende bis zur Weltwirtschaftskrise 1974/75 behandelt wird.

Nach dem Zweiten Weltkrieg herrschte fast in ganz Europa eine sozialpolitische Aufbruchstimmung, während in Deutschland, wo zunächst die verheerenden Kriegsfolgen beseitigt werden mussten, „die Verarbeitung der totalen Niederlage und die unmittelbare Not das Denken der Menschen weitgehend absorbierten."[203] Man setzte daher sowohl institutionell wie personell auf Kontinuität, zumal es keine überzeugenden Alternativen der Wohlfahrtsstaatsentwicklung gab, die von den Alliierten akzeptiert worden wären. „Das deutsche Bestreben, auf dem zu beharren, was man für bewährt hielt, überwog auch in der Sozialversicherung das Interesse an internationalen Verläufen und war schließlich sogar stärker als Interventionsversuche der Besatzungsmächte."[204]

Für Gabriele Metzler steht der deutsche Sozialstaat unmittelbar nach 1945 „gleichermaßen im Zeichen von Kontinuität und Neubeginn", was die Historikerin wie folgt begründet: „Sicherlich wurden spezifisch nationalsozialistische Regulierungen von den vier Besatzungsmächten umgehend suspendiert, doch zu einer grundlegenden Revision des bestehenden Systems sozialer Sicherung ist es nicht durchgängig gekommen. Zumindest in den drei Westzonen, der späteren Bundesrepublik, blieben bestimmende Elemente deutscher Sozialstaatlichkeit erhalten, während in der SBZ und dann in der DDR tiefergehende Eingriffe vorgenommen wurden."[205]

Die weitere Entwicklung des Sozialstaates präjudizierten Entscheidungen der Siegermächte, die während der Besatzungszeit auf der Grundlage ihrer eigenen Erfahrungen und bestehender Macht- bzw. Herrschaftsverhältnisse getroffen wurden. Trotz ihrer starken Stellung haben die Westmächte bzw. ihre Militärgouverneure zwar die Weichen für einen parlamentarisch-demokratisch regierten Wohlfahrtsstaat auf kapitalistischer Grundlage gestellt, aber diese Entscheidung nicht erzwungen. Udo Wengst stellt daher fest, „dass sie nur in wenigen Bereichen entschieden eingegriffen und versucht haben, sozialpolitische Konzepte umzusetzen, die in den jeweiligen Staaten der Alliierten in Kraft waren."[206]

---

202   Siehe Lutz Leisering, Der deutsche Sozialstaat – Entfaltung und Krise eines Sozialmodells, a.a.O., S. 13
203   Siehe Peter A. Köhler/Bernd Baron von Maydell, Internationale Sozialpolitik, in: Bundesministerium für Arbeit und Sozialordnung/Bundesarchiv (Hrsg.), Geschichte der Sozialpolitik in Deutschland seit 1945, Bd. 2/1: Die Zeit der Besatzungszonen 1945-1949. Sozialpolitik zwischen Kriegsende und der Gründung zweier deutscher Staaten, Baden-Baden 2001, S. 956
204   Ebd., S. 958f.
205   Gabriele Metzler, Der deutsche Sozialstaat, a.a.O., S. 140
206   Siehe Udo Wengst, Gesamtbetrachtung, in: Bundesministerium für Arbeit und Sozialordnung/Bundesarchiv (Hrsg.), Geschichte der Sozialpolitik in Deutschland seit 1945, Bd. 2/1: Die Zeit der Besatzungszonen 1945-1949, a.a.O., S. 980

Hier wird die Darstellung auf Westdeutschland und die Bundesrepublik Deutschland konzentriert, weil die separate Entwicklung in Ostdeutschland, d.h. der sowjetischen Besatzungszone und der DDR, mit der „Wende" im Herbst 1989 und der Vereinigung am 3. Oktober 1990 auf fast allen Politikfeldern gestoppt und größtenteils wieder rückgängig gemacht wurde, obwohl sie viele interessante, originelle und bis heute richtungweisende Elemente enthielt. Dies gilt besonders für das Gesundheitswesen und die Frauen- bzw. Familienpolitik, deren frühere Basisentscheidungen bis heute fortwirken und Einfluss auf die unterschiedlichen Erscheinungsformen von Kinderarmut in Ost- und Westdeutschland haben.[207] Während in der SBZ eine Reform des Wirtschafts- bzw. Sozialsystems erfolgte, wie sie SPD und Freie Gewerkschaften schon während der Weimarer Republik erstrebt hatten (exemplarisch genannt sei bloß die Schaffung der Einheitsversicherung), setzte sich in der Tri- bzw. Bizone die „Pfadabhängigkeit" durch.[208] Blieb im Westen die Hausfrauenehe das Leitbild der Sozial-, Frauen- und Familienpolitik, eröffnete die DDR erwerbstätigen Müttern durch die Bereitstellung öffentlicher und betrieblicher Kinderbetreuungseinrichtungen mehr Möglichkeiten zur Vereinbarung von Beruf und Familie. Auch im Gesundheitswesen ging die SED einen ganz anderen Weg. Mit dem Aufbau von Polikliniken und Ambulatorien entstanden im Osten Deutschlands Einrichtungen, die nach dem (übrigens heute noch oder wieder hochmodernen) Dispensaire-Prinzip arbeiteten: „Damit waren auf zentralen Feldern der Sozialpolitik Regelungen in Kraft gesetzt worden, die neues Recht geschaffen und eine Entwicklung herbeigeführt hatten, die in der SBZ in den Grundzügen ein System sozialer Sicherung etablierten, das von der deutschen Sozialversicherungtradition deutlich abwich."[209]

Auch im Westen knüpfte man nach der Kapitulation des Großdeutschen Reiches und der Befreiung vom Nationalsozialismus am 8. Mai 1945 nicht bruchlos an die Traditionen der Weimarer Republik und des Bismarck'schen Sozialstaates an, sondern war zumindest in einer kurzen Übergangs- bzw. Orientierungsphase für mögliche Veränderungen der gesellschaftlichen und Eigentumsverhältnisse relativ aufgeschlossen. Welcher neue Geist seinerzeit bis in das christlich geprägte Bürgertum hinein herrschte, belegen Leitsätze der rheinisch-westfälischen CDU vom September 1945, die eine „soziale Gleichberechtigung aller Schaffenden in Betrieben und öffentlich-rechtlichen Wirtschaftsvertretungen" forderten: „Die Vorherrschaft des Großkapitals, der privaten Monopole und Konzerne wird beseitigt."[210]

Solidarität und Sozialstaatlichkeit waren seinerzeit „in". Sie entsprachen dem Zeitgeist, was es keiner (partei)politischen Strömungen erlaubte, sich einem lagerübergreifenden Grundkonsens zu verweigern. Parteipolitisch durch die wiedergegründete SPD und die christliche Sammelpartei CDU repräsentiert, standen sich in Westdeutschland freilich *zwei* Sozialstaatsmodelle gegenüber, für die das Grundgesetz offen war: „demokratischer Sozialismus" und „sozialer Kapitalismus", wie Hans-Hermann Hartwich das von Ernst Müller-Armack und Ludwig Erhard entwickelte und nach einem knappen Wahlsieg der Union bei

207 Vgl. Christoph Butterwegge/Michael Klundt/Matthias Zeng, Kinderarmut in Ost- und Westdeutschland, Wiesbaden 2005, S. 12ff.
208 Vgl. Udo Wengst, Gesamtbetrachtung, a.a.O., S. 981
209 Ebd., S. 983
210 Die Christlich-Demokratische Union im Rheinland und (in; *Ch.B.*) Westfalen, Kölner Leitsätze. Köln, September 1945 (Dokument Nr. 22), in: Bundesministerium für Arbeit und Sozialordnung/Bundesarchiv (Hrsg.), Geschichte der Sozialpolitik in Deutschland seit 1945, Bd. 2/2: Die Zeit der Besatzungszonen 1945-1949. Sozialpolitik zwischen Kriegsende und der Gründung zweier deutscher Staaten. Dokumente, Baden-Baden 2001, S. 82f.

der ersten Bundestagswahl im September 1949 schrittweise realisierte Projekt der Sozialen Marktwirtschaft genannt hat: „Während die CDU-Konzeption im Prinzip auf den ‚klassischen' Freiheits- und Grundrechten aufbaute und grundsätzlich die Aufgabe der Sozialgestaltung in der Ermöglichung autonomer Prozesse bei gleichzeitiger oder nachträglicher Vornahme der notwendigen sozialpolitischen Korrekturen sah, verband sich im alternativen Sozialstaatsmodell der soziale Gedanke in der Weise mit dem Gedanken der Freiheit, daß die Freiheit des einzelnen in der Gesellschaft erst durch die sozialgestaltenden Interventionen in Wirtschaft und Gesellschaft effektiv werden kann."[211]

Von eminenter Bedeutung war die Charakterisierung der Bundesrepublik als „demokratischer und sozialer Rechtsstaat" (Art. 20 Abs. 1 GG), geknüpft an die sog. Ewigkeitsgarantie (Art. 79 Abs. 3 Satz 3 GG), bzw. als „sozialer Bundesstaat" (Art. 28 Abs. 1 Satz 1 GG). Angriffe auf den Wohlfahrtsstaat sind Anschläge auf die Verfassung und als solche zu bekämpfen. „Das Sozialstaatsprinzip ist mit den Grundsätzen der Demokratie und des Rechtsstaats untrennbar verbunden. Es leitet sich aus der Volkssouveränität ab und ist darauf gerichtet, den Rechtsstaat über den Rechtswegestaat hinaus zur schrittweisen Annäherung an das Ziel sozialer Gerechtigkeit zu führen."[212] Heribert Prantl hebt nicht nur die enge Verzahnung von Demokratie und Sozialstaatlichkeit, sondern auch hervor, dass Letztere ein zentrales Ordnungsprinzip der Bundesrepublik bildet, zu dessen Verteidigung gegen Versuche, es zu beseitigen, die Verfassung allen Deutschen das Widerstandsrecht einräumt, wenn anders keine Abhilfe möglich ist.[213] Genauso argumentiert Oskar Lafontaine, der in seinem Buch „Politik für alle" nach einem Hinweis auf den maßgeblichen Art. 20 Abs. 4 GG bemerkt: „Den Neoliberalen müsste es eigentlich in den Ohren klingeln, wenn sie das Grundgesetz lesen. Nach diesem sind alle Deutschen zum Widerstand aufgerufen, wenn der von der Verfassung garantierte Sozialstaat abgeschafft werden soll."[214]

Die genannten Verfassungsartikel unterlagen der Auslegung durch Juristen, die mehrheitlich dem bürgerlich-konservativen Milieu entstammten und in der (bloß) *adjektivischen* Kennzeichnung des Staates als „sozial" ein Indiz für den Vorrang des *Rechtsstaats*prinzips und des Privateigentums zu sehen wähnten. Angesichts jüngerer Entwicklungstendenzen ist freilich mit Eberhard Menzel zu betonen, „daß die Sozialstaatlichkeit im System des GG eine eigenständige Staatszielbestimmung neben Republik, Demokratie, Bundesstaat und Rechtsstaat darstellt."[215] Folglich übertrug die neue Verfassung den Staatsorganen eine Schutz- und eine gesellschaftspolitische Gestaltungsfunktion.

Bald dominierten aber restaurative Tendenzen in der Auslegung des Grundgesetzes ebenso wie in der Bonner Regierungspraxis. Ernst Forsthoff konstruierte 1953 ein Spannungsverhältnis zwischen dem Rechts- und Sozialstaat, relativierte die Bedeutung des Letzteren und räumte dem Ersteren die Priorität ein: „Diese Option beruht (...) nicht auf einer individuellen Entscheidung. Sie ist mit dem Grundgesetz gegeben."[216] Der Verfassungsin-

---

211   Hans-Hermann Hartwich, Sozialstaatspostulat und gesellschaftlicher status quo, 3. Aufl. Opladen 1978, S. 57
212   Roland Meister, Das Sozialstaatsprinzip des Grundgesetzes, in: Blätter für deutsche und internationale Politik 5/1997, S. 612
213   Vgl. Heribert Prantl, Kein schöner Land. Die Zerstörung der sozialen Gerechtigkeit, München 2005, S. 141
214   Oskar Lafontaine, Politik für alle. Streitschrift für eine gerechte Gesellschaft, Berlin 2005, S. 260
215   Siehe Eberhard Menzel, Die Sozialstaatlichkeit als Verfassungsprinzip der Bundesrepublik, in: Mehdi Tohidipur (Hrsg.), Der bürgerliche Rechtsstaat, Bd. 2, Frankfurt am Main 1978, S. 315
216   Ernst Forsthoff, Begriff und Wesen des sozialen Rechtsstaates, in: ders. (Hrsg.), Rechtsstaatlichkeit und Sozialstaatlichkeit. Aufsätze und Essays, Darmstadt 1968, S. 173

terpretation des erzkonservativen Staatsrechtslehrers widersprach Wolfgang Abendroth. Er benutzte in seiner Replik gleichfalls den von Hermann Heller geprägten Begriff „sozialer Rechtsstaat", der sich während der Weimarer Republik allerdings nicht durchgesetzt hatte,[217] verband damit jedoch die Forderung nach einer Umgestaltung der bestehenden Wirtschafts- und Sozialordnung. Gegenüber einer reaktionär-positivistischen Verfassungsinterpretation betonte Abendroth, „daß die Grundsatzformulierung ‚demokratischer und sozialer Rechtsstaat' keineswegs ein *Sein* bezeichnen sollte, sondern ein *Sollen* klar zum Ausdruck bringen wollte."[218]

Die Frühgeschichte der Bundesrepublik lässt sich als Entwicklung vom gescheiterten National- zum modernen Sozialstaat interpretieren. Der entwickelte Wohlfahrtsstaat zog die Konsequenzen daraus, dass bürgerliche Regierungen durch ihre Austeritäts- und Deflationspolitik zwischen den beiden Weltkriegen das Scheitern der Demokratie bewirkt und dem Nationalsozialismus zur Macht verholfen hatten. Burkart Lutz bemerkt im Hinblick auf die lang andauernde Prosperität westlicher Gesellschaften nach 1945 sowie die zeitweilige Neutralisierung des kapitalistischen Lohngesetzes und des Reservearmee-Mechanismus, „daß die Durchsetzung wohlfahrtsstaatlicher Politik mit ihren verschiedenen Elementen eine zentrale historische Leistung der europäischen Nationen nach dem Ende des Zweiten Weltkriegs darstellt."[219]

Der westdeutsche Separatstaat war eine parlamentarische Demokratie, die wohlfahrtsstaatlichen Integrationsmechanismen ein hohes Gewicht beimaß, und sie kam den Interessen der traditionell benachteiligten Gesellschaftsschichten nicht zuletzt deshalb weiter entgegen, weil die DDR jenseits der System- bzw. Blockgrenze, die Deutschland und Europa ein halbes Jahrhundert lang teilte, als „Arbeiter- und Bauernstaat" mit dem erklärten Anspruch auftrat, die kapitalistische Ausbeutung, damit aber auch Existenzunsicherheit und soziale Ungerechtigkeit für immer zu überwinden. Der westdeutsche Sozialstaat zog die Lehren aus Faschismus, Völkermord und Krieg einerseits sowie der Bedrohung des Kapitalismus durch den Kommunismus mit seiner Verheißung einer klassenlosen Gesellschaft andererseits. Man könnte auch sagen, die „Soziale Marktwirtschaft" bzw. der moderne Wohlfahrtsstaat war zumindest in Westdeutschland ein Kind des Kalten Krieges. Heute wird dieser Zusammenhang aber vielfach ignoriert, negiert oder gar ins Gegenteil verkehrt. Jürgen Habermas beispielsweise unterstellt, die Sowjetunion habe die Bundesrepublik Deutschland militärisch in einer Weise bedroht, dass die Vereinigten Staaten mittels eines riesigen Nuklearwaffenarsenals als Garant der Sozialstaatsentwicklung ihrer europäischen Verbündeten aufgetreten seien: „Die Europäer haben während des Kalten Krieges ihre Wohlfahrtsstaaten nur unter dem atomaren Schutzschild der USA auf- und ausbauen können."[220]

In der Rekonstruktionsperiode mit ihren außergewöhnlich günstigen Bedingungen für Wachstum und Prosperität erweiterte das sog. Wirtschaftswunder die Verteilungsspielräu-

---

217   Vgl. dazu: Wolfgang Schluchter, Entscheidung für den sozialen Rechtsstaat. Hermann Heller und die staatstheoretische Diskussion in der Weimarer Republik, 2. Aufl. Baden-Baden 1983

218   Siehe Wolfgang Abendroth, Begriff und Wesen des sozialen Rechtsstaates, in ders., Arbeiterklasse, Staat und Verfassung. Materialien zur Verfassungsgeschichte und Verfassungstheorie der Bundesrepublik, Frankfurt am Main/Köln 1975, S. 66

219   Siehe Burkart Lutz, Der kurze Traum immerwährender Prosperität. Eine Neuinterpretation der industriell-kapitalistischen Entwicklung im Europa des 20. Jahrhunderts, Frankfurt am Main/New York 1984, S. 229

220   Wege aus der Weltunordnung. Ein Interview mit Jürgen Habermas, in: Blätter für deutsche und internationale Politik 1/2004, S. 33

me und ermöglichte es der bürgerlichen Regierungskoalition, eine expansive Sozialpolitik zu betreiben. Gleichwohl bedurfte es der außerparlamentarischen Mobilisierung von Betroffenen, um den Gesetzgeber für entsprechende Initiativen zu gewinnen. Gewerkschaften, Wohlfahrtsverbände und andere Organisationen setzten weitere Verbesserungen im Sozialbereich nur mit Druck durch. Erinnert sei hier an die zahlreichen Massendemonstrationen, Kundgebungen und Kriegsopfermärsche auf die damalige Bundeshauptstadt Bonn, aber auch an den langen, vom 24. Oktober 1956 bis zum 15. Februar 1957 dauernden Streik der Metallarbeiter in Schleswig-Holstein, mit dem diese ihrer Gleichstellung mit den Angestellten hinsichtlich der Lohn- bzw. Gehaltsfortzahlung im Krankheitsfall wieder ein Stück näher kamen.[221] Neben dem darauf gründenden *Gesetz zur Verbesserung der wirtschaftlichen Sicherung der Arbeiter im Krankheitsfalle* vom 26. Juni 1957, das die Arbeitgeber verpflichtete, nach zwei Karenztagen 6 Wochen lang einen Zuschuss zum Krankengeld bis zur Höhe von 90 Prozent des Nettolohns zu zahlen, bildeten das umfangreiche Gesetzeswerk zur Rentenreform (mit dem *Arbeiterrentenversicherung-* und dem *Angestelltenversicherung-Neuregelungsgesetz* vom 23. Februar 1957, dem *Gesetz zur Neuregelung der knappschaftlichen Rentenversicherung* vom 21. Mai 1957 sowie dem *Gesetz über eine Altershilfe für Landwirte* vom 27. Juli 1957) einerseits und das *Bundessozialhilfegesetz* (BSHG) vom 30. Juni 1961, mit dem die öffentliche Fürsorge durch einen vor Gericht einklagbaren Rechtsanspruch auf Mindestsicherung ersetzt wurde, andererseits legislative Höhepunkte.

Kanzler Konrad Adenauer kündigte nach seiner Bestätigung im Amt durch die Bundestagswahl 1953 eine „umfassende Sozialreform" an, mit der alle bisher benachteiligten Gesellschaftsschichten besser abgesichert werden sollten. Was nach einem Gesamtkonzept klang und ein großer Wurf werden sollte, beschränkte sich nach jahrelangem Tauziehen innerhalb der Unionsparteien jedoch auf den Bereich der Alters- und Invaliditätssicherung.[222] Zu den politischen Bremsern gehörte Ludwig Erhard, damals Wirtschaftsminister und später Nachfolger Adenauers, welcher in seinem 1957 erschienenen Buch „Wohlstand für alle" versprach, in einem „Versorgungsstaat – der moderne Wahn" genannten Kapitel aber feststellte, der Ruf nach kollektiver Sicherheit im Sozialbereich sei mittlerweile übermächtig geworden und drücke eine „Flucht vor der Eigenverantwortung" aus: „Die Blindheit und *intellektuelle Fahrlässigkeit*, mit der wir dem Versorgungs- und Wohlfahrtsstaat zusteuern, kann nur zu unserem Unheil ausschlagen. Dieser Drang und Hang ist mehr als alles andere geeignet, die echten menschlichen Tugenden: Verantwortungsfreudigkeit, Nächsten- und Menschenliebe, das Verlangen nach Bewährung, die Bereitschaft zur Selbstvorsorge und noch vieles Gute mehr allmählich, aber sicher absterben zu lassen – und am Ende steht vielleicht nicht die klassenlose, wohl aber die *seelenlos mechanisierte Gesellschaft.*"[223]

Wegen der von ihm nur mit großer Mühe durchgesetzten Wiederbewaffnung und Einführung der allgemeinen Wehrpflicht, die nicht gerade populär waren, stand Bundeskanzler Adenauer unter starkem Druck, als er die Einführung des Umlageverfahrens, das die damals noch weit verbreitete Altersarmut zurückdrängen sollte, zum Wahlkampfschlager

---

221   Vgl. Arthur Böpple, Sozialpolitik in der BRD. Löcher im Netz der sozialen Sicherung, Frankfurt am Main 1980, S. 14f.
222   Vgl. dazu: Hans Günter Hockerts, Sozialpolitische Entscheidungen im Nachkriegsdeutschland. Alliierte und deutsche Sozialversicherungspolitik 1945 bis 1957, Stuttgart 1980, S. 242ff.
223   Ludwig Erhard, Wohlstand für alle, Düsseldorf 1990 (Reprint), S. 248f. (Hervorh. im Original)

machte und die Große Rentenreform im Januar/Februar 1957 mit Unterstützung seiner eigenen Fraktion, der FVP und der oppositionellen SPD, aber gegen die (erst seit kurzem gleichfalls in der Opposition befindliche) FDP und bei einer Stimmenenthaltung der meisten DP-Parlamentarier zum Abschluss brachte.[224] Das aus Bismarcks Zeiten stammende Kapitaldeckungsprinzip wurde durch ein modifiziertes Umlageverfahren ersetzt und die Altersrente dynamisiert. Mindestrenten, Grundbeträge und die Möglichkeiten einer freiwilligen Mitgliedschaft („Selbstversicherung") entfielen, während man die Arbeiter im Leistungsrecht mit den Angestellten gleichstellte. Bei der nächsten Bundestagswahl am 19. September 1957 erreichten CDU und CSU die absolute Mehrheit der Zweitstimmen, was bis heute nie wieder einer Partei gelang, und sowohl unter Demoskopen als auch in Fachkreisen auf die Rentenpolitik des Kanzlers zurückgeführt wurde.[225]

Nicht alle Betroffenen profitierten allerdings von der Umstellung des Rentensystems, das sich jetzt stärker am Äquivalenzprinzip orientierte: Hauptgewinner waren gut verdienende Angestellte mit einer kontinuierlichen Erwerbsbiografie, Hauptverliererinnen berufstätige Frauen, die weder ein hohes Gehalt noch lange Beitragszeiten aufwiesen. Überschätzt wurde daher die positive Wirkung des Reformwerks auf die soziale Lage der Senior(inn)en: „Auch nach der Rentenreform von 1957 war eine große, zu große Zahl von Renten noch als Zuschuß zu anderweitigen Einkommen und nicht als existenzsichernder, geschweige den Lebensstandard sichernder Lohnersatz bemessen."[226]

Während jener Zeit überboten sich fast alle etablierten Parteien geradezu im Hinblick auf soziale Versprechen. Die oppositionellen Sozialdemokraten legten 1957 beispielsweise einen an Sir William Beveridge erinnernden „Sozialplan" vor, der als programmatische „Grundlage sozialer Sicherung in einem wiedervereinigten Deutschland" gedacht war und einem „Umbau und Ausbau" des Sozialstaates das Wort redete.[227] Die konservativen und liberalen Politiker standen der SPD im Sozialbereich jedoch kaum nach, weil sie mit der Wirtschafts- und Sozialordnung auch das Regierungs- und Parteiensystem der Adenauer-Ära perpetuieren zu können glaubten. Mehr als jeder andere diente der *bundes*deutsche, direkt an der Grenzlinie zwischen zwei miteinander um die Gunst der Menschen konkurrierenden Wirtschafts- und Gesellschaftsordnungen gelegene Wohlfahrtsstaat als soziales „Schaufenster des Westens" und als ideologische Waffe seiner Politiker im Kalten Krieg. Diether Döring weist auf die Schlüsselrolle der Systemkonkurrenz für das Schicksal des Sozialstaates während der härtesten Ost-West-Konfrontation hin: „Viele wegweisende Sozialreformen der 50er und 60er Jahre, die in ihrer Summe den Gehalt der Sozialstaatlichkeit der alten Bundesrepublik ausmachten, wurden auch mit Blick auf den östlichen Teil Deutschlands durchgeführt. Die Existenz eines anderen Gesellschaftssystems zwang faktisch die Bundesrepublik, ein sozialeres Profil auszubilden, als dies vermutlich ohne diese Konstellation der Fall gewesen wäre."[228]

Hier dürfte auch ein wichtiger Grund dafür liegen, dass es innerhalb der am 1. Dezember 1966 zwischen CDU/CSU und SPD gebildeten Koalition auf dem Feld der Sozialpolitik verhältnismäßig wenig Zündstoff gab. Vielmehr gelang es der Regierung Kiesinger/Brandt

---

224   Vgl. Hans Günter Hockerts, Sozialpolitische Entscheidungen im Nachkriegsdeutschland, a.a.O., S. 421
225   Vgl. Richard Roth, Rentenpolitik in der Bundesrepublik. Zum Verhältnis zwischen wirtschaftlicher Entwicklung und der Gestaltung eines sozialstaatlichen Teilbereichs 1957-1986, Mit einem Vorwort von Gerhard Bäcker, Marburg 1989, S. 45
226   Volker Hentschel, Geschichte der deutschen Sozialpolitik (1880-1980), a.a.O., S. 171
227   Siehe Walter Auerbach u.a., Sozialplan für Deutschland, Berlin/Hannover 1957, S. 12f.
228   Diether Döring, Sozialstaat, a.a.O., S. 34

nicht nur, die Rezession 1966/67 auf der Basis des *Gesetzes zur Förderung der Stabilität und des Wachstums der Wirtschaft* vom 8. Juni 1967 ziemlich rasch mittels neokeynesianischer Methoden der Nachfragestimulierung zu überwinden, sondern auch, für alle Beschäftigten die sechswöchige Lohnfortzahlung im Krankheitsfall festzuschreiben und mit dem *Arbeitsförderungsgesetz* (AFG) vom 25. Juni 1969 eine zentrale Weichenstellung für den Beschäftigungssektor zu treffen. Neben der Arbeitsvermittlung hatte die Nürnberger Bundesanstalt für Arbeit (BA) nunmehr auch die Aufgabe, im Rahmen einer aktiven Arbeitsmarktpolitik für eine berufliche Qualifizierung potenziell geeigneter Arbeitskräfte zu sorgen. Hochmodern war das AFG besonders deshalb, weil es das Prinzip der Prävention ins Zentrum rückte: „Allen passiven Maßnahmen der Arbeitsmarktpolitik – insbesondere Lohnersatzleistungen bei Arbeitslosigkeit – sollte das breite Spektrum der Information, Beratung, Aus-, Fort- und Weiterbildung bis hin zu Arbeitsbeschaffungsmaßnahmen und solchen der beruflichen Eingliederung vorgeordnet werden."[229] Hierin drückte sich das gestiegene Vertrauen auf erfolgreiche Steuerung und Planung durch den modernen Interventionsstaat aus, wie es vor allem die moderne Sozialdemokratie repräsentierte. Gleiches gilt für die Konzertierte Aktion, mit der die Große Koalition 1967 einen Prozess geregelter Konsultation zwischen Vertretern des Staates, der Unternehmerverbände und der Gewerkschaften einleitete und ein Instrument zur effektiveren Koordination ihrer Wirtschafts- und Sozialpolitik schuf, das sie selbst um mehrere Jahre überdauerte.

Manfred G. Schmidt bewertet die Sozialpolitik der CDU/CSU/SPD-Koalition gleichwohl falsch, wenn er ihr bescheinigt, durch Innovationen wie die oben beschriebenen vor allem „auf mehr Gleichheit" gezielt zu haben: „Auch quantitative Meßlatten verdeutlichen, daß die Jahre der Großen Koalition nicht die schlechteste Phase der sozialen Sicherung waren."[230] Zwar wurden die nach Abklingen der Rezession 1966/67 schnell wieder wachsenden Verteilungsspielräume für Reallohnerhöhungen und eine Ausweitung der staatlichen Transferleistungen genutzt, doch blieb die Sozialpolitik im Kern kompensatorisch und behielt schon aufgrund der Abstimmungsprobleme zwischen den ungleichen Koalitionspartnern ihren Kompromisscharakter.

Mit der Bildung einer SPD/FDP-Koalition unter Willy Brandt als Bundeskanzler 1969 steuerte die Entwicklung des Sozialstaates in Westdeutschland ihrem Höhepunkt und vorläufigen Abschluss zu. Zielmarken seiner Politik der inneren Reformen lauteten: Humanisierung des Arbeitslebens, soziale Gerechtigkeit, Chancengleichheit und Selbstbestimmung.[231] Erwähnt seien in diesem Kontext nur das *Kündigungsschutzgesetz* in der Fassung vom 25. August 1969, das *Bundesausbildungsförderungsgesetz* (BAFöG) vom 26. August 1971, die am 18. Januar 1972 in Kraft getretene Novelle des *Betriebsverfassungsgesetzes* sowie die zweite, mit dem Namen von Arbeits- und Sozialminister Walter Arendt verbundene Rentenreform. Hervorzuheben ist, dass langjährig Versicherte nach Einführung der flexiblen Altersgrenze schon mit 63 Jahren ohne Leistungsabschläge in den Ruhestand gehen konnten, das Risiko der Altersarmut für Geringverdiener/innen durch die sog. Rente nach Mindesteinkommen verringert, Müttern bei der Rentenberechnung ein „Babyjahr" gutgeschrieben und die Versicherung für Selbstständige, mithelfende Familienangehörige

---

229   Jürgen Boeckh/Ernst-Ulrich Huster/Benjamin Benz, Sozialpolitik in Deutschland, a.a.O., S. 119
230   Manfred G. Schmidt, Sozialpolitik in Deutschland, a.a.O., S. 93
231   Charakteristisch für die progressive Ausrichtung und Begründung der Regierungspolitik war ein Buch des neuen Bundesministers für Arbeit und Sozialordnung Walter Arendt, Kennzeichen sozial. Wege und Ziele der sozialen Sicherung, Stuttgart 1972

und nicht erwerbstätige Frauen geöffnet wurde. Jens Albers Bewertung dieses Reformwerks spricht denn auch für sich: „Die Rentenreform von 1972 ist das einzige Beispiel einer sozialpolitischen Gesetzgebung, in der der Versuch der Parteien, sich im Kampf um Wählerstimmen zu übertrumpfen, zu einer Addition fast sämtlicher Expansionsvorhaben führte."[232] Zumindest zeitweilig gab es eine ganz große oder Allparteienkoalition der Sozialpolitiker/innen im Bundestag, was aber nicht mit grenzenloser Generosität der Parteien erklärt werden kann, sondern in der günstigen Konjunkturentwicklung, erfolgreichen Kämpfen der Gewerkschaftsbewegung unter Einschluss spontaner Arbeitsniederlegungen (Septemberstreiks 1969) sowie einer im Kalten Krieg gewachsenen Wohlfahrtskultur der Bundesrepublik begründet lag.

Obwohl die SPD aufgrund einer neuen Ost- wie einer als Kernbestandteil der „inneren Reformen" konzipierten Sozialpolitik mit 45,8 Prozent der Zweitstimmen am 19. November 1972 den größten Wahlsieg ihrer Geschichte errungen hatte, enthielt das Kapitel zur Gesellschafts- und Sozialpolitik in der Regierungserklärung des zweiten Kabinetts Brandt/Scheel, die der knapp 4 Wochen später wiedergewählte Bundeskanzler am 18. Januar 1973 im Parlament abgab, nur noch wenig Visionäres und Richtungweisendes. Angekündigt wurden ein Ausbau der Mitbestimmung, die Verabschiedung eines Personalvertretungsgesetzes, das mehr Partizipationsmöglichkeiten für die Beschäftigten im öffentlichen Dienst eröffnen sollte, eine Modernisierung des Ehe- und Familienrechts sowie eine Liberalisierung des Paragrafen 218 StGB (Schwangerschaftsabbruch).[233]

Als führende Regierungspartei betrieb die SPD eine Modernisierung der Verwaltung, debattierte intensiv über Maßnahmen der Investitionslenkung bzw. -kontrolle und verabschiedete auf ihrem Mannheimer Parteitag im November 1975 einen Ökonomisch-politischen Orientierungsrahmen, der zunächst die Bezeichnung „Langzeitprogramm" tragen sollte. Unter der sozial-liberalen Koalition verschob sich das Schwergewicht von einer Politik der sozialen Sicherung zur Sozialplanung: „Das eigentlich Neue war ein wiederbelebter Glaube an die Planungs- und Steuerungsfähigkeiten des Staates, dem nunmehr als *Sozial- oder Wohlfahrtsstaat* – beide Begriffe kamen konkurrierend in Mode – dank Keynesianismus und neuer Methoden in Politik und Verwaltung größere Gestaltungsfähigkeit als in der vorangehenden Periode zugetraut wurde."[234] Wie brüchig das Fundament des politischen Handelns war, zeigte sich, als die Weltwirtschaftskrise auf der Einnahmen- wie der Ausgabenseite finanzielle Probleme mit sich brachte und die Wohlfahrtskultur der Bundesrepublik erschütterte.

Konjunktur-, Beschäftigungs- und Investitionsprogramme sollten den tiefen Einbruch auf dem Arbeitsmarkt zumindest abmildern, erwiesen sich jedoch als ungeeignet, Massenarbeitslosigkeit zu verhindern. 1975 überschritt die Zahl der Erwerbslosen erstmals die Millionengrenze. Gleichzeitig verschärften sich die sozialen Gegensätze und die gesellschaftlichen Verteilungskämpfe, wodurch das von der SPD beschworene Konsensmodell stark unter Druck geriet. Als mehrere Unternehmen und Arbeitgeberverbände unter Führung der BDA in Karlsruhe Verfassungsbeschwerde gegen das *Gesetz über die Mitbestimmung der Arbeitnehmer* vom 4. Mai 1976 einlegten, verließen der DGB und seine Mitgliedsgewerkschaften im Jahr danach aus Protest die Konzertierte Aktion. Diese traditions-

---

232   Jens Alber, Der Sozialstaat in der Bundesrepublik 1950-1983, a.a.O., S. 271
233   Vgl. Presse- und Informationsamt der Bundesregierung (Hrsg.), Regierungserklärung des zweiten Kabinetts Brandt/Scheel vom 18. Januar 1973, Bonn 1973, S. 44ff.
234   Franz-Xaver Kaufmann, Sozialpolitisches Denken, a.a.O., S. 161 (Hervorh. im Original)

reiche Form des Tripartismus lebte auch nicht wieder auf, als das *Mitbestimmungsgesetz* am 1. März 1979 per Urteil des höchsten (west)deutschen Gerichts für verfassungsgemäß erklärt wurde.

Nicht nur in der Bundesrepublik, sondern auch in vielen anderen Industriestaaten des Westens vollzog sich um die Mitte der 1970er-Jahre ein sozial- und gesellschaftspolitischer Epochenbruch. Zwar war keineswegs das Ende des Wohlfahrtsstaates, aber ein Scheitelpunkt der Entwicklung gekommen, was sich im Übergang von sozialdemokratischen bzw. sozial-liberalen zu liberal-konservativen Regimes manifestierte. Mit dem Amtsantritt von Margaret Thatcher als britischer Premierministerin 1979 und von Ronald Reagan als US-Präsident 1980 erhielt der Neokonservatismus/Neoliberalismus bzw. die Neoklassik als Wirtschaftsdoktrin regierungsoffizielle Weihen.[235] An die Stelle des lange dominanten Keynesianismus trat der Monetarismus; statt einer kreditfinanzierten Nachfrage- wurde nunmehr eine wirtschaftsfreundliche Angebotspolitik gemacht; Haushaltskonsolidierung und „*Spar*pakete" erhielten nach über einem halben Jahrhundert wieder Vorrang gegenüber der Konjunkturankurbelung durch öffentliche Beschäftigungsprogramme und weiteren Leistungsgesetzen.

Reagonomics und Thatcherismus beinhalteten die Abkehr vom hergebrachten Wohlfahrtsstaat und bedeuteten, dass Sozialleistungen als unverdiente Gratifikationen und unzumutbare Belastungen für die Wirtschaft nur noch gewährt wurden, wenn ihre Empfänger/innen entweder nicht arbeitsfähig waren oder gemeinnützige Arbeit leisteten. Die *kompensatorische* Sozialpolitik der Nachkriegszeit wurde als „marktwidrig" bzw. „wettbewerbshemmend" verworfen und von einer *kompetitorischen* Wirtschafts-, Steuer- und Finanzpolitik abgelöst, die eine Steigerung der Konkurrenzfähigkeit des heimischen (Groß-) Kapitals nach außen sowie eine Verallgemeinerung des marktwirtschaftlichen Leistungsdrucks nach innen bezweckte.

Kurz nach dem vierten Nahostkrieg, welcher am 6. Oktober 1973 begann und zu einer drastischen Erhöhung des Mineralölpreises (von 3 auf 13 US-Dollar pro Barrel) durch die OPEC führen sollte, brachen der herrschende Wachstumsoptimismus und die sich zu einem Großteil daraus speisende Reformeuphorie in sich zusammen.[236] Ein weiterer Preisschub auf dem Rohölmarkt folgte 1979/80, als die Marke von 30 US-Dollar durchbrochen wurde. Wieder kam es zu einer Weltwirtschaftskrise, die aber weniger schwer und schneller vorbei war. Betrachtet man die Sozialleistungs- und die Staatsquote (übliche, wenn auch recht grobe Maße für die Wohlfahrtsstaatsentwicklung), gab es 1974/75 und 1982 jeweils einen deutlichen Knick. Jens Alber gelangt daher auch zu dem Schluss, „daß ein Bruch langfristiger Trends in der Entwicklung der Ausgabenquoten eher in der Mitte der siebziger Jahre unter der sozial-liberalen Koalition als anfangs der achtziger Jahre unter der christlich-liberalen Regierung stattgefunden hat."[237]

Seither wurden insgesamt Hunderte, ja sogar Tausende von Paragrafen, Gesetzesbestimmungen und Verwaltungsvorschriften mit dem (erwünschten) Resultat neu eingeführt, gestrichen oder geändert, dass der Wohlfahrtsstaat, wie man ihn bis dahin kannte, heute

---

235   Vgl. dazu: Martin Seeleib-Kaiser, Amerikanische Sozialpolitik. Politische Diskussion und Entscheidungen der Reagan-Ära, Opladen 1993; Jens Borchert, Die konservative Transformation des Wohlfahrtsstaates. Großbritannien, Kanada, die USA und Deutschland im Vergleich, Frankfurt am Main/New York 1995, S. 100ff.; Eberhard Eichenhofer, Der Thatcherismus und die Sozialpolitik: Wohlfahrtsstaatlichkeit zu marktwirtschaftlichen Bedingungen, a.a.O.
236   Vgl. dazu: Arnulf Baring, Machtwechsel. Die Ära Brandt-Scheel, München 1984, S. 687ff.
237   Siehe Jens Alber, Der Sozialstaat in der Bundesrepublik 1950-1983, a.a.O., S. 290

nicht mehr oder nur noch rudimentär existiert. Er hat keineswegs aufgehört, als institutionelles Ensemble von Arrangements zu bestehen, durch die Standardrisiken im Lebensverlauf abgefedert werden, aber seinen sozialen Charakter, d.h. die Fähigkeit, allen Gesellschaftsmitgliedern ein Höchstmaß an Sicherheit und an Planbarkeit ihrer Biografie zu garantieren, im Rahmen eines lang anhaltenden Transformationsprozesses eingebüßt.

Die bis zur Gegenwart wichtigste Zäsur in der Geschichte des deutschen Sozialstaates fiel weder mit einem Umbruch des politischen Systems noch mit einem Regierungswechsel zusammen, sondern vollzog sich im kaum weniger spektakulären Austausch des damaligen Bundeskanzlers Willy Brandt durch seinen Parteigenossen Helmut Schmidt, während die SPD/FDP-Koalition unter den spürbar veränderten Rahmenbedingungen noch mehrere Jahre lang bestehen blieb. Neben der Agentenaffaire Guillaume und außerehelichen Liebschaften Brandts bildete die Weltwirtschaftskrise, mit der nach einer Periode fast kontinuierlichen Wachstums und dementsprechend großer gesellschaftlicher Verteilungsspielräume eine mit kurzen Unterbrechungen bis heute dauernde Phase der Stagnation, Rezession und Regression begann, den Hintergrund des Kanzlerwechsels im April/Mai 1974. Bei jenem Kurswechsel, den die sozial-liberale Koalition damals vollzog, handelte es sich um eine *falsche* Reaktion auf die Existenzkrise, in welche der Wohlfahrtsstaat durch eine strategische Neuorientierung mächtiger Wirtschaftskreise der kapitalistischen Welt geraten war.

„Krise" wurde zur Schlüsselkategorie, die fast alles, nicht zuletzt die Abkehr der etablierten Politik vom keynesianischen Wohlfahrtsstaat, rechtfertigen und (pseudo)wissenschaftlich erklären sollte, warum dieser fortan nicht mehr bezahlbar sei. Beispielsweise unterstellt Gabriele Metzler, ohne dafür auch nur den geringsten Beleg liefern zu müssen, „daß der Sozialstaat an seine finanziellen Grenzen gelangt war, seine weitere Expansion sich von selbst verbot."[238] Diese gewagte Feststellung wird nicht dadurch richtiger, dass die Autorin abwechselnd von einer „strukturellen", einer „ökonomischen", einer „soziokulturellen" und einer „politischen", aber gleichzeitig auch einer „Effizienz-" und einer „Legitimationskrise des Sozialstaates" spricht. Vielmehr zeigen gerade die Faktoren, welche sie in diesem Zusammenhang nennt (der demografische Wandel, die Globalisierung, der Übergang von der klassischen Arbeitsgesellschaft zur „postindustriellen Gesellschaft", die Individualisierung und die „Kostenexplosion" des Sozialstaates), dass der Wohlfahrtsstaat nur auf weltwirtschaftliche und gesellschaftliche Entwicklungen reagiert, die außerhalb seiner Reichweite liegen. Nicht seine Struktur, die durchaus zu hinterfragen und reformbedürftig ist, sondern exogene Einflüsse führten zu jenen Verwerfungen, die man ihm gewöhnlich anlastet. Sehr viel sinnvoller, als in das Gerede über die „Krise des Sozialstaates" einzustimmen, wäre es, die Frage nach deren Wesen zu stellen. Handelt es sich dabei um eine Krise des Wachstums, des Übergangs oder des Zerfalls? Und welche politischen Konsequenzen, aber ggf. auch gesellschaftlichen Chancen ergeben sich daraus?

---

[238] Siehe Gabriele Metzler, Der deutsche Sozialstaat, a.a.O., S. 189

3   Vom Modellfall zum Auslaufmodell? – Medienberichterstattung und Akzeptanzprobleme des Sozialstaates

Seit es den Sozialstaat gibt, ist er heftig umstritten. Während er für seine Anhänger die wichtigste politische Errungenschaft der Moderne darstellt, weil er die Menschen vor Armut, Not und Elend bewahrt, halten ihn seine Gegner für ein großes Übel, weil er die Freiheit beschneide, die Faulheit fördere und die Wirtschaft lähme bzw. daran hindere, ihre ganze Dynamik zu entfalten. Heute steht der Wohlfahrtsstaat im Kreuzfeuer der Kritik, die von unterschiedlicher Qualität und Reichweite ist. Hier wird zwischen *prinzipiellen* Einwänden, die sich hauptsächlich in der wissenschaftlichen Fachliteratur finden und theoretisch mehr oder weniger fundiert sind, einerseits sowie *populären* Einwänden, die – von den Medien verbreitet – stärker das Massenbewusstsein beeinflussen und im politischen Alltag eine Schlüsselrolle spielen, andererseits differenziert. Natürlich sind die Grenzen zwischen den beiden Argumentationsebenen fließend, und beide wirken wechselseitig aufeinander ein. Schließlich ist zu untersuchen, welche konkreten Wirkungen die Argumente der Kritiker bei den Bundesbürger(inne)n zeitigen, anders gesagt: ob der Sozialstaat bei diesen an Rückhalt verliert.

Zweifellos befindet sich der Wohlfahrtsstaat gegenwärtig in einer Krise, die er allerdings nicht selbst hervorgerufen hat, deren Opfer er vielmehr zu werden droht. Thomas von Freyberg spricht daher von einer „inszenierten Krise", die nach seiner Überzeugung auch einen „Angriff auf den demokratischen Prozeß" darstellt.[239] Stephan Lessenich macht sich über „ritualisierte Krisendiskurse" lustig und betont, dass alle Sozialstaatskrisen etwas gesellschaftlich Erzeugtes, ja Konstruiertes hätten: „Denn ‚Krisen' entstehen – unabhängig von fiskalischen Engpässen oder jedenfalls nicht notwendig unmittelbar durch solche ausgelöst – immer dann, wenn der bestehende Wohlfahrtsstaat, seine institutionellen Strukturen und seine gesellschaftlichen Effekte im Namen einer neuen sozialen Realität und im Zeichen einer entsprechend neuartigen gesellschaftlichen Rhetorik kritisiert und in Frage gestellt werden."[240] Man kann insofern wohl von einer *Sinn*krise des Sozialen reden, als seine sittlich-moralischen Grundlagen mit der immer weiter um sich greifenden Glorifizierung des privaten Profitstrebens schwinden. Heinz Lampert betont, dass gesellschaftliche Akteure, die ein materielles Interesse an der Schwächung des Sozialstaates haben, Krisensymptome gezielt dramatisieren. So werden die demografische Entwicklung, aber auch daraus erwachsende Finanzierungsprobleme der Alterssicherung nicht zufällig von Repräsentanten jener Versicherungskonzerne und Großbanken stark übertrieben, die von einem

---

239   Siehe Thomas von Freyberg, Die inszenierte Krise des Sozialstaats. Ein Angriff auf den demokratischen Prozeß, in: Widersprüche 66 (1997), S. 179
240   Stephan Lessenich, Soziologische Erklärungsansätze zu Entstehung und Funktion des Sozialstaats, in: Jutta Allmendinger/Wolfgang Ludwig-Mayerhofer (Hrsg.), Soziologie des Sozialstaats. Gesellschaftliche Grundlagen, historische Zusammenhänge und aktuelle Entwicklungstendenzen, Weinheim/München 2000, S. 67

weiteren Rückgang des Anteils der Gesetzlichen Rentenversicherung an der Altersvorsorge profitieren dürften.[241]

3.1 Die *prinzipielle* Kritik am Sozialstaat

Untersucht man, aus welchen Richtungen die fundierteste Wohlfahrtsstaatskritik kommt, so stößt man im akademischen bzw. Forschungsbereich auf den Neoliberalismus, den Kommunitarismus und den Feminismus, deren wichtigste Argumente im Folgenden referiert werden sollen. Dabei handelt es sich jeweils um relativ geschlossene und in sich schlüssige Gedankensysteme, die den Sozialstaat selbst oder wesentliche Teilaspekte desselben hinterfragen, prinzipiell in Frage stellen und behaupten, über sinnvolle Alternativen zu verfügen.

3.1.1 Neoliberale beklagen die Bürokratisierung des Staates und die Schwächung der wirtschaftlichen Dynamik

„Neoliberalismus" ist eine Wirtschaftstheorie bzw. Sozialphilosophie, die unter Bezugnahme auf die Neoklassik das freie Wirken der Marktkräfte für erfolgreicher hält als den modernen Interventionsstaat und „Staatsversagen" diagnostiziert, wenn nach Ursachen von Wachstums- und Beschäftigungskrisen gefragt wird. Die neoliberale Kernthese, der Wohlfahrtsstaat gefährde die Freiheit des (Wirtschafts-)Bürgers und das demokratische Regierungssystem, geht auf Friedrich August von Hayek und seine Schrift „Der Weg zur Knechtschaft" zurück, die 1944 erschien.[242] Gleichermaßen gegen Kommunismus und Nationalsozialismus gerichtet, begründete das Buch des späteren Nobelpreisträgers für Ökonomie eine Art wirtschafts- und sozialpolitischer Totalitarismustheorie, die freien Markt und Demokratie in einen strukturellen Kausalzusammenhang miteinander brachte. Dabei war Hayek selbst keineswegs frei von autoritären Neigungen,[243] und der neoliberale Wirtschaftstotalitarismus eines Milton Friedman verband sich nach dem Sturz des chilenischen Präsidenten Salvador Allende am 11. September 1973 durch einen von der CIA unterstützten Militärputsch harmonisch mit den Bestrebungen der Junta unter General Pinochet, die demokratisch-sozialistischen Strukturreformen rückgängig zu machen und die öffentliche Daseinsvorsorge zu privatisieren (Abschaffung der umlagefinanzierten und Einführung einer kapitalgedeckten Rente). Wohlfahrtsstaatlichkeit setzte Hayek in demagogischer Manier mit Kollektivismus, Planwirtschaft und Zwang gleich, während er das kapitalistische Wettbewerbssystem mit persönlicher Freiheit, Rechtsstaatlichkeit und Massenwohlstand identifizierte. Hayek kämpfte zeit seines Lebens gegen die als „Fata Morgana" apostrophierte und ins Reich bloßer Wahnvorstellungen verwiesene soziale Gerechtigkeit.[244]

---

241   Vgl. Heinz Lampert, Krise und Reform des Sozialstaates, a.a.O., S. 29
242   Vgl. Friedrich A. Hayek, Der Weg zur Knechtschaft. Neuausgabe des Wirtschaftsklassikers mit einem Vorwort von Otto Graf Lambsdorff, München 1994
243   Vgl. Ralf Ptak, Chefsache. Basta! – Der Neoliberalismus als antiegalitäre, antidemokratische Leitideologie, in: Norman Paech/Eckart Spoo/Rainer Butenschön (Hrsg.), Demokratie – wo und wie?, Hamburg 2002, S. 96. Den deutschen Neoliberalen wirft Ralf Ptak (Vom Ordoliberalismus zur Sozialen Marktwirtschaft. Stationen des Neoliberalismus in Deutschland, Opladen 2004, S. 64) eine „affirmative Haltung" gegenüber dem Nationalsozialismus vor.
244   Siehe Friedrich A. von Hayek, Soziale Gerechtigkeit – eine Fata Morgana, in: FAZ v. 16.4.1977

Viktor J. Vanberg sieht in der sozialen Gerechtigkeit eine Leerformel, die zum Missbrauch einlade,[245] und lässt in Anlehnung an Friedrich August von Hayek nur das Prozesskriterium der Fairness gelten: „Entweder man entschließt sich, ein Spiel nach allgemeinen Regeln zu spielen, dann muss man auch bereit sein, die im fairen Spiel zustande kommenden Spielergebnisse als gerecht zu akzeptieren. Oder man will Ergebnisse sicherstellen, die nach einem vorgegebenen Kriterium als ‚gerecht‘ betrachtet werden, dann bedeutet dies aber, dass man nicht bereit ist, ein Spiel nach allgemeinen Regeln zu spielen."[246] Freilich ist der gesellschaftliche Verteilungskampf sowenig ein Spiel wie der Tauschakt auf dem Markt. Dass sich dort zwei gleichberechtigte Partner begegnen, die nach allgemein anerkannten Regeln miteinander verkehren, steht zwar in volkswirtschaftlichen Lehrbüchern, gehört aber ins Reich der Mythen und Legenden. Heiner Ganßmann spricht in einem ganz ähnlichen Zusammenhang von „Marktplatonismus" und bemerkt sarkastisch: „Auf dem Markt sind alle gleich – wenn man von der Ressourcenausstattung absieht."[247]

Entweder ignorieren Neoliberale die soziale Ungleichheit im modernen Kapitalismus. Die über den Markt vermittelte Primärverteilung erscheint ihnen als gerecht und darf schon deshalb nicht durch Staatseingriffe nachträglich korrigiert bzw. konterkariert werden. Dies bildet laut Fritz Fiehler den Kern wirtschaftsliberaler Wohlfahrtskritik: „In einer kapitalistischen Gesellschaft muß sich jede politische Umverteilung als Fremdkörper erweisen."[248] Oder man betrachtet soziale Ungerechtigkeit gar als funktional im Hinblick auf die Gesellschaftsentwicklung, nimmt sie also keineswegs bloß als Kollateralschaden der kapitalistischen Produktionsweise und des privaten Gewinnstrebens billigend in Kauf. In einem Gastkommentar für die *Welt* bemerkte Hermann May, Wirtschaftswissenschaftler an der PH Heidelberg, am 19. Dezember 2002 explizit: „Ökonomische Ungleichheit darf somit nicht als eine beklagenswerte Fehlleistung des Marktes angesehen werden, sondern ist vielmehr als eine höchst erfreuliche, ja notwendige Konsequenz individuellen wirtschaftlichen Handelns zu konstatieren."[249]

Nach (neo)liberaler Lesart besteht die Aufgabe des Wohlfahrtsstaates darin, die Wirtschaft eines Landes funktions- und konkurrenzfähig zu halten. Daher hat das Soziale für Ultraliberale keinen Eigenwert, ist vielmehr dem Markt prinzipiell untergeordnet. Beide dienen der Ökonomie bzw. dem sie durch seine Aktivitäten in Gang haltenden Wirtschaftssubjekt. „Der Wohlfahrtsstaat", schreibt beispielsweise Wolfgang Kersting, welcher einen „Liberalismus sans phrase" vertritt, „ist keine egalitaristische Umverteilungsmaschine, erst recht kein moralisches Emanzipationsprogramm. Sein Ziel liegt in der Sicherung der bürgerlichen Selbständigkeit und der Herbeiführung der Marktfähigkeit."[250] Diese bedeutet für Arbeitnehmer/innen aber nicht (mehr) Freiheit, sondern eine Marktabhängigkeit, die ihnen nicht erlaubt, selbst über ihr Schicksal zu entscheiden und zu bestimmen, wie und wo sie ihren Lebensunterhalt verdienen wollen. Statt im Mittelpunkt aller Bestrebungen zu stehen, wird der Mensch hier vorrangig nach seinem Tauschwert auf dem Arbeitsmarkt beurteilt und zum Gegenstand von Bemühungen um eine Steigerung der (volks)wirtschaftlichen

---

245		Vgl. Viktor J. Vanberg, Sozialstaatsreform und die soziale Gerechtigkeit, in: PVS 2/2004, S. 173
246		Ebd., S. 177f.
247		Heiner Ganßmann, Marktplatonismus, in: Zeitschrift für Soziologie 6/2003, S. 478
248		Fritz Fiehler, Sachlicher Zwang und persönliche Bevormundung. Die liberale Kritik am Wohlfahrtsstaat in den Programmschriften von Milton und Rose Friedman, in: PROKLA 114 (1999), S. 246
249		Hermann May, Ungleich ist gut, in: Die Welt v. 19.12.2002
250		Wolfgang Kersting, Politische Solidarität statt Verteilungsgerechtigkeit. Eine Kritik egalitaristischer Sozialstaatsbegründung, in: ders. (Hrsg.), Politische Philosophie des Sozialstaats, Weilerwist 2000, S. 247

Leistungsfähigkeit herabgewürdigt. „Die Erwerbslosen sind nicht länger Subjekte mit ihren ganz unterschiedlichen Interessen, Fähigkeiten und ihrer Würde. Sie werden zu Objekten, über die hinweg geplant und über die verfügt wird, und zwar mit allen Mitteln."[251]

Politisch resultiert daraus ein als Reformpolitik verbrämter Kampf gegen die Weiterentwicklung des Sozial-, verbunden mit dem Alternativkonzept eines Minimalstaates. Kersting fordert denn auch, sich im Namen der Freiheit des Bürgers (bzw. des Bourgeois) auf Entstaatlichung zu konzentrieren und den Staatsinterventionismus drastisch zu reduzieren: „Der traditionellen wohlfahrtsstaatlichen Strategie der Daseinswattierung (?!) muß ein Ende bereitet werden; sie muß durch eine bürgerethische, liberale Einstellung ersetzt werden, die den leviathanischen Sozialstaat zurückdrängt und den Individuen ihr Leben mit allen Eigenverantwortlichkeitsrisiken zurückgibt und die staatlichen Leistungen auf die solidarische Sicherung einer steuerfinanzierten und einkommensunabhängigen Grundversorgung für mittellose Bedürftige beschränkt."[252]

Welche merkwürdigen Blüten ein solches Reformverständnis treibt, das Freiheit nicht als Emanzipation des (abhängig beschäftigten oder erwerbslosen) Menschen, sondern als diesem äußerliches Attribut ohne für ihn erkennbar sinnvolle bzw. nützliche Substanz begreift, zeigt folgende Feststellung, die Siegfried F. Franke trifft: „Radikale Reformen am Arbeitsmarkt und im Bereich der sozialen Sicherung bringen für die Mehrheit der Bevölkerung Einkommenseinbußen aus eigener Tätigkeit sowie den Rückgang von Transfereinkommen mit sich. Des Weiteren muten sie den Wählern ungewollte Freiheiten mit den damit verbundenen Risiken zu, von denen sie nach jahrzehntelanger Hätschelei und Bevormundung (?!) entwöhnt worden sind."[253]

Rainer Hank, Leiter des Wirtschaftsressorts der *Frankfurter Allgemeinen Sonntagszeitung*, begreift Ungleichheit als Chance, auf die sich hierzulande mehr Menschen einlassen sollten, weist in diesem Zusammenhang auf die sehr viel günstigere Arbeitsmarktlage des US-amerikanischen Kapitalismus hin und formuliert ein neoliberales 3-Punkte-Programm, um den seiner Meinung nach zu unflexiblen und daher beschäftigungspolitisch weniger erfolgreichen „Rheinischen Korporatismus" aufzubrechen: „Nötig wären die Dezentralisierung der Arbeitsmärkte, die Privatisierung der sozialen Sicherung und die Verwettbewerblichung des Föderalismus."[254]

Wer die Ökonomie verabsolutiert, negiert im Grunde die Politik und die repräsentative Demokratie, weil sie Mehrheitsentscheidungen zum Dreh- und Angelpunkt gesellschaftlicher Entwicklungsprozesse macht, nicht das Privateigentum an Produktionsmitteln. Um den „Standort D" zu retten, stellte Jürgen Schrempp, seinerzeit Vorstandsvorsitzender der Deutschen Aerospace AG und Vorstandsmitglied der Daimler-Benz AG, Mitte der 1990er-Jahre die politische Kultur der Bundesrepublik in Frage: „Das etablierte Vorgehen, das die politischen Entscheidungen von ihrer Mehrheitsfähigkeit abhängig macht, ist der heutigen Zeit

---

251   Christa Sonnenfeld, Erzwungene Angebote: Beschäftigungsförderung zu Niedriglöhnen, in: Brigitte Stolz-Willig (Hrsg.), Arbeit und Demokratie. Solidaritätspotenziale im flexibilisierten Kapitalismus, Hamburg 2001, S. 107
252   Wolfgang Kersting, Politische Solidarität statt Verteilungsgerechtigkeit, a.a.O., S. 248
253   Siegfried F. Franke, Wählerwille und Wirtschaftsreform, in: Aus Politik und Zeitgeschichte 18-19/2003, S. 29
254   Rainer Hank, Das Ende der Gleichheit oder Warum der Kapitalismus mehr Wettbewerb braucht, Frankfurt am Main 2000, S. 198

nicht mehr gewachsen."[255] Den damaligen BDI-Präsidenten Hans-Olaf Henkel trieben ähnliche Sorgen um. Er hielt neben der föderalen Struktur das deutsche Verhältniswahlrecht für überholt und konstatierte: „Wenn es (...) so ist, daß der Wettbewerb zwischen Standorten eine relative Veranstaltung ist und daß wir selbst bei eigener Bewegung zurückfallen, wenn andere schneller auf die Herausforderungen der Globalisierung reagieren als wir, dann müssen wir uns fragen, ob unser politisches System eigentlich noch wettbewerbsfähig ist."[256]

Selbst das Grundgesetz ist Neoliberalen ein Dorn im Auge, suchen sie doch sein Sozialstaatsgebot außer Kraft zu setzen und dem Markt nicht nur Vor-, sondern auch Verfassungsrang zu verschaffen. Dabei stören demokratische Willensbildungs- und Entscheidungsprozesse, die (zu) lange dauern, Prinzipien wie die Gewaltenteilung und föderale Strukturen, weil sie Macht tendenziell beschränken, sowie der Konsenszwang eines Parteienstaates. Thomas Darnstädt lästerte denn auch in einem am 12. Mai 2003 erschienenen *Spiegel*-Heft, dessen Titelbild das Grundgesetz als Erstausgabe mit Goldschnitt zeigt, auf die eine fast heruntergebrannte Kerze ihren Wachs unter der Überschrift „Die verstaubte Verfassung. Wie das Grundgesetz Reformen blockiert" ergießt: „Das Grundgesetz der Hightech-Gesellschaft des 21. Jahrhunderts ähnelt einem VW-Käfer, Baujahr Mai 1949 – das waren die mit den Brezelfenstern."[257] Den aktuellen „Reformstau" erklärte Darnstädt primär mit den unterschiedlichen Mehrheitsverhältnissen in Bundestag und -rat. Letzterer erschien ihm geradezu als Blockadeinstrument und Bremsklotz jeglicher Reformpolitik: „Wie (...) soll der Staat der 16 Bundesländer funktionieren, wenn das Tempo immer vom Langsamsten bestimmt wird?"[258] Als mögliches Heilmittel gilt Kritikern ein „sozialer Wettbewerbsföderalismus", den die Bertelsmann-Kommission „Verfassungspolitik und Reformfähigkeit" vorschlug.[259] Wenn man die (ihrer Zahl nach reduzierten) Länder, einer „Logik des Gaspedals" folgend, wie Unternehmen miteinander konkurrieren lässt, gehören die wohlhabenderen zu den Gewinnern, die bedürftigen hingegen zu den Verlierern. Dadurch würde sich die Kluft zwischen Ost- und West-, Nord- und Süddeutschland vertiefen und die Gleichwertigkeit der Lebensverhältnisse als Staatsziel aufgegeben. „Gerade im Prozess der Internationalisierung/Europäisierung ist eine Politik in Richtung ‚einheitlicher Lebensverhältnisse' geboten. Setzt sich der Wettbewerbsföderalismus durch, so wird Politik auf Länderebene noch stärker als bisher auf wirtschaftsnahe Maßnahmen zu Lasten der sozialen und ökologischen Entwicklung reduziert."[260]

In das Weltbild einer nach betriebswirtschaftlichen Effizienzgesichtspunkten reformierten Staatlichkeit passte auch eine andere Idee. Rolf-E. Breuer, damals Vorstandsspre-

---

255   Jürgen E. Schrempp, Entscheidungen sind notwendig, um den Standort zu retten, in: Hans Wolfgang Levi/Brigitte Danzer (Hrsg.), Wirtschaftsstandort – Wissenschaftsstandort Deutschland, Stuttgart 1994, S. 39

256   Hans-Olaf Henkel, Für eine Reform des politischen Systems, in: Manfred Bissinger (Hrsg.), Stimmen gegen den Stillstand. Roman Herzogs „Berliner Rede" und 33 Antworten, 2. Aufl. Hamburg 1997, S. 89

257   Vgl. Thomas Darnstädt, Die enthauptete Republik. Warum die Verfassung nicht mehr funktioniert, in: Der Spiegel v. 12.5.2003, S. 39

258   Ebd., S. 42. Vgl. ergänzend: Thomas Darnstädt, Die Konsensfalle. Wie das Grundgesetz Reformen blockiert, München 2004

259   Siehe Bertelsmann-Kommission „Verfassungspolitik und Regierungsfähigkeit", Entflechtung 2005. Zehn Vorschläge zur Optimierung der Regierungsfähigkeit im deutschen Föderalismus, Gütersloh 2000, S. 18; zur Kritik an solchen Konzepten vgl. Heribert Schatz/Robert Ch. Van Ooyen/Sascha Werthes (Hrsg.), Wettbewerbsföderalismus. Aufstieg und Fall eines politischen Streitbegriffes, Baden-Baden 2000

260   Rudolf Hickel, Vom kooperativen zum konkurrierenden Föderalismus? – Der Länderfinanzausgleich unter Reformdruck, in: Blätter für deutsche und internationale Politik 12/2000, S. 1492

cher der Deutschen Bank, erklärte die Finanzmärkte nach den Medien als „vierter" zur „fünften Gewalt" und relativierte die Bedeutung der Verfassungsorgane damit noch mehr. Zwischen der Politik und offenen Finanzmärkten existiere in Zeiten der Globalisierung nicht bloß eine „weitgehende Interessenkongruenz", sondern Letztere seien auch „effiziente Sensoren" gegenüber Fehlentwicklungen in einem Land, das schlecht regiert werde, ohne dass sie eine bestimmte Politik erzwängen. Regierungen sollten Anlegerwünsche, in denen Breuer die westlichen Wertvorstellungen manifestiert wähnt, deshalb auch viel stärker als bisher berücksichtigen: „Die berechtigten Interessen in- und ausländischer Investoren, der Wunsch der Finanzmarktteilnehmer nach Rechtssicherheit und Stabilität müssen respektiert werden. Diese Wünsche stehen freilich nicht im Gegensatz zu den Grundorientierungen einer an Wohlstand und Wachstum orientierten Politik, sondern sind mit ihnen identisch. Offene Finanzmärkte erinnern Politiker allerdings vielleicht etwas häufiger und bisweilen etwas deutlicher an diese Zielsetzungen, als die Wähler dies vermögen."[261] Friedhelm Hengsbach warf Breuer vor, die Finanzmärkte zu idealisieren, deren falsche Signale häufig genug Fehlsteuerungen hervorriefen, und leitete daraus die Gegenthese ab, „dass nicht die globalen Finanzmärkte tauglich sind, die Demokratie zu steuern, sondern dass sie selbst erst demokratiefähig gemacht werden müssen."[262]

Mehr noch als die Demokratie machen Neoliberale den bestehenden Wohlfahrtsstaat für beinahe alle Übel dieser Welt verantwortlich. So schreibt etwa der Würzburger Ökonom Norbert Berthold: „Die finanzielle Unterstützung des Staates kann die Ehe destabilisieren, da sie vor allem für arme Frauen ein Ersatz für das Einkommen des Ehemannes ist. Die geringeren Gewinne aus der Ehe verstärken die Anreize dieser Frauen, erst gar nicht zu heiraten oder sich eher wieder scheiden zu lassen."[263] Der frühere FAZ-Redakteur und jetzige Welt-Chefkorrespondent Konrad Adam schreibt der „sogenannten Wohlfahrtspolitik" nicht nur die primär einer wirksameren Verhütungsmethode (Antibabypille) geschuldete Halbierung der Geburtenzahl zwischen 1965 und 1975 zu, sondern auch die gestiegene Zahl der von Sozialhilfe abhängigen Kinder.[264] Der Konstanzer Soziologe Jens Alber stützt sich dagegen auf Ergebnisse der internationalen Wohlfahrtsstaatsforschung, wenn er kritisch anmerkt, dass heute die Verfügbarkeit sozialer Dienste, die es Menschen ermöglichen, Beruf und Familie zu vereinbaren, sowie die Höhe der Transferzahlungen für Kinder genau umgekehrt zu den wichtigsten Einflussfaktoren der Fruchtbarkeit gehören: „Im zeitgenössischen Kontext erweist sich der Sozialstaat damit nicht als Hemmnis, sondern gerade als Stütze der Geburtenhäufigkeit."[265]

Selbst im sozialwissenschaftlichen Fachdiskurs wird der Wohlfahrtsstaat teilweise zum Sündenbock, d.h. für Fehlentwicklungen verantwortlich gemacht, die erst aus seinem

---

261   Rolf-E. Breuer, Die fünfte Gewalt. Herrscht die Wirtschaft über die Politik? Nein! Aber freie Finanzmärkte sind die wirkungsvollste Kontrollinstanz staatlichen Handelns, in: Die Zeit v. 27.4.2000
262   Siehe Friedhelm Hengsbach, Gerechtigkeit ist nur ein Wort, in: Christoph Butterwegge/Michael Klundt (Hrsg.), Kinderarmut und Generationengerechtigkeit. Familien- und Sozialpolitik im demografischen Wandel, 2. Aufl. Opladen 2003, S. 22
263   Norbert Berthold, Sozialstaat und marktwirtschaftliche Ordnung – Ökonomische Theorie des Sozialstaates, in: Karl-Hans Hartwig (Hrsg.), Alternativen der sozialen Sicherung – Umbau des Sozialstaates, Baden-Baden/Hamburg 1997, S. 33f.
264   Konrad Adam, ... wenn man mich läßt. Vom notwendigen Rückbau in der Sozialpolitik, in: Manfred Bissinger (Hrsg.), Stimmen gegen den Stillstand, a.a.O., S. 37
265   Jens Alber, Hat sich der Wohlfahrtsstaat als soziale Ordnung bewährt?, in: Karl Ulrich Mayer (Hrsg.), Die beste aller Welten? – Marktliberalismus versus Wohlfahrtsstaat. Eine Kontroverse, Frankfurt am Main/New York 2001, S. 89

Um- bzw. Abbau erwachsen sind. So wirft Richard Münch dem „alten" Wohlfahrtsstaat vor, seine Integrationskraft verloren zu haben und nicht mehr für ein ausreichendes Maß an sozialem Frieden als attraktivem Standortfaktor sorgen zu können, woraus sich ein langes Sündenregister der staatlichen Sozialpolitik ergibt: „Ein gebrochener Generationenvertrag zu Lasten der Zukunftsaussichten der jüngeren Generationen, bis zu 15 Prozent reale, hoffnungslose Arbeitslosigkeit, Marginalisierung einer in Rechtsextremismus, Gewalttätigkeit und Kriminalität abgedrängten Schicht von Jugendlichen und jungen Erwachsenen, ein hohes Maß der Ausländerfeindlichkeit und erheblich gestiegene Kriminalitätsraten sind alles andere als Zeichen des sozialen Friedens eines noch funktionierenden Modells des Wohlfahrtsstaates."[266]

Für einen Neoliberalen ist die Staatsbürokratie *das* Feindbild schlechthin; der Beamte, welcher sie verkörpert und zudem Arbeitsplatzsicherheit genießt, die man generell abschaffen will, um Menschen im Namen der Leistungssteigerung stärker unter Existenzdruck zu setzen, wird so zum Buhmann der Nation gemacht, wofür selbst die billigsten Klischees herhalten müssen.[267] Hier knüpft die neoliberale Ideologie einmal mehr geschickt an tief im Massenbewusstsein verwurzelte Vorurteile an und bedient Neidgefühle von Unterprivilegierten, die sie aber nicht etwa gleichstellen oder emanzipieren, sondern ganz im Gegenteil noch stärker benachteiligen will, möglichst mit dem folgenden Argument: Wieso verlangen Arbeiter und Angestellte noch Sonderzahlungen und Kündigungsschutz, wenn selbst die Lehrer/innen keine Beamte mehr sind und man ihnen nach dem Weihnachts- und Urlaubsgeld auch ihre Lebenszeitstellung genommen hat?

Die neoliberale Wohlfahrtsstaatskritik verwechselt Ursache und Wirkung, indem sie das angebliche Übermaß sozialer Sicherheit zum Krisenauslöser erklärt. Es verhält sich nämlich genau umgekehrt: Wirtschafts- und Beschäftigungskrisen untergraben das Fundament des sozialen Sicherungssystems. Je weniger Menschen noch einen Arbeits- bzw. Ausbildungsplatz hatten und je stärker ihr Lohn- bzw. Einkommensniveau, bedingt durch die nachlassende Kampfkraft der Gewerkschaften, unter Druck geriet, umso niedriger fielen die Beitragseinnahmen der Sozialversicherung aus, während erheblich mehr Versicherte (häufiger) Gebrauch von deren Leistungszusagen machen mussten. Die neoliberale Transformation des Sozialstaates fing in den Köpfen an, und sie begann mit einer Veränderung der Gerechtigkeitsvorstellungen vieler Menschen nach marktwirtschaftlichen Interpretationsmustern: Statt der ein Mindestmaß an sozialer Gleichheit erfordernden Bedarfs- und Verteilungsgerechtigkeit rückte die Leistungsgerechtigkeit in den Vordergrund. Den neoliberalen Gerechtigkeitsbegriff beherrscht die Hypothese, dass der Markt in einer „freien Verkehrswirtschaft" von selbst für Leistungsgerechtigkeit sorgt. Friedhelm Hengsbach widerspricht dieser von mächtigen Interessen bestimmten Prämisse mit guten Argumenten: „Solange die wirtschaftliche Leistung durch die Kaufkraft derer definiert wird, die sich für ein bestimm-

---

266   Richard Münch, Der neue Wohlfahrtsstaat im transnationalen Raum: Von der konsumtiven zur produktiven Sozialpolitik, in: Jutta Allmendinger (Hrsg.), Entstaatlichung und soziale Sicherheit. Verhandlungen des 31. Kongresses der Deutschen Gesellschaft für Soziologie in Leipzig 2002, Bd. 2, Opladen 2003, S. 1090
267   Vgl. z.B. Frank Faust/Bernd W. Klöckner, Beamte – die Privilegierten der Nation. Wie unsere Staatsdiener kassieren, während Deutschland pleite geht, Weinheim 2005. Leider zeichnen auch linke Kritiker an diesem Bild mit, das Neoliberale benutzen, um ganz andere oder viel weiter reichende Zielvorstellungen zu verwirklichen; vgl. z.B. Pascal Beucker/Frank Überall, Die Beamtenrepublik. Der Staat im Würgegriff seiner Diener?, Frankfurt am Main/New York 2004

tes Angebot interessieren, ist die Vorstellung einer leistungsgerechten Entlohnung weithin ein ideologisches Konstrukt."[268]

Zu fragen wäre, ob es sich hierbei nicht um einen verkürzten Gerechtigkeitsbegriff handelt, weil Neoliberale unter Leistungsgerechtigkeit hauptsächlich verstehen, dass sich die Ressourcenvergabe nach dem *wirtschaftlichen* Erfolg richtet. Wenn ein reicher Mann nach Rücksprache mit seinem Anlageberater an der Börse die richtigen Aktien kauft und sie ein Jahr später zum doppelten Preis verkauft, muss er selbst einen Millionengewinn nicht versteuern. Ob darin eine Leistung besteht, die sich „lohnen" muss, erscheint fraglich. Bildet sich ein Arbeitnehmer in seiner Freizeit weiter, muss er den daraus resultierenden Mehrverdienst hingegen voll versteuern. Und auch die Bemühungen eines Menschen mit Behinderungen, seine körperlichen Einschränkungen durch unermüdliches Üben zu verringern, rechnen sich nicht. „Die Eliten suggerieren uns, daß ‚Leistung‘ ein ‚objektiver Maßstab‘ sei, über den die Chancen in unserer Gesellschaft gerecht verteilt würden. Doch wer kann schon sagen, dass die ‚Leistung‘ einer ManagerIn wirklich höher zu bewerten ist als die einer VerkäuferIn, ErzieherIn, LehrerIn oder eines Hausmannes?"[269] Man fragt sich, ob Leistung nicht überhaupt ein Mythos, auf jeden Fall aber ein missverständlicher Begriff ist. Sighard Neckel, Kai Dröge und Irene Somm zufolge nimmt das Leistungsprinzip nämlich aufgrund der jüngsten Sozialreformen eine „paradoxe Gestalt" an. „Denn einerseits ist zu beobachten, dass die Organisation der Statusverteilung auf eine Weise umgestaltet wird, die sich zu den normativen Forderungen des Leistungsprinzips vielfach konträr verhält; andererseits wird aber gerade diese Umgestaltung im gesellschaftspolitischen Diskurs häufig unter Verwendung der Leistungsbegrifflichkeit legitimiert."[270] Wolfgang Maaser spricht von einer „Metaphysik des Marktes", die in der Konsequenz präventive Sozialpolitik ausschließe: „Sie blendet die permanente Ungleichheitsdynamik, die durch die Marktwirtschaft der Gesellschaft induziert wird, ab, hält sich die teils kontingenten, teils systeminduzierten sozialen Abwärtstrends nicht gegenwärtig und naturalisiert sie in ihrer Wahrnehmungslogik, indem sie diese auf individuelle, kontingente natürliche Fehlbegabungen zurückführt."[271] Wolfgang Engler zieht daraus den folgenden Schluss: „Wer Unterschiede im Einkommen, im Lebensstandard mit dem Verweis auf die höhere oder geringere Leistung abspeist, will in neun von zehn Fällen betrügen."[272]

Für den Neoliberalismus, der eine Wirtschaftstheorie war, die Margaret Thatcher in Großbritannien und Ronald Reagan in den USA zum Regierungsprogramm erhoben, bevor daraus eine umfassende Gesellschaftsphilosophie und eine Art politischer Zivilreligion wurde, die alle hoch entwickelten Industriegesellschaften erfasste, ist das Soziale eine Gefahr für die Rentabilität der Volkswirtschaft. Früher hätten sozialpolitische Aktivitäten zu

---

268   Friedhelm Hengsbach, Gerechtigkeit ist nur ein Wort, a.a.O., S. 14
269   Erik Weckel, Der Flaschenhals: Leistung – Was ist das eigentlich?, in: Marek Neumann-Schönwetter/Alexander Renner/Ralph C. Wildner (Hrsg.), Anpassen und Untergehen. Beiträge zur Hochschulpolitik, Marburg 1999, S. 34
270   Sighard Neckel/Kai Dröge/Irene Somm, Welche Leistung, welche Leistungsgerechtigkeit? – Soziologische Konzepte, normative Fragen und einige empirische Befunde, in: Peter A. Berger/Volker H. Schmidt (Hrsg.), Welche Gleichheit, welche Ungleichheit? – Grundlagen der Ungleichheitsforschung, Wiesbaden 2004, S. 146
271   Wolfgang Maaser, Normative Diskurse der neuen Wohlfahrtspolitik, in: Heinz-Jürgen Dahme u.a. (Hrsg.), Soziale Arbeit für den aktivierenden Staat, Opladen 2003, S. 26
272   Wolfgang Engler, Bürger, ohne Arbeit. Für eine radikale Neugestaltung der Gesellschaft, Berlin 2005, S. 292

einem hohen Wirtschaftswachstum beigetragen, die konjunkturelle Entwicklung gefördert und die Produktion des gesellschaftlichen Reichtums gemehrt, konzedieren Neoliberale: „Der Sozialstaat war so lange ein Standortvorteil, wie der allgemeine Wohlstand niedrig war und die Kapital- und Versicherungsmärkte noch wenig entwickelt waren."[273] Durch die Globalisierung sei Sozialstaatlichkeit jedoch zu einem gravierenden Standortnachteil geworden, der die internationale Konkurrenzfähigkeit des Kontinents gefährde: „Wenn Europa im 21. Jahrhundert als erfolgreicher Industriestandort überleben und den Weg zurück zur hohen und stabilen Beschäftigung finden soll, muß die optimale Wirtschaftsleistung Vorrang vor der maximalen Sozialleistung haben."[274] Daher ist der moderne Wohlfahrtsstaat für neoliberale Ökonomen bestenfalls ein notwendiges Übel, aber nicht mehr. Selbst wer sie – wie etwa der Kölner Emeritus Carl Christian von Weizsäcker – nicht mit der Globalisierung in Verbindung bringt, thematisiert fast ausschließlich die „*Grenzen* der Sozialpolitik", statt ihre *Möglichkeiten* in einer Gesellschaft auszuloten, die noch nie so wohlhabend war wie heute. Dahinter steckt die Furcht, der Wohlfahrtsstaat mache seine Klientel zu Faulenzern und gefährde überdies das Funktionieren der Marktwirtschaft: „Ein zu weit ausgebauter Sozialstaat hemmt die Leistungsbereitschaft seiner Nutznießer."[275]

Man begreift den Wohlfahrtsstaat als finanzielle Belastung und als tendenzielle Bedrohung für die Wettbewerbsfähigkeit des „eigenen" Wirtschaftsstandortes. Für die Standortschwierigkeiten, die Investitionsschwäche und die relativ hohe Arbeitslosigkeit hierzulande soll er verantwortlich sein, weil es sich aufgrund viel zu üppiger Lohnersatzleistungen für seine Klient(inn)en nicht „rechne", einer Erwerbstätigkeit nachzugehen. Hier liegt ein für die neoliberale Schule typischer Denkfehler, denn Erwerbsarbeit wird nicht nur wegen des Lohnes ausgeübt, sondern auch, weil sie gesellschaftliche Anerkennung verschafft und für die Identität der Menschen zentral ist. Da menschliches Handeln in ökonomistischer Manier auf materielle Motive reduziert wird, ignoriert man, dass sich Erwerbslose bei der Suche nach einem Arbeitsplatz nicht ausschließlich oder überwiegend von der Möglichkeit des Gelderwerbs leiten lassen, sondern ihr Selbstwertgefühl entscheidend vom Erfolg ihrer Bemühungen abhängt. „Die Mehrheit der Langzeitarbeitslosen bemüht sich teils verzweifelt um einen Job und leidet – vor allem mit Kindern – unter der Stigmatisierung kaum weniger als unter der Geldknappheit."[276] Ausgerechnet in einer Beschäftigungskrise, wo Millionen Arbeits*plätze* – eben nicht: Arbeits*willige* – fehlen, soll der Arbeitszwang wieder verstärkt werden. Das aufgrund der NS-Zwangsarbeit nach 1945 allgemein anerkannte und in Art. 12 GG festgeschriebene Prinzip der *Freiwilligkeit* von Erwerbsarbeit wird heute selbst in grünen, sozialdemokratischen und Gewerkschaftskreisen in Frage gestellt.[277] Sogar dort gewannen neoliberale Vorstellungen an Einfluss, wie ein Positionspapier der Grundsatzabteilung des DGB-Bundesvorstandes dokumentiert, das ohne jeden

---

273   Norbert Berthold, Sozialstaat und marktwirtschaftliche Ordnung – Ökonomische Theorie des Sozialstaates, a.a.O., S. 10
274   Alfred Zänker, Der bankrotte Sozialstaat. Wirtschaftsstandort Deutschland im Wettbewerb, München 1994, S. 57
275   C. Christian von Weizsäcker, Logik der Globalisierung, Göttingen 1999, S. 64
276   Michael Opielka, Grundeinkommen statt Hartz IV. Zur politischen Soziologie der Sozialreformen, in: Blätter für deutsche und internationale Politik 9/2004, S. 1082
277   Vgl. Axel Bust-Bartels, Vollbeschäftigung ohne Niedriglohn, Opladen 1999, S. 35f.

Beleg konstatiert: „Der Sozialstaat mit seinem traditionellen Gerechtigkeitsverständnis von Sicherheit und Schutz läßt sich nicht mehr aufrechterhalten."[278]

Neoliberale propagieren einen Fürsorgestaat, der die Lohn(neben)kosten und die Sozialleistungen reduziert, damit sie die Firmen kaum belasten und deren Konkurrenzfähigkeit auf dem Weltmarkt nicht gefährden. „Standortsicherung" kehrt das Verhältnis von Ökonomie, Staat und Politik, die zur abhängigen Variablen der Volkswirtschaft degradiert wird, um. In den Mittelpunkt sozialpolitischen Handelns rückt die (angeblich) bedrohte Wettbewerbsfähigkeit des „Industriestandortes D". Zweck und Mittel wohlfahrtsstaatlicher Intervention ändern sich grundlegend: „Nicht der problemadäquate Schutz vor sozialen Risiken und die Korrektur der marktvermittelten Einkommenspolarisierung, sondern der Beitrag der Sozialpolitik zur Konsolidierung der Staatshaushalte, zur Reduzierung der Personalzusatzkosten und zur Deregulierung des Arbeitsrechts- und Tarifsystems avanciert zum Erfolgskriterium einer ‚modernen' Sozialpolitik."[279]

An die Stelle des Wohlfahrtsstaates, wie er sich nach dem Zweiten Weltkrieg in allen kapitalistischen Industrieländern herausbildete, sollen staatliche Fürsorge und Privatwohltätigkeit, Eigenvorsorge und Selbstverantwortung der Bürger/innen treten. Dadurch würde sich nach neoliberaler Überzeugung die Sozialleistungs- und die Staatsquote senken sowie die Erwerbslosigkeit deutlich verringern lassen. Der sozialpolitische Dreiklang neoliberaler Modernisierer lautet im Grunde: Entstaatlichung, Entsicherung und Entrechtung jener Menschen, die unfähig oder unwillig sind, auf dem (Arbeits-)Markt ein ihre Existenz sicherndes Einkommen zu erzielen. Dass er weniger die Verbesserung der Lebenssituation davon Betroffener als die Entlastung der Unternehmen, Kapitaleigentümer und Spitzenverdiener bezweckt, lässt ihn besonders für Letztere attraktiv erscheinen, obwohl die negativen Folgen auch für sie auf der Hand liegen: Armut wird immer mehr zum Massenphänomen, erfasst schließlich sogar die Mitte der Gesellschaft und wird im Stadtbild allgegenwärtig. Bettelei, zunehmende Drogensucht, Aggressivität, Jugendgewalt, Kriminalität unterschiedlicher Art und Gefahren für die öffentliche Sicherheit beeinträchtigen sogar das Leben in Luxusquartieren. Aus diesem Grund stellen selbst Neoliberale dem Staat die Aufgabe, extreme Armut zu bekämpfen: „Die Garantie eines wie auch immer (!?) definierten Existenzminimums ist unumgänglich, wenn man die Kriminalität in einer Gesellschaft in Grenzen halten und den sozialen Frieden garantieren will."[280]

Von einer sich verschärfenden Weltmarktkonkurrenz ausgehend, schlagen ultraliberale Theoretiker vor, die Wettbewerbsfähigkeit des „eigenen" Wirtschaftsstandortes durch eine Senkung der Löhne, (gesetzlichen) Lohnnebenkosten und Sozialleistungen zu erhöhen. Paul Krugman, Professor an der Princeton University, hegt allerdings begründete Zweifel, dass Länder wie einzelne Unternehmen miteinander konkurrieren, und stellt zu Recht fest: „Der Begriff der ‚Wettbewerbsfähigkeit' lässt sich auf ganze Volkswirtschaften nicht sinnvoll anwenden. Und die geradezu manische Beschwörung der internationalen Konkurrenzfähig-

---

278   Grundsatzabteilung des DGB-Bundesvorstandes, Soziale Gerechtigkeit, Sozialstaat und Innovation, in: Erika Mezger/Klaus-W. West (Hrsg.), Aktivierender Sozialstaat und politisches Handeln, 2. Aufl. Marburg 2000, S. 204
279   Hans-Jürgen Urban, Deregulierter Standort-Kapitalismus? – Krise und Erneuerung des Sozialstaates, in: Horst Schmitthenner (Hrsg.), Der „schlanke" Staat. Zukunft des Sozialstaates – Sozialstaat der Zukunft, Hamburg 1995, S. 17
280   Norbert Berthold, Sozialstaat und marktwirtschaftliche Ordnung – Ökonomische Theorie des Sozialstaates, a.a.O., S. 37

keit ist nicht nur irrig, sondern auch gefährlich."[281] Außerdem sind die Höhe der Löhne und Gehälter bzw. die Arbeitskosten der Unternehmen kein für die Ermittlung der Konkurrenzfähigkeit einer bestimmten Volkswirtschaft geeignetes Kriterium. „Aussagekräftig werden sie erst im Verhältnis zur Produktivität, sie sollten deshalb in effizienten Einheiten gemessen werden. Dies wird durch den Indikator der Lohnstückkosten gewährleistet, der üblicherweise für die preisliche Wettbewerbsfähigkeit einer Branche bzw. einer Volkswirtschaft verwendet wird."[282] Das besagte Maß setzt die Arbeitsentgelte in Relation zum wirtschaftlichen Ergebnis, wodurch ein seriöser Vergleich überhaupt erst möglich wird. Hingegen lässt sich das Öffentlichkeit, Politik und Medien beherrschende Dogma, wonach die (gesetzlichen) Lohn*neben*kosten sinken müssen, um der Arbeitslosigkeit endlich Herr werden zu können, leicht widerlegen, zumal seine fragwürdigen Verteilungswirkungen auf der Hand liegen. „Senkung der Lohnnebenkosten heißt (...) vor allem: die Kosten für die Arbeitnehmer zu erhöhen und die Kosten für die Arbeitgeber zu senken."[283]

Man müsse, so lautet ein weiteres Credo, mehr Lohnspreizung bzw. Einkommensungleichheit als bisher hinnehmen, um die Arbeitslosigkeit in der Bundesrepublik Deutschland mit Erfolg bekämpfen zu können. Gleichzeitig erfuhr die Sozialpolitik im Globalisierungsdiskurs einen grundlegenden Form- und Funktionswandel, der bisher aber nur teilweise ins öffentliche Bewusstsein getreten ist. Elmar Altvater und Birgit Mahnkopf stellen jedoch warnend fest: „Im Zuge des Globalisierungsprozesses sind alle sozialen Errungenschaften zur Disposition gestellt, weil nur noch ökonomische, monetär in Preisen auszudrückende und nicht jene sozialen Standards zählen, ohne die eine zivile Gesellschaft von mit sozialen Ansprüchen und politischen Rechten der Partizipation ausgestatteten Staatsbürgern ein historisches Unding ist."[284]

Durch die Ökonomisierung bzw. Kommerzialisierung beinahe aller Gesellschaftsbereiche, die fast völlige Liberalisierung der Güter-, Geld- und Kapitalmärkte, die weitgehende Flexibilisierung der Arbeitsbeziehungen bzw. -zeiten, die Deregulierung des Sozial- und Umweltschutzrechts sowie die (Re-)Privatisierung von Unternehmen, öffentlichen Dienstleistungen und sozialer Risikovorsorge soll die bestehende Industrie- zur „unternehmerischen Wissensgesellschaft" umstrukturiert, eine neue, aber nachhaltige Wachstumsdynamik der Wirtschaft erreicht und die freie Entfaltung des Bürgers an die Stelle des Handelns staatlicher Bürokratien gesetzt werden.

Einen „nationalen Wettbewerbsstaat" (Joachim Hirsch) hält Heiner Ganßmann für irreal, weil sich „das Nationale" in der globalisierten Ökonomie kaum mehr finden lasse.[285] Es handelt sich hierbei um ein Gemeinwesen, das kein herkömmlicher Wohlfahrtsstaat mit umfassender Verantwortung für die soziale Sicherheit und Gerechtigkeit mehr sein möchte, durch eine marktradikale Wirtschaftspolitik die soziale Ungleichheit weiter verschärft und

---

281   Paul Krugman, Der Mythos vom globalen Wirtschaftskrieg. Eine Abrechnung mit den Pop-Ökonomen, 2. Aufl. Frankfurt am Main/New York 1999, S. 40
282   Arnaud Lechevalier, Die Reform der Sozialsysteme in Deutschland und Frankreich: vermeintliche und tatsächliche Herausforderungen für die Zukunft, in: Wolfgang Neumann (Hrsg.), Welche Zukunft für den Sozialstaat? – Reformpolitik in Frankreich und Deutschland, Wiesbaden 2004, S. 229
283   Walter van Rossum, Meine Sonntage mit „Sabine Christiansen". Wie das Palaver uns regiert, 3. Aufl. Köln 2004, S. 89
284   Elmar Altvater/Birgit Mahnkopf, Grenzen der Globalisierung. Ökonomie, Ökologie und Politik in der Weltgesellschaft, Münster 1996, S. 42
285   Vgl. Heiner Ganßmann, Soziale Sicherheit und Kapitalmobilität. Hat der Sozialstaat ein Standortproblem?, in: Erna Appelt/Alexandra Weiss (Hrsg.), Globalisierung und der Angriff auf die europäischen Wohlfahrtsstaaten, Hamburg/Berlin 2001, S. 60

damit den Boden für gesellschaftliche Ausgrenzungs- und Ethnisierungsprozesse bereitet.[286] Auf die Deregulierung des Arbeitsmarktes, die Flexibilisierung der Beschäftigungsverhältnisse und die (Re-)Privatisierung der öffentlichen Daseinsvorsorge gerichtet, nimmt
der Neoliberalismus die partielle Verschlechterung der Lebensbedingungen eines Großteils
der Bevölkerung zumindest in Kauf. Im Mittelpunkt seiner Bemühungen steht der Markt,
nicht der (arbeitende) Mensch. Das neue Leitbild erstrebt vor allem die Verbesserung der
Wettbewerbsfähigkeit des jeweils „eigenen" Wirtschaftsstandortes. „Der Sozialstaat wird
nicht mehr als Ergebnis von Machtkämpfen zwischen Arbeit und Kapital, Politik und Markt
gesehen, sondern als Hebel, durch gezielte Investitionen in das ‚Humankapital' den Standort für (internationale) Investitionen und für das Finanzkapital attraktiv zu machen."[287] Die
neoliberale Modernisierung zahlt sich zwar scheinbar für einzelne Länder, Akteure und
Gesellschaftsschichten aus, wirkt aber weltweit wie ein gigantisches Nullsummenspiel, und
auch das nur, wenn man ihre ökologischen und sozialen Kollateralschäden außer Betracht
lässt: Was die wenigen Globalisierungsgewinner an realen Wohlstandszuwächsen verzeichnen, büßen die zahlreichen Globalisierungsverlierer/innen an Einkommen, Vermögen
und Lebensqualität ein.

Wahlfreiheit und Wettbewerb stehen im Zentrum einer neoliberalen Wohlfahrtsstaats-
konzeption, wie sie Roland Vaubel im Auftrag der Forschungsstelle für gesellschaftliche
Entwicklungen (FGE) an der Universität Mannheim erstellt hat. Als mögliche Reformoptionen nennt Vaubel eine Regulierungs-, Verstaatlichungs-, Kartell- und Wettbewerbsstrategie, wobei er nur die zuletzt genannte für akzeptabel, wirksam und Erfolg versprechend
hält: „Eine freiheitliche, effiziente und innovative Sozialpolitik setzt einen möglichst weit-
gehenden Wettbewerb unter den Kassen und Versicherungen und unter den Anbietern von
Gesundheitsleistungen (Ärzten, Krankenhäusern, Apotheken, Pharma-Unternehmen usw.)
voraus. Die Wettbewerbsstrategie geht davon aus, daß die sozialpolitischen Verteilungszie-
le nicht im Rahmen staatlicher Versicherungsmonopole, sondern über das Steuer- und
Transfersystem realisiert werden. Bei der Besteuerung können alle Bedürftigkeitsmerkmale
des einzelnen Bürgers umfassend und einheitlich bewertet werden – auch die höheren Beitragszahlungen der Kinderreichen und chronisch Kranken."[288]

Wenn es nach den Neoliberalen geht, muss nicht nur der Wohlfahrtsstaat „weltmarkt-
tauglich", sondern auch jede einzelne Person „arbeitsmarkttauglich" bzw. „beschäftigungs-
fähig" (Herstellung/Bewahrung der employability) sein oder gemacht werden. Hans J.
Pongratz und G. Günter Voß kritisieren, dass Arbeitnehmer/innen unter den Bedingungen
der New Economy und anderer „entgrenzter" Formen der Beschäftigung zu modernen „Ar-
beitskraftunternehmer(inne)n" avancieren,[289] verbunden nicht nur mit dem Zwang, sich
selbst erfolgreich zu vermarkten, sondern auch entsprechenden Existenzrisiken. Ein solches
Konzept ist mit allgemeinen Menschenrechten und sozialen Bürgerrechten unvereinbar, die

---

286   Vgl. hierzu: Christoph Butterwegge, Wohlfahrtsstaat im Wandel. Probleme und Perspektiven der Sozialpolitik, 3. Aufl. Opladen 2001, S. 139ff.
287   Angela Klein, Sozialreformen und sozialer Widerstand in der EU, in: Holger Kindler/Ada-Charlotte Re-
gelmann/Marco Tullney (Hrsg.), Die Folgen der Agenda 2010. Alte und neue Zwänge des Sozialstaats, Hamburg
2004, S. 173
288   Roland Vaubel, Sozialpolitik für mündige Bürger: Optionen für eine Reform. Studie, erstellt im Auftrag der
Forschungsstelle für gesellschaftliche Entwicklungen (FGE) an der Universität Mannheim, Baden-Baden 1990, S.
25
289   Siehe Hans J. Pongratz/G. Günter Voß, Arbeitskraftunternehmer. Erwerbsorientierungen in entgrenzten Ar-
beitsformen, 2. Aufl. Berlin 2004; dies. (Hrsg.), Typisch Arbeitskraftunternehmer? – Befunde der empirischen
Arbeitsforschung, Berlin 2004

ein moderner Staat garantiert, weil es die Betroffenen verdinglicht und sie ohne Rücksicht auf individuelle Befindlichkeiten den Marktgegebenheiten anpasst, statt umgekehrt die Wirtschaft den menschlichen Arbeits- und Lebensbedürfnissen gemäß umzugestalten.

Tatsächlich wäre es absurd, zwischen Globalisierung und wohlfahrtsstaatlichen Arrangements einen Widerspruch zu sehen. Vielmehr bedingen sich beide, sofern man die Globalisierung nicht auf ihre vorherrschende Form, die neoliberale Modernisierung, verkürzt. Selbst im Rahmen der Standortlogik gibt es nämlich gute Gründe für eine Expansion der Wohlfahrt, die soziale Exklusion ausschließt und kapitalistischen Verwertungsinteressen keineswegs zuwiderläuft. „Eine erfolgreiche Teilnahme an Globalisierungsprozessen setzt nicht weniger Sozialstaat voraus, sondern starke Institutionen, die ökonomische Schocks und soziale Konflikte auffangen können. Gesellschaftliche Ordnung bedarf eines übergreifenden Horizonts von Normen und Werten, die nicht in Marktinteressen aufgehen."[290]

Durch die Globalisierung einerseits sowie die damit verbundene Modernisierung/Individualisierung der Gesellschaft andererseits wird der Wohlfahrtsstaat keineswegs überflüssig, sondern umgekehrt ein *höheres* Maß an sozialer Sicherheit und Staatsinterventionismus unabdingbar, damit Menschen von der ihnen abverlangten Flexibilität, beruflichen Mobilität und Anpassungsbereitschaft nicht überfordert werden. „In einer langfristigen Perspektive ist ökonomisch und gesellschaftlich daher entgegen der naiv formulierten Privatisierungs- und Deregulierungsforderung ein Diskurs über innovative Formen der Bereitstellung staatlicher Dienstleistungen und intelligente Regulierungen sinnvoll bzw. notwendig. Gerade die immer deutlicher werdenden Tendenzen der Risikoproduktion, der Spaltung und Ausdifferenzierung in der Gesellschaft erfordern staatliche Interventionen und Regulierungen."[291] Hier setzen Konzepte an, die unter dem Kunstwort „Flexicurity" versuchen, soziale Sicherheit für die Arbeitnehmer/innen mit einer möglichst großen Disponibilität ihrer Arbeitskraft für das Unternehmen zu kombinieren.[292]

3.1.2 Kommunitarier monieren die Dominanz des Marktes und die Entmachtung bzw. Entmündigung der Zivilgesellschaft

Mit dem Kommunitarismus trat während der 1990er-Jahre eine Ideologie und Bewegung von US-amerikanischen Intellektuellen auch an die deutsche Öffentlichkeit, deren Ziel die Wiederbelebung kleiner Gemeinschaften wie Familie, Nachbarschaft und Vereinen bildete. Ursprünglich gegen einen überbordenden Neoliberalismus gerichtet, wandte sich der Kommunitarismus schon bald auch gegen den traditionellen Wohlfahrtsstaat, der seiner Meinung nach wenig geeignet ist, kleine Netze sozialer Fürsorglichkeit zu unterstützen, sondern sie eher zerstört oder zumindest überflüssig macht. Da die Kommunitarier staat-

---

290 Klaus Müller, Globalisierung, Frankfurt am Main/New York 2002, S. 55

291 Heinrich Epskamp/Jürgen Hoffmann, Die öffentlichen Dienste zwischen Deregulierungsdruck, „neuen Steuerungsmodellen" und solidarisch-demokratischen Funktionen, in: Christoph Butterwegge/Martin Kutscha/ Sabine Berghahn (Hrsg.), Herrschaft des Marktes – Abschied vom Staat?, Folgen neoliberaler Modernisierung für Gesellschaft, Recht und Politik, Baden-Baden 1999, S. 239

292 Vgl. dazu: WSI-Mitteilungen 5/2000 (Schwerpunktheft „Flexicurity" – Arbeitsmarkt und Sozialpolitik in Zeiten der Flexibilisierung); Ute Klammer/Katja Tillmann (WSI in der Hans-Böckler-Stiftung), Flexicurity: Soziale Sicherung und Flexibilisierung der Arbeits- und Lebensverhältnisse. Forschungsprojekt im Auftrag des Ministeriums für Arbeit und Soziales, Qualifikation und Technologie des Landes Nordrhein-Westfalen, Düsseldorf, Dezember 2001; Christoph Strünck, Mit Sicherheit flexibel? – Chancen und Risiken neuer Beschäftigungsverhältnisse, Bonn 2003

lich-zentralistische Formen der Produktion sozialer Sicherheit ablehnen, plädieren sie unter Berufung auf das Subsidiaritätsprinzip für eine „Vergesellschaftung" der Wohlfahrt.[293]

Michael Walzer, ein bekannter Wissenschaftler, Hochschullehrer und eher linker Kommunitarier, geißelte den Neoliberalismus als „Imperialismus des Marktes", der die Menschen privater Profitgier ausliefere, glaubte jedoch, diesen zügeln, sozial flankieren und so einbinden zu können, dass er der Gesellschaft diene: „In allen kapitalistischen Gesellschaften führt der Markt zur Ungleichheit. Je erfolgreicher seine Herrschaft, umso größer die Ungleichheit. Aber wenn der Markt fest in die zivile Gesellschaft integriert wäre, durch politische Maßnahmen eingeschränkt, offen für gemeinschaftliche wie private Initiativen, dann ließen sich die von ihm verursachten Ungleichheiten begrenzen."[294]

Walzer schwebt offenbar eine Zivilgesellschaft vor, in der miteinander vernetzte Gemeinschaften die wichtigsten Entscheidungen treffen und den Individuen sozialen Rückhalt geben. Kommunitarier verlangen von den Bürger(inne)n mehr Gemeinsinn, was mit ihrer Vorstellung übereinstimmt, staatliche Leistungen ohne Einbußen an Lebensqualität für sozial Benachteiligte und Bedürftige kürzen zu können. „Niemand sollte davon ausgenommen werden, nach seinen Möglichkeiten zur Verbesserung der eigenen Situation (und zur Entlastung der Gemeinschaft) beizutragen. Das bedeutet, dass einige heute vorhandene Dienstleistungen des Wohlfahrtsstaates von den Menschen selbst übernommen werden sollten und könnten."[295]

Amitai Etzioni, renommierter Organisationssoziologe und einer der prominentesten Kommunitarier überhaupt, wendet sich zwar gegen Bestrebungen, den Wohlfahrtsstaat abzuschaffen, plädiert jedoch dafür, den einzelnen Individuen, ihren Familien und kleineren Gemeinschaften bestimmte Aufgaben wieder zu übertragen, die bisher von staatlichen Institutionen erfüllt wurden: „Tatsächlich ist der beste Weg, den Wohlfahrtsstaat zu schützen und dauerhaft zu erhalten, der, damit aufzuhören, ihn durch immer mehr Sozialleistungen und Forderungen zu überladen."[296]

Das in seiner Urfassung aus Etzionis Feder stammende Programm des Kommunitarismus stellt die Familie und die Kinder in den Mittelpunkt. Die sozialen Aufgaben, heißt es dort, seien nach dem Subsidiaritätsprinzip auf die jeweils niedrigstmögliche Ebene zu delegieren: „Der Staat sollte nur einspringen, soweit andere soziale Subsysteme versagen, und nicht versuchen, sie zu ersetzen."[297] Die kommunitaristische Konzeption sozialer Gerechtigkeit gründet sich auf das Prinzip der Reziprozität, welches eine neue Balance zwischen Rechten und Pflichten zu schaffen verspricht, die Bürger/innen als Mitglieder der Gemeinschaft haben: „Jedes Mitglied der Gemeinschaft ist allen etwas schuldig, die Gemeinschaft schuldet jedem ihrer Mitglieder etwas. Gerechtigkeit erfordert verantwortungsbewusste Individuen in einer verantwortlichen Gemeinschaft."[298] Eine „gute Gemeinschaft", wie

---

293   Siehe Günter Frankenberg, Auf der Suche nach der gerechten Gesellschaft. Bemerkungen zur Fortsetzung der Kommunitarismus-Debatte, in: ders. (Hrsg.), Auf der Suche nach der gerechten Gesellschaft, Frankfurt am Main 1994, S. 17

294   Michael Walzer, Zivile Gesellschaft und Amerikanische Demokratie, Berlin 1992, S. 83

295   Amitai Etzioni, Im Winter einen Pullover ablehnen, weil es im Sommer warm war? – Ein kommunitaristischer Versuch, den Wohlfahrtsstaat neu zu definieren, in: Blätter für deutsche und internationale Politik 2/1997, S. 234

296   Ebd.

297   Das kommunitaristische Programm: Rechte und Pflichten, in: Amitai Etzioni, Die Entdeckung des Gemeinwesens. Ansprüche, Verantwortlichkeiten und das Programm des Kommunitarismus, Stuttgart 1995, S. 290

298   Ebd., S. 295

Kommunitarier sie anstreben, kann (staatlich) organisierte Solidarität zwar ergänzen, den Sozialstaat aber schwerlich ersetzen.

Antonin Wagner, Hochschullehrer an der Universität Zürich, unterscheidet zwischen korporatistischer und kommunitarischer Sozialpolitik, die mancherlei Gemeinsamkeit aufweisen. „Die Trennlinie, die zwischen Kommunitarismus und einer eher korporatistischen Sicherungspolitik verläuft, ist unscharf. Typischerweise zeichnen sich beide Sicherungssysteme durch dezentrale Strukturen, weitgehende Selbstverwaltung der Sozialversicherungsträger und die stärkere Betonung der Beitrags- gegenüber der Steuerfinanzierung aus.“[299] Während der Korporatismus, auf ständestaatlichen Vorstellungen und Traditionen beruhend, einzelne für den Staatsapparat wichtige Berufsgruppen privilegiert, konzentriert der Kommunitarismus seine soziale Sicherungstätigkeit auf territorial begrenzte, also etwa regionale Einheiten. „Mit seiner Betonung funktionaler und lokaler Gemeinschaften setzt der Kommunitarismus als Gestaltungsprinzip auf zwei für moderne Gesellschaften wichtige Kriterien sozialer Sicherung: Reziprozität und Subsidiarität. Subsidiarität unterstreicht die Bedeutung territorialer, d.h. räumlich definierter Gemeinschaften. (...) Reziprozität erfordert die Einbindung der Menschen in überschaubare funktionale Gemeinschaften, wie sie Vereine, Verbände, Selbsthilfegruppen und ähnliche Organisationen darstellen.“[300] Für den Kommunitarismus bildet der sog. Dritte Sektor das Bindeglied zwischen dem Markt und dem (Sozial-)Staat. Dort finden und entfalten sich die für das Gemeinwohl nützlichen Handlungspotenziale, also Bürgerengagement, Ehrenamtlichkeit und zivilgesellschaftliche Initiativen.

In der Bundesrepublik fand der Kommunitarismus bei allen etablierten Parteien eine ausgesprochen positive Resonanz. Vor allem führende SPD-Politiker/innen nahmen häufig auf ihn Bezug. So mahnte Thomas Meyer, Wissenschaftlicher Leiter der Akademie der Politischen Bildung in der Friedrich-Ebert-Stiftung und Stellvertretender Vorsitzender der Grundwertekommission seiner Partei, diese müsse den kommunitaristischen Impuls aufgreifen, sowohl hinsichtlich bestimmter Projektvorschläge wie auch bezüglich seiner politischen Methodik: „Der Kommunitarismus erinnert uns daran, daß Solidarität kaum als abstraktes Postulat lebendig werden kann, sondern in erster Linie als eine Praxis in den nachbarschaftlichen Beziehungen einer gemeinsam geteilten Lebenswelt.“[301] Gleichzeitig warnte Meyer jedoch vor einem „Tugendterror“, der kommunitaristisch begründet werde, und wies Versuche zurück, den Abbau notwendiger sozialstaatlicher Leistungen und gesamtpolitischer Verantwortung mittels kommunitaristischer Argumente zu rechtfertigen: „Die Verwendung kommunitaristischer Konzepte für eine flächendeckende Privatisierung sozialer und politischer Aufgaben des Staates ist ein Mißbrauch.“[302]

Meyer entwarf gemeinsam mit Bernd Guggenberger, Werner Peters und Tine Stein nach US-Vorbild ein kommunitaristisches Manifest „Initiative für Bürgersinn“, das sich in seinen sozialpolitischen Kernaussagen kaum von liberal-konservativen Positionen unterscheidet. Eine zentrale Passage würdigt zwar die historische Bedeutung des Sozialstaates, erweckt aber den Eindruck, als sei dieser inzwischen zu einem bürokratischen Monster

---

299   Antonin Wagner, Teilen statt umverteilen. Sozialpolitik im kommunitaristischen Wohlfahrtsstaat, Bern/Stuttgart/Wien 1999, S. 99
300   Ebd. S. 101
301   Thomas Meyer, Sozialdemokratie und Kommunitarismus. Impulse für die politische Erneuerung, in: Ulrich von Alemann/Rolf G. Heinze/Ulrich Wehrhöfer (Hrsg.), Bürgergesellschaft und Gemeinwohl. Analyse – Diskussion – Praxis, Opladen 1999, S. 43
302   Ebd., S. 44

entartet, das kein gedeihliches Zusammenleben der Individuen mehr zulasse: „Der Ausbau des Wohlfahrtsstaates, eine der großen Errungenschaften vor allem der europäischen Demokratien, droht nicht nur zunehmend zu einer unbezahlbaren Bürde der Gesellschaft zu werden, sondern hat auch in einem erschreckenden Maße die Bereitschaft zur Eigenverantwortung und den Willen zur eigenen Lebensgestaltung abgebaut. Immer mehr Risiken werden auf die Solidargemeinschaft abgewälzt, die sich für den einzelnen oft nicht als Gemeinschaft, sondern als riesige anonyme Geldverwaltungs- und Geldverteilungsbürokratie darstellt."[303]

Aus kommunitaristischer Sicht tendiert der Wohlfahrtsstaat zur Entmündigung seiner Bürger/innen, die durch ihn der Möglichkeit beraubt werden, soziale Probleme wie Armut oder die Unterversorgung mit Gütern und Dienstleistungen in Kooperation mit anderen, gleichgesinnten Personen zu lösen. „Der Wohlfahrtsstaat ist eine bürokratische Meisterleistung der Versorgungstechnik, aber er ist darum zugleich auch ein effektives Unternehmen der Bürgerverhinderung. Und darum bekämpft ihn der Kommunitarismus vor allem: im Wohlfahrtsstaat können sich die Menschen nicht zu verantwortlichen Bürgern entwickeln, die sich für ihr Gemeinwesen einsetzen, frei und einsichtig die Pflichten der Gemeinschaft übernehmen und sich um das Allgemeine sorgen."[304]

Der entwickelte Wohlfahrtsstaat verdrängt aber keineswegs bürgerschaftliches Engagement,[305] sondern schafft dafür günstige materielle und sozialkulturelle Voraussetzungen. Auf mehr Gemeinsinn, die Eigeninitiative mündiger Bürger/innen und die Selbstverantwortung des Einzelnen in einer modernen Zivilgesellschaft gerichtet, unterschätzt der Kommunitarismus die Bedeutung des Sozialstaates im globalisierten Kapitalismus. Er übersieht, dass die Freiheit sozial Benachteiligter gerade nicht darin besteht, als autonomes Wirtschaftssubjekt auf dem Arbeits- und Warenmarkt ohne staatliche Eingriffe in ihre Handlungsautonomie agieren zu können, sondern umgekehrt darin, vor dessen verheerenden Auswirkungen durch einen entwickelten Wohlfahrtsstaat geschützt zu werden.

Kommunitarier vernachlässigen in aller Regel den Machtaspekt.[306] Sie übersehen, dass es Zweck- und Zwangsgemeinschaften gibt, die dem Individuum wenig Raum lassen, sich frei zu entfalten, wie der Markt umgekehrt die Freiheit für jene Menschen reserviert, die Geld zu verausgaben und/oder Waren anzubieten haben. Zwar firmiert der Kommunitarismus als soziale Alternative zum Neoliberalismus, wird diesem Anspruch jedoch kaum gerecht, birgt vielmehr die Gefahr in sich, dass er der neoliberalen Diktatur des Marktes die kommunitaristische Tyrannei der Gemeinschaft entgegensetzt. Markus Schroer verurteilte den Kommunitarismus aber sehr pauschal, als er feststellte: „Der ganzen Richtung haftet etwas sprichwörtlich Gnadenloses und zutiefst Antisoziales an, was sich paradoxerweise viel besser mit neoliberalen Positionen verträgt, als die selbsternannten Gralshüter der Gemeinschaft wahrhaben wollen."[307] Karin Priester wiederum monierte, ein kommunitaristischer Umbau des Sozialstaates gehe vor allem zu Lasten der Frauen. Sie befürchtete daher eine weitere „Feminisierung der Armut", die durch eine systematische Verdrängung der

---

303   Bernd Guggenberger u.a., Initiative für Bürgersinn. Entwurf eines kommunitaristischen Manifests, in: NG/FH 7/1997, S. 653
304   Wolfgang Kersting, Theorien der sozialen Gerechtigkeit, Stuttgart/Weimar 2000, S. 400f.
305   Vgl. Jens Alber, Hat sich der Wohlfahrtsstaat als soziale Ordnung bewährt?, a.a.O., S. 91
306   Vgl. Hinrich Fink-Eitel. Gemeinschaft als Macht. Zur Kritik des Kommunitarismus, in: Micha Brumlik/Hauke Brunkhorst (Hrsg.), Gemeinschaft und Gerechtigkeit, Frankfurt am Main 1993, S. 312
307   Markus Schroer, Wonnen des Zusammenlebens oder Terror des Gemeinsinns? – Scheingefechte um den Kommunitarismus, in: NG/FH 3/1999, S. 263

Mütter vom Arbeitsmarkt erfolge, und warnte darüber hinaus sehr eindrücklich: „Wenn der Wohlfahrtsstaat uns heute eine ‚unbezahlbare Bürde' ist, sind es morgen die Alten und Schwachen und übermorgen die Erbkranken."[308] Markus Ottersbach und Erol Yildiz schließlich zeigten, dass auch die Ausgrenzung ethnischer Minderheiten teilweise mit kommunitaristischen Argumenten begründet wird.[309]

Entgegen kommunitaristischer, aber auch liberalkonservativer Kritik zerstört der Sozialstaat nicht die Bereitschaft der Individuen, anderen zu helfen, bietet ihnen vielmehr einen größeren Freiraum für die Verfolgung wohltätiger Zwecke. Nie war die „Zivilgesellschaft", als Sphäre des bürgerschaftlichen Engagements jenseits von Markt und Staat verstanden, stärker entwickelt als gerade im „Goldenen Zeitalter" des Wohlfahrtsstaates. Hierzulande stehen Gemeinschaftsideologien wegen inhaltlicher Berührungspunkte zur NS-„Volksgemeinschaft" unter einem starken Legitimationszwang. Entsteht auch noch der Eindruck, dass es sich bei ihrer Rezeption wie im Falle des Kommunitarismus bloß um eine Retourkutsche öffentlich angegriffener Politiker handelt, die den „parteienverdrossenen" Bürger(inne)n vorwerfen, das Gemeinwesen ihrerseits zu vernachlässigen, ist allergrößte Skepsis angebracht.

Der empfohlene Rückgriff auf vormoderne Vergesellschaftungsformen und Solidaritätsnormen der Vergangenheit kann die sozialen Probleme der Zukunft schwerlich lösen helfen. Gemeinsinn bietet genauso wenig wie der Markt einen Ersatz für den Wohlfahrtsstaat, weil dieser überhaupt erst die nötigen Voraussetzungen dafür schafft, dass sich Primärbeziehungen, persönliche Bindungen und freiwilliges Engagement auf der Basis materieller Sicherheit entfalten können. Da sozialökonomische Problemlagen wie Arbeitslosigkeit, Unterversorgung und Armut keine geeignete Grundlage für den Einsatz zugunsten des Gemeinwesens wie zugunsten Dritter bilden, muss die staatliche Politik für Beschäftigung, Perspektiven der Jugend und Sicherheit im Alter sorgen: „Der Sozialstaat wird gebraucht, wenn von den Bürgern verlangt wird, die soziale Demokratie mitzugestalten und lebendig zu erhalten. Derart verstanden, unterfüttert *Sozialbürgerschaft* das zivile Engagement und ist nachgerade eine Voraussetzung für seine Entfaltung."[310]

3.1.3 Feministinnen bemängeln die Orientierung des Sozialleistungssystems am Industriearbeiter und die Benachteiligung der Frau

Die feministische Kritik geht davon aus, dass der von Bismarck begründete Wohlfahrtsstaat nicht geschlechtsneutral ist, sondern Frauen auf vielfältige Weise (mittelbar) benachteiligt. Ute Gerhard formulierte als zentralen Einwand während der 1980er-Jahre, „daß auch der gegenwärtige Sozialstaat die besonderen Nachteile von Frauen im System sozialer Sicherheit nicht auszugleichen vermag, im Gegenteil, Frauen trotz formaler Gleichberechtigung in der Regel schlechter stellt als Männer in vergleichbarer Situation. Der Verdacht ist daher nicht unbegründet, daß dieser Staat mit den Mitteln der Sozialpolitik zur Verfestigung und

---

308   Karin Priester, Zu Lasten der Frauen, in: NG/FH 2/1998, S. 157
309   Vgl. Markus Ottersbach/Erol Yildiz, Der Kommunitarismus: eine Gefahr für das Projekt der pluralistischen Demokratie? – Zur Ausgrenzung ethnischer Minoritäten mit kommunitaristischen Argumenten, in: Soziale Welt 3/1997, S. 291ff.
310   Wolf Rainer Wendt, Bürgerschaft und zivile Gesellschaft. Ihr Herkommen und ihre Perspektiven, in: ders. u.a., Zivilgesellschaft und soziales Handeln. Bürgerschaftliches Engagement in eigenen und gemeinschaftlichen Belangen, Freiburg im Breisgau 1996, S. 35 (Hervorh. im Original)

Aufrechterhaltung patriarchalischer Herrschaftsverhältnisse beiträgt, weil Männer von diesem System auf Kosten von Frauen profitieren."[311] Analog dazu warf Gerhard der Sozialstaatstheorie vor, die zur Reproduktion bzw. (Wieder-)Herstellung der Arbeitskraft gesellschaftlich unentbehrliche Hausarbeit von Frauen systematisch auszublenden.[312]

Die beschriebene Leerstelle suchte die feministische Sozialpolitikanalyse mit Studien über weibliche Lebens- und Arbeitszusammenhänge zu füllen. Mittlerweile hat sich dieser Forschungszweig nicht nur weiter ausdifferenziert, sondern auch inhaltlich diversifiziert.[313] Durch international vergleichende und interdisziplinär angelegte Studien entwickelte sich die feministische Wohlfahrtsstaatsforschung in einer Weise, die es unmöglich macht, hier auch nur die wichtigsten Erkenntnisse zu referieren. Birgit Pfau-Effinger wies in einer (die soziohistorische Entwicklung dreier ausgewählter Länder miteinander) vergleichenden Studie nach, dass die männliche Versorgerehe aufgrund des rasch fortschreitenden Industrialisierungsprozesses zum dominanten Familienmodell in Deutschland avancierte. „Es wurde aber erst nach dem Zweiten Weltkrieg in den fünfziger Jahren von einer Mehrheit der Bevölkerung praktiziert, als auf breiter Basis ein gewisser Wohlstand erreicht worden war, der die Voraussetzung dafür bot, daß die Ehefrauen von der Erwerbstätigkeit freigestellt werden konnten."[314] Dabei gingen die herkömmliche Kernfamilie und der Sozialstaat scheinbar eine symbiotische Wechselbeziehung ein: Ohne ein Mindestmaß an sozialer Sicherheit ist kein Familienleben möglich, wie der Wohlfahrtsstaat seinerseits auf familialen Reproduktionsformen und patriarchalischen Geschlechterbeziehungen beruht.

Von besonderer Bedeutung waren Versuche, die Bundesrepublik im Rahmen einer Typologie der patriarchalisch-kapitalistischen Länder zu verorten. Susanne Schunter-Kleemann berücksichtigte dabei insgesamt sieben Kriterien, nämlich die Arbeitsmarktlage für Frauen, deren Stellung in der Familie, die staatliche Familienpolitik, die spezifische Situation der Frauen in den jeweiligen Arbeitslosen- und Alterssicherungssystemen, die Wohlfahrtskultur bzw. das sozialstaatliche Selbstverständnis des Landes, das jeweilige Verhältnis von Sozialstaat, Demokratie und Chancen der Frauenemanzipation sowie die Beziehungen zwischen der supranationalen und der nationalen Politik im Hinblick auf die Gleichbehandlung der Geschlechter. Für die Bundesrepublik ergab Schunter-Kleemanns Analyse eine geschlechtsspezifische Konturierung der sozialen Sicherungssysteme, die kurz nach Eingliederung der DDR auf diese übertragen wurden: „Die deutsche Variante des patriarchalen Wohlfahrtsstaates schreibt damit die untergeordnete Rolle der Frauen sozialpolitisch fest. Durch die Familienleistungen und die steuerrechtlichen Vergünstigungen werden aber ‚feine Unterschiede' zwischen den Frauen gemacht. Sozialstaatlich begünstigt werden vorrangig Frauen, die sich dem traditionellen Leitbild der Ehefrau fügen. Frauen, die aus der Hausfrauenehe herausstreben oder herausfallen (alleinerziehende, geschiedene, erwerbstätige Frauen) werden steuer- und familienpolitisch benachteiligt."[315]

---

311   Ute Gerhard, Sozialstaat auf Kosten von Frauen. Einleitung, in: dies./Alice Schwarzer/Vera Slupik (Hrsg.), Auf Kosten der Frauen. Frauenrechte im Sozialstaat, Weinheim/Basel 1988, S. 12
312   Vgl. ebd., S. 14
313   Vgl. Sigrid Leitner, Review-Essay: Was wurde aus den armen Frauen? – Eine Zeitreise durch die feministische Sozialstaatskritik in Deutschland, in: dies./Ilona Ostner/Margit Schratzenstaller (Hrsg.), Wohlfahrtsstaat und Geschlechterverhältnis im Umbruch. Was kommt nach dem Ernährermodell?, Wiesbaden 2004, S. 29
314   Birgit Pfau-Effinger, Der soziologische Mythos von der Hausfrauenehe – sozio-historische Entwicklungspfade der Familie, in: Soziale Welt 2/1998, S. 172; vgl. auch: dies., Kultur und Frauenerwerbstätigkeit in Europa. Theorie und Empirie des internationalen Vergleichs, Opladen 2000, S. 116ff.
315   Susanne Schunter-Kleemann, Wohlfahrtsstaat und Patriarchat – ein Vergleich europäischer Länder, in: dies. (Hrsg.), Herrenhaus Europa – Geschlechterverhältnisse im Wohlfahrtsstaat, Berlin 1992, S. 162

Die feministischen Kritikerinnen werfen dem Wohlfahrtsstaat vor, das Patriarchat vor allem durch mittelbare Diskriminierung (alternativer) weiblicher Lebensentwürfe zu zementieren. So werde in ökonomischer, sozialer und kultureller Hinsicht ein hohes Maß an geschlechtlicher Ungleichheit durch Staatseingriffe (re)produziert. „Im Kern erweist sich (...) der Sozialstaat, dessen Ziel die Beseitigung von sozialer Ungleichheit ist, nicht nur als untauglich, das Mißverhältnis zwischen den Geschlechtern auszugleichen. Vielmehr konstituiert und verrechtlicht er zentrale Ungleichheiten der Lebenschancen und Lebensbedingungen zwischen Frauen und Männern und trägt hierdurch zur Aufrechterhaltung der einem hierarchischen Geschlechterverhältnis zugrunde liegenden sozialen Differenz maßgebend bei – trotz geschlechtsneutraler, Gleichheit suggerierender Formulierungen."[316]

Der sozialstaatliche Geschlechtsbias, den die feministische Forschungsrichtung belegt, stützt sich heute nicht mehr auf die rechtliche Benachteiligung der Frau gegenüber dem Mann, sondern wirkt subtiler. „Vor dem Hintergrund einer formalen Gleichberechtigung der Geschlechter, wie sie das wohlfahrtsstaatliche Modell garantiert, entfaltet in der bestehenden Konstruktion sozialstaatlicher Regulierung nur das Muster der männlichen Normalbiographie handlungsleitende Kraft. Die von dieser Normalitätsannahme abweichenden Lebenslagen von Frauen zwischen Erwerb und Familie bleiben unbeachtet."[317]

Eine große Rolle spielt in diesem Zusammenhang das weit verbreitete Phänomen der Frauenarmut.[318] Heidi Reinl unterscheidet primäre und sekundäre Armutsrisiken für Frauen. Während die Ersteren durch Niedrigeinkommen und schlechte(re) Arbeitsmarktchancen gekennzeichnet seien, erwüchsen Letztere aus Regelungen der Sozialversicherung, welche die Familienarbeit unberücksichtigt lassen.[319] Frauen sind überwiegend auf abgeleitete, also nicht eigenständig erworbene, sondern über die Familie bzw. deren männlichen (Allein- oder Haupt-)Ernährer vermittelte Versorgungsansprüche angewiesen. „Auf Grund dessen produziert der Sozialstaat weibliche Armut im doppelten Sinn: als Benachteiligung im Zugang zu materiellen und sozialen Ressourcen sowie als direkte Abhängigkeit von einem Ernährer."[320] Die „neue Dienstmädchenfrage", von der seit geraumer Zeit im Zusammenhang mit Globalisierungs- und Wanderungsprozessen die Rede ist,[321] verschärft das Phänomen der sozialen Ungleichheit noch.

Das größte Verdienst der feministischen Sozialpolitikanalyse liegt darin, die geschlechterstrukturellen Restriktionen wohlfahrtsstaatlicher Arrangements aufgedeckt und in Verbindung mit unterschiedlichen Ernährermodellen gebracht zu haben. Irene Dingeldey unterscheidet im Hinblick auf Erwerbsarbeit und/oder Kindererziehung vier geschlechter-

---

316   Heidi Reinl, Ist die Armut weiblich? – Über die Ungleichheit der Geschlechter im Sozialstaat, in: Siegfried Müller/Ulrich Otto (Hrsg.), Armut im Sozialstaat. Gesellschaftliche Analysen und sozialpolitische Konsequenzen, Neuwied/Kriftel/Berlin 1997, S. 122

317   Ebd., S. 116

318   Vgl. dazu: Karin Heitzmann/Angelika Schmidt (Hrsg.), Frauenarmut. Hintergründe, Facetten, Perspektiven, Frankfurt am Main 2001; Veronika Hammer/Ronald Lutz (Hrsg.), Weibliche Lebenslagen und soziale Benachteiligung. Theoretische Ansätze und empirische Beispiele, Frankfurt am Main/New York 2002

319   Vgl. Heidi Reinl, Ist die Armut weiblich?, a.a.O., S. 119

320   Ebd., S. 121

321   Vgl. dazu beispielsweise: Simone Odierna, Die heimliche Rückkehr der Dienstmädchen. Bezahlte Arbeit im privaten Haushalt, Opladen 2000; Claudia Weinkopf, Niedriglohnbeschäftigung in Privathaushalten zwischen Schattenwirtschaft und Sozialversicherungspflicht: aktuelle Situation und Nachfragepotential, in: Martin Baethge/Ingrid Wilkens (Hrsg.), Die große Hoffnung für das 21. Jahrhundert? – Perspektiven und Strategien für die Entwicklung der Dienstleistungsbeschäftigung, Opladen 2001, S. 391ff.; Helma Lutz, In fremden Diensten. Die neue Dienstmädchenfrage als Herausforderung für die Migrations- und Genderforschung, in: Karin Gottschall/Birgit Pfau-Effinger (Hrsg.), Zukunft der Arbeit und Geschlecht, a.a.O., S. 161ff.

kulturelle Modelle, die für Westeuropa relevant seien: das „Hausfrauenmodell der Versorgerehe"; das „Vereinbarkeitsmodell der Versorgerehe", worunter sie eine modernisierte Version dieses Ehetyps versteht, bei der Teilzeitarbeit als für Mütter angemessene Form der Erwerbstätigkeit gilt; das „Doppelversorgermodell mit öffentlicher Kinderbetreuung" und schließlich das „Doppelversorgermodell mit partnerschaftlicher Kinderbetreuung".[322] Daran knüpft Dingeldey die Überlegung, dass mehrere Faktoren die familialen Erwerbsmuster stark beeinflussen. Hierzu gehören außer der Steuergesetzgebung in erster Linie die Gewährung von Mutterschafts- bzw. Erziehungsurlaub (heute besser: Elternzeit), das (öffentliche) Angebot und die Gestaltung von Kinderbetreuungseinrichtungen sowie die Bereitstellung von Teilzeitbeschäftigungsmöglichkeiten.

Mit (neo)marxistischen Ansätzen verbindet die feministische Kritik am Sozialstaat, dass sie seine Leistungen als Maßnahmen zur Herrschaftssicherung begreift und ihm unterstellt, Frauen aufgrund ihres Geschlechts zu diskriminieren und/oder zu bevormunden. „Der ihnen bei der Entstehung des Wohlfahrtsstaates zugewiesene und die bundesdeutschen Regelungen bis heute prägende Status war nicht als individuelles Rechts-, sondern als paternalistisches Schutzverhältnis konzipiert."[323] Die feministische Wohlfahrtsstaatskritik greift aber zu kurz und kann von neoliberalen Kräften in dem Moment für ihre Ab- und Umbaupläne instrumentalisiert werden, wo sie das bestehende System der sozialen Sicherung ausschließlich als strukturelle Zementierung antiquierter Geschlechterverhältnisse und nicht als Resultat eines historischen Kompromisses interpretiert, den man/frau höchstens aus einer Position der politischen Stärke heraus aufkündigen darf, um Fortschritte im Sinne einer humanen Alternativkonzeption zu erreichen. Führende Vertreterinnen der Frauenbewegung scheinen sich dieser Ambivalenz sozialstaatlicher Demokratien jedoch bewusst zu sein, wenn sie die Forderung nach einem neuen Gesellschafts- und Geschlechtervertrag auf ihre Fahnen schreiben. Daraus folgt nämlich, wie Birgit Sauer bemerkt, eine feministische Strategie, die sich zumindest auf bestimmte sozialstaatliche Arrangements positiv bezieht: „Einzelne staatliche Institutionen oder Apparate sind bündnisfähig, weil es ‚den' Staat nicht (mehr) gibt und das Bild vom einheitlichen androzentrischen Akteur verabschiedet werden muß."[324]

3.2 Die *populäre* Kritik am Sozialstaat

Als wichtigste Ursachen für die Krise, in welcher sich der Sozialstaat befindet, gelten Schwachstellen bzw. Entwicklungsdeterminanten, die ihn angeblich überfordern. In der aktuellen Diskussion über die Krise des Sozialstaates, wie sie vor allem private Massenmedien führen, die seit Gründung nicht mehr öffentlich-rechtlich verfasster Rundfunkanstalten gegen Mitte der 1980er-Jahre die (sozial)politische Kultur des Landes prägen, dominieren wesentlich vier populäre Argumentationsmuster, die sich zum Teil ergänzen und verstärken:

---

322   Siehe Irene Dingeldey, Einkommensteuersysteme und familiale Erwerbsmuster im europäischen Vergleich, in: dies. (Hrsg.), Erwerbstätigkeit und Familie in Steuer- und Sozialversicherungssystemen. Begünstigungen und Belastungen verschiedener familialer Erwerbsmuster im Ländervergleich, Opladen 2000, S. 36
323   Teresa Kulawik, Modern bis maternalistisch: Theorien des Wohlfahrtsstaates, a.a.O., S. 48
324   Birgit Sauer, Krise des Wohlfahrtsstaats. Eine Männerinstitution unter Globalisierungsdruck?, in: Helga Braun/Dörthe Jung (Hrsg.), Globale Gerechtigkeit? – Feministische Debatte zur Krise des Sozialstaats, Hamburg 1997, S. 123

3.2.1 Generosität als Strukturmangel des Wohlfahrtsstaates – das Argument seiner übertriebenen Großzügigkeit ("soziale Hängematte")

Der deutsche Wohlfahrtsstaat, heißt es allenthalben, sei zu teuer. Sogar in einer „Streit-schrift gegen den Vulgärliberalismus", die Jan Roß verfasst hat, ist zu lesen: „Für die drin-genden Bedürfnisse der wenigen wirklich Armen würde das Geld schon reichen. Aber es den vielen recht zu machen, denen es eigentlich ganz gut geht und deren Ansprüche ent-sprechend hoch sind – das eben ist nicht mehr zu bezahlen. Deshalb ist der oft angepranger-te ‚Sozialabbau' unvermeidlich."[325] Als einer der Gründe, weshalb der Sozialstaat zumin-dest in seiner bisherigen Form nicht mehr zu halten sei, wird meist angeführt, dass er zu generös, anders gesagt: in seiner Leistungsgewährung viel zu freigiebig sei, was ihn finan-ziell zunehmend überfordere und letzten Endes das Gegenteil des ursprünglich Intendierten bewirke. Arbeitslosigkeit und Armut könnten nicht mehr wirksam bekämpft werden, weil es sich für die davon Betroffenen heute kaum noch „lohne", eine Erwerbstätigkeit aufzu-nehmen. Denn die Höhe der Entgeltersatzleistungen bewege sich auf demselben Niveau wie das erreichbare Arbeitsentgelt. Insofern erzeuge der Wohlfahrtsstaat seinerseits Ar-beitslosigkeit, statt sie konsequent zu bekämpfen. Er sei somit längst Teil des Problems und nicht mehr Teil seiner Lösung.

Ideologiekritisch weist Michael Opielka auf die dahinter verborgenen Interessen und den politischen Nutzeffekt dieses Argumentationsmusters hin, das nicht nur drastische Leistungskürzungen, sondern auch härtere Repressionsmaßnahmen gegenüber (Langzeit-) Arbeitslosen rechtfertigt: „Die Armutsfalle erscheint als sozialpolitischer Mythos, der den Prozess der ‚Exklusion' des Armen aus der Normalität des Bürgers legitimiert."[326] Ronald Gebauer, Hanna Petschauer und Georg Vobruba haben die These, Sozialhilfebezieher/innen verfingen sich in einer „Armutsfalle", auch empirisch widerlegt. Bei ihren Untersuchungen zeigte sich, „daß finanzielle Anreize aus Sozialhilfe respektive Erwerbsarbeit für die Ent-scheidungen zum Verbleib oder Nicht-Verbleib in Sozialhilfe zwar nicht völlig bedeutungs-los, aber doch recht klar von untergeordneter Bedeutung sind."[327] Für die Motivation der Betroffenen zur Arbeitsaufnahme spielen offenbar andere Kriterien eine größere Rolle als das Geld, beispielsweise der Wunsch nach (Arbeitsmarkt-)Integration, gesellschaftlicher Anerkennung, Selbstverwirklichung und beruflichen Aufstiegs- bzw. Entwicklungschan-cen. Um den Stellenwert ihrer Forschungsergebnisse zu verdeutlichen, bemerken Gebauer, Petschauer und Vobruba, wie stark sie dem wissenschaftlichen und publizistischen Main-stream widersprechen, kennzeichnen damit aber zugleich Veränderungen des gesellschafts-politischen Klimas und der Wohlfahrtskultur, die sich in letzter Zeit vollzogen haben: „Mittlerweile wird die Überzeugung, Sozialhilfe störe die Arbeitsbereitschaft, so allgemein geteilt, daß der Nachweis des Gegenteils fast schon eine Sensation ist."[328]

Um die Behauptung, der deutsche Sozialstaat sei viel zu großzügig und werfe „das Geld mit offenen Armen zum Fenster hinaus", auf ihren Wahrheitsgehalt hin zu überprüfen, bieten sich hauptsächlich zwei Untersuchungsmethoden an: ein internationaler und ein in-terner (historischer) Vergleich. Man kann die Resultate einer Wissenschaftsrichtung, wel-

---

325 Jan Roß, Die neuen Staatsfeinde. Was für eine Republik wollen Schröder, Henkel, Westerwelle und Co.? – Eine Streitschrift gegen den Vulgärliberalismus, Berlin 1998, S. 119
326 Michael Opielka, Sozialpolitik, a.a.O., S. 85
327 Siehe Ronald Gebauer/Hanna Petschauer/Georg Vobruba, Wer sitzt in der Armutsfalle? – Selbstbehaup-tung zwischen Sozialhilfe und Arbeitsmarkt, Berlin 2002, S. 205f.
328 Ebd., S. 9

che als „vergleichende Wohlfahrtsstaatsforschung" bekannt ist, und amtliche Statistiken
darüber heranziehen, wie sich hierzulande im Laufe der letzten Jahre und Jahrzehnte die
Sozialleistungsquote (Anteil der Sozialausgaben am Bruttoinlandsprodukt) entwickelt hat.
Es handelt sich dabei um einen Indikator für die Wohlfahrtsstaatsentwicklung, denn Sozial-
leistungsquoten signalisieren, was einer Gesellschaft die Bearbeitung sozialer Problemlagen
durch den Wohlfahrtsstaat wert ist.[329]

Die empirische Wohlfahrtsstaatsforschung weist nach, dass die Bundesrepublik – entgegen dem allgemeinen Bewusstsein wie den dominierenden Medienbildern – keineswegs
den „großzügigsten" europäischen Sozialstaat besitzt, sondern hinsichtlich der Leistungsgewährung unter den 15 alten EU-Ländern höchstens im Mittelfeld rangiert. Im europäischen Leistungsvergleich ist der bundesdeutsche Sozialstaat eher Normalmaß, also weder
zu großzügig noch zu teuer, wie Jens Alber in komparativer Perspektive durch die Auswer-
tung von Statistiken und empirischer Daten herausfand. „Abweichungen von der typischen
Mittellage Deutschlands ergeben sich allenfalls in jüngster Zeit bei einzelnen Aggregatda-
ten aufgrund der auffallend kostspieligen deutschen Einigung."[330] Vernachlässigt man diese
Sonderentwicklung der Belastung durch Sozialtransfers von West- nach Ostdeutschland seit
1989/90, ergibt sich ein Bild, das mit der medial verbreiteten Horrorvision eines „Gefällig-
keitsstaates" sehr wenig zu tun hat. Im internationalen Vergleich fiel der deutsche Sozialstaat bereits in der „Kohl-Ära" stark zurück: Während sich das Niveau der Leistungen in
den meisten EU-Ländern trotz ähnlicher wirtschaftlicher und finanzieller Probleme stetig
weiter erhöhte, sank es in der Bundesrepublik, über einen längeren Vergleichszeitraum
betrachtet: „Als Folge einer rigiden Politik der Konsolidierung der öffentlichen Haushalte
und einer zunehmend stärker neoliberal ausgerichteten Politik des ‚Umbaus des Sozialstaats' verschob sich die Position der Bundesrepublik in der Rangskala relativer Sozialausgaben in der Union: Lag sie noch Anfang der siebziger Jahre mit ihrer Sozialleistungsquote
an der Spitze der europäischen Staaten, reichte es 1995 nur noch für eine Position im Mittelfeld, knapp oberhalb des Unionsdurchschnitts."[331] Dieses schlechte Resultat hielt Politiker der Regierungskoalition jedoch nicht davon ab, die Bundesrepublik als „großzügigsten
Wohlfahrtsstaat der Welt" hinzustellen und die bis zur Grundgesetzänderung im Frühjahr
1993 vergleichsweise hohe Zahl der Asylbewerber/innen, die meist als „Wirtschaftsflücht-
linge" und „Sozialschmarotzer" diffamiert wurden, zum Beleg für ihre These anzuführen.

Durch die „*Spar*politik" der von 1982 bis 1998 regierenden CDU/CSU/FDP-Koalition
und den mit relativ wenigen Abstrichen fortgesetzten Ausbau anderer Wohlfahrtsstaaten
fiel die Bundesrepublik seither so weit zurück, dass sie – entgegen der nicht nur von inte-
ressierter Seite gezielt verbreiteten Behauptung einer Spitzenposition bei der sozialen Sicherung ihrer Bürger/innen – nunmehr gerade noch das allgemeine OECD-Niveau erreicht.
„Bis zum Ende der siebziger Jahre belegte Deutschland im internationalen Vergleich führende bis deutlich überdurchschnittliche Positionen, sank aber im Verlauf der achtziger und
neunziger Jahre auf durchschnittliche bis unterdurchschnittliche Plätze ab."[332] Mit solchen
Überschriften wie „Die fetten Jahre sind vorbei" (*Spiegel*-Serie, Titelbild v. 8.9.1980: Ge-
witterwolken und Blitze über einer Gartenparty mit Luxuskarossen vor dem schicken Haus)

---

329   Vgl. Jürgen Boeckh/Ernst-Ulrich Huster/Benjamin Benz, Sozialpolitik in Deutschland, a.a.O., S. 172

330   Jens Alber, Der deutsche Sozialstaat im Licht international vergleichender Daten, in: Leviathan 2/1998, S.
207

331   Walter Hanesch, Soziale Sicherung im europäischen Vergleich, in: Aus Politik und Zeitgeschichte 34-
35/1998, S. 19

332   Jens Alber, Der deutsche Sozialstaat im Licht international vergleichender Daten, a.a.O., S. 209

wurde die Mehrheit der Bevölkerung auf die angeblich zwingend notwendigen materiellen Opfer vorbereitet, obwohl das Bruttoinlandsprodukt, die Arbeitsproduktivität und das Volksvermögen auch weiterhin verhältnismäßig kontinuierlich wuchsen. Wenn die Maßnahmen der *Agenda 2010* einschließlich der sog. Hartz-Gesetze ihre volle Wirksamkeit entfalten, dürfte die Bundesrepublik zumindest kaum noch aufholen: „Die deutschen Sozialreformen stellen den schärfsten Einschnitt in die soziale Situation von Lohn- und Gehaltsabhängigen sowie Sozialtransferbeziehenden innerhalb der 15 westeuropäischen Länder (ohne Osteuropa) dar."[333]

Betrachtet man die Entwicklung der Sozialleistungsquote über einen längeren Zeitraum hinweg, lässt sich ein hohes Maß an Kontinuität erkennen. Trotz erheblicher Zusatzbelastungen durch die deutsche Einheit, regionale Ungleichgewichte, Massenarbeitslosigkeit und hohe Transferleistungen von West- nach Ostdeutschland ist die Sozialleistungsquote heute nicht höher als Mitte der 1970er-Jahre. Daraus lässt sich der Schluss ziehen, dass die beliebte Metapher vom überbordenden Wohlfahrtsstaat, der sich wie ein Krake über die Gesellschaft legt und deren ökonomische Dynamik erstickt, pure Ideologie ist.

Entgegen der Behauptung, wonach der Sozialstaat nicht mehr bezahlbar ist, muss konstatiert werden, dass für eine aktive Arbeitsmarkt- und Beschäftigungspolitik sowie Armut verhindernde Maßnahmen „genug Geld" vorhanden wäre, wenn man entsprechende Prioritäten setzen würde.[334] Es ist allerdings immer ungerechter verteilt, befindet sich oftmals „in den falschen Taschen" und wird mehr denn je für andere Belange verwendet. „Tatsächlich werden die westlichen Industriegesellschaften – gemessen an den einschlägigen Indizes der Wirtschaftsstatistik – weiterhin von Jahr zu Jahr reicher, und es ist von daher überhaupt nicht einsehbar, wieso beispielsweise soziale Sicherungssysteme, die in früheren Zeiten, also auf der Grundlage eines noch erheblich geringeren gesellschaftlichen Reichtums, mehr oder weniger problemlos finanzierbar waren, dies heutzutage nicht mehr sein sollen – es sei denn, man akzeptiert stillschweigend, daß ein immer größerer Anteil des wachsenden Reichtums nicht mehr gesellschaftlicher Natur ist, sondern – bildlich gesprochen – in Privatschatullen verschwindet und nur noch privater Verfügungsgewalt unterliegt."[335]

3.2.2 Leistungsmissbrauch als permanente Gefahr – das Argument einer massenhaften Ausbeutung des Wohlfahrtsstaates (durch „Sozialschmarotzer")

In den Mittelpunkt der Diskussion über Wohlfahrtsstaats- und Demokratieentwicklung rückten seit Ende der 1970er-/Anfang der 1980er-Jahre „Abzocker", „Sozialschmarotzer" und „Parasiten", die allmählich zu Hauptfeindbildern des neokonservativen bzw. neoliberalen Zeitgeistes avancierten.[336] Zuerst wurden Flüchtlinge im Rahmen einer jahrzehntelan-

---

333   Anne Allex, Politische Tendenzen der Agenda 2010, in: Holger Kindler/Ada-Charlotte Regelmann/Marco Tullney (Hrsg.), Die Folgen der Agenda 2010, a.a.O., S. 31
334   Vgl. dazu: Herbert Schui/Eckart Spoo (Hrsg.), Geld ist genug da. Reichtum in Deutschland, 3. Aufl. Heilbronn 2000
335   Ingrid Kurz-Scherf, Wenn Arbeit entbehrlich wird. Zur „Krise der Arbeitsgesellschaft" im „Zeitalter der Globalisierung", in: WSI-Mitteilungen, Sonderheft 1997, S. 44f.
336   Vgl. z.B. Gerd-Klaus Kaltenbrunner (Hrsg.), Schmarotzer breiten sich aus. Parasitismus als Lebensform, Freiburg im Breisgau/Basel/Wien 1981; Werner Bruns, Sozialkriminalität in Deutschland, Frankfurt am

gen Kampagne zu „Asylmissbrauchern" und Verursachern der Überlastung des Sozialstaates gemacht, nach Abschaffung des Art. 16 Abs. 2 Satz 2 und Absenkung ihres Lebensniveaus unter die Sozialhilfe durch das *Asylbewerberleistungsgesetz* vom 30. Juni 1993 übernahmen (deutsche) Sozialhilfeempfänger/innen die Rolle des Sündenbocks: „Auf die Abschiebung der Flüchtlinge folgte die Abschiebung der Bettler, der unteren Zehntausend: Immer mehr Kommunen haben Bettelsatzungen erlassen, um die Bettler aus den Innenstädten zu vertreiben. Nicht die Armut wird bekämpft, sondern die Armen werden ausgegrenzt."[337]

Heidi Schüller, ehemalige Spitzensportlerin, Ärztin und während des Bundestagswahlkampfes 1994 designierte Gesundheitsministerin im Scharping'schen „Schattenkabinett", stilisierte in ihrem ein Jahr später erschienenen Bestseller „Die Alterslüge" nicht nur die Lebensbedürfnisse von Jugendlichen und Senioren zu einem Widerspruch empor, verallgemeinerte vielmehr auch Einzelfälle des angeblichen Leistungsmissbrauchs: „Es kommt nicht zu einem ‚survival of the fittest', sondern zu einem ‚survival of the sickest'. Wer die sozialen Sicherungssysteme am geschicktesten durch fiktive Bedürftigkeit oder großzügig definierte ‚Krankheit' plündert, zieht seinen persönlichen Profit daraus. Mit seinem ‚Erfolg' schnürt er allerdings den Leistungswilligen langsam die Luft ab."[338]

Gleichzeitig fand in zahlreichen Massenmedien ein sozialpolitischer Paradigmawechsel statt: Hatten sie den deutschen Wohlfahrtsstaat früher meist als vorbildlich hingestellt und zum Modellfall für die ganze Welt hochstilisiert, galt er ihnen fortan als historisches Auslaufmodell. Exemplarisch sei aus einem *Zeit*-Leitartikel zitiert: „Der Sozialstaat, einst Stolz der Westdeutschen, ist bald nicht mehr zu bezahlen. (...) Der Sozialstaat ist unsozial geworden. Er versagt, weil er zuviel verspricht. Er belastet den Faktor Arbeit, schafft Arbeitslosigkeit."[339] Die mediale Darstellung der Lage des Sozialstaates glich einer tibetanischen Gebetsmühle. Denn die Auffassung, dass eine „Wende zum Weniger" nötig sei,[340] wurde in den meisten Massenmedien der Bundesrepublik wie ein Naturgesetz behandelt, dem zu widersprechen absolut töricht wäre, obwohl das Land in seiner bisherigen Geschichte noch nie so reich war und immer reicher wurde. Roderich Reifenrath sprach im Frühjahr 2003 von einer „FDPsierung der Medienlandschaft" und näherte sich einer Verschwörungstheorie, als er über den in seiner Breite, Dauer wie Aggressivität einmaligen publizistischen Frontalangriff auf den Sozialstaat schrieb: „Wer in diesen Wochen die Kommentarspalten in Tageszeitungen und Wochenschriften verfolgt, wird den Verdacht nicht los, dass sich tonangebende Chefredakteure allmorgendlich bei einer geheimen Konferenzschaltung der Printmedien in die Hand versprechen, auch heute wieder im Meinungsteil keinen Millimeter vom Pfad marktwirtschaftlicher, liberaler, neoliberaler Tugenden abzuweichen."[341]

Main/Berlin 1993; Konrad Adam, Die Ohnmacht der Macht. Wie man den Staat ausbeutet, betrügt und verspielt, Berlin 1994

337   Heribert Prantl, Kein schöner Land, a.a.O., S. 158f.

338   Heidi Schüller, Die Alterslüge. Für einen neuen Generationenvertrag, Berlin 1995, S. 86

339   Uwe Jean Heuser/Gero von Randow, Der Unsozialstaat. Er übernimmt sich und schafft Arbeitslosigkeit, in: Die Zeit v. 20.5.1999

340   Vgl. z.B. Jan Ross, Klein, hässlich, richtig. Trotz der Wahlen: Die Wende zum Weniger ist ohne Alternative, in: Die Zeit v. 14.10.1999

341   Roderich Reifenrath, Die FDPsierung der Medienlandschaft. Der Sozialstaat, ein Modell von vorgestern: da sind sich mittlerweile alle seltsam einig, in: FR v. 31.5.2003

Systematisch wurde der Sozialstaat durch Stellungnahmen diskreditiert, wie sie Hans Tietmeyer, früher Staatssekretär im Finanzministerium und Präsident der Bundesbank, für die „Initiative Neue Soziale Marktwirtschaft" (INSM) in der *Zeit* abgab: „Natürlich braucht Deutschland auch in Zukunft einen Sozialstaat, der Chancen für alle ermöglicht. Aber wenn der (Sozial-)Staat die Leistungsbereitschaft und Selbstverantwortung der Menschen durch Überregulierung und übermäßige Abgabenbelastung erstickt, beraubt er sich selbst seiner eigenen wirtschaftlichen Grundlage."[342] Tietmeyer leitete das Kuratorium der INSM, die sich selbst als „überparteiliche Reformbewegung von Bürgern, Unternehmen und Verbänden für mehr Wettbewerb und Arbeitsplätze in Deutschland" bezeichnete, was Ulrich Müller für einen Etikettenschwindel hält: „Denn die Initiative wurde von den Arbeitgebern gegründet, die Finanzen kommen von ihnen, und sie haben die strategische Planung der Kampagne in der Hand."[343] Tatsächlich handelt es sich um eine von den Unternehmen der Metall- und Elektroindustrie mit 100 Mio. EUR finanzierte Lobbyeinrichtung, die es geschickt versteht, ihre politischen Botschaften als Einsichten seriöser Persönlichkeiten oder Resultate wissenschaftlicher Forschung zu verbrämen und den kleinen Leuten gegenüber zu verschleiern, dass sie die Interessen des großen Geldes vertritt. Tietmeyer versicherte zwar, seiner Initiative gehe es nicht um die Abschaffung, vielmehr um die „Erneuerung" des Sozialstaates. Peinlich wirkte aber, dass er als millionenschwerer Bankier sich zum Interessenvertreter der sozial Benachteiligten aufschwang: „Es ist nicht sozial, sondern ungerecht, wenn leistungswilligen Sozialhilfeempfängern durch starre Regeln die Chance genommen wird, auf eigenen Beinen zu stehen. Es ist ebenso unsozial, die Menschen durch Dauersubventionen abhängig zu machen, statt ihre Eigeninitiative und Eigenvorsorge zu stärken. Es gefährdet schließlich den Wohlstand und die soziale Sicherheit aller, wenn der Standort Deutschland wegen mangelnder Flexibilität seine Wettbewerbsfähigkeit verliert."[344]

Damals schaltete die INSM großformatige Zeitungsanzeigen, in denen Altbundespräsident Roman Herzog über das „verfettete" Gemeinwesen klagte und larmoyant verkündete: „Wir haben so viel Sozialstaat aufgebaut, dass er unsozial geworden ist."[345] In dem wie ein Interview aufgemachten Text führte Herzog, nach einem Beispiel gefragt, die Sozialhilfe an: „Was ich jetzt sage, gilt natürlich nicht für alle (gemeint sind Sozialhilfeempfänger/innen; *Ch.B.*). Aber für viele ist es komfortabler, sich vom Staat aushalten zu lassen, als sich anzustrengen und etwas zu leisten. Das ist eine zum Himmel schreiende Ungerechtigkeit für alle, die arbeiten."[346] Hier predigte jemand Wasser, der selbst Wein trank: Herzog, der nicht nur sein beträchtliches Gehalt als oberster Staats(ver)diener – durch ansonsten übliche Pensionsabschläge ungeschmälert – bis ans Lebensende bezieht, sondern auf Kosten sehr viel weniger gut betuchter Steuerzahler/innen auch ebenso lange über ein Büro, eine Sekretärin und einen Dienstwagen mit Chauffeur verfügt, war sich keineswegs zu

---

342 Hans Tietmeyer, Dieser Sozialstaat ist unsozial. Nur mehr Freiheit schafft mehr Gerechtigkeit. Zur Verteidigung der Initiative Neue Soziale Marktwirtschaft, in: Die Zeit v. 31.10.2001
343 Ulrich Müller, „Reform"initiativen, in: ders./Sven Giegold/Malte Arhelger (Hrsg.), Gesteuerte Demokratie? – Wie neoliberale Eliten Politik und Öffentlichkeit beeinflussen, Hamburg 2004, S. 42. Vgl. ergänzend: Rudolf Speth, Die politischen Strategien der Initiative Neue Soziale Marktwirtschaft. Abschlussbericht eines Forschungsprojekts der Hans-Böckler-Stiftung, Düsseldorf 2004; Götz Hamann, Lautsprecher des Kapitals. Die Initiative Neue Soziale Marktwirtschaft streitet für die Freiheit der Unternehmen. Sie ist so erfolgreich, dass selbst ihre Gegner sie schon nachahmen, in: Die Zeit v. 4.5.2005
344 Hans Tietmeyer, Dieser Sozialstaat ist unsozial, a.a.O.
345 „So viel Sozialstaat ist unsozial". Zeitungsanzeige der Initiative Neue Soziale Marktwirtschaft, in: Frankfurter Allgemeine Sonntagszeitung v. 25.11.2001
346 Ebd.

schade, die Ärmsten der Armen (natürlich nicht alle!) des Leistungsmissbrauchs zu bezichtigen, die Hypertrofie der (ihn großzügiger als jeden anderen Menschen alimentierenden) Bürokratie zu geißeln und die Befreiung der angeblich vom Sozialleviathan entmündigten Wirtschaftssubjekte zu verlangen: „Der Staat muss sich beschränken, die Bürger und auch die Unternehmen müssen mehr Freiräume bekommen. Von jeder Mark, die in Deutschland verdient wird, geht fast die Hälfte durch die Kasse des Staates. Das ist viel zu viel! Wenn der Staat sich zurückhält, wird alles beweglicher, kundenfreundlicher und billiger."[347]

Journalist(inn)en benutzen zum Teil manipulative Methoden, wenn es gilt, „Sozialkriminalität" zu skandalisieren und in einer Art zu präsentieren, die den Wohlfahrtsstaat als „Selbstbedienungsladen für Arbeitsscheue" erscheinen lässt: „Trotz politischer Unterschiede herrscht in den Medien eine große Übereinstimmung in der symbolischen Verortung des Sozialstaats als Problemfall."[348] Statt seine große kulturelle Bedeutung zu würdigen und über viele (neue wie noch immer nicht geschlossene) Leistungslücken zu berichten, denunzierten ihn die meisten Publizisten zunehmend als Last, der man sich möglichst bald entledigen müsse, um die internationale Konkurrenzfähigkeit der Bundesrepublik zu erhalten oder wieder herzustellen. Dominiert ausnahmsweise einmal der umgekehrte Tenor, wird rein ökonomistisch argumentiert und an das Eigeninteresse bzw. den „gesunden Egoismus" vom Sozialstaat profitierender (Klein-)Bürger/innen appelliert.[349]

Zitiert sei aus einem *Spiegel*-Artikel, welcher konstatiert, der „Sozialstaat deutscher Prägung" sei „kein Modell mit Zukunft" mehr: „Er ist zum Monstrum geworden, das an seiner eigenen Größe zu ersticken droht. Der deutsche Sozialstaat ist unbezahlbar. Er macht die Bürger unfrei, über ihr Einkommen selber zu befinden, und erzieht sie zum Anspruchsdenken. Vor allem aber: Er ist zutiefst ungerecht, weil er seine Leistungen oft willkürlich und nicht selten an den wirklich Bedürftigen vorbei verteilt, und spätestens dies wird ihn auf Dauer ruinieren, denn gerecht zu sein gilt von jeher als sein oberstes Gebot."[350]

Da es keine wirksamen Kontrollen gebe, hört man immer häufiger, lasse sich kaum verhindern, dass von Sozialleistungen auch zahlreiche Personen profitierten, die nicht anspruchsberechtigt seien. Durch gezielte „Sozialkriminalität" gingen Unsummen verloren, die anders viel sinnvoller verwendet werden könnten. Gemäß der „Logik des kalten Büfetts" bedienten sich „Trittbrettfahrer", also Menschen, die überhaupt keinen Hilfebedarf hätten, nur deshalb, weil sie Sozialleistungen ohne Kosten in Anspruch nehmen könnten („moral hazard"). Norbert Berthold spricht sehr plastisch von einer „moralischen" Achillesferse des Sozialstaates, die er am „Trittbrettfahrerverhalten" der Kinderlosen im Rahmen der Gesetzlichen Rentenversicherung exemplifiziert: „Wenn die Renten im Alter über eine Umlage unter den Erwerbstätigen finanziert werden, sind die Anreize relativ gering, Kinder aufzuziehen, um für das Alter vorzusorgen. Da aber die ‚Sicherheit' der Renten auch von der Zahl der Erwerbstätigen in der Zukunft abhängt, verhalten sich zumindest alle die, die keine Kinder haben, wie Trittbrettfahrer."[351]

---

347   Ebd.
348   Ursula Kreft, Nachrichten vom Brand im Schlaraffenland. Wie der Sozialstaat in den Medien zum Problemfall wird, in: Widersprüche 64 (1997), S. 19
349   Vgl. z.B. Dirk Kurbjuweit, Der Sozialstaat ist sein Geld wert. Das System der öffentlichen Wohlfahrt, von vielen kritisiert, hilft nicht nur den Bedürftigen. Es entlastet auch jene, die es als Last empfinden, in: Die Zeit v. 9.8.1996
350   Logik des kalten Buffets. Der unsoziale Sozialstaat, in: Der Spiegel v. 20.7.1998, S. 65
351   Norbert Berthold, Der Sozialstaat im Zeitalter der Globalisierung, Tübingen 1997, S. 17

Wahrscheinlich kann man einen (neoliberalen) Ökonomen nicht davon überzeugen, dass Menschen schon aus Altersgründen bei ihrer Entscheidung über eigenen Nachwuchs kaum ökonomischen Motiven dieser Art folgen. Leichter scheint die Widerlegung im Fall der Gesundheitsvorsorge zu sein. Die von allen gesetzlich Krankenversicherten seit dem 1. Januar 2004 bei einem Arztbesuch bar zu entrichtende Praxisgebühr in Höhe von 10 EUR pro Quartal wurde nämlich mit demselben Argument begründet, das zwangsläufig weitere „Gesundheits*reformen*" und mehr finanzielle Belastungen für Patienten nach sich zieht. Denn solange die Folgebehandlungen (im selben Quartal) kostenfrei bleiben, besteht nach der Marktlogik weiterhin ein ökonomischer Anreiz, sie ohne Zeitverzug anzuschließen. Hierbei lässt man einfach außer Acht, dass medizinische Behandlungen – im Unterschied zu Kindern – den Patient(inn)en in der Regel wenig Freude bereiten, ganz unabhängig davon, was sie dafür bezahlen müssen.

Politiker und Publizisten überbieten, ergänzen sich jedoch teilweise auch in dem Bemühen, die „Faulen" von den „Fleißigen" zu trennen und daraus für sich selbst Gewinn zu ziehen. Exemplarisch genannt seien für die Art der Stimmungsmache in den Medien der *Focus*-Titel „Das süße Leben der Sozial-Schmarotzer" vom 23. Oktober 1995 und der *Spiegel*-Titel „Schlaraffenland abgebrannt. Die Pleite des Sozialstaates" vom 13. Mai 1996. Das Münchener Nachrichtenmagazin erklärte „Sozialkriminalität" zum Massenphänomen und bezeichnete den Wohlfahrtsstaat als „Supermarkt", aus dem sich die Bürger mit einer Selbstbedienungsmentalität „reichlich" bedienten. Weiter hieß es unter Berufung auf eine *Focus*-Umfrage: „Ohne Gewissensbisse würde die überwältigende Mehrzahl der Bundesbürger jede staatliche Leistung in Anspruch nehmen, auf die sie ein Recht hat."[352] Damit vollzog sich ein Paradigmawechsel: Ein schlechtes Gefühl sollte nunmehr bereits haben, wer – völlig legal, also nicht missbräuchlich – seinen Rechtsanspruch auf Sozialleistungen wahrnahm. Nach der ideologischen Vorarbeit durch die Bundeskanzler Helmut Kohl („Freizeitpark Deutschland") und Gerhard Schröder (am 6. April 2001 in der *Bild*-Zeitung: „Es gibt kein Recht auf Faulheit in unserer Gesellschaft!") setzte die rot-grüne Koalition ihre Devise „Fördern und Fordern" durch und in Gesetze um. Beliebt ist die Metapher von der „sozialen Hängematte", mit welcher sich der „Versorgungsstaat" und seine „faulen Nutznießer" (z.B. Arbeitslose) gleichermaßen medial aufspießen lassen. Typisch war auch das *Spiegel*-Titelbild vom 21. Mai 2001, welches eine mit „Das schwarz-rot-goldene Himmelbett" überschriebene Hängematte in den Nationalfarben zeigt und die Frage „Wie faul sind die Deutschen?" stellt.

Während sie die Reichen gegen Dämonisierungen und „Neiddiskussionen" in Schutz nahm,[353] hatte die Bundesregierung offenbar keinerlei Skrupel, wenn sich Medienkampagnen gegen Erwerbslose und Sozialhilfebezieher/innen richteten. Vielmehr schien auch die rot-grüne Koalition erfreut darüber zu sein, dass meist hoch bezahlte Journalist(inn)en die Opfer ihrer Arbeitsmarkt- und Sozialpolitik zu Sündenböcken machten. Arbeitslosigkeit, Armut und Ausgrenzung wurden sozialdarwinistisch zum Problem der Individuen bzw. ihrer eigenen Charakterschwächen und fehlenden Leistungsbereitschaft umgedeutet.

---

352   M. Kowalski/E. Müller/S. Schwartz, Das süße Leben der Sozial-Schmarotzer. Aufrichtige haben das Nachsehen: Der Wohlfahrtsstaat lädt zum Mißbrauch ein. Immer mehr Bundesbürger bedienen sich reichlich, in: Focus v. 23.10.1995, S. 280. Vgl. dazu auch: Walter H. Kiehl, Sozialarbeit für den Standort. Ökonomische Grundlagen, neue Tendenzen im Sozialrecht und ihre Auswirkungen auf das fachliche Profil Sozialer Arbeit, in: Sozialmagazin 9/1997, S. 17
353   Vgl. Bundesministerium für Arbeit und Sozialordnung (Hrsg.), Lebenslagen in Deutschland. Der erste Armuts- und Reichtumsbericht der Bundesregierung, Bonn, April 2001, S. 3

Der Bochumer Sprachwissenschaftler Jürgen Link analysiert kritisch Diskursfunktion und -geschichte des Kollektivsymbols „soziales Netz" mit dem Ergebnis, dass die „Hängematte" ihre große diskursive Stärke nicht zuletzt aus einem „humoristischen Imaginationspotential" ziehe, welches die Widerlegung erschwere.[354] Ursula Kreft untersucht, welcher diskursiven Techniken und manipulativen Mittel sich Journalist(inn)en bedienen, um Fernsehzuschauer(inne)n, Radiohörer(inne)n und Zeitungsleser(inne)n den Sozialstaat als einen „Problemfall" zu präsentieren. Dazu gehört auch, dass der Sozialabbau, der „Rentenklau" oder die wachsende Armut in bewegten Worten bzw. Bildern geschildert werden. „Viele der Darstellungen, die sich als Kritik präsentieren und vor gefährlichen Folgen warnen, entfalten zugleich Argumente, die Sozialabbau legitimieren und akzeptabel machen. Es hat den Anschein, als seien hier Protest und Akzeptanz eng verbunden, als entstehe die Akzeptanz des Sozialabbaus geradezu innerhalb von Protest- und Alarmgeschrei."[355]

Der moderne Wohlfahrtsstaat wurde und wird dadurch diskreditiert, dass die Massenmedien einzelne, meist besonders spektakuläre Fälle des Missbrauchs von Sozialleistungen generalisieren, ohne sein normales, für Arbeitslose, Arme, Alte, Kranke, Behinderte, Pflegebedürftige und andere Benachteiligte unverzichtbares und überwiegend segensreiches Funktionieren zu thematisieren. In der Boulevard- und Lokalpresse werden Personen, die sie als „Sozialschmarotzer" entlarvt zu haben glaubt, häufig mit einprägsamen Spitznahmen wie „Florida-Rolf" oder „Viagra-Kalle" belegt, manchmal regelrecht vorgeführt und gleichzeitig zu „guten Bekannten" der Leser/innen. So berichtete die *Bild*-Zeitung im Sommer 2003 nicht weniger als 19 Mal über einen 64-jährigen Deutschen, der als suizidgefährdeter Rentner und Ex-Banker in Miami (Florida) von Sozialhilfe lebte.[356] Auch seriöse Printmedien stießen anschließend in dasselbe Horn.[357] Der mediale Druck und sofort von Politikern der bürgerlichen Opposition angekündigte Bundesratsinitiativen veranlassten die rot-grüne Regierung damals, binnen kürzester Zeit schärfere Regeln für den Sozialhilfebezug im Ausland in das entsprechende Gesetz zu schreiben, obwohl 2002 bei Gesamtkosten von ca. 4,3 Mio. EUR nur 959 Personen betroffen waren, darunter übrigens viele Jüdinnen und Juden, denen man nach 1945 nicht zumuten wollte, wieder nach Deutschland zu ziehen.

Dagegen wird die vermutlich viel höhere Dunkelziffer jener Fälle, wo eigentlich Anspruchsberechtigte keine Sozialhilfe erhalten, weil sie aus Unkenntnis über Zuständigkeiten und Rechtsnormen, Furcht vor dem Rückgriff auf Verwandte, falschem Stolz oder Scham (Angst vor Bloßstellung) gar keinen Antrag stellen,[358] in den Medien so gut wie nie behandelt. Sozialämter müssen auch von sich aus (ohne Antragstellung) tätig werden, sofern

---

354   Siehe Jürgen Link, Vom Loch zum Sozialen Netz und wieder zurück. Zur Diskursfunktion und Diskursgeschichte eines dominanten Kollektivsymbols der „Sozialen Marktwirtschaft", in: Gabriele Cleve u.a. (Hrsg.), Wissenschaft – Macht – Politik. Interventionen in aktuelle gesellschaftliche Diskurse, Münster 1997, S. 198
355   Ursula Kreft, Warum (fast) alle bereit sind, den Gürtel enger zu schnallen. Der Problemfall „Sozialstaat" in den Medien, in: Gabriele Cleve/Margret Jäger/Ina Ruth (Hrsg.), Schlank und (k)rank. Schlanke Körper – schlanke Gesellschaft, Duisburg 1998, S. 8
356   Vgl. z.B. Sind die völlig bescheuert? – Sozialamt zahlt Wohnung am Strand in Florida!, in: Bild v. 16.8.2003, S. 1. Auf der nächsten Seite waren (dazu passend) weitere Kürzungen von Sozialleistungen unter der Überschrift „Neue Spar-Runde! Was kommt da auf die Rentner zu?" ein Thema.
357   Vgl. z.B. Andrea Brandt/Sebastian Knauer/Barbara Schmid, Viagra und Urlaub. Pillen für die Potenz oder eine Strandwohnung in Miami – mit Hilfe von Anwälten können sich gerissene Sozialhilfeempfänger auch weitgehende Wünsche erfüllen lassen, in: Der Spiegel v. 18.8.2003, S. 40f.
358   Vgl. als guten Überblick dazu: Udo Neumann, Verdeckte Armut in der Bundesrepublik Deutschland. Begriff und empirische Ergebnisse für die Jahre 1983 bis 1995, in: Aus Politik und Zeitgeschichte 18/1999, S. 27ff.; Werner Schönig/Dirk Ruiss, Verdeckte Armut. Forschungsstand in der Grauzone der Armutsforschung, in: Sozialer Fortschritt 5/2000, S. 122ff.

ihnen ein Fall der Bedürftigkeit bekannt wird, tun dies aber häufig nicht oder in unzureichender Weise. Rainer Roth dreht u.a. aus diesem Grund den Spieß herum und fragt, ob es nicht eigentlich die Sozialämter seien, denen man „Sozialhilfemissbrauch" vorwerfen müsse: „Obwohl Sozialämter ihre ‚Kunden' um viele tausend Euro betrügen können, findet sich dafür keine Presse. Der Gesamtschaden, der durch amtlichen Sozialhilfebetrug entsteht, dürfte höher sein als die Summen, die den Sozialämtern umgekehrt verloren gehen."[359] Dieter Grunow wiederum weist darauf hin, dass die Kürzung von staatlichen Transferleistungen deren Missbrauch durch eigentlich nicht oder nicht voll anspruchsberechtigte Leistungsempfänger/innen dem Ausmaß nach erheblich übersteigt: „Obwohl nach Schätzungen von Experten die Einsparungen durch implizite oder explizite Rationierung von Leistungen (die nicht rechtskonform sind) weit größer sind als die durch ‚Mißbrauch' zuviel gezahlten Leistungen, ist letzteres Thema weitaus häufiger in der öffentlichen Debatte. Dabei bedient sich die politische Rhetorik häufig der Redewendung ‚die tatsächlich Bedürftigen', an denen nicht gespart werden solle; dies signalisiert, dass ein großer Teil der Leistungsempfänger nicht wirklich anspruchsberechtigt sei – eine nicht hinreichend begründete und belegte Behauptung der Ineffektivität des Verteilungssystems."[360]

Die unrechtmäßige Inanspruchnahme sozialer Leistungen wird selten toleriert, hart sanktioniert und in der (Medien-)Öffentlichkeit häufig dramatisiert. Dies trifft auf vergleichbare Delikte, die eher gut oder gar sehr viel besser Situierte begehen, wie etwa Steuerhinterziehung, keineswegs im selben Maße zu. „Steuerhinterziehung, Schwarzarbeit und ihre Nutzung gelten als Kavaliersdelikte, von denen man zwar annimmt, dass sie der Gesellschaft mehr Schaden zufügen und dass sie allgemein häufiger vorkommen, deren weitere Verbreitung man auch im eigenen sozialen Umfeld wahrnimmt und bei denen die persönliche Tatbereitschaft besonders stark ist, die aber dennoch vergleichsweise gering bestraft werden sollen und gegen die man sich nicht so engagieren würde wie gegen den Missbrauch staatlicher Leistungen."[361]

Wolfgang J. Schäfer vertritt die These, dass es sich bei Steuerhinterziehung, Schwarzarbeit und Leistungsmissbrauch im Sozialbereich um verschiedene Seiten des gleichen Phänomens handelt, welches von ihm als *deviantes* Verhalten eingestuft wird. „Welche Art sozialer Devianz in Frage kommt, hängt vor allem von den eigenen Verhältnissen (und hier insbesondere von der wirtschaftlichen Lage) ab, aus denen sich Gelegenheitsstrukturen ergeben, mit denen aber auch spezifische Bewertungen der Devianzform zusammenhängen."[362] Trotzdem haben alle Delikte dieser Art einen gemeinsamen Hintergrund, was die Motivation der Täter und die Legitimation ihrer Taten betrifft: „Man ist selber zu sozialer Devianz bereit, weil es alle Anderen auch zu sein scheinen und sogar die Eliten des Landes die öffentlichen Kassen schädigen. Die eigene Devianz wird als eine Art ‚Notwehr' erlebt."[363] Wenn die betreffende Norm hinsichtlich ihrer generellen Gültigkeit und Sinnhaftigkeit gar nicht in Frage gestellt, sondern nur gebrochen wird, weil man bezweifelt, dass sich „die anderen" daran halten, spielen die Medien eine Schlüsselrolle, weil sie zusammen

---

359   Rainer Roth, Sozialhilfemissbrauch. Wer missbraucht eigentlich wen?, Frankfurt am Main 2004, S. 38
360   Dieter Grunow, Modernisierung des Sozialstaates? – Beobachtungen zum Stand der Diskussion, in: Edgar Grande/Rainer Prätorius (Hrsg.), Modernisierung des Staates?, Baden-Baden 1997, S. 88
361   Siegfried Lamnek/Gaby Olbrich/Wolfgang J. Schäfer, Tatort Sozialstaat: Schwarzarbeit, Leistungsmissbrauch, Steuerhinterziehung und ihre (Hinter-)Gründe, Opladen 2000, S. 313 und 321
362   Wolfgang J. Schäfer, Opfer Sozialstaat. Gemeinsame Ursachen und Hintergründe von Steuerhinterziehung, Schwarzarbeit und Leistungsmissbrauch, Opladen 2002, S. 267
363   Ebd.

mit dem sozialen Umfeld den Eindruck massenhafter Devianz vermitteln. Kritik regt sich dagegen an einem Verhalten, das dem Betreffenden eher fremd ist: „Zum Leistungsmissbrauch – als ein eher mit der Unterschicht assoziiertes Delikt – hat die Mittel- und Oberschicht besonders viel Distanz und sieht ihn entsprechend kritisch. Dass sich dies auch in der Presseberichterstattung zum Leistungsmissbrauch widerspiegelt, die in keinem Verhältnis zu dem durch dieses Delikt verursachten Schaden steht, resultiert aus den bestehenden Macht- und Mehrheitsverhältnissen."[364]

Diane Wogawa betrachtet den pauschalen oder unspezifischen Missbrauchsvorwurf gegenüber den Leistungsempfänger(inne)n, wie er die Berichterstattung der von ihr über einen Zehnjahreszeitraum hinweg untersuchten FAZ kennzeichnet, als ein Konstrukt, das politisch induziert ist und sowohl der generellen Diskreditierung des Sozialsystems wie auch der Legitimierung von aktuellen und noch bevorstehenden Kürzungsmaßnahmen dient. „Einmal geht es darum, über die Verbreitung des Mißbrauchsvorwurfs wohlfahrtsstaatliche Politik insgesamt negativ zu besetzen und die gesellschaftliche Akzeptanz dafür zu vermindern. Mit dem Mißbrauchsargument können überdies wirksam Interessenspaltungen und Entsolidarisierungstendenzen befördert werden. (...) Und zweitens geht es auch darum, konkrete Maßnahmen des Abbaus sozialer Leistungen und Rechte zu flankieren."[365]

Trotz zahlreicher Berichte vor allem der *Boulevard*presse über zum Teil spektakuläre Einzelfälle, damit korrespondierender Vorurteile bezüglich der sog. Randgruppen, die auf Transferzahlungen existenziell angewiesen sind, und des üblichen Stammtischgeredes über „Sozialschmarotzer" hält sich der Missbrauch des Wohlfahrtsstaates durch nicht Anspruchsberechtigte offenbar in engen Grenzen. Alle seriösen Studien gelangen zu dem Schluss, dass es sich beim Leistungsmissbrauch weder um ein Massenphänomen handelt noch der Sozialstaat dadurch finanziell ausgezehrt oder in seiner Substanz beschädigt wird. Vielmehr lenkt man bloß von einem vermutlich sehr viel weiter verbreiteten und deutlich stärker ausgeprägten Missbrauch in anderen Lebensbereichen (genannt seien hier manipulierte Einkommensteuererklärungen von Besserverdienenden und Kapitaleigentümern, geduldete Formen der Wirtschaftskriminalität sowie Subventionsschwindel) ab.

Wenn man der Untersuchung von Siegfried Lamnek und seinen Mitarbeitern glaubt, „gibt es nur eine ausgesprochen geringe Zahl von Personen, die Sozialleistungen missbrauchen. Gleichwohl dienen Leistungsempfänger – als die direkten Nutznießer des Sozialsystems – der Öffentlichkeit, besonders auch den Medien, oft als ‚Sündenböcke', die für die oft diskutierte Schieflage des sozialen Sicherungssystems verantwortlich gemacht werden."[366] Das von Journalist(inn)en immer wieder aufgegriffene Thema „Sozialkriminalität" hat vor allem in akuten Beschäftigungskrisen wie der gegenwärtigen Hochkonjunktur. Dies dürfte nicht zuletzt damit zusammenhängen, dass es sich hervorragend eignet, um den Wohlfahrtsstaat als Förderer von Unmoral, Missbrauch und sozialer Devianz zu brandmarken. Politiker aller etablierten Parteien bedienen sich der Wirkung solcher Klischees, wenn

---

364   Ebd.
365   Diane Wogawa, Missbrauch im Sozialstaat. Eine Analyse des Missbrauchsarguments im politischen Diskurs, Wiesbaden 2000, S. 25
366   Siegfried Lamnek/Gaby Olbrich/Wolfgang J. Schäfer, Tatort Sozialstaat: Schwarzarbeit, Leistungsmissbrauch, Steuerhinterziehung und ihre (Hinter-)Gründe, a.a.O., S. 325

sie Arbeitslose als „Drückeberger" und „Sozialschmarotzer" bezeichnen und damit meistens vor Wahlen „Faulheitsdebatten" entfachen.[367]

Dass inzwischen selbst die normale und völlig legale Inanspruchnahme sozialer Transferleistungen als „Missbrauch" diffamiert wird, deutet auf einen Wandel des allgemeinen Gerechtigkeitsempfindens hin. Gleichwohl bleibt festzuhalten, dass der Wohlfahrtsstaat weder systematisch ausgeplündert wird noch besonders verschwenderisch mit seinen finanziellen Ressourcen umgeht. „Verglichen mit einem Verbrennungsmotor oder einer Glühbirne, die mehr als zwei Drittel ihrer Energie für nutzlose Wärme verbrauchen, sind Sozialversicherung und Sozialhilfe wahre Wunder der Effizienz: Nur knapp ein Zehntel ihrer Kosten entfällt auf die Verwaltung, und durch Missbrauch oder Betrug geht kaum mehr verloren."[368]

3.2.3 Alterung und Schrumpfung der Bevölkerung als Bedrohung des Sozialstaates – das Argument seiner Überlastung durch den demografischen Wandel („Vergreisung")

Durch die sinkende Geburtenrate der Deutschen und die steigende Lebenserwartung aufgrund des medizinischen Fortschritts komme es, so wird oft suggeriert, allmählich zu einer „Vergreisung" der Bundesrepublik, die das ökonomische Leistungspotenzial des Landes schwäche und die sozialen Sicherungssysteme (Renten-, Pflege- und Krankenversicherung) strukturell überfordere. Dem könne man nur mittels einer (Teil-)Privatisierung auf der Beitrags- und/oder einer Leistungsreduzierung auf der Kostenseite begegnen.

Die demografischen Entwicklungsperspektiven werden in der Öffentlichkeit und den Medien zu einem wahren Schreckensszenario verdüstert. Welche (zum Teil geradezu ridikülen) Blüten das Bemühen um eine Dramatisierung des Themas treibt, zeigt ein Beitrag in der Börsen-Zeitung, welcher „Die deutsche Wirtschaft unter dem demographischen Fallbeil" betitelt war.[369] Damit führte man einen ultrarechten Diskurs fort, den die Sorge um das vom Aussterben bedrohte deutsche Volk leitet.[370] Dabei hielt die Demografie einmal mehr als Mittel der sozialpolitischen Demagogie her: Hatte man zu Beginn der 1990er-Jahre im Rahmen einer kampagnenartig geführten Asyldiskussion noch die Angst vor einer „Überflutung", Übervölkerung bzw. „Überfremdung" geschürt, so wurde im Rahmen der Diskussion über die Krise des Sozialstaates die Angst vor der „Vergreisung" und anschließenden Entvölkerung Deutschlands benutzt, um den Betroffenen die Kürzung von Transferleistungen plausibel zu machen. Oft beschwören dieselben Personen, denen das Boot seinerzeit als zu voll erschien, das Schreckbild einer menschenleeren Bundesrepublik herauf,

---

367   Vgl. dazu: Hans Uske, Das Fest der Faulenzer. Die öffentliche Entsorgung der Arbeitslosigkeit, Duisburg 1995; Frank Oschmiansky/Silke Kull/Günther Schmid, Faule Arbeitslose? – Politische Konjunkturen einer Debatte, Berlin 2001
368   Abraham de Swaan, Der sorgende Staat. Wohlfahrt, Gesundheit und Bildung in Europa und den USA der Neuzeit, Frankfurt am Main/New York 1993, S. 254
369   Siehe Die deutsche Wirtschaft unter dem demographischen Fallbeil, in: Börsen-Zeitung v. 20.2.2003; vgl. kritisch dazu: Ulf-Birger Franz, Der Sozialstaat unter dem „demographischen Fallbeil"? – Die zukünftige Bevölkerungsentwicklung erfordert eine vorausschauende und mutige Politik, in: spw – Zeitschrift für Sozialistische Politik und Wirtschaft 131 (2003), S. 23ff.
370   Vgl. hierzu: Christoph Butterwegge, Stirbt „das deutsche Volk" aus?, Wie die politische Mitte im Demografie-Diskurs nach rechts rückt, in: ders. u.a., Themen der Rechten – Themen der Mitte. Zuwanderung, demografischer Wandel und Nationalbewusstsein, Opladen 2002, S. 167ff.

in der niemand mehr die Renten der Alten aufbringt. Statt seriöser Berechnungen, die mit Änderungen der Altersstruktur verbundene Entlastungen, etwa bei der Kriegsopferversorgung, bei der Kinder- und Jugendhilfe sowie im Bildungsbereich (z.B. Bau, Unterhaltung und Kosten für Personal von Schulen), berücksichtigen müssten,[371] dominieren Katastrophenmeldungen, Horrorszenarios und apokalyptische Visionen.

Die große Attraktivität des Begriffs „Generationengerechtigkeit" in diesem Zusammenhang resultiert aber weniger aus der demografischen Entwicklung bzw. der kollektiven Alterung selbst als aus der Tatsache, dass er sich ausgezeichnet eignet, um jene Tendenzen einer scheinbaren intergenerativen Ungleichheit zu skandalisieren, die der Sozialstaat hervorbringt. Manches deutet darauf hin, dass der Demografie-Diskurs und die Argumentation mit Verschiebungen in der Altersstruktur unserer Gesellschaft zur Legitimation der Kürzung sozialer Leistungen den größten Widerhall beim breiten Publikum findet. „Die Behauptung, dass die Deutschen wegen der Alterung der Gesellschaft künftig länger arbeiten, höhere Sozialabgaben zahlen und mehr Geld in private Vorsorge für den Ruhestand stecken müssen, stößt gegenwärtig ohne weitere Erläuterungen auf weit verbreitete Zustimmung."[372] Da sie in den kommenden Jahren eher noch an Plausibilität gewinnt, dürften ihre Durchschlagskraft und ihr politischer Gebrauchswert steigen. Gert Wagner konstatierte jedenfalls zu Recht, „daß die demographische Entwicklung von allen Fundamental-Kritikern der sozialen Sicherung als ‚Totschlagargument' mißbraucht wird, um ein System, das man aus ganz anderen Gründen nicht will, zu kippen. Dies gilt sowohl für ‚linke Kritiker', die lieber mehr Steuerfinanzierung und staatliche Leistungsgesetze sehen würden, als auch für ‚konservative Kritiker', die das Gegenteil wollen, nämlich eine Privatisierung der Zukunftsvorsorge."[373]

Der in allen hoch entwickelten Industriestaaten, aber auch schon in vielen Ländern der sog. Dritten Welt beobachtbare Geburtenrückgang und die gleichzeitige Verlängerung der Lebenserwartung infolge des medizinischen Fortschritts werden als ein „natürlicher" Zwang zur Senkung des erreichten Niveaus der Altersversorgung hingestellt. Rentensicherheit ist aber keine Frage der Biologie (Wie alt ist die Bevölkerung?),[374] vielmehr der Ökonomie (Wie groß ist der erwirtschaftete Reichtum?) und der Politik (Wie wird dieser Reichtum auf Klassen, Schichten und Altersgruppen verteilt?). Es fehlen nicht etwa (deutsche) Babys, sondern Beitragszahler/innen, die – dem „Generationenvertrag" entsprechend – nach dem Umlageverfahren für eine wachsende Rentnerpopulation in die Versicherungskassen einzahlen. Man kann sie durch eine konsequente(re) Bekämpfung der Arbeitslosigkeit, die Erhöhung der Frauenerwerbsquote, die Erleichterung der Zuwanderung und/oder die Erweiterung des Kreises der Versicherten gewinnen. Statt zu klären, wie aus einer längerfristigen Veränderung der Altersstruktur resultierende Schwierigkeiten solidarisch (z.B. durch die Erhöhung der Beitragsbemessungsgrenze und/oder die Verbreiterung der Basis des bestehenden Rentensystems durch Einbeziehung von Selbstständigen, Freiberuflern und

---

371 Vgl. Gerd Bosbach, Demografische Entwicklung – nicht dramatisieren!, in: Gewerkschaftliche Monatshefte 2/2004, S. 100
372 Iris Nowak, Feminismus für die Elite – Familie fürs Volk, in: Das Argument 247 (2002), S. 465
373 Gert Wagner, Perspektiven der sozialen Sicherung, in: Karl-Hans Hartwig (Hrsg.), Alternativen der sozialen Sicherung – Umbau des Sozialstaates, a.a.O., S. 54
374 Vgl. Herbert Schui, Die Rentenversicherung ist kein biologisches Problem, in: FR v. 7.1.1994

Beamten) zu bewältigen sind, benutzt man sie als Hebel zur Durchsetzung unsozialer „*Spar*maßnahmen".[375]

Ohne die demografischen Probleme der Bundesrepublik zu verharmlosen, kann man feststellen, dass sie im Hinblick auf die Rentenversicherung weniger als oft behauptet ins Gewicht fallen, weshalb kein Grund zur Panikmache besteht und Hysterie völlig unangebracht ist.[376] Viel entscheidender waren die Massenarbeitslosigkeit einerseits und die Eingliederung der DDR in das Bundesgebiet samt der damit verbundenen Kosten, die hauptsächlich den Sozialversicherungen aufgebürdet wurden, andererseits. Der Sozialstaat wird nicht zuletzt dadurch diskreditiert, dass man seit Mitte der 1970er-Jahre über eine „Kosten-*explosion*" (vor allem im Gesundheitswesen) debattiert, die es in Wahrheit gar nicht gibt.[377] Gleichzeitig richtet sich die Aufmerksamkeit auf immer rigidere Maßnahmen zur „Kosten-*dämpfung*", während von grundlegenden gesellschaftlichen Problemen wie der anhaltend hohen Erwerbslosigkeit und verteilungspolitischen Nachteilen für Arbeitnehmer/innen abgelenkt wird.[378]

Alle seriösen Berechnungen zeigen, dass sich die Folgen des demografischen Wandels für Einnahmen und Ausgaben der Gesetzlichen Renten-, Kranken- und Pflegeversicherung in engen Grenzen halten. Weder besteht ein Anlass zur Dramatisierung dieser Entwicklung noch folgt daraus ein Zwang zur umfassenden Leistungskürzung. Parallel zu den prognostizierten Veränderungen im Altersaufbau der Bevölkerung wachsen nämlich sowohl die (Arbeits-)Produktivität wie auch das Volkseinkommen: „Das heute erreichte Niveau sozialstaatlicher Leistungen basiert auf den Produktivitätssteigerungen der Vergangenheit, und die künftig weiter steigende Leistungsfähigkeit der wohlhabenden Volkswirtschaften ermöglicht bei sachgerechter Organisation von Produktion und Verteilung zumindest die Aufrechterhaltung des erreichten Sozialniveaus."[379]

3.2.4 Sozialpolitik als übermäßige Belastung des Wirtschaftsstandortes – das Argument eines durch die Globalisierung erzwungenen Umbaus ("Standortschwäche")

Das (neo)liberale Standard- bzw. Standortargument gegen den Sozialstaat lautet, dieser gefährde die Wettbewerbsfähigkeit der eigenen Volkswirtschaft, etwa durch zu hohe Lohnnebenkosten. Es klingt zwar modern, ist aber so alt wie das kapitalistische System selbst. Infolge der sich verschärfenden Weltmarktkonkurrenz müsse der „Standort D", heißt es, entschlackt und der Sozialstaat „verschlankt" werden, wolle man die internationale Konkurrenzfähigkeit und das erreichte Wohlstandsniveau halten. Obwohl der Sozialstaat nicht nur

---

375   Vgl. hierzu: Christoph Butterwegge/Michael Klundt, Die Demografie als Ideologie und Mittel sozialpolitischer Demagogie? – Bevölkerungsrückgang, „Vergreisung" und Generationengerechtigkeit, in: dies. (Hrsg.), Kinderarmut und Generationengerechtigkeit, a.a.O., S. 59ff.

376   Vgl. Peter Rosenberg, Das soziale Netz vor der Zerreißprobe? – Ökonomische, technologische und demographische Herausforderungen, Frankfurt am Main 1990

377   Vgl. dazu: Bernard Braun/Hagen Kühn/Hartmut Reiners, Das Märchen von der Kostenexplosion. Populäre Irrtümer zur Gesundheitspolitik, Frankfurt am Main 1998; ergänzend: Nils C. Bandelow, Gesundheitspolitik. Der Staat in der Hand einzelner Interessengruppen? – Probleme, Erklärungen, Reformen, Opladen 1998

378   Vgl. Rolf Schmucker, Zwischen „Kostenexplosion" und „demographischer Zeitbombe". Begründungen und Konsequenzen aktueller gesundheitspolitischer „Reformen", in: Holger Kindler/Ada-Charlotte Regelmann/Marco Tullney (Hrsg.), Die Folgen der Agenda 2010, a.a.O., S. 119

379   Karl Georg Zinn, Sozialstaat in der Krise. Zur Rettung eines Jahrhundertprojekts, Berlin 1999, S. 80f.

ein genuines Produkt der europäischen Moderne darstellt, das sich erst mit der bürgerlichen Gesellschaft herausgebildet hat, die staatliche Sozialpolitik vielmehr „im Zentrum von Modernisierung zu verorten ist", wie Stefan Huf hervorhebt,[380] gilt er mittlerweile als unmodern. Den (nordwest)europäischen Wohlfahrtsstaat halten seine Kritiker für von der ökonomisch-technologischen Entwicklung überholt, ein Investitionshindernis und eine Wachstumsbremse, kurzum: für einen Dinosaurier, der ins Museum der Altertümer gehört, neben das Spinnrad und die bronzene Axt. „Der Sozialstaat wurde zu einem Luxusprodukt der Gesellschaft, den sich die Gesellschaft nicht mehr leisten kann."[381]

Neoliberale beklagen das „Anspruchsdenken" der Bevölkerung. Sie empfehlen auch und gerade den sozial Benachteiligten stattdessen Selbstbeschränkung, d.h. den Verzicht auf die Transferleistungen des Staates. Meinolf Dierkes und Klaus W. Zimmermann weisen in diesem Zusammenhang nicht nur auf die Globalisierung, sondern auch die Belastungen durch die Vereinigung von BRD und DDR hin: „Die Deutschen können sich Lässigkeit, Selbstzufriedenheit, Immobilität und Überbezahlung nicht länger leisten und erst recht keine Sozialsysteme, deren Kosten exponentiell steigen und die Freiheit der Entscheidung von Gesellschaft und Individuen auf ein Minimum reduzieren."[382]

Mit „weniger Staat und mehr Selbstbewusstsein", glaubt Reinhard K. Sprenger, Sozialphilosoph, Unternehmensberater und Bestsellerautor, könne Deutschland seine wirtschaftlichen Probleme jedoch lösen.[383] Es wird so getan, als beeinträchtige das Soziale die wirtschaftliche Leistungsfähigkeit. Dabei sind fast alle auf dem Weltmarkt führenden Volkswirtschaften hoch entwickelte Wohlfahrtsstaaten. Noch nie war der Wohlfahrtsstaat für die Gesellschaft als Ganze, erst recht für Arbeitnehmer/innen und sozial Benachteiligte, so unverzichtbar wie heute. Gerade die Bundesrepublik, deren in starkem Maße exportorientierte Wirtschaft seit Beginn zu den Hauptgewinner(inne)n des ökonomischen Globalisierungsprozesses zählt, kann sich einen großzügigen Sozialstaat aufgrund ihres relativ hohen und kontinuierlich, wenn auch sicher nicht mehr so rasant wie früher wachsenden Wohlstandes, der allerdings immer ungleicher auf die Bürger/innen verteilt ist, nicht nur weiterhin leisten, sondern darf ihn auch nicht abbauen, wenn sie die Demokratie und den inneren Frieden bewahren sowie auf den Weltmärkten konkurrenzfähig bleiben will.

„Globalisierung" dient Neoliberalen und Lobbyisten als ein politischer Kampfbegriff, mit dem sie ins letzte Gefecht zwischen den Anhängern des Marktes einerseits sowie des (Sozial-)Staates andererseits ziehen, ohne selbst Farbe bekennen zu müssen. Denn die das Land, seine Institutionen, Sozialstruktur und Wohlfahrtskultur nicht nur reformierenden, sondern im Sinne einer Revolution wirtschaftsradikal umwälzenden Akteure verschwinden hinter einem als Naturereignis begriffenen Prozess, den niemand von ihnen ändern oder beeinflussen kann. Dass persönlich kein Mensch für den Um- bzw. Abbau des Sozialstaates verantwortlich ist, drücken Klaus Methfessel und Jörg M. Winterberg genauso prägnant wie

---

380   Siehe Stefan Huf, Sozialstaat und Moderne, a.a.O., S. 211
381   Tilman Mayer, Die demographische Krise. Eine integrative Theorie der Bevölkerungsentwicklung, Frankfurt am Main/New York 1999, S. 276
382   Meinolf Dierkes/Klaus W. Zimmermann, Der Sozialstaat: Change it, Love it, or Leave it, in: dies. (Hrsg.), Sozialstaat in der Krise. Hat die soziale Marktwirtschaft noch eine Chance?, Frankfurt am Main 1996, S. 265
383   Siehe Reinhard K. Sprenger, Der dressierte Bürger. Warum wir weniger Staat und mehr Selbstbewusstsein brauchen, Frankfurt am Main/New York 2005

ignorant aus: „Die Globalisierung (!?) setzt Wohlfahrtsstaat und öffentlichen Dienst auf Diät."[384]

Durch die fortschreitende Globalisierung wird der einzelne Nationalstaat aber keineswegs ohnmächtig bzw. handlungsunfähig: Er hat weder seine Souveränität nach außen noch seine Legitimation und politische Gestaltungsmacht nach innen verloren. Selbst der neoliberale Ökonom C. Christian von Weizsäcker spricht von einer „nationalen Autonomie der Sozialpolitik", die ihren Handlungsspielraum weitgehend behalte: „Es gibt keinen Anpassungs- oder Harmonisierungsdruck in der Sozialpolitik zwischen den verschiedenen Staaten in der globalen Marktwirtschaft."[385] Sogar wenn man sich der Standortlogik bedient, gibt es gute Gründe für eine – im Vergleich mit anderen, weniger erfolgreichen „Wirtschaftsstandorten" – *expansive* Sozialpolitik, die es Beschäftigten mit einem durchschnittlichen Gehalt ermöglicht, das von ihnen erwartete hohe Maß an beruflicher Flexibilität bzw. geografischer Mobilität aufzubringen, ohne daran gesundheitlich, psychisch und physisch zu zerbrechen. Arne Heise bemerkt zu Recht: „Die soziale Sicherung des Wohlfahrtsstaates ist kein Hemmnis der weltweiten Integration hochentwickelter Volkswirtschaften oder dessen erstes Opfer, sondern die politische Voraussetzung für die Bereitschaft großer Teile der Bevölkerung, sich den Unwägbarkeiten – und zwar den individuellen Unwägbarkeiten, wie sie sich durch beschleunigten Strukturwandel zwischen den Regionen, Sektoren, Branchen und Unternehmen ergeben – der Globalisierung zu stellen."[386] Friedhelm Hengsbach hält „Globalisierung" denn auch für eine Zauberformel, die scheinbar alles erklärt und rechtfertigt: „Ebenso wie die demographische Entwicklung gehört sie dem Reich der politischen Legenden an."[387]

3.3 Auswirkungen der Kritik auf das Massenbewusstsein: Ergebnisse von Umfragen zum Rückhalt des Sozialstaates

In den letzten 30 Jahren haben Politiker, Journalist(inn)en und Wissenschaftler/innen fast nur noch mit pejorativem Unterton über den Wohlfahrtsstaat gesprochen bzw. geschrieben. Man kann geradezu von einem publizistischen Trommelfeuer reden, dem er ausgesetzt war. Statt seine *Leistungen* bei der Vermeidung von Armut und Unterversorgung zu würdigen, klagten Unternehmer, ihnen nahestehende „Experten" sowie konservative und (neo)liberale Kreise gebetsmühlenartig über die angeblich ständig wachsenden Sozial*lasten*. Kaum ein Tag verging, an dem nicht Vorschläge für massive Kürzungen im Sozialbereich – meist als notwendige Anpassungsmaßnahmen, Modernisierungsschritte und/oder Reformen deklariert – in die Öffentlichkeit lanciert worden wären, wo ihnen Vertreter derselben politischen Richtung häufig unter Hinweis auf einen „schwächelnden Standort D" applaudierten. Demgegenüber fanden Verteidiger/innen des Sozialstaates, die es nicht nur in Gewerkschaften, Wohlfahrtsverbänden, Kirchen, Sozialforen, Betroffeneninitiativen und Armutskonferenzen gibt, immer weniger Gehör. Heute überwiegt zumindest in der veröffentlichten Meinung ein abschätziges Urteil.

---

384   Klaus Methfessel/Jörg M. Winterberg, Der Preis der Gleichheit. Wie Deutschland die Chancen der Globalisierung verspielt, Düsseldorf/München 1998, S. 239
385   C. Christian von Weizsäcker, Logik der Globalisierung, a.a.O., S. 69
386   Arne Heise, Dreiste Elite. Zur Politischen Ökonomie der Modernisierung, Hamburg 2003, S. 37
387   Friedhelm Hengsbach, Das Reformspektakel. Warum der menschliche Faktor mehr Respekt verdient, Freiburg im Breisgau/Basel/Wien 2004, S. 58

Umso interessanter ist die Beantwortung der Frage, ob die Akzeptanz des Sozialstaates gelitten und sich sein Rückhalt in der Bevölkerung verringert hat. Eine aufwändige Umfrage, die das von der Deutschen Bank finanzierte Deutsche Institut für Altersvorsorge in den vier größten EU-Ländern durchführen ließ, ergab im Frühjahr 2000, „dass eine Mehrheit der Bürger den bestehenden Umfang der Sozialausgaben selbst angesichts der hohen aktuellen Steuern und Beiträge nicht ändern möchte. Für den Abbau der Sozialsysteme wird es wahrscheinlich auf dem europäischen Kontinent keine Mehrheit geben."[388] Hieraus zogen Neoliberale und Lobbyisten aber nicht den Schluss, ihre Pläne fallen zu lassen. Vielmehr suchten sie nach Interessenkonflikten, Reibungsflächen und Ansatzpunkten für eine differenzierte Strategie. Dass sich die Bevölkerungsgruppen im Alter, im Einkommen und im Status auf dem Arbeitsmarkt voneinander unterscheiden, glaubte man ausnutzen zu können: „Vom praktischen Standpunkt aus scheint es sinnvoll zu sein, die Reformen strategisch zu verpacken und zu bündeln, um eine große und gemischte Koalition von Befürwortern zu bilden."[389]

Edeltraud Roller führt seit längerem Befragungen zu demselben Themenkreis durch, deren zentrale Ergebnisse sie wie folgt resümiert und kommentiert: „Zwar gibt es (...) empirische Belege dafür, dass die Zustimmung zum institutionellen Kern des deutschen Sozialstaates abgenommen und die Präferenz für weniger umfassende Wohlfahrtsstaatsmodelle zugenommen hat. Aber in beiden Fällen ist das Ausmaß der Veränderung nur gering."[390] So lasse sich höchstens ein allmählich fortschreitender Erosionsprozess konstatieren. Roller beobachtet eine Divergenz zwischen Ost- und Westdeutschen. Während die Mehrheit der Altbundesbürger/innen ein *sozialdemokratisches* Wohlfahrtsstaatsmodell präferiere, favorisiere die Mehrheit der Ex-DDR-Bürger/innen nach wie vor ein *sozialistisches*. Außerdem mehrten sich die empirischen Anhaltspunkte für eine zunehmende Differenz zwischen den Nutznießer(inne)n des Sozialstaates und denjenigen, die ihn finanzieren oder nur in geringerem Maße von seiner Existenz profitieren.[391]

Eine nachlassende Akzeptanz verzeichnet der Sozialstaat offenbar bei Jüngeren, die das Vertrauen in den „Generationenvertrag", also das Umlageverfahren der Gesetzlichen Rentenversicherung, unter dem Einfluss der permanenten und mehr oder weniger penetranten Diskussion über die „Krise unserer Alterssicherung" in der Öffentlichkeit zumindest ein Stück weit verloren haben. Ursula Dallinger, die zahlreiche einschlägige Umfragedaten ausgewertet hat, gelangt zu dem folgenden Resultat: „Die zwischen 1970 und 1985 geborenen Kohorten dürften sich – als künftige Finanzierer der ‚Alterung' im Renten- und Gesundheitssystem – als zu hoch belastet betrachten, gerade auch im Hinblick auf die alternden, geburtenstarken Jahrgänge."[392]

Relativ wenig Widerhall findet der Übergang vom Umlageverfahren in der Gesetzlichen Rentenversicherung auf das Kapitaldeckungsprinzip bei den Arbeitnehmer(inne)n, was die geringe Beteiligung an der sog. Riester-Rente erklärt. Jene neoliberalen Ökonomen, die für eine Stärkung der privaten und betrieblichen Absicherung als zweite bzw. dritte

---

388   Tito Boeri/Axel Börsch-Supan/Guido Tabellini, Der Sozialstaat in Europa. Die Reformbereitschaft der Bürger. Eine Umfrage in vier Ländern, Köln (Deutsches Institut für Altersvorsorge, Eigenverlag) 2000, S. 95
389   Ebd., S. 7
390   Edeltraud Roller, Erosion des sozialstaatlichen Konsenses und die Entstehung einer neuen Konfliktlinie in Deutschland?, in: Aus Politik und Zeitgeschichte 29-30/2002, S. 18
391   Vgl. ebd.
392   Ursula Dallinger, Generationengerechtigkeit – die Wahrnehmung in der Bevölkerung, in: Aus Politik und Zeitgeschichte 8/2005, S. 34

Säule der Altersvorsorge werben, räumen denn auch offen ein, dass es „Akzeptanzproble-me" für sie gibt und dass man die Bevölkerung erst noch von den Vorteilen einer nicht auf den herkömmlichen Mechanismen des Sozialstaates („Generationenvertrag") beruhenden Sicherungsform überzeugen muss.[393] Zu befürchten steht, dass die weitere Annäherung der durchschnittlichen Rentenhöhe an das Sozialhilfeniveau zu einer Legitimationskrise des gesamten Systems führt,[394] was den Umstieg zur Kapitaldeckung erleichtern würde.

Untersucht man, welche Auswirkungen die Wohlfahrtsstaatskritik auf das Alltagsbe-wusstsein der Bürger/innen hat, stellt sich heraus, dass Sozialleistungen zumindest bei Menschen in prekären Lebenslagen weiterhin hohe Zustimmung finden. Von einer generel-len Akzeptanzkrise kann daher (noch) keine Rede sein: „Vielmehr stimmen die Bürger in nahezu allen erfragten sozialpolitischen Bereichen einer staatlichen Verantwortung mehr-heitlich zu, wobei diese häufig mit der Forderung nach Steigerung der staatlichen Ausgaben verbunden wird. Fragt man allerdings nach der individuellen Finanzierungsbereitschaft, so zeigen sich bei einem Teil der Befragten deutliche Grenzen, was in einem gewissen Wider-spruch zu dem zuvor geäußerten Wunsch nach einer Ausweitung der staatlichen Ausgaben steht."[395]

Der genannte Widerspruch löst sich auf, wenn man klarer zwischen den unterschiedli-chen Klassen, Schichten und Gruppen differenziert, die je nach sozialer Lage mehr oder weniger zur Finanzierung des Sozialstaates beitragen (sollten). Nur beim selbstständigen Mittelstand und beim Management hat die neoliberale Sozialstaatskritik offenbar die von ihren Trägern erwünschte Wirkung gezeigt, während sich die unteren Schichten (zumindest noch) nicht vom Wohlfahrtsstaat abgewendet haben. Jens Alber stellt darüber augenschein-lich selbst verwundert fest, „dass Jahrzehnte massiver Sozialstaatskritik in der öffentlichen Diskussion nicht zu einer sichtbaren Erosion der Sozialstaatsunterstützung in der Bevölke-rung geführt haben, sondern bislang nur im Bürgertum und Kleinbürgertum erkennbare erste Spuren hinterließen."[396] Dass sich der Wohlfahrtsstaat trotz medialen Dauerbeschus-ses besonders unter ehemaligen DDR-Bürger(inne)n nach wie vor sehr großer Wertschät-zung erfreut, hat mit der hiesigen Sozialkultur zu tun. Martin Greiffenhagen hebt deshalb zu Recht den hohen Stellenwert der sozialen Sicherheit für die politische Legitimität in Deutschland hervor.[397]

Hans-Jürgen Andreß, Thorsten Heien und Dirk Hofäcker vertreten die These, „daß das Ausmaß der Befürwortung eines extensiven Wohlfahrtsstaates in Abhängigkeit von den sozioökonomischen Interessen der Betroffenen und ihren Sozialisationserfahrungen ganz erheblich variiert."[398] Hier liegt auch der Grund dafür, warum sie keinen „Sozialstaatskon-sens" sehen, sondern von Befürwortern und Kritikern des Wohlfahrtsstaates sprechen. Wenn es während des sog. Wirtschaftswunders zumindest in und zwischen den beiden großen Volksparteien der Bundesrepublik eine unausgesprochene Garantie für ein solches

---

393   Vgl. Axel Börsch-Supan/Florian Heiss/Joachim Winter, Akzeptanzprobleme bei Rentenreformen. Wie die Bevölkerung überzeugt werden kann, Köln (Deutsches Institut für Altersvorsorge, Eigenverlag) 2004
394   Vgl. Andreas Bachmann, Privatisierung der Sozialversicherung und aktivierender Staat. Von der Riester-Rente zur Dreiklassenmedizin, in: Widersprüche 85 (2002), S. 91
395   Hans-Jürgen Andreß/Thorsten Heien/Dirk Hofäcker, Wozu brauchen wir noch den Sozialstaat? – Der deutsche Sozialstaat im Urteil seiner Bürger, Wiesbaden 2001, S. 154f.
396   Siehe Jens Alber, Hat sich der Wohlfahrtsstaat als soziale Ordnung bewährt?, a.a.O., S. 98
397   Vgl. Martin Greiffenhagen, Soziale Sicherheit und politische Legitimität, in: Blätter für deutsche und internationale Politik 10/1998, S. 1236
398   Hans-Jürgen Andreß/Thorsten Heien/Dirk Hofäcker, Wozu brauchen wir noch den Sozialstaat?, a.a.O., S. 154

Konsensmodell gegeben hatte, das unter den ersten christdemokratischen Kanzlern als „Soziale Marktwirtschaft" und unter Helmut Schmidt als „Modell Deutschland" bezeichnet wurde, so war es in dem Moment bloße Makulatur, als die Weltwirtschaftskrise gegen Mitte der 70er-Jahre zu einer Verhärtung der gesellschaftlichen Verteilungskämpfe führte. Nunmehr erwies sich der moderne Wohlfahrtsstaat als sozialpolitische Schönwetterveranstaltung, die starken konjunkturellen Stürmen nicht oder nicht mehr gewachsen war.

Mit der Stigmatisierung von Erwerbslosen als „Faulpelzen" und „Nichtsnutzen" durch Massenmedien korrespondiert die Tatsache, dass die Gesetzliche Krankenversicherung bei vielen Bürger(inne)n ein höheres Ansehen genießt als die Arbeitslosenversicherung, welche jedoch innerhalb der (arbeitenden) Bevölkerung wiederum mehr Rückhalt findet als die Sozialhilfe, obwohl Silke Hamann, Astrid Karl und Carsten G. Ullrich nachgewiesen haben, dass die Bereitschaft zur Solidarität von Erwerbstätigen gegenüber Arbeitslosen größer ist als erwartet.[399] Reziprozitätserwartungen, die Umverteilungen auch für Nettozahler/innen leichter erträglich machen, spielen dabei eine wichtige Rolle. Sowohl direkte als auch indirekte Leistungskürzungen, wie beispielsweise die Ausweitung von Selbstbeteiligungs- oder Anwartschaftsregelungen, wirken sich auf die Akzeptanz der Sozialversicherungen nicht durchweg positiv aus; werden sie als substanziell wahrgenommen, tritt sogar ein Akzeptanzverlust ein, weil die Mitglieder den eigentlichen Zweck ihrer Versicherung bedroht sehen.[400]

Zumindest für die Volksparteien gilt, dass sie auf die weit verbreiteten Sympathien für den Sozialstaat bzw. das bestehende System der sozialen Sicherung bisher immer noch Rücksicht nehmen mussten, wenn sie Wahlen gewinnen wollten. Karl Ulrich Mayer weist auf die stabilisierende Wirkung dieses Zusammenhangs hin: „In einer jahrelangen Debatte um den ‚Standort Deutschland' mit der Forderung einer Minderung von Steuern und Sozialabgaben ist der Wohlfahrtsstaat zwar sturmreif geschossen worden, scheint aber für die Mobilisierung von Wählerunterstützung im Prozess der demokratischen Willensbildung nach wie vor unverzichtbar."[401]

Thomas Ebert spricht im selben Kontext von einer „deutliche(n) Kluft zwischen veröffentlichter und tatsächlicher Meinung", fürchtet aber, dass die Akzeptanzkrise des Sozialstaates nach dem „kulturell dominanten, artikulationsfähigen und daher richtungsbestimmenden Teil" der Bevölkerung den Rest auch noch erreicht, weil er unter dem Druck der Finanzkrise und der Dauerbeeinflussung durch die medialen Multiplikatoren das Vertrauen in das bestehende Sicherungssystem verliert.[402] Den dafür maßgeblichen grundlegenden Mentalitätswandel bringt Ebert mit gesellschaftlichen Differenzierungs-, Entsolidarisierungs- und Individualisierungsprozessen in Verbindung. „In gewisser Weise haben wir es mit einer dialektischen Selbstaufhebung des Sozialstaates zu tun: Er hat die materielle Basis

---

399   Vgl. Carsten G. Ullrich, Solidarität im Sozialversicherungsstaat. Die Akzeptanz des Solidarprinzips in der gesetzlichen Krankenversicherung, Frankfurt am Main/New York 2000; Silke Hamann/Astrid Karl/Carsten G. Ullrich, Entsolidarisierung? – Leistungen für Arbeitslose im Urteil von Erwerbstätigen, Frankfurt am Main/New York 2001

400   Vgl. Carsten G. Ullrich, Reziprozität und die soziale Akzeptanz des „Sozialversicherungsstaates", in: Soziale Welt 1/1999, S. 33

401   Karl Ulrich Mayer, Die beste aller Welten? – Marktliberalismus oder Wohlfahrtsstaat, in: ders. (Hrsg.), Die beste aller Welten?, a.a.O., S. 8

402   Siehe Thomas Ebert, Welche Art von Sozialreform brauchen wir eigentlich?, a.a.O., S. 488

der Individualisierung selbst geschaffen, die ihm jetzt allmählich die Legitimationsgrundlage entzieht."[403]

Gleichzeitig darf der neoliberal inspirierte, besonders von vielen Journalist(inn)en forcierte Wandel des Gerechtigkeitsbegriffs nicht unterschätzt werden. Offenbar rekurrieren immer mehr Bürger/innen bei der Beurteilung des sozialen Sicherungssystems auf das Modell einer privaten Versicherung, das ganz anders funktioniert. Zwar teilt die Sozialversicherung mit der privaten das zentrale Element der Kompensation, aber die Leistung knüpft nicht an die Idee der Risikogleichheit der Versicherten an; Risikounterschiede werden gerade dadurch ignoriert, dass sich der Sozialversicherungsbeitrag nicht am Risiko, sondern am Einkommen des Versicherten und die Leistung nicht am Beitrag, sondern an der Bedürftigkeit orientiert.[404]

Dominierte im Bundestagswahlkampf 2002, bedingt oder verstärkt durch das Elbe-Hochwasser und die Verwüstungen der Flutkatastrophe, noch eine „ausgeprägte Solidaritätsrhetorik",[405] vollzog das Kanzleramt in den Wochen danach eine neoliberale Wende, die in eine Aufkündigung des sozialen Grundkonsenses der Bundesrepublik und einen Um- bzw. Abbau ihrer Sicherungssysteme mündete. Heribert Prantl beschreibt die allgemeine Stimmungslage als katastrophal, nicht zuletzt geprägt durch die Herbeiredung eines wirtschafts- und sozialpolitischen Ausnahmezustandes: „Nach der von der rot-grünen Koalition unerwartet gewonnenen Bundestagswahl herrschte in Deutschland, der nach wie vor stärksten Volkswirtschaft in Europa, eine seltsame Lust am Untergang, ein Defätismus, gerade so, als sei Deutschland über Nacht ein Nachbarland von Dschibuti oder Burkina Faso geworden."[406]

Der gesellschaftspolitische Rollback, den die SPD-geführte Bundesregierung spätestens seit Gerhard Schröders *Agenda-2010*-Rede im März 2003 gemeinsam mit dem bürgerlichen Lager bewerkstelligte, war nur möglich, weil sich die neoliberale Hegemonie, wie sie in der Ökonomie als für Wirtschaft und Beschäftigung „zuständiger" Fachwissenschaft schon lange existierte, zu jener Zeit immer stärker auch in den Massenmedien niederschlug. Die öffentliche Meinung wurde massiv im Sinne eines Sozialstaat, Staatsinterventionismus und Wohlfahrt als Hauptstörfaktoren für den „Standort D" abqualifizierenden Marktradikalismus beeinflusst. Typisch dafür war die beliebte Talkshow mit Sabine Christiansen, in der man Sozialstaatlichkeit über Jahre hinweg durch das apokalyptische Bild eines vom Niedergang bedrohten Deutschland diskreditierte. Der inhaltliche Kern dieser Sendung bestand Walter van Rossum zufolge in dem Dogma, „wir" könnten uns den bestehenden Wohlfahrtsstaat nicht mehr leisten, weil sonst die Wirtschaft leide, was den Kölner Publizisten umgekehrt die Frage stellen ließ: „Können ‚wir' uns diese Wirtschaft noch leisten?"[407]

Für die Art und Weise, wie über den Sozialstaat gesprochen und geschrieben wird, kennzeichnend waren auch zahllose Medienberichte, die sich zum Jahreswechsel 2004/05 mit der Flutkatastrophe in Südostasien und deren Folgen befassten. Die ausufernde und oft geradezu voyeuristisch anmutende Tsunami-Berichterstattung verbreitete unterschwellig

---

403 Ebd., S. 489
404 Vgl. Henning Schmidt-Semisch, Selber schuld. Skizzen versicherungsmathematischer Gerechtigkeit, in: Ulrich Bröckling/Susanne Krasmann/Thomas Lemke (Hrsg.), Gouvernementalität der Gegenwart. Studien zur Ökonomisierung des Sozialen, Frankfurt am Main 2000, S. 170
405 Siehe Joachim Rock, Medien, Macht und die Inszenierung der Sozialreformen, in: spw – Zeitschrift für Sozialistische Politik und Wirtschaft 138 (2004), S. 28
406 Heribert Prantl, Kein schöner Land, a.a.O., S. 104
407 Walter van Rossum, Meine Sonntage mit „Sabine Christiansen", a.a.O., S. 12

die entpolitisierend wirkende Botschaft, dass die Natur (also nicht die Gesellschaft) das Schicksal bestimmt. „Wo Opfer einer Naturkatastrophe zu beklagen sind, tritt die von Menschen gemachte Ungleichheit in den Hintergrund."[408] Außerdem ließ man häufig durchblicken, dass es „uns" ja hier noch sehr gut gehe, in der sog. Dritten Welt jedoch wirklich Not und Elend herrschten. Tatsächlich ist (relative) Armut in der Bundesrepublik etwas ganz anderes als (absolute) Armut in Bangladesch oder Burkina Faso. (Kinder-)Armut kann in einer reichen Umgebung gleichwohl erniedrigender, bedrückender und bedrängender sein als in einer armen Gesellschaft, wo sie eher zur Solidarisierung als zur Stigmatisierung der Betroffenen führt.

---

408   Albert Scharenberg, Armutszeugnis, in: Blätter für deutsche und internationale Politik 2/2005, S. 135

4 Wirtschaft, Soziales und Wohlfahrt in der (Sinn-)Krise

Während der Weltwirtschaftskrise 1974/75 manifestierte sich der Grundwiderspruch des modernen Wohlfahrtsstaates in aller Schärfe: Je mehr Personen wegen zunehmender Arbeitslosigkeit und Armut auf staatliche Unterstützungsleistungen angewiesen waren, umso weniger kamen sie in deren Genuss. Da es keine hohen Zuwächse des Bruttoinlandsprodukts mehr zu verteilen gab, entfiel nun auch in der Bundesrepublik die Grundlage für einen sozialstaatlichen Konsens aller gesellschaftlich relevanten Kräfte, der nach dem Zweiten Weltkrieg und im Zeichen des „Wirtschaftswunders" die Inklusion benachteiligter Minderheiten ohne Einbußen für die große Mehrheit und die besonders Privilegierten ermöglicht hatte. Mit der Vollbeschäftigung fehlte die materielle Basis für das ehemals reibungslose Funktionieren des Sozial(versicherungs)staates, zumindest in seiner bisherigen Form. Die nicht mehr nur konjunkturell bedingte Massenarbeitslosigkeit führte gleichzeitig zu drastischen Beitragsausfällen auf der Einnahmen- und zu enormen Kostensteigerungen auf der Ausgabenseite. Verschärft wurde das finanzielle Dilemma durch die Art und Weise, wie die soziale Sicherung seit Otto von Bismarck an die (industrielle) Erwerbsarbeit gebunden war. Lohn- und beitragsbezogene Sozialsysteme reagieren auf ökonomische Krisen zwar sensibler als steuerfinanzierte. Letztere bilden dazu in der Bundesrepublik allerdings keine Alternative, weil sie – wie noch zu zeigen sein wird – erheblich größere Defizite im Hinblick auf die sozial gerechte Verteilung der Lasten aufweisen.

Nach dem „Öl(preis)schock" im Herbst 1973 wurde (keineswegs bloß) hierzulande lautstark eine „Tendenzwende" in der Gesellschaftspolitik gefordert,[409] die für den Sozialstaat wie die politische Kultur nicht ohne gravierende Folgen bleiben sollte. Während die Reformimpulse der Schüler- und Studentenrevolte auf dem „langen Marsch durch die Institutionen" offenbar schnell erlahmt waren, gewannen national- und liberalkonservative Positionen wieder deutlich an Boden.[410] Die tektonischen Machtverschiebungen und ihre Konsequenzen für das parlamentarische bzw. Parteiensystem trugen dazu bei, dass Willy Brandt, dem Kanzler der „inneren Reformen", im Frühjahr 1974 mit Helmut Schmidt ein rechtssozialdemokratisch-pragmatischer Krisenmanager und im Herbst 1982 der CDU-Vorsitzende Kohl folgten.

Als Helmut Kohl die Amtsgeschäfte übernahm, war der „entscheidende Kontinuitätsbruch" in der Entwicklung des Wohlfahrtsstaates bereits erfolgt: „In der Ära Kohl ging das Ausgabenniveau nur mehr leicht zurück, bis die deutsche Einigung eine erneute Diskonti-

---

409   Siehe Clemens Graf Podewils (Hrsg.), Tendenzwende? – Zur geistigen Situation der Bundesrepublik, Stuttgart 1975
410   Vgl. dazu: Martin Greiffenhagen (Hrsg.), Der neue Konservatismus der siebziger Jahre, Reinbek bei Hamburg 1974

nuität mit sich brachte, als es zu einem vorübergehenden erneuten Anstieg bis auf das in den Siebzigerjahren crrcichte Rekordniveau kam."[411]

Josef Schmid geht davon aus, dass es während der „Kohl-Ära" *zwei* Wenden von unterschiedlicher Qualität und Reichweite gab.[412] Die erste Halbzeit der CDU/CSU/FDP-Sozialpolitik dauerte von 1982 bis 1989/90. Sie war durch eine noch relativ moderate Kürzung vieler Sozialleistungen (von einer Verschlechterung der Ausbildungs- und Arbeitsförderung über die Einführung der Zuzahlungspflicht bei Krankenhausaufenthalten und Kuren bis zur Verschiebung des Termins für die alljährliche Rentenanpassung nach hinten), aber auch einzelne Leistungserhöhungen auf bestimmten Gebieten (mehrmalige Erhöhung des Kindergeldes, großzügige Vorruhestandsregelungen, die Ausweitung der Vermögensbildung für Arbeitnehmer/innen sowie die Einführung von Erziehungsgeld und -urlaub) geprägt. Schmid spricht denn auch von einer „halbe(n) Wende", die in der zweiten Halbzeit, von der Wiedervereinigung am 3. Oktober 1990 bis zur Abwahl der Kohl-Regierung am 27. September 1998 dauernd, revidiert und radikalisiert wurde.

4.1 Massenarbeitslosigkeit, Finanzierungsprobleme des Sozialstaates und Leistungsabbau durch die Regierung Schmidt (1974/75 bis 1982)

Nach dem Kanzlerwechsel am 16. Mai 1974 ließ die Kritik an der Wirtschafts- und Sozialpolitik nicht etwa nach. Vielmehr verhärtete sich die Opposition gegenüber dem SPD/FDP-Kabinett noch. In der (Fach-)Öffentlichkeit mehrten sich den Sozialstaat und seine Entwicklungsperspektiven betreffende Kassandrarufe. Neokonservative und wirtschaftsliberale, aber auch sozialdemokratische Autoren behaupteten, die „Grenzen des Sozialstaates" seien erreicht oder längst überschritten.[413] Friedhelm Hengsbach spricht rückblickend von einem „dreißigjährige(n) Feldzug gegen den Sozialstaat", der damals begann und im Grunde bis heute anhält,[414] wenngleich die entscheidende Schlacht womöglich noch aussteht. Gegen Ende der 70er-Jahre diagnostizierte Johano Strasser einen „von linksaußen und von rechts vorgetragenen Zangenangriff auf den Sozialstaat", dessen sich die SPD als führende Regierungspartei mittels einer Defensivstrategie schwerlich zu erwehren vermöge, zumal das Konzept des Wohlfahrtsstaates viele der das anbrechende Jahrzehnt prägenden Probleme nicht lösen könne und ein starres Festhalten an herkömmlichen Zielen, Organisationsformen und Methoden der Sozialpolitik die erfolgreiche Bewältigung der neuen Herausforderungen zumindest erheblich behindere, wenn nicht unmöglich mache.[415]

---

411   Jens Alber, Der deutsche Sozialstaat in der Ära Kohl: Diagnosen und Daten, in: Stephan Leibfried/Uwe Wagschal (Hrsg.), Der deutsche Sozialstaat. Bilanzen – Reformen – Perspektiven, Frankfurt am Main/New York 2000, S. 243
412   Vgl. Josef Schmid, Mehrfache Desillusionierung und Ambivalenz. Eine sozialpolitische Bilanz, in: Göttrik Wewer (Hrsg.), Bilanz der Ära Kohl. Christlich-liberale Politik in Deutschland 1982-1998, Opladen 1998, S. 95ff.
413   Vgl. Tim Guldimann, Die Grenzen des Wohlfahrtsstaates. Am Beispiel Schwedens und der Bundesrepublik, München 1976; Fred Hirsch, Die sozialen Grenzen des Wachstums. Eine ökonomische Analyse der Wachstumskrise, Reinbek bei Hamburg 1980; Peter Atteslander, Die Grenzen des Wohlstands. An der Schwelle zum Zuteilungsstaat, Stuttgart 1981
414   Siehe Friedhelm Hengsbach, Das Reformspektakel, a.a.O., S. 21
415   Siehe Johano Strasser, Grenzen des Sozialstaats?, a.a.O., S. 17

Folgerichtig führte die damalige Weltwirtschaftskrise zu einem grundlegenden Kurswechsel in der westdeutschen Sozialpolitik: Durch zuerst noch relativ geringfügige Leistungskürzungen und eine schrittweise Verschärfung der Anspruchsvoraussetzungen wollte
man die öffentlichen Finanzen konsolidieren und gleichzeitig die privaten Investitionen
stimulieren. Das *Gesetz zur Verbesserung der Haushaltsstruktur* vom 18. Dezember 1975,
welches die Staatsausgaben vor allem im Bereich der Bundesanstalt für Arbeit und im Bil-
dungswesen verringerte, markierte eine historische Zäsur. Denn damit ging die mehrere
Jahrzehnte während sozialpolitische Expansionsperiode zu Ende, und eine Phase der Stagnation bzw. Regression begann.[416] Das sozialdemokratische „Modell Deutschland", mit
Erfolg im Bundestagswahlkampf 1976 gegen Helmut Kohl als Kanzlerkandidaten der Union geradezu emphatisch beschworen, wurde nicht erst von diesem ab 1982 zerschlagen,
sondern noch unter dem Bundeskanzler Helmut Schmidt „neu justiert", schrittweise umstrukturiert und auf das Ziel der „Standortsicherung" durch Transformation des Wohlfahrtsstaates eingestellt.

Während die SPD mit dem „Modell Deutschland" warb, zog die Union gegen die Regierungspartei und deren Bundeskanzler 1976 unter der Parole „Freiheit oder/statt Sozialismus" in den Wahlkampf. Der konservative Soziologe Helmut Schelsky monierte damals
in einer Publikation die Bevormundung des Menschen durch einen bürokratischen „Versorgungsstaat", welcher zur reinen „Wohlfahrtsdiktatur" bzw. zur „Herrschaft der Funktionäre" entartet sei und die persönlichen Entfaltungsmöglichkeiten aller Bürger/innen beschneide, was die Selbstheilungskräfte des Marktes lähme.[417] Es gehe, meinte Schelsky, letztlich
um die Beantwortung der Frage, ob man „die Bewahrung der Freiheit der Person oder die
Vervollkommnung der sozialen Gerechtigkeit als wichtiger" ansehen müsse.[418] Am 19./20.
April 1978 hielt die CDU im Bonner Konrad-Adenauer-Haus eine Fachtagung zum Thema
„Verwaltete Bürger – Gesellschaft in Fesseln. Bürokratisierung und ihre Folgen für Staat,
Wirtschaft und Gesellschaft" ab. Da war von einer „Unüberschaubarkeit" des Sozialstaates
die Rede, verbunden mit Gefühlen des Ausgeliefertseins. Während die Eigeninitiative der
Menschen erlahme, nähmen Begehrlichkeiten und Staatsverdrossenheit unter ihnen zu.
Weil sich der Bürger selbst gegenüber einer anonymen Verwaltungsapparatur („Moloch
Staat") nicht mehr für seine eigene soziale Sicherung verantwortlich fühle, komme es zu
einer „Anspruchsinflation", die bei der Nachgiebigkeit von guten Wahlergebnissen abhängiger Politiker in den „Gefälligkeitsstaat" münde.[419]

Dass die neokonservative Sozialstaats- bzw. Bürokratiekritik weniger einer radikalde-
mokratischen Freiheitsliebe als der Furcht ihrer Protagonisten vor dem Verlust materieller
Privilegien geschuldet war, wird erkennbar, wenn man die Schlüsselrolle der Leistungs-
verwaltung bei der Gewährleistung eines Mindestmaßes an sozialer Gerechtigkeit und individueller Handlungsspielräume für jene würdigt, denen ein Rückgriff auf eigenes Vermö-

---

416   Vgl. dazu: Ulrich Schneider, Solidarpakt gegen die Schwachen. Der Rückzug des Staates aus der Sozialpolitik, München 1993, S. 85ff.
417   Vgl. Helmut Schelsky, Der selbständige und der betreute Mensch, in: ders., Der selbständige und der
betreute Mensch. Politische Schriften und Kommentare, Frankfurt am Main/Berlin (West)/Wien 1978, S. 18 und
passim
418   Siehe ebd., S. 19
419   Siehe Theodor Schober, Der Mensch im Labyrinth des Sozialstaates, in: Heiner Geißler (Hrsg.), Verwaltete
Bürger – Gesellschaft in Fesseln. Bürokratisierung und ihre Folgen für Staat, Wirtschaft und Gesellschaft, Frankfurt am Main/Berlin (West)/Wien 1978, S. 75

gen oder das einer wohlhabenden Familie versagt bleibt. Noch immer gilt, was Herbert Ehrenberg und Anke Fuchs den liberalkonservativen Kritikern des Wohlfahrtsstaates unter Berufung auf Max Weber und seine Charakterisierung der Bürokratie als rationalste Form politischer Herrschaftsausübung damals entgegneten: „Ohne die Inanspruchnahme bürokratischer Organisationsformen könnten alle Ideen von sozialer Gerechtigkeit aus dem Katalog staatlicher Ziele gestrichen werden."[420] Vieles deutet jedoch im Rückblick darauf hin, dass genau dies intendiert war.

Hinter der neoliberalen Sozialstaats- bzw. Bürokratiekritik steckte ein Freiheitsverständnis, das sich an der unternehmerischen Dispositionsfreiheit, nicht an den allgemeinen Freiheitsvorstellungen radikaler Demokrat(inn)en sowie der Arbeiter- und Gewerkschaftsbewegung (Freiheit von Ausbeutung und Unterdrückung) orientierte. Auch namhafte Sozialdemokraten beteiligten sich an der Diffamierung des öffentlichen Dienstes und seiner Leistungen. So bezeichnete der SPD-Bundestagsabgeordnete Ulrich Lohmar die öffentliche Verwaltung als „lautlose(n) Krake(n)", welcher einen „Klassenkampf gegen die Arbeitnehmer, freiberuflich Tätigen und kleinen Unternehmer in der privaten Gesellschaft" führe.[421]

Einem weiteren Beschäftigungsrückgang nach der zweiten Ölkrise 1979/80 begegnete die bei der Bundestagswahl 1980 in der Auseinandersetzung mit dem CSU-Vorsitzenden Franz Josef Strauß noch einmal knapp bestätigte Regierung Schmidt/Genscher zu Beginn des neuen Jahrzehnts mit einer „Haushaltsoperation '82" genannten Aktion. Die größten Entlastungen für den Staatshaushalt (und die Arbeitgeber) resultierten aus Einsparungen bei der Nürnberger Bundesanstalt: Kürzungen im Weiterbildungsbereich, die Streichung von Maßnahmen der beruflichen Rehabilitation, die Beschränkung des Kreises von Anspruchsberechtigten sowie Verschärfungen im Hinblick auf die Zumutbarkeitsklauseln und Sperrfristen markierten im Grunde den Anfang vom Ende der sozial-liberalen Koalition. Während die Gewerkschaften immer deutlicher auf Distanz zu der SPD-geführten Bundesregierung gingen, forderte die FDP weitere Schritte zur Stärkung der Wirtschaftskraft. Als der durch seine Absicht, auf der Basis des sog. NATO-Doppelbeschlusses ab 1983 in der Bundesrepublik atomare Mittelstreckenraketen vom Typ Pershing II und Marschflugkörper (Cruise Missiles) der USA zu stationieren, erheblich unter Druck geratende Helmut Schmidt kaum mehr über Rückhalt in der eigenen Partei wie in der Gesamtbevölkerung verfügte, sondern immer mehr zu einer tragischen Figur wurde, stellte ihm die FDP-Spitze die Koalitionsfrage und schwenkte von der SPD zur CDU/CSU als Regierungspartner um.

Bernd Klees hat auf inhaltliche Parallelen zum Niedergang der Weimarer Republik hingewiesen und den Leistungsabbau durch das *Arbeitsförderungskonsolidierungsgesetz* vom 22. Dezember 1981 mit entsprechenden Novellen bzw. Notverordnungen des Reichspräsidenten verglichen, die das *Gesetz über Arbeitsvermittlung und Arbeitslosenversicherung* vom 16. Juli 1927 zu Beginn der 30er-Jahre immer weiter aushöhlten.[422] Bundeskanzler Schmidt bereitete durch eine Politik, die gegen Ende seiner Amtszeit kaum noch sozial-

---

420   Herbert Ehrenberg/Anke Fuchs, Sozialstaat und Freiheit. Von der Zukunft des Sozialstaats, Frankfurt am Main 1980, S. 115

421   Siehe Ulrich Lohmar, Die lautlose Krake. Klassenkampf der Staatsbürokratie gegen die private Gesellschaft, in: Aus Politik und Zeitgeschichte 15/1979, S. 3; vgl. auch: ders., Staatsbürokratie. Das hoheitliche Gewerbe. Deutsche Aspekte eines neuen Klassenkampfes, München 1978

422   Vgl. Bernd Klees, Entwicklungslinien und weitere Tendenzen des Sozialabbaus im Arbeitslosenrecht, in: Charlotte Nieß-Mache/Joachim Schwammborn (Hrsg.), Demontage des Sozialstaats. Verfassungsrechtliche Grenzen staatlicher Sparpolitik, Vorwort von Detlef Hensche, Köln 1986, S. 58ff.

demokratisches Profil erkennen ließ, der Union praktisch den Boden zur Regierungsübernahme. Dies gilt auch und gerade für die Sozialpolitik, deren Konturen immer mehr verschwammen, als man nur noch im Sinne eines Krisenmanagements kurzatmig auf wirtschaftliche Probleme reagierte und der Bundeshaushalt durch für die Betroffenen schmerzhafte Einschnitte bei Leistungsgesetzen saniert werden sollte. Daran konnte die bürgerliche „Koalition der Mitte" bruchlos anknüpfen: Es folgten die „Operation '83" (*Haushaltsbegleitgesetz* vom 16. Dezember 1982), die „Operation '84" (*Haushaltsbegleitgesetz* vom 22. Dezember 1983) und weitere, damit eng verbundene Maßnahmen zur Konsolidierung des Bundeshaushalts, die gemeinsam hatten, dass sie in erster Linie sozial Benachteiligte trafen, Besserverdienende und Begüterte hingegen eher begünstigten.

Nach knapp 13 Jahren zerbrach die SPD/FDP-Koalition, wohl nicht zuletzt an den gegensätzlichen Vorstellungen ihrer Partner zur Sozialpolitik. In einem Memorandum, das der freidemokratische Bundeswirtschaftsminister Otto Graf Lambsdorff damals vorlegte, erhoben die Liberalen für die Sozialdemokraten unannehmbare Forderungen nach spürbarer Verbesserung der Kapitalerträge und einer „Verbilligung des Faktors Arbeit" durch Senkung der Sozialleistungsquote.[423] Die nachträgliche Lektüre des sog. Lambsdorff-Papiers, das sein damaliger Staatssekretär Otto Schlecht zusammen mit dem Leiter der Grundsatzabteilung im Wirtschaftsministerium und späteren Bundesbankpräsidenten Hans Tietmeyer verfasst hatte, wirft die Frage auf, ob es sich dabei um das offizielle Drehbuch für die Wirtschafts- und Sozialpolitik bis heute handelte, so sehr entsprechen fast sämtliche Maßnahmen, die seither ergriffen wurden, dem dort niedergelegten Handlungskatalog. Von einer zeitlichen Begrenzung der Bezugsdauer des Arbeitslosengeldes auf 12 Monate über die Einführung eines „demografischen Faktors" zur Beschränkung der Rentenhöhe („Berücksichtigung des steigenden Rentneranteils in der Rentenformel") bis zur stärkeren Selbstbeteiligung im Gesundheitswesen listete das Lambsdorff-Papier fast alle „sozialen Grausamkeiten" auf, welche die Nachfolgeregierungen verwirklichten. Erst das „Hartz IV" genannte Gesetz der rot-grünen Koalition ging durch die Abschaffung der Arbeitslosenhilfe und die Absenkung des (an deren Stelle tretenden) Arbeitslosengeldes II auf Sozialhilfeniveau über den damals selbst auf einen Großteil der politischen Klasse provokativ wirkenden Forderungskatalog der FDP hinaus.

Abschließend stellte das Lambsdorff-Papier fest, es könne im wirtschaftlichen und sozialen Bereich gar keine wichtigere Aufgabe als die Bekämpfung der Arbeitslosigkeit durch Wachstumsförderung geben. „Wer eine solche Politik als ‚soziale Demontage' oder gar als ‚unsozial' diffamiert, verkennt, daß sie in Wirklichkeit der Gesundung und Erneuerung des wirtschaftlichen Fundaments für unser Sozialsystem dient. ‚Sozial unausgewogen' wäre dagegen eine Politik, die eine weitere Zunahme der Arbeitslosigkeit und eine Finanzierungskrise der sozialen Sicherungssysteme zuläßt, nur weil sie nicht den Mut aufbringt, die öffentlichen Finanzen nachhaltig zu ordnen und der Wirtschaft eine neue Perspektive für unternehmerischen Erfolg und damit für mehr Arbeitsplätze zu geben."[424] Helmut Schmidt wertete Lambsdorffs Denkschrift unter Berufung auf die öffentliche Meinung als „Dokument der Trennung", das als Wegweiser zu anderen Mehrheiten im Bundestag diene: „Sie

---

423   Vgl. Konzept für eine Politik zur Überwindung der Wachstumsschwäche und zur Bekämpfung der Arbeitslosigkeit. Memorandum des Bundeswirtschaftsministers Graf Lambsdorff vom 9. September 1982, in: Klaus Bölling, Die letzten 30 Tage des Kanzlers Helmut Schmidt. Ein Tagebuch, Reinbek bei Hamburg 1982, S. 121ff.
424   Ebd., S. 141

will in der Tat eine Wende, und zwar eine Abwendung vom demokratischen Sozialstaat im Sinne des Art. 20 unseres Grundgesetzes und eine Hinwendung zur Ellenbogengesellschaft."[425] Am 1. Oktober 1982 wurde Schmidt durch ein „konstruktives Misstrauensvotum" gestürzt und Helmut Kohl zum neuen Bundeskanzler einer liberal-konservativen Koalitionsregierung gewählt.

4.2 Die erste Halbzeit der Regierung Kohl (1982 bis 1989/90): „Wende"-Rhetorik und staatliche Konsolidierungspolitik

Bis zur Wiedervereinigung 1989/90 gestaltete sich die liberal-konservative Regierungspraxis in der Sozialpolitik eher defensiv. Nach der Vereinigung von DDR und Bundesrepublik am 3. Oktober 1990 springt eine regionale Disparität besonders ins Auge: Während die sozial- und arbeitsmarktpolitischen Regelungen der Bundesrepublik den neuen Ländern nicht nur fast ausnahmslos übergestülpt, sondern auch zu Beginn extensiv ausgelegt und durch teils sehr sinnvolle Übergangsbestimmungen wie die Sozialzuschläge oder Auffüllbeträge in der Arbeitslosen- und Rentenversicherung ergänzt wurden,[426] stimmte man die Bewohner/innen der alten Länder mit Hinweis auf die enormen „Kosten der Einheit" auf drastische Leistungskürzungen ein.

Die neue Bundesregierung trat unter der Parole „Leistung muss sich wieder lohnen!" an. Zu fragen ist freilich, was sie damit meinte. Neoliberale verstehen unter „Leistung" in erster Linie wirtschaftlichen Erfolg. Dieser entsteht durch Marktteilnahme und lässt sich mittels monetärer Größen exakt messen, wenn der Einkommens- und Vermögenszuwachs einer Person bekannt ist. Viel komplizierter gestaltet sich die Rechnung, wenn man Leistung in Beziehung zu den verfügbaren Ressourcen und Potenzialen setzt. Friedhelm Hengsbach plädiert dafür, die Menschen nicht auf ihre ökonomische Funktion und die Erwerbsarbeit zu reduzieren: „Wenn die Mitglieder demokratischer Gesellschaften nicht nur nach dem bewertet werden, was sie für den Markt und gegen Bezahlung herstellen, und wenn sie nicht nur leben, um erwerbstätig zu sein, sollte nicht die Erwerbsarbeit, sondern die gesellschaftlich nützliche Arbeit im Brennpunkt der öffentlichen Aufmerksamkeit stehen – und zwar unabhängig davon, ob sie marktförmig organisiert wird oder nicht, und ob sie bezahlt wird oder nicht."[427]

Kaum hatten Helmut Kohl und seine Minister ihr Amt angetreten, senkten sie die Vermögensteuer, später auch die (damals noch 56 Prozent auf einbehaltene Gewinne betragende) Körperschaftsteuer und den (gleich hohen) Spitzensteuersatz bei der Einkommensteuer. Überhaupt sorgte die Steuerpolitik der schwarz-gelben Koalition in den 80er- und 90er-Jahren dafür, dass sich die Einkommensverteilung zulasten der Arbeitnehmer/innen und ihrer Familien verschob, während deutlich begünstigt wurde, wer Einkünfte aus Unter-

---

425   Rede von Bundeskanzler Helmut Schmidt am 17. September 1982 vor dem Deutschen Bundestag, in: Klaus Bölling, Die letzten 30 Tage des Kanzlers Helmut Schmidt, a.a.O., S. 143
426   Vgl. hierzu: Christoph Butterwegge/Michael Klundt/Matthias Zeng, Kinderarmut in Ost- und Westdeutschland, a.a.O., S. 24f.
427   Friedhelm Hengsbach, Das Reformspektakel, a.a.O., S. 104

nehmertätigkeit und Vermögen erzielte.[428] Zu nennen sind in diesem Kontext vor allem
Abstriche bei der Körperschaftsteuer, die Aussetzung der Vermögen- und die Abschaffung
der Gewerbekapitalsteuer sowie eine Vielzahl von Sonderabschreibungsregelungen für
(westdeutsche) Investoren in den neuen Bundesländern, die das *Fördergebiets-*, das *Stand-*
ortsicherungsgesetz sowie mehrere *Jahressteuer-* und *Finanzmarktförderungsgesetze* enthielten.

Bis zu der vorgezogenen Bundestagswahl am 6. März 1983, durch die der Regierungswechsel seitens des Volkes als Souverän legitimiert werden sollte (CDU-Wahlslogan:
„Den Aufschwung wählen!"), setzte die liberal-konservative Koalition wohl aus taktischen
Gründen im Wesentlichen nur solche Maßnahmen um, die ihre Vorgängerregierung bereits
auf den Weg gebracht hatte, hielt sich jedoch mit noch massiveren Kürzungen im Sozialbereich zurück. Anschließend wurden die Stimmen derjenigen Konservativen lauter, die eine
härtere Gangart in der Sozialpolitik und einen wirtschaftsliberalen Kurs forderten.

Vom 13. Juli 1983 datiert ein Papier, in dem Haimo George, damals sozialpolitischer
Sprecher der CDU/CSU-Bundestagsfraktion, seine „Analyse der wichtigsten Ursachen der
Arbeitslosigkeit und Vorschläge zur Eindämmung" darlegte. George machte in erster Linie
die seiner Meinung nach zu hohen Lohn- bzw. Lohnnebenkosten, einige Besonderheiten
des deutschen Tarifvertragssystems, angeblich übertriebene Kündigungsschutzregelungen,
die Existenz betrieblicher Sozialpläne und einen „gesellschaftspolitischen Illusionismus",
welcher „unter der SPD-Herrschaft" gezüchtet worden sei, für die anhaltende Massenarbeitslosigkeit verantwortlich: „Die Chancen der Beschäftigungs- und Arbeitsmarktpolitik
liegen vor allem im – quantitativen wie qualitativen – Wachstum. Für Arbeit gibt es keine
Grenzen, wenn sie bezahlt werden kann und die vielfältigen Hemmungen ihrer Durchfüh-
rung abgebaut werden."[429]

Kurz darauf legte der niedersächsische Ministerpräsident Ernst Albrecht (CDU) „Zehn
Thesen zum Problem der Arbeitslosigkeit" vor, die noch weiter gingen als die beiden Papiere von Graf Lambsdorff und Haimo George. Der Faktor Arbeit, hieß es darin, sei zu
teuer geworden und die hoch bezahlten Arbeitsplatzinhaber verteidigten ihren Besitzstand
zulasten der vielen Erwerbslosen. Schuld an der Misere habe neben dem „verkrusteten"
Wirtschafts- und Gesellschaftssystem auch der überregulierte Wohlfahrtsstaat: „Unser
soziales System ist teuer und unwirtschaftlich. Es liegt wie eine Zentnerlast auf den Schultern der Wirtschaft. Als Bemessungsgrundlage für seine Finanzierung dient in der Regel der
Faktor Arbeit. Dadurch wird das Problem der Arbeitslosigkeit verschärft."[430] Hieraus zog
Albrecht den Schluss, dass man die Lohn*neben*kosten (vornehmlich die Beitragssätze zur
Sozialversicherung) senken und die Mehrwertsteuer zwecks Gegenfinanzierung erhöhen
müsse. Zwar habe jeder ein Recht auf Arbeit, nicht jedoch auf einen gut bezahlten Arbeitsplatz: „Ehrenamtliche Tätigkeit sollte ermutigt und vor allem auch Arbeitslosen angeboten

428   Empirische Belege dafür finden sich bei: Hartmut Tofaute, Steuerverteilung in der Schieflage. Steigende
Lohnsteuerquote – sinkende Gewinnsteuerbelastung, in: WSI-Mitteilungen 3/1995, S. 197ff.; Claus Schäfer, Von
massiven Verteilungsproblemen zu echten Wettbewerbsnachteilen? – Daten, Fakten und Argumente zur Entmy-
thologisierung der „Standort"-Debatte, in: Christoph Butterwegge/Martin Kutscha/Sabine Berghahn (Hrsg.),
Herrschaft des Marktes – Abschied vom Staat?, a.a.O., S. 63ff.
429   Haimo George, Eine Analyse der wichtigsten Ursachen der Arbeitslosigkeit und Vorschläge zur Eindämmung (13. Juli 1983), in: Bernd Klees/Hansjörg Motz (Hrsg.), Sozialreader. Beiträge zur Wirtschafts- und Sozialpolitik nach der „Wende", Braunschweig 1985, S. 277
430   Ernst Albrecht, Zehn Thesen zum Problem der Arbeitslosigkeit (August 1983), in: ebd., S. 284

werden. Eine großzügig bemessene Aufwandsentschädigung sollte in bezug auf Steuern, Abgaben, Arbeitslosengeld etc. so behandelt werden, daß die Annahme ehrenamtlicher Arbeit auch zu einer tatsächlichen Verbesserung der Einkommenssituation der Betreffenden führt."[431]

Mit dem *Beschäftigungsförderungsgesetz*, das ausgerechnet am 1. Mai 1985 in Kraft trat, erfüllte die CDU/CSU/FDP-Koalition seit langem von den Unternehmerverbänden erhobene Forderungen nach einer stärkeren Deregulierung des Arbeitsmarktes, Flexibilisierung der Beschäftigungsverhältnisse und Relativierung des Arbeitsschutzes. Sie vollzog damit legislativ nach, was in den Betrieben aufgrund der durch die jahrelange Massenerwerbslosigkeit veränderten Kräfteverhältnisse zwischen Kapital und Arbeit teilweise schon länger praktiziert wurde.[432] Nunmehr war es auch erlaubt, Arbeitsverhältnisse bei Neueinstellungen und bei der Übernahme von Auszubildenden ohne Begründung bis zur Dauer von 18 Monaten (bei kleineren Betrieben: bis zu 24 Monaten) zu befristen. Leiharbeit, Teilzeitarbeit, „Job-Sharing" und Arbeit auf Abruf wurden durch das Gesetz ebenfalls ausgeweitet bzw. erleichtert.

Als offene Kampfansage ihnen gegenüber werteten die Gewerkschaften das *Gesetz zur Sicherung der Neutralität der Bundesanstalt für Arbeit bei Arbeitskämpfen* vom 15. Mai 1986, mit dem CDU/CSU und FDP den sog. Streikparagrafen 116 AFG änderten, welcher die Zahlung von Lohnersatzleistungen an „kalt ausgesperrte", d.h. mittelbar von Streikmaßnahmen außerhalb ihres Tarifgebietes betroffene Arbeitnehmer/innen derselben Branche, vorsah. Hier und auch beim *Beschäftigungsförderungsgesetz* hatten die Sozialausschüsse, wie man die damals noch recht einflussreiche Christlich-Demokratische Arbeitnehmerschaft (CDA) nennt, jedoch einschneidendere Regelungen, welche die FDP zusammen mit dem Wirtschaftsflügel ihrer eigenen Partei forderten, verhindern können.[433] Die als „linker Flügel" in der Union fungierenden Sozialausschüsse gerieten während der 90er-Jahre in eine tiefe Krise,[434] die sie politisch-inhaltlich wie und organisatorisch schwächte und ihnen keine Möglichkeit mehr ließ, sich programmatisch als Verteidigerinnen des Wohlfahrtsstaates zu profilieren und den Vormarsch der Neoliberalen in Partei, Staat und Verwaltung aufzuhalten.

„Kostendämpfung", „Haushaltssanierung" und „Beseitigung sozialen Wildwuchses" lauteten einige Losungen der CDU/CSU/FDP-Koalitionäre, denen ihre linken Widersacher außerhalb der etablierten Parteien mit Schlagwörtern wie „soziale Demontage", „Sozialabbau" und „sozialer Kahlschlag" begegneten, ohne die Mehrheit der arbeitenden Bevölkerung oder auch nur der von Einschnitten zum Teil hart Betroffenen dauerhaft mobilisieren zu können. Die meisten Kritiker/innen der liberal-konservativen Bundesregierung versäumten es, deren weit über die Kürzung einzelner Transferleistungen, die Beschneidung von Arbeitnehmerrechten und die Schwächung der Gewerkschaften hinausreichende Gesamt-

---

431   Ebd., S. 286
432   Vgl. Roderich Wahsner/Hans-Joachim Steinbrück, Das arbeitsrechtliche Programm der „Wende", in: Roderich Wahsner u.a., „Heuern und Feuern". Arbeitsrecht nach der Wende, Hamburg 1985, S. 28
433   Vgl. Reimut Zohlnhöfer, Rückzug des Staates auf den Kern seiner Aufgaben? – Eine Analyse der Wirtschaftspolitik in der Bundesrepublik Deutschland seit 1982, in: Manfred G. Schmidt (Hrsg.), Wohlfahrtsstaatliche Politik. Institutionen, politischer Prozess und Leistungsprofil, Opladen 2001, 238f.
434   Vgl. Wolfgang Schroeder, Das katholische Milieu auf dem Rückzug. Der Arbeitnehmerflügel der CDU nach der Ära Kohl, in: Tobias Dürr/Rüdiger Soldt (Hrsg.), Die CDU nach Kohl, Frankfurt am Main 1998, S. 183ff.

konzeption zu problematisieren. Dass der Wohlfahrtsstaat umfassend restrukturiert und nach neoliberalen Grundsätzen transformiert werden sollte, blieb oftmals unerkannt oder kam viel zu kurz. Fast alle zeitgenössischen Publikationen zum Thema erschöpften sich in der Auflistung von unsozialen „*Spar*maßnahmen", Steuergeschenken an Großverdiener und daraus resultierenden Umverteilungseffekten, ohne die gesellschaftspolitische Zielsetzung des eingeleiteten „Umbaus" zu berücksichtigen und seine Bedeutung angemessen zu würdigen.[435]

Gewerkschaften, Kirchen, Wohlfahrtsverbände und Arbeitslosenselbsthilfegruppen erhoben mahnend ihre Stimme; daraus resultierende Proteste gegen die „Rotstiftpolitik" der Kohl-Regierung waren aber nahezu wirkungslos, weil sie die strukturellen Zusammenhänge zwischen der Weltmarkt- und der Wohlfahrtsstaatentwicklung ebenso ignorierten wie die ideologischen Hintergründe der an Bedeutung zunehmenden Standortdiskussion. Da war beispielsweise von einer „Almosenmentalität" die Rede, welche „die Sozialpolitik der amtierenden Rechtskoalition" kennzeichne.[436] Aber eine Analyse der ökonomischen Triebkräfte, welche die Transformation des Sozialstaates wie auch ihre Folgen hätte erklären können, blieb aus. Bernd Klees monierte denn auch schon damals: „Vorherrschend sind bei den Gegnern des Sozialabbaus eher auf moralischer Empörung beruhende Stellungnahmen, die sich gegen die sich beschleunigende Sozialdemontage wenden, doch wird in der Regel, mit Ausnahme einiger Anklagen (,Umverteilung von unten nach oben', ,Klassenkampf von oben' u.ä.m.), eine fundierte wirtschaftspolitische und wirtschaftstheoretische Analyse nicht angestellt."[437]

Elmar Altvater steht für diejenigen Wissenschaftler/innen, deren nüchterner Blick sofort erkannte, dass man es mit einer grundlegenden Wende in der Geschichte des Sozialstaates zu tun hatte. Ausgehend von der Weltwirtschaftskrise und ihren Folgen, trat der Berliner Ökonom bereits unmittelbar nach der Regierungsübernahme von CDU/CSU und FDP der analytischen Scheinalternative „Umbau oder Abbau des Sozialstaates?" entgegen. Seine differenzierte Analyse führte zu dem Ergebnis, „daß der Umbau des Sozialstaats gegenwärtig in der Form des Abbaus vonstatten geht, also die Kürzung von Sozialleistungen, die allenthalben stattfinden, auf dem Hintergrund eines Restrukturierungsprozesses zu begreifen sind. Die Restrukturierung ist keineswegs bloß als eine konservative oder reaktionäre Infamie zu verstehen. Es ist der Versuch, mittels der Umstrukturierung von gesellschaftlichen Kompromissen aus der Krise herauszukommen."[438]

Die sozialdemokratische Opposition warf der Regierung Kohl/Genscher vor, dabei verfassungswidrig zu handeln: „Die politische Praxis seit 1982 in Bonn steht in vielen Punkten in offenem Widerspruch zum Sozialstaatsgebot des Grundgesetzes."[439] Johannes

---

435   Vgl. z.B. Matthias Arkenstette u.a., Sozial-Demontage. Vom Sozialstaat zur konservativen „Wende", Hamburg 1982; Arthur Böpple, „Sozialstaat" im Abbruch. Von der Wende zur Armutsgesellschaft?, Frankfurt am Main 1986; Hans Jürgen Kröger/Gerd Pohl (Hrsg.), Ellenbogen-Gesellschaft. Wendepolitik auf dem Prüfstand, Hamburg 1986; Michael Schmidt, Sozialpolitik in der Krise, Frankfurt am Main 1987
436   Siehe Ejo Eckerle, Durchs Netz gefallen. Kalkulierte Armut in der BRD, Dortmund 1985, S. 7
437   Bernd Klees, Entwicklungslinien und weitere Tendenzen des Sozialabbaus im Arbeitslosenrecht, a.a.O., S. 76
438   Elmar Altvater, Umbau oder Abbau des Sozialstaats? – Überlegungen zur Restrukturierung des „Welfare State" in der Krise, in: Prokla 49 (1982), S. 138
439   Johannes Rau, Fragen zur Zukunft des Sozialstaates, in: Rolf G. Heinze/Bodo Hombach/Henning Scherf (Hrsg.), Sozialstaat 2000. Auf dem Weg zu neuen Grundlagen der sozialen Sicherung, Bonn 1987, S. 79

Rau, damals Ministerpräsident des größten Bundeslandes Nordrhein-Westfalen, bezog sich zur Begründung seiner Feststellung auf die Parole „Freiheit oder Sozialismus" aus dem Wahlkampf 1976, welche einen Widerspruch zwischen dem Rechts- und dem Sozialstaatsgebot bzw. der Freiheit und der sozialen Gerechtigkeit konstruiert habe: „Die Alternative von gesellschaftlicher Freiheit und aktivem Staat ist falsch. Freiheit kann nicht allein über Markt, ausschließlich über Wettbewerb definiert werden. Das wäre Freiheit nur für wenige, zu Lasten der vielen."[440]

Als sozialdemokratischer Kanzlerkandidat bei der Bundestagswahl 1987 geißelte Rau zwar häufig „Einschnitte ins soziale Netz", zog seine plakative Ankündigung, diese im Falle eines Wahlsieges rückgängig zu machen, aber wenige Tage später wieder zurück.[441] Hier zeigte sich das Doppelgesicht der Sozialdemokratie, die schon deshalb keine überzeugende Alternative zum „*Spar*kurs" von Helmut Kohl im Wohlfahrtsstaatsbereich hatte, weil sie unter Helmut Schmidt nicht viel anders verfahren war als dessen Nachfolger. „Die SPD befand sich damit in den 80er Jahren in dem Dilemma, dass sie aus der Opposition heraus sozialpolitische Leistungskürzungen anprangerte, die sie als Regierungspartei selbst mit auf den Weg gebracht hatte."[442]

Jürgen Habermas sprach von einer „Neuen Unübersichtlichkeit", die dazu führe, dass „eine immer noch von der arbeitsgesellschaftlichen Utopie zehrende Sozialstaatsprogrammatik die Kraft verliert, künftige Möglichkeiten eines kollektiv besseren und weniger gefährdeten Lebens zu erschließen."[443] Gleichzeitig beschrieb Habermas die Schranken des modernen Sozialstaates, welcher auf einem Kompromiss zwischen unterschiedlichen gesellschaftlichen Kräften beruht: „Weil der Sozialstaat die Funktionsweise des Wirtschaftssystems unangetastet lassen muß, hat er nicht die Möglichkeit, auf die private Investitionstätigkeit anders als durch systemkonforme Eingriffe Einfluß zu nehmen. Er hätte dazu auch gar nicht die Macht, weil sich die Umverteilung von Einkommen im wesentlichen auf eine horizontale Umschichtung innerhalb der Gruppe der abhängig Beschäftigten beschränkt und die klassenspezifische Vermögensstruktur, insbesondere die Verteilung des Eigentums an Produktionsmitteln, nicht berührt."[444] In eine Sackgasse war die Entwicklung des Sozialstaates laut Habermas vor allem deshalb geraten, weil er mit der Lohnarbeit seinen zentralen Bezugspunkt verliere. Schließlich klang zumindest an, wie sich das in seiner Substanz bedrohte Sozialstaatsprojekt fortsetzen lasse: durch eine Mobilisierung der Solidarität als – neben Geld und Macht – dritter Ressource, woraus moderne Gesellschaften ihren Bedarf an Steuerungsleistungen befriedigen können.[445]

---

440   Ebd.
441   Vgl. Antonia Gohr, Eine Sozialstaatspartei in der Opposition. Die Sozialpolitik der SPD in den 80er Jahren, in: Manfred G. Schmidt (Hrsg.), Wohlfahrtsstaatliche Politik, a.a.O., S. 265
442   Ebd.
443   Siehe Jürgen Habermas, Die Krise des Wohlfahrtsstaates und die Erschöpfung utopischer Energien, in: ders., Die Neue Unübersichtlichkeit, Frankfurt am Main 1985, S. 147
444   Ebd., S. 149f.
445   Vgl. ebd., S. 158f.

4.3 Die zweite Halbzeit der Regierung Kohl (1990 bis 1998): Wiedervereinigung auf Kosten des Sozialstaates?

Während der 1980er-Jahre übten die wirtschaftspolitischen Experimente des Neokonservatismus bzw. -liberalismus in den USA und Großbritannien („Reagonomics" bzw. „Thatcherism") eine wachsende Anziehungskraft auf die CDU/CSU/FDP-Koalition aus, ohne dass sie die schrittweise Transformation des Sozialstaates aber mit ähnlicher Hartnäckigkeit, Rücksichtslosigkeit und Ausdauer wie andere Regierungen derselben Grundrichtung betrieben hätte. „Der Versuch, vieles von dem abzuschaffen, was als Errungenschaft der zweiten deutschen Republik begriffen wurde, wäre auf harten Widerstand gestoßen, der auf die Neigung zu einem konsensorientierten Politikstil hätte bauen können."[446]

Einen gravierenden Einschnitt bildete der gesellschaftliche Umbruch in Ostmitteleuropa 1989/90: Fast scheint es so, als sei dem Sozialstaat nach dem „Sieg über den Staatssozialismus" der Krieg erklärt worden. Der völlige Bankrott des Marxismus-Leninismus hatte Gesellschaftsutopien aller Art offenbar für einen längeren Zeitraum diskreditiert. Speziell das Soziale konnte nun leichter als die (Arbeits-)Produktivität, Wirtschaftskraft und Exportfähigkeit schwächender Faktor gebrandmarkt werden.[447] Schließlich stellte der Wegfall einer – zu keiner Zeit wirklich attraktiven – Systemalternative die (im nordwestlichen Kontinentaleuropa bis dahin dominante) wohlfahrtsstaatliche Entwicklungsvariante des Kapitalismus erstmals zur Disposition.

Das unrühmliche Ende des bürokratischen „Realsozialismus" im Osten bewirkte im Westen einen Funktionsverlust und -wandel der Sozialpolitik: Hatte sie bislang die größten Härten, vielfältigen Leistungsdefizite und Schwächen des Kapitalismus (periodische Anfälligkeit für Konjunkturkrisen, Existenzunsicherheit, verbreitete Angst vor Arbeitslosigkeit, Armut und sozialem Abstieg) in der Systemkonkurrenz abgemildert, übertrug man ihr nunmehr die Stärkung der Konkurrenzfähigkeit einzelner Wirtschaftsstandorte auf dem Weltmarkt. „Standort-" statt „sozialer Sicherheit" hieß der Schlachtruf, mit dem seither in sich verschärfenden Verteilungskämpfen zum Frontalangriff auf die existenziellen Interessen der Bevölkerungsmehrheit geblasen wurde. Hans Günter Hockerts betont zwar die Unterschiede zwischen der Weimarer und der „Berliner Republik", hebt aber auch manche Übereinstimmung zwischen der aktuellen Situation und der Lage gegen Ende der 20er-/Anfang der 30er-Jahre hervor: „Das Kriterium der internationalen Konkurrenzfähigkeit beherrscht heute, da die Standortkonkurrenz gewissermaßen die Systemkonkurrenz abgelöst hat, die sozialpolitische Debatte so stark wie zuletzt um 1930."[448]

Die deutsche Vereinigung erwies sich als historischer Testfall für den Sozialstaat und erbrachte einen überzeugenden Beweis für dessen Leistungsfähigkeit. Dies gilt vor allem für das Umlageverfahren in der Gesetzlichen Rentenversicherung, welches kurz darauf mit Blick auf das Kapitaldeckungsprinzip der boomenden Börsen als von der Entwicklung überholt und nicht mehr zeitgemäß hingestellt wurde. „Die Integration der DDR-Sozialversicherung in das bundesrepublikanische System demonstrierte die besondere Fä-

---

446   Jens Borchert, Die konservative Transformation des Wohlfahrtsstaates, a.a.O., S. 166
447   Vgl. Hans-Dieter Bamberg, Sozialstaat und soziale Gerechtigkeit, in: Peter Krahulec u.a. (Hrsg.), Der große Frieden und die kleinen Kriege. Jahrbuch des „Arbeitskreises Frieden in Forschung und Lehre an Fachhochschulen", Münster 1993, S. 216
448   Hans Günter Hockerts, Einführung, in: ders. (Hrsg.), Drei Wege deutscher Sozialstaatlichkeit, a.a.O., S. 25

higkeit umlagefinanzierter Pflichtsysteme, innerhalb einer kurzen Periode – nahezu aus dem Stand heraus – wie ein sozialpolitisches Hebewerk zu funktionieren."[449]

Gleichwohl brachte die Vereinigung nicht nur den Liberalkonservatismus 1989/90 hierzulande wieder in die Offensive, sondern führte auch zu einer „Radikalisierung der Regierungspolitik", gerade im Sozialbereich.[450] Nun bekamen Marktelemente als Steuerungsinstrumente der wohlfahrtsstaatlichen Prozesse mehr Bedeutung, Leistungsgesetze wurden novelliert und Sozialleistungen stärker als bisher reduziert. Die bis dahin vor allem im Vergleich zur britischen Premierministerin Thatcher und zur Reagan-Administration maßvoll und zurückhaltend operierende CDU/CSU/FDP-Koalition ging nach ihrer Bestätigung in der Bundestagswahl am 2. Dezember 1990 stärker auf Konfrontationskurs zum modernen Wohlfahrtsstaat. Während sie die Staatsquote und den Schuldenstand durch eine aktive Arbeitsmarktpolitik im Osten auf eine vorher nie erreichte Höhe trieb, stellte die Bundesregierung im Westen gewohnte Sozialstandards mit dem Hinweis auf die nötige Haushaltskonsolidierung teilweise in Frage. Der von allen bürokratischen Fesseln befreite Markt sei besser als die Politik in der Lage, das Wachstum der Wirtschaft und Wohlstand für alle zu gewährleisten, hieß es nun immer häufiger. Der arbeitende Mensch galt neoliberalen Kommentatoren nur noch als „Kostenfaktor auf zwei Beinen", Sozialpolitik als „Luxus", den sich selbst eine so wohlhabende Industrienation wie die Bundesrepublik nicht mehr leisten könne, und deren öffentliche Verwaltung als Hemmschuh für die Marktwirtschaft.

Erleichtert wurde der CDU/CSU/FDP-Koalition die Verwirklichung ihrer „*Reform*pläne" durch SPD-Politiker, die in das allgemeine Wehklagen über die wachsende Ineffizienz, Unwirtschaftlichkeit und mangelnde Transparenz des Sozialstaates einstimmten. Dazu gehörte beispielsweise der Pforzheimer Oberbürgermeister Joachim Becker, welcher ein Buch „Der erschöpfte Sozialstaat" veröffentlichte, das im Stammtischton verkündete, nun müsse endlich Schluss mit dem überbordenden Wohlfahrtsstaat sein: „Ein falsches Verständnis von Sozialpolitik hat eine Lawine sozialer Gefälligkeiten ausgelöst. Und der Staat wurde durch eine falsche Politik der Parteien zum Träger und Verantwortlichen für die Wohlfahrt und den Wohlstand unseres Landes. So ist es kein Wunder, daß in Zeiten des notwendigen Abbaus von Subventionen und sozialen Leistungen der Unmut der Bürger sich gegen alle Politiker richtet."[451] Dort fanden sich deutliche Fingerzeige auf die Hinwendung der SPD zum „aktivierenden Staat", welcher seine Unterstützung von Hilfebedürftigen grundsätzlich an deren Bereitschaft zu einer Gegenleistung (in Form gemeinnütziger Arbeit) bindet: „Leistung ist ein tragender Pfeiler unserer gesellschaftlichen Solidargemeinschaft, Sozialhilfeempfang sollte daher auch aus pädagogischen und rehabilitativen (sic!) Motiven so weit wie möglich mit einer erbrachten Leistung verbunden werden."[452] Schließlich forderte Becker die Umwandlung des Sozialstaates in einen Wohlfahrtsmarkt, der besser funktionieren, seine Kunden zur Kasse bitten und sich auf diese Weise „rechnen" sollte: „Die sozialen Dienstleistungen in Deutschland müssen stärker marktorientiert, flexibler und mehr nutzungsorientiert werden. Die Finanzierung hat prinzipiell über Nutzungsentgelte zu erfolgen, die sich streng an den Grundsätzen der Wirtschaftlichkeit und Sparsamkeit zu

---

449   Diether Döring, Sozialstaat, a.a.O., S. 36
450   Siehe Hans-Dieter Bamberg, Sozialstaat und soziale Gerechtigkeit, a.a.O., S. 180
451   Joachim Becker, Der erschöpfte Sozialstaat. Neue Wege zur sozialen Gerechtigkeit, Frankfurt am Main 1994, S. 15
452   Ebd., S. 60

orientieren haben."[453] Damit würde der Weg in eine Gebührengesellschaft beschritten, die heute den allgemeinen, die ökonomische Leistungsfähigkeit seiner Bürger zur Grundlage der Finanzierung öffentlicher Güter erhebenden Steuerstaat – genauso wie der Sozialstaat eine Errungenschaft der Moderne – zurückdrängen soll, wenn es nach Paul Nolte geht, der hierin eine Alternative zur radikalen Privatisierung sieht.[454]

Nach der Wiedervereinigung bürdete die liberal-konservative Bundestagsmehrheit den Sozialkassen gegen den Widerstand der parlamentarischen Opposition versicherungsfremde Leistungen in einer dreistelligen Milliardenhöhe auf. Als zuständiger Fachminister legte Norbert Blüm den Mitgliedern seiner CDU/CSU-Bundestagsfraktion gegen Mitte der 90er-Jahre ein 16-seitiges Papier mit dem Titel „Staatsquote und Sozialstaat. Der Beitrag der Sozialpolitik zur Konsolidierung der Staatsfinanzen in der Vergangenheit und bis zum Jahre 2000" vor, das dokumentierte, in welchem Umfang die Kosten des Vereinigungsprozesses aus Mitteln der sozialen Sicherungssysteme finanziert wurden.[455] Auf diese Weise vermied man seinerzeit – mit Ausnahme einer zweimaligen Erhöhung der Mineralöl- und der Versicherungssteuer sowie einer Anhebung der Erdgas-, der Tabak- und der Mehrwertsteuer – Steuererhöhungen für den „Aufbau Ost", die der als „Kanzler der Einheit" gefeierte Helmut Kohl rigoros ausgeschlossen hatte. Abgesehen vom Solidaritätszuschlag auf die Lohn-, Einkommen- und Körperschaftsteuer handelte es sich ausschließlich um indirekte, Verbrauchs- bzw. Massensteuern, die sozial Benachteiligte härter trafen als materiell Privilegierte.

Einerseits flossen seit der Vereinigung immense Transferleistungen von West- nach Ostdeutschland. Andererseits wurde die dadurch für das Sozialsystem insgesamt gewachsene Belastung gemildert, indem man die Leistungskürzungen im Bereich der Arbeitslosen-, Renten- und Krankenversicherung weiter vorantrieb. Heftig umstritten waren und sind die Auswirkungen der Regierungspolitik nach 1989/90: Darunter, wie die CDU/CSU/FDP-Koalition den Vereinigungsprozess organisierte und seine Folgen abfederte, litt laut Heiner Ganßmann die Akzeptanz der sozialen Sicherungssysteme.[456] Steffen Mau vertritt hingegen die These, der Wohlfahrtsstaat habe durch die deutsche Einheit nicht nur enorme materielle Lasten schultern müssen, sondern auch einen zusätzlichen „Legitimationspuffer" erhalten: „Das macht Reformvorhaben noch abhängiger davon, der Bevölkerung eine Zustimmung oder zumindest eine Hinnahmebereitschaft für Maßnahmen abzuringen, die möglicherweise ein Weniger an Sozialleistungen bedeuten."[457]

Die (west)deutsche Linke wurde durch die Vereinigung von DDR und Bundesrepublik sowohl organisatorisch wie ideologisch geschwächt und hat sich, wenn man so will, vom Regierungslager bzw. seinen Ratgebern in jener Phase des Umbruchs semantisch enteignen lassen: „Subsidiarität", „Selbsthilfe" und „Solidarität" wurden binnen kürzester Zeit zu wirksamen Kampfbegriffen ihrer liberalkonservativen Gegner. Hier dürfte einer der wich-

---

453 Ebd., S. 144
454 Vgl. Paul Nolte, Generation Reform. Jenseits der blockierten Republik, München 2004, S. 194f.
455 Vgl. Der Beitrag der Sozialpolitik zur Konsolidierung der Staatsfinanzen. Eine Ausarbeitung von Bundesarbeitsminister Blüm für die Bundestagsabgeordneten der CDU/CSU vom 31. August 1995, in: Blätter für deutsche und internationale Politik 11/1995, S. 1405ff.
456 Vgl. Heiner Ganßmann, Der nationale Sozialstaat und die deutsch-deutsche Solidarität, in: PROKLA 89 (1992), S. 643
457 Steffen Mau, Zwischen Moralität und Eigeninteresse. Einstellungen zum Wohlfahrtsstaat in internationaler Perspektive, in: Aus Politik und Zeitgeschichte 34-35/1998, S. 36

tigsten Gründe dafür liegen, dass Maßnahmen einer neoliberalen Modernisierung in Medien und politischer Öffentlichkeit auf relativ wenig, noch dazu kaum organisierten und schlecht koordinierten Widerstand stießen.

Schon während der 1980er-Jahre erlebte das Subsidiaritätsprinzip eine Renaissance, die nicht auf konservative Regierungskreise beschränkt blieb. Vielmehr bemühten sich auch sozialdemokratische und grün-alternative Kräfte, den Sozialstaat unter dem Schlagwort einer „Neuen Subsidiarität" durch gesellschaftliche Initiativen und Aktivitäten der Bürger/innen zu entlasten bzw. aus seinen zahlreichen Verpflichtungen zu entlassen.[458] Den bürokratischen Großorganisationen stellte man nunmehr die „kleinen Netze" als basisdemokratische Alternative gegenüber, wodurch mit den Gewerkschaften und den Wohlfahrtsverbänden ausgerechnet die mächtigsten Repräsentanzen der abhängig Beschäftigten wie der sozial Benachteiligten geschwächt wurden.

„Selbsthilfe" geriet einer „Allianz von Sozialromantikern und Sparkommissaren" zum Ersatz anstatt zur Ergänzung der wohlfahrtsstaatlichen Hilfestellungen.[459] Geschichtlich war die Selbsthilfe aus der Notwendigkeit erwachsen, beispielsweise die kümmerlichen Leistungen einer genossenschaftlichen Krankenkasse im Versicherungsfall durch eigene Mittel (z.B. aus der Bestellung eines Kartoffel- und Gemüsegartens) oder die Unterstützung von Verwandten zu ergänzen. Jürgen A.E. Meyer begründete damit, warum der Rekurs auf die Selbsthilfe bzw. der Glaube an die Leistungskraft der Familie gleich in dreifacher Weise anachronistisch, ja rückschrittlich und ein Stück Sozialabbau sei: „Einmal hat das Sozialversicherungssystem in allen seinen Zweigen die früher nur unvollkommen abgedeckten Risiken prinzipiell erfaßt – das ist ein Stück Teilhabe des Arbeiters am Anstieg des Lebensstandards der Gesellschaft im ganzen, vergleichbar dem Auto oder dem Farbfernsehgerät; zum zweiten ist die Inanspruchnahme des nunmehr dem Lebenszusammenhang nach endgültig zur Kleinfamilie geschrumpften Verbandes der Blutsverwandten prinzipiell illegitim, weil die Kinder mit den Eltern nicht mehr zusammenleben, einander also nichts mehr gewähren und nichts mehr voneinander haben, und zum dritten, weil es prinzipiell nichts mehr gibt, worauf man den Arbeiter oder Angestellten neben seiner Erwerbstätigkeit verweisen könnte."[460]

Man warf den Unionsparteien und der von ihnen geführten Bundesregierung vor, sich zu Unrecht auf das Subsidiaritätsprinzip zu berufen oder es sogar zu pervertieren. Friedrich Krotz nannte als Beispiele dafür die Abwälzung der durch Dauerarbeitslosigkeit entstehenden Folgekosten auf die Sozialhilfeetats der Länder und Kommunen, vielfältige Versorgungslücken, die besonders ältere, kranke, behinderte und Menschen mit psychosozialen bzw. Drogenproblemen betrafen, hauptsächlich aber den völlig unzureichenden Schutz der Frauen in Familien, die mit immer neuen Aufgaben überlastet und dabei allein gelassen würden: „Denn es werden hier nicht die Individuen, die kleineren sozialen Einheiten geschützt, sondern sie werden im Gegenteil dazu gezwungen, sich der Priorität der ökonomischen Entwicklung zu unterwerfen und zusätzlich noch die daraus resultierenden Probleme zu lösen – und zwar in einer durch den Staat bestimmten Art."[461]

---

458   Vgl. Rolf G. Heinze (Hrsg.), Neue Subsidiarität: Leitidee für eine zukünftige Sozialpolitik?, Opladen 1986
459   Siehe Armin Tschoepe, Neue Subsidiarität?, in: Johannes Münder/Dieter Kreft (Hrsg.), Subsidiarität heute, Münster 1990, S. 67
460   Jürgen A.E. Meyer, Die Umkehr des Sozialstaatsbegriffs, in: Charlotte Nieß-Mache/Joachim Schwammborn (Hrsg.), Demontage des Sozialstaats, a.a.O., S. 32
461   Friedrich Krotz, Zwischen Ahlen und Wahlen, a.a.O., S. 25

Formen organisierter Selbsthilfe stellen kein Substitut, sondern unter gewissen Voraussetzungen eine vernünftige Erweiterung wohlfahrtsstaatlicher Arrangements dar. „Sozialpolitik jenseits von Markt und Staat ist nur dann eine ernstzunehmende gesellschaftspolitische Alternative, wenn sie nicht einfach als billige sozialstaatliche Entlastungsstrategie angesichts der knappen Kassen angesehen wird und wenn an sie der Maßstab einer *Weiterentwicklung* der Sozialpolitik in Richtung Verantwortlichkeit und Bedürfnisgerechtigkeit angelegt wird."[462]

Auch die Forderung nach einem „*Um*bau des Sozialstaates", von grün-alternativen Theoretikern mit Blick auf eine allgemeine Grundsicherung ins Gespräch gebracht,[463] griff der Neokonservatismus auf. Ulf Fink, langjähriger CDA-Bundesvorsitzender, war einer der Spitzenfunktionäre seiner Partei, die den „Umbau"-Begriff mit konservativen Inhalten zu füllen suchten. „Es gehört", schrieb Fink nach der DDR-„Wende" im Herbst 1989, „zur Strategie einer vorausblickenden Umbau-Politik und besonders zur Politik einer Bestandssicherung der *großen* sozialen Netze, den menschlichen Zusammenhang im kleinen Alltagsnetz zu stärken und einer hierauf gerichteten Politik besondere Aufmerksamkeit und eine zunehmende Bedeutung beizumessen."[464]

Schließlich gab das Presse- und Informationsamt der Bundesregierung unter dem Titel „Nationale Solidarität mit den Menschen in der DDR" 1990 eine schwarz-rot-golden umrandete Broschüre heraus, die das folgende Versprechen von Helmut Kohl enthielt: „Unser soziales Netz bleibt dichtgeknüpft. Kein Rentner, kein Kranker, kein Arbeitsloser, kein Kriegsopfer, kein Sozialhilfeempfänger braucht Leistungskürzungen zu befürchten."[465] Trotzdem drang zum Jahreswechsel 1992/93 ein „*Spar*konzept" an die Öffentlichkeit, das „*Solidar*pakt" hieß und die Herstellung der inneren Einheit auf eine solide Finanzgrundlage stellen sollte, aber gleichzeitig drastische Einschnitte für zahlreiche Bevölkerungsgruppen, vor allem Flüchtlinge, Sozialhilfeempfänger/innen und Arbeitslose, mit sich brachte. „Noch nie in der Geschichte der Bundesrepublik wurde ein härteres Ausgrenzungsprogramm verhandelt als in diesem Pakt der Solidarität, dessen euphemistische Namensgebung leicht an George Orwells ‚1984' erinnern kann: die Sprache als Mittel der Kaschierung von Wirklichkeiten."[466]

Unter fälschlicher Berufung auf das Subsidiaritätsprinzip zog sich die CDU/CSU/ FDP-Koalition immer mehr aus der sozialen Verantwortung des Zentralstaates zurück und überließ die Lösung der Probleme den überforderten Kommunen und intermediären Instanzen. Nach der Bundestagswahl vom 16. Oktober 1994 unterbreiteten Arbeitgeberverbände und führende Politiker des Regierungslagers fast täglich Vorschläge zur weiteren Reduzierung von Sozialleistungen. Darauf reagierten der Rat der EKD und die Deutsche Bischofskonferenz einen Monat später mit der Erklärung „Zur wirtschaftlichen und sozialen Lage in

462   Norbert Wohlfahrt, Sozialpolitik jenseits von Markt und Staat – Voraussetzungen und Entwicklungsperspektive einer gesellschaftspolitischen Alternative, in: Helmut Breitkopf/Norbert Wohlfahrt (Hrsg.), Sozialpolitik jenseits von Markt und Staat? – Beiträge zur Analyse der Entwicklung einer gesellschaftspolitischen Alternative, Bielefeld 1990, S. 7 (Hervorh. im Original)

463   Vgl. dazu den Sammelband von Michael Opielka/Ilona Ostner (Hrsg.), Umbau des Sozialstaats, Essen 1987

464   Ulf Fink, Die neue Kultur des Helfens. Nicht Abbau, sondern Umbau des Sozialstaats, München/Zürich 1990, S. 33 (Hervorh. im Original)

465   Helmut Kohl, Erklärung der Bundesregierung, abgegeben am 15. Februar 1990, in: Presse- und Informationsamt der Bundesregierung (Hrsg.), Nationale Solidarität mit den Menschen in der DDR, Bonn 1990, S. 25

466   Ulrich Schneider, Solidarpakt gegen die Schwachen, a.a.O., S. 14

Deutschland". Sie sollte die Diskussionsgrundlage für den Konsultationsprozess über ein gemeinsames Wort beider christlicher Kirchen bilden, stellte die soziale Gerechtigkeit als einen Grundwert heraus und machte Folgendes deutlich: „Subsidiarität meint nicht das Abschieben von Lasten auf Familien, Nachbarschaften und einzelne, sondern eine Übertragung von sozialen Aufgaben und eine Unterstützung durch das Gemeinwesen mit dem Ziel, diese Aufgaben wahrnehmen zu können."[467] Man beschwor die „Gefahr einer gesellschaftlichen Spaltung" und forderte die Vollendung der inneren Einheit Deutschlands durch „gelebte Solidarität", die mehr Verständnis für die jeweiligen Lebenserfahrungen und -lagen erfordere.[468]

Wiederholt wurde die Forderung nach Selbsthilfe der Betroffenen missbraucht, um Leistungsdefizite der staatlichen Sozialpolitik zu kaschieren und mehr schlecht als recht zu kompensieren. Misstrauen gegenüber dieser Formel war angebracht, weil sich hinter dem „Princip der Selbsthülfe des Armen" schon zu Beginn der traditionellen Armenpflege die Arbeitspflicht für Hilfebedürftige verbarg.[469] Die sozialdemokratische Monatszeitschrift *Vorwärts* überschrieb denn auch einen sehr kritischen Artikel zur Ehrenamtlichkeit im Sommer 1997 treffend: „Der Sozialstaat geht, die Freiwilligen kommen". Darin hieß es, auf die durch immer mehr und drastischere „*Spar*maßnahmen" der CDU/CSU/FDP-Koalition geschaffene Problemsituation sowie die Alternativvorschläge der SPD bezogen: „Der Staat darf Freiwillige nicht als billige Arbeitskräfte, als Ausputzer der sozialen Demontage, benutzen."[470]

Nicht zum ersten Mal wurde über das Thema „Ehrenamt" diskutiert. Jürgen Blandow wies jedoch darauf hin, dass es sich bei der breit angelegten Kampagne unter Schlagworten wie „Gemeinsinn", „Bürgerarbeit" oder „freiwilliges Engagement", die solche Tätigkeiten instrumentalisiere, um etwas gänzlich Neues im Verhältnis von Staat und Gesellschaft handle: „Hatte der aufgeklärte absolute Staat zunächst einzelne honorige Bürger durch die Beamtung mit einem Ehrenamt zur Mitarbeit aufgefordert, sich dann später darauf beschränkt, die Rahmenbedingungen für bürgerschaftliches Engagement durch das Vereinsrecht zu setzen und zu kontrollieren, schließlich die Menschen je nach Konjunktur mal mehr, mal weniger zu sozialen Ehrenämtern zu überreden versucht, so tritt er nunmehr nur noch als scheinbar strikt neutraler Organisator eines Gesamtinteresses auf. Die Obrigkeit setzt die Bürgergesellschaft ein, um sich ihrer zu bedienen."[471]

Durch eine Skandalisierung des Leistungsmissbrauchs und Dramatisierung anstehender Probleme (drohender „Kollaps" der Renten- und Krankenversicherung aufgrund des vielfach prognostizierten Rückgangs der Erwerbsbevölkerung) wurde ein Klima erzeugt, in dem – zum Teil einschneidende – Kürzungen für Millionen Menschen lebenswichtiger Sozialleistungen leichter durchsetzbar waren. Liberalkonservative Politiker/innen und Publizist(inn)en nahmen den Sozialstaat argumentativ in die Zange: von der Einnahmen- wie von der Ausgabenseite. Sie geißelten einerseits die steigende Höhe der Lohn(neben)kosten

---

467   Kirchenamt der Evangelischen Kirche/Sekretariat der Deutschen Bischofskonferenz, Zur wirtschaftlichen und sozialen Lage in Deutschland. Diskussionsgrundlage für den Konsultationsprozeß über ein gemeinsames Wort der Kirchen, in: Frank von Auer/Franz Segbers (Hrsg.), Markt und Menschlichkeit. Kirchliche und gewerkschaftliche Beiträge zur Erneuerung der Sozialen Marktwirtschaft, Reinbek bei Hamburg 1995, S. 60
468   Siehe ebd., S. 27
469   Vgl. Eckart Reidegeld, Staatliche Sozialpolitik in Deutschland, a.a.O., S. 62
470   Der Sozialstaat geht, die Freiwilligen kommen, in: Vorwärts 7-8/1997, S. 17
471   Volker Blandow, Vom Bürgeramt zur Bürgerpflicht. Ein Essay zu den jüngeren Ehrenamtsdebatten im Sozialbereich, in: Widersprüche 67 (1998), S. 118f.

als Hemmschuh für die Volkswirtschaft, durch den diese auf dem Weltmarkt immer mehr zurückfalle, und rügten andererseits den steigenden Missbrauch sozialer Leistungen (erst durch Asylbewerber/innen, später auch durch *deutsche* Leistungsbezieher). In der Diskussion über die künftige „Vergreisung" Deutschlands, damit einhergehende Probleme für die Gesetzliche Renten-, Kranken- und Pflegeversicherung sowie den im Falle ausbleibender „Reformen" prognostizierten „Krieg der Generationen" wurden beide Argumentationsstränge zusammengeführt, also Kosten *und* Leistungen des Wohlfahrtsstaates gleichermaßen ins Visier genommen.

Wolfgang Schäuble, damals Vorsitzender der CDU/CSU-Bundestagsfraktion, sprach von einer „Hypertrophie des Sozialstaates", die aufgrund hoher Wachstumsraten der Wirtschaft lange kaum als Problem empfunden worden sei, jetzt aber nicht nur Finanzierungsschwierigkeiten bereite: „Ich bin fest davon überzeugt, daß eine Vielzahl unserer Sozialleistungen auch eine demotivierende und damit zukunftsfeindliche Wirkung haben."[472] Da war zudem von „sozialer Vollkaskomentalität", bloßem „Besitzstandsdenken" und verbreiteter „Risikoscheu" die Rede, denen man entgegentreten müsse. Schäuble beklagte eine „Transformation der Sozialpolitik von der individuellen Risikoabsicherung zum Krankenlager gesellschaftlicher Modernisierung", wodurch Sozialpolitik „immer mehr zu einer Art allgemeiner Ausgleichs- und Gesellschaftspolitik mutiert (sei; *Ch.B.*), die als institutionelle Vorkehrung für die Herstellung von Gleichheit auf immer breiterer Basis kollektive Leistungen bereitstellt und zumißt."[473] Für den notwendigen Umbau des Wohlfahrtsstaates nannte Schäuble nicht allein ökonomische bzw. finanzielle Gründe: „Auch ohne knappe Kassen wäre es erforderlich, die vom Staat ausgeschütteten Sozialleistungen vor allem mit Blick darauf zu prüfen, wieweit sie geeignet sind, die Menschen wieder in die Lage zu versetzen, selbst für ihren Lebensunterhalt zu sorgen."[474]

Der damalige Bundespräsident Roman Herzog benutzte in seiner berühmt-berüchtigten „Ruck"-Rede am 26. April 1997 die Metapher von einem „großen, globalen Rennen", das begonnen habe und eine „Aufholjagd" der als schwerfällig, satt und behäbig dargestellten Deutschen nötig mache. Erforderlich war aus dieser Sicht eine härtere Gangart gegenüber Leistungsunwilligen und Langzeitarbeitslosen. Herzog, der sich als Mahner und Warner verstand, aber immer mehr zum Sprachrohr neoliberaler Heilslehren wurde, wie sie etwa die Bertelsmann Stiftung propagierte, mit der er kooperierte, beklagte in Übereinstimmung mit den Mainstream-Medien einen „Reformstau", der baldmöglichst aufgelöst werden müsse, um Deutschlands Weltmarktstellung nachhaltig zu stärken: „Uns fehlt der Schwung zur Erneuerung, die Bereitschaft, Risiken einzugehen, eingefahrene Wege zu verlassen, Neues zu wagen."[475] Bei seinem Appell zu mehr Wagemut und Tatkraft ließ Herzog aber jegliche historische Sensibilität vermissen, die ein gutes Staatsoberhaupt auszeichnet: Zweimal war im 20. Jahrhundert nicht nur ein mentaler, sondern auch ein militärischer „Ruck" durch Deutschland gegangen, und die Welt danach nicht wiederzuerkennen gewesen ...

---

472   Wolfgang Schäuble, Und der Zukunft zugewandt, Berlin 1994, S. 107
473   Siehe ebd., S. 122
474   Ebd., S. 107
475   Roman Herzog, Aufbruch ins 21. Jahrhundert. „Berliner Rede" vom 26. April 1997, in: Manfred Bissinger (Hrsg.), Stimmen gegen den Stillstand, a.a.O., S. 15

Über die Art und Weise, wie man den Wohlfahrtsstaat reformieren sollte, wurde nicht nur auf höchster Ebene diskutiert. Mit dem zentralen geriet vielmehr auch der kommunale Sozialstaat seit den frühen 1990er-Jahren in eine tiefe (Finanz-)Krise. Die wiederholte Senkung von Entgeltersatzleistungen, die schrittweise Verschärfung gesetzlicher Anspruchsvoraussetzungen sowie die Einschränkung der Lohnfortzahlung im Krankheitsfall und die Kürzung des Krankengeldes mussten teils auf der lokalen Ebene kompensiert werden. Mehrfach scheiterten Vorstöße der CDU/CSU/FDP-Koalition, die Dauer des Bezugs der Arbeitslosenhilfe zu begrenzen, nur am Widerstand des SPD-dominierten Bundesrates. Wo immer möglich, delegierte man die politisch-fiskalische Zuständigkeit für das gesellschaftliche Kardinalproblem auf kreisfreie Städte und Landkreise, also die unterste Ebene des föderalen Systems. „Das Ergebnis ist eine Kommunalisierung von Arbeitslosigkeit und Armut. Alleingelassen mit den wirtschaftlichen und sozialen Folgen dieser Politik, erweist sich allerdings der örtliche Sozialstaat als strukturell überfordert, angemessene Lösungen zu entwickeln."[476]

Auf dieser Ebene formierten sich denn auch Armutskonferenzen, Soziale Offensiven, Foren zur Arbeitsmarktpolitik usw., deren Rolle von Walter Hanesch sehr positiv beurteilt wurde: „Auch wenn durch solche Bündnisse und Aktionsformen das politische Machtgefüge vor Ort nur in sehr engen Grenzen verschoben werden kann, können sie doch dazu beitragen, den bisher dominierenden Kreis von Akteuren in der lokalen Politikarena zu erweitern und einen politischen Handlungsdruck zugunsten des Konzepts der sozialen Stadt zu erzeugen."[477] Organisationsstrukturen und Inhalte der lokalen Netzwerke waren vielgestaltig bzw. buntscheckig, wie Roland Roth schrieb: „Meist spielen professionelle Akteure aus der Armutsberichterstattung und den freien Trägern, aus Politik, Verbänden und Verwaltungen eine große Rolle, aber gelegentlich geben auch Betroffeneninitiativen den Ton an. Kommunale Bündnisse bilden jedenfalls ein Unterstützungsnetzwerk, das den öffentlichen Protest von Obdachlosen, Arbeitslosen und armen Bevölkerungsgruppen erleichtert."[478] Rudolph Bauer sprach in demselben Zusammenhang von einem „Strukturwandel der Widerstandsformen", welcher sich bei unterprivilegierten Gruppen vollziehe: „weg von den offenen Protesten und kollektiven Aktionen Sozialer Bewegungen hin zu den individualistischen ‚Listen der Ohnmacht'."[479] Mochte sich der Widerstand in den urbanen Armutsquartieren auch „von der Ebene kollektiver Demonstration auf die Ebene individueller Subversion" verschoben haben, so blieb die Aufgabe seiner Zuspitzung durch Zusammenführung der unterschiedlichen Protestformen doch bestehen.

Elisabeth Horstkötter stellte damals die Frage, ob nur ein harmloser Umbau oder der Anfang vom Ende des Sozialstaates gekommen sei, und beantwortete sie wie folgt: Mit der „*Spar*politik" unter Helmut Kohl habe die soziale Demontage ein Ausmaß erreicht, das mit

---

476   Walter Hanesch, Krise der Erwerbsarbeit – Abschied vom Sozialstaat?, in: Wolfgang Gessenharter/Helmut Fröchling (Hrsg.), Rechtsextremismus und Neue Rechte in Deutschland. Neuvermessung eines politisch-ideologischen Raumes?, Opladen 1998, S. 182
477   Ders., Konzeption, Krise und Optionen der sozialen Stadt, in: Walter Hanesch (Hrsg.), Überlebt die soziale Stadt?, a.a.O., S. 51
478   Roland Roth, Die Rückkehr des Sozialen. Neue soziale Bewegungen, poor people's movements und der Kampf um soziale Bürgerrechte, in: Forschungsjournal Neue Soziale Bewegungen 2/1997, S. 43
479   Siehe Rudolph Bauer, Die Schwächen der Starken sind die Stärken der Schwachen. Bodenfunde bei den Ausgrabungen der Zukunft in den Quartieren der Armut, in: Hanfried Scherer/Irmgard Sahler (Hrsg.), Einstürzende Sozialstaaten, Wiesbaden 1998, S. 72. „Listen der Ohnmacht" lautet der Titel eines 1981 in der Europäischen Verlagsanstalt von Bettina Heintz und Claudia Honegger herausgegebenen Buches zur Sozialgeschichte weiblicher Widerstandsformen.

dem Begriff „Sozial*abbau*" nicht mehr exakt zu beschreiben sei. „Mittlerweile stehen wir am Beginn einer Systemveränderung von oben, die grundlegende sozialstaatliche Errungenschaften und Verpflichtungen in Frage und den Grundwert der sozialen Gerechtigkeit als konstitutives Element der bundesrepublikanischen Gesellschaft zur Disposition stellt."[480]

Lang ist die Liste der Maßnahmen, mit denen die CDU/CSU/FDP-Koalition während der 90er-Jahre in Leistungsgesetze eingriff. Entsprechende Leitlinien für die liberal-konservative Umstrukturierung des Sozialstaates enthielten das *Föderale Konsolidierungsprogramm*, das *Spar-, Konsolidierungs- und Wachstumsprogramm* sowie das *Programm für mehr Wachstum und Beschäftigung* der Bundesregierung. Am 22. Oktober 1993 verabschiedete der Bundestag zwei Gesetze „zur Umsetzung des Spar-, Konsolidierungs- und Wachstumsprogramms". Sie markierten mit zahlreichen Kürzungen von Sozialleistungen und einer Rücknahme von nach 1989/90 entwickelten Instrumenten der aktiven Arbeitsmarktpolitik nicht nur „die Auflösung des Konsenses zur sozialverträglichen Gestaltung der deutschen Vereinigung",[481] sondern auch die Aufkündigung der *wohlfahrtsstaatlichen* zugunsten einer *Fürsorge*orientierung auf Seiten des Liberalkonservatismus. Aufgrund ihrer Mehrheit im Bundesrat, die sie am 21. April 1991 gewonnen hatte und teilweise recht geschickt als Vetomacht einsetzte, konnte die SPD bei den Verhandlungen des Vermittlungsausschusses im Dezember 1993 zwar verhindern, dass die *originäre* Arbeitslosenhilfe gestrichen und die Bezugsdauer der *Anschluss*-Arbeitslosenhilfe auf maximal 2 Jahre befristet wurde. Erstere wurde ab 1. Januar 1994 aber nur noch höchstens 12 Monate lang gezahlt. Bei der Sozialhilfe wurde die jährliche Erhöhung nur begrenzt und nicht ganz ausgesetzt.

Noch erheblich gravierender war das *Programm für mehr Wachstum und Beschäftigung*, dessen praktische Umsetzung im *Wachstums- und Beschäftigungsförderungsgesetz,* im *Arbeitsrechtlichen Beschäftigungsförderungsgesetz* und im *Beitragsentlastungsgesetz* vom 25. September 1996 gipfelte. Neben einer Vielzahl kleinerer Verschlechterungen (für Arbeitnehmer/innen), von denen hier nur die Verringerung der rentensteigernd wirkenden Zeiten einer schulischen und beruflichen Ausbildung von maximal 7 auf 3 Jahre, die Begrenzung der Sozialauswahl bei Kündigungen in Großbetrieben auf drei Kriterien (Dauer der Betriebszugehörigkeit, Lebensalter, Unterhaltspflichten) und die Beschränkung der Übernahme von Kosten für den Zahnersatz durch die gesetzlichen Krankenkassen auf vor dem 1. Januar 1979 geborene Versicherte genannt seien, gab es zwei größere Veränderungen: Durch die Anhebung des Kleinbetriebsschwellenwertes (§ 23 Abs. 1 KSchG) wurde der Kündigungsschutz eingeschränkt. Er galt statt in Betrieben ab fünf nunmehr erst in solchen ab zehn Beschäftigten. Zudem senkte man die Entgeltfortzahlung im Krankheitsfall (von 100 auf 80 Prozent des Bruttoverdienstes), außer wenn Arbeitnehmer/innen auf je einen Urlaubstag für die volle Entgeltfortzahlung an fünf Krankheitstagen verzichteten, und das nach 6 Wochen fällige Krankengeld (von 80 auf 70 Prozent des Bruttoverdienstes). Dass die schwarz-gelbe Bundesregierung, unterstützt von Arbeitgeberverbänden sowie unternehmernaher Wissenschaft und Publizistik, gerade an für die Gewerkschaften solch heiklen Punkten den Konflikt suchte, war Ausdruck eines falschen Gefühls der Stärke,[482]

---

480   Elisabeth Horstkötter, Umbau oder Anfang vom Ende des Sozialstaats?, in: Blätter für deutsche und internationale Politik 8/1993, S. 926

481   Siehe Hubert Heinelt/Michael Weck, Arbeitsmarktpolitik, a.a.O., S. 164

482   Dass die Regierungsparteien bei der nächsten Bundestagswahl ihre Mandatsmehrheit einbüßten, lag nicht zuletzt an dieser Fehleinschätzung. Der sozialliberale FDP-Parlamentarier Burkhard Hirsch sprach bereits vor der

zeugte aber auch von einer geringen Sensibilität für die Traditionsbestände der Sozialkultur in Deutschland. Hans-Hermann Hartwich sah in dieser Attacke auf eine „Kernzone sozialstaatlicher Leistungsgewährung" mehr als eine untaugliche Maßnahme zur Verbesserung der „Standortbedingungen" für das Kapital: „Sie ist ein ernstes Anzeichen für die Erosion einst gefestigter und anerkannter sozialpolitischer Grund-Standards in Deutschland."[483]

Der moderne Sozialstaat war von der Arbeiter- und Gewerkschaftsbewegung hart erkämpft worden. Durch die Generaloffensive des Unternehmerlagers und die liberalkonservative „Reformpolitik" der Bundesregierung gerieten auch die von Selbsthilfegruppen, Alternativbewegung und Bürgerinitiativen auf dem sozialpolitischen Feld errungenen Fortschritte in Gefahr. Roland Roth, Hochschullehrer an der FH Magdeburg, schrieb im Frühjahr 1997: „Wir erleben faktisch einen parallelen und eng miteinander verknüpften Angriff auf die Errungenschaften der ‚alten' sozialen Bewegung, die den Kern des keynesianischen Wohlfahrtsstaats geprägt hatten, und die jüngeren institutionellen Erfolge der neuen sozialen Bewegungen."[484] Schon aus diesem Grund erschien eine Kooperation der Neuen Sozialen Bewegungen mit den Gewerkschaften nötig, aber auch möglich. Gewerkschaften, Wohlfahrtsverbände und Kirchen schlossen ein Aktionsbündnis, das sich am 7./8. Mai 1996 in Köln zum „Sozialgipfel" traf.[485] Arbeitsniederlegungen, (Groß-)Demonstrationen, Kundgebungen und andere Protestaktionen der Arbeitnehmer/innen unterschiedlicher Branchen ermöglichten es damals den Gewerkschaften – wenn auch bei schmerzlichen Konzessionen an anderer Stelle –, die Umsetzung der Gesetzesbestimmungen im Tarifvertragsbereich weitestgehend zu verhindern.[486]

Durch eine Doppelstrategie suchte die CDU/CSU/FDP-Koalition dem Sozial(versicherungs)staat seinen Resonanzboden zu entziehen: Sie senkte das Leistungsniveau aller Versicherungszweige, vor allem der Gesetzlichen Kranken- und Rentenversicherung, was den Versicherungskonzernen und Privatkassen viele Besserverdienende in die Arme trieb. So wurde das finanzielle Fundament des von Beiträgen abhängigen Sicherungssystems untergraben und die nächste „*Spar*runde" vorprogrammiert. Ergänzend verstärkte die Bundesregierung den Druck auf Arbeitslose und Sozialhilfebezieher/innen, damit diese auch schlechter bezahlte und tarifrechtlich ungeschützte Beschäftigungsverhältnisse akzeptierten, was wiederum die Einnahmen der Sozialversicherungen verringerte. Gleichwohl wurde der Sozialstaat nicht nur zum Auslöser jener Beschäftigungskrise erklärt, deren Hauptleidtragender er in Wirklichkeit war, vielmehr auch zum Sündenbock für die verfehlte Regierungspolitik gemacht.

---

entscheidenden Abstimmung im Bundestag mit Blick auf seine Partei und die Union von einem fatalen „Fehler, für den wir bezahlen werden" (zit. nach: Helmut Lölhöffel, Zwei Mehrheiten – eine richtige und eine falsche, in: FR v. 14.9.1996), was 2 Jahre später auch geschah.
483   Hans-Hermann Hartwich, Die Lohnfortzahlung, der Sozialstaat und die Zukunft des Tarifvertrages, in: Gegenwartskunde 4/1996, S. 454
484   Roland Roth, Die Rückkehr des Sozialen, a.a.O., S. 38
485   Vgl. Sozialgipfel '96: Sozialstaat braucht Zukunft, in: Gewerkschaftliche Monatshefte 5/1996, S. 331ff.; Sozialstaats-Charta für Deutschland. Aktionsbündnis Gewerkschaften und Wohlfahrtsverbände, in: Theorie und Praxis der sozialen Arbeit 6/1996, S. 2ff.; Christian Hülsmeier, Ein neues Bündnis für den Sozialstaat. Der Kölner „Sozialgipfel '96" als Alternative zu „Kapitalismus pur", in: Soziale Sicherheit 7/1996, S. 241ff.
486 Vgl. dazu: Reinhard Bispinck, Sozialabbau und tarifpolitische Gegenwehr. Das Beispiel der Entgeltfortzahlung im Krankheitsfall, in: Soziale Sicherheit 10/1997, S. 335ff.

Leistungskürzungen bei Arbeitslosen, Armen und sozial Bedürftigen waren nicht nur moralisch verwerflich, bedeuteten vielmehr auch einen Verlust an Massenkaufkraft und erschwerten so die wirtschaftliche Erholung des Landes zusätzlich. Die verteilungspolitische Schieflage des liberal-konservativen Regierungskurses zeigte sich daran, dass die Koalition schon unmittelbar nach ihrer Bestätigung in der Bundestagswahl am 6. März 1983 eine Senkung der Vermögensteuer realisierte und diese nach einem Urteil des Bundesverfassungsgerichts vom 22. Juni 1995, das ihr mit dem sog. Halbteilungsgrundsatz, von Paul Kirchhof hineingebracht, dafür einen geeigneten Aufhänger bot,[487] seit dem Veranlagungsjahr 1997 gar nicht mehr erhob.

Wenn sie nicht von einer bewussten Irreführung begleitet war, lässt sich die liberal-konservative Regierungspolitik als „paradoxe Intervention" charakterisieren. Man gab vor, den Sozialstaat in seiner Substanz bewahren zu wollen, indem man ihn schrittweise abbaute, und behauptete gleichzeitig, die Kernaufgabe der sozialen Sicherung in Notlagen ernst zu nehmen. Helmut Kohl sagte z.B. vor baden-württembergischen Unternehmern in Karlsruhe am 12. Mai 1998: „Es ist nicht Sinn des Sozialstaates, Leute zu unterhalten, die gesund sind und sich helfen können. Wir müssen staatliche Hilfe wieder stärker auf die wirklich Bedürftigen konzentrieren."[488] Damit wurde dem bürgerlichen Publikum suggeriert, ein Großteil der bisherigen Empfänger/innen sozialer Transferleistungen komme eigentlich ohne Anspruchsberechtigung in deren Genuss, was Dieter Grunow als „nicht hinreichend begründete und belegte Behauptung der Ineffektivität des Verteilungssystems" zurückweist.[489] Kohl und sein Amtsnachfolger Gerhard Schröder, bei dem uns das Argumentationsmuster erneut begegnen wird, handelten ihm außerdem permanent zuwider, weil sie Leistungskürzungen besonders frühzeitig und massiv dort vornahmen, wo sie die sozial schwächsten Bevölkerungsgruppen trafen: Arbeitslose, Alte, Kranke, Behinderte und Ausländer/innen. „Gespart" wurde auch und gerade bei den Ärmsten der Armen: So senkte das am 1. November 1993 in Kraft getretene *Asylbewerberleistungsgesetz* die Unterstützungssätze für Flüchtlinge unter das Sozialhilfeniveau und verwies diese teilweise (von einem kleinen Taschengeld abgesehen) auf Sachleistungen, was mit der Notwendigkeit begründet wurde, die „materiellen Zuwanderungsanreize" für potenzielle Migrant(inn)en zu verringern.

Was regierungsseitig als „*Spar*politik" deklariert und von weiten Teilen der Bevölkerung akzeptiert wurde, weil sie noch einen relativ hohen Lebensstandard genossen, senkte die Kosten der Versorgung (etwa im als zu teuer geltenden deutschen Gesundheitssystem) gar nicht, verlagerte sie vielmehr nur von der Solidargemeinschaft auf die Leistungsempfänger/innen. Hier setzte die öffentlich und medial das sozialpolitische Klima immer mehr dominierende Standortdebatte ein. „Vorrangig ging es darum, ob die Kosten des Sozialstaa-

---

487   Vgl. Hans Dietrich von Loeffelholz, Perspektiven und Optionen der Vermögensbesteuerung in Deutschland, in: Achim Truger (Hrsg.), Rot-grüne Steuerreformen in Deutschland. Eine Zwischenbilanz, Marburg 2001, S. 229
488   Helmut Kohl, Gute Tradition der Sozialpartnerschaft – Grundlage für Wohlstand und Stabilität. Rede des Bundeskanzlers, gehalten anläßlich des Unternehmertages der Landesvereinigung Baden-Württembergischer Arbeitgeberverbände am 12. Mai 1998 in Karlsruhe, in: Presse- und Informationsamt der Bundesregierung (Hrsg.), Bulletin 54/1998, S. 700
489   Siehe Dieter Grunow, Modernisierung des Sozialstaates?, a.a.O., S. 88

tes nicht den Wirtschaftsstandort Deutschland in der sich verschärfenden internationalen Konkurrenzsituation mit ungebührlichen Nachteilen befrachteten."[490]

Die von der CDU/CSU/FDP-Koalition eingeleiteten „Sparmaßnahmen" wirkten teilweise sogar im Sinne ihrer Befürworter kontraproduktiv. So führten die Abschaffung des Schlechtwettergeldes und sein Ersatz durch ein Winterausfallgeld zu höheren Aufwändungen der Bundesanstalt für Arbeit, weil die Baufirmen nach der gesetzlichen Neuregelung einem Teil ihrer Belegschaft beim ersten deutlichen Kälteeinbruch kündigten, um die betroffenen Arbeitnehmer im nächsten Frühjahr wieder einzustellen. Zwischenzeitlich erhielten sie Arbeitslosengeld bzw. -hilfe. Hier pauschal von „Politikversagen" zu sprechen, wie dies Heinz Lampert tut,[491] greift jedoch deshalb zu kurz, weil man damit verdeckt, dass es sich teilweise schlicht um eine *unternehmer*freundliche, d.h. reine *Klientel*politik von CDU/CSU und FDP handelte.

1998 ging es den meisten Unternehmern besser und den meisten Arbeitnehmer(inne)n schlechter als 1982. Deren Nettoeinkommen waren im Durchschnitt leicht gesunken, und es war den Gewerkschaften bzw. ihrer Kampfkraft zu verdanken, dass keine stärkere Einkommensspreizung wie in Großbritannien und den USA feststellbar war.[492] Durch die Deregulierung des Arbeitsmarktes und die Flexibilisierung der Beschäftigungsverhältnisse hatten sich auch die Rahmenbedingungen verändert, unter denen die Gewerkschaften und die Wirtschaftsverbände ihre Beziehungen zueinander gestalteten. Während der „Kohl-Ära" wurde das Klima zwischen Kapital und Arbeit deutlich schlechter, was nicht verwunderte, weil die abhängig Beschäftigten unter erheblichem Druck standen und teilweise ihre Entrechtung beklagten: „Insbesondere in den Dienstleistungs- und Sozialberufen wurden alle Formen befristeter, ungesicherter, sozialversicherungsfreier oder sonstwie deregulierter Arbeitsverhältnisse zu skandalösen, aber normalen Erscheinungen. Phänomene wie die Scheinselbständigkeit oder die geringfügige Beschäftigung riefen Erinnerungen an den Frühkapitalismus wach und rechtfertigten so alte Begriffe wie ‚Ausbeutung' zu deren Charakterisierung."[493]

Die sozialen Probleme nahmen selbst im wirtschaftlichen Aufschwung, den die CDU/CSU/FDP-Koalition als Erfolg für sich reklamierte, weiter zu: Suppenküchen, Essenstafeln für Obdachlose und Kleiderkammern hatten erheblichen Zulauf. Im Vorfeld der Bundestagswahl 1998 zog Heinz Niedrig denn auch eine vernichtende Bilanz der „Kohl-Ära", die 16 Jahre zuvor mit dem Versprechen einer „geistig-moralischen Erneuerung" und der Parole „Mut zur Zukunft" begonnen hatte: „Noch nie waren die Schlangen Hilfesuchender vor den Sozialämtern so lang und die Belastung ihrer Mitarbeiter so unbeschreiblich groß wie heute, noch nie waren so viele Kinder und Jugendliche in unserem Land arm

---

490   Gabriele Metzler, Der deutsche Sozialstaat, a.a.O., S. 199f.
491   Siehe Heinz Lampert, Krise und Reform des Sozialstaates, a.a.O., S. 81
492   Vgl. Arne Heise, Bilanz der Kohl-Ära: Arbeit und Beschäftigung, in: Klaus-Jürgen Scherer/Heinrich Tiemann (Hrsg.), Deutschland an der Schwelle zum 21. Jahrhundert. Bilanz einer erstarrten Politik – Wege zum Aufbruch – sozialdemokratische Perspektiven, Marburg 1998, S. 33
493   Rainer Berger, Der Umbau des Sozialstaates. Ansichten von Parteien und Wohlfahrtsverbänden zur Modernisierung des Staates, Opladen/Wiesbaden 1999, S. 237

wie heute, noch nie lebten so viele Bürger wie heute in der Subkultur Armut, und noch nie hatten so viele Menschen keine Hoffnung, keine Perspektiven, keine Visionen und keinen Glauben an die Selbstheilungskräfte der Wirtschaft und an eine problemlösende Politik."[494]

4.4 Die liberalkonservative Transformation des Sozialstaates und ihre Legitimation auf einzelnen Politikfeldern

Unter dem konservativen Bundeskanzler Helmut Kohl beschränkte sich die Sozialpolitik weder auf „*Spar*maßnahmen" oder gezielte Kürzungen von Transferleistungen noch auf die Verschärfung von Anspruchsvoraussetzungen, die erfüllt sein mussten, um in den Leistungsgenuss zu kommen. Sie war vielmehr darüber hinaus auf eine Transformation des Wohlfahrtsstaates nach neoliberalen Ordnungs- bzw. Strukturprinzipien gerichtet, die nicht ohne Brüche und Widersprüche verlief. Da es sich hierbei keineswegs in erster Linie um einen Ab-, sondern auch und vor allem einen nachhaltigen Umbau des Wohlfahrtsstaates handelte, sollen nach dem chronologischen Überblick nunmehr die Kernelemente dieses Wandels unter qualitativen Gesichtspunkten skizziert werden. Dabei gilt es, Differenzierungen in Bezug auf Entwicklungsprozesse und das Reformtempo wahr- und politische Wertungen mit Blick auf die konkreten Auswirkungen der jeweiligen Sozialreformen vorzunehmen.

4.4.1 *Deregulierung und Flexibilisierung des Arbeitsmarktes als Rezept zur Verringerung der Erwerbslosigkeit*

Neben dem zeitlichen Dualismus der CDU/CSU/FDP-Sozialpolitik zwischen 1982 und 1998 fällt vor allem eine Spaltung in solche Politikfelder auf, die expandierten, und andere, die mehr oder weniger stark beschnitten wurden. *Familien*politik und *Pflege*bereich bezeichnen die beiden Handlungsebenen, auf denen Fortschritte zu verzeichnen waren; auf sie wird später noch eingegangen. Umgekehrt bildete die *Arbeitsmarkt*politik jenen Sektor, auf den sich unter Norbert Blüm als während der gesamten 16-jährigen Regierungszeit von CDU/CSU und FDP dafür zuständigem Fachminister die sozialpolitischen Rückzugsgefechte konzentrierten.[495]

Die schwarz-gelbe Koalition gab das Vollbeschäftigungsziel auf und rückte stattdessen Preisstabilität, Haushaltsdisziplin und die Einhaltung der Maastrichter Konvergenzkriterien in den Mittelpunkt.[496] Zur selben Zeit verschwand die Vollbeschäftigung ganz aus dem Vokabular der Politiker und (regierenden) Parteien. Unter diesen Bedingungen hatte das vom damaligen IG-Metall-Vorsitzenden Klaus Zwickel auf einem Gewerkschaftstag am 1. November 1995 vorgeschlagene Bündnis für Arbeit keine wirkliche Chance. Es sollte die Unternehmen quasi „im Tausch" gegen moderate, an der Preissteigerungsrate orientierte

---

494   Heinz Niedrig, Wachstumsbranche Sozialhilfe: über 6 Millionen Hilfeempfänger, in: Theorie und Praxis der Sozialen Arbeit 8/1998, S. 299
495   Vgl. Peter Bleses/Edgar Rose, Deutungswandel der Sozialpolitik. Die Arbeitsmarkt- und Familienpolitik im parlamentarischen Diskurs, Frankfurt am Main/New York 1998, S. 291
496   Vgl. Jana Lantzsch, Die Abkehr vom politischen Ziel Vollbeschäftigung, in: Zeitschrift für Soziologie 3/2003, S. 234

Tarifabschlüsse motivieren, neue Arbeits- und Ausbildungsplätze zu schaffen, aber auch die liberal-konservative Bundesregierung davon abhalten, das Arbeitslosengeld und die Arbeitslosenhilfe wie geplant zu kürzen. Aus den sog. Kanzlerrunden mit Spitzenvertretern von Unternehmerverbänden und Gewerkschaften ging im Januar 1996 das *Bündnis für Arbeit und zur Standortsicherung* hervor, dem kein langes Leben beschieden war, weil die DGB-Repräsentanten den sich kurz danach deutlich verschärfenden Regierungskurs als politischen Affront begriffen und der Bundesregierung im April 1996 den offenen Kampf ansagten. „Mit dem oben beschriebenen ‚Programm für mehr Wachstum und Beschäftigung' wurde faktisch ein Ende der Bündnis-Gespräche provoziert, denn die Gewerkschaften konnten einer ‚Entschäftigungspolitik' schwerlich zustimmen."[497]

Jürgen Neyer und Martin Seeleib-Kaiser verglichen Mitte der 1990er-Jahre die Arbeitsmarktpolitik der USA, Japans und Deutschlands miteinander. Als gemeinsames Kennzeichen identifizierten sie einen Trend zur „Rekommodifizierung" (Wiederankopplung der Ware Arbeitskraft an das Marktgesetz von Angebot und Nachfrage) mittels sozialstaatlicher Instrumentarien.[498] Seeleib-Kaiser nannte bezogen auf die Vereinigten Staaten eine systematische Absenkung der Transferleistungen und des Mindestlohns, eine Verschärfung der Berechtigungskriterien, steuerliche Anreize für niedrig entlohnte Erwerbsarbeit sowie eine Verschärfung des „Arbeitszwangs" im Rahmen von Sozialhilfeprogrammen; bezogen auf die Bundesrepublik eine Reduktion der Transferleistungen, Einschränkungen im Hinblick auf die Berechtigungskriterien, eine stärkere Betonung von „Arbeitsverpflichtungen" sowie die Schaffung von Beschäftigungsmöglichkeiten für Sozialhilfeempfänger/innen auf dem Zweiten Arbeitsmarkt („Hilfe zur Arbeit").[499]

Trotz der miserablen Arbeitsmarktlage konzentrierte sich die Armutsdebatte absurderweise darauf, wie man Arbeitslosen- und Sozialhilfebezieher/innen zur Aufnahme einer Erwerbstätigkeit zwingen könne. Nach dem *Arbeitslosenhilfe-Reformgesetz* vom 24. Juni 1996 sanken mit zunehmender Dauer der Erwerbslosigkeit nicht nur die Vermittlungschancen, sondern durch alljährliche Verringerung des Bemessungsentgelts um 3 Prozent auch die Bezüge und – im eigenen Portemonnaie spürbar – der „Marktwert" von Langzeitarbeitslosen. „Menschen werden wie Maschinen abgeschrieben", meinte dazu Annelie Buntenbach sarkastisch.[500] Wie in Großbritannien, wo die Tories unter dem Thatcher-Nachfolger John Major als Premierminister erste Elemente einer „aktivierenden" Arbeitsmarkt- und Sozialpolitik einführten, weil sie davon überzeugt waren, dass der Empfang von Transferleistungen abhängig mache,[501] bereitete in der Bundesrepublik die liberal-konservative Regierung einen ähnlichen Paradigmenwechsel auf diesem Politikfeld vor. Aufgrund der von Bill Clintons „New Democrats" in den USA entwickelten „Welfare to work"-Strategie, die Tony Blair, Spitzenkandidat von „New Labour" bei der Unterhauswahl am 1. Mai 1997,

---

497   Arne Heise, Bilanz der Kohl-Ära: Arbeit und Beschäftigung, a.a.O., S. 35
498   Siehe Jürgen Neyer/Martin Seeleib-Kaiser, Arbeitsmarktpolitik nach dem Wohlfahrtsstaat. Konsequenzen der ökonomischen Globalisierung, in: Aus Politik und Zeitgeschichte 26/1996, S. 40
499   Vgl. Martin Seeleib-Kaiser, Der Sozialstaat und die Ware Arbeitskraft, in: Widersprüche 64 (1997), S. 44 und 46
500   Annelie Buntenbach, Abbauarbeiten am Sozialstaat. Praktische Beiträge der Bundesregierung zur Massenerwerbslosigkeit, in: dies. u.a. (Hrsg.), Ruck-wärts in die Zukunft. Zur Ideologie des Neokonservatismus, Duisburg 1998, S. 166
501   Vgl. Josef Schmid/Georg Picot, „Welfare to Work" bei Blair und Schröder – eine Idee, zwei Realitäten?, in: Gerhard Hirscher/Roland Sturm (Hrsg.), Die Strategie des „Dritten Weges". Legitimation und Praxis sozialdemokratischer Regierungspolitik, München 2001, S. 238

nach dem Einzug in No. 10 Downing Street zur Richtschnur seiner Regierungspolitik des „Dritten Weges" machte,[502] wurde der Wohlfahrts- bzw. Sozialstaat überall grundlegend transformiert. Mit „workfare"-Programmen, wie sie Texas und Wisconsin vorexerzierten,[503] ähnelnden Maßnahmen wurde der Arbeitszwang im Fürsorgebereich schrittweise erhöht. Schon gegen Ende der 90er-Jahre überboten sich manche Kommunen geradezu in den Bemühungen, erwerbslose Sozialhilfe- und Arbeitslosenhilfebezieher/innen durch möglichst umfassende und rigide Kontrollen (Einsatz von Detektiven), scharfe Überwachungsmaßnahmen und die Zwangsverordnung von Saisonarbeiten (z.B. Ernteeinsätzen) abzuschrecken.

Mit dem *Gesetz zur Reform der Arbeitsförderung* (AFRG) vom 24. März 1997 nahm die Abkehr von der aktiven und die Hinwendung zu einer „aktivierenden" Arbeitsmarktpolitik legislative Gestalt an. Obwohl in der Bundesrepublik ungefähr 7 Mio. Arbeitsplätze und Lehrstellen fehlten, verstärkte man den Druck auf (junge) Erwerbslose, fast jeden Job anzunehmen. Ute Klammer sah die Grundtendenz des AFRG darin, alle Bewerber/innen, die nicht dem Wunschbild des sofort vermittelbaren, arbeitsmarktnahen, hoch qualifizierten, geografisch mobilen und flexiblen Arbeitsuchenden entsprachen, d.h. vor allem Frauen (mit familiären Verpflichtungen), vom Arbeitsmarkt und aus der Arbeitsförderung zu verdrängen.[504] Die Aushöhlung des Berufs- und Statusschutzes im Arbeitsförderungsrecht bei dessen Eingliederung ins *Sozialgesetzbuch – Drittes Buch* (SGB III), welches am 1. Januar 1998 das AFG ablöste, war hierfür ebenso typisch wie die gesetzliche Verpflichtung der Behörden, die Hilfe zum Lebensunterhalt um mindestens ein Viertel zu kürzen, wenn Antragsteller/innen zumutbare Arbeit ablehnten.

Hierin kann man eine Rücknahme von Errungenschaften und fortschrittlichen Rechtspositionen im Wohlfahrtsstaat sehen: „Wie zu Zeiten des Absolutismus soll die Arbeitskraft der Arbeitslosen und Fürsorgebeziehenden auch heute wieder dem gesellschaftlichen Wirtschaftskreislauf zugeführt werden. ‚Gemeinnützige Arbeit' steht trotz ihrer ökonomischen und rechtlichen Unvernunft in vielen politischen Debatten nach wie vor hoch im Kurs."[505] Selbst das eher frühmittelalterliche Motiv der Barmherzigkeit und der Verweis von Bedürftigen auf Mildtätigkeit bzw. Privatwohltätigkeit sind der sozialpolitischen Postmoderne keineswegs fremd, sondern inzwischen nur leicht abgewandelt worden: „An die Stelle des ‚Zehnten' sind ‚Brot für die Welt' und ‚Adveniat', an die Stelle der Klöster und Bruderschaften ‚Care' und ‚Unicef' getreten."[506]

Gleichzeitig wurde die Arbeitsförderung stärker dezentralisiert und betriebswirtschaftlichen Effizienzkriterien gehorchend rationalisiert. Nunmehr mussten die einzelnen Arbeitsämter jährlich Rechenschaft in Form einer schriftlichen „Eingliederungsbilanz" ablegen, wodurch der Wettbewerb zwischen ihnen intensiviert und fest institutionalisiert wurde. Seit die einzelnen Arbeitsämter bei der Vergabe von Bildungsmaßnahmen zur Wirtschaftlichkeitsprüfung verpflichtet waren, die Höhe des Bundeszuschusses für ein Jahr festge-

---

502   Vgl. Frank Unger/Andreas Wehr/Karen Schönwälder, New Democrats – New Labour – Neue Sozialdemokraten, Berlin 1998
503   Vgl. dazu: Uwe Wilke, Sozialhilfe in den USA. Die Reform in Texas und Wisconsin, Frankfurt am Main/New York 2002
504   Vgl. Ute Klammer, Wieder einmal auf der Verlierer(innen)seite. Zur arbeitsmarkt- und sozialpolitischen Situation von Frauen im Zeitalter der „Sparpakete", in: WSI-Mitteilungen 1/1997, S. 9
505   Berthold Dietz, Soziologie der Armut. Eine Einführung, Frankfurt am Main/New York 1997, S. 52
506   Ebd.

schrieben wurde und die Mittelzuteilung vom Vermittlungserfolg abhing, zählten quantitative bzw. Kostengesichtspunkte in der beruflichen Weiterbildung mehr als qualitative.

Verschärfungen im Arbeits- und Sozialrecht, welche die CDU/CSU/FDP-Koalition vornahm, sollten primär eine Senkung der Reallöhne bewirken, und zwar keineswegs nur im untersten Lohnsegment der sog. Leichtlohngruppen.[507] Die damit eng verbundene Ausgrenzung vieler (Langzeit-)Arbeitsloser von Unterstützungsleistungen brandmarkten gewerkschaftsnahe Wissenschaftler als „neue Armut", denn betroffen waren nicht mehr Alte, Kranke und Behinderte, sondern Erwerbsfähige und -willige.[508] In den Vereinigten Staaten, wo diese Entwicklung bereits erheblich weiter fortgeschritten war, erodierte das System der industriellen Beziehungen. Für Martin Seeleib-Kaiser war deswegen die Annahme plausibel, „daß zukünftig auch große Teile der Beschäftigten in der Bundesrepublik, die sich heute noch vor signifikanten Kürzungen und Veränderungen im sozialen Sicherungssystem sicher wähnen, indirekt die Konsequenzen der Verschärfungen für Erwerbslose über ein Absinken des Lohnniveaus zu spüren bekommen werden."[509]

Mit erheblicher Verzögerung bildete sich auch in der Bundesrepublik ein relativ breiter, aber seinem Umfang nach oft unterschätzter Niedriglohnsektor heraus, der nicht nur typische Frauenarbeitsplätze umfasste.[510] Den armen Erwerbslosen, die das Fehlen von oder die großteils unzureichende Höhe der Lohnersatzleistungen auf das Existenzminimum zurückwarf, traten Millionen erwerbstätige Arme zur Seite. Selbst viele Vollzeitarbeitsverhältnisse reichten während der 90er-Jahre (besonders im Osten Deutschlands) längst nicht mehr aus, um eine Familie zu ernähren,[511] sodass ergänzend ein oder gar mehrere Nebenjobs übernommen werden mussten und nach Feierabend bzw. an Wochenenden (zum Teil „schwarz") weitergearbeitet wurde. Für die Kinder der davon Betroffenen hieß dies, dass sie ihre Eltern kaum noch zu Gesicht bekamen, für die Eltern, dass sie ihre Kinder vernachlässigen mussten.

Die als „(Re-)Privatisierung sozialer Risiken" bezeichnete Umstrukturierung des Wohlfahrtsstaates erfolgte auf zweierlei Weise: Einerseits wurden viele Arbeitnehmer/innen, bedingt etwa durch die Zunahme prekärer Beschäftigungsverhältnisse, von sog. 530-DM-Jobs, Scheinselbstständigkeit und (Zwangs-)Teilzeit, aus dem sozialen Sicherungssystem hinausgedrängt oder fanden erst gar keine bzw. nur begrenzte Aufnahme. Andererseits zwang man sie, elementare Lebensrisiken, die bisher entweder von der Versichertengemeinschaft oder vom Staat abgedeckt worden waren, selbst zu tragen, indem Sozialleistungen gekürzt oder gestrichen, durch Verschärfung der Zugangsvoraussetzungen entzogen oder durch Einführung von Zuzahlungsverpflichtungen (bei Medikamenten, Heil- und Hilfsmitteln, Kuren und Krankenhausaufenthalten) im Kern eingeschränkt wurden.

---

507   Vgl. Johannes Steffen, Fatale Billig-Lohn-Ökonomie. Wer die Sozialhilfe kürzt, hat die Löhne im Visier, in: Soziale Sicherheit 10/1994, S. 372ff.
508   Siehe Werner Balsen u.a., Die neue Armut. Ausgrenzung von Arbeitslosen aus der Arbeitslosenunterstützung, Köln 1984
509   Martin Seeleib-Kaiser, Der Sozialstaat und die Ware Arbeitskraft, a.a.O.
510   Vgl. dazu: Gerd Pohl/Claus Schäfer (Hrsg.), Niedriglöhne. Die unbekannte Realität: Armut trotz Arbeit. Empirische Bestandsaufnahme und politische Lösungsvorschläge, Hamburg 1996; Rainer Roth, Über den Lohn am Ende des Monats. Armut trotz Arbeit: Ergebnisse einer Befragung von 211 Haushalten von ArbeiterInnen und Angestellten, 2. Aufl. Frankfurt am Main 1998
511   Vgl. Wolfgang Strengmann-Kuhn, Armut trotz Erwerbstätigkeit. Analysen und sozialpolitische Konsequenzen, Frankfurt am Main/New York 2003

Zu einem Ausbau des Sozialstaates kam es praktisch nur noch, wenn er im Unternehmerinteresse lag und vom Kapital bzw. von seinen mächtigen Verbänden unterstützt wurde. Um den Arbeitsmarkt zu entlasten, gab man beispielsweise Älteren die Möglichkeit einer früheren Verrentung und verlängerte die Bezugszeit des Arbeitslosengeldes stufenweise bis auf maximal 32 Monate für Über-57-Jährige bei einer Mindestanwartschaftszeit von 64 Monaten. Mit dem *Vorruhestandsgesetz* vom 13. April 1984 wurde es den Unternehmen erleichtert, ihre Belegschaft dadurch zu verjüngen, dass sie ältere Mitarbeiter/innen primär auf Kosten der Arbeitslosen- und Rentenversicherung in den Vorruhestand schickten. Durch das *Altersteilzeitgesetz* vom 23. Juli 1996 sollte dieser Form der Frühverrentung ein Riegel vorgeschoben werden.

4.4.2 Kommerzialisierung des Gesundheitswesens und Reindividualisierung des Krankheitsrisikos

Einerseits stellt die Gesetzliche Krankenversicherung jenen Versicherungszweig dar, der (aufgrund der Gültigkeit des Bedarfsprinzips, der beitragsfreien Familienmitversicherung sowie für alle Mitglieder *gleicher* Sach- und Dienstleistungen, aber nach der Höhe des Einkommens *gestaffelter* Beiträge) die meisten egalitären und sozialen Mindestsicherungskomponenten enthält. Andererseits leidet die Solidarität im Gesundheitswesen darunter, dass es nirgendwo sonst ein derartig unübersichtliches, weit verzweigtes Netz gut organisierter und mächtiger Lobbyisten gibt, was Reformen im Sinne der großen Bevölkerungsmehrheit, Arbeitnehmer/innen und sozial Benachteiligten auf diesem Politikfeld stark erschwert. Auch eignet sich das Gesundheitssystem wegen seiner organisatorischen Zerklüftung und berufsständischen Fragmentierung besser als die übrigen Versicherungszweige zur Implementation von die (kranken) Versicherten benachteiligenden Wettbewerbsmechanismen. Wohl aus diesem Grund avancierte der Gesundheitsbereich zum bevorzugten Experimentierfeld für neoliberale Prinzipien und fragwürdige Ordnungsvorstellungen des CDU/CSU/FDP-Kabinetts.

Um die Mitte der 70er-Jahre wurde zum ersten Mal über die „Kostenexplosion im Gesundheitswesen" debattiert. Dies geschah nicht zufällig zu dem Zeitpunkt, als die Gesetzliche Krankenversicherung ebenso wie andere Versicherungszweige von der Weltwirtschaftskrise erfasst wurde und aufgrund sinkender Beitragseinnahmen in Finanzschwierigkeiten geriet. Bernard Braun, Hagen Kühn und Hartmut Reiners haben später überzeugend nachwiesen, dass es sich bei der „Kosten*explosion*" im Gesundheitswesen um eine Schimäre handelt, denn die Krankheitskosten stiegen nur bezogen auf die (der Tendenz nach sinkenden) Reallöhne, aber nicht bezogen auf das Wachstum der einheimischen Volkswirtschaft bzw. die Entwicklung des Bruttoinlandsprodukts als dafür maßgebliche Kennziffer.[512] Wie der Wohlfahrtsstaat im Allgemeinen, so wurde das deutsche Gesundheitssystem im Besonderen medial fortan trotzdem gern als „Pflegefall" dargestellt, den man mit Hilfe möglichst tiefgreifender und „schmerzhafter" Reformen kurieren müsse.[513] Es sei im Ver-

---

512   Vgl. Bernard Braun/Hagen Kühn/Hartmut Reiners, Das Märchen von der Kostenexplosion, a.a.O.
513   Vgl. in jüngerer Zeit z.B. Elisabeth Niejahr, Deutschlands kranke Kassen. Der Zorn der Patienten und Ärzte wächst. Die Krankenhäuser stehen vor dem Kollaps. Die Regierung muss endlich handeln, in: Die Zeit v. 26.7.2001; Cornelia Schmergal, Das Gesundheitssystem ist ein Pflegefall. Die Beiträge steigen, aber die Versorgung wird nicht besser. Die Politiker fürchten die mächtige Lobby der Ärzte und Pharmaindustrie, in: Welt am Sonntag v. 3.3.2002; Jutta Hoffritz, Schmerzen müssen sein. Kassenpatienten werden bei jeder Gesundheitsreform

gleich mit dem anderer entwickelter Industriestaaten viel zu teuer, gehe mit den vorhandenen Ressourcen verschwenderisch um und belaste durch ständig steigende (Arbeitgeber-) Beiträge vor allem den für Wirtschaftswachstum und Wohlstand sorgenden Unternehmenssektor in übermäßiger Weise.

Schon das *Gesetz zur Dämpfung der Ausgabenentwicklung und zur Strukturverbesserung in der Gesetzlichen Krankenversicherung* vom 27. Juni 1977 ließ deutlich die politische Stoßrichtung aller „*Spar*maßnahmen" erkennen: Die eher moderat steigenden Kosten des Gesundheitswesens wurden nicht etwa durch eine Verringerung der Einnahmen von Ärzten, Apothekern und Pharmakonzernen gesenkt, sondern nur umverteilt, d.h. den (kranken) Versicherten aufgebürdet. Man beschränkte sich im Rahmen solcher „Kostendämpfungsgesetze" praktisch auf zwei politische Eingriffsformen: „Auf der einen Seite standen kurzfristige Maßnahmen zur Erhöhung der Einnahmen und zur Einschränkung des Leistungsangebots der Krankenversicherung. Auf der anderen Seite bemühten sich die staatlichen Akteure um strukturelle Reformen der Krankenversicherung, mit denen die Effizienz der Leistungsproduktion langfristig erhöht werden sollte."[514] Während die Kürzungs- bzw. Umverteilungsmaßnahmen *zulasten* der Kassenpatient(inn)en erfolgreich waren, blieben ihnen *zugute kommende* Strukturverbesserungen aufgrund des offenen oder verdeckten Widerstandes der (Zahn-)Ärzte, Krankenhäuser, Apotheker und Pharmakonzerne regelmäßig auf der Strecke.

Maßnahmen der „Kosten*dämpfung*", wie sie seither jede Bundesregierung propagiert, sollten den Anstieg der Kassenbeiträge (und damit auch der *gesetzlichen* Lohnnebenkosten) stoppen, bedeuteten aber in erster Linie eine Lastenverschiebung von der Solidargemeinschaft zu den Versicherten selbst, insbesondere zu den älteren, (chronisch) kranken und behinderten. Nach der liberal-konservativen „Operation '83" mussten die Patient(inn)en z.B. einen „Eigenbeitrag" bei Krankenhausaufenthalten bzw. Kuren entrichten und „Bagatellarzneien" selbst bezahlen, Rentner/innen außerdem einen hälftigen Beitrag zur Krankenversicherung übernehmen. Die einschlägigen Reformbemühungen konzentrierten sich auf die schwächsten Glieder des Systems, deren Leistungsansprüche verringert und deren Zuzahlungsverpflichtungen erhöht wurden. An dieser sozialen Einseitigkeit der Lastenverteilung entzündete sich denn auch primär die Kritik: „Obgleich die finanzielle Lage des Gesundheitssystems in den schwärzesten Farben gemalt wird, bleiben zahlungskräftige Interessengruppen wie die pharmazeutische Industrie, die Zahnärzte und die ärztlichen Standesorganisationen von den ‚Reformen' weitestgehend unberührt. Auch viele Besserverdienende sind am Solidaritätsausgleich der GKV nicht oder nicht ausreichend beteiligt."[515]

Während das *Gesundheitsreformgesetz* (GRG) vom 20. Dezember 1988 die zur „Kosten*explosion*" hochgeredeten Preissteigerungen bei Medikamenten durch eine deutliche Erhöhung der Zuzahlungen von Patient(inn)en auffing, gelang es der Pharmaindustrie mittels erfolgreicher Lobbyarbeit, sämtliche ihr durch die GRG-Regelungen drohenden Mehrbelastungen auf die Nachfrageseite abzuwälzen und damit zu konterkarieren. Nach der Vereinigung wurde das fortschrittliche DDR-Gesundheitssystem zerschlagen. An die Stelle

---

draufzahlen, in: Die Zeit v. 27.2.2003; Ulrike Meyer-Timpe, Das kranke System. Warum die gesetzlichen Kassen ihre Beiträge nicht senken können, in: Die Zeit v. 8.1.2004
514   Nils C. Bandelow, Gesundheitspolitik. Der Staat in der Hand einzelner Interessengruppen?, a.a.O., S. 187
515   Bernard Braun/Hagen Kühn/Hartmut Reiners, Das Märchen von der Kostenexplosion, a.a.O., S. 11

der Polikliniken und Gemeinschaftspraxen traten Mediziner/innen, die als Freiberufler/innen nicht zuletzt Gewinnabsichten hatten. Pläne, den privaten Leistungsanbietern wegen in den neuen Bundesländern nachhinkender Löhne und Gehälter dort Preisabschläge auf ihre Produkte aufzuerlegen, schlugen fehl: „Die (west)deutsche Pharmaindustrie, mit diesem Ansinnen des Sozialministers Blüm konfrontiert, inszenierte so lange Lieferschwierigkeiten in Ostdeutschland, bis diese Regelung gekippt war."[516] Jürgen Boeckh, Ernst-Ulrich Huster und Benjamin Benz kolportieren, der Branche mit ihrer bekannt starken Lobby sei es sogar gelungen, Norbert Blüm die Zuständigkeit für den Gesundheitsbereich zu rauben und die Gründung eines Fachressorts durchzusetzen, das solche Pläne nicht weiter verfolgt habe.

Schon kurz nach dem In-Kraft-Treten des GRG war die Krankenversicherung wieder defizitär, und der Ruf nach einer weiteren Reform wurde laut. Der neu ins Amt gelangte CSU-Politiker Horst Seehofer tat sich als Bundesgesundheitsminister in widersprüchlicher Weise hervor. Einerseits intendierte sein Konzept die Ablösung der historisch gewachsenen Verhandlungsstrukturen im Kassenwesen durch Marktmechanismen: Unter dem Motto „Vorfahrt für die Selbstverwaltung" und einem wachsenden Druck des Wettbewerbs um Versicherte sollten die gesetzlichen Krankenkassen mehr Freiraum zur Aushandlung von Versorgungsverträgen und -angeboten erhalten.[517] Andererseits suchte Seehofer viel stärker als seine Vorgängerin Gerda Hasselfeldt die Verständigung mit den sozialdemokratischen Gesundheitspolitiker(inne)n: „Er verstand es, parteipolitische Differenzen – vor dem Hintergrund des Horrorszenarios steigender Abgabelasten – in Verhandlungen kompromißfähig zu halten und auf das gemeinsam zu meisternde Sachproblem einzuschwören."[518] In längerwierigen Verhandlungen mit der SPD unter Leitung ihres führenden Experten auf diesem Gebiet, Rudolf Dreßler, vorbereitet und durch einen Konsens in wichtigen Streitfragen („Lahnstein-Kompromiss") ermöglicht, brachte Seehofer das *Gesundheitsstrukturgesetz* (GSG) vom 21. Dezember 1992 auf den Weg. Es räumte den Versicherten die Möglichkeit zum Kassenwechsel ein, zwang sie damit jedoch, sich über die Leistungsangebote der einzelnen Krankenkassen zu informieren und ihre Entscheidung nach Marktgesichtspunkten zu treffen. Die gesetzlichen Krankenkassen setzte man einem härteren Konkurrenzkampf untereinander aus, ohne dass sie das Recht erhielten, mit Leistungsanbietern wie den Vereinigungen der Kassen(zahn)ärzte oder Krankenhausträgern über die Preise zu verhandeln und separate Verträge abzuschließen.

Die freie Kassenwahl der Versicherten und einfache Wechselmodalitäten veranlassten die gesetzlichen Krankenkassen, mit teuren Werbegeschenken, Lockangeboten und „Kopfprämien" auf Mitgliederfang zu gehen. Selbst ein überzeugter Befürworter des Wettbewerbs wie der damalige FDP-Generalsekretär und heutige Parteivorsitzende Guido Westerwelle mokierte sich in seinem Buch „Neuland" darüber, dass der Konkurrenzkampf zwischen den Kassen zu einer „Vielzahl von Marketingaktivitäten" geführt habe, die eher kurios anmuten: „Statt sich dem Abbau der Schuldenberge und der Umstrukturierung ihrer Leistungsangebote mit dem Ziel der Finanzierbarkeit zu widmen, konzentrierten sich die Krankenkassen unter dem Vorwand der Gesundheitsförderung lieber im wahrsten Sinne des

---

516   Jürgen Boeckh/Ernst-Ulrich Huster/Benjamin Benz, Sozialpolitik in Deutschland, a.a.O., S. 139
517   Vgl. Bernhard Blanke/Helga Kania, Die Ökonomisierung der Gesundheitspolitik. Von der Globalsteuerung zum Wettbewerbskonzept im Gesundheitswesen, in: Leviathan 4/1996, S. 514
518   Christiane Perschke-Hartmann, Die doppelte Reform. Gesundheitspolitik von Blüm zu Seehofer, Opladen 1994, S. 264

Wortes auf die ‚Problemzonen' und boten eine Unzahl von Abspeck-, Aerobic-, Meditations-, Freizeit- und Fitneßkursen an. Ganz nach dem Motto: Bauch, Beine, Po ersetzen Sinn und Verstand – wohlgemerkt auf unser aller Kosten."[519]

Was bei Westerwelle als ein Auswuchs der Gesundheitsreform erschien, die seine Partei zusammen mit CDU/CSU und SPD ins Werk gesetzt hatte, war in Wirklichkeit nur die logische Konsequenz einer Hypostasierung der Konkurrenz und einer zunehmenden Vermarktlichung dieses Lebensbereichs. Die negativen Folgen der liberal-konservativen Regierungspolitik zeigten sich auch, als vor allem junge, gesunde und zudem gut verdienende Mitglieder anderer Kassen abgeworben sowie den als freiwillige Mitglieder beliebten Beamten und Selbstständigen (inoffizielle) Sondertarife offeriert wurden. Darüber hinaus trug die *Wettbewerbs*orientierung der Kassen zur Professionalisierung ihres Geschäftsgebarens bei, war einer Demokratisierung ihrer Entscheidungsstrukturen hingegen eher abträglich. Manager, deren hohe Gehälter mehr als einmal für negative Schlagzeilen sorgten, verringerten den Einfluss der ehrenamtlich tätigen Mitglieder in den Selbstverwaltungsorganen. Es gab mehrere Fusionswellen, und der Konzentrationsprozess bei den verschiedenen Kassenarten dürfte noch lange nicht abgeschlossen sein.

Bernard Braun, Hagen Kühn und Hartmut Reiners machten den Druck der Freien Demokraten und ihrer Sponsoren mit dafür verantwortlich, dass die CDU/CSU/FDP-Koalition im Gesundheitsbereich, der als „Haifischbecken" voller Lobbyisten gilt, fast ausschließlich reine „Klientelgesetze" zustande brachte: „So wurde die seit 1993 gesetzlich vorgesehene Liste verordnungsfähiger Arzneimittel in der Krankenversicherung (‚Positivliste') auf Betreiben der pharmazeutischen Industrie gestrichen und das extra dafür eingerichtete Institut wieder aufgelöst."[520]

Die neoliberale Grundorientierung der CDU/CSU/FDP-Regierung zeigte sich nirgends deutlicher als im Gesundheitsbereich. Selbst der kassenartenübergreifende Risikostrukturausgleich (RSA), den die SPD durchgesetzt hatte, sollte nicht den Weg zur Einheitsversicherung ebnen, sondern die Grundlage für einen verschärften Leistungswettbewerb zwischen den Kassen bilden. Aus den Kranken wurden „Kunden", aus ihren Kassen wirtschaftliche Konkurrentinnen. Bei dem gewünschten Wettbewerb stand aber nicht die Qualität, sondern der Gewinn im Mittelpunkt. Das deutsche Gesundheitswesen unterzog man einem Prozess der Ökonomisierung, Kommerzialisierung bzw. (Re-)Kommodifizierung; dominieren sollten Ware-Geld-Beziehungen und betriebswirtschaftliche Verwertungsimperative. „Es geht nicht darum, mit gegebenem Mitteleinsatz einen möglichst großen Gesundheitseffekt zu erzielen oder einen gegebenen Effekt mit möglichst geringem Ressourceneinsatz zu schaffen. Ökonomisierung meint vielmehr die der kapitalistischen Marktwirtschaft innewohnende Tendenz der gesellschaftlichen ‚Landnahme' (Lutz) durch die Prinzipien der Kapitalverwertung bzw. des Rentabilitätskalküls, selbst dort, wo kein Kapital verwertet wird."[521] Firmiert der Patient als Kunde, avanciert er damit keinesfalls zum König. Vielmehr profitieren Ärzte, Apotheker und Pharmaindustrie, aber nicht die medizinische Versorgung bzw. das Gesundheitswesen davon, wie ein Vergleich mit dem privaten und gleichzeitig teureren US-System offenbart.

---

519   Guido Westerwelle, Neuland. Einstieg in einen Politikwechsel, 2. Aufl. München/Düsseldorf 1998, S. 76
520   Bernard Braun/Hagen Kühn/Hartmut Reiners, Das Märchen von der Kostenexplosion, a.a.O., S. 19
521   Hagen Kühn, Die Ökonomisierungstendenz in der medizinischen Versorgung, in: Gine Elsner/Thomas Gerlinger/Klaus Stegmüller (Hrsg.), Markt versus Solidarität. Gesundheitspolitik im deregulierten Kapitalismus, Hamburg 2004, S. 29

Eine in der Diskussion zur Gesundheitsreform teilweise befürwortete Übernahme solcher Vorbilder würde den Solidarcharakter der Gesetzlichen Krankenversicherung zerstören und das Fundament des hiesigen Wohlfahrtsstaates untergraben, wie Klaus Stegmüller hervorhob: „Das ‚Gut' Gesundheit unterscheidet sich fundamental von anderen auf Märkten käuflichen Konsumgütern, und daher verbietet sich eine Steuerung des Angebots von und der Nachfrage nach Gesundheitsleistungen über den Preis. Erfahrungen in marktmäßig organisierten Gesundheitssystemen zeigen, daß Marktmechanismen notwendig negative Folgewirkungen mit sich bringen: die soziale Selektivität bei der Zuweisung von Gesundheitsleistungen wird drastisch verschärft, der Qualitätsaspekt der Versorgung wird vernachlässigt, und die unproduktiven Nebenkosten der Gesundheitsversorgung werden erhöht."[522]

(Finanzschwache) Kranke und Behinderte sind das mit Abstand schwächste Glied der Kette im Gesundheitssystem und vom neoliberalen Ideal der Konsumentensouveränität meilenweit entfernt. Statt den Ärzten als gleichberechtigte Vertragspartner/innen gegenüberzutreten, bleiben sie ihnen unterlegen. „Es geht also an der Realität ihrer eingeschränkten oder fehlenden Selbsthilfefähigkeit vorbei, wenn ihnen die Rolle des ‚kritischen Kunden' und Marktkorrektivs im Gesundheitswesen zugemessen werden soll."[523] Unberücksichtigt bleibt dabei nämlich, dass der Markt unsozial, weil (risiko)selektiv wirkt. „Im Wettbewerb interessiert nicht die Zufriedenheit aller, sondern nur die der erwünschten Kunden. Die besonders aufwendigen schwer und chronisch Kranken zählen hierzu meist nicht."[524] Marktmechanismen unterwerfen sich nicht der Moral oder sozialen Grundsätzen, sondern folgen den Gesetzen wirtschaftlicher und politischer Machtungleichgewichte. „Wettbewerb lenkt die finanziellen Ressourcen nicht auf Gruppen, die den größten Bedarf an gesundheitlichen Leistungen haben. Ein wesentliches Merkmal des wettbewerbsorientierten Handelns sind ausschließlich ökonomische Gesichtspunkte. Versorgungssicherheit bedeutet aber den Schutz aller Patienten und nicht nur der erwünschten Kunden."[525]

Die ökonomische Dominanz der Leistungserbringer auf dem boomenden Gesundheitsmarkt schlug sich fast zwangsläufig in einem massiven Einfluss der entsprechenden Lobbygruppen auf Politik und Parteien nieder: „Die dritte Stufe der Gesundheitsreform, die zu keinerlei Kostendämpfung geführt hat, sondern zu erheblichen Kostenübernahmen durch die Patienten, wäre ohne die erhebliche Macht der ärztlichen und zahnärztlichen Organisationen, der Arzneimittelindustrie (z.B. Wegfall der Positivliste), der Technologie-Anbieter (z.B. Verzicht auf Großgeräteplanung) und der Versicherungskonzerne so nicht zustande gekommen."[526]

„Stärkung der Privatinitiative, Selbstvorsorge und Eigenbeteiligung" lautete die Formel, mit der man die Reindividualisierung sozialer Risiken im Gesundheitswesen zu legitimieren suchte. In der GKV spielten Selbstbehalte von nun an eine wachsende Rolle. Die im Rahmen der „*Spar*programme" des CDU/CSU/FDP-Kabinetts teils drastisch erhöhten Zuzahlungen bei Arznei-, Heil- und Hilfsmitteln, Krankenhausaufenthalten und Kuren bürdeten den Patient(inn)en – also nur jenen Versicherten, die das Krankheitsrisiko trifft,

522   Klaus Stegmüller, Wettbewerb im Gesundheitswesen. Konzeptionen zur „dritten Reformstufe" der Gesetzlichen Krankenversicherung, Frankfurt am Main 1996, S. 315
523   Hagen Kühn, Wettbewerb im Gesundheitswesen und sozial ungleiche Versorgungsrisiken, in: Sozialer Fortschritt 6/1998, S. 132
524   Ebd.
525   Susanne Renzewitz, Möglichkeiten zur Weiterentwicklung des sozialen Gesundheitswesens – Diskussion aktueller Lösungsansätze, in: Zeitschrift für Sozialreform 3/1998, S. 190
526   Bernard Braun/Hagen Kühn/Hartmut Reiners, Das Märchen von der Kostenexplosion, a.a.O., S. 39

und keineswegs allen, wie es den Forderungen der Solidarität und sozialen Gerechtigkeit eher gemäß wäre – einen stark steigenden „*Eigen*beitrag" zu seiner Bewältigung auf.[527] 1996 stellte Volker Offermann kritisch resümierend fest, „daß Selbstbeteiligungen nur dann von Erfolg gekrönt wären, wenn der Patient eine dominante, zumindest aber gleichberechtigte Stellung gegenüber dem Arzt einnehmen würde. Tatsächlich bestimmt aber der Arzt in hohem Maße die Nachfrage nach gesundheitlichen Leistungen, wäre somit der eigentliche Ansatzpunkt einer Kostendämpfungspolitik, ist dies in den vergangenen fünfzehn Jahren aber nicht gewesen."[528]

Zwar wurden die eher selten in Anspruch genommenen Härtefallregelungen verbessert, bei denen sich eine vollständige Befreiung (Sozialklausel), eine teilweise Befreiung (Überforderungsklausel) und besondere Modalitäten für chronisch Kranke unterscheiden ließen. Dies änderte jedoch nichts an der Absicht des CDU/CSU/FDP-Kabinetts, das gültige Solidar- und Bedarfsprinzip in der Gesetzlichen Krankenversicherung zu durchlöchern: „Selbstbehalte grenzen tendenziell die Bedürftigen aus der Versichertengemeinschaft aus; sie führen dazu, daß Solidarität vor allem unter Gesunden geübt und das Krankheitsrisiko entgegen den originären Intentionen der Sozialversicherung privatisiert wird."[529] Vor allem Besserverdienenden – den „guten Risiken" – wurden mehr Wahlmöglichkeiten eröffnet, wodurch die Gefahr wuchs, dass sie die Krankenkasse nach Opportunitätsgesichtspunkten wechselten und die Solidargemeinschaft auf diese Weise schwächten oder ihr ganz den Rücken kehrten und sich für die Mitgliedschaft in einer Privatversicherung entschieden. Je stärker die Patient(inn)en durch steigende Zuzahlungen für Sach- und Dienstleistungen selbst aufkommen mussten, umso weniger Lasten trugen die Arbeitgeber. Durch die Einführung des Kostenerstattungsprinzips (Privatliquidation der Zahnärzte), von Selbstbehalten, Bonustarifen und einer Beitragsrückgewähr an Mitglieder, die ihre Leistungen nicht in Anspruch nahmen, wurde die Gesetzliche den privaten Krankenversicherungen immer ähnlicher.

Alte und junge, kranke und gesunde Kassenmitglieder wurden gegeneinander ausgespielt, wobei ihre divergierenden Interessen genug Ansatzpunkte zur Entsolidarisierung boten: „Die einen bewerten es eher positiv, wenn sie niedrige Beiträge zahlen, wenn sie bei Nichtinanspruchnahme von Leistungen eine Beitragsrückgewähr erhalten, oder wenn sie eine Beitragsermäßigung bei Selbstbehalt wie bei der Auto-Teilkaskoversicherung auch in der GKV herausholen können. Die anderen hingegen spüren Leistungskürzungen und Zuzahlungen existentiell."[530]

Um die Mitte der 90er-Jahre zeichnete sich im Gesundheitsbereich tatsächlich ein „Systemwechsel" ab.[531] Während ihre Möglichkeiten zu einer die Kosten dämpfenden Einflussnahme auf Anbietergruppen wie Pharmaindustrie, Kassen(zahn)ärztliche Vereinigungen und Apothekerschaft weiter beschnitten wurden, zwang man die gesetzlichen Kassen

---

527 *Eigen*beitrag kann nur als ideologischer Begriff gelten, weil damit vernebelt wird, dass der Patient durch die Zahlung seines Krankenversicherungsbeitrages ohnehin an den Kosten für Medikamente usw. beteiligt ist.
528 Volker Offermann, Solidarität nur unter Starken? – Die Verteilungswirkungen der Reformen in der Gesetzlichen Kranken- und der Arbeitslosenversicherung, in: Werner Schönig/Raphael L'Hoest (Hrsg.), Sozialstaat wohin?, a.a.O., S. 63
529 Ebd, S. 64
530 Fritz Riege, Entsolidarisierung im Gesundheitswesen, in: spw – Zeitschrift für Sozialistische Politik und Wirtschaft 93 (1997), S. 10
531 Vgl. Robert Paquet, Die Versicherten werden auf Trab gebracht. Soziale Krankenversicherung vor dem Systemwechsel, in: Sozialer Fortschritt 11/1996, S. 259f.

zur schrittweisen Einschränkung ihres Leistungskatalogs. Bettina am Orde befürchtete desaströse Auswirkungen solcher Maßnahmen, und zwar weit über die anderen Versicherungszweige sowie die von derartigen „Reformen" unmittelbar Betroffenen hinausgehend: „Die Privatisierung des Lebensrisikos Krankheit wird Modell für die Privatisierung der anderen Lebensrisiken sein. Die ‚Relativierung' des Solidargedankens wird sich in die anderen gesellschaftlichen Bereiche fortsetzen. Für Arbeitnehmerinnen und Arbeitnehmer bedeutet eine solche Entwicklung materielle und soziale Unsicherheit, Existenzangst, die weitere Relativierung der Chancengleichheit und die Gefahr der Ausgrenzung bei Eintritt eines Lebensrisikos. Für die Gesellschaft insgesamt ist damit die Ausgrenzung von ‚Randgruppen', soziale Instabilität, Spaltung und letztendlich Entdemokratisierung verbunden."[532]

Hagen Kühn sprach von einer „wettbewerbsbedingte(n) Entsolidarisierung" im Gesundheitswesen, die trotz ausgleichender Regelungsmechanismen wie dem Kontrahierungszwang der Krankenkassen und dem Risikostrukturausgleich zwischen ihnen stattgefunden habe: „Die Kassen verwandeln sich in Unternehmen mit den ökonomisch definierten Zielen: (relativ) niedriger Beitragssatz, finanzieller Spielraum für die Gewährung freiwilliger Leistungen, möglichst große Mitgliedschaft bei möglichst guter Risikostruktur."[533] Neoliberale und Lobbyisten trieben diesen Entwicklungsprozess im Rahmen zweier *Krankenversicherungs-Neuordnungsgesetze* gezielt voran. Zwar war nach entsprechenden Modellversuchen klar, dass sich Kostenrückerstattungen beitragssatzsteigernd auswirken würden, dies nahm man jedoch aus prinzipiellen Erwägungen in Kauf.

4.4.3 Rekultivierung der Familienpolitik als Kernstück konservativer Sozialstaatlichkeit

Wenn man die Abhängigkeit der Familienpolitik von den gesellschaftlichen und wirtschaftlichen Rahmenbedingungen kennt, erklärt sich, warum Frauen und Mütter auf dem vorläufigen Höhepunkt einer weiter steigenden Massenarbeitslosigkeit nicht stärker in das Erwerbsleben einbezogen, sondern wieder mehr vom Arbeitsmarkt verdrängt wurden. Folgerichtig hielt die CDU/CSU/FDP-Koalition in modifizierter Form am traditionellen Leitbild der Hausfrauen- bzw. Ernährerfamilie fest und suchte es durch sozial- bzw. familienpolitische Maßnahmen zu zementieren. Gleichzeitig war man bemüht, statt einer bloßen Ehe- die Familienförderung stärker zu akzentuieren. Stephan Lessenich sprach in diesem Kontext von einer „Flexibilisierung relationaler Sozialstaatlichkeit", welche die Übergänge zwischen Arbeitsmarkt und Familie erleichtere. „Um ein Gegengewicht zu der auf seiten des Arbeitsmarktes ebenso unvermeidbaren wie unwiderruflichen Individualisierungstendenz zu bilden, um die potentiell desintegrativen sozialen Konsequenzen dieser Tendenz aufzufangen, wird eine neue Interpretation familialer Beziehungen und der in sie eingelassenen Solidaritätsstrukturen eingeleitet: Nicht die ‚gute alte Familie' wird aus der Mottenkiste sozialer Integrationsanstrengungen hervorgekramt; vielmehr treten ‚Haushalte' an die Stelle von Familien, die Elternfamilie läuft der Ehefamilie den Rang ab, Elternschaft und Kin-

---

532 Bettina am Orde, Die GKV-Neuordnungsgesetze – eine neue Ära mit vielen Verlierern und wenigen Gewinnern beginnt, in: Soziale Sicherheit 7/1997, S. 249
533 Hagen Kühn, Wettbewerb im Gesundheitswesen und sozial ungleiche Versorgungsrisiken, a.a.O., S. 136

deswohl rücken – unabhängig von konkret gelebten Familienformen – in den Mittelpunkt des sozialpolitischen Interesses."[534]

Demnach vollzog sich ein grundlegender Wandel in den Formen der staatlichen Regulierung sozialer Beziehungen, und der Wohlfahrtsstaat trat keineswegs von der Bühne ab, spielte darauf vielmehr – wie die einzelnen Bürger/innen – nur eine veränderte, im Wesentlichen nach neoliberalen Vorstellungen gestaltete Rolle: „Im Umbau des Sozialstaats wird die Rolle des Individuums neu bestimmt, werden Gemeinschaften neu definiert, Solidaritäten neu zugeschnitten, *Solidaritätsdynamiken* neu begründet. ‚Flexibilisierung' des Arbeitsmarktes und ‚Flexibilisierung' familialer Beziehungen greifen dabei ineinander, gehen Hand in Hand. Wer hierin nur Sozialstaatsabbau erkennen kann, der verfehlt die Komplexität des gesellschaftlichen Wandels – und verweigert sich seiner aktiven Gestaltung."[535]

Die schwarz-gelbe Familienförderung legte den Schwerpunkt auf steuerpolitische Maßnahmen, wovon jene Bevölkerungsschichten am meisten profitierten, die hohe Einkommensteuern zahlen mussten. Mit der Kindergeldreform 1975 hatte die SPD/FDP-Koalition die steuerlichen Freibeträge abgeschafft, von denen Wohlhabende besonders profitierten. Außerdem war ein Kindergeld für das erste Kind in Höhe von 50 DM (25,56 EUR) eingeführt sowie das Kindergeld für ein zweites Kind auf 70 DM (35,79 EUR) und für alle weiteren Kinder auf 120 DM (61,36 EUR) erhöht worden. Nun kehrte man zum *dualen* Familienlastenausgleich (Kombination von Kindergeld und Steuerfreibetrag) zurück. Eltern, die aufgrund ihres zu geringen Einkommens die steuerlichen Freibeträge nicht (voll) ausschöpfen konnten, gewährte man einen Kindergeldzuschlag, der jedoch niedriger als der Steuervorteil für die Besserverdienenden ausfiel. Die negativen Folgewirkungen des *horizontalen* Familienlastenausgleichs in verteilungspolitischer Hinsicht nahm man bewusst in Kauf. Da kein *vertikaler* Lastenausgleich erfolgte, der vor allem die Kinder sozial Benachteiligter ins Zentrum familienpolitischer Bemühungen gerückt hätte, fand eine Umverteilung von unten nach oben statt. „Denn ein horizontal ausgerichteter Familienlastenausgleich hat zum Ergebnis, daß bestehende Einkommens- und Chancenungleichheiten nachhaltig verschärft werden."[536]

Mit der „geistig-moralischen Erneuerung", die Kanzler Kohl bei seinem Amtsantritt ankündigte, waren nicht nur materielle Einschnitte für bestimmte Schichten, sondern auch mentale, politisch-ideologische Schwerpunktverschiebungen verbunden. Mechtild Jansen zufolge bildete die Frauen- und Familienpolitik den Schlüssel für die Hegemoniefähigkeit liberalkonservativer Politik wie die „Wende" überhaupt.[537] Ute Gerhard hat den Versuch, diese durch eine Politik der „Mütterlichkeit im neuen Gewand" zu verwirklichen, allerdings „rückwärtsgewandt und verspätet" genannt.[538] Familie, Mutter und Kind verzeichneten propagandistisch einen Bedeutungszuwachs, ohne dass dieser in der Regierungspraxis seine Entsprechung gefunden hätte. Beispielhaft dafür war die Errichtung der Bundesstiftung

---

534   Stephan Lessenich, Umbau, Abbau, Neubau? – Der deutsche Sozialstaat im Wandel. Eine Provokation, in: Leviathan 2/1996, S. 214
535   Ebd., S. 219 (Hervorh. im Original)
536   Peter Flieshardt/Johannes Steffen, Renaissance der Familie? – Praktische Tips und kritische Fragen zur „neuen" Steuer- und Sozialpolitik, Hamburg 1986, S. 19
537   Vgl. Mechtild Jansen, Vom Ende einer Hegemonie. Die CDU und die „Frauenpolitik", in: Tobias Dürr/ Rüdiger Soldt (Hrsg.), Die CDU nach Kohl, a.a.O., S. 165f.
538   Siehe Ute Gerhard, Geschlecht: Frauen im Wohlfahrtsstaat, in: Stephan Lessenich (Hrsg.), Wohlfahrtsstaatliche Grundbegriffe, a.a.O., S. 282

„Mutter und Kind – Schutz des ungeborenen Lebens" am 13. Juli 1984, die bedürftigen Schwangeren eine Babyerstausstattung finanzierte und Unterstützung bei der Suche nach sowie der Einrichtung einer angemessenen Wohnung gewährte, sie die Folgekosten für das Kind jedoch allein tragen ließ. Peter Flieshardt und Johannes Steffen wiesen darauf hin, dass sich die sozialen Notlagen der betroffenen Frauen keineswegs auf finanzielle Schwierigkeiten beschränkten: „Wohnungssorgen, Verschuldungsrisiken, Partnerprobleme, eine oft kinderfeindliche Umgebung oder Angst vor Diskriminierung als alleinstehende Mutter können nicht mit Pro-Kopf-Leistungen ohne Rechtsanspruch zwischen 1.000 und 5.000 DM aus der Welt geschafft werden."[539] Tatsächlich bildeten solche eher Almosen gleichenden Zuschüsse keinen Ersatz für Wohlfahrtsstaatlichkeit, die gleichzeitig massiv in Frage gestellt wurde.

Selbst in den Bereichen, wo die Sozialpolitik der CDU/CSU/FDP-Koalition aufgrund ideologischer Prioritäten der Union besondere Akzente setzen wollte (Familie, Frau und Kinder), wurde laut Peter Grottian per Saldo ein Leistungs*abbau* betrieben, wenn man die finanziellen Be- und Entlastungen berücksichtigt.[540] Während der Phase einer strengen Haushaltskonsolidierung (1983 bis 1985) habe die Regierungspolitik sogar „extrem familien- und frauenfeindlich" gewirkt, bemerkte Grottian.[541] Erst im Anschluss daran verabschiedeten die Regierungsparteien wieder kostenträchtige Leistungsgesetze, und zwar noch am ehesten auf dem Feld, das man von „Familien*lasten*-" in „Familien*leistungs*ausgleich" umbenannte. Exemplarisch genannt seien die Berücksichtigung von Kindererziehungszeiten in der Rentenversicherung sowie die Einführung des Haushaltsfreibetrages für Alleinerziehende und des Baukindergeldes (ab dem ersten Kind). Auch die deutliche Aufstockung des Kindergeldes deutet Jens Alber im Sinne einer Aufwertung der Familienpolitik, die mit einem Boom sozialer Dienstleistungen in folgenden drei Bereichen einherging: Begründung des Rechtsanspruchs auf einen Kindergartenplatz 1993, massive Ausdehnung der Altenhilfe und Einführung der Pflegeversicherung 1994.[542] Aus dem Rahmen fiel das fortschrittliche *Kinder- und Jugendhilfegesetz* (KJHG), welches am 3. Oktober 1990 zuerst in den östlichen Bundesländern in Kraft und am 1. Januar 1991 auch in den westlichen als *Sozialgesetzbuch Achtes Buch* (SGB VIII) an die Stelle des *Reichsjugendwohlfahrtsgesetzes* (RJWG) vom 5. Juli 1922 trat. Gleichwohl zog Gerhard Bäcker die negative sozialpolitische Bilanz, Kinder und Familien seien unter der Regierung Kohl noch mehr als bisher an den Rand gedrängt worden.[543]

Die gewandelte Rolle der Frau nur verbal anerkennend und diese scheinbar aufwertend, orientierte die CDU/CSU-geführte Regierung sie wieder stärker in Richtung der Hausarbeit, der Mutterschaft und der Kindererziehung. Angela Fiedler und Ulla Regenhard monierten, der Union gehe es darum, die Frauen als sog. Stille Reserve vom Arbeitsmarkt in die Küche abzudrängen, was sie ideologisch durch Kritik am Zwang zur Erwerbstätigkeit

---

539   Peter Flieshardt/Johannes Steffen, Renaissance der Familie?, a.a.O., S. 119
540   Vgl. Peter Grottian, Konservative Sozialpolitik: die paradoxe Legitimierung sozialstaatsabbauender, familien- und frauenfeindlicher Politik?, in: ders. u.a., Die Wohlfahrtswende, a.a.O., S. 42
541   Siehe ebd., S. 41
542   Vgl. Jens Alber, Der deutsche Sozialstaat in der Ära Kohl: Diagnosen und Daten, a.a.O., S. 256
543   Vgl. Gerhard Bäcker, Sozialstaat auf der schiefen Ebene: Kinder und Familien werden an den Rand gedrängt, in: Klaus-Jürgen Scherer/Heinrich Tiemann (Hrsg.), Deutschland an der Schwelle zum 21. Jahrhundert, a.a.O., S. 67ff.

und die Betonung von Wahlmöglichkeiten zwischen Familie und Beruf verbräme.[544] Von einer Stärkung der Subsidiarität als programmatischer Leitlinie versprach sich die CDU/CSU/FDP-Koalition offenbar einen adäquaten Ersatz für die aufgrund ihrer sehr restriktiven Beschäftigungs- und Sozialpolitik schwindende Solidarität: „Die Frauen sollen mit ‚sanfter Gewalt' gezwungen werden, unentgeltliche Dienste zu übernehmen – die Familie als Auffangbecken für gekappte Sozialleistungen."[545] Heide M. Pfarr warf der liberalkonservativen Bundesregierung vor, im *Beschäftigungsförderungsgesetz* die Teilzeitarbeit in einer für Frauen nachteiligen Weise geregelt und Schutzrechte wie das Verbot der „Arbeit auf Abruf" massiv eingeschränkt zu haben.[546]

Schon lange war das Mutterschaftsurlaubsgeld in Höhe von 750 DM (383,47 EUR) pro Monat den konservativen Politikern ein Dorn im Auge, denn nur *erwerbstätige* Frauen hatten einen Anspruch darauf. Es wurde zuerst auf 510 DM (260,76 EUR) gekürzt und später durch das Erziehungsgeld in Höhe von 600 DM (306,78 EUR) monatlich ersetzt. Während Irene Gerlach in dem Wechsel vom Mutterschafts- zum Erziehungsgeld primär ein Symbol für die „Hinwendung der Familienpolitik zu diversifizierten Lebensentwürfen ebenso wie zu einer leistungsgerechten Bewertung von Familie" sieht,[547] beurteilen andere Wissenschaftler/innen die Familienpolitik der CDU/CSU/FDP-Koalition erheblich kritischer.

Wiebke Kolbe zeigt, dass die Einführung des Erziehungsgeldes im Kontext eines pronatalistischen Diskurses stand.[548] Die *berufstätigen* Mütter benachteiligte das *Gesetz über die Gewährung von Erziehungsgeld und Erziehungsurlaub*, indem das Mutterschaftsgeld mit dem Erziehungsgeld verrechnet und der Mutterschutz gleich in mehrfacher Hinsicht eingeschränkt wurde.[549] Statt die Vereinbarkeit von qualifizierter Erwerbsarbeit und Kinderbetreuung zu fördern, machte das Gesetz die Zahlung von Erziehungsgeld davon abhängig, dass Mütter (oder in seltenen Ausnahmefällen: Väter) eine solche Berufstätigkeit aufgaben oder gar nicht erst aufnahmen. Kolbe zufolge belegt die Tatsache, dass Teilzeitarbeit nur beim bisherigen Arbeitgeber, mit dessen Einverständnis und in Form eines „ungeschützten" Beschäftigungsverhältnisses – nämlich mit einer maximalen Stundenzahl, die knapp unter der Mindestgrenze für die Versicherungspflicht in der Arbeitslosenversicherung (19 vs. 20 Wochenstunden) lag – geleistet werden konnte, wie klar die Belange der Wirtschaft vor jenen der betroffenen Eltern rangierten.[550] Auf diese Weise schrieb das Gesetz die traditionelle Frauenrolle fest und bestätigte die typisch deutsche Ideologie, wonach Kinderbetreuung *zu Hause* und nur durch *eine* Bezugsperson (in der Regel die leibliche Mutter) erfolgen muss.

Gleichfalls am 1. Januar 1986 trat das *Gesetz zur Neuordnung der Hinterbliebenenrenten sowie zur Anerkennung der Kindererziehungszeiten* in Kraft. Mit der Letzteren vollzog

---

544   Vgl. Angela Fiedler/Ulla Regenhard, Die sanfte Macht der Familie. Zur Frauen- und Familienpolitik der CDU/CSU, in: Blätter für deutsche und internationale Politik 8/1983, S. 1114
545   Ebd., S. 1113
546   Vgl. hierzu und zum Folgenden: Heide M. Pfarr, Mutterschaft und Mitleid. Der Zauber konservativer Frauenpolitik, in: Peter Grottian u.a., Die Wohlfahrtswende, a.a.O., S. 60ff.
547   Siehe Irene Gerlach, Familienpolitik, Wiesbaden 2004, S. 201
548   Vgl. Wiebke Kolbe, Elternschaft im Wohlfahrtsstaat. Schweden und die Bundesrepublik im Vergleich 1945-2000, Frankfurt am Main/New York 2002, S. 185
549   Vgl. Peter Flieshardt/Johannes Steffen, Renaissance der Familie?, a.a.O., S. 151ff.
550   Vgl. Wiebke Kolbe, Elternschaft im Wohlfahrtsstaat, a.a.O., S. 369

die Bundesrepublik nach, was im DDR-Rentenrecht schon lange und in noch höherem Maße galt.[551] Nunmehr wirkte sich Erziehungsarbeit positiv auf die Rentenhöhe aus, wenn sie auch (noch) nicht der Erwerbstätigkeit gleichgestellt wurde: Kindererziehungszeiten wurden nur mit 75 Prozent des durchschnittlichen Bruttoarbeitsentgelts aller Versicherten bewertet. Zunächst kamen ausschließlich nach 1920 geborene Frauen in den Genuss dieser Regelung, was viel Kritik hervorrief, weil die „Trümmerfrauen" leer ausgingen. Aber auch die Älteren wurden nur berücksichtigt, wenn sie nicht erwerbstätig gewesen waren und mehr verdient hatten, als der genannte Prozentsatz ausmachte. Seit der Rentenreform 1992 werden 3 Jahre pro Kind angerechnet, und erst die Rentenreform 1999 stockte den Anrechnungsbetrag auf 100 Prozent des Durchschnitteinkommens auf.

Das am 9. November 1989, dem Tag des Mauerfalls, im Bundestag beschlossene *Gesetz zur Reform der Gesetzlichen Rentenversicherung* brachte für die Betroffenen ansonsten viele Verschlechterungen mit sich. Beispielsweise ging man von der bruttolohnbezogenen auf die nettolohnbezogene Anpassung der Renten über, hob die Altersgrenzen für den Renteneintritt schrittweise auf 65 Jahre an und führte Abschläge von 0,3 Prozent pro Monat bei vorzeitigem Rentenbezug (ab dem 60. Lebensjahr insgesamt 18 Prozent) ein.

Während der letzten Amtsperiode von Helmut Kohl, die bei einer weiter steigenden Arbeitslosigkeit stärker durch Leistungskürzungen und eine Verschärfung von Anspruchsvoraussetzungen bestimmt war, rückten auch die autoritär-patriarchalischen und die antiemanzipatorischen Traditionslinien des deutschen Sozialstaates wieder mehr in den Vordergrund. Die liberal-konservative Sozialpolitik ließ Tendenzen einer Refeudalisierung, wenn nicht gar eines partiellen Rückfalls ins Mittelalter erkennen. Das sog. Dienstmädchenprivileg, als Sonderausgabenabzug im Einkommensteuerrecht verankert, wurde ausgebaut. Besserverdienende konnten die Bezahlung von Haushaltshilfen steuerlich absetzen, und zwar unabhängig davon, ob Kinder zu betreuen oder pflegebedürftige Angehörige zu versorgen waren.

Seit dem 1. Januar 1996 besteht für 3- bis 6-Jährige der Rechtsanspruch auf einen Kindergartenplatz. Die dafür nötige Änderung des KJHG erfolgte aber nicht etwa deshalb, weil die Bundesregierung einen Beitrag zur besseren Vereinbarkeit von Beruf und Familie vor allem für alleinerziehende Frauen hätte leisten wollen. Vielmehr handelte es sich eher um einen Akt der sozialpolitischen Kompensation, weil der Schwangerschaftsabbruch nach der Vereinigung beider deutscher Staaten unter Beachtung entsprechender Auflagen des Bundesverfassungsgerichts in einer besonders für ehemalige DDR-Bürgerinnen enttäuschend restriktiven Weise geregelt worden war. Aufgrund der Tatsache, dass die von den Gemeinden zu gewährleistende Betreuung ihrer Kinder meist nicht ganztägig erfolgt, konnten deren Mütter bzw. alleinerziehende Väter allerdings weiterhin nur einer Teilzeitbeschäftigung nachgehen. „Fehlende Hortplätze und Ganztagsschulen sowie unregelmäßige Unterrichtszeiten ließen die Schwierigkeiten bei der Vereinbarkeit von Erwerbstätigkeit und Kinderbetreuung auch für Eltern von Schulkindern bestehen."[552]

Familienpolitik und -rhetorik der Liberalkonservativen waren durch den Widerspruch gekennzeichnet, dass CDU/CSU und FDP einerseits die Flexibilisierung des Arbeitsmarktes weiter vorantreiben sowie die Schutz- und Mitbestimmungsrechte der Beschäftigten

---

551   Vgl. Johannes Frerich/Martin Frey, Handbuch der Geschichte der Sozialpolitik in Deutschland, Bd. 2: Sozialpolitik in der Deutschen Demokratischen Republik, 2. Aufl. München/Wien 1996, S. 337; Manfred G. Schmidt, Sozialpolitik der DDR, Wiesbaden 2004, S. 98
552   Wiebke Kolbe, Elternschaft im Wohlfahrtsstaat, a.a.O., S. 372

schleifen wollten, um den angeblich kaum mehr konkurrenzfähigen „Wirtschaftsstandort D" zu beleben, einheimische Unternehmen zu entlasten und ausländische Investoren anzulocken, andererseits einer Stärkung der Familie das Wort redeten, die gerade durch solche Maßnahmen im Kern gefährdet wurde und immer größere Schwierigkeiten hatte, Kinder zu betreuen und erziehen, wenn deren Eltern geografisch mobil und beruflich flexibel sein sollten. Wolfgang Engler spricht in diesem Zusammenhang von „falschen Propheten", welche sich die uneingeschränkte Verfügbarkeit von „Humankapital" im Zeitalter der Globalisierung auf die Fahnen schreiben, aber den Verfall der familiären Werte beklagen: „Erst fordert man die Menschen auf, alle persönlichen Bindungen dem Markt zu opfern, und kaum haben sie es getan, verweist man sie in ihrer Not vom Staat zurück an die Lieben daheim, das heißt oft genug ans Nichts."[553]

4.4.4 Die Soziale Pflegeversicherung als neuer Versicherungszweig: Krönung oder Niedergang der Wohlfahrtsstaatsentwicklung?

Mit dem nach langen Diskussionen im Konsens verabschiedeten *Gesetz zur sozialen Absicherung des Risikos der Pflegebedürftigkeit* vom 26. Mai 1994 wurde ein weiteres Standardrisiko abgedeckt und fast 50 Jahre nach der Arbeitslosen- die fünfte Säule der Sozialversicherung errichtet. Beinahe 20 Jahre lang hatte die (west)deutsche Fachöffentlichkeit debattiert, wie man einerseits die Pflegebedürftigen vom Stigma der Sozialhilfeabhängigkeit und andererseits die Kommunen von den Aufwändungen für Hilfe in besonderen Lebenslagen (HBL) befreien könnte. Diese doppelte Motivation zur Schaffung eines weiteren Sozialversicherungszweiges hatte eine Verständigung mit der sozialdemokratischen Opposition ermöglicht, die in vielen Ländern und Gemeinden gleichfalls politische Verantwortung trug.

Heftig umstritten war die Organisationsform, mit der das Pflegefallrisiko abgedeckt werden sollte. Zur Debatte standen dabei mehrere Varianten, die von einer Erweiterung der Krankenversicherung um den Tatbestand der Pflegebedürftigkeit über eine völlig eigenständige, von der GKV separierte gesetzliche Pflichtversicherung und ein steuerfinanziertes Leistungsgesetz bis zur freiwilligen Privatversicherung reichten. Dominiert wurde die öffentliche Kontroverse am Ende von einem Motiv, das für den Ausbau des Sozialstaates wenig Platz ließ, denn man wollte die gesetzlichen Lohnnebenkosten niedrig halten, um den „Wirtschaftsstandort Deutschland" nicht zu gefährden. „Diese von liberaler Seite eingebrachte ‚Chiffre' hat die Diskussion geprägt und den Diskursrahmen akzeptabler Maßnahmen begrenzt."[554] Bis zuletzt wurde um die finanzielle Einbeziehung der Arbeitgeberseite gerungen. Schließlich konnte die FDP mit dem Argument, ein weiterer Anstieg der Lohnnebenkosten gefährde die Konkurrenzfähigkeit deutscher Unternehmen, eine „Kompensation" der Arbeitgeberbeiträge durchsetzen.

Versicherungsprinzip und Marktlogik gingen eine merkwürdige Mischung bzw. eine widersprüchliche Verbindung ein. Einerseits stand die Soziale Pflegeversicherung in der Kontinuität des damals schon über 100 Jahre währenden Entwicklungsprozesses der GKV. Grundsätzlich folgte die Pflege- der Krankenversicherung(spflicht): Wer seinen gewöhnli-

---

553 Wolfgang Engler, Bürger, ohne Arbeit, a.a.O., S. 158
554 André Paul Stöbener, Die Pflegeversicherung. Ein Lehrstück über Aushandlungsprozesse eines „Sozialen Problems" in der Sozialpolitik, Konstanz 1996, S. 124

chen Wohnsitz in der Bundesrepublik hatte und Mitglied einer gesetzlichen oder privaten Krankenkasse war, musste einen Pflegeversicherungsvertrag abschließen. Darüber hinaus wurden in die Pflegepflichtversicherung weitere Personen einbezogen, etwa Beihilfe- und Heilfürsorgeberechtigte sowie Abgeordnete und ihre Familienangehörigen. Indem man nahezu alle Wohnbürger/innen verpflichtete, sich gesetzlich oder privat gegen das Risiko der Pflegebedürftigkeit zu versichern, wies der neue Versicherungszweig einer umfassenden Bürger- bzw. Volksversicherung den Weg. Andererseits brach man mit Grundprinzipien der Sozialversicherung insofern, als die Pflegeversicherung „den endgültigen Übergang vom Bedarfs- zum Budgetprinzip" markierte.[555] Im Gegensatz zu den anderen Versicherungszweigen funktioniert die Pflegeversicherung nach dem „Teilkasko"-Prinzip: „Kosten über die Grenzen hinaus müssen privat finanziert werden oder werden bei Bedürftigkeit vom örtlichen bzw. überörtlichen Sozialhilfe-Träger übernommen."[556]

Norbert Blüm, der sich nach DDR-„Wende" und Vereinigung 1989/90 vom Gegner zum engagierten Befürworter einer *Versicherungs*lösung wandelte, sah in der Sozialen Pflegeversicherung die Krönung seines politischen Lebenswerks. Eingeführt wurde die Pflegeversicherung schrittweise gegen Mitte der 90er-Jahre: Ab. 1. Januar 1995 mussten Beiträge entrichtet werden; ab 1. April 1995 gab es Leistungen zur häuslichen und ab 1. Juli 1996 auch zur stationären Pflege. Durch den Medizinischen Dienst der Krankenkassen werden die Betroffenen in drei Pflegestufen (erheblich Pflegebedürftige, Schwer- und Schwerstpflegebedürftige) eingeteilt, welche sich wiederum jeweils im Hinblick auf die Höhe der gewährten Geldleistungen (Pflegegeld) bzw. den Umfang der Pflegesachleistungen (ambulante und stationäre) noch einmal voneinander unterscheiden. Bei häuslicher Pflege kann man zwischen Geld- und Sachleistungen wählen. Durch das Pflegegeld erhielten Angehörige einen materiellen Anreiz, nicht auf die (teurere) Heimpflege auszuweichen.

In der Auseinandersetzung um die Gestaltung der Absicherung des Pflegefallrisikos verdichtete sich wie in einem Brennglas der gesellschaftliche Grundkonflikt über die Zukunft des Sozialstaates. Der *Hybrid*charakter der Pflegeversicherung resultierte daraus, dass sich in ihr alte und neue Wesenszüge des Wohlfahrtsstaates auf widersprüchliche Art vermischen. Weder lebte Bismarcks Sozialstaat in hergebrachter Gestalt einfach fort, noch trat bereits das Modell der Zukunft klar und deutlich hervor.

Durch das *Pflege-Versicherungsgesetz* erhöhte sich der Ökonomisierungsdruck im Wohlfahrtssektor abermals. Es gab betriebswirtschaftliche Effizienzkriterien vor und stellte viel stärker als der bisherige Sozialstaat auf moderne Managementmethoden (Einführung von Wirtschaftlichkeitsprüfungen und Maßnahmen der Qualitätssicherung) ab. Auch wurde der Wettbewerb zwischen frei-gemeinnützigen und privatgewerblichen Anbietern von sozialen Dienstleistungen institutionalisiert und die Stellung der Letzteren damit aufgewertet. Klienten der ambulanten Pflegedienste avancierten zu „Kunden", die sich für einen (Billig-) Anbieter entscheiden können. *Wettbewerbs*strukturen schufen einen regelrechten „Pflegemarkt", der zwar noch politisch reguliert wird, Konkurrenz als maßgebliches Lenkungsprinzip aber in den Sozialstaat hinein verlängert. In der Praxis sorgten *gewinn*orientierte Pflegedienste weniger durch hohe Qualitätsstandards als durch unseriöse Abrechnungsme-

---

555   Siehe Heinz Rothgang, Die Einführung der Pflegeversicherung. Ist das Sozialversicherungsprinzip am Ende?, in: Barbara Riedmüller/Thomas Olk (Hrsg.), Grenzen des Sozialversicherungsstaates, a.a.O., S. 182
556   Christoph Strünck, Pflegeversicherung – Barmherzigkeit mit beschränkter Haftung. Institutioneller Wandel, Machtbeziehungen und organisatorische Anpassungsprozesse, Opladen 2000, S. 62

thoden für Aufsehen. Oft genug ging es ihnen nur darum, die Pflegebedürftigen möglichst schnell und problemlos ruhig zu stellen.

Ein wichtiger, für die Pflegeversicherung typischer Strukturaspekt war, dass sie mit dem Prinzip der Beitragsparität zwischen Arbeitgebern und Arbeitnehmer(inne)n brach, das für den gesellschaftlichen Grundkonsens zur sozialen Sicherung eine große Bedeutung hat. Aufgrund der „Kompensation" des Arbeitgeberanteils durch die Streichung des Buß- und Bettages (nur in Sachsen wurde eine andere Regelung getroffen, die aber keine abweichende Bewertung rechtfertigt) tragen Arbeitnehmer/innen de facto die gesamte Beitragslast. Selbst zu Bismarcks Zeiten wurden ihnen aber nur zwei (und den Unternehmern das restliche) Drittel der Kosten für die Krankenversicherung aufgebürdet. Insofern erfüllte die Soziale Pflegeversicherung im negativen Sinn eine gesellschaftspolitische *Pilot*funktion. Manchen Kritiker(inne)n erschien sie auch wegen nach dem Budgetprinzip gedeckelter Leistungen und des Verzichts auf Bedarfsdeckung als „Vorbote eines anderen Sozialstaates", der nicht mehr allen in den übrigen Versicherungszweigen bewährten Funktionsprinzipien folgte.[557] Margarete Landenberger schrieb: „Die Bedeutung des Rückzugs der Arbeitgeberseite aus der paritätischen Beitragsfinanzierung geht über die Pflegeversicherung weit hinaus. Es handelt sich um eine Weichenstellung in Richtung der Zukunftsvision des Sozialstaates von Wirtschaft, FDP und Privatassekuranz."[558] Daniel Kreutz sieht in der Pflegeversicherung sogar den „Prototyp eines post-sozialstaatlichen Systems", weil sie, unter Preisgabe des Grundsatzes paritätischer Finanzierung einseitig von den Versicherten bezahlt und mittels gedeckelter Leistungen für Bedürftige gleichsam auf eine „Basissicherung" beschränkt, seiner Meinung nach der Kostenüberwälzung von den Sozialhilfeträgern auf die abhängig Beschäftigten dient.[559] Skeptiker/innen warnten noch während des Gesetzgebungsprozesses, das schlechte Beispiel der Pflegeversicherung werde Schule machen. Klaus Priesters Befürchtungen erwiesen sich später als zutreffend: „Die Tür zur künftigen Reduzierung von Sozialleistungen auf das Niveau abgespeckter ‚Grundsicherungsmodelle' auch in der Kranken- und Arbeitslosenversicherung wird damit weit geöffnet."[560]

Heinz Rothgang arbeitet die unter Gerechtigkeitsaspekten fragwürdigen Umverteilungswirkungen der Pflegeversicherung heraus.[561] Diese weist hinsichtlich der Belastungsgerechtigkeit schon infolge ihrer degressiven Beitragsstruktur eine Schieflage auf: „Für Versicherte mit geringem Einkommen (Rentenanwartschaften) gilt, dass sie nicht nur überproportional belastet werden, sondern später als Pflegebedürftige obendrein unterproportional profitieren, zumindest wenn sie stationär untergebracht werden wollen. Die Höhe der üblichen Kosten stationärer Unterbringung ist mit niedrigen Renten beziehungsweise Vermögen nicht zu begleichen, was zur Beantragung von Sozialhilfe zwingt."[562] Besonders

---

557   Siehe Margarete Landenberger, Pflegeversicherung als Vorbote eines anderen Sozialstaates, in: Zeitschrift für Sozialreform 5/1994, S. 314ff.

558   Dies., Pflegeversicherung – Modell für sozialstaatlichen Wandel, in: Gegenwartskunde 1/1995, S. 23

559   Siehe Daniel Kreutz, Neue Mitte im Wettbewerbsstaat. Zur sozialpolitischen Bilanz von Rot-Grün, in: Blätter für deutsche und internationale Politik 4/2002, S. 464

560   Klaus Priester, Lean Welfare. Mit Pflegeversicherung und Karenztagen zum Umbau des Sozialstaats, in: Blätter für deutsche und internationale Politik 9/1993, S. 1097

561   Vgl. Heinz Rothgang, Ziele und Wirkungen der Pflegeversicherung. Eine ökonomische Analyse, Frankfurt am Main/New York 1997

562   Berthold Dietz, Die Pflegeversicherung. Ansprüche, Wirklichkeiten und Zukunft einer Sozialreform, Wiesbaden 2002, S. 31

häufig wird bis heute kritisiert, dass die Pflegeversicherung das Vermögen (also im Grunde das Erbe der Angehörigen) von Pflegebedürftigen schont, statt dieses – wie etwa im Rahmen der Bedürftigkeitsprüfung nach einem Leistungsgesetz üblich – bis auf einen Schonbetrag in Anspruch zu nehmen. Man kann darin zwar eine soziale Ungerechtigkeit erblicken, sollte aber nicht übersehen, dass sie die Akzeptanz der Pflegeversicherung wie des Sozialstaates insgesamt bei den Mittelschichten wesentlich erhöht.

Der anfänglich gebildete Kapitalstock wurde aufgezehrt, ohne dass die Soziale Pflegeversicherung den wachsenden Kostendruck in diesem Bereich auffing. Durch die Pauschalierung, die Deckelung und die fehlende Dynamisierung der Leistungen wurden die finanziell überforderten Kommunen schon bald wieder stärker in die Pflicht genommen. Eberhard Jüttner, als Stellvertretender Vorsitzender des Paritätischen Wohlfahrtsverbandes engagierter Befürworter eines Bundespflegeleistungsgesetzes, zieht hieraus jedoch vorschnell den Schluss, „dass die Einführung der Pflegeversicherung unter dem Aspekt einer nachhaltigen Absicherung des Pflegerisikos ein Fehler war."[563]

4.5 Fazit

Jens Alber hat in Bezug auf die Sozialpolitik der „Kohl-Ära" drei unterschiedliche Deutungsmuster mit jeweils zwei nur unwesentlich divergierenden Varianten herausgearbeitet: Sowohl die These einer „konservativen Transformation", von der „Göttinger Schule" jüngerer Sozialwissenschaftler vertreten, als auch die These der „Rekommodifizierung", einer „Bremer Schule" zugeschrieben, ordnet Alber der Annahme eines „bürgerlichen Backlash" unter; die These einer Transformation vom Sozial- zum „Sicherungsstaat", Politologen der Schule um Hans-Hermann Hartwich (Hamburg) und Bernhard Blanke (Hannover) zugeordnet, und die These vom Ende des Sozialversicherungsprinzips bzw. des Übergangs vom Bedarfsdeckungsprinzip zur Budgetierung, mit keiner bestimmten Schule verbunden, subsumiert Alber unter der Dominanz staatlicher „Kostenkontrolle"; die im Kölner Max-Planck-Institut für Gesellschaftsforschung verortete These des Festhaltens an patriarchalischer Transfer- und restriktiver Dienstleistungspolitik mit einer Spaltung der Erwerbsbevölkerung in In- und Outsider sowie die gleichfalls von Fritz W. Scharpf beeinflusste These der Strukturkontinuität und Reformblockaden handelt Alber unter dem Stichwort „institutionelle Trägheit" ab.[564]

Dort wäre auch der Heidelberger Politikwissenschaftler Manfred G. Schmidt anzusiedeln, welcher die Kontinuität zwischen der sozial-liberalen und der liberal-konservativen Regierungspraxis hervorhob, was er damit untermauerte, dass die Union – insoweit der SPD ähnelnd – eine „Sozialstaatspartei" (geblieben) sei: „Allerdings gehört zu ihr – im Unterschied zur SPD – ein starker Mittelstands- und Arbeitgeberflügel, der den Sozialstaat am kurzen Zügel führen möchte. Diese Heterogenität spiegelt das Hin und Her der sozialpolitischen Regierungspraxis der CDU/CSU-geführten Regierungen wider – bei meist deut-

---

563   Siehe Eberhard Jüttner, Von der Pflegeversicherung zum Bundespflegeleistungsgesetz. Nutzen und Notwendigkeit einer bedarfsorientierten Pflegeversicherung, in: Ursula Engelen-Kefer u.a., Sozialpolitik mit Zukunft. Eine Streitschrift gegen die weitere Entsolidarisierung der Gesellschaft, Hamburg 2005, S. 100
564   Vgl. Jens Alber, der deutsche Sozialstaat in der Ära Kohl: Diagnosen und Daten, a.a.O., S. 235ff.

lichem Übergewicht der sozialstaatsfreundlichen Linie."[565] Entgegen der gängigen These vom Abbau des Sozialstaates unter Helmut Kohl und Norbert Blüm belegen die einschlägigen Daten für Josef Schmid gleichfalls „erstaunliche Stabilität"; freilich sei nunmehr „Stagnation auf hohem Niveau" an die Stelle des Wachstums der 60er- und frühen 70er-Jahre getreten.[566] Schmidt sah die „Kohl-Ära" stärker durch Brüche bzw. Widersprüche geprägt und sprach von einer „dreifache(n) Diskontinuität", die er unterschiedlichen Perioden zuordnete: In der ersten Regierungsphase (1982 bis 1989/90) habe man die finanzielle Konsolidierung des Staates und den Umbau in seinem Verhältnis zum Markt weit vorangetrieben. Während der zweiten Phase (1990 bis Mitte der 90er-Jahre) sei die Entwicklung wegen des „unfreiwilligen ‚Vereinigungskeynesianismus'" in Gestalt eines überwiegend defizitfinanzierten „Aufbaus Ost" umgekehrt worden. Die dritte und letzte Phase (ab Mitte der 90er-Jahre bis 1998) war für Schmidt durch das neuerliche Sinken der Staatsquote gekennzeichnet; diesmal bedingt durch die Ausrichtung der Finanzpolitik auf die Konvergenzkriterien des Maastrichter EU-Vertrages. „Diskontinuität tritt auch darin zutage, daß die Koalition aus Unionsparteien und FDP vor und nach 1989 beherzter an das Werk der finanziellen Konsolidierung, des Umbaus und mitunter auch des Rückbaus des Sozialstaats ging als ihre Vorgängerregierung, die damit – noch tastend – Ende 1975 begonnen hatte."[567]

Trotz recht einschneidender Kürzungen sozialer Leistungen blieb der Systemwechsel im Sinne einer neoliberalen Transformation des Wohlfahrtsstaates unter Helmut Kohl und Norbert Blüm aus. „Eine grundlegende Wende von weniger Staat zu mehr Markt hat es nicht gegeben."[568] Wohl mehrten sich gegen Mitte der 90er-Jahre noch einmal die Versuche, Breschen in das seit über einem Jahrhundert bestehende Sozialsystem zu schlagen. Auch ein spürbarer Stimmungsumschwung bei einem Großteil der Eliten wie der öffentlichen Meinungsträger erlaubte es jedoch den regierenden Konservativen und Liberalen nicht, die bewährten Strukturen, Institutionen und Gestaltungsprinzipien ohne das Risiko des Machtverlusts auf der Bundesebene anzutasten. „Die Kohl-Regierung konnte bis auf teilweise gravierende Leistungskürzungen und eine restriktivere Handhabung des Versicherungsprinzips keine Systembrüche in der Sozialversicherung durchsetzen."[569]

Zwar kann von einer Zerstörung des Wohlfahrtsstaates durch die Bonner CDU/CSU/ FDP-Koalition während der 90er-Jahre keine Rede sein. Mit zahlreichen Einschränkungen, Verschärfungen der Anspruchsvoraussetzungen bzw. Verkürzungen der Bezugsdauer von Transferleistungen sowie der Verankerung des Konkurrenzprinzips und dem Einbau marktwirtschaftlicher Strukturelemente in das Sozialsystem wurden jedoch die Voraussetzungen für einen Systemwechsel geschaffen. Darüber täuschten auch Bekenntnisse zum Bismarck'schen Sozial(versicherungs)staat nicht hinweg, die eher deklaratorischer Art und seiner ungebrochenen Akzeptanz bei großen Teilen der Wählerschaft geschuldet waren. Nie zuvor verkörperte die Union den von ihr selbst nach 1945 mit geschaffenen Wohlfahrtsstaat weniger als in der „Kohl-Ära" und kaum jemals gaben sich die Liberalen (als Partei der

---

565   Manfred G. Schmidt, Sozialstaatliche Politik in der Ära Kohl, in: Göttrik Wewer (Hrsg.), Bilanz der Ära Kohl, a.a.O., S. 76
566   Siehe Josef Schmid, Mehrfache Desillusionierung und Ambivalenz, a.a.O., S. 98
567   Manfred G. Schmidt, Sozialstaatliche Politik in der Ära Kohl, a.a.O., S. 77
568   Antonia Gohr, Eine Sozialstaatspartei in der Opposition, a.a.O., S. 265
569   Andreas Bachmann, Privatisierung der Sozialversicherung und aktivierender Staat, a.a.O., S. 59

Besserverdienenden) marktradikaler. Hier dürfte denn auch ein weiterer wichtiger Grund dafür zu suchen sein, warum die CDU/CSU/FDP-Koalition in der Bevölkerung nach 16-jähriger Amtszeit nur noch wenig Rückhalt fand.

5 Die rot-grüne Regierungspolitik: Auflösung des „Reformstaus" oder Verschärfung des Sozialabbaus?

SPD und Bündnis 90/Die Grünen erhielten bei der Bundestagswahl am 27. September 1998 vermutlich nicht zuletzt deshalb die Mehrheit der gültigen (Zweit-)Stimmen, weil viele Millionen Wähler/innen, von der liberalkonservativen Wirtschafts- und Sozialpolitik tief enttäuscht, den Regierungsparteien CDU/CSU und FDP ihre Zustimmung entzogen. Obwohl die SPD mit ihrem Slogan „Innovation und Gerechtigkeit", Gerhard Schröder als Kanzlerkandidat und dem damaligen Parteivorsitzenden Oskar Lafontaine für eine andere, solidarischere Form der gesellschaftlichen Modernisierung stand, wurden die Hoffnungen auf eine „Kehrtwende" in der Wirtschafts- und Sozialpolitik nicht einmal ansatzweise erfüllt. Denn schon bald rückten SPD und Bündnisgrüne von Wahlversprechen, einzelnen Punkten ihrer Koalitionsvereinbarung und sogar Grundpositionen, die sie vorher bezogen hatten, schrittweise wieder ab.

5.1 Sozialreform im Konsens? – Wiederbelebung, Ergebnisse und Scheitern des „Bündnisses für Arbeit"

Unmittelbar nach dem Regierungswechsel nahm die rot-grüne Parlamentsmehrheit mit dem *Gesetz zu Korrekturen in der Sozialversicherung und zur Sicherung der Arbeitnehmerrechte* sowie dem *Gesetz zur Stärkung der Solidarität in der Gesetzlichen Krankenversicherung*, die am 1. Januar 1999 in Kraft traten, einige sozial- und beschäftigungspolitische Zumutungen der Spätphase des CDU/CSU/FDP-Kabinetts wieder zurück: Die schlimmsten Einschränkungen sowohl beim Kündigungsschutz wie auch bei der Lohnfortzahlung im Krankheitsfall wurden storniert, Verschlechterungen im Gesundheitswesen (Beschränkung der Leistungen für Zahnersatz auf bis 1978 Geborene, Erhöhung der Zuzahlungen bei Arzneimitteln), aber auch die von der Regierung Kohl/Weigel/Kinkel eingeführten Elemente der privaten Versicherungswirtschaft (Kostenerstattungsverfahren, Beitragsrückgewähr und Selbstbehalte) nach wenigen Wochen wieder beseitigt. Wie deren Rücknahme durch Rot-Grün zeigte, war der damit eingeleitete Privatisierungsprozess im Gesundheitswesen zwar nicht irreversibel, die Folgeschäden der Fehlentwicklung ließen sich aber schwerlich über Nacht beheben.

Zunächst *suspendiert* wurden die vom Bundestag während der vorangegangenen Legislaturperiode beschlossenen Rentenkürzungen (Einführung eines „demografischen Faktors") und die Anrechnung von Abfindungen auf das Arbeitslosengeld. Viele andere politische Erblasten der CDU/CSU/FDP-Koalition blieben allerdings unangetastet: Weder wurde der alte Paragraf 116 AFG (neu: Paragraf 146 SGB III) wiederhergestellt noch die Fülle der Leistungskürzungen und massiven Einschränkungen von Arbeitnehmerrechten seit der „Wende" 1982, etwa im Bereich der Sozialhilfe, der (Berechnung von) Arbeitslosenhilfe oder der beruflichen Weiterbildung, revidiert.

Ein positives Signal setzte die neue Bundesregierung, welche den „Reformstau" der Kohl-Ära auflösen wollte, in der Arbeitsmarkt- und Beschäftigungspolitik: Mit ihrem Sofortprogramm zum Abbau der Jugendarbeitslosigkeit („JUMP – Jugend mit Perspektive"), für das jährlich rund 2 Mrd. DM (ca. 1,022 Mrd. EUR) ausgegeben wurden, erhielten jüngere Menschen ohne Arbeitsplatz und Lehrstelle eine Chance, nach beruflichen Qualifizierungsmaßnahmen und mit geeigneten Eingliederungshilfen auf dem Arbeitsmarkt wenigstens vorübergehend Fuß zu fassen. Von einer Umlage für Betriebe, die nicht ausbilden, war hingegen vorerst keine Rede mehr, obwohl der SPD-Jugendparteitag 1996 in Köln eine solche Regelung gegen den erklärten Willen des späteren Kanzlerkandidaten Gerhard Schröder als „strategische Weichenstellung für den Bundestagswahlkampf" beschlossen hatte.[570]

Im Mittelpunkt der rot-grünen Regierungsprogrammatik stand völlig zu Recht die Bekämpfung der Arbeitslosigkeit. Fragwürdig war jedoch die Verabsolutierung dieses Ziels. Denn es wurde weder viel nach den ökologischen und sozialen Folgekosten seiner Realisierung noch nach dem Sinngehalt von Arbeit, sondern eigentlich nur noch gefragt, ob es (mehr) Arbeitsplätze gibt. Problematisch war auch der Weg, wie SPD und Bündnis 90/Die Grünen ihr Hauptziel zu erreichen suchten. Den strategischen Hebel bildete nämlich die Senkung der (gesetzlichen) Lohn*neben*kosten bzw. der von Arbeitgebern (und Arbeitnehmern) zu entrichtenden Sozialversicherungsbeiträge, wobei ignoriert wurde, dass nur die in der Bundesrepublik wegen hoher Arbeitsproduktivität relativ niedrigen Lohn*stück*kosten für potenzielle Investoren wirklich relevant sind. Hängt die Arbeitsnachfrage aber *nicht* von den Lohn- bzw. Lohnnebenkosten ab, muss die Bekämpfung der Massenarbeitslosigkeit in einer geldgesteuerten Ökonomie am Vermögensmarkt ansetzen.[571]

Oskar Lafontaine, der sich als Finanzminister zusammen mit seinen beiden Staatssekretären Heiner Flassbeck und Claus Noé dem neoliberalen Mainstream widersetzte, als Mittel zur Bekämpfung der Arbeitslosigkeit die Stärkung der Binnenkonjunktur bzw. der Massenkaufkraft durch Senkung der Steuern für Geringverdiener/innen und eine expansive Geldpolitik der Europäischen Zentralbank genauso wie eine „neue Weltfinanzordnung" forderte, fand zu wenig Rückhalt innerhalb der eigenen Partei, bei den Gewerkschaften und in der Öffentlichkeit. Folgerichtig, aber total überraschend trat er (noch vor Beginn der verfassungs- und völkerrechtswidrigen Bombardierung Jugoslawiens durch die NATO) nach Meinungsverschiedenheiten mit Gerhard Schröder und Abstimmungsschwierigkeiten mit dem Bundeskanzleramt im März 1999 auch als SPD-Vorsitzender zurück. Während sich die Börsianer über massive Kurssteigerungen als Reaktion der Kapitaleigentümer darauf freuen durften, schwächte der Schritt die sozialdemokratische Parteilinke nachhaltig. Auch wurde die rot-grüne Reformpolitik in Mitleidenschaft gezogen, zumal die Koalition kurz darauf ihre Mehrheit im Bundesrat verlor und auf manchen Politikfeldern den Rückwärtsgang einlegte. Das rot-grüne Projekt war am Ende, noch bevor es sich überhaupt programmatisch entwickeln, organisatorisch festigen und praktisch bewähren konnte. Bundeskanzler Schröder übernahm kurz entschlossen auch den Parteivorsitz, um die Konfliktflächen bzw. drohenden Reibungsverluste zwischen der Bundesregierung und der SPD zu minimieren.

---

570   Siehe Oskar Lafontaine, Das Herz schlägt links, München 1999, S. 68
571   Vgl. Michael Heine/Hansjörg Herr, Die beschäftigungspolitischen Konsequenzen von „Rot-Grün", in: PROKLA 116 (1999), S. 391

Die anderen Repräsentanten der rot-grünen Koalition, darunter Walter Riester als neuer Arbeits- und Sozialminister, ließen wenig Entschlossenheit zur Überwindung des Liberalkonservatismus erkennen. Ihnen fehlte eine klare Linie, wie das wochenlange Hin und Her bei der Behandlung „geringfügiger Beschäftigungsverhältnisse" (sog. 630-DM- bzw. 325-Euro-Jobs) sowie von arbeitnehmerähnlicher und Scheinselbstständigkeit zeigte. Da die rot-grüne Bundesregierung kein überzeugendes Konzept und keine substanzielle Alternative zum Neoliberalismus besaß, passte man sich diesem in der Praxis an, zumal die Wirtschaftslobby sie enorm unter Druck setzte. Josef Reindl monierte, dass man „Angst vor der eigenen Courage bekommen" habe und „auf der ganzen Linie in den hegemonialen Diskurs eingeschwenkt" sei.[572] So wurde übers Jahr aus dem Entwurf eines *Gesetzes zur Bekämpfung der Scheinselbständigkeit* das *Gesetz zur Förderung der Selbständigkeit* vom 20. Dezember 1999 – nun ganz in neoliberaler Diktion. Es regelte in einem von vielen Betroffenen als übermäßig bürokratisch empfundenen Prüfverfahren, ob diese selbstständig, scheinselbstständig oder in arbeitnehmerähnlicher Stellung tätig waren.

Während der 80er- und 90er-Jahre hatte die geringfügige Beschäftigung, für Arbeitgeber besonders günstig, weil nur mit einer Pauschalsteuer in geringer Höhe belegt, so stark zugenommen, dass es in manchen Branchen wie der Gastronomie, dem Reinigungsgewerbe und bei Lebensmittel-Discountern fast gar keine regulären bzw. Normalarbeitsverhältnisse mehr gab. Ohne dass die Kohl-Regierung dagegen einschritt, waren viele Vollzeitstellen in sog. 520-/620-DM-Jobs aufgespalten worden, was den durch Massenarbeitslosigkeit und eine sinkende Bruttolohnquote ohnehin finanziell geschwächten Sozialversicherungen schadete und den darauf basierenden Wohlfahrtsstaat in seinen Grundfesten erschütterte. SPD und Bündnis 90/Die Grünen versprachen daher in ihrem Abkommen zur Bildung einer Regierungskoalition, dem fragwürdigen Treiben der Firmen einen Riegel vorzuschieben: „Die neue Bundesregierung wird gegen den Mißbrauch geringfügiger Beschäftigungsverhältnisse und gegen Scheinselbständigkeit vorgehen."[573] Durch eine „aus frauen-, sozial- und ordnungspolitischen Gründen" für erforderlich gehaltene „Sozialversicherungspflicht von geringfügiger Beschäftigung sowie von Scheinselbständigkeit" sollte verhindert werden, dass sich rücksichtslose Unternehmer ihrer Pflicht zur Beitragszahlung entzogen.[574]

In seiner ersten Regierungserklärung begrüßte Gerhard Schröder am 10. November 1998 jedoch zur Überraschung mancher Koalitionäre, dass „immer mehr" Bürger/innen einfache „Dienstleistungen an der Allgemeinheit", wie etwa „Haushaltshilfe und Altenbetreuung, Einpack- oder Einpark-Service", in Anspruch nehmen wollten und angemessen bezahlen könnten, weshalb die sog. 620-Mark-Jobs nicht abgeschafft werden sollten: „Aber wir werden sie angemessen in die Sozialversicherungspflicht einbeziehen. Die Grenze werden wir auf 300 D-Mark festlegen. Da wir gleichzeitig die Pauschalbesteuerung aufheben, werden diese Tätigkeiten nicht unzumutbar verteuert."[575] Trotz dieser Ankündigung, sie senken zu wollen, hob man die Geringfügigkeitsgrenze im *Gesetz zur Neuregelung der*

---

572   Siehe Josef Reindl, Über Schein oder Sein der Selbstständigen. Mit der gesetzlichen Regelung gegen die „modernen Tagelöhner" wurde „sozialpolitisches Neuland" falsch betreten, in: FR v. 28.4.2001

573   Vgl. Vorstand der SPD (Hrsg.), Aufbruch und Erneuerung – Deutschlands Weg ins 21. Jahrhundert. Koalitionsvereinbarung zwischen der Sozialdemokratischen Partei Deutschlands und BÜNDNIS 90/DIE GRÜNEN, Bonn, 20. Oktober 1998, Bonn o.J., S. 9

574   Siehe ebd., S. 33

575   Gerhard Schröder, „Weil wir Deutschlands Kraft vertrauen ...". Regierungserklärung des Bundeskanzlers, abgegeben vor dem Deutschen Bundestag am 10. November 1998, in: Presse- und Informationsamt der Bundesregierung (Hrsg.), Bulletin 74/1998, S. 908

geringfügigen Beschäftigungsverhältnisse vom 24. März 1999 noch einmal auf 630 DM (nach der Währungsumstellung: 325 EUR) an und verpflichtete die Arbeitgeber geringfügig Beschäftigter, pauschal 12 Prozent des Arbeitsentgelts an die Renten- und 10 Prozent an die Krankenversicherung zu zahlen. Der zuletzt genannte Beitragssatz entfiel, wenn ein geringfügig Beschäftigter weder selbst Mitglied einer gesetzlichen Krankenkasse noch als Familienangehöriger beitragsfrei mitversichert war. Jene geringfügig Beschäftigten, die zusätzlich andere Einkünfte hatten, mussten nunmehr Steuern entrichten, was solche Jobs für sie weniger attraktiv machte und ihre Rekrutierung erschwerte. Dies veranlasste vor allem manche Zeitungsverleger zu wütenden Protesten und die Unionsparteien zu einer populistisch geratenen Postkartenaktion. Wochenlang beschäftigte sich die deutsche Öffentlichkeit mit dem Thema, das neben einer konzeptionellen Ratlosigkeit der Bonner Akteure zeigte, wie chaotisch-unprofessionell das Politikmanagement der rot-grünen Koalition zu Beginn ihrer ersten Amtszeit war. Gleichwohl bewährte sich das Gesetz insofern, als es den bis dahin verbreiteten Missbrauch unterband und die weitere Aushöhlung des Normalarbeitsverhältnisses genauso wie die finanzielle Auszehrung der Sozialversicherung verhinderte.

Die neoliberale Hegemonie, auf einer in der Bundesrepublik verbreiteten „Globalisierungshysterie" basierend, dauerte auch nach dem Regierungswechsel im Herbst 1998 fort, was neokorporatistische Arrangements und einen massiven Staatsinterventionismus, beispielsweise den (erfolglosen) Versuch einer Holzmann-Sanierung mit Hilfe der Übernahme von Bundesbürgschaften im November 1999, keineswegs ausschloss. „Korporati(vi)smus" bezeichnet die institutionalisierte Einbindung der maßgeblichen Verbände, d.h. von Gewerkschaften und Arbeitgeberorganisationen, in die staatliche Wirtschafts- und Sozialpolitik. Wolfgang Streeck, Direktor des Kölner Max-Planck-Instituts für Gesellschaftsforschung, hat diesen Typus einer „tripartistischen" Einhegung des Klassenkonflikts, bezogen auf den „rheinischen Kapitalismus" à la Bundesrepublik, untersucht und begründet, wie er unter heutigen Weltmarktbedingungen funktionieren kann.[576] „Wettbewerbskorporatismus" wird eine Spezialform solcher Arrangements genannt, die sich im Zeichen der Globalisierung herausbildet und – wie der Neoliberalismus – die Verbesserung der Konkurrenzfähigkeit des Wirtschaftsstandortes zum strategischen Dreh- und Angelpunkt macht, aber im Unterschied dazu nicht auf Konfrontation, sondern auf Kooperation mit den Gewerkschaften als volkswirtschaftlichen Akteuren setzt.

Während der Neoliberalismus die Volkswirtschaft bewusst dem „freien Spiel der Kräfte" überlässt, bevorzugt der Neokorporatismus organisierte Abstimmungsprozesse, Verhandlungslösungen und Sozialpakte. Soll mit deren Hilfe die Wettbewerbsfähigkeit des heimischen (Groß-)Kapitals auf dem Weltmarkt erhöht werden, relativieren sich die genannten strategischen Unterschiede. Maßnahmen der Privatisierung, Deregulierung und Flexibilisierung werden nicht beendet oder wieder rückgängig, im Rahmen eines Konsensfindungsverfahrens vielmehr bloß leichter durchsetzbar gemacht, relevante und kontroverse Entscheidungen überdies häufig in den außer- bzw. vorparlamentarischen Raum verlagert („Bündnis für Arbeit", sog. Rentenkonsensgespräche, Berufung der sog. Süssmuth-, Hartz- und Rürup-Kommission). „Solche Kommissionen gehören zur medienwirksamen Inszenierung eines vorweg entschiedenen politischen Willens, den die Exekutive am Parlament vorbei in Kraft setzt."[577]

---

576   Vgl. z.B. Wolfgang Streeck, Korporatismus in Deutschland. Zwischen Nationalstaat und Europäischer Union, Frankfurt am Main/New York 1999
577   Friedhelm Hengsbach, Das Reformspektakel, a.a.O., S. 8f.

Schon der Name des „Bündnisses für Arbeit, Ausbildung und *Wettbewerbsfähigkeit*", das sich am 7. Dezember 1998 konstituierte, ließ erahnen, daß sich nur der beschrittene Weg, nicht aber das Ziel beider Regierungskoalitionen voneinander unterschied: „Im Zentrum stehen die Verbesserung der nationalen Wettbewerbsfähigkeit, die Sanierung der öffentlichen Haushalte und eine verbesserte Beschäftigungsdynamik."[578] Wie schon bei seinem gescheiterten Vorläufer, dem „Bündnis für Arbeit und zur *Standortsicherung*", dominierte die Überzeugung, auf dem Weltmarkt als „Deutschland AG" oder „Wirtschaftsstandort D" gegenüber anderen bestehen zu müssen. Geändert hatte sich bloß die Art, wie das passieren sollte: Statt in einem Kostensenkungswettlauf mit den sog. Niedriglohnländern auf der Strecke zu bleiben, wollte man sie in einem „Innovationswettstreit" besiegen, weshalb erheblich mehr Geld in Bildung, Wissenschaft und (angewandte, wirtschaftsnahe) Forschung investiert werden sollte.

Während die Befürworter des erneuerten *Bündnisses für Arbeit* das marktwirtschaftliche System, die Kooperation der Tarifpartner und korporatistische Entscheidungsstrukturen für miteinander vereinbar hielten, bemängelten neoliberale Ökonomen, dass es den Wettbewerb im Sinne eines bündischen Prinzips unterdrücke und die nötigen Wahlmöglichkeiten der Unternehmer einschränke.[579] Richard Herzinger diagnostizierte autoritäre Tendenzen in der „Neuen Mitte", die sich seiner Meinung nach im *Bündnis für Arbeit* manifestierten: „Ausgestattet mit einem gewaltigen bürokratischen Apparat und als vermittelnde Über-Institution angelegt, dient dieses Ungetüm ohne Entscheidungsbefugnis vor allem der Seelenmassage der auseinanderdriftenden Sozialpartner und der Erzeugung eines allgemeinen wohligen Gefühls, daß alle gesellschaftlichen Stimmen gleichermaßen zählen und irgendwie und irgendwann in ein großes nationales Versöhnungswerk einfließen werden."[580]

Von einer Neuauflage der traditionellen „Sozialpartnerschaft" konnte deshalb keine Rede sein, weil das *Bündnis* nicht auf Solidarität und einen Konsens aller Beteiligten, vielmehr einseitig auf Vorteile *deutscher* gegenüber *ausländischen* Weltmarktkonkurrenten zielte. „Selbst wenn prinzipiell der Weg einer qualitativen Modernisierung der Ökonomie beschritten wird, besteht immerfort die Gefahr, daß im Hinblick auf die Sozialstandards und deren Regulierung auf einen ‚Wettlauf nach unten' eingeschwenkt wird."[581] Auch waren die Betroffenen, deren Schicksal den Regierungsmitgliedern und Verbandsfunktionären vorgeblich am Herzen lag, nämlich Erwerbslose und Jugendliche ohne Ausbildungsplatz, überhaupt nicht durch eigene Repräsentant(inn)en im *Bündnis für Arbeit* vertreten. Es handelte sich eher um einen liberal-strukturkonservativen Wettbewerbskorporatismus, der soziales Innovations- und Vertrauenspotenzial marginalisierte.[582]

Arne Heise weist auf die unterschiedlichen Rahmenbedingungen der *Konzertierten Aktion* unter dem damaligen Wirtschaftsminister Karl Schiller einerseits sowie des *Bündnisses für Arbeit, Ausbildung und Wettbewerbsfähigkeit* andererseits hin, die von der Akteurskons-

---

578   Klaus Dräger/Annelie Buntenbach/Daniel Kreutz, Zukunftsfähigkeit und Teilhabe. Alternativen zur Politik der rot-grünen Neuen Mitte, Hamburg 2000, S. 26
579   Vgl. Norbert Berthold/Rainer Hank, Bündnis für Arbeit: Korporatismus statt Wettbewerb, Tübingen 1999, S. 123f. und passim
580   Richard Herzinger, Autoritäre Tendenzen der Neuen Mitte, in: Blätter für deutsche und internationale Politik 1/2000, S. 41
581   Hans-Jürgen Bieling/Frank Deppe, Europäische Integration und industrielle Beziehungen. Zur Kritik des Konzeptes des „Wettbewerbskorporatismus", in: Horst Schmitthenner/Hans-Jürgen Urban (Hrsg.), Sozialstaat als Reformprojekt. Optionen für eine andere Politik, Hamburg 1999, S. 286
582   Vgl. Claus Leggewie, Böcke zu Gärtnern? – Das Bündnis für Arbeit im Politikprozess, in: Hans-Jürgen Arlt/Sabine Nehls (Hrsg.), Bündnis für Arbeit. Konstruktion – Kritik – Karriere, Opladen/Wiesbaden 1999, S. 16

tellation und ihrer Ausrichtung miteinander vergleichbar seien: „Die ‚Konzertierte Aktion‘ fügte sich in die gesamtgesellschaftliche Reformphase der Bundesrepublik ein, die eine Ausweitung der betrieblichen und gesellschaftlichen Partizipation breiter Bevölkerungskreise erlebte, das ‚Bündnis für Arbeit‘ fällt in eine Phase, in der ‚Reform‘ als Ausweitung der Selbstverantwortung breiter Bevölkerungskreise interpretiert wird."[583]

Insgesamt gab es acht Spitzengespräche. Bei dem ersten Treffen, das am 7. Dezember 1998 stattfand, wurde ein 12-Punkte-Katalog vereinbart, aus dem das erste Ziel, nämlich die „strukturelle Reform der Sozialversicherung" zwecks „dauerhafte(r) Senkung der gesetzlichen Lohnnebenkosten" die politische Marschrichtung vorgab.[584] Während das zweite Spitzengespräch am 25. Februar 1999 weder greifbare Resultate noch eine gemeinsame Erklärung der Teilnehmer/innen erbrachte, verpflichteten sich die Arbeitgeber beim dritten Treffen am 6. Juli 1999, im Rahmen eines „Ausbildungskonsenses" genügend Lehrstellen zu schaffen. Im vierten Spitzengespräch des *Bündnisses* am 12. Dezember 1999 wurden 3-jährige Modellversuche zur Erprobung eines Niedriglohnsektors mit staatlicher Subventionierung von Sozialabgaben („Mainzer" und „Saarbrücker Modell") verabredet, von denen man sich eine weitere Senkung der Lohnnebenkosten und eine „Expansion der Dienstleistungsbeschäftigung" erhoffte.[585] Bei der nächsten Gesprächsrunde am 9. Januar 2000 akzeptierten die Repräsentanten der Gewerkschaften gegen vage Zusagen im Hinblick auf eine „Beschäftigungsbrücke zwischen Jung und Alt", dass sich ihre Lohnforderungen nur am Produktivitätszuwachs orientieren sollten. Claus Leggewie merkte zu Recht an, dass sich die Thematik und die politische Ausrichtung des *Bündnisses* innerhalb eines Jahres erheblich verschoben hatten: „Ganz im Sinne der ‚Modernisierer‘ liegen die Akzente nun auf der Entlastung der Unternehmen von Steuern und Sozialabgaben sowie der Konsolidierung der öffentlichen Haushalte – und auf der Tarifpolitik."[586]

Marktradikalismus, gemildert durch eine demonstrative Konsens- bzw. Kompromissbereitschaft, und Leistungsorientierung, partiell abgefedert durch soziales Verantwortungsbewusstsein – so könnte man die Grundlinie der rot-grünen Bundesregierung in der Wirtschafts- und Sozialpolitik charakterisieren. Hans-Jürgen Urban zufolge ging es dabei letztlich um die „Formierung der Gesellschaft" im Sinne einer wettbewerbsorientierten Lösung der Beschäftigungskrise: „Alle Instrumente und Maßnahmen des neuen Regierungsstils laufen (...) letztlich auf ein Ziel hinaus: die Bündnisakteure und die öffentliche Meinung wenn nötig auch mit dem politischen Druck, der einer demokratisch legitimierten Regierung zur Verfügung steht, auf das Ziel der Verbesserung der Beschäftigungssituation durch den wettbewerbstauglichen Umbau der Arbeits- und Sozialverfassung auszurichten."[587] Urban fragte denn auch (selbst)kritisch nach Bündnisperspektiven der Gewerkschaften: „Wollen sie ihre tarif-, sozial- und beschäftigungspolitischen Forderungen gegen eine Wettbewerbspolitik eintauschen, die ihnen die Zustimmung zu Lohnkostensenkungen,

---

583   Arne Heise, Dreiste Elite, a.a.O., S. 96

584   Siehe Gemeinsame Erklärung des Bündnisses für Arbeit, Ausbildung und Wettbewerbsfähigkeit zu den Ergebnissen des 1. Spitzengesprächs am 7. Dezember 1998, in: Nico Fickinger, Der verschenkte Konsens. Das Bündnis für Arbeit, Ausbildung und Wettbewerbsfähigkeit 1998-2002: Motivation, Rahmenbedingungen und Erfolge, Wiesbaden 2005, S. 308

585   Siehe Wolfgang Streeck/Rolf G. Heinze, Runderneuerung des deutschen Modells. Aufbruch für mehr Jobs, in: Hans-Jürgen Arlt/Sabine Nehls (Hrsg.), Bündnis für Arbeit, a.a.O., S. 148

586   Claus Leggewie, Böcke zu Gärtnern?, a.a.O., S. 19

587   Hans-Jürgen Urban, Das Drehbuch zum „Bündnis für Arbeit" oder: Welche Rolle die Gewerkschaften spielen müssen, um bündnisfähig zu sein. Ein Diskussionsbeitrag zur Zukunftsdebatte, in: ders. (Hrsg.), Beschäftigungsbündnis oder Standortpakt? – Das „Bündnis für Arbeit" auf dem Prüfstand, Hamburg 2000, S. 37

Deregulierung der Arbeits- und Tarifverfassung und Druck auf Arbeitslose abverlangt und sie dafür mit vagen Entschädigungsversprechen abfindet?"[588] So, wie das *Bündnis für Arbeit* die Bindung des DGB und seiner beteiligten Mitgliedsgewerkschaften an den Neokorporatismus bewirkte, bot es ihnen kaum eine Chance, die Massenarbeitslosigkeit zu beseitigen. Richard Detje fürchtete gar, das Ergebnis werde statt realwirtschaftlicher Prosperität die Instabilität eines „Shareholder-Kapitalismus" nach angelsächsischem Muster sein: „Es entsteht kein neues Gemeinwesen, das Arbeit und bessere Lebensbedingungen für alle ermöglicht, sondern eine zutiefst gespaltene, neofeudale Dienstbotengesellschaft."[589]

„Benchmarking", vom ursprünglichen Chefkoordinator Bodo Hombach zur Schlüsselmethode des *Bündnisses* erhoben, suggerierte dem Publikum, dass es in einem solchen Pakt nicht um den Ausgleich unterschiedlicher oder gar gegensätzlicher Interessen, sondern um rationale Entscheidungen, logische Argumente und das Erkennen von „best practices" gehe, die bloß nachgeahmt werden müssten, damit die Bundesrepublik der Arbeitsmarktkrise erfolgreich begegnen könne. Versteht man unter einem „Wettbewerbs-" den für Experimente offenen Wohlfahrtsstaat, welcher die Mittel zu permanenter Selbstüberprüfung und Optimierung seiner Methoden im Sinne einer „Konkurrenz um innovative Sozialpolitikansätze" bereit hält,[590] wird völlig ignoriert, dass Macht- und Herrschaftsverhältnisse, nicht aber die (objektiv zu messende) Leistungsfähigkeit eines bestimmten Systems der sozialen Sicherung über dessen Realisierungschancen entscheiden. Gegen ein „politisches Benchmarking", das dem hehren Ziel dient, im Ausland bessere Lösungen für soziale Probleme der Bundesrepublik zu finden und institutionelle Vorbilder – falls möglich – auf die hiesigen Verhältnisse zu übertragen, wäre gewiss nichts einzuwenden. Meist dient der Vergleich aber nur als Hilfsmittel zur Senkung von bisherigen Leistungsstandards, zur Erhöhung des Drucks auf die Arbeitnehmer/innen und sozial Schwache sowie zur „Verbilligung" des bestehenden Wohlfahrtsstaates.

Georg Vobruba zeigt, dass die gemeinsame Interessenbasis eines „Bündnisses für Arbeit" aus drei Gründen schmal und schwach ist: „Die beschäftigungspolitisch relevanten Akteure sind zum einen an unterschiedlichen Wegen zur Vollbeschäftigung interessiert; außerdem sind sie unterschiedlich stark an Vollbeschäftigung interessiert; und zum anderen sind manche eher an der Erreichung des Ziels Vollbeschäftigung, andere aber nur an der Erhaltung von ,Vollbeschäftigung' als in der öffentlichen Diskussion anerkanntem Ziel interessiert."[591] Anschließend weist Vobruba auf die „asymmetrischen Verpflichtungen" hin, denen die Bündnispartner unterliegen: Während die Gewerkschaften moderate Lohn- bzw. Gehaltsforderungen für anstehende Tarifrunden in Aussicht stellen und sich auch – wie 2000/01 trotz Unzufriedenheit ihrer betrieblichen Basis geschehen – darauf beschränken können, liegt die Einlösung des Versprechens, für mehr Beschäftigung zu sorgen, gar nicht in der Kompetenz von Arbeitgeberverbänden, sondern ihrer Verbandsmitglieder bzw. der einzelnen Unternehmen.

Scheitern musste das *Bündnis für Arbeit* deshalb an seiner Herkulesaufgabe, die Unternehmer nicht aus ihrer sozialen Verantwortung für eine positivere Beschäftigungsent-

---

588 Ebd., S. 45
589 Richard Detje, Aktualität des politischen Mandats. Gewerkschaften im Bündnis für Arbeit, in: Hans-Jürgen Urban (Hrsg.), Beschäftigungsbündnis oder Standortpakt?, a.a.O., S. 93
590 Siehe Rolf G. Heinze/Josef Schmid/Christoph Strünck, Vom Wohlfahrtsstaat zum Wettbewerbsstaat, a.a.O., S. 42 und 212f.
591 Georg Vobruba, Alternativen zur Vollbeschäftigung. Die Transformation von Arbeit und Einkommen, Frankfurt am Main 2000, S. 54

wicklung zu entlassen, sondern sie moralisch stärker unter Druck zu setzen, nachdem die Gewerkschaften jahrelang Lohnzurückhaltung geübt hatten. „Erfolglos blieben letztlich alle Initiativen, in denen den Unternehmen, als Adressaten der Bündnispolitik, quantitative Vorgaben gemacht werden sollten. Besonders deutlich wurde dies beim Thema Überstundenabbau, Ausbildungsplätze und beim Versuch, die Lohnpolitik durch Vorgaben zu determinieren."[592]

Für die Arbeitgeber hatte das tripartistische Bündnis laut Nico Fickinger eine doppelte Zielsetzung zu erfüllen: „Zum einen sollte es die Bereitschaft der Gewerkschaften zum notwendigen Umbau der Sozialversicherungssysteme wecken. (...) Zum anderen sollte das Bündnis den Lohnfindungsprozeß nach niederländischem Vorbild moderieren und die Gewerkschaften tarifpolitisch im Zaum halten."[593] In dem Moment, wo sich diese darauf nicht oder nur begrenzt einließen, wurde das Bündnis für alle Beteiligten zur Hängepartie. Weder das sechste noch das siebte Treffen am 10. Juli 2000 bzw. 4. März 2001 brachte Impulse, die das *Bündnis für Arbeit, Ausbildung und Wettbewerbsfähigkeit* über seinen Charakter als Pflichtübung für die beteiligten Verbände hinaus zu neuem Leben erweckt hätten. Man unterstützte das am 1. Januar 2002 in Kraft getretene *Job-AQTIV-Gesetz* der Bundesregierung. Bei den Forderungen nach mehr „Privatinitiative", „Eigenverantwortlichkeit" und „Autonomie", die es in den Vordergrund rückte,[594] handelt es sich jedoch um mehrdeutige (Leer-)Formeln, die von Gegnern des Sozialstaates missbraucht werden können, um Leistungen zu kürzen und Bedürftige zu disziplinieren oder auszuschließen. Erwerbslose sollten nach dem *Gesetz zur Reform der arbeitsmarktpolitischen Instrumente* (*A*ktivieren, *Q*ualifizieren, *T*rainieren, *I*nvestieren und *V*ermitteln) auf der Grundlage von sog. Eingliederungsvereinbarungen frühzeitiger Angebote zur Arbeitsaufnahme bzw. zur beruflichen Weiterbildung erhalten. Gleichzeitig wurde ihnen jedoch die Beweislast auferlegt, wenn es darum ging, die Verhängung einer Sperrzeit wegen der Ablehnung einer Stelle zu verhindern. Erneut wuchs der Druck, den die Arbeitsämter durch schärfere Melderegelungen, schikanöse Kontrollmaßnahmen und Sperrzeiten, die sich einerseits häuften und deren Dauer andererseits differenziert, aber der Tendenz nach ausgedehnt wurde,[595] auf die Betroffenen ausübten.

Beim letzten Spitzengespräch, das am 25. Januar 2002 stattfand, konnten sich Arbeitgeberverbände und Gewerkschaften aufgrund ihrer tarifpolitischen Konflikte nicht mehr auf eine Abschlusserklärung einigen. Im unmittelbaren Vorfeld der nächsten Bundestagswahl traf man auf höchster Ebene nicht mehr zusammen. Damit war auch der erneute Versuch, Staat, Arbeitgeber und Gewerkschaften auf Dauer tripartistisch bzw. korporatistisch in einen nationalen Standortpakt einzubinden, gescheitert. Sein erklärtes Ziel, die Erwerbslosigkeit in Deutschland zu verringern, hat das *Bündnis für Arbeit, Ausbildung und Wettbewerbsfähigkeit* völlig verfehlt. „Arbeitslosigkeit wurde dafür neu definiert: als ein Problem

---

592   Wolfgang Schroeder, Modell Deutschland und das Bündnis für Arbeit, in: Sven Jochem/Nico A. Siegel (Hrsg.), Konzertierung, Verhandlungsdemokratie und Reformpolitik im Wohlfahrtsstaat. Das Modell Deutschland im Vergleich, Opladen 2003, S. 137
593   Nico Fickinger, Der verschenkte Konsens, a.a.O., S. 126
594   Vgl. Holger Schatz, „Manche muss man halt zu ihrem Glück zwingen". Arbeitszwang im aktivierenden Staat, in: Kai Eicker-Wolf u.a. (Hrsg.), „Deutschland auf den Weg gebracht". Rot-grüne Wirtschafts- und Sozialpolitik zwischen Anspruch und Wirklichkeit, Marburg 2002, S. 166ff.
595   Vgl. Gunhild Lütge, Sperrstunde in Deutschland. In den Arbeitsämtern verschärft sich das Klima. Längst sorgen neue Regeln und Gesetze für massiven Druck. Wirtschaftsminister Wolfgang Clement reicht das noch nicht, in: Die Zeit v. 7.8.2003

der Arbeitslosen, sich hinreichend flexibel den Markterfordernissen anzupassen. Und darüber hinaus als ein Problem der Politik, nicht entschlossen genug die ‚bürokratische Erstarrung' des Arbeitsmarktes angegangen zu sein."[596]

Christine Trampusch kritisiert die Neigung der Politikwissenschaft, das *Bündnis für Arbeit, Ausbildung und Wettbewerbsfähigkeit* in Übereinstimmung mit den Erklärungen seiner verantwortlichen Akteure „problemorientiert" wahrzunehmen, statt darin „machtorientiert" ein bloßes Wahlkampfinstrument der regierenden Parteien zu sehen: „Während eine problemorientierte Politik(wissenschaft) das Ende des Bündnisses als sein Scheitern und seinen Misserfolg betrachtet, kann eine machtorientierte Politik(wissenschaft) dessen Ende gerade als Problemlösung und Erfolg sehen."[597] Vor allem die vergeblichen Bemühungen der IG Metall für eine Rente mit 60 hätten gezeigt, dass an der Schnittstelle zwischen Tarif- und Sozialpolitik erhebliche Interessenkonflikte zwischen Staat und Gewerkschaften wie unter diesen bestanden. IG Metall und SPD wiesen demnach weniger Gemeinsamkeiten auf, als es ihre gemeinsame Kampagne für einen Politikwechsel während des Bundestagswahlkampfes 1998 nach außen signalisierte. „Das Bündnis für Arbeit hat dies beiden Seiten deutlich gemacht, und beide zogen daraus ihre Konsequenzen: der Bundeskanzler mit der Agenda 2010 und die IG Metall mit ihrem Konfliktkurs, der seinen Höhepunkt in dem verlorenen Streik in Ostdeutschland im Sommer 2003 erreichte."[598]

5.2 Haushaltskonsolidierung auf Kosten der Beschäftigten, Bedürftigen und sozial Benachteiligten?

Nach dem Rücktritt Oskar Lafontaines wurde der Verzicht auf soziale Reformen durch die Ernennung von Hans Eichel, der als Ministerpräsident die hessische Landtagswahl im Februar 1999 verloren hatte, zum Bundesfinanzminister und zweier nicht keynesianisch-nachfrageorientierter, aus einem deutschen Chemiekonzern bzw. von der Weltbank kommender Staatssekretäre auch personell dokumentiert. Nun erklärte man die Verringerung der Staatsschulden zur Grundvoraussetzung für eine Bekämpfung der Arbeitslosigkeit und diese damit zu einem abgeleiteten, einem bloßen Sekundärproblem. In der rot-grünen Finanzpolitik erfolgte spätestens mit dem *Gesetz zur Sanierung des Bundeshaushalts* vom 22. Dezember 1999 ein Kurswechsel, wie auch in der Steuerpolitik unter der Ägide Eichels eine „Wende zur Stärkung der Kapitalgesellschaften und der Aktionäre" stattfand.[599] Die rot-grüne Koalition brachte eine „unternehmerfreundliche Steuerreform" auf den Weg, ohne dafür von Kapitaleigentümern und Arbeitgebern im Gegenzug irgendwelche Zugeständnisse auf anderen Feldern zu verlangen.[600]

---

596   Forum Gewerkschaften, Priorität Wettbewerbsfähigkeit? – Eine Bilanz des Bündnisses für Arbeit, in: Christine Buchholz u.a. (Hrsg.), Unsere Welt ist keine Ware. Handbuch für Globalisierungskritiker, Köln 2002, S. 275

597   Christine Trampusch, Das Scheitern der Politikwissenschaft am Bündnis für Arbeit. Eine Kritik an der Problemlösungsliteratur über das Bündnis für Arbeit, in: PVS 4/2004, S. 558

598   Ebd.

599   Siehe Arbeitsgruppe Alternative Wirtschaftspolitik, Memorandum 2000. Den Aufschwung nutzen – Politik für Arbeitsplätze, soziale Gerechtigkeit und ökologischen Umbau, Köln 2000, S. 54f.

600   Siehe Reimut Zohlnhöfer, Die Wirtschaftspolitik der rot-grünen Koalition: Ende des Reformstaus?, in: Zeitschrift für Politikwissenschaft 2/2004, S. 385

Überhaupt nicht mehr gefragt wurde, woraus die Staatsverschuldung erwächst und weshalb es dazu kommt. Die öffentlichen Kassen sind nicht aufgrund eines Naturgesetzes leer, sondern im Rahmen der Realisierung neoliberaler Politikkonzepte (Steuersenkung für Unternehmen, Besserverdienende und Investoren einerseits, Subventionierung von Renommierprojekten der Wirtschaft andererseits) Schritt für Schritt ausgetrocknet worden. Hagen Kühn führt die akute Finanzmisere des Staates auf drei Ursachenbündel zurück: die aus Steuerreformen resultierenden Einnahmeverluste des Staates, den Verzicht auf eine aktive Wachstums- und Beschäftigungspolitik sowie die Dämonisierung der Staatsverschuldung als ökonomisch gebotene, verfassungsrechtlich und ethisch legitime Möglichkeit zur Finanzierung öffentlicher Zukunftsinvestitionen und zur Abfederung konjktureller Rückschläge.[601] Neoliberale erreichen den Abbau staatlicher Leistungen für die Masse der Bevölkerung seiner Erkenntnis nach praktisch ohne Legitimationsverlust, indem sie Steuersenkungen fordern und zugleich die steigende Staatsverschuldung bekämpfen: „Die Kombination von politisch durchgesetzten Einnahmeverzichten bei gleichzeitiger Tabuisierung staatlicher Neuverschuldung führt zu geleerten öffentlichen Kassen, mit denen die Erosion des Sozialstaats als Sachzwang erklärt werden kann."[602]

Das am 23. Juni 1999 vom Kabinett in Grundzügen und 2 Monate später in seinen Einzelheiten beschlossene *Zukunftsprogramm der Bundesregierung zur Sicherung von Arbeit, Wachstum und sozialer Stabilität* ähnelte dem *Programm für mehr Wachstum und Beschäftigung* der Regierung Kohl vom 25. April 1996 insofern, als es „Sparen" ebenfalls mit Kürzungen im Sozialbereich und Verschiebungen der Kosten von der Bundes- auf die Länder- und Gemeindeebene gleichsetzte. Die zentrale Botschaft Eichels („Haushaltskonsolidierung schafft soziale Gerechtigkeit") stellt höchstens eine Halbwahrheit dar: Würde die Senkung der Staatsverschuldung wirklich von Besserverdienenden und Wohlhabenden finanziert, wäre dagegen nichts einzuwenden. „Sparen, auch eisernes Sparen, ist für sich noch lange kein Angriff auf den Sozialstaat. Zum Angriff wird das Sparen aber dann, wenn es höchst einseitig geschieht, wenn bei Normal- und Geringverdienern gespart, aber der Wohlstand der Reicheren und Reichen geschont wird; wenn die Solidarität eingeschränkt und der Sozialstaat als politisches Grundprinzip verneint wird."[603]

Mit der Begründung, Sparen mache den Staat erst wieder „handlungsfähig" und sei deshalb die beste Sozialpolitik, wurde der Haushaltskonsolidierung im „Zukunftsprogramm 2000" die oberste Priorität eingeräumt. Abgesehen davon, dass die Gleichsetzung öffentlicher und privater Kredite („Jeder, der verschuldet ist, muss sparen") mehr verdeckt als erklärt, hängen die Wirkung und die soziale Qualität der Schuldenreduktion primär davon ab, wo und woran gespart wird oder welche Etats wie stark betroffen sind. Maßnahmen, die vor allem sozial Benachteiligte trafen, wurden nicht erträglicher, weil sie eine rot-grüne Bundestagsmehrheit beschloss. Ganz im Gegenteil, denn dadurch fehlte den Leidtragenden gerade ein parlamentarischer Ansprech- und Bündnispartner zur Organisierung von Widerstand, was sie möglicherweise in die Arme rechter Demagogen trieb, zumindest aber das Maß ihrer Politiker-, Parteien- und Demokratieverdrossenheit erhöhte.

Keine offizielle Begründung für das *Zukunftsprogramm 2000* kam in der Folgezeit ohne Verweis auf die (angeblichen) Interessen der Kinder und künftiger Generationen aus.

---

601   Vgl. Hagen Kühn, Leere Kassen. Argumente gegen einen vermeintlichen Sachzwang, in: Blätter für deutsche und internationale Politik 6/2003, S. 732
602   Ebd.
603   Heribert Prantl, Rot-Grün, a.a.O., S. 146

Finanzminister Eichel gab am 24. Juni 1999 vor dem Bundestag eine Regierungserklärung zum Sparprogramm ab. Darin hob er besonders hervor, dass „wir" nicht mehr über unsere finanziellen Verhältnisse leben dürften: „Dies wäre gegenüber unseren Kindern und der Zukunft unseres Landes verantwortungslos. Wir müssen verhindern, daß künftige Generationen für die Schulden arbeiten und Steuern zahlen müssen, die die jetzige Generation aufhäuft."[604] Gläubiger und Schuldner verteilen sich jedoch gleichmäßig über die Generationen. Jan Priewe und Thomas H.W. Sauer bemängelten denn auch, es sei Mode geworden, rot-grüne Austeritätspolitik mit der Forderung nach *intergenerativer* Gerechtigkeit und dem Verweis darauf zu legitimieren, dass wachsende Staatsschulden für die schon Erwachsenen heute finanzielle Vorteile mit sich brächten, hingegen die Nachgeborenen später umso härter träfen: „Tatsächlich stehen jedoch den Zahlern in jeder Periode auch Empfänger in der gleichen Periode gegenüber, so daß es sich (da der Anteil der Auslandsschulden gering ist) zunächst einmal um *intragenerative* Umverteilungsvorgänge handelt."[605]

Norbert Reuter bemerkt, dass sich eine staatliche Konsolidierungspolitik nach Art des rot-grünen „*Spar*pakets" weder auf das Argument größerer Generationengerechtigkeit stützen noch den aufgrund einer Vernachlässigung der öffentlichen Infrastruktur für die Mehrheit der Bevölkerung drohenden Nachteilen entgehen kann. „Während eine kollektive fiskalische Belastung zukünftiger Generationen nicht existiert und auch von einer Verdrängung privatwirtschaftlicher Initiative durch öffentliche Verschuldung keine Rede sein kann, zeichnet sich die Gefahr einer kollektiven realwirtschaftlichen Belastung kommender Generationen als Folge des finanziellen Unvermögens des Staates ab, eine ausreichende öffentliche Zukunftsvorsorge zu leisten."[606]

Friedhelm Hengsbach monierte, das *Zukunftsprogramm* der Regierung Schröder/Fischer verfestige die Dreiteilung der bundesrepublikanischen Gesellschaft, indem es die Wohlhabenden schone, das „soziale Mittelfeld" eher ungleichmäßig treffe und den „unteren Rand", also die Kleinrentner/innen und Bezieher/innen von originärer Arbeitslosen- bzw. Sozialhilfe, spürbar belaste: „Im Text des Sparpakets finden sich die widerlegten Glaubenssätze der früheren Regierung, daß die Wettbewerbsfähigkeit der deutschen Wirtschaft bedroht sei und der demographische Wandel die solidarischen Sicherungssysteme sprenge, als hinge die Leistungsfähigkeit einer Volkswirtschaft von der biologischen Zusammensetzung ihrer Bevölkerung ab."[607] Was die SPD zu den Regierungszeiten von Helmut Kohl mit Hilfe ihrer Mehrheit im Bundesrat verhindert hatte, setzte sie jetzt in die Tat um: Die *originäre* Arbeitslosenhilfe schaffte das *3. SGB III-Änderungsgesetz* vom 22. Dezember 1999 ersatzlos ab; nunmehr waren Referendarinnen und Referendare, die nicht übernommen wurden, auf Sozialhilfe angewiesen.

---

604   Hans Eichel, Deutschland erneuern – Zukunftsprogramm 2000. Erklärung der Bundesregierung, abgegeben in der 47. Sitzung des Deutschen Bundestages, in: Presse- und Informationsamt der Bundesregierung (Hrsg.), Bulletin 39/1999, S. 397
605   Jan Priewe/Thomas H.W. Sauer, Grüne Wirtschaftspolitik ohne Reformprojekt, in: PROKLA 116 (1999), S. 403 (Hervorh. im Original)
606   Norbert Reuter, Generationengerechtigkeit in der Wirtschaftspolitik. Eine finanzwissenschaftliche Analyse staatlicher Haushalts- und Rentenpolitik, in: PROKLA 121 (2000), S. 555
607   Friedhelm Hengsbach, Ein verlorenes Jahr?, Die rot-grüne Koalition im konzeptionellen Vakuum, in: Blätter für deutsche und internationale Politik 12/1999, S. 1446

5.3 Die rot-grünen Steuerreformen als modifizierte Fortsetzung der Umverteilung von unten nach oben

Ungeachtet einzelner Akzentverschiebungen führte die rot-grüne Regierungskoalition den Kurs ihrer Vorgängerinnen in der Steuerpolitik weitgehend fort, welchen sie in der Opposition noch bekämpft und im Bundesrat unter Führung des damaligen saarländischen Ministerpräsidenten Oskar Lafontaine mit Erfolg blockiert hatte.[608] Als der Bundesrat nach zahlreichen Zugeständnissen an CDU/CSU und FDP der rot-grünen Einkommensteuerreform im Juli 2000 zugestimmt hatte, feierten die Medien das Ergebnis des Vermittlungsausschusses als Triumph des Kanzlers und seines Finanzministers Hans Eichel, obwohl es sich nicht wesentlich vom Konzept der alten Regierung unterschied. Jetzt rächte sich, dass die SPD kein eigenes, gerechte(re)s Steuerreformkonzept entwickelt, das „Petersberger Modell" der liberal-konservativen Koalition vielmehr in Grundzügen übernommen und bloß, wie sich Oskar Lafontaine ausdrückte, von einigen „Grausamkeiten gegenüber den Arbeitnehmern" gereinigt hatte.[609] Trotz höherer Grundfreibeträge und der zusätzlichen Entlastungswirkungen für Familien kann man eine Steuerreform, bei welcher der Spitzensteuersatz (um 11 Prozentpunkte von 53% auf 42%) stärker als der Eingangssteuersatz für Kleinverdiener/innen (um 10,9 Prozentpunkte von 25,9% auf 15%) sank, kaum sozial nennen. Selbst der Politikwissenschaftler Wolfgang Merkel, „Cheftheoretiker" einer modernen SPD nach dem Muster von „New Labour", bemerkt dazu kritisch: „Die Entlastung im Zuge der Steuerreform hätte für die unteren Einkommensgruppen großzügiger ausfallen können. Dies hätte unmittelbar die Binnennachfrage gestärkt, da Einkommenszuwächse bei unteren Einkommen überproportional in den Konsum und weniger in Sparanlagen fließen."[610] Während die Haushalte mit einem niedrigen Einkommen im Jahr 2005 kaum mehr Geld zur Verfügung hatten als 5 Jahre zuvor, mussten ledige und kinderlose Einkommensmillionäre jetzt über 90.000 EUR pro Jahr weniger Steuern zahlen als damals. „Auch prozentual steigt gerade bei Hocheinkommensbezieherinnen und -beziehern das Nettoeinkommen überproportional."[611]

Dagegen treffen sog. Ökosteuern, zumindest in der Form, wie die rot-grüne Koalition sie eingeführt hat, statt der Hauptumweltsünder des produzierenden Gewerbes bzw. der Großindustrie vor allem sozial Benachteiligte (Sozialhilfeempfänger/innen, Rentner/innen, Arbeitslose, Zivildienstleistende und Studierende). „Die Ökosteuern, die durch die Unternehmen nahezu komplett überwälzt werden können, wirken (...) faktisch wie eine spezielle Verbrauchsteuer, die die privaten Haushalte aufzubringen haben. Dabei ist die relative Belastung bei den Beziehern von Transfereinkommen, die von der Senkung der Rentenversicherungsbeiträge nichts abbekommen, am höchsten."[612] Pronociert formuliert lässt sich also feststellen: Durch die Ökosteuern wurden die *Lohn*nebenkosten (Arbeitgeber- und

---

608   Vgl. Stefan Bach, Die Unternehmensteuerreform, in: Achim Truger (Hrsg.), Rot-grüne Steuerreformen in Deutschland, a.a.O., S. 87
609   Siehe Oskar Lafontaine, Das Herz schlägt links, a.a.O., S. 61
610   Wolfgang Merkel, Arbeitsmarkt, Beschäftigungspolitik und soziale Gerechtigkeit, in: Siegfried Frech/Josef Schmid (Hrsg.), Der Sozialstaat, a.a.O., S. 70
611   Kai Eicker-Wolf, (Um-)Steuern für Arbeit und soziale Gerechtigkeit. Alternativen zu leeren Kassen und zur Umverteilung von unten nach oben, in: Holger Kindler/Ada-Charlotte Regelmann/Marco Tullney (Hrsg.), Die Folgen der Agenda 2010, a.a.O., S. 195
612   Rudolf Hickel, Abschied vom Rheinischen Kapitalismus?, Zum rot-grünen Kurswechsel in der Wirtschafts- und Finanzpolitik, in: Blätter für deutsche und internationale Politik 8/1999, S. 951

Arbeitnehmerbeiträge zur Rentenversicherung) gesenkt, die *Wohn*nebenkosten von Arbeitslosen, Rentner(inne)n, Schüler(inne)n und Studierenden, die hiervon nicht oder höchstens indirekt profitieren, aber gleichzeitig erhöht. Man verringert die Erwerbslosigkeit nicht, indem man die Arbeitgeber (wie auch die Arbeitnehmer/innen) von einem Teil ihrer Rentenversicherungsbeiträge entlastet und ihn den sozial am meisten Benachteiligten per „Ökosteuer" aufbürdet. Michael Heine und Hansjörg Herr erwarteten keine Beschäftigungseffekte aufgrund der Tatsache, dass die Mittel aus der ökologischen Steuerreform zugunsten einer Senkung der Rentenversicherungsbeiträge verwendet wurden, sondern eine Senkung des Preisniveaus.[613] Wenn man schon die Mineralölsteuer schrittweise anhob und damit Autofahrer/innen unabhängig davon, warum sie einen Pkw benutzen, aber auch von ihrem beruflichen Status und der Höhe ihres Einkommens zur Kasse bat, hätte das zusätzliche Steueraufkommen zur Verbesserung des öffentlichen Personen(nah)verkehrs verwendet werden müssen. Ökosteuern eignen sich nun einmal nicht zur Realisierung gesellschaftspolitischer und sozialer Ziele.[614]

Um den „Standort D" noch attraktiver zu machen und ausländische Investoren anzulocken, findet seit vielen Jahren eine schleichende Verlagerung von den direkten zu indirekten bzw. Verbrauchsteuern statt. Damit entscheidet nicht mehr die finanzielle Leistungsfähigkeit über die Steuerlast des Bürgers bzw. der Bürgerin, sondern ihr Bedarf an Konsumgütern, welcher etwa bei kinderreichen Familien außerordentlich hoch ist. Wie der im Jahr 1999 noch als „politisches Sommertheater" verharmloste Vorstoß des damaligen SPD-Fraktionschefs Peter Struck für einen *dreistufigen* Einkommensteuertarif zeigte, erodierte im Regierungslager das Verständnis von sozialer und Steuergerechtigkeit. Friedrich Merz, seinerzeit stellvertretender Vorsitzender der Unionsfraktion im Bundestag, knüpfte daran mit Plänen für eine radikale Vereinfachung des Einkommensteuersystems an, die dazu führen sollten, dass die Steuererklärung der meisten Bürger/innen „auf einen Bierdeckel" passen.[615] Neoliberale tun so, als sei das bestehende Steuersystem deshalb ungerecht, weil es kompliziert ist und zahlreiche Ausnahmen kennt. Albrecht von Lucke weist demgegenüber darauf hin, dass Transparenz zwar eine Voraussetzung für mehr Steuergerechtigkeit darstellt, aber keine Gewähr dafür bietet, sondern Simplizität genauso gut das Einfallstor für Maßnahmen zur Vergrößerung der sozialen Ungleichheit sein kann: „Der Kern der Ungerechtigkeit des Merzschen Modells liegt bereits in der Einfachheit seiner drei Stufen, innerhalb derer keine progressiven Differenzen möglich sind. Das Dogma der Einfachheit geht hier eindeutig zu Lasten der Gerechtigkeit im Einzelfall."[616]

Paul Kirchhof, früherer Verfassungsrichter und Vorsitzender einer Steuerreformkommission, entwarf ein nur 23 Paragrafen umfassendes einheitliches Einkommen- und Körperschaftsteuergesetz, das keine Lenkungs- bzw. Ausnahmetatbestände enthält: „In diesem vereinfachten System, das insbesondere die Einkünfte aus Arbeit und Kapital gleich be-

---

613   Vgl. Michael Heine/Hansjörg Herr, Die beschäftigungspolitischen Konsequenzen von „Rot-Grün", a.a.O., S. 382

614   Vgl. dazu: Danyel T. Reiche/Carsten Krebs, Der Einstieg in die Ökologische Steuerreform. Aufstieg, Restriktionen und Durchsetzung eines umweltpolitischen Themas, Frankfurt am Main 1999; kritisch aus Arbeitgebersicht: Gerhard Voss, Die ökologische Steuerreform. Anspruch und Wirklichkeit, Köln 1999

615   Vgl. Friedrich Merz, Ein modernes Einkommensteuerrecht für Deutschland. Zehn Leitsätze für eine radikale Vereinfachung und eine grundlegende Reform des deutschen Einkommensteuersystems, in: ders., Nur wer sich ändert, wird bestehen. Vom Ende der Wohlstandsillusion – Kursbestimmung für unsere Zukunft, 2. Aufl. Freiburg im Breisgau/Basel/Wien 2004, S. 206

616   Albrecht von Lucke, SPD ohne Idee, in: Blätter für deutsche und internationale Politik 12/2003, S. 1418

lastet, genügt eine progressive Besteuerung, die bei einem Spitzensatz von 25 Prozent endet."[617] Bevor Kirchhof in das „Kompetenzteam" der CDU/CSU-Kanzlerkandidatin Angela Merkel aufgenommen wurde, war er Gastredner auf dem FDP-Parteitag vom 5. bis 7. Mai 2005 in Köln, der das liberale Steuermodell mit drei Tarifstufen (15, 25 und 35 Prozent) erneut bestätigte, aber hervorhob, dass sie längerfristig zusammengeführt und verschmolzen werden sollen. Der frühere Kanzleramtsminister, spätere Balkan-Beauftragte der EU und heutige WAZ-Manager Bodo Hombach war noch weiter gegangen, als er in seinem Buch „Aufbruch" den Einheitssteuersatz von 20,5 Prozent nannte.[618] Dieser würde gleichermaßen für Krankenschwestern wie Konzernherren, Hausmeister wie Manager und Müllwerker wie Multimilliardäre gelten.

Es ist wie in den USA, wo George W. Bush mit seiner liberalkonservativen Steuerpolitik vor allem die Reichen und Superreichen weiter entlastet, wodurch sich die soziale Polarisierung der Gesellschaft verstärkt.[619] Ausgerechnet diejenigen, denen eine weitere Lohnspreizung sehr willkommen wäre und „soziale Gleichmacherei" als kommunistisches Teufelswerk erscheint, wünschen sich nichts sehnlicher als die Einheitssteuer (flat tax). Umgekehrt müssten aber die Primäreinkommen stärker angeglichen und die Steuersätze stärker gespreizt werden, will man mehr statt weniger Verteilungsgerechtigkeit bewirken.

„Steuerschlupflöcher" für Kapitaleigentümer, Begüterte und Besserverdiener, die Scheunentoren gleichen, könnte man auch schließen, ohne ihnen denselben (relativ niedrigen) Steuertarif wie anderen, normal verdienenden Bürger(inne)n anzubieten. Zwar hatte der damalige Finanzminister Lafontaine das *Einkommensteuergesetz* im März 1999 durch zwei Regelungen (§ 2b und § 2 Abs. 3) ergänzt, die das Verrechnen von Verlusten mit Einkünften erschwerten und sich gegen „Abschreibungskünstler" richteten, die Mindestbesteuerung (Verlustausgleichsbeschränkung bei Immobilien) nach Paragraf 2 Abs. 3 *Einkommensteuergesetz* wurde zum 1. Januar 2004 jedoch wieder abgeschafft.

Mit einer Nivellierung der Einkommensteuersätze nach unten, wie sie Bundesregierung und liberal-konservative Opposition gleichermaßen betrieben, lässt sich die Spreizung von Einkommen und Geldvermögen, durch welche die Sozialstruktur der Gesellschaft immer mehr „US-amerikanisiert" wird, bloß noch verschlimmern. Gehörte die linear-progressive Besteuerung der Einkommen bisher zum Kern des deutschen (und europäischen) Sozialstaatsmodells,[620] wird sie nicht zuletzt aufgrund eines durch die kampagnenartige Öffentlichkeitsarbeit von kapitalkräftigen Stiftungen, Initiativen und Denkfabriken gezielt veränderten Gerechtigkeitsbegriffs vieler Bürger/innen immer stärker in Frage gestellt. Möglicherweise steht am Ende dieser Entwicklung die absurde Idee, dass wahre Steuergerechtigkeit denselben Zahlbetrag für alle Bürger/innen, ganz unabhängig von ihrem jeweiligen Einkommen, erfordere.

Durch die Halbierung der Freibeträge für Zinseinkünfte einerseits sowie die Ankündigung einer (im Dezember 1999 vom CDU/CSU-dominierten Bundesrat ein letztes Mal

---

617   Paul Kirchhof, Durchs Kassenhäuschen der Steuer in den Garten der Freiheit. Der Entwurf für ein neues Einkommensteuerrecht ist nicht nur einfach, sondern auch gerecht, in: Stephan Hebel/Wolfgang Kessler (Hrsg.), Zukunft sozial: Wegweiser zu mehr Gerechtigkeit, Frankfurt am Main/Oberursel 2004, S. 99; vgl. ergänzend: ders., Der sanfte Verlust der Freiheit. Für ein neues Steuerrecht – klar, verständlich, gerecht, München 2004
618   Vgl. Bodo Hombach, Aufbruch, a.a.O., S. 91
619   Vgl. Daniel Altman, Neoconomy. George Bush's Revolutionary Gamble with America's Future, New York 2004
620   Vgl. Albrecht von Lucke, SPD ohne Idee, a.a.O., S. 1417

gestoppten) Besteuerung der nach jenem Jahr abgeschlossenen Lebensversicherungen andererseits wurden viele Sparer/innen den großen Versicherungskonzernen geradezu in die
Arme getrieben. Das öffentliche Gerede über die angeblich drohende „Vergreisung" der
Gesellschaft, die Unsicherheit der künftigen Sozialrenten und die Notwendigkeit einer
privaten Altersvorsorge bewirkten ein Übriges.

Wurden die Großunternehmen (vor allem aus der Versicherungs- und Energiewirt-
schaft) von der rot-grünen Bundesregierung anfänglich stärker belastet und Steuerschlupflöcher (etwa in Form überaus großzügiger Abschreibungsmöglichkeiten und Rückstellungs-
regelungen) z.B. durch die Einführung einer Regelung zur Mindestbesteuerung gestopft, so
schlug das Pendel bald wieder in die umgekehrte Richtung aus. Keine Bundesregierung vor
ihr hat bessere Verwertungsbedingungen für das Kapital, günstigere Anlagemöglichkeiten
für (Groß-)Aktionäre und niedrigere Steuersätze für Unternehmer geschaffen als die rot-
grüne. Nicht zufällig löste die Bekanntgabe ihrer Steuerpläne um Weihnachten 1999 an den
Aktienmärkten zum Jahresende ein regelrechtes Kursfeuerwerk aus. Vor allem die später
wenigstens zum Teil rückgängig gemachte Steuerbefreiung der Gewinne aus dem Verkauf
inländischer Kapitalbeteiligungen und die Einführung des Halbeinkünfteverfahrens im
Hinblick auf Dividenden und Kursgewinne beflügelten die Börsianer.

Hauptprofiteure der rot-grünen Steuerreform waren die großen Kapitalgesellschaften.
Man reduzierte den Satz der (von ihnen zu entrichtenden) Körperschaftsteuer stark, ohne
die Vermögensteuer wieder zu erheben oder die Erbschaftsteuer zu erhöhen. Außenminister
Joschka Fischer behauptete in seinem Buch „Für einen neuen Gesellschaftsvertrag", aus
Gründen des internationalen Standortwettbewerbs verbiete sich eine stärkere Besteuerung
von Vermögens- und Kapitaleinkommen.[621] Freilich lag die reale Steuerbelastung deutscher
Unternehmen eher im unteren Mittelfeld der OECD-Länder und war noch nie so gering, die
Arbeitslosigkeit hingegen noch nie so hoch wie heute. Daraus den Schluss zu ziehen, man
müsse die Gewinnsteuern weiter senken, damit mehr Stellen in den Betrieben geschaffen
würden, war absurd. „Das Problem sind nicht zu geringe Gewinne der Unternehmen, sondern die Art und Weise ihrer Verwendung."[622] Hatte das Aufkommen der (von 45 bzw. 30
Prozent auf 25 Prozent gesenkten und mit günstigeren Verrechnungsmöglichkeiten verse-
henen) Körperschaftsteuer im Jahr 2001 noch bei über 46 Mrd. DM (ca. 23,53 Mrd. EUR)
gelegen, brach es im darauf folgenden Jahr völlig ein: Nunmehr musste der Staat ca. 800
Mio. DM (über 409 Mio. EUR) an die Unternehmen (zurück)zahlen.

In seiner Klausursitzung am 28./29. Juni 2003 auf Schloss Neuhardenberg entschied
das rot-grüne Bundeskabinett im Grundsatz, die für 2005 vorgesehene letzte Stufe der Einkommensteuerreform um ein Jahr vorzuziehen, um damit die Binnennachfrage zu erhöhen.
Finanziert werden sollte dieser Schritt, der wieder vor allem Besserverdienende begünstigte
(der Spitzensteuersatz wäre sofort von 47 auf 42 Prozent, der Eingangssteuersatz hingegen
nur von 17 auf 15 Prozent gegenüber dem Stand der sonst in Kraft tretenden vorletzten
Stufe gestiegen), durch die Erhöhung der Nettokreditaufnahme, die Veräußerung von Bun-
desvermögen sowie den Abbau von Finanzhilfen und Steuervergünstigungen. Ein regel-
rechter Verhandlungsmarathon, an dem die Parteivorsitzenden Gerhard Schröder, Angela
Merkel, Edmund Stoiber und Guido Westerwelle in einer Arbeitsgruppe des Vermittlungsausschusses beteiligt waren, brachte in der Nacht vom 14. auf den 15. Dezember 2003 den

---

621   Vgl. Joschka Fischer, Für einen neuen Gesellschaftsvertrag. Eine politische Antwort auf die globale Revolution, Köln 1998, S. 256
622   Jan Priewe/Thomas H.W. Sauer, Grüne Wirtschaftspolitik ohne Reformprojekt, a.a.O., S. 404

Durchbruch, welchen Bundestag und Bundesrat am 19. Dezember bestätigten. Danach sanken der Eingangssteuersatz am 1. Januar 2004 von 19,9 auf 16 Prozent und der Spitzensteuersatz von 48,5 auf 45 Prozent. Gleichzeitig traten aber zahlreiche Verschlechterungen in Kraft, die hauptsächlich Arbeitnehmer/innen trafen: So wurden der Arbeitnehmer-Pauschbetrag, die Arbeitnehmersparzulage für vermögenswirksame Leistungen, die sog. Pendlerpauschale, der Sparerfreibetrag und die Eigenheimzulage verringert. Die zur Gegenfinanzierung der Steuersenkung neben einer Ausweitung der öffentlichen Kreditaufnahme vereinbarte Privatisierung von Bundeseigentum erschloss neue Gewinnquellen für Anleger, verringerte den Handlungsspielraum des Staates aber weiter.

In der Öffentlichkeit weniger beachtete Änderungen im Tarifverlauf, vor allem die Verkürzung des Progressionsbereichs, der bei 52.152 EUR (ca. 102.000 DM) statt wie früher bei 130.000 DM (ca. 66.4680 EUR) endet, tragen gleichfalls zur Vergrößerung der sozialen Schieflage bei. Olaf Köppe befürchtet sogar, „daß eine Kürzung des Progressionsverlaufs langfristig auch die Folge haben kann, einer *proportionalen* statt einer *progressiven* Einkommensbesteuerung den Weg zu bereiten."[623] Nicht nur in absoluten Geldbeträgen, sondern auch prozentual wurden die Spitzenverdiener noch stärker entlastet als die Bezieher gehobener Einkommen. Ginge es nach dem Grundsatz der Leistungsfähigkeit des Steuerzahlers und der daraus resultierenden Umverteilung im Hinblick auf die Finanzierung staatlicher Aufgaben, wäre umgekehrt sogar eine Streckung des Progressionsbereichs angemessen gewesen.[624] Vergleichbares gilt im Hinblick auf die Dividendenbesteuerung: Durch die Umstellung vom Vollanrechnungs- auf das Halbeinkünfteverfahren wurden ausgerechnet jene Anleger begünstigt, deren Einkommensteuersatz 40 Prozent übersteigt, Kleinaktionäre hingegen benachteiligt.[625] Unter dem Strich finanzierten die Mittelschichten einen Großteil der Steuergeschenke an Spitzenverdiener und Konzerne.

Stark belastet wurden die Haushalte von Bund, Ländern und Kommunen. Der private Reichtum wuchs im selben Maß wie die öffentliche Armut. Durch die Unternehmen- und Einkommensteuerreform der rot-grünen Bundesregierung entlastet, nutzten vor allem Gutbetuchte die ihnen durch das *Gesetz zur weiteren steuerlichen Förderung von Stiftungen* vom 14. Juli 2000 eröffneten Chancen, den Bildungs-, Wissenschafts-, Sport-, Umweltschutz-, Sozial- und Kulturbereich stärker ihren Vorstellungen bzw. materiellen Interessen entsprechend zu gestalten. So wird staatliche Entscheidungskompetenz noch mehr zugunsten privat(wirtschaftlich)er Verfügungsgewalt reduziert, was zu einer schrittweisen US-Amerikanisierung der Gesellschaftspolitik wie der politischen Kultur beiträgt. Während es in den Vereinigten Staaten eine kritischere Beobachtung und eine stärkere öffentliche Rechenschaftspflicht der Stiftungen gibt, dominiert hierzulande allerdings das Modell der bürgerlichen Elitenreproduktion auf diesem Gebiet.[626] Deshalb wäre es auch besser, die deutschen Spitzenverdiener und Großaktionäre würden wieder stärker nach ihrer finanziellen Leistungsfähigkeit besteuert. Über die Verwendung und Verteilung der möglichen

---

623   Siehe Olaf Köppe, Zur rot-grünen Steuerpolitik – (k)ein Grund zur Panik?, in: Kritische Justiz 3/2002, S. 315 (Hervorh. im Original)
624   Vgl. Bernhard Seidel, Die Einkommensteuerreform, in: Achim Truger (Hrsg.), Rot-grüne Steuerreformen in Deutschland, a.a.O., S. 42
625   Vgl. Stefan Bach, Die Unternehmensteuerreform, a.a.O., S. 60 und 68
626   Vgl. Frank Adloff, Stiftungen in Deutschland – Institutionen zur Stärkung der Zivilgesellschaft oder zur Reproduktion sozialer Ungleichheiten?, in: Jutta Allmendinger (Hrsg.), Entstaatlichung und soziale Sicherheit. Verhandlungen des 31. Kongresses der Deutschen Gesellschaft für Soziologie in Leipzig 2002, Bd. 2, a.a.O., S. 662

Mehreinnahmen des Staates sollten demokratisch legitimierte Gremien, nicht private Mäzene entscheiden.

Wie die rot-grüne Bundesregierung auf das Urteil des Bundesverfassungsgerichts zur Besteuerung der Familien (genauer: von Ehepaaren mit Kindern) vom 10. November 1998 reagiert hat, kann unter dem Schlüsselaspekt der sozialen Gerechtigkeit ebenso wenig befriedigen: Statt durch die Konzentration des Familienlastenausgleichs auf ein einheitliches Kindergeld oder – falls diese Lösung zu teuer war – durch einen Kinder*grund*freibetrag die krassen sozialen Unterschiede zu verringern,[627] vertiefte die Einführung eines Betreuungs-, Erziehungs- und Ausbildungsfreibetrages auch für gut verdienende Ehepaare (bei gleichzeitiger Abschmelzung des Haushaltsfreibetrages für Alleinerziehende) die Kluft zwischen Arm und Reich. Denn davon profitierten in erster Linie die *Reichen* mit Kindern, nicht die *armen* Kinderreichen, um deren Besserstellung es geht bzw. gehen sollte. Statt des 2003 letztmalig gewährten Haushaltsfreibetrages trat rückwirkend zum 1. Januar 2004 ein Entlastungsfreibetrag in Höhe von 1.308 EUR, welcher den haushaltsbedingten Mehraufwand ausgleichen soll, den „echte" Alleinerziehende gegenüber Paarfamilien haben.

Die rot-grüne Sozialpolitik ließ Züge eines generativen Konservatismus erkennen, der bei bürgerlichen Kreisen noch stärker ausgeprägt ist. Er macht das Kind zum Kultobjekt, die Familie zum Fetisch und Kinderlose wie Greise zu Feindbildern in den gesellschaftlichen Verteilungskämpfen.[628] Exemplarisch dafür genannt sei das Urteil des Bundesverfassungsgerichts zur Pflegeversicherung vom 3. April 2001, wonach Eltern aufgrund des von ihnen erbrachten „generativen Beitrags" weniger Geld als Kinderlose entrichten sollen. Seit dem 1. Januar 2005 müssen kinderlose Versicherte im Alter zwischen 24 und 65 Jahren 1,1 Prozent ihres Bruttolohns oder -gehalts, d.h. 0,25 Prozentpunkte mehr als bisher, in die Pflegekasse einzahlen. Für alle Versicherten derselben Alterskohorten, die ihre „Elterneigenschaft" belegen können, und die Arbeitgeber blieb es (außer in Sachsen) beim anteiligen Beitragssatz von 0,85 Prozent.

5.4 Die sog. Riester-Rente: ein Schritt zu mehr Generationen- und Geschlechtergerechtigkeit?

Walter Riester begründete die Notwendigkeit einer radikalen Strukturreform damit, dass man den Rentenversicherungsbeitrag als zentrales Element der Lohnnebenkosten in Deutschland stabilisieren müsse, und mit dem demografischen Wandel. Freilich werden dessen Rückwirkungen auf das System der sozialen Sicherung in aller Regel überschätzt.[629] Da die Stabilisierung der gesetzlichen Lohnneben- bzw. Personalzusatzkosten, genauer: der (die Gewinne schmälernden) Arbeitgeberbeiträge zur Sozialversicherung, im Mittelpunkt des allgemeinen Interesses stand, markierte die Rentenreform 2000/01 Grenzen für den Beitragssatz per Gesetz. Warum dieser 20 Prozent im Jahr 2020 und 22 Prozent im Jahr 2030 nicht überschreiten darf, wenn die Gesellschaft bis dahin stark altert, gleichzeitig Arbeitsproduktivität und Bruttoinlandsprodukt aber höchstwahrscheinlich noch stärker

---

627   Vgl. dazu: Gerhard Bäcker, Armut und Unterversorgung im Kindes- und Jugendalter: Defizite der sozialen Sicherung, in: Christoph Butterwegge (Hrsg.), Kinderarmut in Deutschland. Ursachen, Erscheinungsformen und Gegenmaßnahmen, 2. Aufl. Frankfurt am Main/New York 2000, S. 264ff.

628   Vgl. hierzu: Christoph Butterwegge, Armutsforschung, Kinderarmut und Familienfundamentalismus, in: ebd., S.50ff.

629   Vgl. Georg Vobruba, Alternativen zur Vollbeschäftigung, a.a.O., S. 136

steigen, als die Bevölkerungszahl abnimmt, erschließt sich nur im Rahmen der neoliberalen Standortlogik.

Während sich die öffentliche Debatte über das Rentenmodell Riesters auf jenen „Ausgleichsfaktor" konzentrierte, durch den die Altersbezüge von Neurentner(inne)n ab 2011 um 0,3 Prozentpunkte jährlich sinken sollten, der aber nach einer Anhörung von Verbänden und Sachverständigen beim Ausschuss für Arbeit und Sozialordnung sowie beim Finanzausschuss des Bundestages (11. bis 13. Dezember 2000) fallen gelassen wurde, spielten die private Altersvorsorge und deren (durch den Staat bezuschusster und durch Steuerbegünstigungen für Besserverdienende erleichterter) Aufbau ohne finanzielle Beteiligung der Arbeitgeberseite nur eine Nebenrolle. Nach der Pflegeversicherung brach nun auch ein „klassischer" Versicherungszweig mit dem Prinzip einer paritätischen Finanzierung der sozialen Sicherung, was die bundesdeutsche Öffentlichkeit aber kaum beschäftigte. „Privatvorsorge fungiert im rot-grünen Konzept nicht als Ergänzung der gesetzlichen Rentenversicherung, sondern – weil alleine von den Arbeitnehmern finanziert – als teurer Ersatz für bislang paritätisch finanzierte und künftig drastisch gekürzte Leistungen der sozialen Sicherung."[630]

Man scheute selbst vor statistischen Tricks nicht zurück, um das Rentenniveau von der Öffentlichkeit möglichst unbemerkt senken zu können. So fiel der private Vorsorgeanteil (ab 2008: 4 Prozent des *Brutto*einkommens) aus dem *Netto*einkommen heraus, zu dem die gesetzliche Rente in Beziehung gesetzt wird, wodurch deren Kürzung, die Andreas Bachmann mit 25 Prozent bis zum Jahr 2050 angibt, moderater erscheint: „Für eine Vielzahl von ArbeitnehmerInnen mit heute typischen unsteten Erwerbsbiografien ist eine Kappung der Sozialversicherungsrenten in dieser Größenordnung ein Einkommensabsturz ins Bodenlose, der bei den angespannten Privatbudgets auch nicht durch private Vorsorge kompensiert werden kann."[631] Trotz der Niveausicherungsklausel im *Altersvermögensgesetz* vom 26. Juni 2001, die eine Bundesregierung zum Eingreifen anhielt, wenn ein Rentenniveau von 67 Prozent des früheren Nettoeinkommens unter- und ein Beitragssatz von 20 Prozent im Jahr 2020 oder von 22 Prozent im Jahr 2030 überschritten wird, näherte sich die Standardrente dem Sozialhilfeniveau immer mehr an, worunter die Akzeptanz der Gesetzlichen Rentenversicherung naturgemäß leidet. Weit davon entfernt, den gewohnten Lebensstandard zu sichern, dürfte die Altersrente in vielen Fällen kaum noch geeignet sein, Armut zu vermeiden.[632]

Die rot-grüne Rentenreform 2000/01 lief auf eine (Teil-)Privatisierung der sozialen Sicherung hinaus und führte zu einer weiteren Entlastung der Arbeitgeber sowie zur Einschränkung der Leistungen für die Betroffenen im Sinne einer bloßen Minimalabsicherung großer Teile der Bevölkerung gegenüber elementaren Lebensrisiken. Rentner/innen und Schwerstbehinderte über 18 Jahren mit zu geringen Einkommen erhielten zwar einen Anspruch auf eine gegenüber dem HLU-Regelsatz pauschal um 15 Prozent für einmalige Leistungen aufgestockte Sicherungsleistung, ohne dass ein Unterhaltsrückgriff auf Kinder und Eltern stattfand, sofern deren Jahreseinkommen 100.000 EUR nicht überstieg. Das die Riester-Reform flankierende *Gesetz über eine bedarfsorientierte Grundsicherung im Alter und bei Erwerbsminderung* vom 29. Juni 2001 ersparte Antragsteller(inne)n aber weder

---

630   Johannes Steffen, Der Renten-Klau. Behauptungen und Tatsachen zur rot-grünen Rentenpolitik, Hamburg 2000, S. 95f.
631   Andreas Bachmann, Privatisierung der Sozialversicherung und aktivierender Staat, a.a.O., S. 91
632   Vgl. Ingo Nürnberger/Heinz Stapf-Finé, Renten-Nachhaltigkeitsgesetz: Drastische Einschnitte stellen Versicherungssystem in Frage. Rentenniveau muss vor freiem Fall gesichert werden, in: Soziale Sicherheit 2/2004, S. 41

eine diskriminierend wirkende Bedürftigkeitsprüfung, noch fiel die Doppelzuständigkeit (Rentenversicherungsträger und Kommune) weg. Petra Buhr schloss sogar nicht aus, „dass durch die Anrechnung von Einkommen und Vermögen der Partner neue Fälle von Sozialhilfeabhängigkeit entstehen. Insgesamt gesehen ist das neue Grundsicherungsgesetz somit zwiespältig zu beurteilen, zumindest scheint es in einigen Punkten, etwa was die Höhe der Leistungen angeht, ‚halbherzig‘ und verbesserungsbedürftig.“[633] Zum 1. Januar 2005 wurde das Grundsicherungsrecht ins SGB XII – Sozialhilfe überführt, was seine Ausgliederung aus der GRV noch deutlicher hervortreten ließ. Viel sinnvoller wäre eine Regelung *innerhalb* des lohn- und beitragsbezogenen Systems selbst gewesen. „Durch einen fairen rentenrechtlichen Ausgleich von Erziehungszeiten und Phasen sehr niedriger Erwerbseinkommen hätte es für viele Menschen eine bessere – weil mit robusten Sozialversicherungsansprüchen verbundene – Lösung gegeben.“[634]

Fondslösungen und private Zusatzversicherungen („mehr Eigenvorsorge“) entlasten nicht nur die Arbeitgeber, sondern bieten Versicherungskonzernen und Banken auch ein neues Geschäftsfeld mit riesigen Gewinnmöglichkeiten. Dass es zur Riester-Reform kam, hatte nicht nur system*interne* Gründe, eine Verstetigung der Altersvorsorge und eine Verringerung der damit verbundenen Risiken betreffend. Vielmehr sollten auch neue Anlagemöglichkeiten für das Finanzkapital erschlossen werden. „Eine zentrale Funktion der Privatisierung der Alterssicherung ist die öffentliche Anschubfinanzierung für die ‚Börse‘ und eine direkte Förderung der Profite der auf dem Finanzmarkt tätigen Unternehmen und Institutionen.“[635] Außerdem erfolgte die Einführung der Riester-Rente auf dem Höhepunkt einer Hausse des Aktienmarktes, d.h. eines längeren Börsenbooms, der die Idee, das Umlageverfahren durch den Aufbau eines Kapitalstocks zu ergänzen, plausibel und in der Öffentlichkeit attraktiv erscheinen ließ. „Heute wäre die gleiche Reform vermutlich viel schwerer durchsetzbar.“[636]

Für Heiner Ganßmann war die Institutionalisierung des Kapitaldeckungsprinzips ein weiterer Schritt zur Entsolidarisierung. Seiner Meinung nach gibt es „außer für die Anbieter privater Versicherungen und die Manager von potentiell riesigen Investment-Fonds keine überzeugenden Gründe, die für ein Umstellen der gesetzlichen Altersversicherung auf private Altersversicherungen sprechen (wer sie will, kann sie als Zusatzversicherung freiwillig immer abschließen)“, und zudem sogar „noch weniger überzeugende Gründe, die für eine Umstellung der gesetzlichen Altersversicherung sprechen. Zumindest diejenigen, die sich zur Vertretung der Interessen der abhängig Beschäftigten berufen fühlen, sollten sich mehr darum kümmern, daß die Arbeitseinkommen mit der allgemeinen Wirtschaftsentwicklung Schritt halten, als um die als demographisches Schicksal fehldeklarierten Folgen einer schrumpfenden Lohnquote und hoher Arbeitslosigkeit für die Rentenversicherung.“[637]

Nur gut einen Monat, bevor die Rentenreform am 26. Januar 2001 mit der Koalitionsmehrheit im Bundestag beschlossen wurde, hatte das Parlament die Invalidenrenten mit Zustimmung der CDU/CSU und der FDP, jedoch vielleicht gerade deshalb weitgehend unbemerkt von der breiten Öffentlichkeit, neu geordnet. Durch den miteinander gekoppel-

---

633   Petra Buhr, Wege aus der Armut durch Wege in eine neue Armutspolitik?, in: Antonia Gohr/Martin Seeleib-Kaiser (Hrsg.), Sozial- und Wirtschaftspolitik unter Rot-Grün, Wiesbaden 2003, S. 155
634   Andreas Bachmann, Privatisierung der Sozialversicherung und aktivierender Staat, a.a.O.
635   Christian Christen/Tobias Michel/Werner Rätz, Sozialstaat, a.a.O., S. 63
636   Elisabeth Niejahr, Alt sind nur die anderen. So werden wir leben, lieben und arbeiten, Frankfurt am Main 2004, S. 137
637   Heiner Ganßmann, Politische Ökonomie des Sozialstaats, a.a.O., S. 147

ten Wegfall der Berufsunfähigkeits- und die Einführung der Erwerbsminderungsrente sanken zwar einmal mehr die gesetzlichen Lohnnebenkosten; dafür nahmen aber die Probleme jener Menschen, die ihren erlernten Beruf krankheitsbedingt nicht mehr ausüben können, dramatisch zu. Wer ein „hohes Risiko" darstellt oder schwere Vorerkrankungen hat, bleibt seither ohne Versicherungsschutz oder erhält bei privaten Anbietern geeigneter Policen so schlechte Konditionen, dass ihm/ihr die Berufsunfähigkeitsrente wenig nützt.[638] Diana Auth resümiert denn auch, „dass die rot-grüne Regierung die Maßnahmen der Rentenreform 1999, die sie nach der gewonnenen Bundestagswahl 1998 spektakulär ausgesetzt hatte, letztendlich nur gering verändert umgesetzt hat."[639]

Nach dem Riester-Modell gar nicht gefördert werden jene, die einer Zusatzrente am meisten bedürften: Sozialhilfebezieher/innen. Leer gehen auch jene Erwerbslosen und Arbeitnehmer/innen aus, die zu geringe Entgeltersatzleistungen bekommen bzw. nicht genug verdienen, um die von den großen Versicherungsgesellschaften mit erheblichem Werbeaufwand angepriesenen Produkte bezahlen zu können. Hingegen profitieren Besserverdiende davon, dass sie die solche Aufwändungen für ihre Altersvorsorge bei der Einkommensteuer absetzen können. „Der steuerliche Sonderausgabenabzug begünstigt vor allem hohe Einkommensgruppen, da mit zunehmendem Einkommen auch der staatliche Förderanteil steigt (bis zu den gesetzlich festgelegten höchsten Beträgen)."[640]

Nachdem sie anfänglich (teilweise sogar mit Warnstreiks) gegen die Schwächung der solidarischen Rentenversicherung protestiert hatten, schwenkten die DGB-Gewerkschaften am Ende auf den Kurs der Bundesregierung ein, was ihnen durch die Tatsache, dass mit Walter Riester ein früherer Spitzenfunktionär der IG Metall als Verhandlungspartner auftrat, sowie Zugeständnisse im Hinblick auf die Stärkung der betrieblichen Altersvorsorge erleichtert wurde. Auch widerstand die rot-grüne Koalition bei der damals gerade anstehenden Novellierung des *Betriebsverfassungsgesetzes* den massiven Drohungen des Unternehmerlagers, das gegen Kostenbelastungen durch eine großzügigere Regelung der Freistellung von Betriebsräten aufbegehrte, und übernahm mehr gewerkschaftliche Forderungen, als man vielfach erwartet hatte, wenngleich die substanziellen Mitbestimmungsrechte im *Betriebsverfassungs-Reformgesetz* vom 23. Juli 2001 bis auf eine geringfügige Ausnahme bei der Berufsbildung nicht erweitert wurden.

Christian Christen, Tobias Michel und Werner Rätz sehen in der Abkehr vom Umlageverfahren, wie sie die Riester'sche Rentenreform darstellt, eigentlich nur Negatives: „Kapitalgedeckte Systeme sind teurer, verteilungspolitisch ungerechter und funktionieren für die Masse der Bevölkerung nicht wie versprochen."[641] Eine kapitalgedeckte Altersvorsorge ist keineswegs „demografieresistent", sondern unterliegt ähnlichen Risiken wie ein Umlagesystem. Joachim Weeber hebt darüber hinaus die hohe Krisenanfälligkeit der Kapitalmärkte hervor. Er verweist auf die häufigen Turbulenzen, Kursstürze sowie die Talfahrt an den internationalen Aktienbörsen nach dem 11. September 2001 und betont, dass es selbst über einen längeren Zeitraum keineswegs zu Kursgewinnen kommen müsse: „So befindet sich der japanische Aktienindex bereits seit über 10 Jahren in einer merklichen

---

638   Vgl. Holger Balodis, Abstieg in die Pförtnerloge. Die staatliche Berufsunfähigkeitsrente läuft aus, private Versicherungen sind gefragt, in: Die Zeit v. 28.12.2000
639   Siehe Diana Auth, Sicher – sicherer – versichert?, Die Rentenpolitik der rot-grünen Regierung, in: Kai Eicker-Wolf u.a. (Hrsg.), „Deutschland auf den Weg gebracht", a.a.O., S. 304
640   Frank Pilz, Der Sozialstaat. Ausbau – Kontroversen – Umbau, Bonn 2004 (Schriftenreihe der Bundeszentrale für politische Bildung, Bd. 452), S. 171
641   Christian Christen/Tobias Michel/Werner Rätz, Sozialstaat, a.a.O., S. 45

Abwärtsbewegung. Im Vergleich zum Höchststand im Jahre 1989 haben die japanischen Aktien rund drei Viertel ihres Wertes verloren."[642] Denkt man an das Schicksal der durch Bilanzmanipulationen und Milliardenverluste bekannt gewordenen US-Konzerne *Enron* und *Worldcom*, sind auch kapitalgedeckte Betriebsrenten sehr problematisch: Nach dem Konkurs standen vormals Beschäftigte, die hierauf vertraut hatten, mit leeren Händen da. Systematisch benachteiligt werden dadurch außerdem die in kleinen und mittleren Firmen tätigen Arbeitnehmer/innen – wahrlich ein zusätzliches Argument für die Konzentration der Mittel auf die Gesetzliche Rentenversicherung.

Jedenfalls bringt der Wechsel von einer umlagefinanzierten zu einer (teilweise) kapitalgedeckten Rente langfristig kaum abschätzbare Risiken mit sich, wie Norbert Reuter konstatiert: „Die grundsätzliche Beibehaltung des bewährten umlagefinanzierten Rentensystems wäre aus makroökonomischer Sicht sogar die bessere Alternative gewesen. Diese Schlussfolgerung drängt sich umso mehr auf, als unter Berücksichtigung der Produktivitätsentwicklung – ganz abgesehen von einer gezielten Einwanderungs- und Familienpolitik – kaum von einem künftige Generationen übermäßig belastenden Rentenproblem gesprochen werden kann."[643]

Die rot-grüne Rentenreform führte weder zu (mehr) *Generationen*gerechtigkeit, noch erhöhte sich dadurch die *Geschlechter*gerechtigkeit des sozialen Sicherungssystems. Aufgrund der Kürzungen bei den Witwenrenten wurden gerade Ehefrauen, die nach dem Tod ihres Mannes darauf existenziell angewiesen sind, schlechter gestellt. Trotz der für sie günstigen Kinderzuschläge wurden Frauen auch bei der Riester-Rente benachteiligt: „Es tut sich (...) eine Kluft auf zwischen frauenfreundlichen staatlichen Förderkriterien und einer der Privatversicherung inhärenten Unverträglichkeit mit umverteilenden sozialpolitischen Regelungen."[644] In diesem Zusammenhang wurde besonders oft der Umstand erwähnt, dass Frauen aufgrund ihrer höheren Lebenserwartung bei Privatversicherungen höhere Prämien zahlen mussten. „Weitere geschlechterspezifische Benachteiligungsstrukturen liegen in der Absicherung biometrischer Risiken (Langlebigkeit, Invalidität und Hinterbliebenenschutz), die in der GRV innerhalb der Solidargemeinschaft umgelegt werden und in der privaten Vorsorge hinzu gekauft bzw. ‚abgewählt' werden können."[645] Erst später wurde die Versicherungswirtschaft per Gesetz gezwungen, sog. Unisex-Tarife anzubieten.

Die mit dem Namen von Walter Riester verbundene Rentenreform 2000/01 brach mit bewährten Grundsätzen der Altersvorsorge, ohne sie durch bessere Lösungen zu ersetzen. Als das Umlageverfahren ergänzendes Moment wurde die Kapitaldeckung (wieder) eingeführt, was in der gewählten Form nicht nur Privatisierung, sondern wegen der staatlichen Unterstützung individueller Vorsorgeleistungen auch „Etatisierung" der Altersvorsorge bedeutet, wie Manfred G. Schmidt bemerkt.[646] Entscheidend ist jedoch, dass der Einstieg in ein anderes System erfolgte und die Gefahr besteht, dass die Arbeitgeber schrittweise aus

---

642   Joachim Weeber, Börsenturbulenzen und deren Auswirkungen auf die Alterssicherung, in: Arbeit und Sozialpolitik 10/2002, S. 49
643   Norbert Reuter, Generationengerechtigkeit als Richtschnur der Wirtschaftspolitik?, in: Christoph Butterwegge/Michael Klundt (Hrsg.), Kinderarmut und Generationengerechtigkeit, a.a.O., S. 93
644   Mechthild Veil, Die Riester-Rente: geschlechterspezifische Wirkungen der privaten und der betrieblichen Vorsorge, in: WSI-Mitteilungen 2/2002, S. 96
645   Ebd., S. 93
646   Vgl. Manfred G. Schmidt, Rot-grüne Sozialpolitik (1998-2002), in: Christoph Egle/Tobias Ostheim/Reimut Zohlnhöfer (Hrsg.), Das rot-grüne Projekt. Eine Bilanz der Regierung Schröder 1998-2002, Wiesbaden 2003, S. 249

ihrer Verantwortung für die Alterssicherung entlassen werden. Karl Georg Zinn zog denn auch eine – historisch zweifellos gewagte – Parallele zwischen der Einführung einer kapitalgedeckten Zusatzrente und der Unterstützung des kaiserlichen Kriegskurses durch die Sozialdemokratie am 4. August 1914 im Reichstag: „Mit der partiellen Abkehr vom Solidarprinzip und der Aushöhlung der paritätischen Finanzierung von Versicherungsbeiträgen durch Arbeitgeber und Arbeitnehmer hat sich die rot-grüne Regierung einen Makel zugezogen, der – soviel Beifall gegenwärtig auch aus den falschen Ecken aufbranden mag – vielleicht einmal mit der SPD-Zustimmung zu den Kriegskrediten zu Beginn des Ersten Weltkriegs verglichen werden wird."[647] Friedhelm Hengsbach nennt die Resultate der Riester'schen Rentenreform ernüchternd: „Die Mehrheit derer, die nach vernünftiger Nutzenabwägung eine private, staatlich geförderte Altersvorsorge hätte leisten sollen, hat dies nicht getan, weil die Sparmöglichkeit fehlte. (...) Wahrscheinlich muss die entstandene Lücke einer angemessenen Alterssicherung am Ende von den Steuerzahlern geschlossen werden."[648]

5.5 Revolution in der staatlichen Familienpolitik oder frauenpolitischer Rollback?

Besonders hoch waren die Erwartungen der Wähler/innen an die rot-grüne Bundesregierung auf dem Gebiet der Frauen-, Gleichstellungs- und Geschlechterpolitik, wo zumindest die CDU/CSU-geführten Kabinette von 1949 bis 1998 eine restriktive Linie verfolgt und der bürgerlichen Kernfamilie absolute Priorität gegenüber damit konkurrierenden Lebens-, Liebes- und Familienformen eingeräumt hatten. Zweifellos liegen hier beachtliche Erfolge der rot-grünen Koalition, die zwar nicht gänzlich mit der Tradition brach, aber viele neue Akzente setzte. Einen lang ersehnten und nicht zu unterschätzenden Fortschritt für gleichgeschlechtliche Paare sowie die Akzeptanz pluraler Lebens- und Liebesformen brachte das am 1. August 2001 in Kraft getretene *Lebenspartnerschaftsgesetz* mit sich: Seither können Homosexuelle beiderlei Geschlechts eine vom Staat registrierte und offiziell anerkannte Verbindung (Eingetragene Lebenspartnerschaft) schließen, was für manche Konservative einen fundamentalen Bruch mit ihren Moralvorstellungen bedeutet. Obwohl wichtige Teile der Reform zunächst an der Unionsmehrheit im Bundesrat scheiterten, gelang es dieser nicht, das Vorhaben mit ihrer Klage beim Bundesverfassungsgericht zu stoppen. Nach dem Karlsruher Gerichtsurteil vom 17. Juli 2002, das die Gleichstellung von Ehe und Lebenspartnerschaft für mit dem Grundgesetz vereinbar erklärte, war eine Novellierung möglich. Lebenspartner(inne)n konnte Anspruch auf Hinterbliebenenversorgung gewährt, ein Versorgungsausgleich im Trennungsfall zugestanden und die Stiefkindadoption ermöglicht werden.

Immer stärker in den Vordergrund rückte die früher als konservative Domäne geltende Familienpolitik, wodurch Frauen fast nur noch als (werdende) Mütter auftauchen, deren Möglichkeiten man verbessern will, Erziehungs- und Erwerbsarbeit („Kind und Karriere") miteinander zu vereinbaren. Das neue, am 1. Januar 2001 in Kraft getretene *Erziehungsgeldgesetz* rückte von dem konservativen Familienmodell, das die zeitintensive Kinderbetreuung einer Person (und damit praktisch fast ausschließlich der Mutter) zuweist, ab und

---

647   Karl Georg Zinn, Nicht anders, kaum besser. Rot-grüne Beschäftigungspolitik, in: Vorgänge 157 (2002), S. 95
648   Friedhelm Hengsbach, Das Reformspektakel, a.a.O., S. 142

orientierte sich an der Zu- bzw. Zweiverdienerfamilie: „Erstmals können Mutter und Vater die gesetzlichen Möglichkeiten gleichzeitig nutzen, sich also die Erziehungsarbeit teilen."[649] Da die finanzielle Förderung nicht den Charakter einer Lohnersatzleistung erreicht, bleiben die Chancen dazu jedoch ausgesprochen beschränkt. „Nur wenn an die Stelle des heutigen Erziehungsgeldes eine Transferleistung tritt, die vom Erwerbseinkommen vor der Zeit der Kinderbetreuung abhängt, ist eine stärkere Inanspruchnahme auch durch Väter zu erwarten. Eine konsequent am Gleichstellungsziel ausgerichtete Regelung müsste jedem der beiden Elternteile ein individuelles Recht auf die Hälfte des gesamten Freistellungsbudgets einräumen."[650] Unter dem Gesichtspunkt der sozialen Gerechtigkeit wäre es jedoch problematisch, wenn man – wie von Renate Schmidt mit einem „Elterngeld" für die Zeit nach 2008 geplant und im Kabinett erörtert – Besserverdienende für ihre Erziehungsleistung höher „entlohne" als Schlechterverdienende.

Nora Fuhrmann begrüßte das Gesetz zwar wegen seiner „Hinwendung zu einem partnerschaftlichen Erziehungskonzept", kritisierte aber zusammen mit den meisten Frauenverbänden, dass die rot-grüne Koalition das Erziehungsgeld (307 EUR bei mehr als einem Jahr Elternzeit) selbst im Unterschied zu den Einkommensgrenzen nicht anhob und beide nicht dynamisierte. Außerdem wurde die Elternzeit in der Versicherungsbiografie nicht (wie etwa die Zeit des Militär- bzw. Zivildienstes) mit den Zeiten beitragspflichtiger Beschäftigung gleichgestellt, was Ansprüche auf Arbeitslosengeld und andere Sozialleistungen eröffnet hätte.[651] Das sog. Budget-Angebot beim Erziehungsgeld (Wahl eines Jahres der Inanspruchnahme mit 460 € statt zweier Jahre der Inanspruchnahme mit 307 € pro Monat) gab finanzielle Anreize für eine *kürzere* Unterbrechung der Erwerbstätigkeit, und auch das Volumen der Teilzeitbeschäftigung während der Elternzeit (früher: Erziehungsurlaub) kann seither statt höchstens 19 bis zu 30 Stunden pro Woche (für jeden Elternteil) betragen.

Klaus-Bernhard Roy hält weniger die Erhöhung der Einkommensgrenzen als die Flexibilisierung bei der Inanspruchnahme von Erziehungszeiten für beachtenswert: „Diese Neuregelungen, zu denen auch die Förderung von Teilzeitarbeit gehört, bedingen eine gewisse Dynamik in der Familienpolitik."[652] Anneli Rüling, Karsten Kassner und Peter Grottian bemängeln, das Erziehungsgeld reiche nicht zur Existenzsicherung aus, wodurch junge Paare auch nicht ermutigt würden, gemeinsam Elternzeit zu beanspruchen: „Die Regelung setzt weiterhin einen Familienernährer voraus, obwohl sie – wie auch das Teilzeit- und Befristungsgesetz – einen Rechtsanspruch auf Teilzeitarbeit begründet und dadurch die Position der Beschäftigten bei der Umsetzung ihrer Arbeitszeitwünsche stärkt."[653] In dem *Gesetz über Teilzeitarbeit und befristete Arbeitsverträge* vom 21. Dezember 2000 wurde die Freistellung der Eltern jedoch betrieblichen Belangen nachgeordnet und damit von der Zustimmung des Arbeitgebers abhängig gemacht.

649　Nora Fuhrmann, Drei zu eins für Schröder. Bergmann muss im Hinspiel eine Niederlage einstecken, in: Kai Eicker-Wolf u.a. (Hrsg.), „Deutschland auf den Weg gebracht", a.a.O., S. 193
650　Brigitte Stolz-Willig, Rot-grüne Familienpolitik. Richtige Ansätze, wenig Entschlossenheit, in: Vorgänge 157 (2002), S. 103
651　Vgl. Nora Fuhrmann, Drei zu eins für Schröder, a.a.O., S. 194
652　Klaus-Bernhard Roy, Die Modernisierung des Sozialstaates. Reformansätze in der Sozial- und Arbeitsmarktpolitik, in: Ulrich Heyder/Ulrich Menzel/Bernd Rebe (Hrsg.), Das Land verändert?, Rot-grüne Politik zwischen Interessenbalancen und Modernisierungsdynamik, Hamburg 2002, S. 51
653　Anneli Rüling/Karsten Kassner/Peter Grottian, Geschlechterdemokratie leben. Junge Eltern zwischen Familienpolitik und Alltagserfahrungen, in: Aus Politik und Zeitgeschichte 19/2004, S. 12

Wiebke Kolbe erscheinen die Auswirkungen der Gesetzesnovellierung ambivalent. Einerseits habe diese nichts an der fortschreitenden finanziellen Aushöhlung des Erziehungsgeldes geändert. „Auch in konzeptioneller Hinsicht ließ sie alle wesentlichen Bestandteile des Elternschaftskonstruktes, das durch das Erziehungsgeldgesetz der achtziger Jahre und seine Fortschreibung durch die christlich-liberale Bundesregierung wohlfahrtsstaatlich institutionalisiert worden war, unangetastet."[654] Andererseits werde der Pluralisierung und Flexibilisierung von Elternschaftskonzepten durch den Rechtsanspruch auf die Reduzierung der Arbeitszeit, die Erweiterung der Möglichkeiten zur Teilzeitarbeit und zur flexiblen Gestaltung der Elternzeit sowie das Recht der Eltern, diese gleichzeitig zu nehmen, stärker Rechnung getragen: „Dadurch sind neue Konstruktionen von Elternschaft hinzugekommen, die eine deutliche konzeptionelle Erweiterung des bisherigen deutschen Elternschaftsmodells darstellen."[655]

Nora Fuhrmann bescheinigt der rot-grünen Geschlechterpolitik, während des Zeitraums von 1998 bis 2002 einen Durchbruch, die Überwindung des konservativen Familienmodells und die Beendigung des Reformstaus auf diesem Politikfeld erreicht zu haben. Damit verabschiede sich die Bundesrepublik allmählich vom „männlichen Ernährermodell" und an die Stelle des Leitbildes der „Hausfrauenehe" trete das der (nicht einmal unbedingt gemischtgeschlechtlichen) Kleinfamilie mit zwei berufstätigen Elternteilen, von denen keiner für Jahre aus dem Arbeitsleben scheide, um sich der Kindererziehung zu widmen; schließlich sei auch die *Ehe*zentrierung der sozialen Sicherung angekratzt.[656] Bezogen auf das geschlechterpolitische Modernisierungsziel der rot-grünen Koalition bilanziert Fuhrmann, „dass die Abhängigkeit der Frauen von Männern (ggf. vom Sozialstaat) leicht gesunken, aber nach wie vor deutlich erkennbar ist."[657]

Berücksichtigt man, dass die Regierung, statt ein Gleichstellungsgesetz für die Privatwirtschaft auf den Weg zu bringen, mit deren Repräsentanten eine Vereinbarung schloss, die ihnen Handlungsfreiheit im Hinblick auf das Ziel, die Verfahrensweise und den Zeitraum der Verwirklichung ließ, sind allerdings erhebliche Zweifel an der Entschlossenheit von SPD und Bündnis 90/Die Grünen im Hinblick auf die Frauengleichstellung angebracht. Das zuletzt genannte Ziel trat hinter der meist unter Berufung auf die Demografie gerechtfertigten Fixierung auf die Familie und das Kind zurück. Es ging der rot-grünen Bundesregierung offenbar weniger um die Frauenemanzipation als die Erhöhung der Geburtenrate und die Erleichterung der Rekrutierung hoch qualifizierter Frauen für den Arbeitsmarkt.

Insofern wahrte die rot-grüne Koalition auch im Bereich der Familienpolitik ein recht hohes Maß an Kontinuität. „Dabei hat sie im Wesentlichen an die bereits während der christlich-liberalen Koalition etablierten Maßnahmen angeknüpft und diese weiterentwickelt."[658] In der 14. Legislaturperiode des Bundestages (1998 bis 2002) wurde zwar das Kindergeld nicht weniger als drei Mal angehoben, aber keine grundlegende familienpolitische Neuerung eingeführt, sieht man von der aufgrund einer EU-Richtlinie gebotenen Novellierung des Bundeserziehungsgeldgesetzes ab. Der Kindergeldsatz stieg von 220 DM (ca.112,50 EUR) auf 250 DM (ca. 127,80 EUR) ab 1. Januar 1999 über 270 DM (ca. 138 EUR) ab 1. Januar 2000 auf 154 EUR (ca. 301 DM) ab 1. Januar 2002 für das erste und

---

654   Wiebke Kolbe, Elternschaft im Wohlfahrtsstaat, a.a.O., S. 402
655   Ebd.
656   Vgl. Nora Fuhrmann, Drei zu eins für Schröder, a.a.O., S. 204
657   Siehe ebd., S. 205
658   Peter Bleses, Wenig Neues in der Familienpolitik, in: Antonia Gohr/Martin Seeleib-Kaiser (Hrsg.), Sozial- und Wirtschaftspolitik unter Rot-Grün, a.a.O., S. 204

zweite Kind. Gerhard Engelbrech monierte, dass diese Förderung von Familien sowohl der Chancengleichheit von Frauen am Arbeitsmarkt wie auch dem wachsenden Fachkräftebedarf der Wirtschaft entgegenwirke, und gab seiner Befürchtung Ausdruck, dass nicht mehr – wie etwa bei dem im Jahr 1999 von der rot-grünen Regierung aufgelegten Programm „Frau und Beruf" – die Gleichstellung der Geschlechter im Mittelpunkt stehe, sondern „eine Schwerpunktverschiebung hin zu traditioneller Familienpolitik" stattfinde: „Forderungen nach Chancengleichheit von Frauen treten gegenüber der Diskussion um bessere Förderung der Familien in den Hintergrund."[659] Verantwortlich dafür machte Engelbrech die stärkere Wahrnehmung des anhaltenden Geburten- und des für die Zeit nach 2010 prognostizierten Bevölkerungsrückgangs in der Öffentlichkeit, welche man mittels familienpolitischer Maßnahmen abzuschwächen suche. Die weitere Erhöhung der Transferzahlungen an Familien, etwa in Gestalt des Kindergeldes, führe jedoch primär zu Mitnahmeeffekten, nicht aber zur allseits erhofften Steigerung der Geburtenrate: „Vielmehr besteht die Gefahr, dass durch die Förderung individueller Kinderbetreuung dem Arbeitsmarkt Fachkräfte verloren gehen, sich tradiertes geschlechtsspezifisches Rollenverhalten verfestigt und die gleichberechtigte Teilhabe von Frauen am Arbeitsmarkt behindert wird."[660]

Sehr viel sinnvoller erscheint die Verbesserung der außerhäusigen Betreuungssituation, wie sie die rot-grüne Regierung seit dem Beginn ihrer zweiten Amtsperiode vorantrieb. Dass der Bund die Länder durch ein Sonderinvestitionsprogramm „Zukunft Bildung und Betreuung" über einen Zeitraum von 4 Jahren hinweg mit insgesamt 4 Mrd. EUR unterstützte, dürfte wohl dieser Erkenntnis geschuldet sein. In dieselbe Richtung wies das *Tagesbetreuungsausbaugesetz* vom 28. Oktober 2004, welches die besonders miserable Krippenversorgung der Unter-3-Jährigen verbessern sollte, ihnen bzw. ihren Eltern allerdings keinen Rechtsanspruch darauf einräumte. Bis zum Jahr 2010 wollte man jedoch vor allem in den westlichen Bundesländern, die damit noch schlechter als die östlichen ausgestattet sind, 230.000 zusätzliche Betreuungsplätze schaffen. Eine gesetzliche Verpflichtung zur tariflichen Vergütung der Tagesmütter fehlte aber ebenfalls. Umstritten war die Finanzierung einer „bedarfsgerechten" Anzahl von Krippen- und Tagespflegeplätzen aus durch die Arbeitsmarktreform („Hartz IV") eingesparten Mitteln seitens der Kommunen. Niemand wusste, ob so – wie vom Bund veranschlagt – 1,5 Mrd. EUR pro Jahr verfügbar werden. Fraglich erschien auch, ob das bisher ausreichende Angebot mit Ganztagsplätzen in Krippe, Kindergarten und Hort angesichts der extremen Finanzierungsprobleme *ost*deutscher Kommunen künftig Bestand haben würde.[661]

Früher war die Familienpolitik ein Markenzeichen der (National-)Konservativen. Jetzt diente sie der rot-grünen Bundesregierung als Aushängeschild. Natürlich ist Familienpolitik nicht per se reaktionär oder rückschrittlich. Nur wenn sie Ehepaare mit Kindern als „Keimzelle" des Volkes, der Gesellschaft bzw. des Staates begreift und die „Gebärfreudigkeit" der Bürgerinnen im Sinne einer pronatalistischen Bevölkerungspolitik zu stimulieren und/oder Kinderlosigkeit (z.B. im Rentenrecht oder in der Sozialen Pflegeversicherung) negativ zu sanktionieren sucht, verstößt die staatliche Familienpolitik gegen das Selbstbestimmungsrecht der Frau sowie das Interesse an einer autonomen Persönlichkeitsentwick-

---

659   Gerhard Engelbrech, Transferzahlungen an Familien – demografische Entwicklung und Chancengleichheit, in: WSI-Mitteilungen 3/2002, S. 139

660   Ebd., S. 145

661   Vgl. Siehe Karsten Hank/Michaela Kreyenfeld/C. Katharina Spieß, Kinderbetreuung und Fertilität in Deutschland, in: Zeitschrift für Soziologie 3/2004, S. 232

lung. Bezogen auf die rot-grüne Bundesregierung konnte davon zwar keine Rede sein; zu denken gab jedoch, dass Frauen fast nur noch gemeinsam mit Kindern, d.h. im Rahmen der Familienpolitik, und vor dem Hintergrund einer „negativen" Bevölkerungsentwicklung ihre Aufmerksamkeit erregten. „Es sieht so aus, als würden die großen Parteien die Frauenfrage derzeit zur Familienfrage und diese zur demographischen Frage umstempeln."[662]

Zu befürchten ist eine Refamiliarisierung der Politik, sofern die demografische Entwicklung weiterhin so stark wie gegenwärtig das öffentliche Klima bestimmt. Familienpolitik steht immer stärker unter dem Eindruck demografischer Horrorszenarios, die in Massenmedien und politischer Öffentlichkeit dominieren. Sie läuft denn auch Gefahr, eine pronatalistische Zielsetzung zu verfolgen und jeder emanzipatorischen Grundorientierung beraubt zu werden. Dass ökonomische Motive die rot-grüne Regierung selbst dann leiteten, wenn es um Frauen und Kinder ging, zeigte die von Renate Schmidt ausgerechnet zusammen mit Liz Mohn (Vorsitzende der Bertelsmann Verwaltungsgesellschaft) ins Leben gerufene „Allianz für Familie – Balance für Familie und Arbeitswelt", welche Bündnisse auf der lokalen Ebene einschloss.[663] Nur wer die Humankapitaltheorie vertritt und daher die „Fertilitäts-" bzw. die „Nettoreproduktionsrate" der Deutschen steigern möchte, aber das notwendige Maß an historischer Sensibilität gegenüber jeglichen Ansätzen einer Bevölkerungspolitik vermissen lässt, vermag Irene Gerlachs Meinung zu teilen, wonach „das bevölkerungspolitische Segment der Familienpolitik keineswegs Kern konservativer und national orientierter Argumentation ist, sondern wesentliches Element gesellschaftlicher Planung sein sollte."[664]

5.6 Die sog. Hartz-Kommission, ihre Vorschläge zur Arbeitsmarktreform und deren Umsetzung

Erleichtert durch einen Skandal um gefälschte Vermittlungsbilanzen der Bundesanstalt für Arbeit im Januar/Februar 2002, gelang es den „Modernisierern" im Regierungslager, einen Personalwechsel an der Spitze dieser Behörde (von Bernhard Jagoda zum früheren rheinland-pfälzischen Sozialminister Florian Gerster) und eine Teilprivatisierung der Arbeitsvermittlung durchzusetzen. Empfohlen hatte sich Gerster, der bald selbst in Affairen (um die Neueinrichtung seines Büros und die Beauftragung teurer Unternehmensberater sowie einer PR-Agentur ohne Ausschreibung) verstrickt war, durch die Entwicklung des „Mainzer Modells für Beschäftigung und Familienförderung". Dieses in mehreren Arbeitsamtsbezirken seines Herkunftslandes erprobte Förderkonzept, das wie sämtliche „Kombilohn"-Modelle die Ausweitung des Niedriglohnsektors für Geringqualifizierte intendierte, wurde zu Gersters Amtsantritt am 1. März 2002 bundesweit eingeführt. Sozialhilfebezieher(inne)n und Erwerbslosen zahlte das Arbeitsamt einen Teil ihrer Sozialabgaben, wenn sie einen Job annahmen; Alleinerziehende und Geringverdiener-Familien erhielten außerdem einen Kindergeldzuschlag. „Vorrangige Ziele sind der Ausstieg aus der Sozialhilfe und die Umwandlung von geringfügigen Beschäftigungsverhältnissen in sozialversicherungspflichtige (Teil-

---

662   Friedhelm Hengsbach, Das Reformspektakel, a.a.O., S. 105
663   Vgl. Renate Schmidt/Liz Mohn (Hrsg.), Familie bringt Gewinn. Innovation durch Balance von Familie und Arbeitswelt, Gütersloh 2004; dies., Deutschland braucht mehr Kinder. Vertreter aus Politik, Wirtschaft und Gewerkschaften wollen eine neue „Allianz für Familie" schmieden, die allen Gewinn bringt, in: FR v. 28.4.2004
664   Siehe Irene Gerlach, Familienpolitik, a.a.O., S. 115

zeit-)Beschäftigungen."[665] Entgegen vollmundigen Versprechen zeigte sich, dass dieses Modell weder auf große Resonanz bei den Betroffenen noch ihren potenziellen Arbeitgebern stieß. Offenbar war die Nachfrage der Unternehmen nach einem Arbeitskräfteangebot im Niedriglohnsektor überschätzt worden.[666]

In dem Buch „Arbeit ist für alle da" stellte Gerster seine Ideen zur Belebung des Arbeitsmarktes und zur Neuordnung der damals noch von ihm geleiteten Nürnberger Behörde vor. Von der Novellierung des Arbeitsförderungsrechts durch die Regierung Kohl im Rahmen des SGB III ausgehend, die 1998 einen später durch das rot-grüne *Job-AQTIV-Gesetz* bestätigten Richtungswechsel eingeleitet habe, plädierte Gerster energisch für eine *aktivierende* Arbeitsmarktpolitik. Die bisherigen, auf das AFG von 1969 gegründeten Maßnahmen der *aktiven* Arbeitsmarktpolitik hätten „überwiegend sozialpolitisch motivierte Ziele verfolgt", klagte Gerster: „Arbeitsmarktferne Langzeitarbeitslose wurden zur Teilnahme an Maßnahmen veranlasst, deren Integrationsaussichten gering waren, die ihnen aber das Gefühl einer sinnstiftenden Tätigkeit vermitteln sollten."[667] Durch die Bewilligung solcher Projekte hätten sich die örtlichen Arbeitsämter zu sozialpolitisch agierenden Institutionen entwickelt und die Integrationsfunktion der Arbeitsförderung aus dem Blick verloren: „Die aktive Arbeitsmarktpolitik degenerierte zum sozialen Auffangbecken."[668] Der „aktivierende Sozialstaat" ist aber unsozial, weil meist nur ein wohlklingendes Etikett zur Rechtfertigung der systematischen Kürzung von Leistungen und der prinzipiellen Verschärfung von Anspruchsvoraussetzungen, wie Gerster, überzeugter Anhänger dieses Konzepts, durchblicken ließ: „Aktivierende Maßnahmen beinhalten zwangsläufig die Abkehr von Versorgungsmentalität, der Abbau negativer Arbeitsanreize ist ohne Leistungseinschränkungen nicht möglich, und die Korrektur historisch gewachsener sozialer Besitzstände (?!) darf kein Tabu sein."[669]

Seit Gerster die Bundesanstalt, den Empfehlungen externer (Unternehmens-)Berater und mittels der von ihnen präferierten Management-Methoden zur modernen „Dienstleistungsagentur" umstrukturierte, wurden die Erwerbslosen stärker marginalisiert, es sei denn, dass es sich bei ihnen um Hochqualifizierte und leicht Vermittelbare handelte. Durch den Verzicht auf Zielgruppenförderung und sozialpädagogische Zusatzbetreuung der Teilnehmer/innen sowie die Konzentration auf den kurz nach Ende der Maßnahmen zu erwartenden Vermittlungserfolg (Festlegung einer „Verbleibsquote" von mindestens 70 Prozent als Voraussetzung für die Finanzierung von wie auch die Teilnahme an Kursen) blieben gerade die sog. Hauptproblemgruppen des Arbeitsmarktes, d.h. Langzeitarbeitslose, Ältere, Schwerbehinderte, Berufsrückkehrerinnen und Migrant(inn)en, fortan von Qualifizierungs- bzw. Fördermaßnahmen weitgehend ausgeschlossen. Im Januar/Februar 2004 wurde Gerster, der noch das Vertrauen von Wirtschafts- und Arbeitsminister Wolfgang Clement besaß, aber im drittelparitätisch besetzten Verwaltungsrat der Bundesagentur für Arbeit keinen Rückhalt mehr fand, abberufen und durch Frank-Jürgen Weise ersetzt, den er selbst als Finanzvorstand nach Nürnberg geholt hatte.

---

665   Florian Gerster, Arbeit ist für alle da. Neue Wege in die Vollbeschäftigung, München 2003, S. 161
666   Vgl. Alfons Hollederer/Helmut Ridolph, Arbeitsanreize und Niedriglöhne: Konzeptionen und erste Erfahrungen des Mainzer Modells und des SGI-Modells, in: Sabine Dann u.a. (Hrsg.), Kombi-Einkommen – ein Weg aus der Sozialhilfe?, Baden-Baden 2002, S. 65
667   Florian Gerster, Arbeit ist für alle da, a.a.O., S. 168
668   Ebd.
669   Ebd., S. 236

Auf dem Höhepunkt des Skandals um die angebliche Fälschung der Vermittlungsstatistik durch die Bundesanstalt richtete die rot-grüne Regierung am 22. Februar 2002 eine Kommission „Moderne Dienstleistungen am Arbeitsmarkt" ein, die das VW-Personalvorstandsmitglied Peter Hartz leitete und eigentlich nur Vorschläge zur Organisationsreform (Umwandlung der Nürnberger Behörde in eine moderne Dienstleistungsagentur) machen sollte. Ihr gehörten 15 Mitglieder an, darunter neben Hartz weitere Manager sowie mehrere Unternehmensberater, Oberbürgermeister und Wissenschaftler. Hans-Hermann Hartwich betont, dass Unternehmensberater und -vertreter ein Übergewicht hatten und privatwirtschaftliche Erfahrungen dominierten: „Der gewerkschaftliche Einfluss war gering."[670] Stark unterrepräsentiert waren tatsächlich die Gewerkschaften und der DGB, Betriebsräte und Initiativen der Erwerbslosen als unmittelbar Betroffene sogar überhaupt nicht vertreten.

Peter Hartz war nicht nur mit Bundeskanzler Gerhard Schröder persönlich befreundet, sondern auch durch flexible Arbeitszeitmodelle bekannt geworden, die er bei der Volkswagen AG im Rahmen des zwischen ihm und der IG Metall abgeschlossenen Haustarifvertrages über die Einführung der 4-Tage-Woche mit 28,8 Stunden realisiert, in Buchform präsentiert und zum Konzept einer „Job-Revolution" emporstilisiert bzw. uminterpretiert hatte.[671] Was ihm vorschwebte, verglich Frigga Haug mit Visionen, die der US-amerikanische Industrielle Henry Ford ca. 100 Jahre früher im Hinblick auf einen „neuen Menschentyp" entwickelt hatte. Hartz ordne alles seinem Ziel der „Beschäftigungsfähigkeit" unter, die zu erhalten das oberste Gebot bilde und von einer totalen „Zumutbarkeit" für die Jobsuchenden begleitet sei: „Es ist das Diktat, sein Leben selbstbestimmt so auszurichten, dass man jederzeit und an jedem Ort, auf jede Dauer einsetzbar wird wie eine Maschine, die zudem über zusätzliche ,menschliche' Emotionen verfügt. Geplant ist mit anderen Worten eine Art ,Super-Fordismus', aus dem die gesellschaftlichen (wohlfahrtsstaatlichen) Sicherungen herausgeschraubt sind."[672]

Aufgrund des Wahlkampfes sowie der charismatischen Ausstrahlung des Kommissionsvorsitzenden, welcher sich die Einstimmigkeit bei der Beschlussfassung zum Endbericht mit verdankte,[673] übernahm die Hartz-Kommission immer mehr die Rolle einer Hoffnungsträgerin der rot-grünen Koalition, die 1998 eine Reduktion der Arbeitslosenzahl um 1 Mio. versprochen hatte und nun angesichts wieder deutlich über die 4-Mio.-Marke steigender Zahlen vollends in die Defensive geriet. Während des Frühjahrs und Sommers 2002 bestimmte „Hartz" die öffentlichen Debatten zum Thema „Abbau der Arbeitslosigkeit" und trug zusammen mit der „Jahrhundertflut" an der Elbe und ihren Nebenflüssen sowie der Irak-Krise entscheidend dazu bei, dass SPD und Bündnis 90/Die Grünen das Blatt bei der Bundestagswahl am 22. September trotz zunächst katastrophaler Umfrageergebnisse gewissermaßen auf der Zielgeraden doch noch wenden konnten.

Gut einen Monat vor dem Wahlsonntag, am 16. August 2002, präsentierte die Hartz-Kommission im Französischen Dom der Bundeshauptstadt äußerst öffentlichkeitswirksam ihren Schlussbericht, was der Kommissionsvorsitzende mit dem feierlichen Versprechen

---

670   Hans-Hermann Hartwich, Arbeitsmarktreform im Bundestagswahlkampf 2002. Eine Fallstudie zum Thema „Demokratie und Arbeitslosigkeit", in: Gesellschaft – Wirtschaft – Politik 1/2003, S. 129
671   Vgl. Peter Hartz, Jeder Arbeitsplatz hat ein Gesicht. Die Volkswagen-Lösung, Frankfurt am Main/New York 1994; ders., Job Revolution. Wie wir neue Arbeitsplätze gewinnen können, Frankfurt am Main 2001
672   Frigga Haug, „Schaffen wir einen neuen Menschentyp". Von Henry Ford zu Peter Hartz, in: Das Argument 252 (2003), S. 611
673   Vgl. Anne-Marie Weimar, Die Arbeit und die Entscheidungsprozesse der Hartz-Kommission, Wiesbaden 2004, S. 124

verband, die Zahl der registrierten Arbeitslosen lasse sich in 3 Jahren („bis zum 16. August 2005") um 2 Millionen verringern. Gerhard Schröder und der zuständige Fachminister (zuerst Walter Riester, später Wolfgang Clement) wurden denn auch nicht müde zu versichern, die Bundesregierung wolle das Hartz-Gutachten „im Verhältnis 1:1" umsetzen. Schließlich galt es über die etablierten Parteien hinweg als sachgerecht, ideologiefrei, unangreifbar, alternativlos und zukunftsweisend, was dokumentiert, wie eine bestimmte Denkrichtung die Öffentlichkeit dominiert bzw. geradezu monopolisiert, ohne dass sie dazu demokratisch legitimiert wäre.[674]

Die Hartz-Kommission setzte nicht bei den Ursachen der Massenarbeitslosigkeit,[675] sondern auf der Erscheinungsebene an. Statt die ökonomischen Entwicklungsdeterminanten zu problematisieren und ein in sich schlüssiges Konzept der Krisenbewältigung mittels ihrer Beeinflussung durch eine aktive Wirtschafts-, Struktur- und Beschäftigungspolitik zu entwickeln, trat sie dem Problem hauptsächlich im staatlich-administrativen und Vermittlungsbereich entgegen, wodurch der Eindruck unterstrichen wurde, dass es die Betroffenen letztlich selbst verschulden, weil sie faul seien, zu wenig Eigeninitiative entfalteten und nur deshalb nicht sofort nach ihrer Kündigung eine neue Stelle fänden. Die „neue Leitidee" bestand in der Auslösung von Eigenaktivitäten, gekoppelt an die Einlösung der Sicherheit von Arbeitslosen: „Stellt der Grundsatz ‚Fördern und Fordern' aus der Versicherungslogik heraus die Förderleistung in den Vordergrund und verbindet sie mit Sanktionen bei regelwidrigem Verhalten, so betont ‚Eigenaktivitäten auslösen – Sicherheit einlösen' in erster Linie die eigene Integrationsleistung des Arbeitslosen, die durch das Dienstleistungs- und Förderangebot gestützt und abgesichert wird."[676]

Der 344-seitige Kommissionsbericht enthielt 13 „Innovationsmodule", das institutionelle Kernstück des Konzepts bildeten jedoch bei sämtlichen in „Agenturen für Arbeit" umgetauften Arbeitsämtern einzurichtende Personal-Service-Agenturen (PSA), die Arbeitslose (zunächst zu einem Nettolohn in Höhe des Arbeitslosengeldes, nach Ablauf der Probezeit zu einem Tariflohn) beschäftigen und sie im Rahmen der Leih- bzw. Zeitarbeit potenziellen Arbeitgebern für diese kostengünstig überlassen sollten. Davon versprach sich die Hartz-Kommission einen „Klebeeffekt", der bewirken sollte, dass viele Betroffene (bei ihren Entleihfirmen) in ein reguläres Arbeitsverhältnis übernommen würden,[677] wie sie überhaupt mehr „Brücken zum ersten Arbeitsmarkt" bauen wollte.

Bisher war das finanzielle Unterstützungssystem der Bundesrepublik für Erwerbslose dreigeteilt: Diese erhielten je nach Alter und Versicherungsdauer bis zu 32 Monate lang Arbeitslosengeld (Alg) in Höhe von 67 bzw. 60 Prozent (ohne Kind) des pauschalierten Nettoentgelts, anschließend im Falle ihrer Bedürftigkeit unbefristet (Anschluss-)Arbeitslosenhilfe (Alhi) in Höhe von 57 bzw. 53 Prozent (ohne Kind) des pauschalierten Nettoentgelts. Wer nicht lange genug sozialversicherungspflichtig beschäftigt war, um einen An-

---

674   Vgl. dazu: Albrecht Müller, Die Reformlüge. 40 Denkfehler, Mythen und Legenden, mit denen Politik und Wirtschaft Deutschland ruinieren, München 2004
675   Anne-Marie Weimar, Die Arbeit und die Entscheidungsprozesse der Hartz-Kommission, a.a.O., S. 94f.: „Zwar wurden in der Kommissionsarbeit – im Rahmen von Stellungnahmen und verschiedener Gespräche mit Experten oder bei Besuchen der Kommissionsmitglieder in den Arbeitsämtern – immer wieder Gründe und Ursachen für die Probleme der BA bzw. die hohe Arbeitslosigkeit genannt, doch gab es keinen strukturierten Prozess einer systematischen Problemanalyse."
676   Moderne Dienstleistungen am Arbeitsmarkt. Vorschläge der Kommission zum Abbau der Arbeitslosigkeit und zur Umstrukturierung der Bundesanstalt für Arbeit, Berlin o.J. (2002), S. 45
677   Siehe ebd., S. 154

spruch zu erwerben, wurde auf Sozialhilfe verwiesen. Schon bevor die Hartz-Kommission sich des Problems annahm, reifte der Plan, Arbeitslosen und Sozialhilfe miteinander zu verschmelzen. Da beide Hilfesysteme ähnlich konstruiert waren, aber das Erstere vom Bund und das Letztere von den Kommunen finanziert wurde, gab es eine Politik der „Verschiebebahnhöfe" zwischen ihnen.[678] Man suchte sich wechselseitig die politische und fiskalische Verantwortung für die soziale Sicherung wie die Arbeitsmarktintegration von (Langzeit-)Arbeitslosen zuzuschieben. Beispielsweise brachten Kommunen „ihre" Sozialhilfebezieher/innen nur deshalb (meist für die Dauer eines Jahres) in sozialversicherungspflichtige Beschäftigungsverhältnisse, um nach deren Beendigung nicht mehr für sie aufkommen zu müssen. Zuständig waren nunmehr nämlich die BA und der Bund, weil die früheren Sozialhilfeempfänger/innen einen Anspruch auf Arbeitslosengeld und -hilfe erworben hatten. Hinter solchen fiskalischen Überlegungen traten die arbeitsmarkt- bzw. sozialpolitischen Notwendigkeiten bei der Planung und Ausgestaltung von „Hilfe zur Arbeit"-Programmen zurück. Insofern war es durchaus verständlich, dass die Hartz-Kommission vorschlug, die Alhi durch ein Alg II zu ersetzen, dessen Bezug sie folgendermaßen regeln wollte: „Anspruch auf diese Fürsorgeleistung haben alle arbeitslosen und erwerbsfähigen Personen, die bedürftig sind, solange und soweit sie auf entsprechende Hilfen angewiesen sind, damit das Eingliederungsziel erreicht werden kann."[679]

Problematisch an den 13 Modulen erschien Matthias Knuth nicht, dass dieser oder jener Vorschlag unausgegoren, mit verfassungs- und sozialrechtlichen Prinzipien unvereinbar oder mit erheblichen Härten für Arbeitslose verbunden war. Für ihn lag das Problem des Hartz-Konzepts darin begründet, „dass es die Arbeitsmarktprobleme von morgen mit den industriegesellschaftlichen Leitbildern von gestern lösen will. Dieser durch großindustriellen Paternalismus gemilderte Neo-Liberalismus ist aus der Sicht des Managers eines der global erfolgreichsten Automobilkonzerne verständlich und auch irgendwie sympathisch. Zukunftstauglich ist diese Orientierung nicht."[680]

Mit vier (sog. Hartz-)Gesetzen „für moderne Dienstleistungen am Arbeitsmarkt" bemühte sich die rot-grüne Bundesregierung, Ideen der Kommission legislativ umzusetzen. Am schnellsten verwirklicht wurde ein Vorschlag, der finanzielle Anreize für Unternehmer empfahl, die (Langzeit-)Arbeitslose einstellen: Aus dem „Job-Floater" der Hartz-Kommission entstand das Sonderprogramm „Kapital für Arbeit" mit zinsgünstigen KfW-Krediten für solche Firmen. Nur wenige Kleinbetriebe interessierten sich jedoch ernsthaft dafür, weshalb es auch schon sehr bald als Flop erkannt und bereits im März 2004 wieder eingestellt wurde.

Da die Vorstellungen der liberal-konservativen Bundesratsmehrheit weiter als „Hartz" gingen, die beiden Regierungsparteien aber einen Konsens mit ihr anstrebten, wurde das Reformprojekt auch in seinen gar nicht zustimmungspflichtigen Teilen im Laufe des langwierigen Vermittlungsverfahrens radikalisiert. Dies gilt für die Ausweitung des möglichen Einsatzbereichs und die „Entbürokratisierung" der sog. Mini- bzw. Midi-Jobs ebenso wie

---

678   Siehe Walter Hanesch, Neuordnung der sozialen Sicherung bei Arbeitslosigkeit. Zur Integration von Arbeitslosenhilfe und Sozialhilfe, in: Irene Becker/Notburga Ott/Gabriele Rolf (Hrsg.), Soziale Sicherung in einer dynamischen Gesellschaft, a.a.O., S. 656
679   Moderne Dienstleistungen am Arbeitsmarkt, a.a.O., S. 127
680   Matthias Knuth, Das Orakel der „Dreizehn Module". Die Hartz-Vorschläge wollen Arbeitsmarktprobleme von morgen mit industriegesellschaftlichen Leitbildern von gestern lösen, in: Axel Gerntke u.a. (Hrsg.), Hart(z) am Rande der Seriosität?, Die Hartz-Kommission als neues Modell der Politikberatung und -gestaltung?, Münster/Hamburg/London 2002, S. 121

für die Möglichkeit, Zeitarbeitnehmer/innen schlechter zu entlohnen als die Stammbelegschaften der entleihenden Firmen. Selbst eine Befürworterin des Hartz-Konzepts stellte im Rückblick fest, „dass die Spielräume der Hartz-Module für deutliche Leistungskürzungen genutzt wurden. Damit ist zumindest in Teilbereichen die Bekämpfung der Arbeitslosigkeit vor allem eine Bekämpfung der statistischen Arbeitslosigkeit."[681]

Eklatant wich man im Bereich der beruflichen Weiterbildung von den ziemlich vagen Vorschlägen des Kommissionsberichts ab, etwa in Bezug auf die Ausgabe von „Bildungsgutscheinen" oder Kürzungen beim Unterhaltsgeld. Dies hatte verheerende Wirkungen sowohl für die einzelnen Weiterbildungsträger und deren Beschäftigte, von denen sich viele nunmehr – statt wie bisher Erwerbslose zu qualifizieren – selbst arbeitslos melden mussten, als auch für die (potenziellen) Teilnehmer/innen an Maßnahmen. Durch die „Verbetriebswirtschaftlichung" der Weiterbildung und die massive Kürzung der Mittel für Arbeitsförderung geriet eine ganze Branche an den Rand des Ruins. Nach jener „Marktbereinigung", von der Michael Buestrich in diesem Zusammenhang spricht,[682] dominierten Billiganbieter auf dem Weiterbildungsmarkt, während Träger, die ihre Mitarbeiter/innen fest angestellt und ihnen Tariflöhne bzw. -gehälter gezahlt hatten, auf der Strecke geblieben waren. Eine schnelle Vermittlung war offenbar wichtiger als die Qualität und die Nachhaltigkeit der Weiterbildung: Man begnügte sich nunmehr in aller Regel mit Trainingsmaßnahmen, die nicht lange dauern und wenig kosten durften.[683] In der Zeit von 2002 bis 2004 wurden die Aufwändungen der BA für Weiterbildung halbiert, worunter die sog. Problemgruppen des Arbeitsmarktes am meisten zu leiden hatten, weil sich die Träger nun noch stärker auf Teilnehmer konzentrierten, die sie für leicht (re)integrierbar hielten.[684] Peter Faulstich kritisiert die mangelnde soziale Sensibilität des „Reform"-Werks, das einen Creaming-Prozess für Arbeitslose mit sich brachte: „Die Weiterbildungsteilnehmer werden durch Vorabselektion einer Positivauswahl unterworfen. Adressaten der ‚Maßnahmen' werden diejenigen, von denen zu erwarten ist, dass sie die geringsten Schwierigkeiten bei der Wiedereingliederung haben werden."[685]

Mit dem *Ersten Gesetz für moderne Dienstleistungen am Arbeitsmarkt* („Hartz I"), das am 1. Januar 2003 in Kraft trat, wurden die Barrieren der Bedürftigkeitsprüfung erhöht, welcher sich Empfänger/innen von Arbeitslosenhilfe unterziehen mussten. Während die Vermögensfreibeträge deutlich gesenkt und die Mindestfreibeträge für verdienende (Ehe-)Partner/innen um 20 Prozent gekürzt wurden, entfiel der Erwerbstätigen-Freibetrag ganz. Bis dahin wurde die Bemessungsgrundlage der Arbeitslosenhilfe, wie noch von der Kohl-

---

681   Siehe Christine Fuchsloch, Die Umsetzung der Hartz-Vorschläge und die Neuordnung der beruflichen Weiterbildung durch Bildungsgutscheine, a.a.O., S. 79

682   Michael Buestrich, Marktbereinigung. Veränderungen im öffentlich finanzierten Weiterbildungssektor im Zuge der Umsetzung von Hartz I und II, in: Neue Praxis 6/2003, S. 558: „Die einsetzende ‚Marktbereinigung' als Resultat eines vermutlich ‚massiven Trägersterbens' ist (...) ausdrücklich Programm und bedroht vor allem kleine, personal- und finanzschwache Einrichtungen in ihrer Existenz."

683   Vgl. Yvonne Globert, Unter Sparzwang. Weiterbildung schafft Arbeit – gefördert wird aber seit Hartz IV in der Regel nur noch, was schnelle Erfolge verspricht und möglichst wenig Geld kostet, in: FR v. 29.3.2005; Uwe Pollmann, Amerikanische Verhältnisse. Die Weiterbildungsbranche leidet unter der Kürzung staatlicher Zuschüsse und massivem Lohndumping. Auch die Zahl der Kursteilnehmer ist um bis zu 50 Prozent zurückgegangen, in: taz v. 24./25.3.2005

684   Vgl. Johannes Jakob, Billige Bildung kann schnell teuer werden – vor allem für Arbeitslose, in: Soziale Sicherheit 5/2004, S. 159

685   Vgl. Peter Faulstich, Weiterbildung und die Erosion des Sozialen. Arbeitsmarktreformen und ihre Folgen, in: Erwachsenenbildung 2/2004, S. 64

Regierung gegen den erklärten Willen von SPD und Bündnis 90/Die Grünen durchgesetzt, einmal im Jahr um 3 Prozent gekürzt, die so errechnete Leistung für Langzcitarbeitslose wegen der gesetzlich vorgesehenen Dynamisierung jedoch erhöht, was nunmehr unterblieb: Fortan mussten Alhi-Bezieher – ebenso wie Alg-Empfänger/innen – auf jegliche Anpassung ihrer Leistungen an die allgemeine Lohnentwicklung verzichten.[686] Dadurch stieg das Risiko der Langzeitarbeitslosen, sozialhilfebedürftig zu werden, ganz erheblich.

Den zu modernen Dienstleistungszentren umgebauten Arbeitsämtern gliederte man ab 1. April 2003 Personal-Service-Agenturen an. Zwar blieb das Equal-pay-Prinzip (des gleichen Lohns für alle) formal gewahrt, durch Tarifverträge im Zeitarbeitsbereich wurde aber festgeschrieben, dass Leiharbeiter/innen weniger verdienten als ihre Kolleg(inn)en in den Firmen, die als entleihender Vertragspartner einer PSA auftraten. Ausgerechnet jene Zielgruppen, die Förderungsmaßnahmen besonders dringend brauchen, fanden sich eher selten in den PSA: „Frauen, Ältere, Personen ohne abgeschlossene Berufsausbildung, Langzeitarbeitslose, Ausländer und Schwerbehinderte sind zum Teil merklich unter-, Jugendliche deutlich überrepräsentiert."[687] Auch nach der Überwindung von Anlaufschwierigkeiten sorgten die PSA für negative Schlagzeilen: Da offene Stellen fehlten, konnten Leiharbeiter/innen unabhängig von ihrer Arbeitsleistung nur in den seltensten Fällen auf eine Festanstellung hoffen. Außerdem machten die Verleihfirmen nicht immer gute Geschäfte; die größte von ihnen, eine Tochter des niederländischen Personaldienstleistungskonzerns Maatwerk, musste im Februar 2004 sogar Insolvenz anmelden.

Auf der Grundlage des *Zweiten Gesetzes für moderne Dienstleistungen am Arbeitsmarkt* („Hartz II") entstanden sowohl „Ich-" bzw. „Familien-AGs" wie auch „Mini-" bzw. „Midi-Jobs". Die genannten Instrumente sollten für Arbeitslose den Weg in die Selbstständigkeit ebnen und sie davon abhalten, die Sackgasse der Schwarzarbeit bzw. der Schattenwirtschaft zu betreten. Während die „Ich-AG" fast unumstritten war, konnten sich Regierungs- und Oppositionsparteien über die Ausgestaltung der sog. Mini- bzw. Midi-Jobs erst nach langwierigen Beratungen im Vermittlungsausschuss von Bundestag und Bundesrat einigen.

Von der „Ich-AG" (Unwort des Jahres 2002) versprach sich die Bundesregierung einen neuen Schub an marktwirtschaftlicher Dynamik. Dass sich zunächst nur wenige Arbeitslose mit einem von 600 EUR pro Monat im 1. Jahr über 360 EUR pro Monat im 2. Jahr auf 240 EUR pro Monat im 3. Jahr sinkenden Förderungsbetrag als „Ich-AG"-Gründer/innen versuchten, verwundert einen kritischen Beobachter allerdings kaum. So bemängelte Albrecht Müller, dass sich die Erfinder des Konzepts nicht in die Mentalität der Betroffenen hineingedacht hätten: „Einer fünfzigjährigen arbeitslosen Verkäuferin oder einem arbeitslosen Chemiearbeiter etwa erscheint der Gedanke, eine Ich-AG zu gründen, eher fremd und wenig sinnvoll. Sie könnten die Umstände einer Selbständigkeit wahrscheinlich auch gar nicht bewältigen."[688] Risikobereitschaft, unternehmerischen Wagemut und wirtschaftliche Kreativität ausgerechnet von teilweise jahrzehntelang abhängig Beschäftigten zu erwarten, die der Arbeitsmarkt ausgeschieden hatte, sich deshalb oft als ge-

---

686   Vgl. Johannes Steffen/Hans Nakielski, Die Demontage der Arbeitslosenhilfe. Schon drastische Kürzungen in diesem Jahr, in: Soziale Sicherheit 4/2003, S. 120
687   Frank Oschmiansky, Reform der Arbeitsvermittlung (Erhöhung der Geschwindigkeit, einschließlich neue Zumutbarkeit und PSA), in: Werner Jann/Günther Schmid (Hrsg.), Eins zu Eins?, Eine Zwischenbilanz der Hartz-Reformen am Arbeitsmarkt, Berlin 2004, S. 36
688   Albrecht Müller, Die Reformlüge, a.a.O., S. 31

scheitert betrachteten und in ihrem ursprünglich erlernten Beruf keine Chance (mehr) hatten, war absurd.

Mit der „Ich-AG" erhob man die (Schein-)Selbstständigkeit von Hilfebedürftigen zum Programm, war jedoch darauf bedacht, diese möglichst bald wieder aus dem Leistungsbezug zu entlassen. Abgesehen davon, dass sich viele Arbeitslose, die den Weg in die Selbstständigkeit beschritten, mit dem nach der Höhe ihres früheren Verdienstes bemessenen Überbrückungsgeld besser standen, fristeten sie häufig nur unternehmerische Kümmerexistenzen, die mit Auslaufen der Förderung überwiegend im Bankrott endeten. Da die neuen Selbstständigen anfangs weder ein inhaltliches Konzept noch einen Finanzplan vorlegen mussten und auch keine „Tragfähigkeitsbescheinigung" einer fachkundigen Stelle benötigten, um den Existenzgründungszuschuss für eine „Ich-AG" erhalten zu können, gab es Fehlallokationen der bereit gestellten Mittel. Als extremes Beispiel für abstruse Geschäftsideen sei ein als Existenzgründer mit öffentlichen Geldern unterstützter „Geistheiler" genannt.[689]

Unmittelbar nach dem Regierungswechsel im Herbst 1998 hatte die rot-grüne Koalition den Versuch unternommen, die von ihrer liberal-konservativen Amtsvorgängerin bewusst erzeugte Hochkonjunktur der geringfügig entlohnten Beschäftigungsverhältnisse einzudämmen, weil diese reguläre Arbeitsplätze kosteten. Nach Gerhard Schröders Wiederwahl erfolgte jedoch eine Kehrtwende: Nunmehr wurden die Mini-Jobs wie unter seinem Amtsvorgänger als Erfolg versprechende Methode zur Reduktion der Erwerbslosigkeit betrachtet, obwohl sie weder in erster Linie den Arbeitslosen, sondern überwiegend Hausfrauen, Studierenden, Schüler(inne)n und Rentner(inne)n zugute kommen, noch ganze Familien ernähren können. „Nebenjobs bedeuten nicht mehr, sondern weniger Beschäftigungsmöglichkeiten für Erwerbslose."[690]

Politiker/innen der rot-grünen Regierungskoalition stilisierten die schon kurz nach ihrer Einführung zum 1. April 2003 rasch wachsende und verhältnismäßig hohe Zahl neuer Mini-Jobs (Monatsverdienst: bis 400 EUR) bzw. Midi-Jobs (Monatsverdienst: 400,01 bis 800 EUR) zur „Erfolgsstory" empor. „Was früher als ausgesprochen negativ und Argument für dringenden Handlungsbedarf gesehen wurde, wird inzwischen von Regierung und Opposition als großer Durchbruch am Arbeitsmarkt gewertet."[691] Dabei übersteigen Verdrängungs-, Substitutions- und Mitnahmeeffekte die Beschäftigungswirkungen der massenhaft entstandenen Mini-Jobs bei weitem. Selbst die Nürnberger Bundesagentur trug nach Zeitungsmeldungen zur Verringerung der Zahl sozialversicherungspflichtiger Arbeitsverhältnisse bei, als sie genau 12 Monate später die Reinigungsarbeiten in den meisten ihrer zahlreichen Liegenschaften an Privatfirmen vergab, die Voll- und Teilzeitbeschäftigte durch 400-Euro-Jobber/innen ersetzten,[692] um so mehr Gewinn zu machen.

Statt der ihrer realen Bedeutung nach meist überschätzten Schwarzarbeit entgegenzuwirken und als Brücke in reguläre Beschäftigungsverhältnisse zu fungieren, motivieren solche Jobs gut verdienende bzw. versorgte Personengruppen, sich nebenher weitere Einnahmen zu verschaffen, ohne dass sich die Arbeitslosigkeit dadurch verringert und/oder die

---

689   Vgl. Johannes Heeg, Mit Engels-Energie in die Selbstständigkeit. Geistheiler Stephan Focke wird vom Verdener Arbeitsamt als Ich-AG gefördert, in: Weser-Kurier (Bremen) v. 25.9.2004

690   Gisela Notz, Beschäftigungspolitische Strohfeuer. Geschlechtsspezifische Auswirkungen der arbeitsmarktpolitischen Reformen, in: Holger Kindler/Ada-Charlotte Regelmann/Marco Tullney (Hrsg.), Die Folgen der Agenda 2010, a.a.O., S. 81

691   Annelie Buntenbach, Echternacher Springprozession statt Problemlösung. Die Reform der Reform geringfügiger Beschäftigungsverhältnisse, in: Ursula Engelen-Kefer u.a., Sozialpolitik mit Zukunft, a.a.O., S. 34

692   Vgl. Bundesagentur: Reguläre Beschäftigte durch Mini-Jobber ersetzt, in: FR v. 15.5.2004

Situation der Sozialversicherungsträger verbessert. „Attraktiv sind die neuen Mini-Jobs vor allem für etablierte Arbeitsplatzbesitzer, die sich noch etwas dazuverdienen wollen; aber auch für dazuverdienende Personen, also i.d.R. verheiratete Frauen, die über den Partner abgesichert sind, sowie für Schüler, Studenten und Rentner aus der Stillen Reserve. Die Mini-Jobs erweisen sich zusätzlich zur bisherigen Klientel (verheiratete Frauen, Studenten und Rentner) vor allem als steuer- und abgabenfreier Nebenjob für Erwerbstätige als attraktiv, eine Zielgruppe, welche die Kommission nicht im Auge hatte. Sozialhilfe- und Arbeitslosengeldempfänger profitieren nur am Rande, denn für Arbeitslose bieten Mini- und Midi-Jobs i.d.R. keine Beschäftigungsalternative, weil der erzielbare Verdienst kaum zur Existenzsicherung ausreicht."[693]

Bei den Mini-Jobs spielte die Dauer der wöchentlichen Arbeitszeit (bisher auf maximal 15 Stunden begrenzt) nun keine Rolle mehr, was mit zu ihrer Vermehrung und in vielen anderen Fällen zu einer Verlängerung der Arbeitszeit bzw. einer weiteren Verschlechterung der Entlohnung führte. Noch mehr begünstigt wurden Mini-Jobs in Privathaushalten, für die niedrigere Pauschalbeiträge der Arbeitgeber zur Gesetzlichen Renten- und Krankenversicherung gelten. 10 Prozent ihrer Aufwändungen können Arbeitgeber von der Steuer absetzen. Besserverdienende, denen nach einem vorübergehenden Wegfall des sog. Dienstmädchenprivilegs damit wieder Steuervergünstigungen eingeräumt wurden, boten vor allem (migrierten) Frauen geringe (Zu-)Verdienstmöglichkeiten als Reinigungskraft oder Haushälterin.

Vorgaben des *Dritten Gesetzes für moderne Dienstleistungen am Arbeitsmarkt* („Hartz III") folgend, das am 1. Januar 2004 in Kraft trat, strukturierte man die seither „Bundesagentur für Arbeit" heißende Nürnberger Behörde nach privatwirtschaftlichen Vorbildern mittels moderner Managementkonzepte zu einem reinen Dienstleistungsunternehmen um. In seiner Sitzung am 14. Juli 2004 beschloss der neue BA-Verwaltungsrat, bei allen 180 Agenturen für Arbeit flächendeckend „Kundenzentren" einzurichten. Man unterscheidet zwischen „Informationskunden", „Beratungskunden" und „Betreuungskunden", die sich im Alltagsgeschäft der früheren Behörde einer unterschiedlich großen Aufmerksamkeit erfreuen. Aufgrund dieser Hierarchisierung und der betriebswirtschaftlichen Effizienzorientierung werden die zu „Betreuungskunden" abgestempelten Langzeitarbeitslosen kaum noch reintegriert. Wolfgang Clement, als neuer „Superminister" für Wirtschaft und Arbeit ein glühender Verfechter der Hartz-Reformen, erreichte weder das Ziel einer Senkung der Erwerbslosigkeit noch das einer Senkung der Kosten. Durch die Effektivierung der Arbeitsvermittlung, wie sie das Hartz-Konzept anstrebt, kann man zwar die gesetzlichen Lohnnebenkosten der Unternehmen senken, diese aber nicht veranlassen, mehr Stellen zu schaffen.

Das nach Peter Hartz benannte Gesetzespaket markierte eine historische Zäsur für die Entwicklung des Wohlfahrtsstaates, aber auch von Armut bzw. Unterversorgung in der Bundesrepublik. Besonders mit dem „Hartz IV" genannten Artikelgesetz waren gravierende Änderungen im Arbeits- und Sozialrecht verbunden, die zu einer sozialen Spaltung führen und das gesellschaftliche Klima der Bundesrepublik über Jahrzehnte hinweg belasten dürften. Gerhard Bäcker und Angelika Koch konstatieren denn auch völlig zu Recht, „dass hier ein Weg eingeschlagen worden ist, der die gewachsenen Grundlagen und Prinzipien des Systems der sozialen Sicherung und der Arbeitsmarktpolitik radikal in Frage stellt und zu

---

693   Frank Oschmiansky, Bekämpfung von Schwarzarbeit (Ich-AG, Mini-Jobs), in: Werner Jann/Günther Schmid (Hrsg.), Eins zu Eins?, a.a.O., S. 60

einem Richtungswechsel führt."[694] „Hartz IV" avancierte zur Chiffre für Reformen, mit deren Hilfe die rot-grüne Koalition den Sozialstaat immer stärker umstrukturierte. Vermutlich hatte seit Bestehen der Bundesrepublik kein anderes Gesetz für die von ihm Betroffenen, aber auch deren Angehörige so einschneidende Folgen. „Mit Hartz IV wird gerade am unteren Rand der Gesellschaft und bei den insbesondere langfristig Arbeitslosen bis hin zur Mittelschicht ein klarer Schlussstrich gegenüber einer wohlfahrtsstaatlichen Vergangenheit gezogen."[695] Neu war, dass auch Menschen, die bisher durch sozialstaatliche Sicherungen vor Armut und Ausgrenzung weitgehend geschützt wurden, zum Kreis der Entrechteten gehörten. „Hartz IV unterwirft die chronisch Armen und die gerade erst Abgestürzten den drakonischen Regeln erzwungener Gleichheit, trifft nicht nur jene, deren Alltagsgewohnheiten davon bestimmt waren, mit knappem Geld über die Runden zu kommen, sondern auch solche, die bessere Zeiten gesehen haben."[696]

Das stark an „Zuckerbrot und Peitsche" erinnernde Doppelmotto „Fördern und Fordern", unter dem Hartz IV steht, wird praktisch nur in seinem letzten Teil eingelöst: Während dieser Grundsatz bereits in Kapitel 1 Paragraf 2 SGB II niedergelegt ist, fällt die zuerst genannte Aufgabe des Staates in Kapitel 3 Paragraf 14 SGB II sehr viel kürzer und knapper aus. Michael Opielka sieht in Hartz IV primär den Versuch, mit den Langzeitarbeitslosen besonders verletzliche Randgruppen des Arbeitsmarktes zu disziplinieren, und wirft die Frage auf, „welche gesellschaftliche Funktion die gewaltige Ideologie der Aktivierung überhaupt hat, wenn nicht diejenige, soziale Grundrechte zu desavouieren."[697] Noch rigider war in dieser Hinsicht der vom hessischen Ministerpräsidenten Roland Koch (CDU) in den Bundesrat eingebrachte Entwurf eines *Existenzgrundlagengesetzes*, das die (Re-)Kommunalisierung der Arbeitsmarktpolitik, eine starke Ausweitung des staatlich subventionierten Niedriglohnsektors sowie den Übergang vom Welfare- zum Workfare-Modell nach dem Muster eines US-Bundesstaates (W 2: Wisconsin Works) bezweckte. Langzeitarbeitslosen, die ein kommunales Beschäftigungsangebot ablehnen, sollte jegliche Unterstützung – auch für Unterbringung und Heizung – versagt werden.[698]

Die Hartz-Kommission hatte die Höhe des Arbeitslosengeldes II in ihrem Abschlussbericht offen gelassen. Gerhard Schröder sagte am 14. März 2003 im Bundestag, man müsse die Zuständigkeiten und Leistungen für Erwerbslose in einer Hand vereinigen, um die Chancen derjenigen zu erhöhen, die nicht nur arbeiten könnten, sondern auch wirklich wollten: „Das ist der Grund, warum wir die Arbeitslosen- und Sozialhilfe zusammenlegen werden, und zwar einheitlich auf einer Höhe – auch das gilt es auszusprechen –, die in der Regel dem Niveau der Sozialhilfe entsprechen wird."[699] Hiermit schob der Bundeskanzler nicht nur den Erwerbslosen die Schuld an ihrem Schicksal zu, sondern bestätigte auch die Stammtischweisheit, wonach man nur die Arbeitslosenunterstützung auf das soziokulturelle Existenzminimum senken muss, um die Betroffenen zur Annahme einer Stelle zu zwingen.

---

694   Siehe Gerhard Bäcker/Angelika Koch, Absicherung bei Langzeitarbeitslosigkeit: Unterschiede zwischen zukünftigem Arbeitslosengeld II und bisheriger Arbeitslosen- und Sozialhilfe, in: Soziale Sicherheit 3/2004, S. 88
695   Hans-Uwe Otto, Ein Bermuda-Dreieck der Sozialen Arbeit, in: Neue Praxis 5/2004, S. 499
696   Norbert Preußer, Schädliche Neigungen: Bilder vom neuen Sozialstaat, in: Klaus Störch (Hrsg.), Soziale Arbeit in der Krise. Perspektiven fortschrittlicher Sozialarbeit, Hamburg 2005, S. 105
697   Siehe Michael Opielka, Grundeinkommen statt Hartz IV, a.a.O., S. 1084
698   Vgl. Alexander Graser, Aufgewärmtes aus der Armenküche. Roland Kochs Rezepte aus Wisconsin, in: Blätter für deutsche und internationale Politik 10/2001, S. 1250ff.; Wilhelm Adamy, Zum Existenzgrundlagengesetz von CDU/CSU: Arbeit zu jedem Preis im Niedriglohnsektor, in: Soziale Sicherheit 11/2003, S. 388ff.
699   Presse- und Informationsamt der Bundesregierung (Hrsg.), Agenda 2010, S. 22

Tatsächlich ist das ab 1. Januar 2005 nach dem *Vierten Gesetz für moderne Dienstleistungen am Arbeitsmarkt* („Hartz IV") statt der Alhi gewährte Alg II mit seinem Grundbetrag von 345 EUR monatlich für Alleinstehende in West- bzw. 331 EUR in Ostdeutschland (Aufwändungen für Unterkunft und Heizung werden zusätzlich erstattet, sofern sie „angemessen" sind) nicht höher als der Sozialhilfe-Regelsatz. Zusammenlebende Paare erhalten 622 EUR bzw. 596 EUR. Für Kinder bis 14 Jahre wird ein Sozialgeld in Höhe von 207 EUR bzw. 199 EUR, für Jugendliche von 15 bis 18 Jahren 276 EUR bzw. 265 EUR gezahlt. Mit der „Bedarfsgemeinschaft" wurde ein Konstrukt geschaffen, das es ermöglicht, Einkommen und Vermögen von Personen, die mit dem Antragsteller weder verwandt noch ihm gegenüber zum Unterhalt verpflichtet sind, aber mit ihm zusammen in einer Wohnung leben, bei der Bedürftigkeitsprüfung anzurechnen.

Was wegen des Zwittercharakters der Arbeitslosenhilfe – sie war einerseits durch Beitragszahlungen begründet und von der früheren Höhe des Arbeitsentgelts ihres Beziehers/ihrer Bezieherin abhängig, andererseits steuerfinanziert und bedürftigkeitsgeprüft – durchaus hätte sinnvoll sein können, nämlich ihre Verschmelzung mit der Sozialhilfe, führte in der Art, wie Hartz IV dies tat, zu einer finanziellen Schlechterstellung vieler hunderttausend Menschen, die (eine höhere) Alhi erhalten hatten und nun auf das Sozialhilfeniveau herabgedrückt wurden oder ganz leer ausgingen. Nach neoliberaler Lesart war die Abschaffung der Arbeitslosenhilfe ohnehin nur der Anfang eines Prozesses, in dessen weiterem Verlauf auch das Arbeitslosengeld, die übrigen Lohnersatzleistungen, die staatliche Arbeitsvermittlung sowie die Maßnahmen der aktiven Arbeitsmarktpolitik und auf der Finanzierungsseite zwecks Entlastung der Unternehmen von (gesetzlichen) Lohnnebenkosten die Beiträge zur Arbeitslosenversicherung entfallen sollen: „Dem Einwand, diese Einschnitte seien radikal, weil es in allen entwickelten Staaten eine Arbeitslosenunterstützung gibt, ist entgegenzuhalten, daß viele Staaten keine Sozialhilfe kennen und die dortigen (restriktiven) Arbeitslosenversicherungen de facto die Funktion der deutschen Sozialhilfe übernehmen. Die Sozialhilfe soll aber (...) erhalten bleiben."[700]

In den Hochglanzbroschüren, die Hartz IV der Bevölkerung nahe bringen sollten, wurde besonders hervorgehoben, dass erwerbsfähige Sozialhilfeempfänger/innen nunmehr Alg II (Grundsicherung für Arbeitsuchende) erhalten, kranken- und pflegeversichert werden sowie in den Genuss der arbeitsmarktpolitischen Maßnahmen der BA kommen.[701] Verschwiegen wurde, dass man Letzteres auch einfacher hätte bewirken können, ohne die Arbeitslosenhilfe als eine auf höherem Niveau angesiedelte Leistungsart abzuschaffen. Problematisch war die Aufspaltung der Hilfebedürftigen in Sozialhilfeempfänger/innen, die – als erwerbsfähig geltend – fortan Arbeitslosengeld II beziehen, und solche, die als Nichterwerbsfähige auch weiterhin Sozialhilfe erhalten, weil sie mit der Gefahr einer Stigmatisierung nach dem Grad der Nützlichkeit bzw. der ökonomischen Verwertbarkeit dieser Personen einhergeht. Da fast alle Sozialhilfebezieher/innen wegen der aus Eigeninteresse besonders großzügig gehandhabten Einstufung als erwerbsfähig durch kommunale Entscheidungsträger – hier ist also eine andere Schnittstellenproblematik mitsamt einem neuen „Verschiebebahnhof" entstanden – im Status aufgewertet wurden, sinken die Übrigen, obwohl sie nicht weniger Geld erhalten, leicht zu einer stärker verachteten Restmenge herab.

---

700   Friedrich Breyer u.a., Reform der sozialen Sicherung, Berlin/Heidelberg/New York 2004, S. 3
701   Vgl. z.B. SPD-Bundestagsfraktion (Hrsg.), Hartz IV: Menschen in Arbeit bringen – Deutschland erneuern, Berlin, September 2004

Durch die Zusammenlegung von Arbeitslosen- und Sozialhilfe geriet Letztere unter stärkeren Druck. Folgerichtig trat gleichfalls zum 1. Januar 2005 eine Sozialhilfereform in Kraft, die das BSHG in das SGB XII überführte und das Niveau des letzten Sicherungsnetzes der Bundesrepublik besonders durch Perpetuierung des bisher Jahr um Jahr verlängerten Anpassungsmoratoriums und eine relativ niedrige Pauschalierung der sog. wiederkehrenden Einmalleistungen absenkte – für Rainer Roth das eigentliche Ziel der Zusammenlegung von Arbeitslosen- und Sozialhilfe.[702] Wie Helga Spindler zeigt, wurde mit der neuen Regelsatzverordnung, die der Bundesrat am 14. Mai 2004 billigte, eine weitere Runde zur Senkung des soziokulturellen Existenzminimums eingeläutet.[703] Vor allem der schlecht kompensierte Wegfall sog. wiederkehrender einmaliger Leistungen, etwa zur Beschaffung von Winterkleidung, zur Reparatur einer Waschmaschine oder zum Kauf von Schulbüchern für Kinder und Jugendliche, hat negative Auswirkungen auf Sozialhilfeempfänger/innen, die früher entsprechende Anträge gestellt und bewilligt bekommen hatten.

Armut, in der Bundesrepublik lange Zeit eher ein Rand(gruppen)phänomen, drang durch Hartz IV zur gesellschaftlichen Mitte vor, weil dieses Gesetz mit dem Prinzip der Lebensstandardsicherung brach, das den deutschen Sozial(versicherungs)staat bis dahin ausgezeichnet hatte. „Im Ergebnis verliert die untere Mittelschicht, die bisher von einer eher ‚statusorientierten‘ Sozialpolitik profitiert hat und sich nun stärker in Richtung kulturelles Existenzminimum bewegt."[704] Barbara Stolterfoht hebt zwei Effekte hervor: „Hartz IV erhöht die soziale Fallhöhe massiv und weitet gleichzeitig den Kreis der potentiell von Armut betroffenen Menschen erheblich aus."[705] Trifft die Zusammenlegung von Arbeitslosen- und Sozialhilfe besonders Ältere, die bis zur Rente Arbeitslosenhilfe beziehen wollten, sind Familien, Kinder und Jugendliche die Hauptleidtragenden der relativ niedrigen Pauschalierung früher zusätzlich gewährter und nunmehr in einem höheren Regelsatz aufgegangener Beihilfen: „Während dadurch alleinstehende Erwerbslose und Menschen, die die Einzelantragstellung scheuten, nicht wesentlich verlieren oder zum Teil sogar zu den Gewinnern der Reform zählen, gehören Familien mit Kindern zu den Verlierern der Reform. Ihr besonderer Mehrbedarf wird in den pauschalierten Regelsätzen nicht genügend berücksichtigt."[706]

Mit Hartz IV verfolgte die Bundesregierung eine Doppelstrategie: Einerseits sollte die Abschaffung der Arbeitslosenhilfe bzw. die Abschiebung der Langzeitarbeitslosen in die Fürsorge den stark defizitären Staatshaushalt entlasten, andererseits wollte man durch materiellen Druck und Einschüchterung der Betroffenen mehr bzw. stärkere „Beschäftigungsanreize" schaffen. Die teils ausgesprochen drastischen Leistungskürzungen sowie erneut verschärfte Zumutbarkeitsklauseln zwingen Langzeitarbeitslose, ihre Arbeitskraft zu Dumpingpreisen zu verkaufen. Ein staatlich geförderter Niedriglohnsektor, wie ihn die Hartz-Gesetze errichten halfen, verhindert weder Arbeitslosigkeit noch Armut, sondern vermehrt Letztere eher. Weil das Alg II als ergänzende Sozialleistung zu einem sehr niedrigen Lohn

702   Vgl. Rainer Roth, Nebensache Mensch. Arbeitslosigkeit in Deutschland, Frankfurt am Main 2003, S. 394
703   Siehe Helga Spindler, Die neue Regelsatzverordnung – Das Existenzminimum stirbt in Prozentschritten, in: info also 4/2004, S. 147
704   Susanne Koch/Ulrich Walwei, Hartz IV: neue Perspektiven für Langzeitarbeitslose?, in: Aus Politik und Zeitgeschichte 16/2005, S. 11
705   Barbara Stolterfoht, Abkehr vom Sozialversicherungsstaat?, Sozial- und armutspolitische Schlussfolgerungen aus Anlass von Hartz IV, in: spw – Zeitschrift für Sozialistische Politik und Wirtschaft 140 (2004), S. 42
706   Ebd.

konzipiert ist, hebelt es möglicherweise die Mindestlohnfunktion der Sozialhilfe aus.[707] Umso dringlicher ist die gesetzliche Garantie eines Mindestlohns, wie sie einige DGB-Gewerkschaften forderten, während sich andere aus Furcht vor Einschränkungen ihrer Tarifautonomie reserviert verhielten. Die meisten EU-Mitgliedsländer verfügen im Unterschied zur Bundesrepublik längst über einen offiziellen Mindestlohn und haben damit gute Erfahrungen gemacht.[708]

Was die „Abweichler" innerhalb der SPD-Fraktion aus dem Regierungsentwurf durch ihre Drohung, das Gesetz abzulehnen, herausbekommen hatten, brachten CDU/CSU und FDP in den Sitzungen des Vermittlungsausschusses von Bundestag und Bundesrat, der sich am 19. Dezember 2003 auf eine Fülle an Regelungen einigte, wieder hinein: Langzeitarbeitslose müssen auch Stellen annehmen, die weder tarifgerecht noch ortsüblich entlohnt werden. Hartz IV verschärfte die Zumutbarkeitsregelungen für Langzeitarbeitslose ein weiteres Mal. Nicht nur der Berufs- und Qualifikationsschutz, sondern auch die Würde der Betroffenen blieben dabei auf der Strecke. Da nur noch die Sittenwidrigkeit als Sperre gilt (Frauen wurden gleichwohl bisweilen auf Beschäftigungsmöglichkeiten im Rotlichtmilieu verwiesen), steht den persönlichen Betreuern („Fallmanagern") der Langzeitarbeitslosen ein großes Drohpotenzial gegenüber ihren „Kund(inn)en" zur Verfügung.[709] Deutlicher ausgedrückt: Noch mehr als bisher war der Willkür gegenüber Langzeitarbeitslosen damit Tür und Tor geöffnet.

Erst am 30. Juni 2004 einigte sich der Vermittlungsausschuss auf einen Kompromiss zwischen Rot-Grün und Schwarz-Gelb zur Umsetzung von Hartz IV. Am nächsten Tag hielt Bundespräsident Horst Köhler seine Antrittsrede vor den Mitgliedern des Bundestages und -rates. Darin forderte Köhler, der vorher Direktor des Internationalen Währungsfonds (IWF) gewesen war, einen „Mentalitätswandel" in Deutschland, das wieder „ein erfolgreiches Land" werden müsse: „Wir haben es nicht geschafft, den Sozialstaat rechtzeitig auf die Bedingungen vor allen Dingen einer alternden Gesellschaft und einer veränderten Arbeitswelt einzustellen."[710] Gegenüber dem Nachrichtenmagazin *Focus* meinte Köhler ein paar Wochen später, man müsse vom „Subventionsstaat" wegkommen: „Worauf es ankommt, ist, den Menschen Freiräume für ihre Ideen und Initiativen zu schaffen."[711] Wer die menschliche Freiheit auf wirtschaftliche Entscheidungsautonomie reduziert, die sogar im Gegenwartskapitalismus nur eine kleine Minderheit der Bürger/innen hat, und den Markt mit seinen guten Entfaltungmöglichkeiten *für ökonomisch Starke* in den Mittelpunkt rückt, kann Arme bloß als Gescheiterte betrachten und sie der Wohlfahrt überantworten.

Den vorläufigen Schlusspunkt in der monatelangen Auseinandersetzung zwischen Regierung und Opposition über Hartz IV markierte der Bundesrat, als er am 9. Juli 2004 das *Gesetz zur optionalen Trägerschaft von Kommunen nach dem Zweiten Buch Sozialgesetz-*

---

707   Vgl. Martin Bongards, Hartz IV – Realität des neuen Gesetzes, in: Holger Kindler/Ada-Charlotte Regelmann/Marco Tullney (Hrsg.), Die Folgen der Agenda 2010, a.a.O., S. 63; Rüdiger Bröhling, Vom zivilen Kriegsdienst zur allgemeinen Dienstpflicht? – Zur Funktion des Zivildienstes, in: ebd., S. 157

708   Vgl. Gabriele Peter, Gesetzlicher Mindestlohn. Eine Maßnahme gegen Niedriglöhne von Frauen, Baden-Baden 1995, S. 146 ff.; dies., Gesetzlicher Mindestlohn für die Bundesrepublik?, in: Gewerkschaftliche Monatshefte 2/1998, S. 96f.

709   Frank Oschmiansky, Reform der Arbeitsvermittlung (Erhöhung der Geschwindigkeit, einschließlich neue Zumutbarkeit und PSA), a.a.O., S. 27

710   „Deutschland braucht einen neuen Aufbruch". In seiner Antrittsrede fordert der neue Bundespräsident Horst Köhler, den mit der Agenda 2010 beschrittenen Weg fortzusetzen, in: FR v. 2.7.2004

711   „Einmischen statt abwenden". Bundespräsident Horst Köhler kämpft gegen Politikverdrossenheit und für Reformen. Bürger in West und Ost müssten sich mehr anstrengen, in: Focus v. 13.9.2004, S. 23

buch (SGB II) verabschiedete, welches die Beziehungen der kreisfreien Städte und Land-kreise zu den Agenturen für Arbeit regelt. Sozialämter und Arbeitsagenturen bildeten Ar-beitsgemeinschaften, die seit dem 1. Januar 2005 alle erwerbsfähigen Hilfebedürftigen arbeitsteilig betreuen und beraten. Erprobt worden war das Konzept mittels regionaler Mo-dellvorhaben (MoZArtT), die das *Gesetz zur Verbesserung der Zusammenarbeit von Ar-beitsämtern und Trägern der Sozialhilfe* vom 1. Dezember 2000 ermöglichte. Hierzu gehör-te auch das bundesweit zweitgrößte Kölner Modellprojekt, in dem Jendrik Scholz kein Vorbild für die Umsetzung der Hartz-Reform sieht, weil kaum messbare Erfolge bei Ver-mittlung und Eingliederung junger Arbeitsloser zu verzeichnen waren, aber massiver Druck auf die Betroffenen ausgeübt wurde: „Schillernde Workfare-Rhetorik auf der einen Seite und beschäftigungspolitische Ahnungslosigkeit auf der anderen Seite scheinen in Köln zwei Seiten derselben Medaille zu sein."[712] Dass die Bertelsmann Stiftung das Projekt „Reform der Arbeitslosen- und Sozialhilfe" vom September 1999 bis zum April 2003 förderte, ge-hört in denselben Zusammenhang. „Hier entstanden die Grundlagen für Hartz IV, das groß angekündigte Vorhaben der Bundesregierung, Arbeitslosen- und Sozialhilfe zum so ge-nannten Arbeitslosengeld II zusammenzulegen."[713]

In den Arbeitsgemeinschaften, die teilweise Monate brauchten, bis sie wirklich hand-lungsfähig waren, lebten die Kompetenzstreitigkeiten zwischen den Kommunen und ihren Spitzenverbänden einerseits sowie der Arbeitsverwaltung bzw. ihren örtlichen Vertre-ter(inne)n wieder auf, die in der Weimarer Republik besonders ausgeprägt waren. 69 Land-kreise und kreisfreie Städte hatten ab 1. Januar 2005 gemäß dem *Kommunalen Optionsge-setz* die Möglichkeit, ohne Beteiligung der jeweiligen Agentur für Arbeit tätig zu werden. Die von CDU/CSU und FDP teilweise durchgesetzte Dezentralisierung der Arbeitsmarkt-politik ist gleichbedeutend mit einer Fragmentierung der Zuständigkeiten und fördert die weitere Entsicherung bzw. Entrechtung der Betroffenen. Auch erinnert diese Entscheidung fatal an Weimar, wo schließlich überhaupt keine einheitlichen Standards für die Behand-lung des wachsenden Erwerbslosenheeres mehr bestanden und von Region zu Region un-terschiedlich agiert wurde, wenn es galt, Unterstützung zu gewähren oder Notstandsarbeits-plätze zu vermitteln. Wenn man Landkreise und kreisfreie Städte nach dem Vorbild der sog. Optionskommunen noch stärker in die Arbeitsvermittlung und Arbeitsmarktpolitik einbezieht, wie es CDU/CSU und FDP planen, degeneriert Erwerbslosigkeit leicht zum bloßen Fürsorge- und Finanzierungsproblem, während man der Notwendigkeit, rechtliche Vorgaben und methodische Verfahren mit dem Ziel zu entwickeln, dass die Einhaltung qualitativer Standards bei der Einkommenssicherung wie den Integrationshilfen auf örtli-cher Ebene kontrolliert wird, kaum Rechnung tragen dürfte.[714] Zudem können auch Kom-munen keine Arbeitsplätze aus dem Boden stampfen; schließlich fehlen ihnen Erfahrungen mit der beruflichen Weiterbildung. „Aber zu erwarten ist ein massiv verschärfter Druck auf die Arbeitslosen."[715]

---

712   Jendrik Scholz, 5 Jahre „Fördern und Fordern" in der Stadt Köln. Vorbild für die Umsetzung von „Hartz IV"?, in: Neue Praxis 4/2004, S. 403

713   Frank Böckelmann/Hersch Fischler, Bertelsmann. Hinter der Fassade des Medienimperiums, Frankfurt am Main 2004, S. 228

714   Vgl. Walter Hanesch, Neuordnung der sozialen Sicherung bei Arbeitslosigkeit, a.a.O., S. 664

715   Gerhard Bäcker, Vorsicht Falle!, Niedriglöhne durch Kombi-Einkommen: steigende Armut statt mehr Beschäftigung, in: Claus Schäfer (Hrsg.), Geringere Löhne – mehr Beschäftigung?, Niedriglohn-Politik, Hamburg 2000, S. 170

Je mehr die Arbeitslosigkeit zunimmt, umso stärker dominiert der Wunsch in Staat, Wirtschaft und Gesellschaft, die Sozial- und Beschäftigungspolitik zu dezentralisieren. In seiner Rede auf dem Kölner Parteitag (5. bis 7. Mai 2005) schlug der neue FDP-Generalsekretär Dirk Niebel beispielsweise vor, die Bundesagentur für Arbeit aufzulösen, um die drittelparitätische Selbstverwaltung zu beseitigen sowie die „engen Grenzen des Dienst- und Tarifvertragsrechts" auszuhebeln; ersetzt werden soll sie durch ein 3-Säulen-Modell: eine Versicherung, die das Alg I auszahlt; eine Restorganisation, die bundesweite Aufgaben erfüllt; schließlich Agenturen vor Ort, die steuerfinanziert, kommunal organisiert sein und sich dort um die Arbeitsvermittlung kümmern sollen.[716] Was im Rückblick auf Weimar als Erosion der zentralstaatlichen Verantwortung für die Arbeitslosenunterstützung charakterisiert wird,[717] droht auch der Bundesrepublik, wenn CDU/CSU und FDP solche Vorstellungen durchsetzen. Man kastriert die Arbeitsmarktpolitik, indem man sie kommunalisiert, und reduziert die aktive endgültig auf eine bloß noch „aktivierende".

Nach dem In-Kraft-Treten von Hartz IV müssen Langzeitarbeitslose – wie früher schon HLU-Bezieher bei der „Hilfe zur Arbeit" – gegen eine minimale „Mehraufwandsentschädigung" von 1 oder 2 EUR pro Stunde im öffentlichen Interesse liegende und zusätzliche (nicht mehr unbedingt: gemeinnützige) Arbeit leisten, wollen sie ihren Anspruch auf Unterstützung nicht zu 30 Prozent (und später ganz) einbüßen. Bei den Arbeitslosen unter 25 Jahren entfällt diese sofort. Pate standen dabei ganz offenbar die Notstandsarbeiten der „produktiven Erwerbslosenfürsorge" à la Weimar. Wieder glaubte das zuständige Ministerium (für Wirtschaft und Arbeit), dadurch viel Geld sparen zu können, musste jedoch nach wenigen Wochen erkennen, dass Mehrkosten in Milliardenhöhe entstanden, die im Bundeshaushalt nicht vorgesehen waren. Selbst die Wohlfahrtsverbände setzen Langzeitarbeitslose im sozialen und Pflegebereich ein, wodurch sie politisch in die Implementation von Hartz IV eingebunden werden und ihrerseits den Rückgang an Zivildienstleistenden partiell zu kompensieren suchen.[718]

Auf dem Arbeitsmarkt führen die sog. 1-Euro-Jobs zu einem schärferen Verdrängungswettbewerb von oben nach unten. Vor allem niedrig Qualifizierte in Normalarbeitsverhältnissen müssen gewärtigen, durch Alg-II-Bezieher/innen ersetzt zu werden, was Auswirkungen auf das gesamte Lohngefüge haben kann. Die Kölner Journalistin Gabriele Gillen spricht von den Hartz-Gesetzen als einem „Verarmungs- und Lohnsenkungsprogramm", das Arbeit billiger machen solle: „Wenn Millionen Arbeitslose endlich so wenig Geld bekommen, dass sie für jeden Lohn alles machen, wenn also das Heer der Niedriglöhner (Marx sprach noch von der ‚industriellen Reservearmee') groß und gefügig genug ist, wird es den erhofften Lohndruck auf die geben, die noch für einen Mehrwert tätig sind."[719] Ein besonders düsteres Bild der hiesigen Arbeitswelt entwirft Martin Bongards, wenn er prognostiziert: „Tarifliche Bezahlung wird die Ausnahme werden, prekäre Beschäftigung die Regel."[720]

---

716   Vgl. Rede von Dirk Niebel am 7. Mai 2005 auf dem Bundesparteitag in Köln, http://www.56.parteitag.fdp.de/files/23/niebel_rede.pdf, 2.5.2005; ergänzend: Ines Gollnick, Die Liberalen positionieren sich für die Bundestagswahl. Bericht vom FDP-Parteitag vom 5. bis 7. Mai 2005 in Köln, in: Das Parlament v. 17.5.2005
717   Vgl. Christian Berringer, Sozialpolitik in der Weltwirtschaftskrise, a.a.O., S. 478
718   Vgl. Thomas Maron, Langzeitarbeitslose sollen Zivis ersetzen. Zwei Ministerinnen auf der Suche nach sinnvollen Ein-Euro-Jobs/Differenzierte Bezahlung geplant, in: FR v. 7.9.2004
719   Gabriele Gillen, Hartz IV. Eine Abrechnung, Reinbek bei Hamburg 2004, S. 19
720   Martin Bongards, Hartz IV – Realität des neuen Gesetzes, a.a.O., S. 64

Johannes Giesecke und Martin Groß erwarten infolge der Hartz-Gesetze sowohl eine Entstrukturierung wie auch eine Verschärfung der sozialen Ungleichheit, die an Statusunterschieden und der Streuung monetärer Ressourcen zwischen den Bevölkerungsgruppen festgemacht werden kann: „Verschärfung bedeutet zum einen, dass der Abstand zwischen Kapitalerträgen und Löhnen zunimmt. (...) Zugleich wird sich aber auch der Einkommensabstand zwischen unterschiedlichen Arbeitnehmergruppen vergrößern. Denn die generelle Lohnsenkung betrifft nicht alle Arbeitnehmer gleichermaßen. Vielmehr dürften vor allem jene am stärksten betroffen sein, die vom rigiden Arbeitsmarkt am meisten profitierten: die gering Qualifizierten beziehungsweise Arbeitnehmer in Branchen mit überwiegend geringen Qualifikationsanforderungen."[721]

Die genannten Reformen tragen Züge einer sozialpolitischen Zeitenwende, wie es sie zuletzt am Ende der Weimarer Republik gab. Bedingt durch katastrophale Auswirkungen der Weltwirtschaftskrise auf die öffentlichen Haushalte, durfte die (mit dem Arbeitslosengeld II vergleichbare) „Krisenfürsorge" seit 1932 das Niveau der allgemeinen Fürsorgeleistungen nicht mehr übersteigen.[722] Was damals als „Aussteuerung" der Arbeitslosen bezeichnet wurde, die schrittweise Herabstufung von ökonomisch nur noch schwer Verwertbaren mit staatlichem Leistungsentzug, wiederholt sich auf eine vergleichbare Art durch Hartz IV und hielt auch semantisch Einzug in die Regierungspraxis. Problematisch erscheint der „Aussteuerungsbetrag" (in Höhe von ca. 10.000 EUR), den die BA seither an den Bund für jeden (Langzeit-)Arbeitslosen entrichten muss, der nicht mehr von ihr das beitragsfinanzierte Alg I, sondern vom Staat das steuerfinanzierte Alg II erhält. In einer Gesellschaft, die immer mehr Bereiche der ökonomischen Verwertungslogik unterwirft, mag es sinnvoll sein, sogar die Vermittlung von Arbeitslosen zwischen dem Bund und seiner dafür zuständigen Agentur auf der Basis monetärer Steuerungsmechanismen zu regeln. Fehlanreize entstehen jedoch insofern, als sich die BA nunmehr auf vorübergehend Arbeitslose konzentriert, während die ohnehin schwierigere Vermittlung von Langzeitarbeitslosen auch finanziell weniger „lohnend" erscheint. Um die nötigen Summen zur Bezahlung der „Geldstrafe" aufzubringen, kürzte man noch mehr als bisher im Arbeitsförderungsbereich, etwa bei Maßnahmen der beruflichen Weiterbildung. Letztlich bedeutet die Aussteuerung den „Abschied von der Idee der Solidarität", wie Gabriele Gillen anmerkt: „Jeder Einzelne erfährt, dass ihn die Gemeinschaft nicht mehr schützt."[723]

Bei den 1-Euro-Jobs drängen sich auch Parallelen zum Freiwilligen Arbeitsdienst auf. „Die neue Workfare beschreibt (...) eine Tendenz zu breiten, verpflichtenden, neuen Arbeitsdiensten mit Leistungszwang."[724] Jendrik Scholz unterzieht die Kooperation von Arbeitsagentur, Sozialamt und privaten Beschäftigungsträgern auf der Grundlage einer „Workfare"-Philosophie, welcher die „Job-Börse Junges Köln" und das „Sprungbrett-Praktikum" für jugendliche Sozialhilfeempfänger/innen der Domstadt verpflichtet sind, einer scharfen Kritik. Er sieht darin letztlich ein „Konzept der staatlich durchgesetzten Zwangsarbeit für junge Menschen im Niedriglohnsektor", das nur der Senkung sozialer Transferleistungen und finanzieller Belastungen des Staates diene: „Nicht mehr in der beruflichen Qualifizierung im dualen System der Berufsausbildung oder in staatlichen Schu-

---

721   Johannes Giesecke/Martin Groß, Arbeitsmarktreformen und Ungleichheit, in: Aus Politik und Zeitgeschichte 16/2005, S. 28
722   Vgl. Diether Döring, Sozialstaat, a.a.O., S. 27
723   Gabriele Gillen, Hartz IV, a.a.O., S. 113
724   Anne Allex, Politische Tendenzen der Agenda 2010, a.a.O., S. 27

len besteht (...) das gesellschaftspolitische Leitbild, sondern im Druck des aktivierenden Staats auf die Empfänger staatlicher Sozialtransfers zur Annahme jeder Arbeit zu jedem Preis."[725] Arbeitsförderung, die nach dem AFG optional war, also Erwerbslosen mehrere Wahl- und Entwicklungsmöglichkeiten zu eröffnen suchte, wird heute unter Androhung und/oder Anwendung von Sanktionen betrieben. Walter Hanesch und Imke Jung-Kroh heben ebenfalls den „Strafcharakter" der Aktivierung nach dem SGB II hervor und betonen darüber hinaus, „dass künftig eine Eingliederung um jeden Preis erzwungen werden soll, unabhängig davon, ob dadurch eine reale Verbesserung der materiellen Lage für die Betroffenen erreicht werden kann. Die restriktiv-punitive Ausrichtung dieses Aktivierungskonzepts ist jedoch wenig geeignet, eine nachhaltige Eingliederung in das Beschäftigungssystem zu erreichen."[726]

Dass sich der Druck auf Erwerbslose genauso wie auf Ältere, Kranke und Behinderte erhöhte, war einer immer restriktiveren Sozialgesetzgebung, aber auch der Stimmungsmache vieler Massenmedien geschuldet. Dadurch zementierte man die Überzeugung großer Teile der Öffentlichkeit, wonach fast jede Inanspruchnahme sozialer Leistungen – ganz gleich, ob gesetzlich zulässig oder nicht – einen Akt des Missbrauchs darstellt. Durch eine schikanöse Behandlung der Betroffenen ist die Arbeitslosigkeit jedoch nicht zu beseitigen. Vielmehr verschiebt man das gesellschaftliche Strukturproblem fehlender Arbeitsplätze nur in Richtung einer persönlichen Schuldzuweisung. „Mit der neuen Zumutbarkeit von Arbeitsverhältnissen und den verstärkten Sanktionen wird der Eindruck erweckt, die Erwerbslosigkeit werde durch Millionen von Drückebergern verursacht, und vom Hauptproblem abgelenkt, dem akuten Mangel an existenzsichernder sinnvoller Arbeit."[727]

Die rot-grünen Arbeitsmarktreformen führten zu einer Rutsche in die Armut: Nach der im *Gesetz zu Reformen am Arbeitsmarkt* vom 24. Dezember 2003 auf maximal 12 bzw. 18 Monate (früher: 32 Monate) für Über-55-Jährige verkürzten Bezugszeit des Arbeitslosengeldes I, die ab 1. Februar 2006 generell gilt, bekommen Erwerbslose nur noch ein Arbeitslosengeld II, das treffender „Sozialhilfe II" heißen würde, weil es nicht mehr als Fürsorgeniveau hat, und müssen „Arbeitsgelegenheiten mit Mehraufwandsentschädigung" (1-Euro-Jobs), wie es sie bis dahin nur für Sozialhilfebezieher/innen und Asylbewerber/innen gab, und Beschäftigungsmöglichkeiten fast „zu jedem Preis" wahrnehmen, also selbst dann, wenn sie bloß einen Hungerlohn einbringen. Für die Kinder der davon Betroffenen heißt dies, dass sie ihre Eltern kaum noch zu Gesicht bekommen, für die Eltern mit einem McJob, dass sie ihre Kinder wohl oder übel vernachlässigen müssen. Dass die Bundesregierung am 16. Februar 2005 einen Nationalen Aktionsplan „Für ein kindergerechtes Deutschland 2005-2010" beschloss, nützte da wenig.

Das zuletzt genannte, ausgerechnet am Heiligabend ausgezeichnete Gesetz ermöglichte es außerdem Existenzgründern, bis zu einer Dauer von 4 Jahren nach der Unternehmensgründung befristete Arbeitsverträge abzuschließen und befristete Arbeitsverhältnisse innerhalb desselben Zeitraumes beliebig oft zu verlängern. Durch das *Erste Gesetz für moderne Dienstleistungen am Arbeitsmarkt* war die Altersgrenze, ab der Arbeitnehmer/innen ohne sachlichen Grund befristet beschäftigt werden können, noch einmal auf 52 Jahre gesenkt

---

725   Jendrik Scholz, 5 Jahre „Fördern und Fordern" in der Stadt Köln, a.a.O., S. 402
726   Walter Hanesch/Imke Jung-Kroh, Anspruch und Wirklichkeit der „Aktivierung" im Kontext der „Sozialen Stadt", in: Walter Hanesch/Kirsten Krüger-Conrad (Hrsg.), Lokale Beschäftigung und Ökonomie. Herausforderung für die „Soziale Stadt", Wiesbaden 2004, S. 233
727   Gisela Notz, Beschäftigungspolitische Strohfeuer, a.a.O., S. 87

worden. „So können Betriebe nun bei der Neueinstellung von 50-Jährigen befristete Kettenarbeitsverträge abschließen, indem zunächst eine sachgrundlose Befristung über 24 Monate vereinbart und im Anschluss daran ganz ohne zeitliche Beschränkung beliebig viele Befristungen angehängt werden."[728] Auf diese Weise wurde der Kündigungsschutz für Ältere praktisch ausgehebelt, die Betroffenen wichtiger, anderen Arbeitnehmer(inne)n zumindest noch zugestandener Rechtsansprüche beraubt.

Hartz IV bedeutete weniger Sozial-, gleichzeitig jedoch mehr Überwachungsstaat. Für erheblichen Unmut sorgte anfangs noch das 16-seitige Antragsformular, mit dem die Betroffenen nicht nur ihre Wohn-, Einkommens- und Vermögensverhältnisse, sondern auch jene der mit ihnen zusammen in einer „Bedarfsgemeinschaft" lebenden Menschen darlegen müssen. Datenschutzbestimmungen wurden erst nach Kritik, wie sie etwa Rolf Gössner, Rechtsanwalt und Präsident der „Internationalen Liga für Menschenrechte" übte,[729] ernster genommen. Bislang geltende Standards des Datenschutzes entfielen für Langzeitarbeitslose ersatzlos. Maßnahmen zur effektiveren Kontrolle der Bankguthaben und Zinseinnahmen von Arbeitslosengeld-II-/Sozialgeld-Bezieher(inne)n, die u.a. das am 1. April 2005 in Kraft getretene *Gesetz zur Förderung der Steuerehrlichkeit* ermöglicht, schränken Werner Rügemers Ansicht nach nicht nur Grundrechte der unmittelbar davon Betroffenen, sondern aller Bewohner/innen der Bundesrepublik ein. „Durch Zentralisierung, einheitliche Identifikationsnummer und gegenseitige Amtshilfeverpflichtung entsteht ein tief gestaffeltes Schnüffel- und Meldesystem, das einen ‚gläsernen Bürger' Wirklichkeit werden lässt, wie es ihn in Deutschland bisher zu keiner Zeit gab – auch nicht im Nationalsozialismus."[730] Wenn sich dieser Trend zur totalen Kontrolle verfestigt, kann an dessen Ende tatsächlich ein Sozialpolizeistaat stehen.

Schon kurz nach dem (absehbaren) Scheitern der Hartz-Gesetze im Hinblick auf den allseits erhofften Rückgang der Arbeitslosigkeit schwenkten viele Massenmedien, die sie vorher geradezu herbeigerufen oder noch „radikalere" Reformen verlangt hatten, abrupt um. Nunmehr verdammten Zeitungen und Zeitschriften, die Peter Hartz und seinen Vorschlägen eher unkritisch gefolgt waren, das Reformwerk des VW-Managers umso energischer.[731] Ausgerechnet einen Tag nach der für die Machtverteilung im Bund folgenschweren Landtagswahl in Nordrhein-Westfalen erschien der *Spiegel* unter der Überschrift „Die total verrückte Reform. Milliarden-Grab Hartz IV". In der Titelgeschichte hieß es, die Fusion von Arbeitslosen- und Sozialhilfe drohe zum „schlimmsten Regierungsunfall seit dem Missmanagement der deutschen Einheit" zu werden, weil eine „Orgie von Verschwendung, Ineffizienz und Bürokratie" das ganze Unternehmen lähme: „Milliardenschwerer Murks, Abzockerei in Millionenhöhe und eine Wirkung am Arbeitsmarkt, die gegen null tendiert – das ist die Realität."[732]

---

728 Silke Bothfeld/Lutz C. Kaiser, Befristung und Leiharbeit: Brücken in reguläre Beschäftigung?, in: WSI-Mitteilungen 8/2003, S. 485
729 Vgl. Rolf Gössner, Gläserne Leistungsempfänger. Die Bundesagentur für Arbeit verstößt mit ihren Fragebögen zum Arbeitslosengeld II massiv gegen den Sozialdatenschutz, in: FR v. 30.10.2004
730 Werner Rügemer, Hartz IV oder Der gläserne Mensch, in: Blätter für deutsche und internationale Politik 11/2004, S. 1289
731 Vgl. z.B. Ulrike Meyer-Timpe, Von einem Flop zum nächsten. Ich-AGs und Minijobs verdrängen reguläre Arbeitsplätze: Die Hartz-Reformen sollten Beschäftigung schaffen – doch sie haben die Lage auf dem Arbeitsmarkt verschärft, in: Die Zeit v. 3.3.2005
732 Michael Sauga u.a., Der Hartz-Horror, in: der Spiegel v. 23.5.2005, S. 25

Manchmal drängte sich sogar der Eindruck auf, dass die Hartz-Gesetze zwar noch einschneidenderen Umstrukturierungen des Sozialstaates den Boden bereiten sollten und damit eine Türöffnerfunktion, aber in Wahrheit keineswegs die Aufgabe hatten, die der Öffentlichkeit und den (von Arbeitslosigkeit) Betroffenen versprochene heilsame Wirkung zu entfalten. Hartz IV ist als bisheriger Höhepunkt der Abkehr von aktiver Arbeitsmarkt-, Beschäftigungs- und Sozialpolitik ein Menetekel. Denn zum ersten Mal seit 1949 entfiel eine Sozialleistung,[733] die Millionen Menschen manchmal über einen längeren Zeitraum hinweg erhalten hatten. Gleichzeitig wiesen die Hartz-Gesetze quasi den Weg in eine andere Republik. „Der im 19. Jahrhundert erkämpfte und in der zweiten Hälfte des vergangenen Jahrhunderts etablierte Kompromiss zwischen Kapital und Arbeit gerät ins Wanken; Arbeitgeberbeiträge zu den sozialen Sicherungssystemen, Arbeitszeitregulierungen und das Prinzip der Mitbestimmung stehen zur Disposition."[734]

5.7 Gerhard Schröders „Agenda 2010" als Bauplan für den Um- bzw. Abbau des Sozialstaates

Aufgrund ihres Wahlsieges vom 22. September 2002 schien es für einen Moment so, als wollten SPD und Bündnis 90/Die Grünen in der 15. Legislaturperiode eine Kurskorrektur ihrer Wirtschafts-, Steuer- und Sozialpolitik vornehmen. Kurz nach der Bundestagswahl debattierten sie beispielsweise über eine Wiedereinführung der Vermögen- sowie eine kräftige Erhöhung der Erbschaftsteuer, die Abschaffung des steuerlichen Ehegattensplittings zwecks Verbesserung der Kinderförderung sowie eine drastische Anhebung der Beitragsbemessungs- und Versicherungspflichtgrenze in der Krankenversicherung. In seiner Regierungserklärung vom 29. Oktober 2002 plädierte Bundeskanzler Schröder jedoch bereits wieder deutlich für Leistungskürzungen: „Zu Reform und Erneuerung gehört auch, manche Ansprüche, Regelungen und Zuwendungen des deutschen Wohlfahrtsstaates zur Disposition zu stellen. Manches, was auf die Anfänge des Sozialstaates in der Bismarck-Zeit zurückgeht und noch vor 30, 40 oder 50 Jahren berechtigt gewesen sein mag, hat heute seine Dringlichkeit und damit auch seine Begründung verloren."[735] Gleichwohl erschien der *Spiegel*, das traditionelle Leitmedium politischer Eliten, am 18. November 2002 mit einem Titelbild, das den damaligen SPD-Vorsitzenden als Träger einer roten Fahne im Blaumann vor Fabrikschloten unter der Überschrift „Genosse Schröder. Von der Neuen Mitte zum Kanzler der Gewerkschaften" zeigt. Es dokumentiert, wie stark der öffentliche Druck auf die im Amt bestätigte Bundesregierung war, weiterhin und mit höherem Tempo eine „moderne Reformpolitik" im Sinne des Neoliberalismus zu machen.[736]

Bei der Kabinetts(um)bildung im Oktober 2002 entstanden zwei neue „Superministerien", die mit Ulla Schmidt und Wolfgang Clement sozialdemokratische Politiker übernahmen. Gerhard Schröder spaltete – ein historisches Novum – den Sektor der Arbeitersozial(versicherungs)politik organisatorisch auf, was für Franz-Xaver Kaufmann das von ihm

733   Vgl. Frank Pilz, Der Sozialstaat, a.a.O., S. 214
734   Ute Behning, Hartz IV und Europa, in: Blätter für deutsche und internationale Politik 2/2005, S. 217
735   Gerhard Schröder, Wer nur seine Ansprüche pflegt, der hat noch nicht verstanden. Aus der Regierungserklärung, in: FR v. 30.10.2002
736   Vgl. Michael Jäger, Unreiner Wein. Regierung unter Druck: Die neoliberale Presse schreibt den Gewerkschaften Macht zu – davon haben sie nichts, in: Freitag v. 29.11.2002. Dort ist das *Spiegel*-Cover im Faksimile abgedruckt.

diagnostizierte „Ausfransen des deutschen Verständnisses von Sozialpolitik" auch institutionell verdeutlichte.[737] Inhaltlich bedeutete die Verwaltungsreform, dass Arbeitsmarktpolitik und Arbeitsrecht – traditionellerweise ein Herzstück der Sozialpolitik – der nach neoklassischen Modellvorstellungen betriebenen Wirtschaftspolitik untergeordnet und in das frühere Wirtschaftsministerium eingegliedert wurden, wo sie denn auch nur noch eine subalterne Rolle spielten. Der als nordrhein-westfälischer Ministerpräsident und Nachfolger von Johannes Rau nicht eben sehr erfolgreiche Clement ging nach Berlin, wo er zum Bundesminister für Wirtschaft und Arbeit ernannt wurde; Schmidt, die während ihrer kurzen Amtszeit gegenüber Krankenkassen, Ärztelobby und Pharmaindustrie keine deutlichen Zeichen gesetzt hatte, erhielt die restlichen Sozialbereiche hinzu und firmierte fortan als Bundesministerin für Gesundheit und Soziale Sicherung.

Für die rot-grüne Bundesregierung verlief der Start in die 15. Legislaturperiode ganz ähnlich wie jener in die vorangegangene. Während sich die konjunkturellen Aussichten, die Lage auf dem Arbeitsmarkt und die Haushaltssituation beinahe von Tag zu Tag verschlechterten, eskalierten die Konflikte über die Grundrichtung der Regierungspolitik. Wer gehofft hatte, Bundeskanzler Schröder werde sich wieder an den Gewerkschaften orientieren, die seine Wiederwahl – im Unterschied zu den Kapitalverbänden – unterstützt hatten, wurde enttäuscht. Kurz vor der Jahreswende 2002/03 formulierten Mitarbeiter/innen der Planungsabteilung des von Frank-Walter Steinmeier geleiteten Kanzleramtes ein Thesenpapier mit dem Titel „Auf dem Weg zu mehr Wachstum, Beschäftigung und Gerechtigkeit", das die Politik der Bundesregierung fortan maßgeblich beeinflusste. Es basierte auf der sog. Lissabon-Strategie: Auf dem dortigen EU-Sondergipfel am 23./24. März 2000 wurde für das laufende Jahrzehnt als „strategisches Ziel" festgelegt, „die Union zum wettbewerbsfähigsten und dynamischsten wissensbasierten Wirtschaftsraum der Welt zu machen – einem Wirtschaftsraum, der fähig ist, ein dauerhaftes Wirtschaftswachstum mit mehr und besseren Arbeitsplätzen und einem größeren sozialen Zusammenhalt zu erzielen."[738] Hierin drückte sich der wirtschaftsimperiale Wunsch aus, die US-Hegemonie auf dem Weltmarkt zu brechen und selbst eine wissenschaftlich-technisch begründete Führungsrolle zu übernehmen. „Die sozialpolitische Zurichtung der EU steht damit ausschließlich unter der Prämisse, den ökonomischen Krieg um Märkte und Technologievorsprünge zu gewinnen."[739] Die umfassende „Modernisierung" und Anpassung der Sozialstaaten in den Mitgliedsländern an Markterfordernisse bzw. Wirtschaftsinteressen verstand man als Instrument, das der Verwirklichung des Lissabon-Ziels dient.

Die nationale Sozialpolitik ist nur noch begrenzt souverän, weil sie im Mehrebenensystem der EU vor allem über die gleichfalls bei der Ratstagung in Lissabon vereinbarte neue „Offene Methode der Koordinierung" – auch als „Methode der Offenen Koordinierung" bezeichnet, was ein Indiz für die Beliebigkeit der Etikettierung neoliberaler Polittechniken darstellt – supranationaler Kontrolle unterliegt. Gemeinsam vereinbaren die Mitgliedstaaten (sozial- oder beschäftigungs)politische Ziele bzw. Leitlinien, bei deren Umsetzung sie miteinander wetteifern und sich gleichzeitig unter Rückgriff auf die Ressourcen

---

737   Siehe Franz-Xaver Kaufmann, Sozialpolitisches Denken, a.a.O., S. 144

738   Siehe Europäischer Rat, Schlussfolgerungen des Vorsitzes. Europäischer Rat (Lissabon), 23. und 24. März 2000, http://www.ue.int/newsroom/LoadDoc.asp, 9.3.2004

739   Angela Klein, Sozialreformen und sozialer Widerstand in der EU, in: Holger Kindler/Ada-Charlotte Regelmann/Marco Tullney (Hrsg.), Die Folgen der Agenda 2010, a.a.O., S. 175

der Brüsseler Kommission gegenseitig überwachen.[740] So werden die nationalen Parlamente ausgeschaltet oder auf eine Nebenrolle verwiesen. Durch Benchmarking, Rankings und die fortlaufende Evaluation der Reformmaßnahmen soll zwischen den Staaten eine Wettbewerbsdynamik entstehen. „Entsprechend sind auch die aktuellen Sozialstaatsreformen in der Bundesrepublik im Kontext des europäischen Integrationsprozesses zu betrachten."[741]

Einleitend bemerkte das erwähnte Thesenpapier des Bundeskanzleramtes, die „an sich hervorragenden Systeme der sozialen Sicherung" in Deutschland müssten aus mehreren Gründen tiefgreifend reformiert werden: „Erstens lastet auf den Systemen, dass die Wiedervereinigung neben Verschuldung in erster Linie über die Belastung des Faktors Arbeit finanziert wurde. Zweitens müssen unsere Systeme zukunftsfest für die von der Globalisierung ausgehenden Veränderungen gemacht werden. Drittens haben sich in den vergangenen Jahrzehnten Verkrustungen und Vermachtungen gebildet, die zu hohen Effizienzverlusten führen."[742] Weiter hieß es, dass die Rente mit einem Drittel den größten Ausgabenblock im Bundeshaushalt bilde, den über die Einnahmeseite zu konsolidieren problematisch sei, weil Bürger und Unternehmer dann noch stärker belastet würden: „Sowohl unter wirtschaftspolitischen Gesichtspunkten (hohe Sparquote, geringe Konsumquote) als auch unter Aspekten der Gerechtigkeit wird man der Diskussion über eine weitere Beteiligung auch der *Rentner* an der Rückführung der konsumtiven Ausgaben nicht ausweichen können. Es ist zu prüfen, wie durch eine von der Rürup-Kommission neu zu entwickelnde Rentenformel der Ausgabenblock Rente in den nächsten Jahren relativ verringert werden kann."[743]

In einer Senkung der Steuer- und Abgabenbelastung sah das Bundeskanzleramt einen „Königsweg", um mehr Beschäftigung und Vertrauen bei den Bürger(inne)n zu schaffen. „Es entwickelt sich eine *dreifach positive Wirkung auf die Investitionen*: Unternehmer erwarten, dass die Menschen mehr konsumieren; niedrigere Steuern verbessern die Möglichkeit der Gewinnerzielung; niedrigere Abgaben verbilligen die mit einem Beschäftigungsaufbau verbundenen Investitionen."[744] Da mehr Arbeitsplätze wiederum den Konsum stärkten und die sozialen Sicherungssysteme entlasteten, erhalte die positive Wirkung der ursprünglichen Steuer- und Abgabenentlastung „Nahrung aus sich selbst", sodass sich der Kreislauf spiralförmig nach oben gerichtet fortsetzen könne. Hier wird deutlich, dass die Planer ihr Hauptaugenmerk auf das Kapital und seine Möglichkeiten der Profitmaximierung richteten, weil sie dessen Interessen mit dem Allgemeinwohl gleichsetzten und spekulative Erwartungen im Hinblick auf die arbeitsplatzschaffende Wirkung von Unternehmensgewinnen hegten.

Folgen der hohen Arbeitslosigkeit und der kollektiven Alterung stellten die Sozialsysteme nach Ansicht des Bundeskanzleramtes überall auf der Welt vor große Probleme. Zwar gebe es keinen grundsätzlichen Gegensatz zwischen internationaler Wettbewerbsfähigkeit und Sozialpolitik, wie häufig behauptet werde. „Die Globalisierung führt nicht zwangsläufig zu einer Erosion der sozialen Sicherungssysteme, sie verändert allerdings die Bedingungen für ihren Erfolg."[745] Für die weiter zunehmende Arbeitslosigkeit wurde in erster Linie

740   Vgl. dazu: Bernd Schulte, Die „offene Methode der Koordinierung" (OMK) als politische Strategie in der Europäischen Sozialpolitik, in: Sozialer Fortschritt 5-6/2005, S. 105ff.
741   Ute Behning, Hartz IV und Europa, a.a.O., S. 219
742   Chef BK, Arbeitsbereich Planung (Dr. Geue), Auf dem Weg zu mehr Wachstum, Beschäftigung und Gerechtigkeit. Thesenpapier für die Planungsklausur, Berlin, Dezember 2002 (hektografiert), S. 2
743   Ebd., S. 10 (Hervorh. im Original)
744   Ebd., S. 12 (Hervorh. im Original)
745   Ebd., S. 14

die Entwicklung der Personalzusatzkosten verantwortlich gemacht: *„Wie schädlich steigende Lohnnebenkosten sind, zeigt die Entwicklung seit der Wiedervereinigung*: 1990 betrugen die Beitragssätze zur Sozialversicherung noch 35,5%. Bis 1998 waren sie auf den historischen Höchstwert von 42% gestiegen. Im gleichen Zeitraum ist die Arbeitslosigkeit von 2,6 Mio. auf 4,28 Mio. Arbeitslose im Jahresdurchschnitt gestiegen."[746] So berechtigt es zu sein scheint, zwischen den Zahlen der beiden genannten Zeitreihen einen Zusammenhang herzustellen, so unrichtig ist es, die Massenarbeitslosigkeit auf gestiegene Personalzusatzkosten zurückzuführen. Denn hier wurden Ursache und Wirkung miteinander verwechselt: „Die hohe Erwerbslosigkeit ist die Ursache für die hohen Lohnnebenkosten und nicht umgekehrt."[747]

Die fehlerhafte Analyse des Kanzleramtes führte fast zwangsläufig zu einer falschen Strategie, die das o.g. Thesenpapier so umriss: „Deswegen und vor dem Hintergrund des demographischen Wandels (immer weniger Junge müssen in Zukunft immer mehr alte unterstützen) ist eine der Kernstrategien der Bundesregierung die auf eine Absenkung der Lohnnebenkosten abzielende Modernisierung der sozialen Sicherungssysteme."[748] Erwerbslosigkeit und Unternehmensgewinne hatten schon während der „Kohl-Ära" *gleichermaßen* Rekordhöhen erreicht, weshalb es völlig abwegig war anzunehmen, die Senkung der (gesetzlichen) Lohnnebenkosten werde einen Beschäftigungsboom auslösen. Vielmehr dürfte sich der Glaube, die Umstellung des Sozialsystems von Beitrags- auf Steuerfinanzierung und die einseitige, nicht mehr paritätisch, sondern privat finanzierte Versicherung von Lebensrisiken schaffe zusätzliche Arbeitsplätze, wirtschaftliche Stabilität und mehr soziale Gerechtigkeit, als Illusion erweisen – genauso wie die deutlich durchschimmernde Hoffnung, das Kapitaldeckungsprinzip löse die Probleme der Alterssicherung einer schrumpfenden Erwerbsbevölkerung (zumindest besser als das Umlageverfahren der Gesetzlichen Rentenversicherung). Denn in beiden Fällen handelt es sich um eine bloße Problem*verschiebung*, die nichts an den Ursachen des Kostenanstiegs ändert. Überzeugend argumentiert hingegen Diether Döring, dass die Ausdehnung der Sozialversicherungspflicht (auf ihr bislang nicht unterliegende Gruppen) einer hoch individualisierten Leistungsgesellschaft, die sich dem Globalisierungsprozess stellt, entspreche und dort auch große Akzeptanz finden würde.[749]

Erleichtert wurde den „Modernisierern" die Verschärfung des Regierungskurses zur Umstrukturierung der Sozialsysteme dadurch, dass die EU-Kommission am 21. Januar 2003 ein Defizitverfahren gegen die Bundesrepublik einleitete, weil sie bei der Neuverschuldung im abgelaufenen Haushaltsjahr die 3-Prozent-Grenze des *Stabilitäts- und Wachstumspakts* überschritten hatte, und dass die SPD bei den Landtagswahlen in Hessen und Niedersachsen am 2. Februar 2003 schwere Verluste erlitt, die hier der CDU die Regierungsübernahme ermöglichten, wodurch im Vermittlungsausschuss von Bundestag und Bundesrat ein Patt entstand, das bei umfassenderen Gesetzesvorhaben wie der „Gesundheitsreform" zu einer Kooperation mit der Opposition zwang.[750]

---

746   Ebd., S. 15 (Hervorh. im Original)

747   Annelie Buntenbach, Abbauarbeiten am Sozialstaat, a.a.O., S. 163

748   Chef BK, Arbeitsbereich Planung (Dr. Geue), Auf dem Weg zu mehr Wachstum, Beschäftigung und Gerechtigkeit, a.a.O., S. 15

749   Vgl. Diether Döring, Sozialstaat in unübersichtlichem Gelände. Erkundung seiner Reformbedarfe unter sich verändernden Rahmenbedingungen, in: ders. (Hrsg.), Sozialstaat in der Globalisierung, Frankfurt am Main 1999, S. 25f.

750   Vgl. Rolf Schmucker, Klassenmedizin, in: Blätter für deutsche und internationale Politik 4/2003, S. 408

Nachdem sich die Massenmedien über mehrere Wochen hinweg darüber ausgelassen hatten, wie die in demoskopischen Umfragen ermittelten Ansehensverluste des Bundeskanzlers und seiner Regierung in der Öffentlichkeit durch möglichst „einschneidende" oder „schmerzhafte" Reformen behoben werden könnten, gab Gerhard Schröder am 14. März 2003 vor dem Bundestag eine Regierungserklärung ab, die eine kleine Arbeitsgruppe unter maßgeblicher Mitwirkung von Kanzleramtsminister Steinmeier entworfen hatte, den hochtrabenden Namen „Agenda 2010" trug und unter dem Doppelmotto „Mut zum Frieden und Mut zur Veränderung" stand. Damit wollte die rot-grüne Koalition nach den langen, deprimierenden Diskussionen über neue Rekordzahlen bei der Arbeitslosigkeit und verheerenden öffentlichen Reaktionen hierauf endlich wieder in die Offensive gelangen. An den Vorarbeiten beteiligt war auch die Bertelsmann Stiftung, welche die Regierungspolitik der Bundesrepublik immer stärker beeinflusste. „Das Grundkonzept der Agenda 2010 hat eine neoliberale Tendenz und stammt aus den angelsächsischen Ländern. Es zielt darauf ab, die Wachstumsschwäche der Wirtschaft durch mehr Innovation und Wettbewerb auf dem Arbeitsmarkt und in den sozialen Systemen zu überwinden."[751]

Deutschland kämpfe derzeit, sagte Schröder am Beginn seiner Rede, mit einer Wachstumsschwäche, die nicht zuletzt strukturell bedingt sei: „Die Lohnnebenkosten haben eine Höhe erreicht, die für die Arbeitnehmer zu einer kaum mehr tragbaren Belastung geworden ist und die auf der Arbeitgeberseite als Hindernis wirkt, mehr Beschäftigung zu schaffen."[752] In dieser Situation müsse seine Regierung entschlossen handeln, um die Rahmenbedingungen für mehr Wachstum und Beschäftigung zu verbessern: „Wir werden Leistungen des Staates kürzen, Eigenverantwortung fördern und mehr Eigenleistung von jedem Einzelnen abfordern müssen. Alle Kräfte der Gesellschaft werden ihren Beitrag leisten müssen: Unternehmer und Arbeitnehmer, freiberuflich Tätige und auch Rentner."[753] Schröder sprach von einer „gewaltige(n) gemeinsame(n) Anstrengung", die nötig sei, aber letztlich auch zum Ziel führen werde. Man müsse, meinte der Bundeskanzler weiter, zum Wandel im Innern bereit sein und genügend Mut zur Veränderung aufbringen, zumal nur zwei Alternativen bestünden: „Entweder wir modernisieren, und zwar als soziale Marktwirtschaft, oder wir werden modernisiert, und zwar von den ungebremsten Kräften des Marktes, die das Soziale beiseite drängen würden."[754] Auf diese Weise rechtfertigte Schröder alle von ihm unternommenen Schritte als „kleineres Übel", auch wenn sie in die Richtung einer neoliberalen Modernisierung wiesen und politisch den Weg für noch marktradikalere Lösungen ebneten.

Da die Struktur der Sozialsysteme seit einem halben Jahrhundert praktisch unverändert geblieben sei und Instrumente der sozialen Sicherheit heute sogar zu mehr Ungerechtigkeit führten – hier nannte Schröder die Belastung des Faktors Arbeit und den Anstieg der Lohnnebenkosten von 34 auf fast 42 Prozent während der Regierung Kohl zwischen 1982 und 1998 –, komme man an durchgreifenden Veränderungen nicht vorbei: „Der Umbau des Sozialstaates und seine Erneuerung sind unabweisbar geworden. Dabei geht es nicht darum, ihm den Todesstoß zu geben, sondern ausschließlich darum, die Substanz des Sozialstaates zu erhalten."[755] Mit derselben Argumentation, die im Grunde einen Blankoscheck für Leis-

751   Frank Böckelmann/Hersch Fischler, Bertelsmann, a.a.O., S. 227
752   Presse- und Informationsamt der Bundesregierung (Hrsg.), Agenda 2010, a.a.O., S. 7
753   Ebd., S. 8
754   Ebd., S. 12
755   Ebd.

tungseinschränkungen und Kürzungsmaßnahmen darstellt, hatten bisher noch fast alle Politiker seit Heinrich Brüning – beispielhaft wurde oben Schröders Amtsvorgänger Kohl zitiert – eine reaktionäre, restriktive bzw. regressive Sozialpolitik gerechtfertigt, weil sie wussten, dass durch eine offene Kampfansage gegenüber dem Wohlfahrtsstaat kaum Wählerstimmen zu gewinnen sein würden.

Schröder führte mehrere Beispiele an, wie die rot-grüne Koalition den notwendigen Reformprozess bereits vorangetrieben habe, darunter die Schaffung der kapitalgedeckten privaten Altersvorsorge, die mehrstufige Einkommensteuerreform, die „Modernisierung der Gesellschaft" im Familienbereich, beim Staatsangehörigkeitsrecht und bei der Zuwanderung sowie die Verbesserung der Bedingungen für schulische und vorschulische Bildung. Zu den weitreichenden Strukturreformen, die Deutschland bei Wohlstand und Arbeit wieder an die Spitze bringen sollten, gehörten Schröder zufolge die Lockerung des Kündigungsschutzes in Kleinbetrieben (Ankündigung, befristet Beschäftigte sowie Leih- bzw. Zeitarbeiter/innen nicht mehr auf die geltenden Obergrenzen anzurechnen), eine Umgestaltung der Regeln für die Sozialauswahl, eine Vereinfachung des Steuerrechts für Kleinbetriebe, die Verringerung der Höchstbezugszeit des Arbeitslosengeldes auf 12 bzw. (für Über-55-Jährige) auf 18 Monate, eine „Nachjustierung" bei der Rentenversicherung, eine Revision des Leistungskatalogs der gesetzlichen Krankenkassen und eine private Versicherung für das Krankengeld. Die GKV sollte auch von einer Reihe sog. versicherungsfremder Leistungen befreit und beispielsweise das Mutterschaftsgeld aus dem allgemeinen Steueraufkommen finanziert werden.[756] Durch eine Erhöhung der Zuzahlungen bei Medikamenten, Krankenhausaufenthalten und Kuren sowie die Einführung von Praxisgebühren und Selbstbehalten könne man „es schaffen, die Beiträge zur Krankenversicherung unter 13 Prozent zu drücken."[757]

Ulrich Schneider, Hauptgeschäftsführer des Paritätischen Wohlfahrtsverbandes, übte heftige Kritik an den Regierungsplänen und sprach von Schröders *Agenda 2010* als einem „Konzept der Ausgrenzung", das für ihn den „massivste(n) sozialpolitische(n) Kahlschlag" seit Gründung der Bundesrepublik darstellte: „Noch nie sollten mit einem Handstreich 1,4 Millionen Arbeitslose mit ihren Familien – 3,1 Millionen Menschen mithin – in die Armut gestoßen werden."[758] Gemeint war die Absicht, Arbeitslosen- und Sozialhilfe als „Arbeitslosengeld II" auf dem Niveau der Letzteren zu verschmelzen. Über die Widersprüchlichkeit einzelner Regelungen hinaus machte Schneider prinzipielle Bedenken gegenüber dem Kurswechsel geltend: „Es geht um den sukzessiven Rückzug des Staates aus seiner sozial- und arbeitsmarktpolitischen Verantwortung. Es geht um ein neues staatsentlastendes Modell des Sozialen in Deutschland."[759]

Auch Claus Offe bemängelte die Stoßrichtung der Kanzler-Agenda gegen Langzeitarbeitslose, denen man „durch eine neue Mixtur" von „Fördern und Fordern" seiner – negativen – Bewertung nach mehr „Eigenverantwortung" beibringen wollte: „Die Teilnahme am Erwerbsleben (wie auch immer Entgelte, Arbeitsort, Arbeitsinhalte, Arbeitsbedingungen, Qualifikationsgelegenheiten beschaffen sein mögen!) wird geradezu zu einer sozialen

---

756   Vgl. ebd., S. 41
757   Siehe ebd., S. 43
758   Ulrich Schneider, Ein Konzept der Ausgrenzung. Mit der Agenda 2010 gibt der Staat soziale Verantwortung auf, in: FR v. 26.5.2003
759   Ebd.

Pflicht moralisiert."[760] Offe schloss nicht aus, dass eine Verringerung der Sozialkosten, die Löhne und Gehälter belasten, vor allem im kleinbetrieblichen Mittelstand zu einer Verbesserung der Beschäftigungslage führen könne. Man solle das Experiment aus Sicht der Arbeitnehmer aber aus zwei Gründen kaum wagen: erstens weil der Status quo ante nach den erfolgten Sparanstrengungen schwerlich zurückzugewinnen und einmal geopferte soziale Besitzstände nicht zu kompensieren seien; zweitens wegen der Gefahr, dass „ein ganz neues Spiel" begonnen und „Exzesse der sozialen Entregelung" stattfinden würden: „Wenn Erfolge ausbleiben und ebenso der Rückenwind einer Konjunkturbelebung, dann ist der Konsensbildung zugunsten höherer Dosen sozialer Entsicherung Tür und Tor geöffnet."[761]

Grundsätzliche Kritik an der *Agenda 2010* übte Friedhelm Hengsbach, ein namhafter Vertreter der katholischen Soziallehre und Leiter des Oswald von Nell-Breuning Instituts für Wirtschafts- und Gesellschaftsethik in Frankfurt am Main: „Die Agenda beruht auf der Fehldiagnose, den Sozialstaat ausschließlich als Kostenfaktor und Wachstumsbremse, nicht jedoch als wichtigen Produktivitätsfaktor zu erkennen, der die Wettbewerbsfähigkeit der Unternehmen gewährleistet sowie zur wirtschaftlichen Stabilität und zum gesellschaftlichen Zusammenhalt beiträgt."[762]

Innerhalb der SPD suchten Linke, allen voran der saarländische Bundestagsabgeordnete Ottmar Schreiner, die *Agenda 2010* durch ein Mitgliederbegehren zu verhindern. Auch wenn es ihnen nicht gelang, in kurzer Zeit die nötige Anzahl von Unterstützern (10 Prozent der Mitgliedschaft: ca. 67.000) zu gewinnen, sah sich die SPD-Führung genötigt, einen Sonderparteitag zum Thema „Agenda 2010" am 1. Juni 2003 nach Berlin einzuberufen. Dort erhielten zwar Redner/innen, die scharfe Kritik an der *Agenda 2010* übten, teilweise großen Beifall; Gerhard Schröder, der mehrfach mit seinem Rücktritt als Parteivorsitzender und Bundeskanzler gedroht hatte, bekam für seinen Modernisierungskurs aber die Unterstützung von ungefähr zwei Dritteln der Delegierten, nachdem einige besonders umstrittene Punkte der *Agenda 2010* in einem Leitantrag zumindest abgeschwächt und prinzipiellere Fragen auf einen Programmparteitag im November 2003 vertagt worden waren. Auf einem Sonderparteitag von Bündnis 90/Die Grünen in Cottbus gab es am 14./15. Juni 2003 ebenfalls klare Voten für die Kanzler-Agenda. Dass gleichzeitig ein Antrag des Berliner Bundestagsabgeordneten Hans-Christian Ströbele zur Wiedereinführung der Vermögensteuer angenommen wurde, kann als politische Beruhigungspille für die Parteibasis gelten.[763] Die legislative Umsetzung der *Agenda 2010* erwies sich jedoch als schwierig und langwierig, zumal die von CDU/CSU und FDP regierten Länder im Bundesrat mittlerweile über eine klare Mehrheit verfügten.

5.8 Einrichtung, Arbeit und Resultate der sog. Rürup-Kommission

Wie schon in der Weimarer, so bildete auch in der „Berliner Republik" die Arbeitsmarkt- und Beschäftigungspolitik das Hauptfeld aller durch Krisenprozesse ausgelösten Reformbemühungen. Von dort breitete sich das Kommissions(un)wesen auf die übrigen Bereiche

---

760   Claus Offe, Perspektivloses Zappeln. Oder: Politik mit der Agenda 2010, in: Blätter für deutsche und internationale Politik 7/2003, S. 811
761   Ebd., S. 814
762   Friedhelm Hengsbach, Das Reformspektakel, a.a.O., S. 19
763   Ähnlich bewertet Gabriele Gillen (Hartz IV und die Folgen, a.a.O., S. 80), gestützt auf eine Bemerkung Joschka Fischers, den Vorgang.

der Sozialpolitik aus. Am 12. November 2002 berief Ulla Schmidt, kurz vorher zur „Superministerin" für Gesundheit und Soziale Sicherung ernannt, auf Drängen des bündnisgrünen Koalitionspartners, dem die Erhöhung des Beitrages zur Rentenversicherung von 19,1 auf 19,5 Prozent als eklatanter Verstoß gegen das Prinzip der Generationengerechtigkeit erschien, die unter dem Namen ihres Vorsitzenden bekannt gewordene „Kommission für die Nachhaltigkeit in der Finanzierung der Sozialen Sicherungssysteme". Zwar befanden sich unter den 25 Kommissionsmitgliedern viele Wissenschaftler, jedoch überwogen die Vertreter/innen von Arbeitgeberverbänden, Unternehmen, Consulting-Firmen, Gewerkschaften, Krankenkassen und Rentenversicherungsträgern. Die Rürup-Kommission hatte den Auftrag, neue Finanzierungsgrundlagen im Bereich der sozialen Sicherung (Gesetzliche Kranken-, Pflege- und Rentenversicherung) zu entwickeln. „Insbesondere muss es darum gehen, die langfristige Finanzierung der sozialstaatlichen Sicherungsziele und die Generationengerechtigkeit zu gewährleisten sowie die Systeme zukunftsfest zu machen."[764]

Während die Hartz-Kommission aufgrund des persönlichen Charismas ihres Vorsitzenden und einer ziemlich homogenen personellen Zusammensetzung in der Lage war, auch zunächst strittige Papiere im Konsens zu beschließen, existierten in der Rürup-Kommission mehrere Fraktionen, die teilweise gegeneinander ausgespielt wurden. Ohne das Lancieren immer neuer und radikalerer „Reform"-Pläne seitens einzelner Kommissionsmitglieder wäre vermutlich nicht jene Aufbruchstimmung entstanden, die das Land auf einen Systemwechsel bezüglich der sozialen Sicherung vorbereitete. Joachim Rock spricht von einem „Klima der Ungewissheit und Unsicherheit", das die relativ freundliche Aufnahme der *Agenda 2010* in der Öffentlichkeit stark begünstigt habe: „Da im Rahmen der Kommission eine Streichung aller zahnärztlichen Behandlungsleistungen aus der Krankenversicherung ebenso diskutiert worden war wie die Einführung von Kopfpauschalen bei erhöhten Zuzahlungen und Selbstbehalten, erschien die Agenda 2010 selbst fast schon wieder als moderat."[765]

Bert Rürup, Hochschullehrer für Volkswirtschaftslehre an der TU Darmstadt, hatte bereits in mehreren Beratungsgremien der Bundesregierung mitgewirkt, etwa im Sachverständigenrat zur Begutachtung der gesamtwirtschaftlichen Entwicklung („Fünf Wirtschaftsweise") und im Sozialbeirat. Während ihm die *Zeit* bescheinigte, „ein Außenseiter, kein Missionar" zu sein,[766] prägte Rürup die Arbeit der nach ihm benannten Kommission nicht zuletzt aufgrund seiner arroganten, autoritären und im Unterschied zu Peter Hartz wenig konzilianten Art des Umgangs mit abweichenden Meinungen und setzte sich nach vielen Intrigen am Ende weitgehend durch.

Seit langem beschäftigt sich Rürup mit Fragen der Sozialreform. Er sah vier „Megatrends", die seiner Meinung nach zunehmend Druck auf den deutschen Sozial*versicherungs*staat ausüben: Globalisierung, Informatisierung, dienstleistungsorienter Strukturwandel und Alterung der Bevölkerung.[767] Diesen demografischen Trend hält Rürup ab 2010 für den wichtigsten Einflussfaktor. Die sich in den nächsten Jahrzehnten stark wandelnde Altersstruktur der Bundesrepublik erregt seine besondere Aufmerksamkeit: „Aus der Form

---

764   Bundesministerium für Gesundheit und Soziale Sicherung (Hrsg.), Nachhaltigkeit in der Finanzierung der sozialen Sicherungssysteme. Bericht der Kommission, Berlin, August 2003, S. 23

765   Joachim Rock, Medien, Macht und die Inszenierung der Sozialreformen, a.a.O., S. 29

766 Siehe Elisabeth Niejahr, Der Ausputzer. Kein anderer Wissenschaftler hat so viel Einfluss wie Bert Rürup. Jetzt soll er für den Kanzler das marode Renten- und Gesundheitssystem reformieren, in: Die Zeit v. 14.11.2002

767   Vgl. Bert Rürup, Grundlegendes über die Zukunft der sozialen Sicherungssysteme. Dokumentation der Grundmelodie vor der Bundestagswahl 02, in: Perspektiven ds 1/2003, S. 104

einer Wettertanne vor 50 Jahren wird, Zuwanderung hin oder her, ein eher urnenförmiges Gebilde geworden sein, welches dadurch gekennzeichnet ist, dass die am stärksten besetzte Bevölkerungskohorte die 60-Jährigen sind. Jeder Jahrgang, der danach kommt, wird kleiner sein als der vorherige. Das ist eine implodierende Gesellschaft, wie es sie noch nie gegeben hat."[768]

Daraus leitete Rürup generelle und spezielle Reformstrategien für die sozialen Sicherungssysteme ab. „Die generelle Reformstrategie ist, dass wir versuchen sollten, alle so genannten versicherungsfremden Leistungen schnellstens über Steuern zu finanzieren. Wir sollten den Steueranteil in unseren Sozialversicherungen erhöhen, um dadurch die Arbeitskosten zu reduzieren."[769] Dass es sich bei vielen „versicherungsfremden" Leistungen (z.B. der beitragsfreien Mitversicherung von Kindern in der GKV) um Kernelemente einer *Sozial*versicherung handelt, blieb ebenso unberücksichtigt wie die Tatsache, dass die vorgeschlagene Umfinanzierung negative Verteilungswirkungen für die Arbeitnehmer/innen mit sich bringt, zumindest dann, wenn *Massen*steuern die Sozialversicherungsbeiträge substituieren sollen. Hinsichtlich des ergänzenden Kapitaldeckungsprinzips im Altersbereich plädierte Rürup dafür, später noch einmal die Idee eines Obligatoriums aufzugreifen. Drittens nannte er die Maximierung der Erwerbstätigkeit, etwa durch eine Beseitigung von Fehlanreizen zum frühzeitigen Rückzug aus dem Arbeitsleben. Bezüglich der künftigen Entwicklung des Wohlfahrtsstaates prognostizierte Rürup, dass dieser höhere Steueranteile sowie mehr Kapitaldeckung und „Umverteilungseffizienz" haben werde: „Der Sozialstaat in der globalisierten Informationsgesellschaft wird in zunehmendem Maße weniger ein aktiver Sozialstaat im Sinne der Stabilisierung von Umlagesystemen, sondern in einem größeren Maße ein regulierender Staat hinsichtlich der ergänzenden Systeme."[770]

Am 28. August 2003 legte die Rürup-Kommission der Sozialministerin ihren Abschlussbericht vor. Als einziges Kommissionsmitglied hatte die Vorsitzende des Paritätischen Wohlfahrtsverbandes und frühere hessische Sozialministerin Barbara Stolterfoht dagegen gestimmt, nachdem sie mit ihren Alternativvorstellungen, etwa dem Konzept eines bedarfsorientierten Bundespflegeleistungsgesetzes, das die Pflegeversicherung ersetzen soll, gescheitert war. In dem Bericht der Rürup-Kommission geht es nacheinander um die Alterssicherung, das Gesundheitswesen und den Pflegebereich. Zutreffend wird festgestellt, dass „Arbeitnehmerversicherungen" mit auf das Einkommen bezogenen Beiträgen den Kern des deutschen Sozialsystems bilden. Aus dieser Finanzierungsweise folgert man, dass es künftig verstärkt unter Druck gerät, weil „steigende Altenquotienten und sinkende Wachstumsraten" sich negativ auf die Sozialversicherungsbeiträge auswirken müssten. Priorität für die Kommission hatte deswegen – wie hätte es auch anders sein können – eine Senkung der Lohnnebenkosten: „Die positiven beschäftigungspolitischen Konsequenzen einer Senkung der Sozialversicherungsbeiträge sind belegt, und innerhalb der Kommission besteht Konsens darüber, dass mithilfe einer Senkung der Lohnzusatzkosten positive Beschäftigungsimpulse gesetzt werden können."[771]

---

768   Ebd., S. 108. Dass diese „altersschwache" Gesellschaft laut einem Gutachten der Prognos AG, das die sog. Rürup-Kommission selbst einholte, trotz ihres Bevölkerungsrückgangs auch künftig immer reicher wird (durchschnittlicher Zuwachs des Bruttoinlandsprodukts: 1,7% pro Jahr; durchschnittlicher Zuwachs der Arbeitsproduktivität: 1,8% pro Jahr), ignoriert Rürup, während er die demografische Entwicklung dramatisiert.
769   Ebd., S. 113
770   Ebd., S. 119
771   Bundesministerium für Gesundheit und Soziale Sicherung (Hrsg.), Nachhaltigkeit in der Finanzierung der sozialen Sicherungssysteme, a.a.O., S. 46

Da sie die Bedeutung des demografischen Wandels für Wohlstandsentwicklung und Sozialpolitik überbewertete, schlug die Kommission mit Blick darauf eine weitere Absenkung des Rentenniveaus, eine Verlängerung der Lebensarbeitszeit (schrittweise Anhebung des gesetzlichen Rentenalters von 65 auf 67 Jahre) und die Ergänzung der Renten(anpassungs)formel um einen „Nachhaltigkeitsfaktor" vor. Dieser soll (vornehmlich aus kollektiven Alterungsprozessen und Beschäftigungskrisen erwachsende) Verschiebungen im Verhältnis von Rentner(inne)n zu Beitragszahler(inne)n berücksichtigen. „Damit wird ein automatischer Stabilisator in das Rentensystem eingebaut, der dessen Immunität gegen Veränderungen der demografischen und ökonomischen Rahmenbedingungen deutlich erhöht."[772]

Völlig klar war der Rürup-Kommission, dass durch den „Nachhaltigkeitsfaktor" nachwachsende Generationen im Ergebnis ent-, Rentner/innen hingegen stärker belastet werden dürften, was sie als eine „Stärkung der intergenerativen Gerechtigkeit" bezeichnete und als ergänzendes Ziel neben die „Entlastung des Faktors Arbeit" stellte: „Da ein Kostenanstieg als Folge der Bevölkerungsalterung unvermeidbar ist, muss es das Ziel sein, diese Kosten nicht nur möglichst beschäftigungsfreundlich, sondern auch gleichmäßiger zwischen den Generationen zu verteilen. Eine am Ziel der generativen Gleichbehandlung ausgerichtete Nachhaltigkeitspolitik wird die demografischen Verschiebungen nur durch intergenerative Umverteilung, d.h. eine Umverteilung zu Gunsten der Jüngeren und noch nicht Geborenen, bewältigen können."[773]

Mit dem *Gesetz zur Sicherung der nachhaltigen Finanzierungsgrundlagen der Gesetzlichen Rentenversicherung* vom 21. Juli 2004 trat einerseits Rürups „Nachhaltigkeitsfaktor" an die Stelle des ihm nicht unähnlichen „demografischen Faktors", den die schwarz-gelbe Regierung ins Rentenrecht eingeführt, die rot-grüne Koalition aber sofort nach ihrem Amtsantritt und vor seinem Wirksamwerden suspendiert hatte, was Bundeskanzler Schröder später jedoch als einen politischen Fehler bezeichnete. Andererseits wurde die Möglichkeit einer rentensteigernden Anrechnung von Zeiten der schulischen bzw. universitären Ausbildung abgeschafft, was besonders Akademiker/innen (mit einer lückenhaften Erwerbsbiografie) trifft. Während sich Ottmar Schreiner enthielt, stimmten 25 Abgeordnete von SPD und Bündnisgrünen, die immerhin erreicht hatten, dass überhaupt noch ein Mindestniveau für künftige Altersrenten fixiert wurde, trotz schwerer Bedenken aufgrund fehlender parlamentarischer Mehrheiten für sinnvolle Alternativen dem Gesetz zu. In einer gemeinsamen Erklärung forderten sie u.a., dass die gesetzliche Rente auch weiterhin eine den Lebensstandard im Alter sichernde Funktion haben müsse. Dies scheint jedoch mehr als zweifelhaft, denn das *RV-Nachhaltigkeitsgesetz* führt im Rahmen des Übergangs zur nachgelagerten Besteuerung nach dem *Alterseinkünftegesetz* vom 5. Juli 2004 zu einer drastischen Reduktion des Rentenniveaus.[774]

Hinsichtlich der künftigen Finanzierung des Gesundheitssystems konnten sich die Mitglieder der Rürup-Kommission nicht einigen, weshalb sie im Rahmen eines „Y-Modells" zwei Alternativen zur Diskussion stellten: das Konzept einer für alle Krankenver-

---

772 Ebd., S. 81f.
773 Ebd., S. 47
774 Vgl. Toralf Pusch, Punktsieg für Rürup: der Nachhaltigkeitsfaktor wird Realität, in: spw – Zeitschrift für Sozialistische Politik und Wirtschaft 136 (2004), S. 11; ergänzend: G. Hamann/E. Niejahr, Arme Rentner – anno 2020. Nie war die Altersarmut so gering wie heute. Das ändert sich, wenn die Pläne der Rürup-Kommission wahr werden, in: Die Zeit v. 28.8.2003; zur Problematik der Langzeitarbeitslosen: Johannes Jakob, Drohende Altersarmut von Arbeitslosenhilfe-Empfängern, in: Soziale Sicherheit 4/2003, S. 123ff.

sicherten gleich hohen „Kopfprämie" und den Ansatz einer „Bürgerversicherung", wie sie der Kölner Gesundheitsökonom Karl Lauterbach vertrat. Rolf Schmucker hält es jedoch für falsch, im Präsentieren zweier Alternativen ein Scheitern der Rürup-Kommission zu sehen. Die damit dokumentierte Uneinigkeit ist seines Erachtens vielmehr ausschließlich der Tatsache geschuldet, „dass es sich bei der Debatte über die Zukunft der GKV um eine gesellschaftspolitische Richtungsentscheidung handelt, die nicht als Ergebnis wissenschaftlicher Berechnungen getroffen werden kann. Der Kommissions-Vorschlag markiert (...) das Scheitern eines Politik-Verständnisses, in dem die Lösung politischer Probleme an einen ‚Rat der Weisen' delegiert wird, um einer kontroversen gesellschaftspolitischen Auseinandersetzung aus dem Weg zu gehen."[775]

In der Rürup-Kommission gab es zu jedem Teilbereich von der Mehrheitsmeinung abweichende Minderheitsvoten. Von besonderer Relevanz war die Position der Gewerkschaftsvertreter/innen, die der Rürup-Kommission ein Alternativkonzept unterbreiteten. In einem Minderheitsvotum, das später zu einem Buch erweitert wurde, warfen die gewerkschaftlich orientierten Kommissionsmitglieder der Mehrheit unter Führung Rürups vor, auf die demografische Entwicklung nur mit Kürzungsmaßnahmen im Sozialbereich zu reagieren. Stattdessen empfahlen sie:

1. eine Debatte über den Ausbau der Sozialversicherungen zu einer Erwerbstätigenversicherung, in die nicht nur abhängig Beschäftigte einzuzahlen hätten, deren Schutz dann freilich auch andere Gruppen genießen würden;
2. die Prüfung der Argumente für eine „Familienkasse", aus der die familienpolitischen bzw. kindbezogenen Leistungen zu bestreiten seien;
3. die „systemgerechte" Finanzierung der sonstigen gesamtgesellschaftlichen Leistungen über Steuern.[776]

Man wies zu Recht auf die Notwendigkeit hin, neben der Ausgaben- auch die Einnahmenseite des sozialen Sicherungssystems politisch zu gestalten und zu stabilisieren.[777] Das von der Minderheit erarbeitete Alternativgutachten konzentrierte sich aber viel zu stark auf die „versicherungsfremden" Leistungen, deren Finanzierung aus Steuermitteln die Beitragszahler/innen (Arbeitnehmer/innen und Arbeitgeber) entlasten sollte. „Neben der Finanzierung der Wiedervereinigungslasten gehören die familienpolitischen Maßnahmen, die im System der Sozialversicherungen organisiert werden, zu den großen Aufgabenblöcken, die zu beachtlichen Teilen nicht systemgerecht über Steuern, sondern über Beiträge finanziert werden. Die bevölkerungspolitischen Herausforderungen und Risiken können nicht einer geschrumpften Versichertengemeinschaft aufgelastet werden. Sie gehen alle Bürger an, da sie gemeinsam ein Interesse daran haben, dass die Menschen ihre Kinderwünsche erfüllen und ihrem Nachwuchs gute Lebenschancen bieten."[778] Hier klangen nicht nur Töne an, wie man sie zur Genüge aus dem an sozialer Demagogie kaum zu überbietenden Demografie-

---

775   Rolf Schmucker, Regimewechsel im Gesundheitswesen? – Zur Einschränkung des Solidaritätsprinzips durch die Vorschläge der Rürup-Kommission, in: spw – Zeitschrift für Sozialistische Politik und Wirtschaft 131 (2003), S. 29
776   Siehe Ursula Engelen-Kefer u.a., Minderheitengutachten zu den Vorschlägen der Rürup-Kommission, in: dies./Klaus Wiesehügel (Hrsg.), Sozialstaat – solidarisch, effizient, zukunftssicher. Alternativen zu den Vorschlägen der Rürup-Kommission, Hamburg 2003, S. 11
777   Vgl. ebd., S. 20
778   Ebd., S. 21

Diskurs kennt, sondern wurden auch falsche Parallelen zur Privatversicherung gezogen. Aus der Sicht einer privaten Assekuranz ist die beitragsfreie Mitversicherung des (nicht erwerbstätigen) Ehepartners und der gemeinsamen Kinder z.B. eine versicherungsfremde Leistung. Dagegen macht es für eine Sozialversicherung durchaus Sinn, die höhere Belastung von Verheirateten und/oder Eltern auf ledige Kinderlose umzulegen.

Was den Pflegebereich angeht, schlug die Rürup-Kommission keinen System*wechsel*, sondern eine relativ behutsame Fortentwicklung der bestehenden Versicherungslösung vor. Sie bezeichnete die gegenwärtige Form der Sozialen Pflegeversicherung zwar als „nicht nachhaltig" und stellte fest: „Aus Gründen der finanziellen Nachhaltigkeit wäre die Einführung einer obligatorischen kapitalgedeckten Pflegeversicherung vorteilhafter gewesen."[779] Eine solche Lösung habe man jedoch den Älteren nicht zumuten können, weil die Versicherungsprämien mangels Altersrückstellungen sehr hoch ausgefallen wären. Dagegen würdigte man die Leistungen der Pflegeversicherung, welche die Sozialhilfeträger entlastet, die Versorgungssituation für Pflegebedürftige vor allem im ambulanten Bereich verbessert, die Planungssicherheit im Zusammenhang mit den neuen Strukturen erhöht und zu einer Ausweitung des Angebots ambulanter wie stationärer Pflegeeinrichtungen geführt habe.[780] Vorgeschlagen wurden u.a. ein „intergenerativer Lastenausgleich" (Erhebung eines „Ausgleichbeitrages" für Rentner/innen in Höhe von 2 Prozent des versicherungspflichtigen Einkommens; Aufbau individueller kapitalgedeckter Pflegekonten mittels eines „Vorsorgebeitrages" in Höhe von 0,5 Prozent), eine Dynamisierung der Leistungspauschalen (in Höhe des Durchschnitts aus Inflation und Lohnsteigerung), die finanzielle Gleichstellung von ambulanter und stationärer Pflege (auf dem niedrigeren Niveau der Ersteren), die Einbeziehung bzw. bessere Berücksichtigung von Demenzkranken und geistig Behinderten sowie die Erprobung personenbezogener Budgets.[781] Abgelehnt wurden ein Bundespflegeleistungsgesetz, die Zusammenlegung von Gesetzlicher Krankenversicherung und Sozialer Pflegeversicherung sowie der Umstieg auf eine obligatorische private und kapitalgedeckte Pflegeversicherung.

5.9 Gesundheitsreformen zwischen mehr Solidarität, Marktorientierung und Wettbewerbswahn

Wohl noch am ehesten hätte die *Gesundheitsreform 2000* der rot-grünen Koalition das *Reform*etikett wirklich verdient gehabt. Kassenärzte und Ärztefunktionäre bezeichneten sie hingegen als „Schritt zur Staatsmedizin" und traten ihr zum Teil mit Kampfparolen wie dieser sogar in den Wartezimmern entgegen. Als sich ihr Scheitern am Widerstand nicht nur der CDU/CSU-geführten, sondern aller Landesregierungen im Bundesrat abzeichnete, verzichtete die rot-grüne Regierung auf wesentliche Punkte (Einführung eines Globalbudgets, Übergang zur monistischen Krankenhausfinanzierung, Hausarztsystem), sodass am Ende nur ein Fragment des Ursprungskonzepts verabschiedet wurde. Auf der Strecke blieb erneut die aus gesundheitspolitischen wie aus Kostengründen notwendige und längst überfällige Positivliste für Medikamente.

---

779   Bundesministerium für Gesundheit und Soziale Sicherung (Hrsg.), Nachhaltigkeit in der Finanzierung der sozialen Sicherungssysteme, a.a.O., S. 185
780   Vgl. ebd., S. 186
781   Vgl. ebd., S. 191ff.

Hans-Ulrich Deppe hält die Gesundheitspolitik der rot-grünen Koalition für ambivalent. Einerseits habe die *Gesundheitsreform 2000* auf einen eigenständigen politischen Gestaltungsanspruch der gesundheitlichen Versorgung (Stärkung der Patientenrechte, Verbesserung der Qualitätssicherung und Gesundheitsförderung) gesetzt und sich damit vom Politikmuster der ausgehenden „Seehofer-Ära" abgehoben, das Marktmechanismen präferiert, die Kosten einseitig auf Patienten bzw. Versicherte überwälzt und sich einer Steuerung der Versorgung zugunsten der Anbieterinteressen entledigt habe. „Andererseits zeigt die rot-grüne Gesundheitsreform eine verblüffende Kontinuität – insbesondere vor dem Hintergrund der an sie gestellten Erwartungen. Dies zeigt vor allem die verschärfte Orientierung am Grundsatz der Beitragssatzstabilität, die die Unterordnung der Gesundheitspolitik unter die Imperative der Wirtschaftspolitik und damit der Sicherung des ‚Standorts Deutschland' strikter als je zuvor verfolgt."[782]

Der Weggang des führenden SPD-Gesundheitspolitikers Rudolf Dreßler als Botschafter nach Israel im September 2000 und Andrea Fischers Rücktritt als Fachministerin anläßlich der BSE-Krise im Januar 2001 machten auf diesem Politikfeld einen Neuanfang erforderlich. Die von der Nachfolgerin Ulla Schmidt (SPD) sofort nach ihrem Amtsantritt verkündete „Wende in der Gesundheitspolitik" ließ allerdings befürchten, dass Ärzteverbänden und Pharmaindustrie noch mehr Zugeständnisse gemacht würden. Anders war kein Schulterschluss mit diesen Interessengruppen möglich, die den Abschied von Arznei- bzw. Heilmittelbudgets natürlich lautstark begrüßten.

Eine wirkliche gesundheitspolitische Wende gab es mit Ulla Schmidt nicht: „Die Stabilität der Beitragssätze in der GKV blieb der zentrale Bezugspunkt. Jedoch wurde unter der neuen Ministerin ein deutlich ärzte-, pharmaindustrie- und gentechnikfreundlicherer Kurs verfolgt."[783] Nach dem Vorbild der Riester'schen Rentenreform, an welcher Ulla Schmidt maßgeblich mitgewirkt hatte, sollte die „Selbstverantwortung" bzw. „Eigenbeteiligung" der Versicherten auch im Gesundheitswesen gestärkt werden, wobei es sich um eine Teilprivatisierung der Gesetzlichen Krankenversicherung und eine Reindividualisierung der bislang durch diese abgedeckten Risiken handelte. „Eigenbeteiligung" hieß letztlich Zusatzbelastung, denn die Patienten trugen aufgrund ihrer Versicherungsbeiträge sowie der bestehenden Zuzahlungsregelungen längst mehr als die Hälfte der Kosten für Gesundheitsvorsorge, Krankenbehandlung und Rehabilitation.

Durch das Einfrieren des Arbeitgeberanteils würde das Prinzip der paritätischen Beitragsfinanzierung endgültig aufgegeben und durch die Aufspaltung des Leistungskatalogs in Grund- und Wahlleistungen eine Zweiklassenmedizin etabliert, welche der am 16. Oktober 2002 zwischen SPD und Bündnis 90/Die Grünen abgeschlossene Koalitionsvertrag ausdrücklich verwarf. Mit dem Solidarprinzip sind Maßnahmen unvereinbar, die (chronisch) Kranken und sozial Benachteiligten mehr Lasten aufbürden bzw. junge, gesunde und gut verdienende Kassenmitglieder entlasten. Vielmehr müssten Wohlhabende durch die Auf- bzw. Anhebung der Versicherungspflicht- und/oder der Beitragsbemessungsgrenze sowie durch die Verbreiterung der Bemessungsbasis (z.B. Erweiterung des Einkommens-

---

782   Hans-Ulrich Deppe, Zur sozialen Anatomie des Gesundheitssystems. Neoliberalismus und Gesundheitspolitik in Deutschland, Frankfurt am Main 2000, S. 190
783   Wolfram Burkhardt, Politisches Kampffeld Gesundheitspolitik 2000-2002. Der Ministerinnenwechsel im Bundesgesundheitsministerium und die Folgen, in: Hans-Ulrich Deppe/Wolfram Burkhardt (Hrsg.), Solidarische Gesundheitspolitik. Alternativen zu Privatisierung und Zwei-Klassen-Medizin, Hamburg 2002, S. 73

begriffs auf Zins- und Pachteinnahmen) stärker zur Finanzierung des Gesundheitswesens herangezogen werden.[784]

Hatten sozialdemokratische Politiker/innen nach dem Wahlsieg vom 22. September 2002 noch über die Wiedereinführung der Vermögen- und die Anhebung der Erbschaftsteuer diskutiert, so zeigte der Verzicht auf eine spürbare Erhöhung der Beitragsbemessungs- und Versicherungspflichtgrenze der Gesetzlichen Krankenversicherung für Altmitglieder, wie konfliktscheu SPD und Bündnis 90/Die Grünen gegenüber etablierten Interessengruppen waren. Denn die Krankenversicherungspflichtgrenze wurde nur für Neumitglieder spürbar angehoben, während sie für seit 2002 oder früher Versicherte auf dem Niveau der Beitragsbemessungsgrenze blieb. Will man die GKV konsolidieren, reicht es freilich nicht aus, den Wechsel in eine Privatkasse für Neuzugänge, vor allem Berufsanfänger, zu erschweren.

Der knapp 400-seitige Regierungsentwurf eines *Gesundheitsmodernisierungsgesetzes* enthielt Ansätze zur umfassenden Reform des Systems, die von einer Stärkung der hausärztlichen Versorgung über die Neuordnung der fachärztlichen und die Förderung der integrierten Versorgung sowie die Ausweitung von Gesundheitszentren bis zur partiellen Öffnung der Krankenhäuser für ambulante fachärztliche Versorgung reichten.[785] Rot-Grün brachte den Gesetzentwurf in Konsensgespräche mit der CDU/CSU und der FDP ein, die jedoch kurz darauf wieder ausstieg. Während hinter vorgehaltener Hand innerhalb der SPD heftige Kritik an den Verhandlungsergebnissen geübt wurde, verlieh Gesundheitsministerin Ulla Schmidt im Parteiorgan *Vorwärts* ihrer Überzeugung Ausdruck, die Reform trage eine klare sozialdemokratische Handschrift, trotz der notwendigen Zugeständnisse an die CDU/CSU-Mehrheit im Bundesrat blieben die Errungenschaften des Wohlfahrtsstaates bewahrt und die gesundheitliche Versorgung werde sich verbessern: „Die Gesetzliche Krankenversicherung wird in der Zukunft in deutlich stärkerem Maße auf Qualität achten, als das bisher der Fall war. Mit einem Paket von Maßnahmen gehen wir veraltete, unzureichende Behandlungsformen an, damit jeder Euro für die bestmögliche Qualität ausgegeben wird."[786]

Kaum war das *Gesetz zur Modernisierung der Gesetzlichen Krankenversicherung* (GMG) am 1. Januar 2004 in Kraft getreten, häuften sich die Medienberichte über Pannen, Umsetzungsprobleme und Todesfälle in Verbindung mit seinen restriktiven Regelungen. Gerade solche Zeitungen, die laut nach einer radikalen Reform gerufen hatten, empörten sich nunmehr über deren Folgen. Gleichzeitig wurde das „Chaos bei der Praxisgebühr" von Journalisten zum Anlass genommen, sehr viel weiter reichende Forderungen zu erheben: „Einfacher und viel effektiver wäre es, statt der komplizierten Praxisgebühr eine obligatorische Eigenbeteiligung einzuführen, wie sie bei den privaten Krankenversicherungen gang und gäbe ist."[787] Selbstbehalte sind jedoch noch unsozialer, weil sie nur die Kranken treffen und die Armen vermutlich stärker vom (rechtzeitigen) Arztbesuch abhalten würden. Als das Sozialgericht Düsseldorf im März 2005 urteilte, dass Kassenärztliche Vereinigungen die Praxisgebühr einklagen können, zahlungsunwillige oder -fähige Patient(inn)en aber nicht

---

784   Vgl. dazu: Gerd Glaeske u.a., Miet- und Zinseinnahmen sollen Krankenkassenbeitrag erhöhen. Wie die Reform des Gesundheitswesens aussehen könnte, in: FR v. 8.8.2002

785   Vgl. Franz Knieps, Ein neuer Anlauf zur Gesundheitsreform – Schwerpunkte des Entwurfs eines Gesetzes zur Modernisierung des Gesundheitssystems, in: Gesundheits- und Sozialpolitik 5-6/2003, S. 12

786   Ulla Schmidt, Ein guter Kompromiss, in: Vorwärts 9/2003, S. 9

787   Max A. Höfer, Die Praxisgebühr ist unpraktisch. Viel effektiver wäre eine obligatorische Eigenbeteiligung an den Gesundheitskosten, in: Die Welt v. 23.1.2004

für die Mahn- und Gerichtsgebühren aufkommen müssten, mokierte sich ein *Welt*-Kommentator erneut über das „unausgegorene Gesetz", dessen Zielsetzung aber nicht hinterfragt wurde.[788]

Typisch für die Brüche und Widersprüche der Sozialpolitik von SPD und Bündnisgrünen war folgende Konzession gegenüber den Unionsparteien: Hatte man die Reprivatisierung dieses Gesundheitsrisikos für nach 1978 Geborene durch CDU/CSU und FDP sofort nach dem Regierungswechsel im Herbst 1998 rückgängig gemacht, strich man den *Zahnersatz* während der Verhandlungen im Juli 2003 ganz aus dem Leistungskatalog der gesetzlichen Krankenkassen. Ab 1. Januar 2005 sollten deren Mitglieder ihn (dort oder bei einer Privatassekuranz) zusätzlich versichern. Als sich während des Jahres 2004 herausstellte, dass die Erhebung des zusätzlichen Beitrages von Arbeitslosen und Rentner(inne)n einen sehr hohen bürokratischen Aufwand erfordern würde, suchte die Bundesregierung zunächst gemeinsam mit der Union, welche diese vom Einkommen der versicherten Person unabhängige Regelung offenbar als Vorläuferin einer „Gesundheitsprämie" begriff und an ihr festhielt, nach einer Ersatzlösung. Am 26. November 2004 setzte die rot-grüne Koalition mittels ihrer Kanzlermehrheit gegen CDU/CSU und FDP im Bundestag durch, dass Mitglieder der gesetzlichen Krankenkassen den Zahnersatz dort mit einem „Sonderbeitrag" in Höhe von 0,4 Prozent ihres Bruttomonatseinkommens versichern müssen. Zwar trat diese Regelung nunmehr mit einer 6-monatigen Verzögerung am 1. Juli 2005 in Kraft, dafür wurde aber der erst zum 1. Januar 2006 geplante Aufschlag in Höhe von 0,5 Prozent für die separate Versicherung des Krankengeldes durch die Arbeitnehmer/innen um gleichfalls ein halbes Jahr auf dasselbe Datum *vorgezogen*. Hierdurch wurden die Versicherten (auch Rentner/innen) per saldo noch mehr als nach der vorher geplanten Neuregelung be-, die Arbeitgeber hingegen noch ein wenig stärker entlastet, als ursprünglich im GMG festgelegt.

Heinz-J. Bontrup sah in der Auslagerung des Krankengeldes ein „falsches Signal" an die Arbeitgeber, besonders mit Blick auf deren Mitverantwortung für Maßnahmen zur gesundheitlichen Prävention: „Um dafür ökonomische Anreize zu setzen, sollten die Beitragssätze für die Unternehmen erhöht und die der Arbeitnehmer gesenkt werden."[789] Auch sonst brachte die *Gesundheitsreform 2004* deutliche Entlastungen für die Arbeitgeber, jedoch Mehrbelastungen für Versicherte und Patient(inn)en mit sich, welche die von der Politik in Aussicht gestellten, aber spärlich ausgefallenen Beitragssatzsenkungen auch durch höhere Eigenbeteiligungen und eine beim ersten Arztbesuch im Quartal bar zu entrichtende „Praxisgebühr" in Höhe von 10 EUR überkompensieren.[790] Durch die Ausgliederung des Zahnersatzes aus der solidarischen GKV-Finanzierung und die Regelung, wonach die gesetzlichen Krankenkassen ab 1. Januar 2005 „befundbezogene Festzuschüsse" für Kronen, Brücken und Prothesen zahlen, wurden nicht nur die Versicherten zusätzlich be- und die Arbeitgeber entlastet, ohne dass hiermit eine Steuerungswirkung eintrat, wie man sie bei der Erhebung einer Praxisgebühr unterstellt, sondern auch Zahnärzt(inn)en und Dentallabors, welche die Gesundheitsreform durchgängig begrüßten, zusätzliche Einnahmequellen eröffnet.

---

788   Siehe Konrad Adam, Soziale Krankheit, in: Die Welt v. 23.3.2005
789   Heinz-J. Bontrup, Wieder keine wirkliche Gesundheitsreform, in: Gewerkschaftliche Monatshefte 8-9/2003, S. 514
790   Vgl. dazu: Nadja Rakowitz, Die rot-grüne Gesundheitsreform: Modernisierung als Umverteilung, in: Intervention. Zeitschrift für Ökonomie 1/2004, S. 29ff.

Mit der Beitragsparität steht und fällt das Solidarprinzip in der Gesetzlichen Kranken-versicherung. Es drückt sich nämlich nicht nur im einkommensabhängigen Kassenbeitrag und im Sachleistungsprinzip aus. Verteilungspolitisch bewirkte die *Gesundheitsreform 2004* daher eine weitere Lastenverschiebung zugunsten des Kapitals, während sie Arbeit-nehmer/innen und Patient(inn)en zusätzlich belastete. Seit dem 1. Januar 2004 müssen Rentner/innen auch Krankenkassenbeiträge auf Betriebsrenten und seit dem 1. April 2004 den vollen Beitragssatz in der Pflegeversicherung entrichten. Noch härter als die genannten Bevölkerungsgruppen traf es (Senioren- bzw. Pflege-)Heimbewohner/innen, Arbeitslosen- und Sozialhilfehilfeempfänger/innen sowie Obdachlose, die bislang von jeder Zuzahlungs-pflicht befreit gewesen waren. Hatten sie vorher (ebenso wie Kinder und Jugendliche bis zum vollendeten 18. Lebensjahr) bei Arznei-, Verband-, Heil- und Hilfsmitteln, aber auch stationären Vorsorge- und Rehabilitationskuren bzw. Krankenhausaufenthalten einen An-spruch auf die volle Kostenübernahme durch ihre Kasse bzw. das Sozialamt, mussten sie nunmehr Rechnungen zunächst selbst bezahlen, die Quittungen sammeln und sich das Geld bei Überschreiten von 2 bzw. 1 Prozent (Chroniker/innen) des Bruttoeinkommens später erstatten lassen. Helga Spindler spricht von „existenzieller Nötigung", wenn Arme die Ge-sundheitsleistungen nur zulasten anderer notwendiger Lebensbedarfe finanzieren können oder darauf mangels Geld verzichten.[791]

Neben den o.g. Verschlechterungen brachte das *GKV-Modernisierungsgesetz* auch Verbesserungen mit sich. Dies gilt beispielsweise für Maßnahmen zur Gesundheitspräven-tion sowie die Schaffung eines unabhängigen Instituts für Qualität und Wirtschaftlichkeit im Gesundheitswesen, das Medikamente auf ihre Wirksamkeit untersuchen, miteinander vergleichen und Therapieleitlinien entwickeln soll, ebenso wie für die Aufnahme von Sozi-alhilfebezieher(inne)n in die Kranken- und Pflegeversicherung. Außerdem wurden medizi-nische Versorgungszentren, die angestellte Ärztinnen und Ärzte beschäftigen können, eben-so wie Krankenhäuser zur ambulanten Versorgung zugelassen. Durch die Beteiligung an einem sog. Hausarzt-Modell ihrer Kasse können gesetzlich Krankenversicherte die Praxis-gebühr ganz oder teilweise sparen. Dafür müssen sie allerdings vor jeder Behandlung durch einen Fach- ihren Hausarzt aufsuchen. Von diesem Verzicht auf die freie Arztwahl verspra-chen sich die Befürworter/innen der Gesundheitsreform weitere Kostensenkungen.

Krankenkassen erprobten Bonusmodelle, bei denen sie solchen Mitgliedern eine Prä-mie zahlen, die im vorangegangenen Jahr weder zum Arzt noch zum Zahnarzt gegangen sind. Selbst manche Befürworter solcher Regelungen wiesen auf die Gefahr der Krank-heitsverschleppung hin und warfen die Frage auf, ob die Häufigkeit des Arztbesuchs einen Maßstab für richtiges Gesundheitsverhalten darstellt.[792] Wer den Verzicht auf Arztbesuche honoriert, handelt gesundheitspolitisch zumindest fahrlässig, wenn nicht unverantwortlich. Entweder beschränkt man ihn auf Besserverdiener und benachteiligt dadurch Geringver-diener/innen und Arbeitslose, was die SPD noch im Bundestagswahlkampf 2002 abgelehnt hatte, als sie einen vom Einkommen unabhängigen Leistungsanspruch als „solidarische Stärke unseres Gesundheitssystems" bezeichnete sowie die Trennung in Grund- und Wahl-leistungen verwarf: „Eine Zwei-Klassen-Medizin wird es mit uns nicht geben."[793] Fast

---

791   Siehe Helga Spindler, Gesundheitsreform senkt das Existenzminimum bei Sozialhilfe. Kranke müssen Ausgaben für notwendigen Lebensunterhalt kappen, in: Soziale Sicherheit 2/2004, S. 60
792   Vgl. Herbert Dürrwächter, Jetzt bewegen! – Nachhaltige Gesundheitsreform durch Schwerpunkte in der Prävention, Berlin 2003 (Materialien der Landesarbeitsgemeinschaft für Gesundheitsförderung, Bd. 12), S. 12
793   „Wir lehnen den Weg in die Zwei-Klassen-Medizin ab". Die Programme der Bundestags-Parteien im Vergleich: Gesundheits- und Sozialpolitik, in: FR v. 28.5.2002

wortgleich hieß es im Wahlprogramm der Bündnisgrünen: „Bündnis 90/Die Grünen lehnen den Weg in die Zweiklassenmedizin ab. (...) Mit den Grünen ist eine Aufteilung in Grund- und Zusatzleistungen nicht zu machen."[794] Oder man nimmt billigend in Kauf, dass sozial Benachteiligte, die ein höheres Krankheitsrisiko tragen, um finanzieller Vorteile willen bei Geldmangel auf eine an sich notwendige medizinische Behandlung verzichten. Gesundheit ist ein Menschenrecht; die medizinischen Leistungen und die Krankenpflege dürfen daher nicht zur Ware werden!

Manches deutet auf einen in diesem Sozialversicherungszweig bevorstehenden Systemwechsel hin. Durch mehr Wettbewerb auf dem Wohlfahrtsmarkt bzw. mehr Marktwirtschaft im Gesundheitswesen wird die Gesellschaft jedoch keineswegs sozialer, sondern eher inhumaner, weil sich die miteinander konkurrierenden Träger frei-gemeinnütziger und privatgewerblicher Provenienz nur vordergründig um ihre Klient(inn)en als „Kund(inn)en" bemühen, in Wahrheit aber nur darauf bedacht sind, die eigenen Kosten zu senken und ihre Gewinnspanne zu erhöhen. So sinnvoll etwa eine Professionalisierung der Sozialen Dienste sein mag, so nachteilig im Sinne der Betroffenen wirkt die Profitorientierung, zumal sie einer weiteren Ökonomisierung des Sozialen, einer Kommerzialisierung des Wohlfahrtssektors und einer Privatisierung der öffentlichen Verwaltung unter Stichworten wie „New Public Management" bzw. „Neue Steuerungsmodelle" den Weg bahnt.

In einem nach neoliberalen Vorstellungen umgestalteten Sozialstaat erfolgt eine Rekommodifizierung dieses Bereichs, sodass der Markt und die Kaufkraft von Patient(inn)en, die nunmehr in erster Linie als „Kunden" der Ärzte, Kliniken und Apotheken firmieren, erheblich stärker als bisher über den Zugang zur medizinischen Versorgung entscheiden. Wahltarife verletzen das Solidarprinzip der Gesetzlichen Krankenversicherung ebenso wie die Beitragsrückerstattung im Falle fehlender Behandlungskosten: Junge, Gesunde, Gutverdienende und Kinderlose könnten sich für die niedrigsten Beiträge entscheiden, während Familien, chronisch Kranke und Ältere erheblich mehr bezahlen müssten, weil sie zwingend auf Vollleistungen angewiesen wären und das finanzielle Risiko der Selbstbeteiligung nicht tragen könnten.[795]

Schließlich ist eine Ökonomisierung, Privatisierung und Kommerzialisierung des Gesundheitssektors, vor allem der Krankenhauslandschaft, zu befürchten, wie man sie in anderen Staaten beobachten kann. Durch die Einführung leistungsbezogener Entgelte nach dem *Fallpauschalengesetz* vom 23. April 2002 wird die Profitorientierung im Krankenhaus dominant und die medizinische Versorgung noch stärker wirtschaftlichen Interessen untergeordnet. Wenn die Steuerung des Gesundheitswesens über Kennziffern wie etwa diagnosebezogene Fallpauschalen erfolgt, die unabhängig von den Kosten für die Leistungserbringung sind, wird man die Verweildauer über das sinnvolle Maß hinaus zu minimieren, noch mehr als bisher zu rationalisieren und das Personal in Krankenhäusern und Pflegeeinrichtungen bei gleichzeitiger Arbeitsverdichtung und Verlängerung der Arbeitszeiten weiter zu reduzieren suchen. Darunter leiden sowohl die Gesundheit wie auch die (noch nicht einmal durchgängig per Tarifvertrag geregelte) Entlohnung der dort Beschäftigten.[796]

---

794   Ebd.
795   Vgl. Gerhard Bäcker u.a., Sozialpolitik und soziale Lage in Deutschland, Bd. 2: Gesundheit und Gesundheitssystem, Familie, Alter, Soziale Dienste, 3. Aufl. Wiesbaden 2000, S. 139
796   Vgl. Heinz-J. Bontrup, Arbeit, Kapital und Staat. Plädoyer für eine demokratische Wirtschaft, Köln 2005, S. 291

2004 erwirtschafteten die gesetzlichen Kassen aufgrund der Kostenverschiebung zu den Versicherten und den Patient(inn)en sowie eines extrem niedrigen Krankenstandes einen Rekordüberschuss in Höhe von 4 Mrd. EUR, weigerten sich jedoch trotz wiederholter Appelle der zuständigen Bundesministerin Ulla Schmidt und zum Teil skandalträchtiger Steigerungen der Bezüge ihrer Vorstandsmitglieder mit Hinweis auf ihre beträchtlichen Schulden, die Mitgliedsbeiträge vorzeitig zu senken. Am 1. Juli 2005 traten gesetzlich verordnete Beitragssenkungen in Kraft, die ausschließlich den Arbeitgebern, nicht jedoch den Versicherten zugute kamen, weil diese den Zahnersatz und das Krankengeld nunmehr – wie oben erwähnt – mit ihrem „Sonderbeitrag" in Höhe von 0,9 Prozent des Bruttolohns bzw. -gehalts ganz allein finanzieren.

5.10 Armutsberichterstattung und -bekämpfung

Gerhard Schröder hatte in seiner ersten Regierungserklärung am 10. November 1998 angekündigt, soziale Leistungen – in der Tradition des Kabinetts Kohl/Waigel/Kinkel stehend – stärker auf „wirklich Bedürftige" konzentrieren zu wollen.[797] Dies klang wegen des anhaltenden Wirtschaftswachstums und eines zunehmenden Wohlstandes in breiten Bevölkerungskreisen der Bundesrepublik recht plausibel. „Weltweite Erfahrung lehrt indes, daß soziale Sicherungssysteme, die primär oder ausschließlich auf Bedürftige zugeschnitten sind, auch nur dürftige Leistungen bieten."[798] Anthony Giddens, geistiger Vater des „Dritten Weges" von New Labour, ergänzt diese Einschätzung: „Nur ein Sozialsystem, aus dem die Mehrheit der Bevölkerung Nutzen zieht, wird eine Staatsbürgermoral hervorbringen können. Wenn ‚Sozialstaat' ausschließlich negative Konnotationen hat und hauptsächlich für Arme da ist, wie es in den USA der Fall ist, wird er am Ende die Gesellschaft spalten."[799] Schließlich zeigte die Abschaffung der Arbeitslosenhilfe zum 1. Januar 2005, dass es gerade die sozial Bedürftigsten trifft und ihre Schonung anderen Leistungsempfänger(inne)n gegenüber zwar der neoliberalen Rhetorik entspricht, aber selbst in der rot-grünen Regierungspolitik – wie schon bei Ronald Reagan in den USA und Margaret Thatcher in Großbritannien – unterblieb, weil solche „Randgruppen" keine oder nur eine schwache Lobby haben.

Je länger SPD und Bündnis 90/Die Grünen regierten, umso klarer bildete sich ein Konsens beider Parteien zur bloßen Minimalabsicherung der Bevölkerung gegenüber sozialen Existenzrisiken. Joschka Fischer, bereits seit langem heimlicher Vorsitzender und Spitzenkandidat der Bündnisgrünen bei den letzten Parlamentswahlen, lieferte dafür die folgende Begründung, ohne sie mit überzeugenden Argumenten zu untermauern: „Der Sozialstaat von morgen wird in einer globalisierten Wirtschaft nicht mehr die Sicherung des individuellen Lebensstandards gewährleisten können, sondern, jenseits des alten Generationenvertrages, sich mehr und mehr auf eine bedarfsorientierte Grundsicherung und die Zugangsgerechtigkeit zu Bildung, Arbeit, Vermögensbildung und Wohlstand zurückziehen müssen."[800]

797   Siehe Gerhard Schröder, „Weil wir Deutschlands Kraft vertrauen ...", a.a.O., S. 902
798   Wolfgang Scholz, Sozialstaatsreform und unternehmerische Gesellschaft, in: NG/FH 9/1999, S. 778
799   Anthony Giddens, Der dritte Weg. Die Erneuerung der sozialen Demokratie, Frankfurt am Main 1999, S. 126
800   Joschka Fischer, Für einen neuen Gesellschaftsvertrag, a.a.O., S. 257

Arme, Arbeitslose und Asylbewerber/innen waren die Stiefkinder der rot-grünen Sozialpolitik: Sie kamen in der „produktivistischen", leistungs- bzw. konkurrenzorientierten und auf die Verbesserung der Weltmarktposition des heimischen Kapitals fixierten Regierungspraxis eindeutig zu kurz. Trotz mancher Fortschritte gegenüber dem CDU/CSU-geführten Bundeskabinett konstatierte Petra Buhr bei SPD und Bündnis 90/Die Grünen denn auch einen Positionswechsel im Übergang von der Opposition gegenüber CDU/CSU und FDP zur eigenen Regierungskoalition: „War die Oppositionszeit von Dramatisierung und Forderungen nach Verbesserung der Lebenslage der Armen geprägt, steht in der Regierungszeit von Rot-Grün das Ziel der Aktivierung der Arbeitsfähigen an erster Stelle."[801] Dies blieb nicht ohne Konsequenzen für die Ausrichtung der beiden Regierungsparteien, die sich dem neoliberalen Mainstream in den Medien zunehmend anpassten und ihn sogar selbst förderten, indem sie die Missbrauchsdiskussion stimulierten. „Mit der Betonung von Aktivierung, Eigenverantwortung und Arbeitsanreizen deutet sich (...) eine Abkehr von traditionell ‚linken' Positionen an, die vor allem auf die Folgen von Armut und Ausgrenzung für die Betroffenen hingewiesen haben, und eine Annäherung an die ‚rechte' Sozialstaatskritik mit der Hervorhebung von Leistungsmissbrauch und negativen Anreizwirkungen des sozialen Sicherungssystems (‚soziale Hängematte')."[802]

Deshalb fällt das Urteil über die rot-grüne Regierungskoalition auch in Bezug auf ihre Maßnahmen zur Armutsbekämpfung zwiespältig aus. Dass sie im April 2001 den ersten Armuts- und Reichtumsbericht einer Bundesregierung überhaupt vorlegte, kann man nicht hoch genug veranschlagen.[803] Gleichwohl wies er Lücken, methodische Mängel und Fehlinterpretationen auf.[804] Hinsichtlich seiner Datenbasis reichte dieser Regierungsbericht gewiss nicht zufällig nur bis zum Amtsantritt von Rot-Grün im Herbst 1998; der „Reichtum" beschränkte sich darin vorrangig auf das private Geldvermögen, wohingegen das Produktivvermögen nahezu unberücksichtigt blieb. Laut einem Parlamentsbeschluss sollte der Bericht zur Mitte einer jeden Legislaturperiode fortgeschrieben werden.

Hinter den ministeriellen Kulissen wurde beim nächsten Mal, im Herbst 2004, jedoch lange darum gerungen, wie ein Imageschaden für die Regierung zu vermeiden war, denn Bundeskanzler Schröder und seine Fachminister/innen hatten nicht nur verkündet, die Arbeitslosenzahl drücken, sondern auch die (Kinder-)Armut verringern und den privaten Reichtum gleichmäßiger verteilen zu können, ohne dass der Entwurf eines 2. Armuts- und Reichtumsberichts der Bundesregierung irgendwelche Belege für diesbezügliche Erfolge enthielt. Ganz im Gegenteil hatte die soziale Polarisierung zugenommen. Ergebnisse des Berichtsentwurfs, der am 14. Dezember 2004 vorlag und „zur Ressortabstimmung und Beteiligung von Verbänden und Wissenschaft" diente, drangen durch (möglicherweise taktisch gezielt vorgenommene) Indiskretionen an Journalisten. Hauptsächlich ein „Vermögen: Wer hat, dem wird gegeben" überschriebener *Spiegel*-Artikel sorgte für Aufregung, gemeinsam mit Pressemeldungen über einzelne Berichtsdaten kanalisierte er aber zugleich

---

801   Petra Buhr, Wege aus der Armut durch Wege in eine neue Armutspolitik?, a.a.O., S. 163
802   Ebd., S. 162
803   Vgl. Bundesministerium für Arbeit und Sozialordnung (Hrsg.), Lebenslagen in Deutschland, a.a.O.
804   Vgl. dazu: Friedhelm Hengsbach, Armut und Reichtum aus Regierungssicht, in: Blätter für deutsche und internationale Politik 6/2001, S. 647ff.; Werner Rügemer, Heile Welten. Der Armuts- und Reichtumsbericht der Bundesregierung, in: Blätter für deutsche und internationale Politik 7/2001, S. 863ff.; Karl Georg Zinn, Gediegene Daten – problematische Rezepte. Zum „ersten Armuts- und Reichtumsbericht der Bundesregierung", in: Richard Detje/Dierk Hirschke/Karl Georg Zinn, Reichtum und Armut. Supplement der Zeitschrift *Sozialismus* 6/2001, S. 20ff.

lange vor den beiden wichtigen Landtagswahlen im Frühjahr 2005 den Unmut über die Erfolglosigkeit der rot-grünen Armutsbekämpfung.[805]

Der am 2. März 2005 vom rot-grünen Bundeskabinett gebilligte Bericht täuschte nicht darüber hinweg, dass sich die Kluft zwischen Arm und Reich seit 1998 weiter vertieft hatte, und zwar beim privaten (Geld-)Vermögen wie auch beim Einkommen.[806] Einem kritischen Leser des Regierungsberichts, der das Scheitern aller Versuche dokumentiert, (Kinder-) Armut und soziale Ungleichheit zu verringern, fallen aber Defizite, Brüche und Widersprüche ins Auge.

Konzeptionell versucht man zwar in Anknüpfung an den erreichten Forschungsstand, Armut qualitativ zu fassen und nicht auf fehlende finanzielle Ressourcen zu reduzieren, erliegt jedoch der Versuchung, den gängigen Gerechtigkeitsbegriff zwecks Rechtfertigung der rot-grünen Regierungspraxis in Frage zu stellen. Es komme, wird behauptet, nicht so sehr auf die Umverteilung von materiellen Ressourcen, vielmehr die Bereitstellung von „Teilhabe- und Verwirklichungschancen" an.[807] Man rekurriert dabei auf den Ansatz von Amartya Sen, einem indischen Nobelpreisträger. Dieser begreift Armut in der Tat als Mangel an „Verwirklichungschancen", ohne jedoch im Geringsten zu bestreiten, dass Letzterer mit der Knappheit materieller Ressourcen bzw. monetärer Mittel (Einkommen und Vermögen) verbunden ist. „In einem reichen Land verhältnismäßig arm zu sein kann die Verwirklichungschancen selbst dann extrem einengen, wenn das absolute Einkommen gemessen am Weltstandard hoch ist."[808] Statt der Mittel hält Sen die Zwecke für zentral, denen sie dienen und welche Menschen verfolgen, sowie jene Fähigkeiten, die es ihnen ermöglichen, ihre Ziele zu erreichen. Sen wird missverstanden, wenn man daraus folgert, dass *Einkommens*armut und deren Bekämpfung von untergeordneter Bedeutung sind. Zwar hat die Verbesserung der Bildung, Gesundheitsversorgung usw. einen (hohen) Eigenwert, sie begründet aber keinen Gegensatz zur Verringerung materieller Defizite. Um seine „Teilhabe- und Verwirklichungschancen" wahrnehmen zu können, braucht man Finanzmittel, über die Personen kaum verfügen, denen bei der Sozialhilfe und beim Alg II zugemutet wird, mit 1,26 EUR im Monat für Kino- und Theaterbesuche auszukommen. Chancengleichheit, von der heute so viel die Rede ist, bedarf eines höheren Maßes an sozialer Gerechtigkeit und materieller Gleichheit.

Neben der „Chancengleichheit", die einen Zugang zu Bildungsinstitutionen und zum Arbeitsmarkt voraussetzt, erfuhr besonders die „Generationengerechtigkeit" im 2. Armutsund Reichtumsbericht eine demonstrative Aufwertung, was vermutlich gleichfalls den Legitimationsbedürfnissen der rot-grünen Bundesregierung geschuldet war. Dabei handelt es sich weniger um eine analytische Kategorie als um einen politischen Kampfbegriff, der verhüllt, dass sich die soziale Ungleichheit *innerhalb jeder* Generation verschärft hat und

---

805   Vgl. z.B. Armut in der Bundesrepublik nimmt zu. 13 Prozent gelten als arm, in: Welt am Sonntag v. 19.9.2004; Zahl bedürftiger Familien vergangenes Jahr gestiegen. Laut einem Regierungsbericht wächst die Armut in Deutschland, in: Süddeutsche Zeitung v. 20.9.2004; Alexander Neubacher, Vermögen: Wer hat, dem wird gegeben , in: Der Spiegel v. 29.11.2004, S. 106ff.; Armutsbericht: Nichts zu beschönigen an den „Lebenslagen in Deutschland", in: FR v. 21.12.2004; Dorothea Siems, Rentner und Pensionäre sammeln immer mehr Vermögen an. Armutsbericht: Reichtum „sehr ungleich" verteilt, in: Die Welt v. 8.1.2005

806   Vgl. Lebenslagen in Deutschland. Der 2. Armuts- und Reichtumsbericht der Bundesregierung, o.O.u.J., S. 16ff.

807   Siehe ebd., S. XVII

808   Amartya Sen, Ökonomie für den Menschen. Wege zu Gerechtigkeit und Solidarität in der Marktwirtschaft, 2. Aufl. München 2003, S. 112

die zentrale soziale Trennlinie nicht zwischen Alt und Jung, sondern immer noch, ja mehr denn je zwischen Arm und Reich verläuft.

Aufgrund der Zunahme diskontinuierlicher Erwerbsverläufe,[809] zahlreicher Leistungsreduktionen im Sozialbereich (Verringerung der Beiträge zur Rentenversicherung, welche die Bundesanstalt bzw. Bundesagentur für Arbeit im Falle der Erwerbslosigkeit entrichtet; mehrfache Absenkung des Niveaus von Invaliden-, Alters- und Hinterbliebenenrenten; Aussetzung der eigentlich am 1. Juli jedes Jahres fälligen Rentenanpassung) dürfte es trotz Schaffung einer bedarfsorientierten Grundsicherung (auf einem um 15 Prozent erhöhten Sozialhilfeniveau) im Rentenrecht längerfristig auch wieder deutlich mehr Altersarmut in Deutschland geben. Die vorübergehende Abkopplung der Rentenerhöhung vom Anstieg der Nettolöhne und -gehälter signalisierte gleichzeitig, dass die rot-grüne Bundesregierung der *intra*generationalen die *inter*generationale Umverteilung vorzog. Je mehr sich die Armut von Kindern und Jugendlichen ausbreitete,[810] umso leichter fiel es, Rentnerinnen und Rentnern, denen es häufig auch nicht besser geht, unter Hinweis auf die knappen Ressourcen eine Beschränkung der Erhöhung ihrer Altersbezüge auf die Inflationsrate oder sogar eine „Nullrunde" (Aussetzung der jährlichen Rentenanpassung am 1. Juli 2004) zu verordnen, was eine reale Kürzung darstellte. Der seit geraumer Zeit beklagte Prozess einer „Infantilisierung der Armut" (Richard Hauser) kann sich wieder in eine Seniorisierung der Armut verkehren, zumal mittlere Jahrgänge, die gegenwärtig noch erwerbstätig sind, als „Generation im Übergang" zur nachgelagerten Rentenbesteuerung durch das am 1. Januar 2005 in Kraft getretene *Alterseinkünftegesetz* übermäßig belastet werden.

Der 2. Armuts- und Reichtumsbericht ignoriert weitgehend die *doppelte* Spaltung im vereinten Deutschland, zwischen Ost und West wie Oben und Unten. Da redet man einen „Aufholprozess in den neuen Ländern" schön,[811] obwohl sich regionale und soziale Disparitäten zunehmend überlappen. Neben dem West-Ost-Wohlfahrtsgefälle, das seit jeher von einem Süd-Nord-Wohlstandsgefälle in beiden Landesteilen überlagert wird, vertieft sich die Kluft zwischen Oben und Unten, weshalb man 15 Jahre nach der DDR-„Wende" von einer *postmodernen Zweiklassengesellschaft* sprechen kann. Durch sozioökonomische Krisenerscheinungen und Massenarbeitslosigkeit franst die kleinbürgerliche Mitte in den westlichen Bundesländern aus, während sie in den östlichen gar nicht erst zu einer relevanten Kraft geworden ist.

Weiter verwischt der Bericht die *strukturellen* Zusammenhänge zwischen einer parallel wachsenden Armutspopulation und vermehrtem Reichtum. Die zunehmende (Kinder-) Armut wird auf eine vor allem aus „externen Schocks", wie etwa den Terroranschlägen des 11. September 2001, dem letzten Irakkrieg, dem Zusammenbruch des IT-Booms und spektakulären Bilanzskandalen von US-Unternehmen, resultierende Wachstumsschwäche zurückgeführt und damit als bloßes Konjunktur-, nicht als Strukturproblem (an)erkannt.[812] Dass zunehmender Reichtum in einem Wirtschafts- und Gesellschaftssystem, das auf dem Privateigentum an Produktionsmitteln, der Konkurrenz und der Mehrwertproduktion durch Ausbeutung menschlicher Arbeitskraft basiert, Armut hervorbringt, bleibt außer Betracht. Armut und Reichtum sind aber zwei Seiten einer Medaille.

---

809   Vgl. dazu: Gerd Mutz u.a., Diskontinuierliche Erwerbsverläufe. Analysen zur postindustriellen Arbeitslosigkeit, Opladen 1995
810   Vgl. hierzu: Christoph Butterwegge/Michael Klundt/Matthias Zeng, Kinderarmut in Ost- und Westdeutschland, a.a.O.
811   Siehe Lebenslagen in Deutschland, a.a.O., S. 33
812   Siehe ebd., S. XVII

Schließlich fehlt die Einsicht, dass eine Regierungspolitik der Standortsicherung, wie sie SPD und Bündnis 90/Die Grünen machten, die soziale Polarisierung verschärft hat. Während Kapitaleigentümer, Begüterte und Spitzenverdiener als Gewinner dieser Form der ökonomischen Modernisierung immer reicher wurden, gehörten Millionen (Langzeit-) Arbeitslose, Obdachlose, Migrant(inn)en, (chronisch) Kranke, Behinderte, sozial benachteiligte Familien und Rentner/innen zu den Hauptverlierer(inne)n rot-grüner Reformen.

5.11 Fazit

Wie die rot-grüne Regierungsbilanz ausfällt, bleibt sowohl in der politischen Öffentlichkeit als auch der Fachwissenschaft umstritten. Es ist aber zu befürchten, dass sie die Existenz des Sozialstaates, wie man ihn hierzulande bisher kannte, der Tendenz nach gefährdet, weil der Neoliberalismus immer mehr an Einfluss gewann, auch bei SPD und Bündnis 90/Die Grünen. Die beiden Regierungsparteien haben ihr Versprechen, den Begriff der (Sozial-) Reform, verstanden als „Programm oder Projekt, das die Lebensverhältnisse der Menschen verbessert", durch ihr Handeln „wieder in sein Recht" zu setzen,[813] keineswegs eingelöst. Hingegen hält Manfred G. Schmidt nichts von der These, wonach sich die rot-grüne Sozialpolitik mit zunehmender Regierungsdauer sogar für neoliberale Konzepte geöffnet hat. Er behauptet vielmehr das Gegenteil: „Rot-Grün drängte die wenigen liberalen Komponenten der deutschen Sozialpolitik weiter zurück."[814] Gleichwohl leugnet der Heidelberger Politikwissenschaftler keineswegs die Halbherzigkeit und innere Widersprüchlichkeit der Regierungspraxis: „Zur rot-grünen Sozialpolitik gehören unterschiedlichste Weichenstellungen, unter ihnen solche, die mit der politisch-ideologischen Grundrichtung der Regierungsparteien SPD und Bündnis 90/Die Grünen übereinstimmen, und andere, die davon abweichen."[815] Wie unrealistisch die Einschätzung der rot-grünen Sozialpolitik durch Schmidt war, zeigen sein Vorwurf einer „geradezu unterwürfige(n) Haltung der Schröder-Regierung gegenüber den lohn- und arbeitsmarktpolitischen Partikularinteressen der Gewerkschaften" wie auch seine – damit korrespondierende – Feststellung, dass „die SPD trotz aller innerparteilicher Konflikte zwischen ‚Modernisierern' und ‚Traditionalisten' Deutschlands Sozialstaatspartei par excellence ist, darin ihr Heil und ihre Bestimmung sieht und im Ernstfall dieser Position alle anderen Ziele und Mittel unterzuordnen bereit ist – auch um den Preis sehr hoher und weiter zunehmender Kosten des Sozialstaates."[816]

Als der Sammelband mit Schmidts Beitrag, aus dem diese Zitate stammen, im März 2003 erschien, verkündete Gerhard Schröder mit der *Agenda 2010* im Bundestag gerade sein Konzept für den Um- bzw. Abbau des Sozialstaates, das die SPD trotz massiver Proteste des DGB und der Mehrheit seiner Einzelgewerkschaften fast ohne Einschränkung übernahm. Von einer „gewerkschaftshörigen" oder auch nur „gewerkschaftsnahen" Haltung des Bundeskanzlers konnte danach keine Rede mehr sein. Vielmehr wurde das Verhältnis zwischen den DGB-Gewerkschaften und der Sozialdemokratie auf die härteste Probe ihrer gemeinsamen Geschichte gestellt. Die rot-grüne Koalition ließ es sogar zu, dass die Gewerkschaften während einer Medienkampagne, in der sie als „blindwütige Blockierer" und

813   Siehe Gerhard Schröder, „Weil wir Deutschlands Kraft vertrauen ...", a.a.O., S. 909
814   Manfred G. Schmidt, Rot-grüne Sozialpolitik (1998-2002), a.a.O., S. 240
815   Ebd., S. 241
816   Siehe ebd., S. 256

„Besitzstandswahrer" dargestellt wurden, die den Geist der Zeit nicht begriffen hätten, sondern ohne Rücksicht auf das Gemeinwohl die Privilegien ihrer Mitglieder und Funktionäre verteidigten, durch Verweigerung von Solidarität im Kampf der IG Metall um die Übertragung der 35-Stunden-Woche auf Ostdeutschland weiter geschwächt wurden. Dass sich SPD-Politiker wie Wolfgang Clement öffentlich auf die Seite der Arbeitgeber schlugen, trug zusammen mit einem niedrigen Organisationsgrad im Tarifgebiet und einem geringen Rückhalt der Streikenden bei vielen westdeutschen Betriebsräten dazu bei, dass die Gewerkschaft den Arbeitskampf in der ostdeutschen Metall- und Elektroindustrie am 29. Juni 2003 vorzeitig abbrach,[817] was sie nachhaltig schwächte.

Nunmehr wurden immer häufiger Forderungen laut, das angeblich „zu starre" Tarifvertragssystem, welches seit Jahrzehnten zu den bewährten Eckpfeilern des deutschen Sozialstaates gehört, zugunsten einer größeren Flexibilität und Wettbewerbsfähigkeit der heimischen Wirtschaft auf dem Weltmarkt zu beseitigen. Neoliberale bekamen noch mehr Auftrieb, als ausgerechnet das von der SPD gemeinsam mit der PDS regierte Berlin die Tarifgemeinschaft deutscher Länder verließ, um gültige Tarifverträge unterlaufen, Löhne bzw. Gehälter seiner Bediensteten senken und deren Arbeitszeiten verlängern zu können. Anschließend kürzten bzw. strichen auch sozialdemokratisch geführte Bundesländer ihren Beamten das Weihnachts- und Urlaubsgeld und oktroyierten ihnen Arbeitszeitverlängerungen, was es der Siemens AG wiederum erleichterte, im Juni 2004 nach Drohungen, einen Großteil des Konzerns nach Osteuropa zu verlagern, in zwei nordrhein-westfälischen, Handys produzierenden Werken die zeitlich befristete Rückkehr zur 40-Stunden-Woche ohne Lohnausgleich durchzusetzen. Dies wirkte nicht nur als Türöffner für zahlreiche andere Unternehmen, die sich in ökonomischen Schwierigkeiten befanden oder es zu sein vorgaben und nunmehr nach demselben Muster massiven (Existenz-)Druck auf ihre Belegschaften ausübten, sondern zog auch Überlegungen von bürgerlichen Politikern nach sich, ob die deutschen Arbeitnehmer/innen nicht auf einen Teil ihres Urlaubs und gesetzliche Feiertage verzichten könnten.

Wie schon Ende der 1920er-/Anfang der 1930er-Jahre und Ende der 1970er-/Anfang der 1980er-Jahre entfremdeten sich Gewerkschaften und Sozialdemokratie aufgrund der von dieser als Regierungspartei betriebenen Politik. Da die SPD-Führung den Wohlfahrtsstaat nicht in seiner grundsätzlich bewährten Form verteidigte, ihn vielmehr nach neoliberalen Lehrsätzen durch Reformen an die veränderten Weltmarktbedingungen anzupassen suchte, musste sie Gewerkschafter(inne)n ebenso als Gegnerin erscheinen wie die bürgerliche Opposition. Gleichzeitig wurden die Gewerkschaften nicht nur von Letzterer zum Teil pauschal für die Wachstumsschwäche und die Beschäftigungskrise verantwortlich gemacht. Ohne vorschnell Parallelen zu ziehen, kann man historische Vergleiche mit ganz ähnlichen Entwicklungen in der Weimarer Republik nicht von der Hand weisen. Durch die Einengung der Frage nach den Ursachen der Krisenphänomene auf gewerkschaftliches Handeln kam es damals wie heute zur Simplifizierung ausgesprochen komplexer Tatbestände; Bernd Faulenbach hat denn auch den Eindruck, dass die Gewerkschaften beide Male zu Sündenböcken gestempelt werden sollten.[818]

---

817   Vgl. Günter Könke, Die IG Metall nach dem Streik. Vorgeschichte und Folgen des Arbeitszeitkonflikts in der ostdeutschen Metallindustrie, in: Deutschland Archiv 2/2004, S. 220
818   Vgl. Bernd Faulenbach, Der Kampf gegen den „Gewerkschaftsstaat" in der Weimarer Republik – historische Parallelen zu einem aktuellen Diskurs?, in: Forschungsinstitut Arbeit, Bildung, Partizipation an der Ruhr-Universität Bochum (Hrsg.), Jahrbuch Arbeit – Bildung – Kultur 2003/04 (Bd. 21/22), S. 351

Christian Lahusen und Carsten Stark stellten im Unterschied zu Manfred G. Schmidt nicht nur „eine gewisse Kontinuität in der Regierungspolitik der Bundeskanzler Kohl und Schröder" fest, sondern konstatierten auch, „dass die rot-grüne Regierungskoalition den Perspektivenwechsel (hin zu einer Fiskalisierung und Ökonomisierung der Sozialpolitik; *Ch.B.*) wesentlich radikaler betrieben hat, als dies ihre Vorgängerregierung getan hat bzw. tun konnte."[819] Eine noch negativere Zwischenbilanz der rot-grünen Sozialpolitik zog Daniel Kreutz. Der frühere nordrhein-westfälische Landtagsabgeordnete von Bündnis 90/Die Grünen schrieb, zutiefst desillusioniert, verbittert und resigniert wirkend: „Rot-Grün hat das düstere Szenario des Jahres 1998 nicht aufgehellt, sondern – teils in bislang beispielloser Weise – weiter verfinstert. Die bekannten Axiome neoliberaler Standortpolitik (Senkung der Steuer- und Abgabenbelastung der Wirtschaft, Senkung der Arbeitskosten etc.) blieben unverändert Leitlinien der Regierungspolitik."[820] Albrecht Müller, von 1973 bis 1982 Leiter der Planungsabteilung im Bundeskanzleramt, bezeichnete Rot-Grün sogar als „Rammbock der neoliberalen Revolution", was er damit begründete, „dass der eigentliche Dammbruch zur Umsetzung neoliberaler Ideologien und zum ‚Umbau' des Sozialstaats in Deutschland von der Regierung Schröder und der rotgrünen Koalition vollzogen worden ist."[821]

Mir scheint, dass man die erste Koalitionsregierung zwischen Sozialdemokraten und Bündnisgrünen auf zentralstaatlicher Ebene differenzierter beurteilen muss, als es Müller und auch Kreutz tun, wenn Letzterer etwa mit einem leicht zynisch klingenden Unterton bemerkt: „Der ‚Reformstau', den Rot-Grün tatsächlich vergleichsweise erfolgreich aufgelöst hat, war vor allem der des neoliberal inspirierten Systemwechsels."[822] Hat die Koalition größtenteils auch nicht mehr als „Neoliberalismus in Rot-Grün" praktiziert, so wurde doch stärker auf Partizipationsmechanismen des Neokorporatismus rekurriert und in der Familien-, Frauen- und Sozialpolitik auch partiell Fortschritt generiert. Ähnliches gilt für die Verringerung der Diskriminierung von Minderheiten. Karl Hermann Haack, Behindertenbeauftrager der Bundesregierung, führt in diesem Zusammenhang das *Behindertengleichstellungsgesetz* vom 27. April 2002 an, mit dem man Anschluss an die bürgerrechtliche Gleichstellungspolitik gefunden habe, wie sie etwa in den USA und Schweden praktiziert wird.[823] Trotz vorsichtiger Bemühungen um eine Anpassung, Modernisierung und Emanzipation, sofern sie mit „Standortinteressen" harmonierten, gab es auf zahlreichen Feldern der Wohlfahrtsstaatsentwicklung eher Stillstand bzw. sogar Rückschläge, die eigener Konzeptionslosigkeit, Inkonsequenz des Handelns oder massivem Widerstand der Lobby geschuldet waren.

Manches erinnerte an die Endphase des Kanzlers Helmut Schmidt, weil Gerhard Schröder zwar mit einem anderen Koalitionspartner und nicht in Bonn, sondern in Berlin regierte, aber gleichfalls immer häufiger den DGB bzw. seine Einzelgewerkschaften düpierte und die Unternehmerverbände hofierte. Da die SPD im Jahr 2003 bei sämtlichen Kommunal- und Landtagswahlen mit Ausnahme der Bremer Bürgerschaftswahl am 25. Mai zum Teil dramatische Niederlagen erlitten hatte, die man in erster Linie auf die Unzufriedenheit einer großen Anzahl sozialdemokratischer Stammwähler/innen mit der rot-grünen

---

819   Christian Lahusen/Carsten Stark, Integration: Vom fördernden und fordernden Wohlfahrtsstaat, in: Stephan Lessenich (Hrsg.), Wohlfahrtsstaatliche Grundbegriffe, a.a.O., S. 364f.
820   Daniel Kreutz, Neue Mitte im Wettbewerbsstaat, a.a.O., S. 465
821   Siehe Albrecht Müller, Die Reformlüge, a.a.O., S. 388f.
822   Daniel Kreutz, Neue Mitte im Wettbewerbsstaat, a.a.O., S. 470
823   Vgl. Karl Hermann Haack, Aus der Behindertenpolitik lernen. Ein Plädoyer für die mutige Reform des Sozialstaates, in: Ursula Engelen-Kefer u.a., Sozialpolitik mit Zukunft, a.a.O., S. 118

Regierungspolitik zurückführte, wuchs der Unmut bei einfachen Mitgliedern und Funktionären der unteren Gliederungsebenen über Schröder, den man wieder „Genosse der Bosse" nannte. Manches war jedoch anders als zu Zeiten der Regierung Schmidt/Genscher, hatte sich die SPD mittlerweile doch zu einem reinen „Kanzlerwahlverein" entwickelt, ohne politische Kraft und Kampfbereitschaft.[824] Franz Walter erscheinen die Sozialdemokraten denn auch „verzagt, verunsichert und kleinmütig", was sich auf ihren Versammlungen bzw. Parteitagen zeige: „Bei den Älteren sieht man viele müde und erschöpfte Gesichter, bei den Jüngeren pausbäckige Beflissenheit, und kaum jemand regt sich noch über die Ungerechtigkeiten dieser Welt auf, prangert Ausbeutung und Unterdrückung an oder ruft nach Alternativen zum Bestehenden; es ringen keine Flügel mehr leidenschaftlich um den politischen Kurs der Partei, und selbst die offiziell ausgerufene Programmdebatte ist auf allen Ebenen der SPD ohne Resonanz geblieben."[825]

Überraschend verkündete der Bundeskanzler im Februar 2004, dass er sein nach Oskar Lafontaines Rücktritt in Personalunion ausgeübtes Amt des Parteivorsitzenden aufgeben wolle, und schlug den sehr beliebten Fraktionschef und früheren SPD-Generalsekretär Franz Müntefering als Nachfolger vor. Zum SPD-Vorsitzenden gewählt wurde dieser auf dem Berliner Sonderparteitag am 21. März 2004, der auch zwei Anträge zur weiteren Regierungsarbeit beschloss. Müntefering bekannte sich zwar einmal mehr zur *Agenda 2010*, ließ aber erkennen, dass er größeren Wert auf die Gerechtigkeitsfrage legen und zumindest in der damals noch laufenden Legislaturperiode neuerliche Leistungskürzungen vermeiden wollte.

Um das soziale Profil der Partei zu schärfen, drang Müntefering auf ein Gesetz, das die Arbeitgeber verpflichten sollte, mehr Lehrstellen zur Verfügung zu stellen. Unternehmen, die ihrer Verantwortung in dieser Beziehung nicht oder ungenügend nachkommen, hätten über eine Ausbildungsplatzabgabe bzw. -umlage zur Finanzierung außerbetrieblicher Angebote für Jugendliche beizutragen. Nach einer kontroversen öffentlichen Diskussion über den Lehrstellenmangel und mögliche Schritte zu seiner Behebung und gegen anfänglichen Widerstand aus den eigenen Reihen verabschiedete die rot-grüne Koalitionsmehrheit am 7. Mai 2004 im Bundestag das *Gesetz zur Sicherung und Förderung des Fachkräftenachwuchses und der Berufsbildungschancen der jungen Generation.* Gleichzeitig wurde eine Resolution beschlossen, wonach freiwillige Regelungen gegenüber gesetzlichem Zwang Vorrang haben sollten. Erwartungsgemäß erhob der CDU/CSU-dominierte Bundesrat Einspruch und rief den Vermittlungsausschuss an. Für die ehemalige FR-Redakteurin Jutta Roitsch war das Gerangel um die Ausbildungsplatzabgabe ein politisches Lehrstück. Sie kritisierte die zahlreichen Ausnahmetatbestände hinsichtlich einer Beteiligung von Betrieben, Branchen und Kommunen an der Umlagefinanzierung und zog daraus den Schluss, „dass es in diesem Gesetz weder um eine qualifizierte Ausbildung für die Jugendlichen geht, noch darum, die seit Jahren schwindende Ausbildungsbereitschaft der in Deutschland tätigen Unternehmen zu erhöhen."[826]

Statt sich gegen die Opposition mit ihrer Kanzlermehrheit in einer neuerlichen Parlamentsabstimmung durchzusetzen, legte die rot-grüne Koalition das Gesetzgebungsverfahren auf Eis und verhandelte mit Repräsentanten der Wirtschaft über eine Selbstverpflich-

---

824   Siehe Franz Walter, Die SPD. Vom Proletariat zur Neuen Mitte, Berlin 2002, S. 261
825   Ebd., S. 262
826   Siehe Jutta Roitsch, Lehrstück Ausbildungsplatzabgabe, in: Blätter für deutsche und internationale Politik 7/2004, S. 867

tung zur Ausbildung. Bundesregierung und Wirtschaftsverbände schlossen am 16. Juni 2004 im Kanzleramt den *Nationalen Pakt für Ausbildung und Fachkräftenachwuchs in Deutschland*, der eine Laufzeit von 3 Jahren hat, aber keineswegs – wie in einem Entschließungsantrag des Bundestages gefordert – rechtsverbindlich ist. Während sich die Wirtschaft das Ziel setzte, pro Jahr 30.000 Ausbildungsplätze mehr zu schaffen und 25.000 Plätze für betriebliche Qualifizierungsmaßnahmen bereitzustellen, sagte die Regierung ihrerseits eine Erhöhung der Ausbildungsplätze in der Bundesverwaltung, Förderungsmaßnahmen der BA und die Fortführung des Bund-Länder-Ausbildungsprogramms für Ostdeutschland zu. Ob die Absprachen erfolgreich waren oder nicht, blieb nach den ersten 12 Monaten umstritten. Während sich die Regierung Schröder und das Arbeitgeberlager gegenseitig beglückwünschten, konnten die Gewerkschaften keine Verringerung der Ausbildungsplatzlücke entdecken.

Unerfüllt gebliebene Forderungen und enttäuschte Hoffnungen von Mitgliedern wie Wähler(inne)n stürzten die SPD in eine der schwersten Krisen ihrer Parteigeschichte, wohingegen die Basis und das Elektorat der Bündnisgrünen aufgrund ihrer anderen Sozialstruktur weitgehend stabil blieben. Bei der Europawahl sowie der Thüringer Landtagswahl und mehreren Kommunalwahlen am 13. Juni 2004 stürzte die SPD geradezu ab. Sie konnte mehrere Millionen Anhänger/innen, die ihr vorher vertraut hatten, nicht mehr mobilisieren. Franz Walter führt dies darauf zurück, dass der modernisierten SPD die Seismografen für Einstellungen und Stimmungen, Ängste und Hoffnungen von Menschen fehlen, die das Kellergeschoss des Sozialsystems bilden: „Auf die neue Klassengesellschaft, auf die neuen Konflikte in der zunehmend tribalistischen bundesdeutschen Gesellschaft ist sie mental und strategisch nicht im geringsten vorbereitet."[827]

Monatelang wurde im Frühherbst 2004 öffentlich über mögliche Folgen der sog. Hartz-Gesetze für Langzeitarbeitslose und ihre Familien diskutiert, ohne dass die rot-grüne Bundesregierung vielen Betroffenen vor allem in Ostdeutschland zufrieden stellende Antworten auf deren Fragen, Sorgen und Nöte gegeben hätte. Dass die rot-grüne Sozialpolitik inkonsistent war, zeigte nicht nur der Zickzackkurs beim Zahnersatz, vielmehr auch die erneute Lockerung des Kündigungsschutzes und die folgende Regelung der prekären Beschäftigungsverhältnisse: Hatte die Koalition zu Beginn der 14. Legislaturperiode noch erklärt, möglichst viele Stellen im Bereich der arbeitnehmerähnlichen bzw. Scheinselbstständigkeit per Gesetz in sozialversicherungspflichtige Beschäftigungsverhältnisse überführen zu wollen, ging sie in der 15. Legislaturperiode den entgegengesetzten Weg. Nunmehr förderte man die (Schein-)Selbstständigkeit durch Einführung der „Ich-AG", erleichterte die Schaffung sog. Mini- bzw. Midi-Jobs und weitete damit den Niedriglohnsektor ganz erheblich aus.[828] Folgerichtig feierte man die Zunahme der Anzahl geringfügiger Beschäftigungsverhältnisse als Erfolg der Hartz-Gesetzgebung, obwohl sich dahinter die Legalisierung weder vormals erlaubter noch existenzsichernder Arbeitsverhältnisse verbarg.

Da die Politik der rot-grünen Koalition einerseits die Wohlhabenden durch mehrere Steuerreformen begünstigte und andererseits den sozial Benachteiligten, (kranken) Versicherten und Behinderten durch die Hartz-Gesetze sowie die Renten- und Gesundheitsreformen zusätzliche Kosten auferlegte, gab es massive Proteste der Betroffenen. Erinnert sei nur an drei Großkundgebungen, die am 3. April 2004, einem Aktionstag der europäischen

---

827   Franz Walter, Abschied von der Toskana. Die SPD in der Ära Schröder, 2. Aufl. Wiesbaden 2005, S. 205
828   Vgl. dazu: Thomas Blanke, Die Auflösung des Arbeitnehmerbegriffs. Von der Bekämpfung zur Förderung von Scheinselbständigkeit und geringfügiger Beschäftigung, in: Kritische Justiz 1/2003, S. 7ff.

Gewerkschaften gegen Sozialabbau, mit ca. 500.000 Menschen in Berlin, Köln und Stuttgart stattfanden, sowie die zahlreichen Montagsdemonstrationen im Sommer und Herbst 2004, auf denen nicht bloß viele Ostdeutsche gegen Hartz IV zu Felde zogen. Zwar wurden nach den Massenprotesten einige besonders drastische bzw. schikanöse Regelungen des Gesetzes (für bisherige Alhi-Bezieher/innen bestehende Auszahlungslücke im Januar 2005, fehlender Vermögensfreibetrag für bis 14 Jahre alte Kinder) nachträglich korrigiert, sein Kern (Abschaffung der Alhi und Abschiebung der Langzeitarbeitslosen samt ihren Familien in den Fürsorgebereich) blieb jedoch erhalten und sorgte weiterhin für Verunsicherung und Beunruhigung.[829]

Heute kann man mehr denn je von einem „Repräsentationsdefizit" sprechen, weil sich vor allem viele sozial Benachteiligte, von Arbeitslosigkeit und Armut betroffene oder bedrohte Menschen durch die SPD sowie die anderen etablierten Parteien nicht mehr vertreten fühlen und nicht wissen, wem sie bei Wahlen ihre Stimme geben sollen: „Hier überwiegen nach wie vor wohlfahrtsstaatliche Orientierungen und Erwartungen, aller Reformkasuistik aus den Parteizentralen und allem medialen Trommelfeuer gegen altmodische Wünsche nach Sicherheit und Gerechtigkeit zum Trotz."[830]

Durch die Erfolge der NPD bei der sächsischen und der DVU bei der brandenburgischen Landtagswahl am 19. September 2004, welche sie nicht zuletzt dank der Mobilisierung vieler besorgter Ostdeutscher gegen die Arbeitsmarktreformen (ein NPD-Wahlslogan lautete beispielsweise: „Quittung für Hartz IV") errangen, wurde die Akzeptanzkrise des politischen und Regierungssystems deutlicher sichtbar. Obwohl kein *direkter* Zusammenhang zwischen dem Um- bzw. Abbau des Sozialstaates nach den Bauplänen des Neoliberalismus und dem Wiederaufschwung des parteiförmigen Rechtsextremismus besteht, ist dieser ohne jenen kaum verständlich. Anders gesagt: Wenn Millionen Menschen fürchten müssen, in Zukunft von einem sozialen Abstieg oder gar „Armut per Gesetz" (PDS-Wahlplakat) betroffen zu sein, ohne sich dagegen wehren zu können, bleiben irrationale Reaktionen, Wutausbrüche, Gewalttaten und eine Radikalisierung vorhandener Ressentiments nicht aus.

Als die Zahl der offiziell registrierten Arbeitslosen unmittelbar nach dem In-Kraft-Treten von Hartz IV im Januar/Februar 2005 zum ersten Mal über 5 Mio. stieg, sprach der zuständige Fachminister Clement von einem rein statistischen Effekt und einer „größeren Ehrlichkeit" der Arbeitsmarktdaten, die nun auch alle erwerbsfähigen früheren Sozialhilfe- und jetzigen Alg-II-Bezieher/innen erfassten. Der fatale Eindruck, dass die Hartz-Gesetze nicht zur Bekämpfung der Massenarbeitslosigkeit taugen, ließ sich dadurch aber nicht verwischen, zumal erwerbsfähigen Sozialhilfeempfänger(inne)n die Meldung beim Arbeitsamt immer schon oblag. Zuletzt war die markante 5-Mio.-Grenze übrigens im November 1931 überschritten worden.

In einem Offenen Brief an Gerhard Schröder schlugen die CDU-Vorsitzende Angela Merkel und der CSU-Vorsitzende Edmund Stoiber der Bundesregierung im März 2005 einen „Pakt für Deutschland" vor. Das unter diesem Namen ins Parlament eingebrachte 10-Punkte-Programm zur Bekämpfung der Arbeitslosigkeit (BT-Drs. 15/4831) enthielt jedoch nur die altbekannten Positionen der Unionsparteien. Es sah weitere Unternehmenssteuersenkungen, eine nochmalige Lockerung des Kündigungsschutzes, die Ausweitung betrieb-

---

829   Vgl. ausführlicher: Christoph Butterwegge/Michael Klundt/Matthias Zeng, Kinderarmut in Ost- und Westdeutschland, a.a.O., S. 84ff.
830   Gerd Mielke, Wahl und Alternative, in: Blätter für deutsche und internationale Politik 1/2005, S. 14

licher „Bündnisse für Arbeit" (gemeint war die Möglichkeit, tarifvertragliche Regelungen zur Entlohnung und zur Arbeitszeit auf der Unternehmensebene zu unterlaufen) sowie die Senkung der Beiträge zur Arbeitslosenversicherung von 6,5 Prozent auf 5 Prozent vor, was mit der Notwendigkeit zur Senkung gesetzlicher Lohnnebenkosten begründet wurde, aber in einer Situation *steigender* Erwerbslosigkeit absurd und nur darauf gerichtet war, die aktive Arbeitsmarktpolitik über Steuern zu finanzieren und ihr damit endgültig den Garaus zu machen.

Schröder lud die Vorsitzenden der beiden Unionsparteien zu einem „Beschäftigungsgipfel" am 17. März 2005 ins Kanzleramt ein. Zwei Tage früher hielt Bundespräsident Horst Köhler eine Rede vor Unternehmern, in der er weitere Reformen des Sozialstaates verlangte. Unter dem Motto „Vorfahrt für Arbeit" sollte seiner Meinung nach alles getan werden, was der Erhaltung und Schaffung von Stellen dient. Auf eine optimale Sicherung gegenüber allgemeinen Existenzrisiken und Schutz vor der Gefahr des sozialen Abstiegs müssten die Bürger/innen dagegen verzichten: „Der moderne Sozialstaat schützt vor Not; aber er gaukelt nicht vor, dem Einzelnen den einmal erreichten Lebensstandard garantieren zu können."[831] Gerhard Schröder gab am Morgen vor dem Gipfeltreffen im Bundestag eine Regierungserklärung „Aus Verantwortung für unser Land: Deutschlands Kräfte stärken" ab, die im Kern enthielt, was der „Beschäftigungsgipfel" mit Joschka Fischer, Angela Merkel und Edmund Stoiber anschließend zum gemeinsamen Programm von SPD, Bündnis 90/Die Grünen und Union erhob.[832] Man einigte sich auf eine nochmalige Senkung der Körperschaftsteuer (von 25 auf 19 Prozent), die ebenso wie der Nachlass von Erbschaftsteuer auf das Betriebsvermögen (bis 100 Mio. EUR), wenn das Unternehmen 10 Jahre lang weitergeführt wird, durch das Schließen von Steuerschlupflöchern „aufkommensneutral" gegenfinanziert werden sollte, Krediterleichterungen für Mittelständler, eine weitere Erleichterung der befristeten Beschäftigung und die Zulassung von Kettenverträgen (Aufhebung des Verbots der Vorbeschäftigung bei gleichzeitiger Beschränkung auf 2 Jahre), ein Programm für Verkehrsinfrastrukturinvestitionen, eine Ausweitung der Hinzuverdienstmöglichkeiten für Alg-II-Bezieher/innen, die Wiederaufnahme der Verhandlungen zur Föderalismusreform und eine baldige Reform der Pflegeversicherung.

Diese muss in Zukunft auch die Pflege von demenziell Erkrankten absichern. Nötig wären außerdem eine Erhöhung und Dynamisierung der Leistungen, um die Kostensteigerungen des letzten Jahrzehnts aufzufangen, sowie eine Beitragsanhebung zum Zwecke der Finanzierung dieser Maßnahmen. Berthold Dietz schlägt außerdem vor, die Leistungen der Pflegeversicherung einkommensabhängig zu gestalten: „Damit würde der Widerspruch des Grundsatzes einer solidarischen Pflegeversicherung und der tatsächlichen Entlastungswirkung aufgelöst, zugleich ließe sich darüber ansatzweise die Forderung des Bundesverfassungsgerichtes nach Entlastung von kindererziehenden Beitragszahlenden realisieren. Dass die Gegenfinanzierung eine frühzeitigere und/oder deutlichere Erhöhung des Beitragssatzes als möglicherweise ohnehin beabsichtigt mit sich bringen würde, kann kein Drama, geschweige denn ein Tabu sein."[833] Die organisatorische Trennung von Kranken- und Pflegekassen sollte aufgehoben werden, führt sie doch vornehmlich bei der Prävention und Reha-

---

831   Horst Köhler, Die Ordnung der Freiheit. Die Bürger beauftragen den Staat, die Spielregeln zu setzen, aber das Spiel machen die Bürger, in: FR v. 16.3.2005
832   Vgl. Gerhard Schröder, Rüstzeug für die Zukunft. Auszüge aus der Regierungserklärung „Aus Verantwortung für unser Land: Deutschlands Kräfte stärken", in: FR v. 18.3.2005
833   Berthold Dietz, Die Pflegeversicherung, a.a.O., S. 275

bilitation zu „Verschiebebahnhöfen" bzw. Fehlsteuerungen. „Denn die Rehabilitations-Maßnahmen, die vom Medizinischen Dienst der Krankenversicherung bei der Pflegebegutachtung anstelle von Pflegeleistungen vorgeschlagen werden müssen, fallen in den Zuständigkeitsbereich der Krankenkassen. Den finanziellen Vorteil einer erfolgreichen Rehabilitation haben jedoch die Pflegekassen, die für den entsprechenden Klienten dann keine Pflegeleistungen finanzieren müssen."[834] Versuchen, an die Stelle der Pflegeversicherung eine steuerbegünstigte kapitalgedeckte Vorsorge treten zu lassen, tritt Eberhard Jüttner mit dem Argument entgegen, dadurch vertiefe sich die Kluft zwischen Arm und Reich: „Kapitalgedeckte Systeme sind im Grundsatz teuer, verteilungspolitisch ungerechter und bei aller Betonung der Sicherheit der Anlage immer noch riskant."[835]

An dem Tag, als sich Regierungs- und Oppositionsspitze im Bundeskanzleramt trafen, zerschlug sich auch die Hoffnung der SPD, trotz ihrer Niederlage bei der Landtagswahl in Schleswig-Holstein am 20. Februar 2005 aufgrund der Tolerierung durch die zwei Abgeordneten des SSW in Kiel wieder eine rot-grüne Koalition zu bilden. Zwischen der Ministerpräsidentin Heide Simonis und ihrem Herausforderer Peter Harry Carstensen gab es auch im vierten Wahlgang ein Patt. Der vorher weitgehend unbekannte CDU-Politiker Carstensen wurde am 27. April 2005 zum Ministerpräsidenten einer Großen Koalition gewählt. Dadurch verschob sich das Stimmenverhältnis im Bundesrat weiter zugunsten seiner Partei.

Ein noch größeres Fiasko, das einem politischen Erdbeben glich, erlebten SPD und Bündnisgrüne bei der nordrhein-westfälischen Landtagswahl am 22. Mai 2005. Franz Müntefering hatte auf dem dritten Forum seiner Partei zur Diskussion über ein neues Grundsatzprogramm am 13. April 2005 mit Kritik am „Handeln von bestimmten Finanz-Unternehmen" und seinem Hinweis auf die „international wachsende Macht des Kapitals" viel Aufsehen erregt.[836] Danach versuchte der SPD-Vorsitzende, die im größten Bundesland drohende Wahlniederlage durch Klagen über ausländische Finanzinvestoren, die wie „Heuschreckenschwärme" über deutsche Unternehmen herfielen, einzudämmen. Dass die rot-grüne Koalition durch die bei Veräußerungsgewinnen gewährte Steuerfreiheit und das *Investmentmodernisierungsgesetz* vom 15. Dezember 2003, welches erstmals Hedgefonds auch in der Bundesrepublik zuließ, die nunmehr kritisierten Handlungsmöglichkeiten solcher Spekulanten erweitert bzw. erst geschaffen hatte, erhöhte die Glaubwürdigkeit der wochenlang Schlagzeilen machenden „Kapitalistenschelte" ebenso wenig wie die Tatsache, dass Müntefering weder Kapitalismuskritik (im Sinne der Analyse struktureller Zusammenhänge und Herrschaftsmechanismen) übte noch daraus Konsequenzen für die Partei- bzw. Regierungspolitik zog.

Durch die Niederlage bei der nordrhein-westfälischen Landtagswahl verlor die Berliner Regierung mit der letzten rot-grünen Koalition in einem Bundesland überhaupt ihren bis dahin wichtigsten Rückhalt, während die CDU/CSU-geführten Landesregierungen im Bundesrat fast über eine Zweidrittelmehrheit verfügten, was Müntefering und Schröder noch am Wahlabend veranlasste, auf ein Vorziehen der im September 2006 regulär anstehenden Bundestagswahl zu dringen. Dieter Wiefelspütz, innenpolitischer Sprecher der SPD-Bundestagsfraktion, begründete den Versuch, durch eine (bewusst herbeigeführte)

---

834   Christoph Strünck, Pflegeversicherung – Barmherzigkeit mit beschränkter Haftung, a.a.O., S. 68
835   Eberhard Jüttner, Von der Pflegeversicherung zum Bundespflegeleistungsgesetz, a.a.O., S. 98
836   Siehe Rede des SPD-Parteivorsitzenden Franz Müntefering auf dem 3. Programmforum der SPD „Demokratie. Teilhabe, Zukunftschancen, Gerechtigkeit" am 13. April 2005, Willy-Brandt-Haus, Berlin (Mitteilung an die Presse), S. 5

Niederlage des Kanzlers bei der Abstimmung über die Vertrauensfrage nach Art. 68 Abs. 1 Satz 1 GG am 1. Juli 2005 eine Auflösung und vorzeitige Neuwahl des Parlaments zu erreichen, in einer Weise, die an das Ende von Weimar erinnert: „Durchgreifende Reformpolitik im Sinne des Bundeskanzlers und des SPD-Vorsitzenden ist seit den Wahlniederlagen von Rot-Grün in Schleswig-Holstein und Nordrhein-Westfalen kaum noch möglich. Deshalb ist eine kraftvolle Erneuerung des Mandats für Reformpolitik durch das Volk von entscheidender Bedeutung."[837]

Ob die hauptsächlich von (ehemaligen) SPD-Mitgliedern aus dem Gewerkschaftsbereich gegründete Wahlalternative „Arbeit und soziale Gerechtigkeit" (ASG), die sich am 22. Januar 2005 in Göttingen zur Partei gleichen Namens formierte, aber nach einem verlorenen Gerichtsprozess in „Wahlalternative Arbeit und soziale Gerechtigkeit" (WASG) umbenannt werden musste, nennenswerten Erfolg hätte, war nach ihrem Abschneiden mit 2,2 Prozent bei der Landtagswahl in Nordrhein-Westfalen am 22. Mai 2005 fraglich.[838] Ihr fehlten eine landesweite Präsenz und eine prominente Führungsfigur wie Oskar Lafontaine, der sich lange Zeit bedeckt hielt, ob er als Spitzenkandidat zur Verfügung stehen würde. Erst am Tag nach der NRW-Wahl erklärte Lafontaine seinen SPD-Austritt und sich bereit, unter der Voraussetzung anzutreten, dass PDS und WASG gemeinsam den Versuch unternähmen, eine linke Alternative zu gründen. Vereinbart wurde nach Sondierungsgesprächen zwischen den Vorständen beider Parteien im Juni 2005, bei der Bundestagswahl am 18. September des Jahres unter dem Namen „Demokratische Linke/PDS" eine Listenverbindung einzugehen. Mit Oskar Lafontaine im Westen und Gregor Gysi im Osten hatte „Die Linkspartei. PDS", wie man sich nun nannte, zwei landesweit bekannte Spitzenkandidaten.

Genau eine Woche, nachdem sich Gerhard Schröder am 1. Juli 2005 im Bundestag das Misstrauen einer Mehrheit der Abgeordneten hatte aussprechen lassen, bot Peter Hartz im Gefolge einer Korruptionsaffäre beim größten europäischen Automobilkonzern seinen Rücktritt als VW-Vorstandsmitglied an, dem auch entsprochen wurde. Horst Köhler löste den Bundestag wenig später auf und setzte Neuwahlen für den 18. September an. In den Wahlprogrammen widersprachen SPD und Bündnis 90/Die Grünen ihrer eigenen Regierungspraxis, indem sie beispielsweise den zuvor mehrfach gesenkten Spitzensteuersatz (zumindest für Großverdiener) wieder zu erhöhen versprachen. Auch CDU/CSU und FDP gerieten durch die Linkspartei, der Umfragen gute Wahlchancen einräumten, unter Erfolgsdruck.

Die rot-grüne Sozialpolitik hat eine Modernisierung dieses Politikfeldes im Sinne des Neoliberalismus bewirkt, ohne ihm programmatisch durchgängig und pauschal verhaftet zu sein. Dadurch bieten sich trotz verschlechterter Ausgangsbedingungen auch künftig noch Möglichkeiten für linksoppositionelle, gewerkschaftlich orientierte und globalisierungskritische Kräfte, die Reformen weiterzutreiben und sie längerfristig mittels eigener Konzepte zur Umgestaltung von Staat, Wirtschaft und Gesellschaft selbst stärker zu beeinflussen. Ob diese Chance zu einer Überwindung des sozialpolitischen Konformismus genutzt wird, hängt nicht zuletzt von der Resonanz alternativer Vorstellungen innerhalb der etablierten Parteien ab.

---

837   Dieter Wiefelspütz, Das Volk soll entscheiden. Für die Fortsetzung der aktuellen Reformpolitik ist eine kraftvolle Erneuerung des Mandats nötig, in: FR v. 28.5.2005
838   Vgl. dazu: Gerd Mielke, Wähler im Wartestand. Entstehungs- und Erfolgschancen einer neuen Linkspartei, in: Forschungsjournal Neue Soziale Bewegungen 2/2004, S. 6ff.; Franz Walter/Tim Spier, Viel Lärm um nichts? – Zu den Erfolgsaussichten einer neuen Linkspartei, in: Gewerkschaftliche Monatshefte 6/2004, S. 328ff.

6 Diskussionen über den Wohlfahrtsstaat der Zukunft

Da den politischen Parteien, so wichtig etwa die Tarifvertragsparteien, d.h. Arbeitgeberverbände und Gewerkschaften, oder die Wohlfahrtsverbände für die konkrete Ausgestaltung des Sozialsystems auch immer sein mögen, eine herausragende Rolle auf diesem Politikfeld zukommt, entscheiden sie doch in Parlamenten und Regierungen über die zentralen (Rahmen-)Bedingungen der Sozial-, Arbeitsmarkt- und Beschäftigungs- wie auch der Familienpolitik,[839] dürfen die innerparteilichen Kontroversen und Programmdebatten hier nicht außer Acht bleiben. Teils direkt mit der praktischen Politik verbunden, teils abgehoben von ihr, streiten die Parteien über Möglichkeiten (und Grenzen) einer grundlegenden Reform des Sozialstaates, die durchzuführen sie ihren Wähler(inne)n oft genug versprochen haben.

Naturgemäß stehen die Positionen der beiden großen Volksparteien im Mittelpunkt einer solchen Analyse, weil sie am ehesten verwirklicht werden dürften. Um den Rahmen der Studie nicht zu sprengen, konzentriert sich diese im Wesentlichen auf *sozialdemokratische* Vorstellungen, denn die SPD war nicht nur 7 Jahre lang die führende Regierungspartei, sondern gilt auch als *parteipolitische* Repräsentanz des deutschen Wohlfahrtsstaates. Da sie erheblich intensiver und kontroverser als die übrigen Parteien über seine Zukunft sowie die Notwendigkeit debattiert, ihn den veränderten Rahmenbedingungen anzupassen, lag es nahe, hierauf das Hauptaugenmerk der folgenden Betrachtungen zu richten. Dabei wird historisch weiter ausgeholt, um die Entwicklungstendenzen der Parteiprogrammatik und der (sozial)politischen Kultur, etwa in Bezug auf den gängigen Gerechtigkeitsbegriff, nicht aus dem Blickfeld zu verlieren.

Die aktuelle Sozialstaatsdebatte wird von Begriffen dominiert, die Stephan Hebel, stellvertretender Chefredakteur der *Frankfurter Rundschau*, an George Orwells „Neusprech" erinnern. „Unter dem Wort-Beschuss der Wirtschaftslobby hat sich zunächst in der geschlossenen Gesellschaft der Berliner Machtzentralen eine Stimmung entfaltet, in der bestenfalls belächelt wird, wer an Worten und Werten wie Gerechtigkeit und Gleichheit in ihrer ursprünglichen Bedeutung festhält. Im schlechteren Fall muss er sich vorwerfen lassen, sich aus der ‚Mottenkiste' bedient zu haben."[840] Hebel differenziert zwischen drei Methoden dieser „Gehirnwäsche", wie er sich ausdrückt: die Umdeutung tradierter Begriffe (z.B. „Reform"), die Diskreditierung ethisch-moralischer Kategorien („Solidarität") und die Schönfärberei (z.B. ungerechter Verhältnisse). Heribert Prantl, Ressortleiter Innenpolitik der *Süddeutschen Zeitung*, beklagt die Uniformität der öffentlichen Meinung über die Zukunft des Sozialstaates. Eine „wuchtige Kampagne" habe im Laufe des letzten Jahrzehnts zuerst die Sprache und später auch das Denken erobert: „Es begann damit, daß aus dem sozialen Netz die soziale Hängematte wurde und statt von der Massenarbeitslosigkeit vom

---

839 Vgl. Martin Seeleib-Kaiser, Globalisierung und Sozialpolitik. Ein Vergleich der Diskurse und Wohlfahrtssysteme in Deutschland, Japan und den USA, Frankfurt am Main/New York 2001, S. 87
840 Stephan Hebel, Gehirnwäsche light. George Orwell würde staunen: Wie die Verfechter des Sozialabbaus die Sprache missbrauchen, in: ders./Wolfgang Kessler (Hrsg.), Zukunft sozial: Wegweiser zu mehr Gerechtigkeit, a.a.O., S. 37

kollektiven Freizeitpark die Rede war; mittlerweile wird die Kürzung von Arbeitgeberbei-
trägen zur Rentenversicherung als ‚Beitrag zur Generationengerechtigkeit‘ verkauft und
eine allgemeine Lohnsenkung als Rezept zur Gesundung des Landes ausgegeben."[841]
Schließlich fand in der wirtschafts- und sozialpolitischen Reformdiskussion eine Beweis-
lastumkehr statt: Nicht etwa die Befürworter/innen eines Abbaus der paritätischen Mitbestimmung, des Kündigungsschutzes und des Flächentarifvertrages müssen erklären, wieso
diese Maßnahmen zu mehr Beschäftigung führen sollten, sondern die Kritiker/innen solcher
„Reformen" sollen sich dafür rechtfertigen.[842]

6.1 Die sozialdemokratische Programmdebatte und Wandlungen der
Wohlfahrtsstaatstheorie

Das sozialdemokratische Staatsverständnis unterliegt seit Gründung der Partei im 19. Jahrhundert einem permanenten, innerparteilich meist heftig umkämpften Wandlungs- und
Anpassungsprozess. Vom orthodoxen Marxismus, der im Staat hauptsächlich ein „Herr-
schaftsinstrument der Bourgeoisie" sah und den Sozialismus daher auf revolutionärem
Wege verwirklichen wollte, gelangte die SPD über den Reformismus bzw. Revisionismus
unter Eduard Bernstein, der die „Klassenneutralität" des Staates hervorhob und die Demokratie durch Sozialreformen sukzessive auf weitere Gesellschaftsbereiche ausdehnen zu
können glaubte („Wirtschaftsdemokratie"), zu einem sozialliberalen Integrationismus, der
im bürgerlichen Staat das Allgemeinwohl verkörpert wähnte, deshalb auf die Kooperation
mit allen gesellschaftlich relevanten Gruppen in der Konzertierten Aktion von Karl Schiller
setzte und – vom damaligen Bundeskanzler Helmut Schmidt explizit formuliert – modernes
Regierungshandeln nach technokratischer Manier als politische Spielart der Leitung eines
Großunternehmens begriff.[843]

Während der für ihre weitere Entwicklung maßgeblichen 1980er-Jahre wurde die Sozialdemokratie politisch-ideologisch und programmatisch-theoretisch gewissermaßen von
zwei Seiten in die Zange genommen: „Mit der Kritik an der Arbeits-, Wachstums-, Staats-
und Modernisierungsfixiertheit der SPD-Sozialpolitik und dem Plädieren für Selbsthilfeini-
tiativen und ‚kleine Netze‘ stellten die neuen sozialen Bewegungen traditionelle sozialdemokratische Sozialpolitikvorstellungen in Frage. Doch nicht nur die Sozialstaatskritik von
links forderte das sozialdemokratische Sozialpolitikkonzept heraus; auch von neoliberaler
Seite wurde es mit Forderungen nach weniger Staat und stärkerer Privatisierung von Lebensrisiken in die Defensive gedrängt."[844]

Seit 1989/90 dominieren innerhalb der Sozialdemokratie zwei Positionen, die beide –
aus jeweils unterschiedlicher Perspektive – das Verhältnis von Weltmarkt und Wohlfahrtsstaat zum Fixpunkt ihrer Politik machen: Entweder betrachtet man den entwickelten Sozialstaat als Produktivkraft bzw. als „Standortvorteil" im weltweiten Konkurrenzkampf der

---

841   Heribert Prantl, Kein schöner Land, a.a.O., S. 91
842   Vgl. ebd., S. 92
843   Vgl. hierzu: Christoph Butterwegge, Wohlfahrtsstaat und Wirtschaftstotalitarismus, in: Arno Klönne u.a.
(Hrsg.), Der lange Abschied vom Sozialismus. Eine Jahrhundertbilanz der Sozialdemokratie, Hamburg 1999, S.
193ff.; ergänzend (mit aus heutiger Sicht manchmal unzutreffenden Wertungen): Christoph Butterwegge, SPD und
Staat heute. Ein Beitrag zur Staatstheorie und zur Geschichte der westdeutschen Sozialdemokratie, Berlin (West)
1979; ders., Marxismus – SPD – Staat, Frankfurt am Main 1981
844   Antonia Gohr, Eine Sozialstaatspartei in der Opposition, a.a.O., S. 263

Wirtschaftsstandorte, wie etwa der frühere Arbeits- und Sozialminister Herbert Ehrenberg, oder als Wachstumsbremse und bloßen Kostgänger der Volkswirtschaft, welcher „verschlankt" und durch eine Hungerkur „fit für das 21. Jahrhundert" gemacht werden muss, wie Bodo Hombach, Gerhard Schröders erster Kanzleramtschef.[845] Im zuerst genannten Fall fungiert Sozialpolitik zwar als abhängige Variable der Volkswirtschaft, hat aber einen hohen wirtschaftlichen Wert;[846] im zuletzt genannten schließen *soziale* und *Standort*sicherung einander strikt aus. Dass sich die Sozialpolitik der neoliberalen Standortlogik entziehen kann und unabhängig davon sein muss, glaubt heute höchstens noch eine seit dem Rücktritt Oskar Lafontaines im März 1999 arg dezimierte und schlecht organisierte SPD-Linke.

Mit dem Kollaps des Staatssozialismus in Osteuropa, Deutschlands Wiedervereinigung und dem Globalisierungsdiskurs geriet der Sozialstaat vollends in die Defensive. Die *linke* Sozialstaatskritik, noch in den 1970er-Jahren klar dominierend, war verstummt, wenn man von einzelnen Ausnahmen absieht,[847] wohingegen ihr *rechtes* Pendant boomte. Vor allem durch den Diskurs über ökonomische Globalisierungstendenzen gewann diese Form der Sozialstaatskritik eine neue Qualität: Hob sie bisher auf die angeblichen Nachteile einer übertrieben großzügig gestalteten Sozialpolitik für „den Bürger" ab, etwa vorgebliche Verluste an persönlicher Freiheit und ökonomischen Entfaltungsmöglichkeiten, so lag die Begrenzung der öffentlichen Wohlfahrt jetzt sogar scheinbar im (Standort-)Interesse des ganzen Gemeinwesens. Gleichzeitig bildete sich ein Standortnationalismus heraus, der Hand in Hand mit dem Neoliberalismus ging und sich auch bei führenden SPD-Politikern manifestierte. Genannt sei nur Gerhard Schröders Rede zur *Agenda 2010* im Bundestag, die mit dem Bekenntnis schloss: „Wir Deutsche können stolz sein auf die Kraft unserer Wirtschaft, auf die Leistungen unserer Menschen, auf die Stärke unserer Nation wie auch auf die sozialen Traditionen unseres Landes."[848]

Hegemonial wirkt das neoliberale Politikmodell insofern, als es suggeriert, dass die *soziale* mit der – nach allgemeiner Überzeugung notwendigen – *Standort*sicherung unvereinbar sei. Dieser strittige Zusammenhang bestimmte auch die Debatte in der SPD, die sich als Begründerin, Befürworterin und Beschützerin des Sozialstaates und diesen nicht zu Unrecht als ihre „historische Leistung" versteht.[849] Während der 1990er-Jahre sprach die Parteispitze jedoch nur noch von einer „Konsolidierung" bzw. „Modernisierung", nicht mehr von einer Weiterentwicklung oder einem Ausbau des Sozialstaates. Rudolf Scharping, Kanzlerkandidat bei der Bundestagswahl am 16. Oktober 1994, beklagte nach dem Scheitern, im Wahlkampf sei die Sozialdemokratie zu sehr als „Partei der Verteilungsgerechtigkeit" erschienen: „Die SPD muß stärker als in der Vergangenheit wahrgenommen werden als eine Kraft, die den Innovations- und Investititionsstandort Deutschland stärken will, die Wert legt darauf, daß Mut, Kreativität und Phantasie gefördert werden, und dafür die Rah-

---

845   Vgl. Herbert Ehrenberg, Die große Standortlüge. Plädoyer für einen radikalen Kurswechsel in der Wirtschafts-, Finanz- und Sozialpolitik, Bonn 1997; Bodo Hombach, Aufbruch, a.a.O.

846   Vgl. dazu: Georg Vobruba (Hrsg.), Der wirtschaftliche Wert der Sozialpolitik, a.a.O.

847   Vgl. z.B. Rudolph Bauer, EUROpa – Ende des nationalen Sozialstaats?, Antworten und Aussichten, in: Hanfried Scherer/Irmgard Sahler (Hrsg.), Einstürzende Sozialstaaten. Argumente gegen den Sozialabbau, Wiesbaden 1998, S. 129ff.

848   Presse- und Informationsamt der Bundesregierung (Hrsg.), Agenda 2010, a.a.O., S. 46

849   Siehe Johano Strasser, Grenzen des Sozialstaats?, a.a.O., S. 23

menbedingungen schafft."[850] Daher bestritt die Partei den nächsten Bundestagswahlkampf mit der nach beiden Seiten gerichteten Parole „Innovation und Gerechtigkeit", personifiziert vom Kanzlerkandidaten Gerhard Schröder einerseits und vom damaligen SPD-Vorsitzenden Oskar Lafontaine andererseits.

Die neoliberale Leistungsideologie, basierend auf dem Wettbewerbsgedanken, wonach Konkurrenz nicht nur „das Geschäft belebt", sondern auch die Menschen zur Optimierung all ihrer Fähigkeiten beflügelt, griff immer weiter um sich. Auch die deutsche Sozialdemokratie schwankte zwischen der neoliberalen Theorie einer strukturell bedingten Überlegenheit des Marktes sowie ihrer traditionellen Sympathie für den Wohlfahrtsstaat, Solidarität und Sicherheitsgarantien hin und her. Typisch dafür erscheint die folgende, beide Momente berücksichtigende Aussage im SPD-Wahlprogramm zur Bundestagswahl 1998: „Wir setzen auf die Kräfte des Marktes und auf die Leistungsbereitschaft der Menschen. Und wir bauen auf soziale Partnerschaft und auf soziale Stabilität."[851]

Als der (West-)Berliner Parteitag am 20. Dezember 1989 ein Grundsatzprogramm verabschiedete, das Freiheit, Gerechtigkeit und Solidarität als Grundwerte der SPD nannte,[852] zeichnete sich der völlige Zusammenbruch des „Ostblocks" erst in Umrissen ab. Nach diesem „Jahrhundertereignis" war jeder Sozialismus, auch der *Demokratische*, wie ihn das Berliner Grundsatzprogramm vertrat, aus Sicht namhafter SPD-Politiker auf lange Sicht oder gar für immer diskreditiert. Liberalkonservatismus und Wirtschaftsliberalismus hatten durch den Triumph der kapitalistischen Marktwirtschaft im „Kampf der Systeme" an Überzeugungskraft gewonnen, was nicht ohne Konsequenzen für das sozialdemokratische Menschen- und Gesellschaftsbild blieb.

Die neoliberale Hegemonie, verstanden als öffentliche Meinungsführerschaft des Marktradikalismus, stellte in der Bundesrepublik allgemein verbindliche Gleichheits- und Gerechtigkeitsvorstellungen auf den Kopf. Galt der soziale Ausgleich zwischen Klassen, Schichten und Individuen früher als Hauptziel jeder staatlichen Politik, so steht Siegertypen heute alles, „Leistungsunfähigen" bzw. „-unwilligen", die der Gemeinschaft zur Last fallen, hingegen nichts zu. Wenn davon überhaupt noch die Rede ist, ruft man nach (mehr) *„Generationen*gerechtigkeit"; so wird die wachsende Ungleichheit *innerhalb aller* Generationen ignoriert oder bewusst negiert.[853] Man erweckt damit den Eindruck, die *„alte soziale Frage"* habe sich längst erledigt oder verliere zunehmend an Bedeutung: „Das Gerede vom Krieg der Generationen soll vor allem von diesen Ungleichheiten in den Generationen ablenken und einen gigantischen Umverteilungsprozess verdecken."[854] Die populäre Formel der „Nachhaltigkeit" von der Ökologie, wo sie das Problem der Verwendung nichtregenerativer Energien ins Bewusstsein ruft, auf die Finanz-, Wirtschafts-, Sozial- oder Bildungspolitik zu übertragen, wie es besonders Politiker/innen der Bündnisgrünen tun, bedeutet für Micha

---

850   Rudolf Scharping, „SPD quo vadis?". Stegreif-Rede in Tutzing anlässlich der Tagung mit den Seeheimern am 26. November 1994, in: Vorwärts 1/1995, S. 27
851   Vorstand der SPD (Hrsg.), Arbeit, Innovation und Gerechtigkeit. SPD-Programm für die Bundestagswahl 1998, Bonn 1998, S. 11
852   Vgl. SPD-Parteivorstand (Hrsg.), Grundsatzprogramm der Sozialdemokratischen Partei Deutschlands. Beschlossen vom Programm-Parteitag der Sozialdemokratischen Partei Deutschlands am 20. Dezember 1989 in Berlin, geändert auf dem Parteitag in Leipzig am 17.04.1998, o.O. u.J., S. 12f.
853   Vgl. hierzu: Christoph Butterwegge/Michael Klundt (Hrsg.), Kinderarmut und Generationengerechtigkeit, a.a.O.
854   Gerhard Bosch, Generationengerechtigkeit im Wohlfahrtsstaat – alte Reiche und arme Junge?, in: Franz Müntefering/Matthias Machnig (Hrsg.), Sicherheit im Wandel. Neue Solidarität im 21. Jahrhundert, Berlin 2001, S. 217

Brumlik, einen „Bruch mit den Prinzipien einer liberalen, repräsentativen Demokratie" in Kauf zu nehmen: „Die Gleichsetzung von Steuerbelastungen mit schwindenden Ressourcen stellt (...) auf der theoretischen Ebene einen massiven Kategorienfehler dar, der politisch nicht nur zu einem Abbau öffentlicher Investitionen zugunsten aller möglichen privaten ‚Vorsorgesysteme' sowie zu einer weiteren Zunahme öffentlicher Armut zugunsten ungleich verteilten privaten Reichtums führt."[855]

Anthony Giddens, Direktor der London School of Economics und wissenschaftlicher Berater des britischen Premierministers Tony Blair, trieb die Revision des sozialdemokratischen Begriffs der Gleichheit schon während der 1990er-Jahre erfolgreich voran, was er folgendermaßen begründete: „Die heutige Linke muß ein dynamisches, an Lebenschancen orientiertes Konzept von Gleichheit entwickeln, dessen Schwerpunkt auf Chancengleichheit liegt."[856] Es ging dabei nicht mehr um *reale* Gleichheit, sondern nur noch um „*Chancengerechtigkeit*", die der Einzelne nutzen könne oder auch nicht. So schrieb Bodo Hombach, der die SPD „regierungs-" und ein von den sozialökonomischen Rahmenbedingungen abstrahierendes Gleichheitsverständnis innerhalb der Partei salonfähig zu machen suchte: „Wir brauchen Gleichheit beim Start, nicht im Ergebnis, eine Politik der zweiten Chance. Das Stichwort ist der aktivierende Staat. Wir müssen Instrumente in die Hand nehmen, die Selbsthilfe, Eigeninitiative und Unternehmertum fördern."[857] Dass „gleiche Startchancen" für alle Menschen nur bestehen, wenn sämtliche durch die Ungleichverteilung von Kapitaleigentum und Vermögen bedingten Nachteile derjenigen, die ihre Arbeitskraft verkaufen müssen, um leben zu können, aufgehoben sind, übersah oder verschwieg Hombach. Wolfgang Engler bemerkt hingegen, dass Wettrennen immer auch Ausscheidungskämpfe sind, bei denen Läufer von früheren Erfolgen profitieren. Den ideologischen Zweck der Sportmetapher im neuen (sozialdemokratischen) Gerechtigkeitsdiskurs sieht Engler darin, Gerechtigkeit zu formaler Fairness zu verstümmeln.[858]

6.2 Das Schröder/Blair-Papier und der „aktivierende Sozialstaat" als Leitbild der sog. Neuen Mitte

Kurz vor der Europawahl am 13. Juni 1999 wiesen der britische Premier Tony Blair und Gerhard Schröder in London Europas Sozialdemokraten einen „Weg nach vorne". Was als „Schröder/Blair-Papier" bekannt wurde, sah im deutschen Sozialstaat ein Beschäftigungshindernis und ein Risiko für die künftige Gesellschaftsentwicklung: „Ein Sozialversicherungssystem, das die Fähigkeit, Arbeit zu finden, behindert, muß reformiert werden. Moderne Sozialdemokraten wollen das Sicherheitsnetz aus Ansprüchen in ein Sprungbrett in die Eigenverantwortung umwandeln."[859] Hier hört man, auch ohne zwischen den Zeilen lesen zu müssen, das Stammtischgerede über die „soziale Hängematte" heraus.

Da war von einer „Ausweitung der Chancengleichheit" die Rede, aber auch von einem Arbeitszwang für Bezieher/innen staatlicher Leistungen. Bodo Hombach, einer der Mitver-

---

855   Micha Brumlik, Freiheit, Gleichheit, Nachhaltigkeit. Zur Kritik eines neuen Grundwerts, in: Blätter für deutsche und internationale Politik 12/1999, S. 1464
856   Anthony Giddens, Die Frage der sozialen Ungleichheit, Frankfurt am Main 2001, S. 96
857   Bodo Hombach, Aufbruch, a.a.O., S. 12
858   Vgl. Wolfgang Engler, Bürger, ohne Arbeit, a.a.O., S. 270
859   Gerhard Schröder/Tony Blair, Der Weg nach vorne für Europas Sozialdemokraten. Ein Vorschlag, in: Hans-Jürgen Arlt/Sabine Nehls (Hrsg.), Bündnis für Arbeit, a.a.O., S. 297

fasser des Schröder/Blair-Papiers, sprach vom „aktivierenden Sozialstaat" als einem „Trampolin", das die Erwerbslosen in den Arbeitsmarkt zurückkatapultieren solle.[860] An diesem Bild, das auch Bundeskanzler Gerhard Schröder benutzte, übte Heribert Prantl beißende Kritik: „Das herzlose Wort vom sozialen Netz als ‚Trampolin' oder ‚Sprungbrett' spricht weniger für neue Ideen der SPD denn für ihre neue Gefühllosigkeit: Beide Gerätschaften eignen sich nämlich nur für den gesunden und leistungsfähigen Menschen."[861]

Volker Offermann sah in dem Papier der Regierungschefs und ihrer Ghostwriter, das vor allem die *deutschen* Medien intensiv beschäftigte, „keine relevanten Handlungsempfehlungen zur Bewältigung objektiv im Wohlfahrtsstaat bestehender Problemlagen", zumal ihn auch der Rat, statt *sozialer* nur noch *Chancen*gleichheit bzw. Fairness anzustreben, nicht überzeugte: „Soziale Gerechtigkeit ist mehr als Chancengleichheit, wenn auch Chancengleichheit als eine Voraussetzung sozialer Gerechtigkeit angesehen werden kann. Gerechtigkeit setzt in einem bestimmten Maße eben auch Gleichheit im Ergebnis voraus."[862]

Der „aktivierende Sozialstaat", wie ihn das Schröder/Blair-Papier beschwor, bedeutet das definitive Ende für den aktiven Sozialstaat. Klaus Dörre meint, das Schröder/Blair-Papier habe die „glasklare Botschaft" vermittelt, dass sich im Gefolge der Globalisierung die Gewichte zwischen Ökonomie und Politik für immer zu Lasten der Letzteren verschöben und auch den europäischen Sozialdemokraten keine andere Wahl bleibe, als den Wohlfahrtsstaat an die Zwänge der offenen Weltmärkte anzupassen. „Überlebensfähig ist nur, was sich im internationalen Restrukturierungswettlauf behauptet. ‚Renaissance der sozialen Marktwirtschaft' heißt in diesem Zusammenhang, alle Institutionen des ‚rheinischen Kapitalismus' – vom Flächentarifvertrag bis zu den sozialen Sicherungssystemen – dem Markttest zu unterwerfen."[863] Nicht so sehr der Inhalt ihrer Politik, sondern eher ihre bessere Eignung zur Herstellung von Kompromiss und Konsens unterscheide die Sozialdemokratie gegenwärtig von den bürgerlichen Konkurrenzparteien.[864]

Bodo Zeuner sprach gar vom Bruch der Sozialdemokratie mit ihrer reformistischen Tradition, ihrer engen Bindung an die Arbeiterbewegung und ihrer (wohlfahrtsstaatlichen) Grundorientierung: „Statt den Kapitalismus zu zähmen, durch gesellschaftliche Kraftentfaltung von Unterdrückten, durch gewerkschaftliche Organisation, durch staatliche Regulierung, soll nunmehr der globale Markt das Maß aller Politik sein. Der Staat, das Gemeinwohl, die Volkssouveränität, mithin die Demokratie, ja die Politik selbst, stehen zur Disposition der unkontrollierbar gewordenen wirtschaftlichen Macht, und wer dagegen aufbegehrt, ist nicht ‚modern'."[865]

Unabhängig davon, ob das Schröder/Blair-Papier neoliberal oder kommunitaristisch war, wie Hans Joas meinte,[866] barg es die Gefahr in sich, dass Deutschlands Sozialdemokraten unter ihrem neuen Vorsitzenden dem geistigen Mainstream und modischen Trends folgten. Ihm lag nicht das Konzept selbstbewusst ihre Rechte einfordernder Sozialstaatsbürger/innen zugrunde, vielmehr ein Modell, das den Bedürftigen wieder mehr Pflichten

---

860   Siehe Bodo Hombach, Aufbruch, a.a.O., S. 18
861   Heribert Prantl, Rot-Grün. Eine erste Bilanz, Hamburg 1999, S. 73
862   Volker Offermann, Die „Neue Mitte" und der Wohlfahrtsstaat, in: Sozialer Fortschritt 11/1999, S. 278
863   Klaus Dörre, Die SPD in der Zerreißprobe. Auf dem „Dritten Weg", in: ders. u.a., Die Strategie der „Neuen Mitte". Verabschiedet sich die moderne Sozialdemokratie als Reformpartei?, Hamburg 1999, S. 7
864   Vgl. ebd., S. 8
865   Bodo Zeuner, Der Bruch der Sozialdemokraten mit der Arbeiterbewegung. Die Konsequenzen für die Gewerkschaften, in: Klaus Dörre u.a., Die Strategie der „Neuen Mitte", a.a.O., S. 133
866   So Hans Joas, Das Blair-Schröder-Papier ist nicht „neoliberal", in: NG/FH 11/1999, S. 990

auferlegt. Sozialpolitik verkommt dabei zu einem Geschäft auf Gegenseitigkeit: Von der Allgemeinheit materiell unterstützte Personen schulden ihr etwas. Typisch dafür ist der wieder auflebende Arbeitszwang (1-Euro-Jobs), sind aber auch Zielvereinbarungen, die Arbeitslose, Leistungsempfänger/innen und staatliche Behörden miteinander schließen sollen. Denn das Kontrakmanagement bzw. die Vertragslogik, der letztlich eine Tauschsituation auf dem Markt zugrunde liegt, lässt die Status- und Machtunterschiede zwischen den Vertragspartnern völlig außer Acht: „Der Leistungsempfänger befindet sich hier in der Situation eines Bittstellers; es wird aber so getan, als verfüge er über die notwendige Verhandlungsmacht, um mit der Bewilligungsinstanz für die Sozialleistungen eine wechselseitige Beziehung eingehen zu können."[867]

Stefan Sell bemüht sich um eine differenzierte Beurteilung des Schröder/Blair-Papiers, kommt dabei allerdings nicht an der Tatsache vorbei, dass es einen Richtungswechsel der sozialdemokratischen Reformpolitik dokumentiert, wenn er seine Ambivalenz hervorhebt und schreibt: „Auf der einen Seite ist es das Plädoyer für eine ‚angebotspolitische Wende' der Sozialdemokratie und der Versuch, die deutsche Sozialdemokratie auf den britischen Kurs in der Wirtschafts- und Sozialpolitik auszurichten. (...) Auf der anderen Seite operiert das Blair/Schröder-Papier mit Vorschlägen, die sich durchaus in die theoretisch und konzeptionell weitaus besser fundierten Zukunftsdiskussionen in der arbeitsmarktpolitischen Fachdebatte einpassen."[868]

Unter dem Schlagwort vom „aktivierenden Staat" firmiert eine Konzeption zur Reorganisation der Arbeitsmarkt- und Sozialpolitik, die „Eigeninitiative" fördern und Gegenleistungen der Betroffenen einfordern soll. Man übernahm aus dem angloamerikanischen Raum ein Modell, das „welfare" durch „workfare" ersetzte und die SPD als führende Regierungspartei der Bundesrepublik in den folgenden Jahren benutzte, um den hiesigen Sozialstaat, vor allem jedoch dessen Verhältnis zu existenziell von seinen Transfer-, Dienst- und Sachleistungen abhängigen Menschen, grundlegend zu verändern. Neu definiert wurden vor allem die Rechte und Pflichten des Bürgers zum Gemeinwesen: „Nun ist nicht mehr der Staat für die Lösung sozialer Probleme zuständig, sondern der Bürger ist eigenverantwortlich und der Staat aktiviert den Bürger nur noch, damit dieser seine Probleme selber lösen kann (Fördern und Fordern)."[869]

Wie andere Hauptvertreter dieses Ansatzes ging Rolf G. Heinze von einer „blockierten Gesellschaft" aus, die sich – wenn überhaupt – viel zu langsam an die gewandelten Bedingungen der Postmoderne anpasse.[870] Damit fügte er sich in den Mainstream von (Bestseller-)Autoren ein, die Deutschland, begriffen als „Wirtschaftsstandort" und politisches Kollektivsubjekt, im rasanten Niedergang zu sehen wähnen, dem höchstens durch die strikte Befolgung der eigenen Rezepte eines beschleunigten Umbaus möglichst aller Lebensbereiche nach dem simplen Rezept „Marktkräfte, Konkurrenz und Leistung stärken!" noch

---

867   Robert Castel, Die Stärkung des Sozialen. Leben im neuen Wohlfahrtsstaat, Hamburg 2005, S. 113
868   Stefan Sell, Arbeitsmarktpolitik: Vom langsamen Sterben einer guten Absicht oder Renaissance im Modell des „aktivierenden Sozialstaates"? – Ein Rückblick und ein Blick über den Tellerrand, in: Frank Schulz-Nieswandt/Gisela Schewe (Hrsg.), Sozialpolitische Trends in Deutschland in den letzten drei Dekaden. Eve-Elisabeth Schewe zum 70. Geburtstag, Berlin 2000, S. 159
869   Karl Koch, Kommunalisierung der Sozialpolitik in Hessen – eine Chance für die soziale Arbeit, in: Klaus Störch (Hrsg.), Soziale Arbeit in der Krise, a.a.O., S. 134
870   Vgl. Rolf G. Heinze, Die blockierte Gesellschaft. Sozioökonomischer Wandel und die Krise des „Modells Deutschland", Opladen/Wiesbaden 1998; ders., Die Berliner Räterepublik. Viel Rat – wenig Tat?, Wiesbaden 2002

Einhalt zu gebieten sei.[871] Heinze schwebt allerdings kein neoliberaler Minimalstaat, vielmehr im Anschluss an Giddens bzw. einen von diesem geprägten Terminus ein „sozialinvestiver Sozialstaat" vor. In diesem Sinne fordert er, der Schwerpunkt sozialpolitischer Aktivitäten müsse sich von der monetären Umverteilungs- zur sozialinvestiven Dienstleistungspolitik verschieben: „Soziale Infrastruktur, Bildung und die Förderung innovativer Milieus sind Instrumente zur Aktivierung des gesellschaftlichen Humankapitals."[872]

Dieser häufiger von neoliberalen Ökonomen als von der SPD nahestehenden Sozialwissenschaftlern benutzte Terminus wurde aus gutem Grund zum Unwort des Jahres 2004 gewählt, denn es ist inhuman, Menschen als „Humankapital" zu bezeichnen. Ähnlich würdige Unworte des Jahres wären übrigens „Privatinitiative", „Eigenverantwortung" und „Selbstvorsorge", weil diese Vokabeln nicht nur vage, mehrdeutig und missverständlich sind, vielmehr auch soziale Verantwortungslosigkeit kaschieren und legitimieren. Denn die genannten, dem neoliberalen Begriffsarsenal entlehnten Formeln tun so, als ob jedes Gesellschaftsmitglied in der Lage wäre, sein Schicksal selbst in die Hand zu nehmen, und bemänteln damit, dass der Staat seine Pflichten gegenüber (Langzeit-)Arbeitslosen, Alten, Kranken und Menschen mit Behinderungen immer weniger erfüllt, während er Spitzenverdiener und Kapitaleigentümer durch eine auf die Steigerung der Wettbewerbsfähigkeit des „eigenen" Wirtschaftsstandortes gerichtete Steuerpolitik finanziell immer stärker entlastet, ohne sie in vergleichbarer Weise – falls nicht anders möglich: mittels negativer Sanktionen – auf karitatives, bürgerschaftliches oder zivilgesellschaftliches Engagement festzulegen.

Eine „investive" Sozialpolitik führt allerdings zwangsläufig zur sozialen Selektion, weil sie auf der Kernentscheidung basiert, in welche gesellschaftlichen Gruppen (wie viel) investiert werden soll und in welche nicht. „Bei einer Sozialpolitik im Interesse der Wirtschaftspolitik bietet sich die Einteilung der Gesellschaft in produktive und unproduktive Gruppen als Entscheidungshilfe für die (selektiven) Investitionen geradezu an. Gefördert würden bzw. investiert würde dann vorrangig in produktive und potenziell (zukünftig) produktive Gruppen. Für diese Gruppen werden Investitionen getätigt, während für aus dem Wirtschaftsleben Ausscheidende nur die Existenzsicherung oder Grundversorgung bleibt."[873]

Rolf G. Heinze setzt auf jene „Dynamik des Marktes", die auch Neoliberale bis zum Überdruss beschwören und „in bürokratischer Routine erstarrte Behörden, leer laufende Programme und resignierte Individuen" wieder in Schwung bringen soll: „Statt immer kompliziertere und unüberschaubarere Direktinterventionen zu konzipieren, muss eine neue Beschäftigungspolitik, wenn sie etwas bewirken will, vor allem private Initiative freisetzen und einfache, verständliche und allgemeine Rahmenbedingungen schaffen, unter denen selbstinteressiertes Handeln auch im Arbeitsmarkt zum allgemeinen Nutzen beitragen kann."[874] Heinze macht sich Sorgen wegen der „Vergeudung von Humankapital", die auch

---

871   Vgl. z.B. Paul Nolte, Generation Reform, a.a.O.; Hans-Werner Sinn, Ist Deutschland noch zu retten?, 8. Aufl. München 2004; Gabor Steingart, Deutschland. Der Abstieg eines Superstars, 14. Aufl. München/Zürich 2004; kritisch dazu, wenngleich ebenfalls im Rahmen der Standortlogik argumentierend: Peter Bofinger, Wir sind besser als wir glauben. Wohlstand für alle, München 2005

872   Siehe Rolf G. Heinze, Vom statuskonservierenden zum sozialinvestiven Sozialstaat, in: Friedrich-Ebert-Stiftung, Politische Akademie (Hrsg.), Die neue SPD. Menschen stärken – Wege öffnen, Bonn 2004, S. 262

873   Michael Buestrich/Norbert Wohlfahrt, Hartz und die Folgen für kommunale Beschäftigungsförderung, in: Walter Hanesch/Kirsten Krüger-Conrad (Hrsg.), Lokale Beschäftigung und Ökonomie. Herausforderung für die „Soziale Stadt", Wiesbaden 2004, S. 208

874   Rolf G. Heinze, Vom statuskonservierenden zum sozialinvestiven Sozialstaat, a.a.O., S. 264

ökonomisch schädlich sei, und möchte die Standardrisiken, denen praktisch jede/r ausgesetzt ist, nicht mehr als Gefahren, sondern als „produktiven Antrieb von Wirtschaft und Gesellschaft" interpretiert wissen: „Soziale Sicherung versteht sich als Sicherung gegen Risiken. Sie sollte stärker als Instrument für die Akzeptanz von Risiken verstanden werden."[875] Dass soziale Unsicherheit bzw. Ungesichertheit nicht nur ein Beweis für fortdauernde Ungerechtigkeit ist, sondern hierzulande auch die Freiheit vieler Millionen Menschen beeinträchtigt und die Produktivität der ganzen Gesellschaft belastet, wird dabei ignoriert.

Es geht Rolf G. Heinze, Josef Schmid und Christoph Strünck um einen effektiveren, kostengünstigeren bzw. „billigeren" Staat, der seine Aufgabe, eine soziale Grundsicherung und die Teilhaberechte aller Bürger/innen zu gewährleisten, gleichwohl besser erfüllt: „Der ‚aktivierende' Staat, der sich jenseits von Reprivatisierung und Etatismus ansiedelt (also ‚jenseits von links und rechts'), zielt auf eine aktive Förderung der assoziativen Gesellschaftsstrukturen, die öffentliche Regulierungsfunktionen übernehmen können."[876] Insofern unterscheide sich der „aktivierende Staat" auch nicht mehr strikt von der Gesellschaft. Vielmehr besteht seine neue Aufgabe in der Überprüfung, welche seiner bisherigen Aufgaben gesellschaftliche Organisationen ausführen könnten. Anschließend könne der Staat „Ballast abwerfen", also durchaus „schlanker" werden, ohne jedoch „abzumagern" oder „auszuhungern".

Unter der Zwischenüberschrift „Ein allzuständiger Staat ist nicht mehr zukunftsfähig" bemerkte der damalige nordrhein-westfälische Innenminister Fritz Behrens: „Das etablierte Verhältnis von Staat und Gesellschaft ist ins Wanken geraten, und Verdrossenheit, Krisen, Blockaden und ein tiefgreifender Vertrauensverlust zwingen zur Suche nach einer Alternative, d.h. zu einer neuen Arbeitsteilung zwischen Staat und Gesellschaft, zu einem neuen zukunftsfähigen gesellschaftspolitischen Konsens."[877] Klaus-W. West begründete den seiner Meinung nach zwangsläufig erfolgenden Paradigmawechsel mit einem Wandel des Gerechtigkeitsempfindens vieler Arbeitnehmer/innen, das sich in letzter Zeit von der Bedarfs- zur Leistungsgerechtigkeit verschoben habe: „Ein modernes Reformkonzept muss, neben den nicht zu vernachlässigenden sozialen Schutzvorkehrungen, Aktivierungsstile entwerfen, die mit den Erwartungen der demokratischen Mittelschichten korrespondieren müssen – schließlich sind es diese Mittelschichten, die eine Reform für den aktivierenden Sozialstaat zu tragen und zu finanzieren haben."[878] Jürgen Kocka, WZB-Präsident und ein weiterer Hauptrepräsentant der „neuen SPD", stellte gleichfalls nicht die Interessen der abhängig Beschäftigten oder der sozial Benachteiligten, sondern die Expansionsbedürfnisse der Wirtschaft ins Zentrum. Primär muss es der Bundesregierung seines Erachtens darum gehen, „stetiges Wachstum zurückzugewinnen, das friedenspolitisch und ökologisch verträglich ist, auch wenn dies die Hintanstellung anderer traditioneller linker Ziele bedeutet. Es ist zu diesem Zweck unabdingbar, mehr Ungleichheit zu akzeptieren, etwa auch in der Lohnpolitik; größere Flexibilität zu fördern, und zwar auch auf Kosten der Sicherheit; Ver-

---

875   Ebd., S. 268
876   Rolf G. Heinze/Josef Schmid/Christoph Strünck, Vom Wohlfahrtsstaat zum Wettbewerbsstaat, a.a.O., S. 215
877   Fritz Behrens, Der aktivierende Staat. Von der Allzuständigkeit zur Selbstregierung, in: Ulrich von Alemann/Rolf G. Heinze/Ulrich Wehrhöfer (Hrsg.), Bürgergesellschaft und Gemeinwohl. Analyse – Diskussion – Praxis, Opladen 1999, S. 48
878   Klaus-W. West, Sozialstaatliche Reform als Übergang von einer aktiven zu einer aktivierenden Arbeitsmarktpolitik, in: Wolfgang Schroeder (Hrsg.), Neue Balance zwischen Markt und Staat? – Sozialdemokratische Reformstrategien in Deutschland, Frankreich und Großbritannien, Schwalbach im Taunus 2001, S. 132

teilungsgerechtigkeit kleiner zu schreiben als Anerkennungs- und Teilhabegerechtigkeit; Investitionen in die Zukunft zu stärken, auch wenn dies Verzicht auf Konsum in der Gegenwart bedeutet; wirtschaftliche, gesellschaftliche und kulturelle Dynamik zu suchen statt zu zähmen."[879]

Die damalige Bildungs- und Wissenschaftsministerin des Landes Nordrhein-Westfalen, Gabriele Behler, warb für eine „neue Sozialstaatlichkeit", mit der die individuelle und gemeinschaftliche Verantwortung zusammengeführt werden sollten. Sie hob die Bedeutung des Prinzips der Subsidiarität im Hinblick auf die eigenständige und eigenverantwortliche Entfaltung gesellschaftlicher Strukturen hervor, was Folgendes bedeute: „Der Sozialstaat muß einerseits da erhalten werden, wo es darum geht, zentrale Lebensrisiken abzusichern – bei Arbeitslosigkeit, Alter, Krankheit und Unfall –, und andererseits müssen sich die Bürgerinnen und Bürger vom Wunsch nach einem Wohlfahrtsstaat, der ihnen in paternalistischer Weise die eigene Lebensversorgung abnimmt, zukünftig verabschieden."[880] Olaf Scholz, seinerzeit Generalsekretär der SPD, setzte sich für eine „präventive Sozialpolitik" ein, um die Befähigung und Ermächtigung der Menschen zu einem selbstbestimmten, eigenverantwortlichen Leben ins Zentrum zu rücken: „Entscheidend ist hier die Einsicht, dass die Zukunft dem aktiven und aktivierenden Sozialstaat gehört, der gezielt in Menschen investiert, damit diese in Zeiten dynamischen Wandels als selbstbewusste Bürger ihr Leben gestalten können und nicht in den Klammergriff von Verhältnissen geraten, über die sie keine Kontrolle haben."[881]

Hans-Jürgen Urban vertritt die These, dass sich die Krise des sozialdemokratischen Wohlfahrtsstaates mittlerweile zu einer Krise der Sozialdemokratie selbst ausgewachsen habe, was diese zwinge, einen neuen Sozialstaatsentwurf zu präsentieren, der drei Ziele verfolge: „Er soll die Sozialstaatsoption unter den Bedingungen struktureller Wachstums- und Beschäftigungskrisen, chronischer Haushaltsdefizite und hoher Kapitalmobilität aufrecht erhalten; er soll der in die Identitätskrise geratenen Mitglied- und Wählerschaft ein neues, politisch belastbares Selbstverständnis stiften, und zugleich soll er einen Image-Gewinn in der medialen Öffentlichkeit realisieren."[882] „Eigenverantwortung" und „Aktivierung" hält Urban für die Schlüsselkategorien einer neuen Wohlfahrtskultur wie einer politischen Strategie, die dahin führen soll.

Antonia Gohr weist darauf hin, dass sich die gesellschaftliche Problemdeutung (Finanzkrise als Ausgaben- statt als Einnahmenproblem), die angestrebten Ziele (Chancen- statt Ergebnisgleichheit; Beschränkung statt Ausweitung des Kreises von der Sozialpolitik Begünstigter) und die zu ihrer Erreichung eingesetzten Instrumente (Konzentration auf die Angebots- statt auf die Nachfrageseite) drastisch verändert haben. „Mit der ‚aktivierenden Sozialpolitik' zeichnet sich ein neues Verständnis des Verhältnisses von Staat, Markt und Gesellschaft ab. Der Transformationsprozess hin zu einem neuen sozialdemokratischen Sozialstaatsmodell ist jedoch noch längst nicht abgeschlossen."[883]

---

879   Jürgen Kocka, Linke Prinzipien nach dem Sozialismus, in: NG/FH 11/2004, S. 49
880   Gabriele Behler, Für eine neue Sozialstaatlichkeit. Individuelle und gesellschaftliche Verantwortung zusammenführen, in: Ulrich von Alemann/Rolf G. Heinze/Ulrich Wehrhöfer (Hrsg.), Bürgergesellschaft und Gemeinwohl, a.a.O., S. 85
881   Olaf Scholz, Gerechtigkeit und Solidarische Mitte im 21. Jahrhundert, in: NG/FH 9/2003, S. 16
882   Hans-Jürgen Urban, Eigenverantwortung und Aktivierung – Stützpfeiler einer neuen Wohlfahrtsarchitektur?, in: WSI-Mitteilungen 9/2004, S. 467
883   Antonia Gohr, Auf dem „dritten Weg" in den „aktivierenden Sozialstaat"? – Programmatische Ziele von Rot-Grün, in: dies./Martin Seeleib-Kaiser (Hrsg.), Sozial- und Wirtschaftspolitik unter Rot-Grün, a.a.O., S. 50

Mit dem Leitbild des „vorsorgenden, aktivierenden und investiven Sozialstaates" hat die SPD zwar kein *Alternativ*modell zum neoliberalen Minimalstaat entwickelt, dieses Konzept aber auch nicht ohne Modifikation übernommen. Sie rückt vielmehr dadurch von ihrer Parteitradition ab und ein Stück weiter nach rechts, dass Lohnarbeiter/innen und Arbeitslose auseinanderdividiert werden. Denn bei ihrem neuen Lieblingsmotto „Fördern und Fordern" handelt es sich im Grunde um eine Perversion des Solidaritäts- wie des Subsidiaritätsprinzips. „Eigenvorsorge und Eigenverantwortlichkeit treten an die Stelle gesellschaftlicher, kollektiver Solidarität."[884] Dirk Hauer hebt den autoritären Kerngehalt der Aktivierungsideologie und -strategie hervor: „Seit der Bismarck'schen Sozialgesetzgebung ist die Arbeitsverpflichtung im Sozialstaatsgedanken strukturell angelegt. Im ‚aktivierenden Sozialstaat' wird sie jedoch nicht nur zu einer permanenten Anforderung, sondern darüber hinaus zu einer ‚Pflicht zur Eigenverantwortung' verallgemeinert und radikalisiert."[885]

Achim Trube bemängelt, dass der „aktivierende Sozialstaat" die strukturellen Probleme einer sich verfestigenden Massenarbeitslosigkeit mittels eines vermehrten Drucks gegenüber jedem einzelnen Arbeitslosen auf der individuellen Ebene zu bewältigen suche, was ebenso wenig zielführend sei wie die Behandlung volkswirtschaftlicher Probleme aus einer betriebswirtschaftlichen Perspektive.[886] Das zum Erkennungsmerkmal der sozialdemokratischen „Modernisierer" avancierte „Fördern und Fordern" wird in aller Regel zum „Überfordern und Hinausbefördern", wie es Trube pointiert formuliert.[887] Auch heißt „Stärkung der Eigeninitiative" von Arbeitslosen üblicherweise nur, dass man Zwangsmaßnahmen gegenüber den Betroffenen ergreift und diesen harte Sanktionen androht. „Wenn mit Eigeninitiative mehr gemeint ist als die Erhöhung des Drucks auf die Arbeitslosen, dann müssen neben denjenigen Elementen, die den ‚Anreiz' zur Arbeitsaufnahme erhöhen, solche vorhanden sein, die die Autonomie der Arbeitslosen verstärken."[888]

Wolfgang Völker sieht eine Haupttendenz der aktuellen Sozialpolitik darin, kollektive Sicherheiten und individuelle soziale Rechte zu zerstören, verbunden mit einer Neigung, die Betroffenen selbst für ihre Lebensgestaltung verantwortlich zu machen: „Der aktivierende Staat verbreitet unter dem Etikett modernen Regierens, ‚Fördern und Fordern', soziale Verunsicherung zusätzlich zu der schon aufgrund der ökonomischen Entwicklung vorhandenen."[889] Das besonders innovativ erscheinende Konzept der „neuen Sozialdemokratie" ist tatsächlich antiquiert, denn es korreliert nicht mit der gesellschaftlichen, ökonomischen und politischen Entwicklung. „Je entwickelter eine Wirtschaft ist, umso weniger nutzt ‚Eigeninitiative', umso mehr haben wir es mit Vorgängen zu tun, die völlig außerhalb

---

884 Dirk Hauer, Law and Order auf die sanfte Tour. Der „aktivierende Sozialstaat" und sein autoritärer Charakter, in: Komitee für Grundrechte und Demokratie (Hrsg.), Eine Politik sozialer Menschenrechte in Zeiten von Verarmung und Repression, a.a.O., S. 91
885 Ebd.
886 Vgl. Achim Trube, Aktivierender Sozialstaat – Programmatik, Praxis und Probleme, in: NDV 8/2003, S. 336
887 Siehe ders., Überfordern und Hinausbefördern – Prämissen, Praxis und Probleme aktivierender Sozial- und Arbeitsmarktpolitik, in: Sozialer Fortschritt 11-12/2003, S. 301ff.
888 Silke Bothfeld/Sigrid Gronbach/Kai Seibel, Eigenverantwortung in der Arbeitsmarktpolitik: zwischen Handlungsautonomie und Zwangsmaßnahmen, in: WSI-Mitteilungen 9/2004, S. 507
889 Wolfgang Völker, Soziale Garantien. Anmerkungen zur Forderung nach einem bedingungslosen Grundeinkommen, in: Komitee für Grundrechte und Demokratie (Hrsg.), Eine Politik sozialer Menschenrechte in Zeiten von Verarmung und Repression, a.a.O., S. 95

der Reichweite *individueller* Initiative und Verantwortung liegen."[890] Aktivierungskonzepte gleichen einer Quadratur des Kreises, weil sie ihre eigentliche Zielgruppe gar nicht erreichen, während andere, eher privilegierte Kreise davon zusätzlich profitieren.

Dass sich gegenwärtig die Angst im Land ausbreitet, Millionen Menschen aufgrund der Furcht vor dem Arbeitsplatzverlust, mangelnder Berufsperspektiven und drohender Sanktionen der für sie zuständigen „Fallmanager" nicht schlafen können, gehört wegen des gleichzeitig wachsenden gesellschaftlichen Reichtums zu den großen Widersprüchen unserer Zeit. Während die gesundheitlichen Probleme und psychosozialen Beeinträchtigungen der unmittelbar oder mittelbar Betroffenen zunehmen, fehlen oft die finanziellen Ressourcen für eine adäquate Behandlung. In dieser Situation erhalten administrative Repressalien geradezu eine kompensatorische Funktion: „Arbeitsmarktpolitik wird zu einer Form der medizinisch-psychologischen (Zwangs-)Therapie."[891]

Adalbert Evers betont die Ambivalenz des Konzepts eines „aktivierenden Staates", das er generell lieber auf die Politik als auf den Sozialstaat beziehen möchte. Die unter Berufung darauf verfolgten Strategien siedelt Evers zwischen zwei entgegengesetzten Polen an: „Am einen Pol wird es bei der Aktivierung um die weitestgehende Mobilisierung aller gesellschaftlichen Ressourcen im Rahmen eines Szenarios gehen, das vom Kampf um Status und wirtschaftlichen Erfolg im Rahmen der Marktgesellschaft bestimmt ist; der Primat des Marktes ist hier nicht so sehr Herausforderung und Problem als vielmehr Datum oder Aufgabe. Am anderen Pol wird es bei Aktivierung vor allem um die Entwicklung einer Politik gehen, die es versteht, Beteiligungsformen zu entwickeln, entlang derer individuelle Interessen und Gruppenanliegen und ihre Konfliktaustragungen durch wechselseitigen Respekt und die Berücksichtigung von Gemeinwohlbelangen geprägt werden. Eine derart aktivierende Politik, so die Hoffnung, könnte Marktkräfte zivilisieren, aber auch entwickeln und nutzen helfen."[892]

Carsten G. Ullrich differenziert gleichfalls zwischen zwei Aktivierungsvorstellungen. Das erste Verständnis einer „aktivierenden" Sozialpolitik bezeichnet er als „sozialliberales Marktmodell", das die Stärkung der individuellen Eigenverantwortung und Marktfähigkeit in den Mittelpunkt rücke. Bei dem zweiten, als „kommunitaristisch" bezeichneten Konzept meine Aktivierung dagegen primär die finanzielle Förderung und rechtliche Privilegierung „gemeinschaftlicher" Organisationsformen und familialer Hilfeleistungen: „Neben den klassischen Formen (Familienhilfe, Wohlfahrtsverbände) wird hier vor allem an Selbsthilfe- und Betroffenengruppen und an die Ausweitung von Mitwirkungsrechten gedacht (z.B. für Patienten im Krankenhaus oder für Eltern in Schulen)."[893]

„Aktivierung" ist ein schillernder Begriff, der oft nicht mehr als erfolgreiche „Aussteuerung", also die Einschüchterung, Abschreckung und Verdrängung von sozial Benachteiligten aus dem Leistungsbezug, meint. Neben dem Ersatz individueller Rechtspositionen durch Pflichten, deren Verletzung mit Strafen geahndet wird, kann man darunter auch eine solidarische Hilfe zur Selbsthilfe verstehen. Das zuerst genannte Deutungsmuster dominiert

---

890   Herbert Schui, Mythos Eigenverantwortung, in: Blätter für deutsche und internationale Politik 3/2004, S. 327 (Hervorh. im Original)
891   Siehe Dirk Hauer, Law and Order auf die sanfte Tour, a.a.O., S. 93
892   Adalbert Evers, Aktivierender Staat. Eine Agenda und ihre möglichen Bedeutungen, in: Erika Mezger/ Klaus-W. West (Hrsg.), Aktivierender Sozialstaat und politisches Handeln, a.a.O., S. 14
893   Carsten G. Ullrich, Die „Aktivierbarkeit" wohlfahrtsstaatlicher Adressaten. Zu den Grenzen aktivierender Sozialpolitik, in: Jutta Allmendinger (Hrsg.), Entstaatlichung und soziale Sicherheit. Verhandlungen des 31. Kongresses der Deutschen Gesellschaft für Soziologie in Leipzig 2002, Bd. 2, a.a.O., S. 947f.

im öffentlichen Diskurs darüber jedoch ganz eindeutig: „Mit der Idee der ‚Aktivierung' sollen Ansprüche auf soziale Grundrechte delegitimiert, zumindest aber deutlich beschränkt werden."[894] Fast immer bedeutet „Aktivierung" eine Disziplinierung der Betroffenen, während die notwendige Solidarisierung mit ihnen dabei auf der Strecke bleibt. In einer „Zivil-" oder „Bürgergesellschaft" erübrigt sich diese Strategie, weil sie mit der Vorstellung mündiger, sich selbst engagierender Sozialstaatsbürger/innen unvereinbar ist.

Dirk Hauer sieht im „Fördern und Fordern" obrigkeitsstaatliche Eingriffe in die persönliche Lebensplanung und -entwürfe, was für soziale Einrichtungen und deren Träger eine „paternalistische Wende" bedeute.[895] Da der Einsatz staatlicher Zwangsmittel erforderlich sei, um jene flexibilisierten Verhaltensweisen, die man beschwöre, zu produzieren, lasse die aktivierende Arbeitsmarkt- und Sozialpolitik „terroristische Züge" erkennen: „Das Menschenbild, das sich hinter der ‚Aktivierung' verbirgt und mit ihr transportiert wird, ist die Vorstellung von ununterbrochener Produktivität und Verwertung: arbeiten ohne Ende und Grenze, ‚lebenslanges Lernen' und Qualifizieren, permanente Bereitschaft, räumliche und soziale Bindungen jederzeit für einen Job aufzugeben."[896]

Der „aktivierende Sozialstaat" bietet Hilfebedürftigen von sich aus keine aktive Unterstützung mehr, wie dies der überkommene Sozialstaat tat, und bleibt hinter den gewohnten Leistungsstandards zurück, während sich sein Kontrollanspruch und sein Disziplinierungsinstrumentarium erweitern. Damit ist der Wohlfahrtsstaat aber nur noch ein Schatten seiner selbst, denn die früheren Entwicklungsstufen waren dadurch gekennzeichnet, dass die Reichweite der Staatseingriffe und die Höhe der Transferleistungen eher den zur Verfügung stehenden materiellen Ressourcen entsprachen. „Aktivierend" entlarvt sich als Euphemismus, der „nicht alimentierend" meint. Es handelt sich Christa Sonnenfeld zufolge um eine „geschönte Umschreibung" für Repression, die den Arbeitszwang wieder salonfähig macht: „Dass der verbliebene Sozialstaat sich zunehmend autoritär gebärdet, verschwindet dabei hinter diesem Jargon."[897]

Der kommunitaristisch begründete Schlachtruf „Fördern und fordern!" gerät – wenigstens in dieser Reihenfolge – zu einer rhetorischen Floskel, die nichts von dem hält, was ihre Benutzer leisten zu wollen vorgeben. Aus einem scheinbaren Versprechen wird in dem Moment eine Drohung, wo die (Lohn-)Arbeit „um jeden Preis" zum Ziel staatlicher Sozialpolitik avanciert. „Unter den Fanfaren des ‚Förderns und Forderns' wird auf diese Weise die moralisierende Delegitimierung nicht-erwerbstätiger Lebensformen zum gesellschaftspolitischen Programm erhoben."[898] Wer den Grundsatz des „Förderns und Forderns" zum sozialpolitischen Mantra erhebt, verstärkt den Druck auf Bevölkerungsgruppen, die staatliche Unterstützung brauchen, sie aber in einem Klima des allgemeinen Misstrauens gegenüber Empfänger(inne)n von Transferleistungen immer weniger erhalten.

Das zentrale Glaubwürdigkeitsdefizit des „aktivierenden" Staates besteht Hans-Jürgen Urban zufolge darin, dass er den Erwartungsdruck auf das Individuum erhöht und gleichzeitig dessen Chancen, ihm entsprechen zu können, verringert: „Er modifiziert die gesellschaftliche Erwartungshaltung sowie die institutionellen Anspruchsvoraussetzungen für die Empfänger wohlfahrtsstaatlicher Leistungen und belegt die Nichterfüllung der Erwartungen

---

894   Michael Opielka, Sozialpolitik, a.a.O., S. 86
895   Dirk Hauer, Law and Order auf die sanfte Tour, a.a.O., S. 93
896   Ebd., S. 94
897   Christa Sonnenfeld, Erzwungene Angebote: Beschäftigungsförderung zu Niedriglöhnen, a.a.O., S. 109
898   Ebd.

mit negativen Sanktionen; zugleich unterminiert er durch die Abkehr von einer marktkorrigierenden, umverteilenden und risikokompensierenden Politik die gesellschaftlichen Voraussetzungen, derer insbesondere die unvermögenden Individuen zur Erfüllung der Erwartungen bedürfen."[899]

Hier liegt ein unauflösbarer Widerspruch: Die deutsche Marktgesellschaft wird immer reicher, der Umgang mit Armen und sozial Benachteiligten aber immer repressiver. Die sog. Randgruppen werden zum Teil gewaltsam aus dem öffentlichen Raum verdrängt,[900] (Langzeit-)Arbeitslose eingeschüchtert und prekär Beschäftigte enorm unter Druck gesetzt. Claus Offe sieht in der meist kommunitaristisch begründeten Forderung, Gegenleistungen für gewährte Unterstützung zu erbringen, die „illiberale Kehrseite marktliberaler Ordnungsvorstellungen" und hält die übliche Begründung der reziproken Pflichtzuweisung gegenüber Arbeitslosen für ausgesprochen paternalistisch: „Soll es sich wirklich um die Überführung bisher Hilfsbedürftiger in die Freiheit der Erwerbsgesellschaft handeln, dann müsste auch die negative Arbeitsmarktfreiheit, die Freiheit, sich am Arbeitsmarkt *nicht* zu beteiligen, gewahrt bleiben."[901] Stephan Lessenich kritisiert die regulative Diskriminierung und normative Diskreditierung der Nichterwerbstätigkeit, woraus sich eine Glorifizierung und Verabsolutierung der (Lohn-)Arbeit „für alle" ergebe. Erwerbsfähige müssen nach dieser Konzeption zur Aufnahme irgendeiner Arbeit gezwungen und im Weigerungsfalle bestraft werden. „Die *autoritative Gemeinwohlinterpretation* der modernen Sozialdemokratie mündet (...) in eine *autoritäre Gemeinwohlpraxis*."[902] Man fragt sich als Beobachter der geschilderten Entwicklung, was für die Betroffenen wohl erträglicher ist – die soziale Kälte bzw. Indifferenz des Marktradikalismus oder der totale Kontrollanspruch dieser Variante eines „Dritten Weges".

Ein weiterer gewichtiger Einwand gilt der Tatsache, dass für Hilfebedürftige, die „aktiviert" und zur Stellensuche motiviert werden sollen, gar nicht genügend Arbeitsplätze zur Verfügung stehen. Karl Koch bezweifelt denn auch, dass die im Konzept vorgesehenen Aktivierungsbemühungen bei einer strukturell verfestigten Erwerbslosigkeit überhaupt einen Sinn haben: „Schließlich wird kein noch so konsequentes ‚Fordern und Fördern' die fehlenden Arbeitsplätze schaffen können. Der aktivierende Sozialstaat läuft daher aufgrund seines Ansatzes Gefahr, die soziale Integration, die er erreichen will, zu verfehlen und stattdessen die soziale Ausgrenzung zu verstärken."[903] Wer die „Aktivierung" der Betroffenen fordert, unterstellt ihnen eine Passivität, die durch Klagen deutscher Personalchefs über massenhafte Bewerbungen von für ausgeschriebene Stellen oft wenig geeigneten Arbeitslosen, die man erst mit großen Kosten aussortieren müsse, im Grunde widerlegt wird.

Dort setzt auch Frank Nullmeiers Kritik an, denn die neue Sozialpolitik der Aktivierung fördert seiner Meinung nach eine Akzentuierung des Gegensatzes von „produktiven" und „unproduktiven" Teilen der Bevölkerung durch die Regierung. Deren Orientierung auf den globalen Standortwettbewerb führe dazu, dass die eigene Bevölkerung und die sozialen

---

899   Hans-Jürgen Urban, Eigenverantwortung und Aktivierung – Stützpfeiler einer neuen Wohlfahrtsarchitektur?, a.a.O., S. 471
900   Vgl. Titus Simon, Wem gehört der öffentliche Raum? – Zum Umgang mit Armen und Randgruppen in Deutschlands Städten, Opladen 2001
901   Claus Offe, Freiheit, Sicherheit, Effizienz, a.a.O., S. 28 (Hervorh. im Original)
902   Stephan Lessenich, Der Arme in der Aktivgesellschaft. Zum sozialen Sinn des „Förderns und Forderns", in: WSI-Mitteilungen 4/2003, S. 218 (Hervorh. im Original)
903   Karl Koch, Transformation des Sozialstaats, in: Walter Hanesch u.a., Öffentliche Armut im Wohlstand. Soziale Dienste unter Sparzwang, Hamburg 2004, S. 148

Transferleistungen an die einzelnen Gruppen unter dem Gesichtspunkt der Kostenkonkurrenz betrachtet würden. Aktivierende und investive Sozialpolitik sei eine Politik, die Nutzenvorteile in diesem Konkurrenzkampf biete: „Sie verbessert das fachliche Qualifikationsniveau ebenso wie die allgemeinen sozialen und kommunikativen Kompetenzen, erhöht die Mobilitätsbereitschaft, fördert Gruppierungen, die ansonsten Sozialleistungsempfänger hätten werden können, und wirkt so kostensenkend."[904]

Man gibt zwar vor, die (Langzeit-)Arbeitslosen in deren ureigenem Interesse „aktivieren" zu wollen, folgt dabei aber fast ausschließlich dem finanziellen Eigeninteresse, sie nicht mehr alimentieren zu müssen. Daher dominieren in der Praxis einer aktivierenden Arbeitsmarktpolitik auch nicht Versuche, die Betroffenen zu qualifizieren und dafür zu motivieren, sich fortbilden oder umschulen zu lassen, sondern repressive Praktiken, mit deren Hilfe sie möglichst schnell aus dem Leistungsbezug entfernt werden sollen. Seit den einschlägigen Gesetzesnovellierungen im Bereich der Arbeitsförderung sind die Ausgaben der BA für berufliche Weiterbildung nicht etwa (zwecks einer stärkeren „Aktivierung" von mehr Personen) gestiegen, sondern umgekehrt drastisch gesunken. Wenn die Devise „Fördern und fordern!" mehr als Lug und Trug sein soll, muss der Konditionalzwang gelockert und darauf vertraut werden, dass Menschen, denen die Politik akzeptable Möglichkeiten der Beschäftigung, beruflichen Qualifikation und Persönlichkeitsentwicklung bietet, diese zur nachhaltigen Sicherung ihrer Existenz nutzen.

6.3 Die soziale Gerechtigkeit – Grundwert oder Standortrisiko?

Für neoliberale Theoretiker wie Norbert Berthold stellt die soziale Gerechtigkeit, wenn man sie im Rahmen eines Wohlfahrtsstaates institutionalisiert und als Wert verabsolutiert, ein Standortrisiko dar: „Alles in allem gefährdet der Sozialstaat mit der verstärkten Produktion des Gutes ‚Gerechtigkeit' zunehmend seine eigene ökonomische Basis, weil er letztlich die Quellen des Wohlstandes zum Versiegen bringt."[905] Je stärker sich Sozialdemokrat(inn)en auf die Standortlogik kaprizierten und Argumentationsmuster ihrer liberalkonservativen Gegner adaptierten, umso mehr imitierten sie bloß noch deren Kritik am modernen Wohlfahrtsstaat, wenngleich sie im Einzelfall überzeugt sein mochten, eine abweichende Position diesen gegenüber zu beziehen.

Die „neuen" Sozialdemokraten sind keine Fundamentalkritiker des Sozialstaates, halten jedoch seine Strukturen für kontraproduktiv. Jürgen Kocka verbindet das Lob für die Erfolge der Vergangenheit mit einer negativen Einschätzung der Zukunftsaussichten: „Der Sozialstaat ist nicht gescheitert, ganz im Gegenteil. Aber er ist unter heutigen Bedingungen an seine Grenzen geraten. Er bringt seit langem Wirkungen hervor, die niemand intendiert, er wird zum Teil der Probleme, statt sie zu lösen."[906] Fast klingt es, als müsse der Wohlfahrtsstaat gegen die Wirkungen seines Handelns in Schutz genommen werden. Kocka möchte „mehr Solidarität bei weniger Staat" bewerkstelligen, was durch die Förderung der „Bürger-" bzw. „Zivilgesellschaft" geschehen soll.

---

904 Frank Nullmeier, Spannungs- und Konfliktlinien im Sozialstaat, a.a.O., S. 55
905 Norbert Berthold, Sozialstaat und marktwirtschaftliche Ordnung – Ökonomische Theorie des Sozialstaates, a.a.O., S. 28
906 Jürgen Kocka, Linke Prinzipien nach dem Sozialismus, a.a.O., S. 50

In der „zivilen Bürgergesellschaft", die Gerhard Schröder anstrebt, steht der Gerechtigkeitsgedanke zwar im Vordergrund. Er bezieht sich jedoch nicht mehr auf *Verteilungs*gerechtigkeit, die Schröder als mittlerweile von der gesellschaftlichen Entwicklung überholt gilt: „Gerade weil (...) die Herstellung und Bewahrung sozialer Gerechtigkeit in einem umfassenden Sinne oberstes Ziel sozialdemokratischer Politik ist und bleibt, können wir uns nicht mehr auf Verteilungsgerechtigkeit beschränken. Dies geht schon deshalb nicht, weil eine Ausweitung der Sozialhaushalte nicht zu erwarten und übrigens auch nicht erstrebenswert ist. Für die soziale Gerechtigkeit in der Wissens- und Informationsgesellschaft ist vor allem die Herstellung von Chancengerechtigkeit entscheidend."[907]

Zu fragen wäre freilich, weshalb ausgerechnet zu einer Zeit, wo das Geld in allen Lebensbereichen wichtiger als früher, aber auch ungleicher denn je auf die einzelnen Klassen, Bevölkerungsschichten und Menschen verteilt ist, sein Gewicht für deren Teilhabe am gesellschaftlichen, kulturellen und politischen Leben gesunken sein soll. Dass die Berufung auf das Prinzip der Verteilungsgerechtigkeit heute (selbst in sozialdemokratischen Kreisen und Programmdiskussionen) ziemlich unpopulär ist, führt Klaus-Bernhard Roy darauf zurück, dass sich damit die „Hinterfragung von marktvermittelter Ungleichheit" verbindet.[908] Irene Becker wiederum hebt hervor, dass die Gleichheit der Startchancen ohne weitgehende Bedarfsgerechtigkeit nicht realisierbar ist.[909]

Harald Schartau, damaliger Vorsitzender der nordrhein-westfälischen SPD und Landesminister für Wirtschaft und Arbeit, äußerte die Meinung, dass Umverteilungspolitik im Zeichen der Globalisierung, wo die unterschiedlichen Wirtschaftsstandorte miteinander konkurrieren, weder zu Vollbeschäftigung noch zu sozialer Gerechtigkeit führe: „Notwendig ist eine Neuinterpretation von sozialer Gerechtigkeit für die heutige Zeit, um marktwirtschaftliche Effizienz und soziale Gerechtigkeit besser in Einklang bringen zu können. Dabei helfen uns nicht die alten Ideologien."[910] Schartaus Kabinettskollege und damaliger nordrhein-westfälischer Ministerpräsident Peer Steinbrück nahm eine völlige Deformation des Gerechtigkeitsbegriffs vor und brach im Grunde mit dem Sozialstaatspostulat des Grundgesetzes, als er die soziale Gerechtigkeit auf die Sorge des Staates um die Leistungsträger verkürzte: „Soziale Gerechtigkeit muss künftig heißen, eine Politik für jene zu machen, die etwas für die Zukunft unseres Landes tun: die lernen und sich qualifizieren, die arbeiten, die Kinder bekommen und erziehen, die etwas unternehmen und Arbeitsplätze schaffen, kurzum, die Leistung für sich und unsere Gesellschaft erbringen. Um die – und nur um sie – muss sich Politik kümmern."[911]

Der gültige sozialdemokratische Gerechtigkeitsbegriff müsse nicht über Bord geworfen, allerdings „realistisch geläutert" werden, konstatierte demgegenüber Thomas Meyer: „Gerechtigkeit ist nicht Gleichheit, sondern die Schaffung fairer Chancen für die Freiheit

---

907   Gerhard Schröder, Die zivile Bürgergesellschaft. Anregungen zu einer Neubestimmung der Aufgaben von Staat und Gesellschaft, in: NG/FH 4/2000, S. 203
908   Siehe Klaus-Bernhard Roy, Verteilungsgerechtigkeit, in: Politische Bildung 2/2001, S. 9
909   Vgl. Irene Becker, Soziale Gerechtigkeit und Privatisierung von Sicherungssystemen, in: WSI-Mitteilungen 9/2004, S. 475
910   Harald Schartau, Pragmatisch denken. Über die Grundlagen einer sozialdemokratischen Wachstumsstrategie, in: FR v. 29.8.2003
911   Peer Steinbrück, Etwas mehr Dynamik bitte. Soziale Gerechtigkeit heißt heute: Der Staat muss mehr Geld in Bildung und Familien investieren. Für Gesundheit, Alter und Pflege hingegen werden die Bürger stärker selbst vorsorgen müssen, in: Die Zeit v. 13.11.2003

aller."[912] Somit könne zwar die Einkommensgleichheit kein Primärziel sozialdemokratischer Politik sein, wohl aber die Besteuerung leistungsloser und unproduktiver Einkommen. Das biblische Motto „Wer nicht arbeitet, soll auch nicht essen!" wird allerdings nie auf Kapitaleigentümer und begüterte Müßiggänger, vielmehr immer stärker auf Arbeitslose und Bezieher/innen von Sozialtransfers bezogen. „Umverteilung zur Herstellung von Gleichheit ist inzwischen so gut wie tabuisiert."[913]

Der sozialdemokratische Politikwissenschaftler Wolfgang Merkel möchte den philosophischen Diskurs über die soziale Gerechtigkeit stärker mit der politischen Debatte verbinden. Merkel nennt zwei Gründe dafür, dass der Begriff „soziale Gerechtigkeit" seit Mitte der 1990er-Jahre wieder zu einem Topos des politischen Denkens und zum Bestandteil der Agenden sozialdemokratischer Regierungen geworden sei: „Zum einen hat sich die Kluft zwischen Arm und Reich in den beiden vergangenen Dekaden auch in den entwickelten Industriestaaten vertieft. Zum anderen steht der Sozialstaat des kontinentalen Europas in den nächsten Jahrzehnten unter dem Druck von Globalisierung, Individualisierung und Demographie vor bedeutenden Umstrukturierungen."[914] Deutschland erscheint Merkel als Prototyp des „unsozialen" Sozialstaates, schreibt er doch, auf die Bundesrepublik bezogen: „Ein Sozialstaat, der über Grundeinkommen, großzügige (!?) Sozialhilfen, locker definierte Zumutbarkeitskriterien die Nichtaufnahme von Erwerbsarbeit ermöglicht oder dazu anreizt und gleichzeitig durch vermeintlich soziale Regulierungen den Arbeitsmarkt gegenüber den *Outsiders* abriegelt, ist aus dieser Perspektive sozial ungerecht."[915]

Bei der Legitimation ihrer Forderung nach grundlegenden Reformen und einem Um- bzw. Abbau des Sozialstaates stützten sich die sozialdemokratischen „Modernisierer" überwiegend auf die fast schon „klassisch" zu nennende Gerechtigkeitstheorie des US-amerikanischen Sozialphilosophen John Rawls. Rawls umreißt seine Konzeption in zwei Kernthesen – dem *Gleichheits*grundsatz, wonach jedermann gleiches Recht auf das umfangreichste, für alle mögliche Gesamtsystem gleicher Grundfreiheiten hat, einerseits und dem *Differenz*prinzip andererseits: Soziale und ökonomische Ungleichheiten müssen demnach nicht nur „den am wenigsten Begünstigten den größtmöglichen Vorteil" verschaffen, sondern auch „mit Ämtern und Positionen verbunden sein, die allen gemäß fairer Chancengleichheit" offen stehen.[916]

Typisch für die Rawls'sche Gerechtigkeitstheorie ist das folgende Postulat: „Alle sozialen Werte – Freiheit, Chancen, Einkommen, Vermögen und die sozialen Grundlagen der Selbstachtung – sind gleichmäßig zu verteilen, soweit nicht eine ungleiche Verteilung jedermann zum Vorteil gereicht."[917] Dass die soziale Ungleichheit in einer Gesellschaft zunimmt, ist für Rawls dann, allerdings auch nur dann gerechtfertigt, wenn deren Mitglieder davon ausnahmslos im Hinblick auf ihre persönliche Lage profitieren: „Falls bestimmte Ungleichheiten des Reichtums und der Macht jeden besser stellen als in dem angenomme-

---

912 Thomas Meyer, Soziale Demokratie statt demokratischer Sozialismus. Alte SPD und neue Realität: Ketzereien eines bekennenden Sozialdemokraten, in: FR v. 19.8.2003

913 Stephan Hebel, Reform-Sprech. Wie sich der Neoliberalismus seine Begriffe sichert, in: Ulrich Müller/Sven Giegold/Malte Arhelger (Hrsg.), Gesteuerte Demokratie?, a.a.O., S. 100

914 Wolfgang Merkel, Soziale Gerechtigkeit und die drei Welten des Wohlfahrtskapitalismus, a.a.O., S. 135

915 Ebd., S. 142 (Hervorh. im Original)

916 Siehe John Rawls, Eine Theorie der Gerechtigkeit, 8. Aufl. Frankfurt am Main 1994, S. 336

917 Ebd., S. 83

nen Ausgangszustand, stimmen sie mit der allgemeinen Gerechtigkeitsvorstellung über-
ein."[918]

Ungleichheiten rechtfertigen sich Rawls zufolge durch Vorteile für die Benachteiligten. Rawls' sog. Maximin-Regel ist deshalb wirklichkeitsfremd, weil sich kein Entscheidungsträger im Kapitalismus auf den Standpunkt der in diesem Gesellschaftssystem
schwächsten Mitglieder stellt und sich fragt, wie deren Situation am ehesten verbessert
werden kann. Zweifelhaft ist zudem, ob kleine Fortschritte für Unterprivilegierte die wachsende Kluft zwischen Arm und Reich tatsächlich aufwiegen, zumal sie oft kaum ins Gewicht fallen. Um es an einem Beispiel aus der sozialdemokratischen Regierungspraxis zu
verdeutlichen: Aufgrund der Wirtschafts- und Sozialpolitik von New Labour hat zwar die
absolute Armut in Großbritannien seit Tony Blairs Amtsantritt 1997 ab-, die gesellschaftliche Ungleichheit jedoch zugenommen.[919] Anders gesagt: Die weniger Armen bewegen sich
seither in einem Umfeld noch größeren Reichtums, was ihre Probleme eher verstärkt, weil
sich z.B. der Konsumdruck – vor allem für Kinder und Jugendliche – verschärft und es für
sie schwieriger wird, bei Statussymbolen mitzuhalten.

Die soziale Gerechtigkeit als „Fairness" zu definieren, wie dies Rawls tut,[920] bedeutet
im Grunde, sie auf ein formales Verfahrensprinzip zu reduzieren und inhaltlich, d.h. hinsichtlich ihres materiellen Gehalts und der gesellschaftspolitischen Konsequenzen, zu kast-
rieren. Auf der Suche nach durchweg akzeptierten und allgemein verbindlichen Gerechtig-
keitsprinzipien löst Rawls die Letzteren von den real existierenden Interessen(gegensätzen),
indem er die Individuen gedanklich in einen imaginären Urzustand geradezu paradiesischer
Gleichheit versetzt, wo sie noch nicht wissen, welche Position in der Gesellschaft sie anschließend einnehmen werden. In seinem allzu kühnen Gedankenexperiment verbirgt sich
hinter dem „Schleier der Unwissenheit" eine reale Welt voller Interessengegensätze, die
eine fundierte und sachorientierte Theorie der Gerechtigkeit berücksichtigen muss. Erstens
hält Klaus-Bernhard Roy das „scheinbar neutrale Modell einer dann möglichen rationalen
Entscheidungsfindung als Grundlage von Gerechtigkeitskonzeptionen" für ausgesprochen
trügerisch: „Und zweitens verstellt die Ausblendung ungleicher Lebenslagen, Marktzu-
gangschancen und ökonomischer wie politischer Machtdiskrepanzen den Blick auf die De-
facto-Verteilung von sozialen, ökonomischen und politischen Entwicklungschancen in
einer Gesellschaft."[921]

Die sozialliberale Gerechtigkeitstheorie eines John Rawls wird jedoch pervertiert,
wenn man sie für marktradikale Positionen instrumentalisiert. Obwohl er kein Neoliberaler
war, rekurrieren Neoliberale auf das Differenzprinzip, um ihren Gerechtigkeitsbegriff zu
formulieren: „Ungleichheit wird zur zentralen Triebkraft der ökonomischen Wachstumsdynamik erklärt, die Ergebnisse des Wachstums sollen allen zugute kommen."[922] Urs Müller-
Plantenberg weist darauf hin, dass Rawls mit seinem Differenzprinzip ursprünglich auf die
„Begrenzung der Erlaubnis von Ungleichheiten" abzielte, im Laufe der Zeit aber ein Be-
deutungswandel eingetreten sei: „In einer Welt, in der inzwischen die neue Sozialdemokra-

---

918   Ebd., S. 84
919   Vgl. Oliver Nachtwey, Blair paradox, in: Blätter für deutsche und internationale Politik 4/2005, S. 397
920   Vgl. John Rawls, Gerechtigkeit als Fairneß. Ein Neuentwurf, Frankfurt am Main 2003
921   Klaus-Bernhard Roy, Verteilungsgerechtigkeit, a.a.O., S. 12
922   Horst Peter/Reinhold Rünker, Gerechtigkeit. Einleitung zum Schwerpunkt, in: spw – Zeitschrift für Sozialistische Politik und Wirtschaft 133 (2003), S. 12

tie ohne Rücksicht auf die Aussichten der Ärmsten aller Welt zuruft: ‚Bereichert euch!', in einer solchen Welt erscheint Rawls zunehmend als extremer Egalitarist."[923]

Wolfgang Merkel ist sich durchaus der Paradoxie bewusst, die darin besteht, dass er mit Rawls der modernen Sozialdemokratie ausgerechnet einen Liberalen als „neuen Cheftheoretiker" für eine Generalrevision ihres Gerechtigkeitsverständnisses empfiehlt.[924] Merkel legt eine Prioritätenliste der Gerechtigkeitsziele fest, die eine moderne Sozialdemokratie seiner Ansicht nach verfolgen muss. An erster Stelle rangiert die Verhinderung von Armut; ihr nachgeordnet sind: ein höchstmöglicher Ausbildungsstandard, der auch auf Kosten einer zusätzlichen öffentlichen Verschuldung oder von Umschichtungen im Sozialetat gehen darf; eine hohe Arbeitsmarktinklusion, für die eine Absenkung bzw. Reorganisation „hinderlicher" Sicherungsstandards in Kauf genommen wird; die Garantie sozialer Sicherungsstandards, verbunden mit einer Verschärfung der Pflicht zur (Wieder-)Aufnahme von Arbeit; schließlich die Verringerung der bestehenden Einkommens- und Vermögensspreizung.[925]

Gerecht ist für Nina Hauer alles, was Arbeit schafft: „Ziel und Aufgabe sozialdemokratischer Politik müssen sein, für die größte Zahl von Menschen die größte Zahl von Chancen zu eröffnen, damit sie in die Lage versetzt werden, ihr Einkommen und ihr Vermögen aus eigener Kraft zu erwirtschaften. Nicht die Höhe von Transferleistungen ist hierfür entscheidend, sondern das, was ein sozialer Staat leisten kann, um Chancengerechtigkeit herzustellen."[926] Auch hier gibt es inhaltliche Berührungspunkte zum Neoliberalismus (wie übrigens auch zum Deutschnationalismus: Alfred Hugenberg schaltete im Februar 1932 Zeitungsanzeigen mit dem Satz „Sozial ist, wer Arbeit schafft"), was die damalige Parlamentarische Geschäftsführerin der SPD-Bundestagsfraktion ebenso wenig zu stören schien wie den nordrhein-westfälischen CDU-Vorsitzenden Jürgen Rüttgers, der seine Wahlkampagne als Spitzenkandidat seiner Partei im Frühjahr 2005 unter dasselbe Motto stellte. „Für den Liberalismus", schrieb Wolfgang Kersting bereits am 17. August 1998 in der FAZ, „ist die effektivste Sozialpolitik die Schaffung von Arbeitsplätzen."[927] Gar nicht mehr gestellt wird dabei die Frage nach dem Sinngehalt von Lohnarbeit, den Arbeitsbedingungen und der Entlohnung, vom Anspruch der zu vermittelnden Stellenbewerber/innen auf Berufs- und Qualifikationsschutz ganz zu schweigen.

Rolf G. Heinze bezieht Gerechtigkeit im kommunitaristischen Sinne auf das Gemeinwohl und betont: „Gerecht ist vor allem, was die Funktionsweise des gesamten Sicherungssystems gewährleistet und die wirtschaftlichen Chancen erweitert."[928] Umverteilung sei kein Maßstab, sondern höchstens ein Resultat von Sozialpolitik. Heinze hält einzelne Leistungskürzungen für gerechtfertigt und auch gerecht, sofern sie „übergeordneten Zielen" dienen. Hatten die Sozialdemokraten früher darüber nachgedacht, wie sie soziale Ungleichheiten um der Gerechtigkeit willen beseitigen könnten, reflektierten ihre Hauptrepräsentan-

---

923   Urs Müller-Plantenberg, Rawls weltweit, in: PROKLA 121 (2000), S. 614

924   Vgl. Wolfgang Merkel, Die Sozialdemokratie vor den Herausforderungen des 21. Jahrhunderts: politische Handlungsräume und soziale Gerechtigkeit, in: Wolfgang Schroeder (Hrsg.), Neue Balance zwischen Markt und Staat?, a.a.O., S. 84

925   Siehe ebd., S. 86

926   Nina Hauer, Gerecht ist, was Arbeit schafft, in: Friedrich-Ebert-Stiftung, Politische Akademie (Hrsg.), Die neue SPD, a.a.O., S. 198

927   Wolfgang Kersting, Der Glaube an die Allmacht Geld. Unser Wohlfahrtsstaat ist von der Voraussetzung der Marktwirtschaft zu deren Albtraum geworden, in: FAZ v. 17.8.1998

928   Rolf G. Heinze, Vom statuskonservierenden zum sozialinvestiven Sozialstaat, a.a.O., S. 268

ten und führende Parteitheoretiker wie Jürgen Kocka, Wolfgang Merkel oder Thomas Meyer jetzt, welche Ungleichheiten gerechtfertigt seien. Während man zum Teil in sehr allgemeiner und abstrakter Form über „gerechtfertigte Ungleichheiten" räsonierte, mehrten und verfestigten sich im Regierungsalltag die ungerechtfertigten.

Die sozialdemokratische Gerechtigkeitsdebatte kreiste um die Frage, wie man Verteilungsgerechtigkeit entweder von Bedarfs- auf Leistungsgerechtigkeit zurechtstutzen oder im Zeichen der Globalisierung für obsolet oder jedenfalls nachrangig erklären und einen neuen Gerechtigkeitstyp kreieren kann, als dessen Ausdruck dann die rot-grüne Regierungspraxis erschien. Wolfgang Streeck definierte Sozialpolitik als „Beitrag zur Erhöhung der Wettbewerbsfähigkeit des Stand- und Wohnorts im Kampf um Absatzmärkte, Investitionen und Arbeitsplätze", sprach im selben Atemzug von einer – mehr als paradox anmutenden – „Wettbewerbssolidarität" und ordnete damit selbst die soziale Gerechtigkeit der Konkurrenz unter.[929]

Als ob die Entrichtung von Sozialversicherungsbeiträgen keine Selbstvorsorge der Arbeitnehmer/innen wäre, verlangte Matthias Machnig, früher Bundesgeschäftsführer der SPD, nicht nur eine „Kultur der Eigenverantwortung", sondern forderte auch, dass die „neue Gerechtigkeitspolitik" den „Prinzipien der Nachhaltigkeit und des intergenerativen Ausgleichs" gehorchen müsse, weil die heutige Generation einschließlich der Alten zu sehr auf Kosten der nächsten und übernächsten Generation lebe: „Die bislang praktizierte Indifferenz gegenüber den nachwachsenden Generationen drückt sich vor allem in der immer weiter wachsenden öffentlichen Verschuldung aus, die für unsere Kinder und Kindeskinder eine kaum zu ertragende Hypothek darstellt."[930]

Damit tat Machnig so, als hätten *künftige Generationen* hohe Schuldenberge abzutragen. Tatsächlich lastet der Schuldendienst aber nur auf *einem Teil* der Heranwachsenden; *ein anderer* erhält viel mehr Zinsen aus (geerbten) Schuldverschreibungen des Staates, als er selbst an Steuern zahlt, und profitiert sogar von Budgetdefiziten, die heute entstehen. Norbert Reuter weist überzeugend nach, dass aus der Staatsverschuldung sowohl Forderungen wie Verbindlichkeiten resultieren und *beide* Größen an die nächste Generation „vererbt" werden. Blicke man getrennt auf die gegenwärtige oder auf die folgende Generation, liege „immer ein gesamtwirtschaftliches Nullsummenspiel vor. Mit einem Verweis auf kollektive finanzielle Belastungen künftiger Generationen lässt sich der gegenwärtige Abbau der Staatsverschuldung somit nicht begründen."[931]

Gerhard Schröder bekannte sich gleichfalls zum Prinzip der Nachhaltigkeit, das er als Wesenselement seines Gerechtigkeitsbegriffs betrachtete: „Bloße Umverteilung wirtschaftlicher Güter und Gelder ist nicht per se ,gerecht'. Gerechtigkeit muss auch zwischen den Generationen geschaffen werden – weshalb zum Beispiel eine Politik der ausufernden Staatsverschuldung eine grobe Ungerechtigkeit gegen unsere Kinder und Enkel ist."[932] Durch solche Parolen wie „Nachhaltigkeit im finanzpolitischen Bereich" und „Generatio-

---

929   Siehe Wolfgang Streeck, Wohlfahrtsstaat und Markt als moralische Einrichtungen. Ein Kommentar, in: Karl Ulrich Mayer (Hrsg.), Die beste aller Welten?, a.a.O., S. 159
930   Matthias Machnig, Essay: Fassbrause für alle! – Soziale Gerechtigkeit neu definieren, in: Die Welt v. 12.8.2003
931   Norbert Reuter, Generationengerechtigkeit als Richtschnur der Wirtschaftspolitik?, in: Christoph Butterwegge/Michael Klundt (Hrsg.), Kinderarmut und Generationengerechtigkeit, a.a.O., S. 85
932   Gerhard Schröder, Das Ziel der sozialen Gerechtigkeit und die Herausforderungen moderner Demokratie, in: Konrad Deufel/Manfred Wolf (Hrsg.), Ende der Solidarität? – Die Zukunft des Sozialstaats, Freiburg im Breisgau/Basel/Wien 2003, S. 26

nengerechtigkeit" rechtfertigte man eine Politik der Haushaltskonsolidierung, die paradoxerweise gerade für Kinder und Jugendliche negative Folgen zeitigte, weil hauptsächlich den sie betreffenden Bereichen wie Schule und Hochschule nicht mehr die benötigten Mittel zuflossen. Gerd Mielke hält die These, man könne die staatliche Orientierung auf *Verteilungs*gerechtigkeit durch neue Zielmarken wie Chancengleichheit, *Generationen*gerechtigkeit oder Erwerb von Sozialkapital ersetzen, ohne dabei an Qualität einzubüßen, für eine politische Milchmädchenrechnung: „Verteilungsgerechtigkeit und Chancengleichheit sind – das zeigt etwa die Soziologie der Bildungsabschlüsse – zwei Seiten derselben Medaille."[933]

Bei der *Begriffs*erweiterung, die führende Sozialdemokrat(inn)en forderten, handelte es sich um eine *inhaltliche* Verkürzung des Gerechtigkeitsbegriffs. Die selbst in den Armuts- und Reichtumsberichten der rot-grünen Bundesregierung dokumentierte Schieflage der Einkommens- und Vermögensverteilung wurde damit akzeptiert. Sie sollte nur noch korrigiert werden, indem sozial Benachteiligte (bessere) Chancen erhielten, künftig gleichfalls ein (Arbeits-)Einkommen zu erzielen und im Ausnahmefall sogar ein kleines Vermögen zu bilden, was am Grundproblem des Auseinanderklaffens von Arm und Reich freilich wenig ändern würde.

Nichts spricht dagegen, Verteilungs- durch Teilhabegerechtigkeit zu *ergänzen*, die Zielsetzung der sozialdemokratischen „Modernisierer" wird aber erkennbarer, wenn Jürgen Kocka hervorhebt, dass Letztere die Erstere *ersetzen* müsse: „Mehr Teilhabegerechtigkeit ist derzeit nur durch einen Verzicht auf mehr Verteilungsgerechtigkeit zu haben."[934] So sinnvoll die Erweiterung des Gerechtigkeitsbegriffs in Richtung von „Teilhabe-" oder „Beteiligungsgerechtigkeit" sein mag, so wenig darf sie vergessen machen, dass dieser durch soziale Ungleichheit der Boden entzogen wird. Ohne soziale Emanzipation gibt es keine umfassende politische Partizipation und ohne ein größeres Maß an Verteilungs- überhaupt keine Beteiligungsgerechtigkeit. Horst Heimann betont deshalb zu Recht, dass soziale Gleichheit und Gerechtigkeit nicht voneinander zu trennen sind, sondern einander gerade bedingen: „Der Grundwert der sozialen Gerechtigkeit ist (...) ohne den Begriff Gleichheit nicht inhaltlich zu füllen. Ein Zuviel an Ungleichheit ist ein Widerspruch zur sozialen Gerechtigkeit. Wer aber von Ungleichheit nicht reden will, der sollte auch von Gerechtigkeit schweigen."[935]

Seit einiger Zeit reklamiert die SPD das Ziel der „Zukunftsgerechtigkeit" für sich und suggeriert damit, einer ihrer Grundwerte sei von der Gegenwart abkoppelbar. Wer heute durch eine fragwürdige Politik und Regierungspraxis die soziale Ungleichheit erhöht, verwirklicht aber erst recht keine Gerechtigkeit in der Zukunft, weil sich Probleme wie Armut, Not und Unterversorgung auf der einen bzw. Reichtum, Luxus und Verschwendung auf der anderen Seite eher kumulieren.

Das liberale Prinzip der *Leistungs*gerechtigkeit erodiert; zugleich wird das ihm komplementäre, der sozialistischen Tradition entstammende Prinzip der *Bedarfs*gerechtigkeit durch einen neoliberalen Umbau des Sozialstaates suspendiert.[936] Gleichzeitig akzentuierte

---

933   Gerd Mielke, Sozialdemokratie und Bürgergesellschaft. Anmerkungen zu einer komplizierten Beziehung, in: Blätter für deutsche und internationale Politik 6/2001, S. 705
934   Jürgen Kocka, Sozialdemokratische Grundwerte heute, in: Friedrich-Ebert-Stiftung, Politische Akademie (Hrsg.), Die neue SPD, a.a.O., S. 62
935   Horst Heimann, Mehr Ungleichheit wagen? – Zum anhaltenden Boom der Egalitarismuskritik, in: Blätter für deutsche und internationale Politik 6/2001, S. 715
936   Vgl. Birgit Mahnkopf, Formel 1 der neuen Sozialdemokratie: Gerechtigkeit durch Ungleichheit. Zur Neuinterpretation der sozialen Frage im globalen Kapitalismus, in: PROKLA 121 (2000), S. 504ff.

man auch innerhalb der deutschen Sozialdemokratie – dem neoliberalen Zeitgeist folgend – immer stärker die Freiheit. So konstatierte Gerhard Schröder in einem Essay zum 140. Jahrestag der Gründung seiner Partei: „Unser oberstes Leitbild ist die Freiheit der Menschen, ihr Recht auf ein Leben in Würde, Selbstbestimmung und freier Entfaltung ihrer Fähigkeiten in einem solidarischen Gemeinwesen."[937] In seiner als „Agenda 2010" bekannt gewordenen Regierungserklärung vom 14. März 2003 sprach Schröder nicht weniger als 18 Mal von „(Eigen-)Verantwortung", in seiner Rede auf dem Berliner Sonderparteitag der SPD am 1. Juni 2003 sogar 19 Mal von „(Wahl-)Freiheit". Jürgen Kocka forderte in einem „Das Wichtigste ist die Freiheit" überschriebenen *Vorwärts*-Interview die Verringerung der Staatstätigkeiten. Es gehe um mehr Möglichkeiten der Selbstverwirklichung und Teilhabe: „Staatliche Fürsorge ist nicht mehr so nötig und nicht so wünschenswert wie früher."[938] Man fragt sich allerdings, wo der WZB-Präsident eigentlich lebt, sind in der Bundesrepublik doch immer mehr Menschen auf Transferleistungen angewiesen, um ihre Existenz und die ihrer Familien sichern zu können. Wie aber soll eine alleinerziehende Mutter, die nicht weiß, wie sie das Geld für eine Klassenfahrt ihres Kindes aufbringen kann, ohne das Sozialamt zu bemühen, sich selbst verwirklichen und am gesellschaftlichen bzw. politischen Leben teilhaben?

Wie man sieht, kann sich die Sozialdemokratie der neoliberalen Hegemonie schwer entziehen. Diese stellt das Gefüge ihrer Grundwerte auf eine harte Bewährungsprobe: Gefragt sind Leistungsbereitschaft und Konkurrenzfähigkeit, während soziale Gleichheit und Solidarität als überholt gelten. Die drei genannten Grundwerte stehen zwar nicht in einem Spannungsverhältnis, sondern ergänzen einander sinnvoll, lassen sich aber unterschiedlich interpretieren: Impliziert der Grundwert „Freiheit" die Möglichkeit aller Marktteilnehmer/innen, ihre auf mehr persönlichen Wohlstand gerichteten Ziele ohne Rücksicht auf das Gemeinwohl zu vertreten? Ist unter dem Grundwert „Gerechtigkeit" zu verstehen, dass jede/r nach seiner/ihrer „Leistung", d.h. dem individuell wahrscheinlich schwer messbaren Anteil am wirtschaftlichen Erfolg, entlohnt werden soll, oder aber, dass jede/r nach seinem/ihrem Bedarf am gesellschaftlichen Reichtum beteiligt werden soll? Bedeutet der Grundwert „Solidarität" nur, dass niemand wirklich Not leiden und verhungern darf, solange andere im Überfluss leben, oder schließt er auch Umverteilung zwischen den Gesellschaftsmitgliedern ein?

Während die Kapitaleigentümer aufgrund ihrer starken Markt- und Machtposition ohnehin über ein enormes, im Zeichen der Globalisierung weiter steigendes Maß an Handlungsfreiheit verfügen, ist der Wohlfahrtsstaat herkömmlicher Art gleichbedeutend mit einem individuellen Freiheitsgewinn. „Je stärker ein Sozialstaat den wirtschaftlichen Austausch reguliert, je mehr sozialrechtliche Gesetze er erlässt und je intensiver er die Einkommen umverteilt, desto eher ist es sozial und wirtschaftlich benachteiligten Personen möglich, frei von der notdürftigen Unterstützung anderer Privatpersonen und der ständigen Angst vor dem sozialen Abstieg das eigene Leben bis zu einem gewissen Ausmaß selbstbestimmt gestalten zu können."[939] Umgekehrt wird die Freiheit durch soziale Ungerechtigkeit

---

937   Gerhard Schröder, Der Essay: Das Gestalten der Zukunft braucht den Mut zur Veränderung, in: NG/FH 5/2003, S. 7
938   Jürgen Kocka, „Das Wichtigste ist die Freiheit". Ein Gespräch über die Grenzen des Sozialstaats und das Spannungsverhältnis zwischen Freiheit und Gleichheit, in: Vorwärts 7-8/2003, S. 9
939   Andreas Wimmel, Sind sozialpolitische Interventionen aus liberaler Perspektive wertvoll? – Thesen zum Spannungsverhältnis von persönlicher Freiheit und sozialer Sicherheit in modernen Wohlfahrtsstaaten, in: Zeitschrift für Politik 1/2003, S. 69

bzw. ungleichmäßige Verteilung von materiellen Ressourcen beschränkt. „Je größer die Unterschiede bei Einkommen und Vermögen sind, umso größer ist die Zahl derjenigen, deren soziale Lage sie nicht zu einem freien und selbstbestimmten Leben befähigt."[940]

In einer wohlfahrtsstaatlichen Demokratie ist Freiheit immer die Möglichkeit der Schwächsten, über ihr Leben selbst zu bestimmen, statt z.B. – unabhängig von der beruflichen Qualifikation wie der familiären Situation – jeden Arbeitsplatz annehmen zu müssen, aber gerade nicht die Möglichkeit von Begüterten und Spitzenverdienern, sich den allgemeinen Verpflichtungen zu entziehen. Wahlfreiheit kann nicht heißen, dass sich junge, gut verdienende und gesunde Arbeitnehmer/innen durch die Option für preiswerte Spezialtarife ihrer Krankenkasse aus der sozialen Verantwortung stehlen. Vielmehr muss Wahlfreiheit darin bestehen, dass sich Alleinerziehende für Teilzeitarbeit entscheiden können, ohne dadurch noch Jahrzehnte später gravierende Nachteile bei der Bemessung ihrer Altersrente zu haben.

6.4 Rot-grüne Regierungspraxis und sozialdemokratische Prinzipien im Widerstreit

Gotthard Breit weist darauf hin, dass viele Menschen unter sozialer Gerechtigkeit ein hohes Maß an sozialer Gleichheit verstehen, und zieht daraus den Schluss: „Um die Akzeptanz der Regierungspolitik in der Bevölkerung herzustellen, muss ‚soziale Ungleichheit' ihre negative Bewertung verlieren. Daher gibt es Bemühungen, einer neuen Bewertung von sozialer Ungleichheit den Weg zu ebnen und sie so mehrheitsfähig zu machen."[941] Seit die Debatte zum „Umbau" des Sozialstaates, bezogen auf die Konzepte der Hartz- wie der Rürup-Kommission und Gerhard Schröders *Agenda 2010*, während des Jahres 2003 in eine Grundsatzdiskussion über die programmatischen Ziele und die Zukunft der SPD überging, standen die sozialdemokratische Parteitradition, die (Interpretation der) Grundwerte und der Schlüsselbegriff „Demokratischer Sozialismus" zur Disposition. Führende Sozialdemokraten gaben nunmehr immer deutlicher zu erkennen, dass sie im Rahmen der Auseinandersetzungen über ein neues Grundsatzprogramm, welches ursprünglich im Herbst 2005 (1 Jahr vor der regulären Bundestagswahl) verabschiedet werden sollte, „ideologischen Ballast" abwerfen und ihre Partei noch stärker als bisher in der bürgerlichen Mitte verankern wollten.

Dass die *Agenda 2010* mit dem herkömmlichen sozialdemokratischen Gerechtigkeitsbegriff schwer vereinbar war, räumte Thomas Meyer – wenngleich etwas verklausuliert – ein: „Eine Begründung der Agenda nach Gerechtigkeitskriterien lässt sich mit den (...) Kernelementen des Gerechtigkeitsbegriffs im sozialdemokratischen Grundsatzprogramm nicht stützen."[942] Meyer fürchtete sogar, dass sich der Widerspruch zwischen dem Legitimationsanspruch und der Regierungspraxis seiner Partei verschärfen werde, falls diese daran festhalte. Er wandte sich gegen Versuche, aus der Not eine Tugend zu machen und den Begriff „soziale Gerechtigkeit" selbst zur Disposition zu stellen, wie gegen Tendenzen zur „opportunistische(n) Anpassung des Gerechtigkeitskonzepts an eine ohne sein Mitwirken entstandene Realität", lehnte eine grundlegende Revision der Praxis jedoch entschieden ab und schob die Schuld an der wachsenden Kluft zwischen Regierungspraxis und Partei-

---

940   Oskar Lafontaine, Politik für alle, a.a.O., S. 260
941   Gotthard Breit, „Soziale Ungleichheit" heute?, in: Politische Bildung 4/2004, S. 131
942   Thomas Meyer, Die Agenda 2010 und die soziale Gerechtigkeit, in: PVS 2/2004, S. 184

programmatik klar der Letzteren zu: „So eindimensional, wie der Gerechtigkeitsbegriff im (Berliner; *Ch.B.*) Grundsatzprogramm gefasst ist, leistet er unter den gegenwärtigen Handlungsbedingungen eher einen Beitrag zur *Entlegitimierung wichtiger Teile der rot-grünen Regierungspolitik.*"[943]

Thomas Meyer, der die eher hinter verschlossenen Türen geführte Diskussion über das neue SPD-Parteiprogramm maßgeblich beeinflusste, verwarf einen „pauschalen und linearen Egalitarismus" und plädierte für einen „mehrdimensionalen" Gerechtigkeitsbegriff, weil dieser der Komplexität moderner Gesellschaften angemessener sei. Auf der Basis eines modifizierten Gerechtigkeitsbegriffs und einer nicht unkomplizierten Argumentation legitimierte Meyer den Regierungskurs: „Im Hinblick auf die langfristige Gewährleistung sozialer Grundsicherung, einer Verbesserung der Chancengleichheit durch Investitionen und Reformen im Bildungsbereich und die Verbesserung der in mehrfacher Hinsicht zentralen Dimension Inklusion auf den Arbeitsmarkt kann die Agenda 2010 in der Substanz als ein Versuch zur Verbesserung der Gerechtigkeitsbilanz der Bundesrepublik gewertet werden."[944] Somit reduzierten sich Akzeptanzschwierigkeiten auf bloße Vermittlungsprobleme, in Meyers Worten: „das fast völlige Ausbleiben eines öffentlichen Begründungsdiskurses, in dem die Verantwortlichen hätten deutlich machen können, welche Maßstäbe sie zugrunde legen, worin der normative Zusammenhang zwischen den einzelnen Projekten besteht und welche Ziele sie mit dem Projekt verfolgen."[945] Man hatte den Wähler(inne)n das großartige, in sich stringente und für die Menschen eigentlich plausible Reformwerk also nur nicht gut genug erklärt. Frank Pilz bemerkt zu dieser bei Politikern der SPD und der Bündnisgrünen häufig anzutreffenden Position: „Wer die Umsetzung von Reformmaßnahmen auf ein ‚Vermittlungsproblem' reduziert, demonstriert nicht nur Realitätsferne, sondern verzichtet auch auf eine überzeugende Begründung der Notwendigkeit und der Ausrichtung der Reformen."[946]

Da die rot-grüne Regierungspraxis dem Berliner Grundsatzprogramm der SPD, insbesondere seiner Vision von einem demokratischen Sozialismus, immer weniger entsprach, hätte sie ihm eigentlich stärker angeglichen werden müssen. Gerhard Schröder und der seinerzeit von ihm als Generalsekretär ins Willy-Brandt-Haus geholte Olaf Scholz bemühten sich umgekehrt darum, die Partei selbst und ihre Prinzipien der Regierungspolitik anzupassen: Grundwerte wie die soziale Gerechtigkeit und einen Leitbegriff wie „Demokratischer Sozialismus" erklärte man für antiquiert, interpretierte sie um oder relativierte sie auf andere Weise.

Unter der Überschrift „Gerechtigkeit und Solidarische Mitte im 21. Jahrhundert" legte Scholz am 16. Juli 2003 beim „Programmdialog Gerechtigkeit. Antworten auf eine alte Frage" 13 Thesen für die Umgestaltung des Sozialstaates und die Zukunft sozialdemokratischer Politik vor. Darin plädierte der SPD-Generalsekretär für die Erweiterung des Gerechtigkeitsbegriffs, der zu sehr auf Verteilungsgerechtigkeit gemünzt gewesen sei, was sich aufgrund der Globalisierung ändern müsse. Hierbei verdiene vor allem der Zusammenhang von Freiheit und Gerechtigkeit, die sich wechselseitig bedingten, mehr Aufmerksamkeit: „Gerecht ist", meinte Scholz, „was Menschen in die Lage versetzt, ihr Leben so zu gestal-

---

943   Ebd. (Hervorh. im Original)
944   Ebd., S. 188
945   Siehe ebd.
946   Frank Pilz, Der Sozialstaat, a.a.O., S. 227

ten, wie sie es selbst gerne gestalten möchten."[947] Folglich hätten Sozialdemokrat(inn)en an der Regierung die Aufgabe, dafür geeignete Voraussetzungen zu schaffen. Die beiden Politikfelder, wo darüber entschieden werde, ob die Gesellschaft (fast) allen Menschen ausreichende Teilhabechancen biete, sind Scholz zufolge Bildung und Arbeit: „Auf diesen Gebieten vor allem erweist sich der Gerechtigkeitsgrad unseres Gemeinwesens, auf diesen Gebieten müssen Sozialdemokraten heute ihrem emanzipatorischen Anspruch und Erbe gerecht werden."[948]

Es fällt auf, dass Scholz mit diesem Gerechtigkeitsbegriff nur noch auf den Zugang zur Lohnarbeit und zur Bildung (verstanden als Qualifikation, um auf dem Arbeitsmarkt bestehen zu können) abzielte, während er die Kapitalseite, Finanzmagnaten und Großaktionäre aus ihrer sozialen Verantwortung entließ und von jeglicher Verpflichtung (etwa zum Teilen ihres Reichtums mit anderen) freistellte. Bundestagspräsident Wolfgang Thierse, der im Unterschied zu Schröder und seinem Generalsekretär am Reizwort „demokratischer Sozialismus" festhielt, wies jedoch darauf hin, „dass Vollbeschäftigung (allgemeine Teilhabe am Arbeitsleben) nicht ohne Umverteilung und Verteilungsgerechtigkeit hergestellt werden kann."[949] Dafür nannte Thierse in erster Linie makroökonomische Gründe: „Dauerhafte Vollbeschäftigung bedarf eines ‚Produktivitätspaktes' zwischen Kapital und Arbeit. Nur die Beteiligung der Beschäftigten an den Produktivitätsfortschritten und am Wachstum kann über eine Ausweitung der Gesamtnachfrage langfristig verhindern, dass das Arbeitsvolumen stetig sinkt."[950]

Damit die Menschen ihre eigenen Pläne verfolgen können, brauchen sie nach wie vor Geld, das sie im Falle der Erwerbslosigkeit als soziale bzw. Entgeltersatzleistung vom Staat erhalten müssen. Dies gilt auch für die von Scholz emphatisch geforderten Chancen auf Teilhabe an Bildung und Arbeit. Denn ohne ausreichende materielle Unterstützung bleibt die Möglichkeit, etwa an Weiterbildungskursen mit dem Ziel verbesserter Arbeitsmarktchancen teilzunehmen, ein leeres Versprechen. Hans-Jürgen Urban hegte den begründeten Verdacht, dass die Entwertung der *Verteilungs*gerechtigkeit durch führende Sozialdemokraten nicht zuletzt dem Ziel diente, sich unliebsamer Maßstäbe zur Bewertung der eigenen (Regierungs-)Politik zu entledigen.[951]

Der moderne Sozialstaat darf Scholz zufolge weder die wirtschaftliche Dynamik beeinträchtigen noch den Zugang möglichst vieler Gesellschaftsmitglieder zu Bildung und Arbeit behindern, was er jedoch in der Vergangenheit – so lautet zumindest der implizite Vorwurf – versäumt haben soll: „Nur ein auf Prävention und Chancengleichheit setzender Sozialstaat kann unter den veränderten ökonomischen und gesellschaftlichen Rahmenbedingungen Gerechtigkeit gewährleisten."[952] Florian Gerster, seinerzeit Präsident der Bundesanstalt für Arbeit, fragte in der *Welt* rhetorisch, wie viel Sozialstaat „wir" uns noch leisten könnten, und gab zur Antwort: „Ohne Schaden für Beschäftigung und wirtschaftliche Dynamik deutlich weniger als heute. (...) Das bedeutet Rückbau des Sozialstaats, Teilhabe-

---

947 Olaf Scholz, Gerechtigkeit und Solidarische Mitte im 21. Jahrhundert, a.a.O., S. 15
948 Ebd., S. 16
949 Wolfgang Thierse, Die Sozialdemokratie muss dem Mainstream widerstehen. Die Freiräume der Menschen dürfen nicht der Privatisierung und Kommerzialisierung zum Opfer fallen, in: FR v. 12.9.2003
950 Ebd.
951 Vgl. Hans-Jürgen Urban, Eigenverantwortung und Aktivierung – Stützpfeiler einer neuen Wohlfahrtsarchitektur?, a.a.O., S. 471
952 Olaf Scholz, Gerechtigkeit und Solidarische Mitte im 21. Jahrhundert, a.a.O., S. 19

gerechtigkeit und Mindestabsicherung statt materieller Umverteilung."[953] Allerdings unterschlug Gerster, dass die Bundesrepublik so reich wie nie war und ihre Volkswirtschaft sich trotz konjunktureller Rückschläge als „Exportweltmeister" präsentierte. Von der Notwendigkeit, „den Gürtel enger zu schnallen", kann eigentlich nur die Rede sein, wenn man die ungerechte Verteilung des gesellschaftlichen Wohlstandes ausblendet.

Debatten über die Umverteilung des gesellschaftlichen Reichtums waren nach Meinung des auf dem Bochumer Bundesparteitag im November 2003 nur mit knapper Mehrheit wiedergewählten und im März 2004 durch Klaus Uwe Benneter als SPD-Generalsekretär abgelösten Scholz deshalb nicht mehr von zentraler Bedeutung, weil der Sozialstaat „bereits ein sehr weitgehendes Niveau der Umverteilung materieller Ressourcen und Einkommen erreicht" habe.[954] Armut, die in unserer Gesellschaft – ganz besonders unter jungen Menschen – wächst,[955] wird völlig ignoriert, und die Verteilungsverhältnisse erklärt man für weitgehend irrelevant, obwohl oder gerade weil sie dem Gebot sozialer Gerechtigkeit heute mehr denn je seit 1945 zuwiderlaufen.

Der frühere niedersächsische Ministerpräsident Sigmar Gabriel bemerkte immerhin, „dass es auch heute noch um Verteilungs- und damit um Machtfragen geht."[956] Gleichzeitig warnte er davor, Chancen- und Verteilungsgerechtigkeit, die für ihn zwei Seiten der gleichen Medaille bilden, gegeneinander auszuspielen. Nötig sei zwar eine Veränderung sowohl der praktischen Politik (durch die *Agenda 2010*) wie auch der sozialdemokratischen Programmatik (durch die „Neubestimmung der Balance zwischen individueller und gesellschaftlicher Freiheit und Verantwortung"), dafür brauche man jedoch weder neue Grundwerte noch einen Identitätswechsel der SPD: „Wenn der Wind sich dreht, dann müssen wir die Segel anders stellen, aber nicht den Kompass über Bord werfen."[957]

Das sah Heidemarie Wieczorek-Zeul, Bundesministerin für wirtschaftliche Zusammenarbeit und Entwicklung, ganz ähnlich. Die Stellvertretende SPD-Vorsitzende beharrte in der Diskussion darauf, dass es nach wie vor sowohl hierzulande als auch global, im Verhältnis von Nord zu Süd, aber auch zwischen Mann und Frau „eklatante und teils neu aufbrechende und gefährliche Ungerechtigkeiten" gebe: „Eine Partei, die den Anspruch erhebt, auch in internationalen Bezügen zu denken, und die ihre Identität mit den Namen von Willy Brandt und Olof Palme verbindet, darf die Frage nach sozialer Gerechtigkeit, auch Verteilungsgerechtigkeit, nicht als erledigt betrachten."[958] Zweifellos kann die Frage der Gerechtigkeit heute nicht mehr von ihrer globalen Dimension getrennt, sondern nur dann richtig beantwortet werden, wenn man den Nord-Süd-Konflikt löst bzw. die Spaltung zwischen der sog. Ersten und Dritten Welt beseitigt. Die ethnozentrische Verkürzung der Gerechtigkeitsdiskussion lässt sich aufheben, sofern neben der internen auch die externe Verteilungsgerechtigkeit berücksichtigt wird. „Eine Gesellschaft ist extern gerecht, wenn sie nicht die Entwicklung anderer Gesellschaften, beispielsweise durch Ausbeutung ihrer Ressourcen

---

953   Florian Gerster, Die neue Sozialstaatsfrage. Fürsorge muss auch vom Machbaren abhängen, nicht nur vom Wünschbaren für den Einzelnen, in: Die Welt v. 2.9.2003
954   Siehe Olaf Scholz, Gerechtigkeit und Solidarische Mitte im 21. Jahrhundert, a.a.O.
955   Vgl. hierzu: Christoph Butterwegge u.a., Armut und Kindheit. Ein regionaler, nationaler und internationaler Vergleich, 2. Aufl. Wiesbaden 2004; ders./Michael Klundt/Matthias Zeng, Kinderarmut in Ost- und Westdeutschland, a.a.O.
956   Siehe Sigmar Gabriel, Die Akkus nicht entladen und den Kompass nicht wegwerfen. Anmerkungen zur Debatte um den Begriff des „demokratischen Sozialismus" in der SPD, in: FR v. 23.8.2003
957   Ebd.
958   Heidemarie Wieczorek-Zeul, Werte wechseln wie das Hemd? – SPD muss für Verteilungsgerechtigkeit stehen, in: FR v. 19.9.2003

und Menschen oder durch unfaire Handelsregeln be- oder verhindert."[959] Werte wiederum, meinte Wieczorek-Zeul, dürfe man nicht wechseln wie das Hemd oder einfach umdefinieren. Mehr soziale Gleichheit bzw. Verteilungsgerechtigkeit bilde die Grundlage für Teilhabechancen benachteiligter Gesellschaftsschichten: „Je ungerechter Reichtümer und Einkommen verteilt sind, desto schwieriger wird der Zugang zu Bildung und Arbeit."[960] Damit sprach Wieczorek-Zeul die oft übersehene Tatsache an, dass ein hohes Maß an Gleichverteilung von materiellen Gütern, d.h. an sozialer Verteilungsgerechtigkeit, in einer Gesellschaft die entscheidende Voraussetzung dafür ist, dass sie möglichst vielen ihrer Mitglieder die Möglichkeit zur Integration und Partizipation bieten kann.

6.5 Modernisierung oder Abschied der SPD (wie auch der CDU) von sich selbst?

Birgit Mahnkopf diagnostiziert eine „mentale Kolonialisierung der Sozialdemokratie durch den Neoliberalismus", die darin gipfele, „dass die Schimäre einer (wachstumshinderlichen) egalitären Gesellschaft herhalten muß, um ein Mehr an Ungleichheit zu rechtfertigen, dessen ökonomischer Sinn zweifelhaft ist und dessen soziale Folgen für die Demokratie in Deutschland erhebliche Gefahren mit sich bringen."[961] Arno Klönne sah die SPD mit dem Schröder/Blair-Papier sogar „Abschied von sich selbst" nehmen, was er wie folgt begründete: „Der Sozialstaat kapitalistischer Provenienz war der Kern des Godesberger Programms, und dies schlug in gesellschaftliche Realität um. Der ‚Weg nach vorne' wendet sich davon ab."[962]

In der „Umbau"-Diskussion verschwammen die Grenzen zwischen sozialdemokratischen Prinzipien und neoliberalen Positionen immer mehr. Peter Glotz, Hochschullehrer in St. Gallen und ehemaliger Bundesgeschäftsführer der SPD, verlangte einen radikalen Kurswechsel: „Die sozialdemokratische Theorie des Sozialstaats und der sozialen Gerechtigkeit muss neu formuliert werden, und zwar nicht wegen temporärer Bugdetprobleme oder irgendeines läppischen (aber von uns Deutschen erfundenen) Defizitkriteriums im ‚Stabilitätspakt' der EU. Vielmehr unterscheiden sich die Grundzüge des gegenwärtigen Zeitalters radikal von der Periode, in der der europäische Wohlfahrtsstaat konzipiert wurde."[963] Glotz, dem eine von ihm beschönigend „Rückbau" genannte Demontage des Sozialstaates trotz des immensen Reichtums der Bundesrepublik als „unausweichlich" erschien, nannte dafür drei Gründe: das Altern der Gesellschaft, den „digitalen Kapitalismus" ohne eine Möglichkeit der Rückkehr zur Vollbeschäftigung und die deutsche Wiedervereinigung. Keiner davon konnte jedoch überzeugen. Zwar fungiert die Demografie in Medien und Öffentlichkeit als Mittel sozialpolitischer Demagogie, die Leistungsfähigkeit einer Gesellschaft bemisst sich aber nicht nach dem Alter ihrer Mitglieder, sondern nach der Ertragskraft ihrer Volkswirtschaft. Gerade der wissenschaftlich-technische Fortschritt und die

---

959 Silvia Staub-Bernasconi, Gerechtigkeit und sozialer Wandel, in: Werner Thole u.a. (Hrsg.), Soziale Arbeit im öffentlichen Raum. Soziale Gerechtigkeit in der Gestaltung des Sozialen, Wiesbaden 2005, S. 82
960 Heidemarie Wieczorek-Zeul, Werte wechseln wie das Hemd?, a.a.O.
961 Siehe Birgit Mahnkopf, Formel 1 der neuen Sozialdemokratie: Gerechtigkeit durch Ungleichheit, a.a.O., S. 503
962 Arno Klönne, Die Sozialdemokratie nimmt Abschied von sich selbst. Bemerkungen zum Blair-Schröder-Programm, in: Kommune 7/1999, S. 61
963 Peter Glotz, Die soziale Selbstgerechtigkeit. Ohne eine neue Theorie des Wohlfahrtsstaats ist die SPD nicht mehr regierungsfähig, in: Die Zeit v. 8.5.2003

Globalisierung boten der Bundesrepublik dafür günstige Bedingungen. Hieran hat auch die deutsche Vereinigung trotz enormer Kosten und Belastungen der sozialen Sicherungssysteme wenig geändert. Vielmehr bewies der gleichzeitig stattfindende Sozialabbau in anderen Ländern, dass es sich nicht um ein *nationales* Phänomen, sondern um ein gesellschaftspolitisches Großprojekt handelt, das überall in der Welt auf parallel getroffenen Entscheidungen liberalkonservativer Kräfte beruht.

Dass die SPD neuerdings nicht nur „Chancen-" statt „Ergebnisgleichheit", sondern auch „Teilhabe-" statt „Verteilungsgerechtigkeit" fordert, die „Eigenverantwortung" anstelle der Solidarität betont und sich zum Leistungsprinzip wie zu „Eliten" bzw. „Exzellenz" bekennt,[964] nennt Heinrich Oberreuter eine Übernahme konservativer Grundpositionen: „Sie ist damit bei Ludwig Erhard angekommen."[965] Martin Seeleib-Kaiser deutet die immer „stärkere Fokussierung der Sozialdemokratie auf Eigenverantwortung, bürgerschaftliche Arrangements und die Familie sowie die Reduzierung der staatlichen Regulation im Wirtschaftsleben und der Sozialpolitik" gleichfalls als Fortführung modernen christdemokratischen Gedankengutes, das auf einen „sozialen Kapitalismus" setze.[966] Dieser politikwissenschaftliche Befund korreliert mit der Feststellung Elisabeth Niejahrs, dass die ideologischen Gegensätze zwischen den parteipolitischen Lagern schwänden: „Sozialdemokraten und Grüne machten die Familienpolitik im Wahljahr 2002 zu einem zentralen Kampagnenthema."[967] Die für Sozialpolitik zuständige *Zeit*-Korrespondentin weist gleichzeitig auf einen „natürlichen Konflikt" hin, der sich zwischen dem Ziel der Chancengleichheit und dem Wunsch auftue, das gefährdete Biotop der bürgerlichen Kern- oder Kleinfamilie erneut zu beleben: „Es ist (...) kaum vorstellbar, dass die Familie wieder stärker in das Zentrum der Gesellschaft rückt, ohne dass es für die Zukunft eines Kindes noch stärker als bisher dadurch bestimmt wird, ob es Arzttochter oder Sohn eines Sozialhilfeempfängers ist."[968]

Martin Frenzel sieht die Sozialdemokraten bei ihrer „Neujustierung von Markt, Sozialstaat und Eigenverantwortung" bzw. ihrem „Drahtseilakt zwischen Wohlfahrts- und Wettbewerbsstaat" auf einer politisch-ideologischen Gratwanderung: „Die europäische Sozialdemokratie kann zwar einen weniger fürsorglichen denn aktivierend-fordernden Sozialstaat wagen, aber kaum das Prinzip der sozialen Gerechtigkeit opfern, es sei denn um den Preis des dauerhaften, eigenen elektoralen Niedergangs."[969] Der Göttinger Parteienforscher Peter Lösche beklagt vor allem den zunehmenden Verlust einer originären Zielsetzung der sozialdemokratischen Wirtschafts- und Gesellschaftspolitik: „Was den europäischen Sozialdemokratien fehlt, was verloren ging, ist die ‚große Erzählung' von der Humanisierung der Gesellschaft, von der sozialen, ökonomischen, politischen und kulturellen Egalität, von der sozialen Gerechtigkeit."[970]

---

964   Vgl. z.B. Gerhard Schröder, Die neue Lust auf Exzellenz, in: Vorwärts 2/2004, S. 5f.
965   Heinrich Oberreuter, Die „neue Mitte" – Herausforderungen für die Unionsparteien, in: Gerhard Hirscher/ Roland Sturm (Hrsg.), Die Strategie des „Dritten Weges". Legitimation und Praxis sozialdemokratischer Regierungspolitik, München 2001, S. 207
966   Siehe Martin Seeleib-Kaiser, Neubeginn oder Ende der Sozialdemokratie? – Eine Untersuchung zur programmatischen Reform sozialdemokratischer Parteien und ihrer Auswirkung auf die Parteiendifferenzthese, in: PVS 3/2002, S. 492
967   Elisabeth Niejahr, Alt sind nur die anderen, a.a.O., S. 25
968   Ebd.
969   Martin Frenzel, Neue Wege der Sozialdemokratie – sozialliberaler Minimalkonsens oder christdemokratische Kopie?, Eine Erwiderung auf Martin Seeleib-Kaiser, in: PVS 1/2003, S. 87
970   Peter Lösche, Sozialdemokraten im Niedergang? – Zum Zustand der SPD und ihrer europäischen Schwesterparteien, in: Blätter für deutsche und internationale Politik 2/2003, S. 212

Sigmar Gabriel forderte ein „zweites Godesberg", das die individuelle Entscheidungs-freiheit und das Bewusstsein einer gemeinsamen Verantwortung für die Gesellschaft mit-einander zu versöhnen hätte: „Im Grunde geht es um eine Wiederbelebung unseres Solidaritätsbegriffes: verantwortliches Handeln für sich und gegenüber anderen."[971] Neben das Plädoyer für mehr Eigenverantwortung trat bei dem zusammen mit anderen sozial-demokratischen Nachwuchspolitiker(inne)n im „Netzwerk Berlin" organisierten Gabriel der kommunitaristisch begründete, aber unsinnige Appell an den Gemeinsinn: „Wir brauchen einen sozialen Patriotismus, dem sich insbesondere die geistigen und wirtschaftlichen Eli-ten verpflichtet fühlen." Von hier bis zu einem Standortnationalismus, wie ihn etwa die Rede zur *Agenda 2010* enthielt, war es nicht mehr weit.

Manches deutete darauf hin, dass die SPD, nachdem sie bereits die soziale Gleichheit, das – natürlich nicht mit Gleichmacherei zu verwechselnde – Ziel der Arbeiterbewegung, aus ihrem Grundsatzprogramm getilgt hatte, in der Regierungsverantwortung auch die sozi-ale Gerechtigkeit zugunsten von Chancen-, Generationen- oder „Zukunftsgerechtigkeit" aufgab, (Wahl-)Freiheit für ihr übergeordnet erklärte und deren Rückbindung an die Ver-sorgung ihrer Klientel mit materiellen Gütern leugnete. Grundwerte, die nur in Sonntagsre-den, aber nicht in der Alltagspraxis zur Geltung kommen, sind wertlos! Grundwerte, die inhaltlich ausgehöhlt und zu Phrasen verkommen waren, konnten die politische Praxis der Partei nicht mehr anleiten.

In der Programm- und Gerechtigkeitsdiskussion spielten *links*sozialdemokratische Po-sitionen, wie sie außerhalb der Parteigremien, aber an sehr prominenter Stelle vor allem Oskar Lafontaine vertrat,[972] praktisch keine Rolle. Vielmehr gelang es der Parteispitze gemeinsam mit dem Kanzleramt, die frühere Programmpartei in einem rigiden Disziplinie-rungsprozess weitgehend hinter Bundeskanzler Schröder zu versammeln und die innerpar-teiliche Opposition durch die Drohung, mit der Meinungskonformität gehe auch die Regie-rungsfähigkeit der SPD für Jahrzehnte verloren, trotz wachsender Unzufriedenheit und ständiger Mitgliederverluste ruhig zu stellen.

Genauso schnell, wie die Debatte über den angeblich revisionsbedürftigen Gerechtig-keitsbegriff und das sozialdemokratische Grundwerteverständnis begonnen hatte, wurde sie auch wieder beendet, was ihren Alibi- bzw. Ablenkungscharakter unterstreicht. Parallel dazu fand eine ähnliche Diskussion mit vergleichbaren Ergebnissen auch in der CDU statt. Sonst hätten sich die „Modernisierer/innen" in der SPD kaum derart rasch und radikal mit ihrem Reformkurs durchgesetzt. Vielmehr gab es inhaltliche Überschneidungen, Parallelen und Wechselwirkungen, die berücksichtigt werden müssen, will man den sozialdemokrati-schen Kurswechsel verstehen.

Angela Merkel, die sich aufgrund der Parteispendenaffäre und des Sturzes ihrer Vor-gänger Helmut Kohl und Wolfgang Schäuble darüber als CDU-Vorsitzende schnell fest etablieren konnte, führte in der Union einen ähnlichen gesellschaftspolitischen Richtungs-wechsel herbei wie Gerhard Schröder ungefähr zur selben Zeit in der SPD. In einer Grundsatzrede zum 13. Jahrestag der deutschen Einheit formulierte sie am 1. Oktober 2003 einen um die „Leistungsgerechtigkeit zwischen Staat und Bürger" erweiterten Gerechtig-keitsbegriff: „Keine Leistung ohne Gegenleistung, keine Abzocke des Bürgers, sondern ein

---

971   Sigmar Gabriel, Ein zweites Godesberg, in: Die Zeit v. 22.5.2003
972   Vgl. Oskar Lafontaine, Die Wut wächst. Politik braucht Prinzipien, München 2002

Mehr an Wohlstand und Sicherheit – das ist moderne Gerechtigkeit."[973] Populistisch forderte Merkel eine „Neujustierung" der Grundwerte in ihrem Verhältnis zueinander, wobei sie den Akzent – hierin ebenfalls den Sozialdemokraten folgend – auf die Freiheit legte: „Damit Solidarität und Gerechtigkeit wieder gelebt werden können, muss die Freiheit in unserer Wertehierarchie wieder deutlich von unten nach oben kommen."[974]

Genau 2 Monate später beriet und beschloss der CDU-Parteitag in Leipzig über die Vorschläge einer Kommission „Soziale Sicherheit", die unter Vorsitz des früheren Bundespräsidenten Roman Herzog getagt hatte. Als ihren Leitgedanken bezeichnete es die CDU im beinahe einstimmig verabschiedeten Antrag des Bundesvorstandes an den Parteitag, „durch Reformen, die von einer differenzierten Weiterentwicklung bis hin zu qualitativen Systemveränderungen reichen, den deutschen Sozialstaat langfristig so demographiefest wie möglich zu machen."[975] Man sprach sich gegen die Erweiterung des Kreises der gesetzlich Sozialversicherten im Sinne einer Bürgerversicherung aus, was mit noch mehr Zwang verbunden sei und den Herausforderungen des demografischen Wandels nicht gerecht werde: „Durch eine solche Versicherung würde das Problem steigender Lohnnebenkosten nicht gelöst, sondern im Ergebnis noch vergrößert, weil die demographische Asymmetrie nicht mehr nur für den Teil der gesetzlich versicherten Bevölkerung zum Tragen käme, sondern auch für den Teil, der privat versichert ist, und obendrein die Bindung der Beitragseinnahmen an Löhne und Gehälter weiter bestehen bliebe."[976] Während sich für Privatversicherte ihrer Meinung nach überhaupt nichts ändern sollte, verlangte die CDU die Überführung der Gesetzlichen Krankenversicherung in ein ganz anderes, kapitalgedecktes und einkommensunabhängiges Prämiensystem, das erheblich „demographiefester" sein sollte, jedoch hohe Gesundheitsprämien (genannt wurde zunächst ein Betrag von ca. 264 Euro monatlich, der allerdings immer mehr zusammenschmolz) erforderlich machte. Den erforderlichen sozialen Ausgleich für Bezieher kleiner Einkommen wollte die CDU aus Steuermitteln finanzieren, wofür sie einen Betrag in Höhe von ca. 27,3 Mrd. Euro jährlich veranschlagte. Als besondere Vorzüge ihres Konzepts pries die Partei neben einer „deutlich höhere(n) Demographiefestigkeit des Systems" die „deutliche Entlastung der Bezieher höherer (sic!) Einkommen durch die Prämie" gegenüber dem bisherigen Krankenversicherungsbeitrag.[977]

Die vom Leipziger Parteitag beschlossene Gesundheitsprämie bedeutete einen radikalen Bruch mit jenem Wohlfahrtsstaatsmodell, das die CDU in der alten Bundesrepublik unter dem Markenzeichen „Soziale Marktwirtschaft" mit begründet hat, weil nun nicht mehr die Höhe des Einkommens darüber entscheiden soll, welchen Beitrag jedes einzelne Kassenmitglied bezahlen muss. Jahrzehntelang hatte der Arbeitnehmerflügel unter Hans Katzer und Norbert Blüm die *Sozial*politik der Union bestimmt. Letzterer war so lange wie kein anderer Politiker, nämlich von 1982 bis 1998, Bundesminister für Arbeit und Sozialordnung. Seine bitterste Niederlage erlitt Blüm aber erst lange nach seiner Ablösung durch Walter Riester. Auf mehreren Regionalkonferenzen im Vorfeld des Leipziger CDU-

---

973   Angela Merkel, Quo vadis Deutschland? – Gedanken zum 13. Jahrestag der Deutschen Einheit. Grundsatzrede von Angela Merkel, gehalten am 1. Oktober 2003 vor der Konrad-Adenauer-Stiftung, http://www.cdu.de/ueber-uns/buvo/pv/01-10-03-quo-vadis-deutschland_rede_fv.pdf, S. 6
974   Ebd.
975   Siehe Deutschland fair ändern. Ein neuer Generationenvertrag für unser Land. Programm der CDU zur Zukunft der sozialen Sicherungssysteme. Antrag des Bundesvorstandes der CDU Deutschlands an den 17. Parteitag am 1./2. Dezember 2003 in Leipzig, o.O.u.J., S. 10
976   Ebd., S. 13
977   Siehe ebd., S. 18

Parteitages am 1./2. Dezember 2003 wurde Blüm ausgelacht, als er die Delegierten beschwor, den von Angela Merkel unterstützten Empfehlungen der sog. Herzog-Kommission nicht zu folgen, die solidarische Krankenversicherung vielmehr beizubehalten und eine für alle gleich hohe Gesundheitsprämie bzw. Kopfpauschale abzulehnen.

In der schnell wieder verflogenen Aufbruchstimmung des Leipziger Parteitages folgten die Delegierten der dem neoliberalen Mainstream verpflichteten CDU-Führung auch bei der Beschlussfassung über ein Steuerkonzept, das Merkels damaliger Stellvertreter Friedrich Merz entwickelt hatte. Demnach erhielte jede Person einen Grundfreibetrag in Höhe von 8.000 EUR, und der Eingangssteuersatz würde von 15 auf 12 Prozent gesenkt. Den linear-progressiven Tarif wollte Merz durch zwei weitere Steuerstufen (von 24 Prozent ab einem Einkommen in Höhe von 16.000 EUR und von 36 Prozent ab einem Einkommen in Höhe von 40.000 EUR) ersetzen. Damit würden Millionen gehobene Normalverdiener/innen – ebenso wie die relativ wenigen Einkommensmillionäre – den (hauptsächlich für Letztere extrem günstigen) Spitzensteuersatz bezahlen müssen. Beibehalten werden sollte das Ehegattensplitting, in seiner unsozialen Wirkung noch verstärkt durch einen (vor allem wohlhabende Hausfrauenfamilien begünstigenden) relativ hohen, frei übertragbaren und auch für Kinder geltenden Grundfreibetrag. Gutbetuchte, die sich einen Bodygard, einen Butler, einen Chauffeur, einen Gärtner, ein Kindermädchen und/oder eine Hausdame leisten, könnten an deren Gehaltszahlung fortan die weniger privilegierten Steuerbürger/innen beteiligen: „Der private Haushalt wird grundsätzlich als Arbeitgeber anerkannt. Alle Aufwendungen, insbesondere die für Kinderbetreuung, und alle sonstigen Beschäftigungsverhältnisse, die einkommensteuerpflichtig und sozialversicherungspflichtig sind, werden als Werbungskosten/Betriebsausgaben steuerlich anerkannt und sind abzugsfähig."[978]

Bei den von Arbeitnehmer(inne)n geltend gemachten Werbungskosten (z.B. für ein häusliches Arbeitszimmer) sowie Steuervergünstigungen (partielle Befreiung der Sonntags-, Feiertags- und Nachtzuschläge von der Lohn- und Einkommensteuer) war man weniger großzügig: Sie sollten ebenso wie die Entfernungspauschale und der Sparer-Freibetrag gestrichen werden; der Arbeitnehmer-Pauschbetrag würde reduziert. Dagegen würden Kapitalerträge einheitlich nur noch mit einem Satz von 24 Prozent besteuert und die Reichen geschont, aber auch ganz offiziell entlastet: „Im Zuge einer Vereinfachung und einem klaren Signal (so im Original; *Ch.B.*) für eine moderne und gerechte Besteuerung nach dem Prinzip der Leistungsfähigkeit muss die Vermögensteuer durch Gesetzesbeschluss des Deutschen Bundestages und des Bundesrates endgültig förmlich aufgehoben werden."[979] Dass dieses CDU-Modell einer systematischen Umverteilung des Volksvermögens von unten nach oben wie auch einer weiteren Entlastung von Kapitaleigentümern, Besserverdienenden und Kinderreichen mit dem kurz vorher verabschiedeten Konzept einer wesentlich über Steuern zu finanzierenden Gesundheitsprämie unvereinbar war, wurde selbst Beobachter(inne)n klar, die an seiner sozialen Schieflage nichts auszusetzen hatten.

Durch die neoliberale Wende, die Abkehr von der katholischen Soziallehre und die Hinwendung zur Kopfprämie besiegelte die CDU ihr Ende als zweite große Wohlfahrtsstaatspartei der Bundesrepublik. Was die Herzog-Kommission unter maßgeblicher Mitwirkung der Unternehmensberatungsfirma McKinsey & Company als christdemokratisches „Modernisierungskonzept" für das Gesundheitswesen entwickelt hatte, war Liberalkonservatismus pur, aber kein Patentrezept für den „kranken Sozialstaat". Peter Lohauß spricht

---

978   Friedrich Merz, Ein modernes Einkommensteuerrecht für Deutschland, a.a.O., S. 214
979   Ebd., S. 218

von einer „historisch einschneidende(n) Wende in der Grundausrichtung des bundesdeutschen Sozialstaates", die durch einen Kurswechsel sowohl der SPD wie auch der CDU nach entsprechenden Beschlüssen im Laufe des Jahres 2003 möglich geworden sei. Er sieht darin eine „Abkehr von bisher bewährten Grundsätzen sozialer Gerechtigkeit" und kritisiert, „dass es nicht mehr nur um einzelne, aus der Knappheit von Haushaltsmitteln erzwungene und möglicherweise auch nur befristete Maßnahmen geht, die die Regierung umsetzt, sondern dass die Basis der Volksparteien selbst grundlegenden Kursänderungen zustimmt."[980] Dass es hierbei gleichwohl Friktionen gab, zeigte der wochenlange Streit zwischen CDU und CSU über die Umgestaltung der Krankenversicherung, welcher am 15. November 2004 mit einer fragwürdigen, niemanden zufrieden stellenden Kompromisslösung („Solidarisches Gesundheitsprämien-Modell") endete.[981] Erst als die CSU und ihr Vorsitzender, Bayerns Ministerpräsident Edmund Stoiber, nicht mehr auf einem Solidarausgleich innerhalb der Sozialversicherung bestanden, was dem Ziel diente, die Steuern weiter senken zu können, sondern eine modifizierte und ausgesprochen komplizierte Form der Gesundheitsprämie akzeptierten, lenkten ihre Schwesterpartei und deren Vorsitzende Angela Merkel ein.

Zu den wenigen namhaften CDU-Politikern, die dem Wirtschaftsflügel ihrer Partei und neoliberalen Einflüssen entgegentraten, gehörte Hermann-Josef Arentz. In seinem Buch „Sozialstaat im Härtetest" warnte der CDA-Vorsitzende: „Wer der Union zum Ausstieg aus dem deutschen Sozialstaatsmodell und zu Anleihen in der Sozialpolitik der Vereinigten Staaten oder Großbritanniens rät, der verrät die Identität der CDU. Und er leistet einen veritablen Beitrag zur Wiederbelebung der SPD oder des linken oder rechten politischen Randes."[982] Auf dem CDU-Parteitag in Düsseldorf am 6./7. Dezember 2004, der einen Beschluss zur Gesundheitsprämie im Sinne des Unionskompromisses fasste, wurde Arentz nicht wieder ins Parteipräsidium gewählt. Anschließend verlor Arentz auch seine übrigen Parteiämter und sein Landtagsmandat, weil er genauso wie der wenig später zurückgetretene CDU-Generalsekretär Laurenz Meyer jahrelang auf der Gehaltsliste des Stromkonzerns RWE gestanden hatte, ohne dafür zu arbeiten.

Bedingt durch einen neoliberalen Zeitgeist, der sich bei Regierungs- und Oppositionsparteien immer mehr durchsetzte, bewegte sich das deutsche Parteienspektrum gewissermaßen in Parallelverschiebung aller seiner Akteure nach rechts. Da die SPD während Gerhard Schröders Kanzlerschaft regierte, ohne genügend Rücksicht auf ihre Stammwählerschaft im Arbeitnehmerbereich zu nehmen, und dies mit der Abwahl von nicht weniger als sechs sozialdemokratischen Ministerpräsidenten und von Heide Simonis als einziger Ministerpräsidentin bezahlte, ohne deshalb ihren Kurs selbstkritisch zu reflektieren und zu korrigieren, die CDU unter Angela Merkels Führung jedoch sogar noch wirtschaftsfreundlicher agierte, scheute sich die FDP nicht mehr, ganz auf schmückendes soziales Beiwerk zu verzichten, und forderte die Abschaffung der Gesetzlichen Krankenversicherung sowie die Auflösung der Bundesagentur für Arbeit. Relativ blass blieben die Bündnisgrünen in der sozialpolitischen Grundsatzdiskussion, wie Michael Opielka, ihr früherer „Cheftheoretiker" auf diesem Politikfeld, kritisch bemerkte. Er sprach von „grüner Abstinenz",[983] die umso

---

980   Siehe Peter Lohauß, Wachstum und Systemwechsel. Das Ende des Sozialstaates, wie wir ihn kannten, in: Kommune 1/2004, S. 6
981   Vgl. Eckpunkte der CDU und CSU für ein „Solidarisches Gesundheitsprämien-Modell", in: Soziale Sicherheit 11/2004, S. 375f.
982   Hermann-Josef Arentz, Sozialstaat im Härtetest, Düsseldorf 2004, S. 217
983   Siehe Michael Opielka, Grüne Abstinenz. Die Ideen der Partei zur Reformdebatte sind bisher blass geblieben, in: FR v. 15.5.2003

mehr erstaunen musste, als grün-alternative Kräfte nach ihrer Parteigründung die Debatten über die Zukunft des Wohlfahrtsstaates in den frühen 80er-Jahren mit beherrscht hatten. Tatsächlich scheint die Regierungsbeteiligung zwischen 1998 und 2005 Bündnis 90/Die Grünen nicht weniger stark verändert zu haben als den sozialdemokratischen Koalitionspartner. Teilweise gewann man gar den Eindruck, dass sich die Bündnisgrünen noch mehr zur „Staatspartei" gewandelt und angepasst hatten als die SPD.

7 Alternativen zum neoliberalen Um- bzw. Abbau des Sozialstaates

Bei jenem Transformationsprozess, der als „Umbau des Sozialstaates" bezeichnet wird, handelt es sich um eine gesellschaftspolitische Richtungsentscheidung von historischer Tragweite, die das geistige Klima der Bundesrepublik ebenso nachhaltig verändern dürfte wie das Leben ihrer Bewohner/innen. Meinhard Miegel vermisst gleichwohl konkrete Aussagen der Parteien darüber, was sie unter einem „Umbau" verstehen: „Dabei wissen die Kundigen, dass dieser Begriff nur der Gesichtswahrung von Traditionalisten und Sozialpolitikern alter Denkweise dient und im Übrigen einen Epochenwechsel verniedlichen soll. In Wahrheit geht es um einen massiven Rückbau und teilweisen Abriss. Mit der Beseitigung von hübschen Schnörkeln und Zierrat oder imposanten Balustraden und Erkern ist es nicht getan. Ganze Stockwerke, in denen sich manche häuslich eingerichtet haben, sind abzutragen. Wer will, kann das Umbau nennen. Nur sollte allen Beteiligten klar sein, dass es nach Abschluss der Arbeiten den heute vertrauten Sozialstaat nicht mehr geben und etwas anderes an seine Stelle getreten sein wird."[984]

Trotz seiner Offenherzigkeit schafft Miegel, Sprecher des „Bürgerkonvents", einer weiteren Initiative kapitalkräftiger Lobbyisten, die neoliberale Positionen in der Gesellschaft zu verankern sucht, kaum mehr Klarheit. Denn seine Metaphern verdecken ebenfalls, dass die „Baustelle" Sozialstaat nicht der Renovierung, Generalüberholung oder Wertsteigerung eines maroden Gebäudes dient, sondern dass eine vollständige Umstrukturierung der Regulierung gesellschaftlicher Probleme sowie eine Neuordnung bestehender Macht- und Herrschaftsverhältnisse droht, bei welcher die Interessen und Bedürfnisse einer Mehrheit der Bevölkerung mit Füßen getreten werden.

Was als „Modernisierung" des Sozialstaates firmiert, dient hauptsächlich seiner Verbilligung und Vermarktlichung, die aber so gut wie nie mit einer Verbesserung von Leistungen einhergeht, diese vielmehr dem Umfang und/oder dem Anspruch nach beschneidet.[985] Daher spricht Volker Offermann treffender von einer „regressiven Modernisierung", womit er die „Aufgabe von Wohlfahrtsstaatlichkeit zugunsten einer weitgehend unregulierten Marktlichkeit" meint.[986] Nicht etwa der Staat selbst wird heute zum „Auslaufmodell", wie Erhard Eppler mutmaßt,[987] sondern „nur" seine Sozialbürokratie, die man im Unterschied zum expandierenden Repressions- und Militärapparat künftig offenbar nicht mehr braucht, um die gesamtgesellschaftliche Regulation und Reproduktion zu gewährleisten. „Soziale Politik als Teil von Staatlichkeit steht in Frage, Konzepte einer Reduktion staatlicher Interventionen im Bereich des Sozialen gewinnen an Gewicht, während staatliche

---

984 Meinhard Miegel, Die deformierte Gesellschaft. Wie die Deutschen ihre Wirklichkeit verdrängen, 2. Aufl. Berlin/München 2002, S. 224f.

985 Vgl. Dieter Grunow, Modernisierung des Sozialstaates?, a.a.O., S. 91

986 Siehe Volker Offermann, Sozialstaat und Massenarbeitslosigkeit. Tendenzen einer regressiven Modernisierung des Wohlfahrtsstaats, in: Sozialer Fortschritt 9-10/1997, S. 205

987 Siehe Erhard Eppler, Auslaufmodell Staat?, Frankfurt am Main 2005

Interventionen bis hin zur Indienstnahme des staatlichen Gewaltmonopols in kriegerischen Auseinandersetzungen kaum noch auf Grenzen stoßen."[988]

Jens Alber sieht zwar gleichfalls die Gefahr einer „Modernisierung als Rückkehr in die Vergangenheit", verbunden mit Privatisierungsmaßnahmen, einem Zurückschrauben der staatlichen Verantwortung und einer Kommerzialisierung sozialer Beziehungen, betont aber stärker die Ambivalenz des Prozesses, der auch zur Stärkung der Mitwirkungsrechte von Bürgerinnen und Bürgern genutzt werden könne: „Dazu gehören verbesserte Informationsrechte – nicht nur im Sinne des Zugangs Betroffener zu gespeicherten Personaldaten, sondern auch im Sinne der Öffnung des Zugangs zu den mit Mitteln der Steuerzahler produzierten Datensammlungen nationaler und supranationaler Bürokratien – sowie die Eröffnung von Mitspracherechten in der Verwaltung sozialer Einrichtungen."[989]

7.1 Vermarktlichung des Sozialstaates oder Einführung der Bürgerversicherung

Frank Nullmeier arbeitet drei Dimensionen der „Vermarktlichung" von Sozialpolitik heraus und bringt sie mit unterschiedlichen Strategien in Verbindung: die *„interne* Vermarktlichung" von Sozialstaaten, bei der Wohlfahrts*märkte* geschaffen werden, die *„externe* Vermarktlichung", durch welche bestehende Wohlfahrtsstaaten untereinander zu Wettbewerbern werden, und die *„subjektbezogene* Vermarktlichung", unter der er die „Erziehung zur Marktlichkeit" versteht.[990] Weiter differenziert Nullmeier zwischen einer *neo-* und einer *sozial*liberalen Strategie der Vermarktlichung, die sich seines Erachtens in den Folgen für den Sozialstaat grundlegend unterscheiden. Weder die Übertragung der Sozialleistungsbereitstellung auf Unternehmen noch die vorrangige Steuerung des Leistungsgeschehens durch Märkte bedeute Sozialstaats*abbau*. Dieser finde dagegen dort statt, wo Anrechte auf Leistungen beschnitten würden und die Zahlungsfähigkeit und -bereitschaft von Personen den Zugang zu sozialen Leistungen bestimme.[991]

Die systematisch betriebene Vermarktlichung des Sozialen führt zu einer Schwächung der Demokratie, weil jede Privatisierung die Bedeutung und den Einfluss der kapitalistischen Ökonomie ihr gegenüber stärkt: „Privat heißt, daß alle zentralen Entscheidungen – jedenfalls prinzipiell – von Leuten und Gremien gefällt werden, die sich nicht öffentlich verantworten müssen."[992] Privatisierung läuft im Grunde auf Entpolitisierung und diese wiederum auf Entdemokratisierung hinaus, weil der Bourgeois auch jene Entscheidungen trifft, die dem Citoyen bzw. der Citoyenne, dem Gemeinwesen sowie den gewählten Repräsentant(inn)en vorbehalten bleiben sollten. Letztlich schließen sich das Prinzip „Markt" und das Prinzip „öffentliche Aufgaben in einem demokratischen Staat" aus, wie Bodo Zeuner treffend bemerkt: „Wer z.B. das Bildungssystem in gegeneinander konkurrierende Unternehmen aufspaltet, die mit eigenen Budgets arbeiten und im Interesse der ‚Wirtschaftlichkeit' Gebühren von Studenten, vielleicht demnächst von Schülern, erheben dürfen, der stärkt nicht irgendwelche ‚Eigenverantwortlichkeiten', sondern baut das demokratische

---

988   Jürgen Boeckh/Ernst-Ulrich Huster/Benjamin Benz, Sozialpolitik in Deutschland, a.a.O., S. 18
989   Jens Alber, Die Modernisierung des Wohlfahrtsstaats: eine Neumischung moderner und traditionaler Elemente?, in: Wolfgang Glatzer/Roland Habich/Karl Ulrich Mayer (Hrsg.), Sozialer Wandel und gesellschaftliche Dauerbeobachtung, Opladen 2002, S. 28
990   Siehe Frank Nullmeier, Vermarktlichung des Sozialstaats, in: WSI-Mitteilungen 9/2004, S. 495
991   Vgl. ebd., S. 499
992   Wolf-Dieter Narr, Zukunft des Sozialstaats – als Zukunft einer Illusion?, Neu-Ulm 1999, S. 26

Recht auf gleiche Bildungschancen unabhängig vom Einkommen ab und entzieht letztlich der demokratischen Gesellschaft die Möglichkeit, ihre Ressourcen sozialstaatlich umzuverteilen."[993]

Wer den Sozialstaat in diesem Sinne umstrukturiert, bringt die gesamte Staatsarchitektur ins Wanken und muss sich die Frage gefallen lassen, ob er nicht längst auf dem Weg „in eine andere Republik" ist.[994] Schließlich sind Demokratie und Wohlfahrtsstaatlichkeit heute mehr denn je aufeinander angewiesen, während die politische Partizipation gefährdet ist, wenn die soziale Exklusion wie zuletzt im Zeichen der Globalisierung zunimmt. Martin Kronauer warnt eindringlich vor dieser Gefahr: „Die Gesellschaft entwickelt sich in Richtung einer Demokratie der Eliten, gestützt auf Repression gegen Minderheiten."[995]

Wir befinden uns gegenwärtig an einer Weggabelung: Der moderne Wohlfahrtsstaat droht zu zerfallen in einen Wohltätigkeitsstaat, der sozial Bedürftige mit Almosen abspeist, und einen diesen ergänzenden Wohlfahrtsmarkt, auf dem zahlungskräftige Bürger/innen die von ihnen benötigten Leistungen selbst kaufen. Ingo Bode spricht im Hinblick auf den durch marktförmige Tauschprozesse gekennzeichneten Sozialsektor von einem „disorganisierten Wohlfahrtskapitalismus". Demnach transformieren sich die Systeme der Daseinsvorsorge zwar nicht in ein System kapitalistisch durchstrukturierter Wohlfahrt, Bode befürchtet aber, dass sich neue Ungleichheiten und Qualitätsverluste in die Leistungserbringung durch den Sozialsektor einschleichen und dass dessen „Produktionsleistungen" weniger nachhaltig wirken.[996]

Rolf Schwendter zeichnet ein düsteres Bild von der Zukunft des Wohlfahrtsstaates, wenn er feststellt: „Auf dem Papier bleibt der Sozialstaat bestehen, was indes übrigbleibt, sind jene Hungerrationen, die schon heute vorgesehen sind, wenn wer auf Sozialhilfe angewiesen ist."[997] Wolf-Dieter Narr befürchtet gleichfalls, dass der Sozialstaat keine Zukunft, vielmehr nur eine höchst ambivalente Vergangenheit hat, weil er immer schon mit relativ guten und problematischen Elementen angereichert war: „Will man eine Zukunft des Sozialstaates, so unwahrscheinlich eine solche gegenwärtig ist, dann muß man im Einklang mit dem Kampf gegen den Abbau aller möglichen Leistungen das, was man als Sozialstaat will, neu konzipieren."[998] Hingegen stehen die Chancen für eine Verteidigung sozialstaatlicher Arrangements nach Heiner Ganßmanns Ansicht gar nicht schlecht, weil zu berücksichtigen sei, „daß die Globalisierung wegen der damit einhergehenden Risiken gerade diejenigen Sicherheitsbedürfnisse erhöht, die der Sozialstaat traditionell bedient, und daß zudem die Globalisierung das Niveau des Wohlstands, aus dem Sozialpolitik finanziert werden kann, in den bereits wohlhabenden Ländern wahrscheinlich weiter steigern wird."[999] Da unterschiedliche Reformwege beschritten werden können und Richtungswechsel der Politik jederzeit möglich sind, sofern sich die Stimmung im Land dreht und dafür parlamentarische

---

993   Bodo Zeuner, Entpolitisierung ist Entdemokratisierung. Demokratieverlust durch Einengung und Diffusion des politischen Raums. Ein Essay, in: Rainer Schneider-Wilkes (Hrsg.), Demokratie in Gefahr? – Zum Zustand der deutschen Republik, Münster 1997, S. 31

994   Vgl. Dieter Grunow, Modernisierung des Sozialstaates?, a.a.O., S. 96

995   Martin Kronauer, Exklusion. Die Gefährdung des Sozialen im hoch entwickelten Kapitalismus, Frankfurt am Main/New York 2002, S. 231

996   Vgl. Ingo Bode, Disorganisierter Wohlfahrtskapitalismus. Die Reorganisation des Sozialsektors in Deutschland, Frankreich und Großbritannien, Wiesbaden 2004, S. 267 und 269

997   Rolf Schwendter, Die Zukunft des Sozialstaats, in: Komitee für Grundrechte und Demokratie (Hrsg.), Eine Politik sozialer Menschenrechte in Zeiten von Verarmung und Repression, a.a.O., S. 172

998   Wolf-Dieter Narr, Zukunft des Sozialstaats – als Zukunft einer Illusion?, a.a.O., S. 8

999   Siehe Heiner Ganßmann, Politische Ökonomie des Sozialstaats, a.a.O., S. 163

Mehrheiten finden, bestehen bezüglich der Modernisierung des Sozialstaates auch hierzulande immer Entscheidungsalternativen. „Es gibt keinen Sachzwang, den Sozialstaat zu demontieren."[1000]

Setzt man dem neoliberalen Leitbild des „schlanken" das Leitbild eines „demokratischen Sozialstaates" entgegen,[1001] läuft man Gefahr, der überzogenen Kritik am gegenwärtigen Staatsinterventionismus in die Hände zu spielen. Zwar trägt der Bismarck'sche Sozial(versicherungs)staat patriarchalische, autoritäre und ständische Züge, er war aber (bis auf die NS-Zeit) nie undemokratisch. Schon wegen des sehr viel größeren emanzipatorischen Potenzials im Sozialstaat müssen seine Grundstrukturen verteidigt und die Angriffe des Marktradikalismus gemeinsam von den Gewerkschaften, Kirchen, Wohlfahrtsverbänden, Armutskonferenzen, Arbeitslosenforen, Bürgerinitiativen und globalisierungskritischen Netzwerken zurückgeschlagen werden, damit man anschließend wirkliche Reformen (im Sinne von Verbesserungen der sozialen Lage einer Mehrheit) vorantreiben kann.

Da sich die Arbeits- und Lebensbedingungen vieler Millionen Menschen, vor allem der abhängig Beschäftigten und Scheinselbstständigen, grundlegend verändert haben, ist ein auf die Normalfamilie und den männlichen Alleinernährer ausgerichtetes Sicherungssystem anachronistisch: „Es muß aus der Fixierung auf ein starres und überholtes Familienmodell gelöst werden und für Männer und Frauen gleichermaßen individuelle Ansprüche eröffnen, die neutral gegenüber dem gewählten Lebensmodell und der Erwerbsbiographie sind."[1002] Neben einem alternativ zu gestaltenden Um- ist auch ein weiterer Ausbau des Sozialstaates nötig, was Heinz-J. Bontrup damit begründet, dass die Menschen eine höhere Lebenserwartung haben, über einen längeren Zeitraum hinweg Renten beziehen und außerdem mehr Gesundheitsleistungen beanspruchen.[1003] Aufgrund der vorhandenen gesellschaftlichen Ressourcen wäre eine solche Reformpolitik zwar finanzierbar, ihr stehen aber die Interessen mächtiger Gruppen entgegen, weshalb bislang kaum jemand davon zu sprechen wagt. Schließlich verschleiert der Begriff „Umbau", dass Neoliberale und Lobbyisten damit Sozialabbau im Sinne der Umverteilung des gesellschaftlichen Reichtums von unten nach oben zu erreichen suchen, während ihre Kritiker/innen durch Ausweitung des sozialen Sicherungssystems der Massenarbeitslosigkeit und davon ausgelösten Verarmungsprozessen begegnen wollen.[1004]

Prinzipiell ist die künftige Gewährleistung der sozialen Sicherung weniger ein Problem umfassender Veränderungen des bestehenden Systems oder gar seiner Ablösung durch ein neues als eine Frage der Umverteilung des vorhandenen (und vermutlich weiter zunehmenden) gesellschaftlichen Reichtums durch gezielte, aber massiven Widerstand provozierende Eingriffe in die ungerechte Primärverteilung. Hier liegt das Grundübel, dem umso leichter beizukommen ist, je besser, effizienter und gerechter der Sozialstaat funktioniert.

1000 Lutz Leisering, Der deutsche Sozialstaat – Entfaltung und Krise eines Sozialmodells, a.a.O., S. 38
1001 Vgl. Stephan Lessenich/Matthias Möhring-Hesse, Ein neues Leitbild für den Sozialstaat. Eine Expertise im Auftrag der Otto Brenner Stiftung und auf Initiative ihres wissenschaftlichen Gesprächskreises, Berlin, September 2004, S. 39ff.; dies., Ein neues Leitbild für den Sozialstaat. Eine Expertise im Auftrag der Otto Brenner Stiftung (Auszüge), in: Stephan Lessenich u.a., Den Sozialstaat neu denken, Hamburg 2005, S. 115ff.
1002 Peter Lohauß, Soziale Gerechtigkeit in Zeiten der Globalisierung und Individualisierung. Zum Wandel parteipolitischer Konzepte, in: PROKLA 121 (2000), S. 537
1003 Vgl. Heinz-J. Bontrup, Arbeit, Kapital und Staat, a.a.O., S. 303
1004 Vgl. Rainer Mempel, Armut und Rechtsextremismus – zwei komplexe Strukturmerkmale derzeitiger kapitalistischer Gesellschaftssysteme, in: Kritisches Forum e.V. (Hrsg.), Armut und Rechtsextremismus. Beiträge zur Diskussion um die „Krise des Sozialen", Duisburg 1995, S. 113 (Fn. 13)

Wenn man davon ausgeht, dass der Sozial(versicherungs)staat deutscher Provenienz nicht antiquiert, vielmehr nach entsprechenden Modifikationen durchaus in der Lage ist, den neuen Anforderungen, die an ihn aufgrund veränderter Arbeits-, Lebens- und Familienformen gestellt werden, zu genügen, besteht die Hauptaufgabe darin, für seine Weiterentwicklung (statt des Abbaus) zu werben und auf dieser Basis überzeugende Modelle bzw. Konzepte zu präsentieren. Es gilt, einen grundlegenden Richtungswechsel der Regierungspolitik zu erreichen, eine neue Kultur der Solidarität zu schaffen, auf der Finanzierungsebenso wie auf der Leistungsseite nötige Korrekturen vorzunehmen und dabei originelle Ideen einer umfassenden Reform aufzugreifen, ohne die bewährte Wohlfahrtsstaatsarchitektur in Frage zu stellen.

Gleichzeitig müssen Wohlfahrtsstaat und Demokratie enger miteinander verzahnt werden, wie Michael Opielka bemerkt: „Die Wahl eines Wohlfahrtsregimes und die Entscheidung über seine Entwicklung bis hin zum Pfadwechsel ist kein rein technokratischer Vorgang, sondern eine komplexe Wertentscheidung. Am besten wäre es, die Bevölkerung selbst zu fragen, durch Plebiszite und Referenden."[1005] Zwar kann man die Staatsbürger/innen nicht über verschiedene Sozialstaatsmodelle abstimmen, sie aber durchaus mitentscheiden lassen, ob das bestehende System noch mehr zugunsten des Marktes und individueller Vorsorgemaßnahmen um- bzw. abgebaut oder erweitert, also im Sinne seiner Konstruktionslogik und Entstehungsgeschichte zu einer umfassenden Absicherung der Standardlebensrisiken aller Menschen fortentwickelt werden soll.

In den jüngsten Diskussionen zur rot-grünen Sozialpolitik gab es nur einen einzigen Vorschlag, der größere Aufmerksamkeit in der Öffentlichkeit fand, ohne Leistungskürzungen und/oder finanzielle Entlastungen für Besserverdienende zu beinhalten: die Bürgerversicherung. Hier soll erörtert werden, welche Modelle existieren und ob sie tatsächlich geeignet sind, die Strukturprobleme des deutschen Wohlfahrtsstaates zu lindern, oder gleichfalls in eine Sackgasse führen. Plädiert wird für die allgemeine, einheitliche und solidarische Bürgerversicherung als konsequente Weiterentwicklung des von Bismarck begründeten Sozialversicherungssystems für Industriearbeiter, das nach und nach Heim-, Land- und Forstarbeiter, Angestellte sowie einen kleinen Teil der Selbstständigen einschloss, allerdings noch mehr geöffnet werden muss, damit es eine wirkliche Alternative zum Um- bzw. Abbau des Wohlfahrtsstaates bilden kann.

Frank Nullmeier begründet die Notwendigkeit, eine Bürgerversicherung einzuführen, m.E. überzeugend mit Modernisierungsrückständen des bestehenden, noch immer ständisch gegliederten Sozialsystems der Bundesrepublik: „In einer sich ausweitenden Marktgesellschaft, in der jeder als Marktakteur hohen Mobilitätsanforderungen ausgesetzt ist und Berufe und Arbeitsplätze häufiger wechseln, zudem die Gefahr der Arbeitslosigkeit in allen Berufsbereichen besteht, ist eine berufsständische Orientierung der sozialen Sicherungssysteme nicht mehr angemessen. Sie ist nicht mehr vertretbar, weil Übergänge zwischen den Sektoren zur Regel werden und kein Sektor mehr die Sicherheit einer lebenslangen Zugehörigkeit bieten kann."[1006] Diether Döring hält die Einbeziehung aller Formen der Erwerbstätigkeit in die Sozialversicherungspflicht gar für eine „Überlebensfrage" des deutschen Sicherungssystems: „Dies würde zu mehr Chancengleichheit im Wettbewerb verschiedener

---

1005 Michael Opielka, Sozialpolitik, a.a.O., S. 57
1006 Frank Nullmeier, Leistungsfähigkeitsprinzip und Generationengerechtigkeit als Legitimation der Bürgerversicherung, in: Wolfgang Strengmann-Kuhn (Hrsg.), Das Prinzip Bürgerversicherung. Die Zukunft im Sozialstaat, Wiesbaden 2005, S. 59

Erwerbsformen beitragen, Sicherungslücken bei heute nicht selten ‚gemischten' Erwerbsbiografien vermeiden und tendenziell die Beiträge für Versicherte und Arbeitgeber senken."[1007] Wichtig wären mehr Mindestsicherungselemente und wirksame Fördermaßnahmen für sozial Benachteiligte. Wenn es gelingt, die Sozialversicherung auf der Beitragsseite
durch ihre „Verbreiterung" bzw. „Verbürgerlichung" finanziell zu konsolidieren, kann sie
auf der Leistungsseite generöser und damit universeller sein. Die solidarische Bürgerversicherung zeichnet sich denn auch strukturell durch mehr Großzügigkeit aus, vor allem gegenüber Mitgliedern, deren materielle Basis nicht ausreichend gesichert erscheint: „In alle
Sozialversicherungstransfers müssten Elemente von Grund- und Existenzsicherung einge-
baut bzw. dieselben ausgeweitet werden."[1008]

7.2 Vorgeschichte und Wegbereiter (der Idee) einer Bürgerversicherung

Zwar ist die Idee, das System der sozialen Sicherung durch seine sukzessive Ausdehnung
auf die ganze Bevölkerung sowohl leistungsfähiger und stabiler wie auch gerechter zu machen, keineswegs neu.[1009] Aber das Konzept einer Bürger-, Erwerbstätigen- bzw. Volksversicherung gewann erst in jüngster Zeit so stark an öffentlicher Resonanz, dass es zu einer
realistischen Zukunftsoption avancieren könnte. Hinzu kommt, dass die Absicht, „eine
Sozialversicherung für alle" zu gründen, viele Befürworter/innen in unterschiedlichen Bevölkerungsschichten findet.

    In seiner Ausrichtung auf einen männlichen Familienernährer, der ein sozialversiche-
rungspflichtiges Vollzeitarbeitsverhältnis hat, mittels dessen er sich, seine Ehefrau und
gemeinsame Kinder unterhält, liegt ein Kardinalproblem des deutschen Sozialstaates. Dass
der deutsche Sozial(versicherungs)staat erwerbsarbeits- und eheorientiert ist, gehört zu
jenen Strukturdefekten, die seine Kritiker/innen schon lange beklagen. Um die im gegenwärtig bestehenden System der sozialen Sicherung vor allem für Frauen auftretenden Lücken zu schließen, schlugen Hans-Jürgen Krupp und seine Mitarbeiter/innen schon zu Beginn der 1980er-Jahre das „Voll Eigenständige System" (VES) der Altersvorsorge vor.[1010]
Es gründet auf einer Versicherungs- und Mindestbeitragspflicht für alle erwachsenen
Wohnbürger/innen, durch welche die Sozialversicherung auf eine breitere Basis gestellt
würde. In der Hausfrauenehe hätte der berufstätige Ehemann die Rentenversicherungsbeiträge für seine Partnerin mit zu entrichten. Nur bei (z.B. aufgrund der Erziehung von Kindern) ganz fehlender oder eingeschränkter Zahlungsfähigkeit übernähme der Staat die Aufgabe, Beiträge bedarfsbezogen zu „subventionieren", d.h. aus dem allgemeinen Steueraufkommen zuzuschießen. Bert Rürup und Hilmar Schneider beurteilten diesen Vorschlag
damals positiv, wenngleich er ihres Erachtens einen Nachteil aufwies: „Das System der

---

1007 Diether Döring, Überlegungen zur Nachhaltigkeit des deutschen Sozialstaatsmodells, in: Siegfried
Frech/Josef Schmid (Hrsg.), Der Sozialstaat, a.a.O., S. 160f.
1008 Andreas Bachmann, Privatisierung der Sozialversicherung und aktivierender Staat, a.a.O., S. 72
1009 Vgl. hierzu: Christoph Butterwegge, Wohlfahrtsstaat im Wandel, a.a.O., S. 179ff.
1010 Vgl. Hans-Jürgen Krupp, Ein Vorschlag zur voll eigenständigen Sicherung der Frau, in: ders. u.a. (Hrsg.),
Alternativen der Rentenreform '84, Frankfurt am Main/New York 1981, S. 17ff.; ergänzend: Gabriele Rolf/Gert
Wagner, Ziele, Konzept und Detailausgestaltung des „Voll Eigenständigen Systems" (VES) der Altersvorsorge,
in: Sozialer Fortschritt 12/1992, S. 281ff.; dies., Altersvorsorge und Vereinbarkeit von Kind und Beruf, in: Gerhard Bäcker/Brigitte Stolz-Willig (Hrsg.), Kind, Beruf, Soziale Sicherung. Zukunftsaufgabe des Sozialstaats, Köln
1994, S. 289ff.

Versicherungspflicht mit Mindestbeiträgen erfordert einen sozialen Konsens über das zugrunde liegende Modell von Lebensplanung und Familienbildung, einen Konsens, wie er bei uns vermutlich noch nicht in greifbare Nähe gerückt ist."[1011]

Statt eines Ab- oder Rückbaus des Wohlfahrtsstaates, wie ihn seit der Weltwirtschaftskrise 1974/75 sämtliche Bundesregierungen betreiben, wäre ein Um- und Ausbau des bestehenden Systems zu einer Sozialversicherung aller Bürger/innen nötig. „Modelle der StaatsbürgerInnen-, Erwerbstätigen- oder EinwohnerInnenversicherung können einen neuen grundlegenden Expansions- und Inklusionsschritt ohne institutionellen Bruch einleiten. Mit diesem Instrumentarium böte die Sozialversicherung zum ersten Mal in ihrer bundesdeutschen Geschichte soziale Teilhabe für die gesamte Bevölkerung. Die Sozialversicherung vermag sich immanent zu universalisieren und zu öffnen für ein Konzept sozialer Bürgerschaft."[1012]

Oskar Lafontaine und Christa Müller erinnerten in ihrem Buch „Keine Angst vor der Globalisierung" daran, dass die Zahl der Normalarbeitsverhältnisse ab-, die Teilzeitarbeit jedoch genauso wie die nichtsozialversicherungspflichtige Beschäftigung bzw. die Scheinselbstständigkeit zunehmen: „Deshalb sollte die einkommensabhängige Versicherungspflicht auf alle Personen, die in Deutschland arbeiten oder wohnen, ausgedehnt werden."[1013] Um die Akzeptanz des neuen Systems zu erhöhen, wollte das Autorenpaar die Höhe der Beiträge und Leistungen limitieren. Für erwachsene Nichterwerbsfähige sollte eine Versicherungspflicht auf der Basis von Mindestbeiträgen gelten. Auch war eine individuelle, eigenständige Sicherung von Frauen und Männern im Alter vorgesehen, was u.a. die Notwendigkeit einschließt, dass beide Ehepartner durchgängig Rentenversicherungsbeiträge zahlen. „Für Ausfallzeiten wegen Kindererziehung, Pflege, Krankheit und Arbeitslosigkeit müßte der Staat die Zahlung der Beiträge übernehmen."[1014] Er könnte für all jene Personen einspringen, denen es nicht möglich oder zuzumuten ist, Beiträge (in ausreichender Höhe) zu entrichten.

Um die Legitimations- und Funktionsdefizite des Systems der sozialen Sicherung zu beseitigen, müssten nur die in der Erfassung von Gefahren und Personengruppen bestehenden Lücken geschlossen werden.[1015] Es wäre demnach logisch, das Sozialversicherungssystem zu einer Volksversicherung auszubauen, die Versicherungspflicht zu erweitern, damit die Basis des Versicherungssystems zu verbreitern und den Kreis der Beitragszahler/innen allmählich zu schließen. „Den Veränderungen am Arbeitsmarkt muß durch die Ausdehnung der Versicherungspflicht Rechnung getragen werden. Da sich Selbständigkeit und Scheinselbständigkeit nicht trennscharf abgrenzen lassen und die fließenden Übergänge zwischen abhängiger und selbständiger Arbeit an Bedeutung gewinnen werden, bedarf es in

---

1011 Bert Rürup/Hilmar Schneider, Herausforderungen an den Wohlfahrtsstaat im strukturellen Wandel, in: Reinhard Hujer/Hilmar Schneider/Wolfgang Zapf (Hrsg.), Herausforderungen an den Wohlfahrtsstaat im strukturellen Wandel, Frankfurt am Main/New York 1992, S. 33

1012 Frank Nullmeier/Friedbert W. Rüb, Erschöpfung des Sozialversicherungsprinzips? – Gesetzliche Rentenversicherung und sozialstaatlicher Republikanismus, in: Barbara Riedmüller/Thomas Olk (Hrsg.), Grenzen des Sozialversicherungsstaates, a.a.O., S. 63

1013 Oskar Lafontaine/Christa Müller, Keine Angst vor der Globalisierung. Wohlstand und Arbeit für alle, Bonn 1998, S. 289

1014 Ebd., S. 290

1015 Vgl. Gert Wagner, Zentrale Aufgaben beim Um- und Ausbau der Gefahrenvorsorge. Ein Versuch, die Vertragstheorie sowie die Theorie des Markt- und Staatsversagens für die Sozialpolitik nutzbar zu machen, in: Richard Hauser (Hrsg.), Reform des Sozialstaats II. Theoretische, institutionelle und empirische Aspekte, Berlin 1998, S. 34ff.

der Konsequenz einer Versicherungspflicht *aller* Erwerbstätigen, einschließlich jener Gruppen, die bislang in Sondersystemen bzw. zu besonderen Bedingungen abgesichert sind (Beamte, Landwirte, Handwerker, Künstler, freie Berufe)."[1016] Dabei könnte die von der SPD/FDP-Koalition per Gesetz beschlossene, aber erst nach der „Wende" im Herbst 1982 gegründete Künstlersozialkasse (KSK) ein Vorbild abgeben, denn sie ist für unterschiedliche Berufsgruppen offen und so konstruiert, dass auch Menschen ohne ein ausreichendes Einkommen mit Hilfe staatlicher Zuschüsse abgesichert werden. Die eine Hälfte der Beiträge zur Kranken-, Pflege- und Rentenversicherung zahlen die selbstständigen Künstler/innen bzw. Publizist(inn)en selbst. Die andere Hälfte besteht aus einer pauschalen Künstlersozialabgabe der Auftraggeber und einem staatlichen Zuschuss. In der Entwicklung von Versicherungssystemen nach dem KSK-Modell sieht Thomas Gesterkamp „eine wegweisende sozialpolitische Reformperspektive", die freilich unter den gegenwärtigen Bedingungen und gesellschaftlichen Kräfteverhältnissen nur sehr schwer zu realisieren ist: „Eine Übertragung der Prinzipien der Künstlersozialversicherung auf andere Branchen wäre ein konfliktträchtiges Vorhaben, aber ein wichtiger Schritt hin zu einem ‚universalisierten' System, das die Sozialversicherung auf eine breitere Grundlage stellen würde."[1017]

Um die Jahrtausendwende erkannten immer mehr Wissenschaftler/innen, die sich mit dem deutschen Sozialsystem beschäftigten, dass seine Überführung von der Beschäftigten- zur Erwerbstätigen- und Wohnbürgerversicherung einen möglichen Ausweg aus der Krise bot. Peter Lohauß schrieb: „Es muß aus der Fixierung auf ein starres und überholtes Familienmodell gelöst werden und für Männer und Frauen gleichermaßen individuelle Ansprüche eröffnen, die neutral gegenüber dem gewählten Lebensmodell und der Erwerbsbiographie sind."[1018]

In der Vergangenheit z.B. aufgrund der Beihilfe- oder Pensionsregelungen für Beamte von Bund, Ländern und Gemeinden erworbene Sicherungsansprüche sollten nicht als Privilegien abgetan werden, sondern auch nach Einführung der Bürgerversicherung gewahrt bleiben. „Eine Bürgerversicherung kann nur stufenweise und unter Berücksichtigung des Vertrauensschutzes derjenigen eingeführt werden, die bereits in anderen Systemen versichert sind."[1019] Es kann keineswegs darum gehen, die „billigste" Lösung für alle Bevölkerungsgruppen verbindlich zu machen und das ohnehin geringe Leistungsniveau durch eine „soziale Nivellierung nach unten" noch weiter zu senken. Vielmehr muss die beste Lösung für das Problem sich künftig stärker ausdifferenzierender Lebens- und Versorgungslagen so in die Praxis umgesetzt werden, dass hieraus nicht neue, womöglich gar noch größere Ungerechtigkeiten erwachsen. „Würde die Bürgerversicherung in einem Schritt auf alle Beamten ausgedehnt, ergäbe sich insgesamt eine Reduzierung für die öffentlichen Ausgaben, weil die bisherigen Kosten (Beihilfe) höher sind als die Beitragszahlungen für die Bürgerversicherung. Bei einer schrittweisen Einführung der Bürgerversicherung würden sich allerdings kurzfristig die Ausgaben erhöhen, weil die

---

1016　Gerhard Bäcker, Die Zukunft der Alterssicherung. Wahlkampf um das richtige Renten-Konzept, in: Soziale Sicherheit 6/1998, S. 211 (Hervorh. im Original)

1017　Thomas Gesterkamp, Die Krise der Kerle. Männlicher Lebensstil und der Wandel der Arbeitsgesellschaft, Münster 2004, S. 136

1018　Peter Lohauß, Soziale Gerechtigkeit in Zeiten der Globalisierung und Individualisierung: zum Wandel parteipolitischer Konzepte, a.a.O., S. 537

1019　Karl Lauterbach, Das Prinzip der Bürgerversicherung. Alle Bürger und alle Einkommensarten tragen bei, dann sinken die Beitragssätze, in: Ursula Engelen-Kefer (Hrsg.), Reformoption Bürgerversicherung. Wie das Gesundheitssystem solidarisch finanziert werden kann, Hamburg 2004, S. 52

lerdings kurzfristig die Ausgaben erhöhen, weil die höheren Ausgaben für die älteren Beamten durch die Beihilfe erhalten blieben."[1020]

7.3   Finanzierungsalternativen der Krankenversicherung: Gesundheitsprämie oder Bürgerversicherung

Die sog. Rürup-Kommission hatte, wie oben dargelegt, kein gemeinsames Finanzierungsmodell für die Gesetzliche Krankenversicherung, sondern zwei konzeptionelle Alternativen präsentiert.[1021] Während Bert Rürup ein sog. Kopfprämiensystem befürwortete, das einen für alle Mitglieder gleichen Beitrag und einen staatlichen, über Steuern zu finanzierenden Ausgleich für Geringverdiener/innen impliziert, unterbreitete der Kölner Gesundheitsökonom Karl Lauterbach einen Vorschlag, welcher die Debatte zur Bürgerversicherung neu belebte. Sein später ausdifferenziertes und mehrfach modifiziertes Konzept, das vor allem eine Alternative zur Zweiklassenmedizin und allen in Deutschland lebenden Menschen einen von ihrem Einkommen unabhängigen Zugang zur Gesundheitsversorgung bieten will, beinhaltet drei Kernelemente:

1.   die Aufhebung der Versicherungspflichtgrenze, um zu verhindern, dass sich einkommensstarke, junge und gesunde Menschen der Solidargemeinschaft entziehen können;
2.   die Berücksichtigung aller Einkommensarten, um die Beitragsgrundlage zu verbreitern;
3.   die Erweiterung des Versichertenkreises auf die gesamte Wohnbevölkerung.[1022]

Lauterbach empfahl, die Beitragsbemessungsgrenze der Gesetzlichen Krankenversicherung (2005: 3.525 EUR) auf das Niveau der Rentenversicherung (2005: 5.200 EUR in West- bzw. 4.400 EUR in Ostdeutschland) anzuheben. Gesetzliche und private Kassen sollen nach seiner Konzeption nicht etwa miteinander fusioniert werden, sondern konkurrierende Angebote machen: „Als Voraussetzung für einen solchen Wettbewerb würde sie Vertragsmonopole wie das der Kassenärztlichen Vereinigungen abbauen und die Einheitsverträge der Anbieter und der Krankenversicherungen abschaffen."[1023]

Später übertrug Lauterbach sein Modell auf den Pflegebereich mit dem Ziel, den Beitragssatz von 1,7 Prozent trotz des steigenden Pflegebedarfs infolge der demografischen Entwicklung, einer Verbesserung der Versorgung von Demenzkranken und einer Anhebung der Leistungen für ambulante Pflege in den Stufen I und II für längere Zeit stabil zu halten.[1024] Aufgrund seiner Tätigkeit als Berater der rot-grünen Bundesregierung bzw. ihrer Gesundheitsministerin Ulla Schmidt konzentrierte sich Lauterbach immer stärker auf das Ziel der Beitragssatzsenkung bzw. -stabilisierung und hob die angebliche Notwendigkeit

---

1020   Wolfgang Strengmann-Kuhn, Das Modell Bürgerversicherung zur Reform der sozialen Sicherung in Deutschland, in: ders. (Hrsg.), Das Prinzip Bürgerversicherung, a.a.O., S. 13
1021   Vgl. Bundesministerium für Gesundheit und Soziale Sicherung (Hrsg.), Nachhaltigkeit in der Finanzierung der sozialen Sicherungssysteme, a.a.O., S. 147ff.
1022   Vgl. Karl Lauterbach, Ein Modell der Bürgerversicherung, in: Bündnis 90/Die Grünen (Hrsg.), Bürgerversicherung. Eine für alle, Berlin o.J., S. 9
1023   Ebd.
1024   Vgl. Karl Lauterbach, Reich und gesund, arm und krank. Führt man private und soziale Pflegekasse in einer Bürgerversicherung zusammen, lässt sich dieser Gegensatz aufheben, in: FR v. 12.4.2005

einer Verringerung der Arbeitskosten hervor. Gleichwohl war ihm klar, dass es bei der Alternative „Bürgerversicherung oder Gesundheitsprämie?" um die folge Grundsatzentscheidung geht: „Soll der Wohlfahrtsstaat durch eine ausgebaute Beteiligung der Einkommensstärksten weiterentwickelt werden oder soll er zu Gunsten eines Fürsorgestaates amerikanischer Prägung überwunden werden? Das Modell der Kopfpauschale ist der Einstieg in den Fürsorgestaat, die Bürgerversicherung die Stärkung des Wohlfahrtsstaates."[1025]

Die parallel zur Rürup-Kommission tagende Herzog-Kommission der CDU entschied sich mit großer Mehrheit für das Modell einer für alle Erwachsenen gleich hohen Kopfpauschale, die später zur „solidarischen Gesundheitsprämie" beider Unionsparteien wurde. Kopfprämien wären nicht nur familienfeindlich,[1026] sondern auch ein Rückschritt auf dem Weg zu mehr Verteilungsgerechtigkeit. Werner Schneider glaubt nicht, dass sich die Gerechtigkeitslücke der Gesundheitspauschale – wie von ihren Befürworter(inne)n versprochen – nachträglich durch die progressive Tarifgestaltung im Einkommensteuersystem beheben lässt: „Ergebnis eines steuerfinanzierten Beitragszuschusses wird sein, dass die Zielgruppen dieses Transfers ihn über Steuern in Teilen selbst finanzieren."[1027] Damit wäre aber noch ein anderer Nachteil verbunden. Schneider befürchtet nicht ohne Grund, „dass mit der Etablierung steuerfinanzierter Sozialtransfers in das GKV-Finanzsystem künftig stärker die Finanz- und weniger die Gesundheitsminister die Richtung der Gesundheitspolitik bestimmen würden."[1028]

Friedrich Merz lässt den Haupteinwand gegenüber der Kopfprämie, wonach der Chef genau denselben Beitrag wie die Sekretärin oder der Pförtner zahlt, was leicht als unsozial zu erkennen ist, nicht gelten. „Sie alle tragen, von individuellen Merkmalen abgesehen, auch ein identisches Risiko. Dieses Risiko muss deshalb zunächst auch unabhängig vom Einkommen für alle gleich versichert werden. Niemand käme doch auf die Idee, die Haftpflicht- oder Kaskoversicherung für das private Auto nach dem Einkommen des Halters zu bemessen."[1029] Mit dieser Einlassung zeigt Merz, dass er den gravierenden Unterschied zwischen einer Sozialversicherung, in diesem Fall: der GKV, und einer (privaten) Kfz-Versicherung übersieht oder unterschlägt. Geht es hier um die Minimierung finanzieller Risiken der Wagenhalter/innen, handelt es sich dort um die Abdeckung der Lebensrisiken von Arbeitnehmer(inne)n und ihren Familien. In einer Autohaftpflicht- oder Kaskoversicherung machen Schadensfreiheitsrabatte deshalb Sinn, weil jeder Fahrer durch sein aufmerksames und vorsichtiges Verhalten am Steuer entscheidend mit dazu beitragen kann, dass kein Unfall(schaden) passiert. Anders verhält es sich bei der Gesetzlichen Krankenversicherung, die Mitglieder gegen (meist unverschuldete) Schicksalsschläge und Kosten notwendiger medizinischer Eingriffe absichert. Krankheitsrisiken sind nämlich nur in geringem Maße durch das persönliche Verhalten beeinflussbar; Risikoselektion wäre hier daher unsozial und würde das Ziel der Versicherung ins Gegenteil verkehren. Die inhaltlichen Parallelen zwischen Kfz- und Krankenversicherung sind begrenzt, sogar private Assekuranzen und Gesetzliche *Kranken*versicherung aufgrund ihrer divergenten Gestaltungsprinzipien kaum miteinander vergleichbar.

1025 Ders., Warum nur eine Bürgerversicherung die Probleme in unserem Gesundheitssystem lösen kann, in: Soziale Sicherheit 12/2004, S. 424
1026 Vgl. Werner Schneider, Kopfprämien zur Kassenfinanzierung: ein Rückschritt für Familien, in: Gesundheit und Gesellschaft 2/2003, S. 44
1027 Ebd.
1028 Siehe ebd., S. 47
1029 Friedrich Merz, Nur wer sich ändert, wird bestehen, a.a.O., S. 164

Wer über die Bürgerversicherung einerseits und die Gesundheitsprämie andererseits spricht, darf vor allem ihre gegensätzlichen Verteilungswirkungen nicht verschweigen. Obwohl ein Sozialausgleich für die Bezieher/innen niedriger Einkommen erfolgen soll, hält Hartmut Reiners die Gesundheitsprämie der Union für „Wahnsinn mit Methode", weil eine nachhaltige Steuerfinanzierung des sozialen Ausgleichs ihre „offene Flanke" sei: „Ein vom Staat unabhängiges Krankenversicherungsbudget ist gegenüber fiskalischen Manövern erheblich besser geschützt."[1030] Tatsächlich wäre die nachträgliche Umverteilung über Steuern von haushaltspolitischen Entscheidungen abhängig: „Die Prämienzuschüsse müssten bei den jährlichen Haushaltsberatungen immer neu verhandelt und neu durchgesetzt werden."[1031] Nach den Berechnungen, die Jörg Niemann durchgeführt hat, wären Familien, Rentner/innen und Haushalte von Geringverdiener(inne)n trotz der geplanten staatlichen Transfers zu ihren Gunsten die Verlierer/innen des CDU-Kopfprämienmodells. Entlastungswirkungen würden hingegen bei mittleren und höheren Einkommen auftreten, ohne dass dieser Umverteilungseffekt als Ziel des Konzepts offen ausgewiesen wäre.[1032] Zu ähnlichen Ergebnissen gelangen Dirk Ruiss und Gerhilt Dietrich, welche die Entlastung von Besserverdienenden durch die Gesundheitspauschale der Unionsparteien kritisieren: „Unter dem Aspekt der sozialen Gerechtigkeit schneidet das Kopfprämienmodell somit eindeutig schlechter ab als die Bürgerversicherung."[1033] Die regressiven Verteilungswirkungen eines Kopfprämienmodells sprechen unabhängig von seiner organisatorischen Ausgestaltung für alle, die in der Belastungsgerechtigkeit ein zentrales Beurteilungskriterium sehen, gegen seine Einführung.

Übrigens verwarf die FDP beide Modelle, was Dieter Thomae, gesundheitspolitischer Sprecher ihrer Bundestagsfraktion, folgendermaßen begründete: „Weder die Bürgerversicherung, wie SPD und Grüne sie fordern, noch die Kopfpauschalen, wie die CDU sie will, sind zukunftsweisende Modelle, die das Gesundheitswesen nachhaltig stabilisieren können."[1034] In beiden Fällen, konstatierte Thomae, stehe letztlich die „Einheitszwangversicherung", von der die Menschen „bevormundet" würden, auf dem Programm: „Die Bürgerversicherung führt der gesetzlichen Krankenversicherung nur wenig mehr Geld zu, verschärft jedoch auf Dauer die Problematik des demografischen Wandels und löst die Konjunktur- und Lohnabhängigkeit nicht. Die Kopfpauschalen heben zwar die Lohnanbindung auf. Sie werden der demografischen Entwicklung (aber; *Ch.B.*) nicht gerecht und führen zur Einschränkung von Wettbewerb und Wahlmöglichkeiten."[1035] Wahlfreiheit, wie die FDP sie begreift, hat als zentrales Gestaltungselement eines zukunftsfähigen Gesundheitssystems drei Voraussetzungen: Versicherte können den Versicherer aussuchen, den Umfang des Versicherungsschutzes weitgehend selbst bestimmen (z.B. hinsichtlich der Höhe des Selbstbehalts) und die Leistungserbringer frei wählen. Letztlich besteht dieser „Dritte Weg" im Übergang zu einem privatisierten und liberalisierten Krankenversicherungsmarkt. „Alle

---

1030 Hartmut Reiners, Wahnsinn mit Methode. Die Kopfprämie in der GKV, in: Gine Elsner/Thomas Gerlinger/Klaus Stegmüller (Hrsg.), Markt versus Solidarität, a.a.O., S. 69

1031 Dirk Ruiss/Gerhilt Dietrich, Bürgerversicherung und Kopfprämien: Reformoptionen im Vergleich, in: Die Krankenversicherung 5/2004, S. 126

1032 Vgl. Jörg Niemann, Kopfprämien-Modell der CDU: Familien, Rentner und Geringverdiener sind die Verlierer, in: Die Ersatzkasse 2/2004, S. 59

1033 Dirk Ruiss/Gerhilt Dietrich, Bürgerversicherung und Kopfprämien: Reformoptionen im Vergleich, a.a.O.

1034 Dieter Thomae, Für ein freies und faires Gesundheitssystem, in: Liberal. Vierteljahreshefte für Politik und Kultur 2/2004, S. 36

1035 Ebd.

Anbieter von Krankenversicherungen sind private Versicherungsunternehmen. Die gesetzlichen Krankenkassen heutiger Prägung werden zu Privatversicherern."[1036] Zwar gäbe es
weiterhin die Versicherungspflicht, aber nur noch den Anspruch auf eine „Basisabsiche-
rung".

Die neoliberale Hegemonie in den hoch entwickelten Industriestaaten des Westens
hatte für Parteien wie die FDP den Nachteil, dass ihre programmatische Substanz ausgezehrt wurde, weil Mitkonkurrentinnen sich aus ihrem politisch-ideologischen Arsenal bedienten und Vorschläge des Wirtschaftsliberalismus bzw. Marktfundamentalismus übernahmen. Hans-Jürgen Beerfeltz, Bundesgeschäftsführer der FDP, monierte daher im Theo-
rieorgan seiner Partei, dass man deren Reformideen ständig plagiiere. „Von der Steuersenkung bis zum Subventionsabbau, von der Privatisierung bis zum Umbau der Sozialsysteme:
Programmatische Ladendiebe räumen uns die Regale leer und es nützt überhaupt nichts,
darüber lange zu weinen."[1037]

Teilweise wurde versucht, Bürgerversicherung und Kopfpauschale so miteinander zu
kombinieren, dass ein Mischprodukt herauskam, für das man die Bezeichnung „Bürgerpau-
schale" prägte. Hierbei tat sich neben Bert Rürup, dem Sachverständigenrat zur Begutachtung der gesamtwirtschaftlichen Entwicklung, dessen Sprecher er mittlerweile ist, und
Eberhard Wille, dem Vorsitzenden des Sachverständigenrates zur Begutachtung der Entwicklung im Gesundheitswesen, sowie mehreren Hochschullehrern der 1992 gegründeten
„Gemeinschaftsinitiative Soziale Marktwirtschaft" (Bertelsmann Stiftung, Heinz Nixdorf
Stiftung und Ludwig-Erhard-Stiftung), die für einen „Übergang von einkommensabhängi-
gen Beiträgen zu einkommensunabhängigen Grundbeiträgen" plädierten,[1038] auch Gert G.
Wagner (Professor an der FU Berlin und Forschungsdirektor am dortigen DIW) mit seiner
Version einer „Bürgerprämie" hervor: „Die ‚Bürgerprämie' basiert auf einer umfassenden
Versicherungspflicht (und unterscheidet sich in diesem zentralen Merkmal von der Kopf-
prämie). Jeder Versicherte trägt durch eine pauschale Prämie (die dieses Modell von der
‚Bürgerversicherung' unterscheidet) zur Finanzierung der Krankenversicherung bei, für die
er sich entscheidet."[1039] Dadurch sei die Idee der umfassenden Solidarität „voll verwirklicht", das Modell aber nicht mehr beschäftigungsfeindlich.

7.4   Steuer- statt Beitragsfinanzierung der sozialen Sicherung: eine Fehlorientierung

„Steuer- statt Beitragsfinanzierung" der sozialen Sicherung fungiert in vielen Reformdis-
kussionen als politische Zauberformel, die das Kosten- als Kardinalproblem des Wohlfahrtsstaates lösen soll. Auch die gewerkschaftlich orientierte Minderheit in der Rürup-
Kommission vertrat die Meinung, man könne soziale Leistungen gerechter und gleichzeitig
weniger beschäftigungsschädlich über das Steuersystem finanzieren. Aus gesellschafts- wie
gewerkschaftspolitischer Sicht stellt diese Position jedoch eine Fehlorientierung dar. Mit
keinem Wort ging die Kommissionsminderheit auf die Frage ein, warum Neoliberale und

---

1036   Ebd., S. 37
1037   Hans-Jürgen Beerfeltz, Willkommen Bürgergesellschaft. Zwölf strategische Organisationsziele für die FDP
2006, in: Liberal 3/2004, S. 5
1038   Siehe Friedrich Breyer u.a., Reform der sozialen Sicherung, a.a.O., S. 116
1039   Gert G. Wagner, Eine Bürgerversicherung für die Gesundheitsversorgung. Pauschalprämie hat gegenüber
einem Beitragssatz-System mehrere Vorteile, in: Wolfgang Strengmann-Kuhn (Hrsg.), Das Prinzip Bürgerversicherung, a.a.O., S. 92

Konservative häufig denselben Vorschlag machen, wenn sie über Sozialreformen zur Entlastung deutscher (Groß-)Unternehmen und zur Stärkung des „Standorts D" sprechen. Vielmehr taten die Gewerkschaftsvertreter/innen innerhalb der Rürup-Kommission so, als sei das Steuersystem gerechter als das Sozialversicherungssystem, wenn sie konstatierten: „Ziel einer nachhaltigen Sozialstaatsreform muss sein, die gesamtgesellschaftlichen Aufgaben – insbesondere die familien- und die wiedervereinigungspolitischen – systemgerecht zu finanzieren, das heißt über Steuern. Damit werden die BürgerInnen und die Unternehmen nach ihrer Leistungsfähigkeit zur Verantwortung für diese Leistungen gezogen; die Lasten werden fair auf alle Schultern verteilt. Damit stützt eine systemgerechte Finanzierung die Legitimität des Sozialstaats und entlastet die Löhne und Gehälter."[1040]

Dass die Gewerkschaften bei der Umgestaltung des Sozialstaates kaum noch eine Rolle spielen, hat nicht zuletzt mit gesellschaftspolitischen Illusionen zu tun, die manche Spitzenfunktionäre hegen. Wenn die finanziellen Lasten irgendwo „fair auf alle Schultern verteilt" sind, dann gewiss nicht im deutschen Steuersystem, welches den Arbeitnehmer(inne)n über die relativ hohe Lohn- und die Mehrwertsteuer die Hauptlast auferlegt und von Kritiker(inne)n deshalb häufig als „Lohnsteuerstaat" bezeichnet wird. *„Sinkende Einkommen, aber steigende Steueranteile* am Sozialprodukt der Lohnabhängigen einerseits, *steigende Einkommen und sinkende Steuerquoten* für Einkommen der Unternehmen andererseits sind für das letzte Viertel des 20. Jahrhunderts typisch."[1041]

Dieter Eißel vergleicht Lohn- und Gewinnsteuerentwicklung miteinander, wobei er sich vor allem auf die Besteuerung der Kapitalgesellschaften durch Körperschaft- sowie der Personengesellschaften bzw. Familienunternehmen durch die veranlagte Einkommensteuer konzentriert: „Zu Beginn der Ära Kohl 1983 hatten beide Unternehmenssteuern zusammen noch einen kassenmäßigen Anteil von 14,3 Prozent am Gesamtsteueraufkommen, beim Regierungswechsel zu Rot-Grün 1998 waren beide Steuern um die Hälfte auf einen Anteil von 6,7 Prozent abgeschmolzen. 2001, d.h. nach drei Jahren rot-grüner Regierung, erreichte der Anteil einen bisherigen historischen Tiefststand von nur noch 1,8 Prozent, weil bei der Körperschaftssteuer sogar 425,6 Mill. Euro zurückgezahlt wurden. Bis 2003 stieg der Anteil dann wieder leicht auf 3,2 Prozent."[1042]

Bei den direkten Steuern müsste sich eigentlich die Progression auswirken, was aber immer weniger geschieht. Stefan Sell hat die Beschäftigungs- und Verteilungseffekte einer Steuerfinanzierung von „versicherungsfremden" Leistungen in der Sozialversicherung untersucht und ist zu dem folgenden Resultat gelangt: „Die Erhöhung der Einkommensteuer wäre für die Arbeitgeber vorteilhafter als für die Arbeitnehmer. Da drei Viertel des Einkommensteueraufkommens auf die Lohnsteuer entfallen, würde die bisherige Halbierung der Beitragsbelastung zwischen Arbeitgeber und Arbeitnehmer zu einer Einviertel/Dreiviertel-Verteilung."[1043] Bei dieser Rechnung ist noch gar nicht berücksichtigt, dass sich Spitzenverdiener und Kapitaleigentümer ihrer Besteuerung nach wie vor häufig durch eine Minderung der Bemessungsgrundlage (Abschreibungsmodelle) entziehen.

1040 Vgl. Ursula Engelen-Kefer u.a., Minderheitengutachten zu den Vorschlägen der Rürup-Kommission, in: Ursula Engelen-Kefer/Klaus Wiesehügel (Hrsg.), Sozialstaat – solidarisch, effizient, zukunftsicher, a.a.O., S. 25
1041 Horst Afheldt, Wirtschaft, die arm macht. Vom Sozialstaat zur gespaltenen Gesellschaft, München 2003, S. 38 (Hervorh. im Original)
1042 Dieter Eißel, Steuergerechtigkeit oder der Marsch in den Lohnsteuerstaat, in: Gewerkschaftliche Monatshefte 2/2004, S. 71
1043 Stefan Sell, Beschäftigungs- und Verteilungseffekte einer Steuerfinanzierung „versicherungsfremder" Leistungen in der Sozialversicherung, in: Zeitschrift für Sozialreform 7/1997, S. 539

Dem sozialdemokratischen Bundestagsabgeordneten und „Netzwerker" Hans-Peter Bartels schwebt ein „kompletter Systemwechsel von einem beitragsfinanzierten Versicherungssystem hin zu einem steuerfinanzierten gesetzlichen Leistungssystem der sozialen Sicherheit" vor.[1044] Er wirbt für die Senkung der Lohnnebenkosten durch eine schrittweise Erhöhung der Mehrwertsteuer. Auf diese Weise glaubt Bartels, die Folgen der von ihm wie vielen anderen Meinungsführer(inne)n befürchteten „schleichenden demographischen Katastrophe" eindämmen zu können. Von einer solchen Verlagerung auf indirekte bzw. Verbrauchssteuern würden Unternehmer und Händler profitieren, welche sie auf ihre Kund(inn)en abwälzen könnten, während besonders nicht (mehr) Erwerbstätige und Großfamilien zusätzlich belastet würden.

Eine fundierte Position in der aktuellen Reformdiskussion kann nur beziehen, wer erkennt, dass die ursprünglich paritätische Finanzierung der Sozialversicherung bereits seit längerem untergraben wird und durch eine Umstellung auf Steuermittel noch mehr zulasten der Arbeitnehmer/innen verschoben würde. Stattdessen übernehmen prominente Gewerkschafter/innen die neoliberale Argumentation, wonach der „Standort D" unter zu hohen Lohnnebenkosten leidet und die Sozialversicherungsbeiträge deshalb auf die Gesamtheit der Steuerzahler/innen überwälzt werden müssen, ignorieren aber nicht nur die starke Stellung der deutschen Volkswirtschaft, die trotz Dollarschwäche riesige Exportüberschüsse erzielt (2004: 156,7 Mrd. EUR), sondern auch die negativen Verteilungswirkungen einer Finanzierung der sozialen Sicherung aus Steuermitteln. Hauptleidtragende einer solchen „Reform" wären Millionen Arbeitnehmerhaushalte und Mehrkinderfamilien, und zwar selbst dann, wenn keine Massensteuern wie die Mehrwert- oder Mineralölsteuer erhöht würden, um die dafür nötigen hohen Beträge aufzubringen.

Schon seit geraumer Zeit beklagen nicht nur Neoliberale die „Lohnarbeitszentriertheit" des deutschen Sozial*versicherungs*staates, welche ihn im Vergleich zu anderen, stärker aus Steuern finanzierten Modellen besonders konjunkturabhängig und krisenanfällig mache.[1045] Aus dieser Feststellung wird vorschnell der Schluss gezogen, man müsse zu einer Grundsicherung übergehen, die aber vermutlich nur noch eine Basisversorgung gewährleisten würde. Hier gilt, was Thomas Olk und Barbara Riedmüller zu dem beklagten Strukturproblem und der bisherigen Organisationsform des Sozialstaates schreiben: „Das bestehende soziale Sicherungssystem ist (...) keineswegs deshalb lohnarbeitszentriert, weil es sozialversicherungsförmig organisiert ist."[1046]

Nach herrschender Meinung sind die (gesetzlichen) Lohnnebenkosten, d.h. vor allem die ständig steigenden Arbeitgeberbeiträge zur Sozialversicherung, für die hohe Arbeitslosigkeit verantwortlich. Deshalb soll der „Faktor Arbeit" – in Wahrheit: der Arbeitgeber bzw. das Kapital – entlastet und ein größerer Teil der sozialen Sicherung aus Haushaltsmitteln finanziert werden.[1047] Horst Siebert, seinerzeit Mitglied des Sachverständigenrates zur Begutachtung der gesamtwirtschaftlichen Entwicklung, drückte es so aus: „Die Beiträge

---

1044 Siehe Hans-Peter Bartels, Steuern statt Beiträge. Vorschläge zur Finanzierung und Reform der Sozialsysteme, in: FR v. 28.4.2003

1045 Vgl. Georg Vobruba (Hrsg.), Strukturwandel der Sozialpolitik. Lohnarbeitszentrierte Sozialpolitik und soziale Grundsicherung, Frankfurt am Main 1990

1046 Thomas Olk/Barbara Riedmüller, Grenzen des Sozialversicherungsstaates oder grenzenloser Sozialversicherungsstaat?, Eine Einführung, in: Barbara Riedmüller/Thomas Olk (Hrsg.), Grenzen des Sozialversicherungsstaates, a.a.O., S. 22

1047 Vgl. z.B. Fritz W. Scharpf, Der globale Sozialstaat. Umfangreiche Sicherungssysteme schaden nicht der Wettbewerbsfähigkeit – vorausgesetzt, sie werden überwiegend steuerfinanziert, in: Die Zeit v. 8.6.2000

wirken wie eine Steuer auf den Faktor Arbeit und schwächen die Nachfrage nach Arbeitskräften."[1048] Dieses neoliberale Dogma vertreten gleichwohl fast alle Sozialreformer bzw. Modernisierer. Wolfgang Merkel etwa schreibt: „Langfristig muss die Sozialversicherungskomponente im deutschen Sozialstaat abgeschwächt werden. Dies soll jedoch nicht einseitig zugunsten von Privatversicherungen, sondern über eine stärkere Steuerfinanzierung der sozialen Sicherungssysteme unter Einbeziehung der Kapitaleinkünfte und indirekter Verbrauchssteuern ermöglicht werden."[1049]

Dass die staatlichen Steuereinnahmen nicht weniger konjunkturabhängig sind und sich ebenso zyklisch verhalten wie die Sozialversicherungsbeiträge, wird meist ignoriert. Deshalb dominiert selbst in der sozialdemokratischen und gewerkschaftlichen Diskussion über eine Reform des Wohlfahrtsstaates mittlerweile die Position, durch eine stärkere Steuerfinanzierung der sozialen Sicherung könne man zahlreiche Arbeitsplätze schaffen bzw. sichern und die Erwerbslosigkeit spürbar verringern. Winfried Schmähl beispielsweise rechnet vor, dass sich durch eine aufgabenadäquate Finanzierung der sozialen Sicherung mindestens acht Beitragspunkte sparen ließen, wodurch die Lohnnebenkosten deutlich sinken würden. Nötig wären seiner Meinung nach die Identifizierung sog. versicherungsfremder Leistungen, deren Quantifizierung und Umfinanzierung. „Generell sollten als allgemeine Staatsaufgaben anzusehende Umverteilungsmaßnahmen, die über einen Sozialversicherungsträger abgewickelt werden, aufgabenadäquat aus allgemeinen Haushaltsmitteln finanziert werden."[1050] Schmähl denkt dabei an die arbeitsmarktpolitischen Maßnahmen der BA, die Familienleistungen in der Gesetzlichen Krankenversicherung und die Hinterbliebenenversorgung in der Gesetzlichen Rentenversicherung.

Unter „versicherungsfremden Leistungen" verstehen fast alle Diskussionsteilnehmer/innen etwas anderes: „Während die einen das Äquivalenzprinzip betonen und daher alle beitragsfernen Versicherungsleistungen einbeziehen (z.B. die Familienmitversicherung in der Krankenversicherung), betonen andere das Umlageprinzip und definieren als versicherungsfremd allenfalls externe Leistungen, bei denen zwar (gesetzliche) Ansprüche bestehen, aber keine Beiträge gezahlt worden sind."[1051] Dazu gehören laut Ralf Sitte beispielsweise Kriegsfolgelasten, Ersatzzeiten im Rentenrecht, Fremdrenten und Auffüllbeträge bzw. Sozialzuschläge für Renten in Ostdeutschland, hingegen nicht: Anrechnungszeiten, Renten nach Mindesteinkommen und Leistungen im Zusammenhang mit der Kindererziehung.

Claus Offe plädiert gleichfalls für „ein auf Steuer- statt auf Beitragsfinanzierung beruhendes System der sozialen Sicherung", das angeblich „unempfindlich" gegenüber dem Beschäftigungsstand ist: „An die Stelle des Arbeitnehmers, seiner Beiträge und seiner durch Erwerbstätigkeit wohlerworbenen Ansprüche würde dann der Bürger, seine Steuerpflicht und seine Sicherung *als* Bürger und nach dem Maßstab armutsvermeidender und grundsichernder sozialer Bürgerrechte treten. Nicht nur das Arbeitseinkommen von Arbeitnehmern, sondern sämtliche Einkommensarten sämtlicher Steuerzahler stünden dann für

---

1048 Horst Siebert, Wie Deutschland aus der Krise kommt, in: FAZ v. 3.12.2002
1049 Wolfgang Merkel, Arbeitsmarkt, Beschäftigungspolitik und soziale Gerechtigkeit, in: Siegfried Frech/Josef Schmid (Hrsg.), Der Sozialstaat, a.a.O., S. 72
1050 Winfried Schmähl, Weniger „Lohnnebenkosten" durch: Aufgabenadäquate Finanzierung der sozialen Sicherung. Mindestens acht Beitragspunkte ließen sich sparen, in: Soziale Sicherheit 4/2003, S. 111
1051 Ralf Sitte, Alternative Finanzierung der sozialen Sicherung. Reformkonzepte im Überblick, in: Soziale Sicherheit 4/1998, S. 135

die Finanzierung sozialer Sicherheit zur Verfügung (wenn auch dem Finanzminister nicht zwangsläufig zu anderweitiger Disposition).“[1052]

Gegen eine Zurückdrängung der Beitrags- und einen Ausbau der Steuerfinanzierung des sozialen Sicherungssystems sprechen im Wesentlichen vier Gründe:

1. Für die Betroffenen ist die Inanspruchnahme von *Versicherungs*leistungen erheblich weniger diskriminierend als die Abhängigkeit von *staatlicher* Hilfe, deren Inanspruchnahme ihnen noch mehr Missbrauchsvorwürfe eintragen würde, weil ihr keine „Gegenleistung“ in Form eigener Beitragsleistungen entspricht.
2. Da steuerfinanzierte – im Unterschied zu beitragsfinanzierten – Sozialausgaben den staatlichen Haushaltsrestriktionen unterliegen, fallen sie eher den Sparzwängen der öffentlichen Hand zum Opfer; außerdem ist ihre Höhe von wechselnden Parlamentsmehrheiten und Wahlergebnissen abhängig. Wie sollen die ständig sinkenden Steuereinnahmen des Staates zur Finanzierungsbasis eines funktionsfähigen Systems der sozialen Sicherung werden? Schließlich haben alle etablierten Parteien die weitere Senkung von Steuern auf ihre Fahnen geschrieben.
3. Man muss sich nur die Struktur der Steuereinnahmen ansehen, um zu erkennen, dass Unternehmer und Kapitaleigentümer im „Lohnsteuerstaat“ Deutschland kaum noch zur Finanzierung des Gemeinwesens beitragen. Die steuerliche Schieflage würde zu einer einseitigen Finanzierung der Sozialleistungen durch Arbeitnehmer/innen führen, wohingegen die (bisher erst ansatzweise durchbrochene) Beitragsparität der Sozialversicherung für eine angemessene(re) Beteiligung der Arbeitgeberseite an den Kosten sorgt.
4. Gegenwärtig wird die Steuerpolitik im Wesentlichen von zwei Trends bestimmt: Einerseits findet unter dem Vorwand der Globalisierung bzw. der Notwendigkeit, durch Senkung der Einkommen- und Gewinnsteuern (potenzielle) Kapitalanleger zu ködern und den „Standort D“ zu sichern, eine Verlagerung von den direkten zu den indirekten Steuern statt. Andererseits neigt die öffentliche Meinung, flankiert von einem Wandel des Gerechtigkeitsverständnisses im neoliberalen Sinne, viel stärker als früher zur Nivellierung der Steuersätze. Statt progressiver Einkommensteuern präferiert man Stufensteuersätze, die sich nach US-Vorbild der Einheitssteuer immer mehr annähern. Unter diesen Voraussetzungen wäre es naiv anzunehmen, im Kopfprämienmodell könne ein sozialer Ausgleich aus Steuermitteln erfolgen. Vielmehr sinkt das Steueraufkommen tendenziell, zumal sich die Parteien der Bundesrepublik – genauso wie die Nationalstaaten – in einem regelrechten Steuersenkungswettlauf befinden.

Unterschiede bei der Finanzierung sozialer Sicherung sind keineswegs bloß „technischer“, sondern grundlegender Natur, wie Bruno Palier im Rahmen seines international und historisch ausgerichteten Vergleichs unterschiedlicher Systeme bestätigt: „Während Steuern dem Staat zukommen, werden Sozialbeiträge als eine ‚andere Lohnart‘ verstanden, die der Versicherte zurückbekommt, wenn er krank, arbeitslos oder alt ist. Während Ronald Reagan, Margaret Thatcher oder John Major die hohe Steuerlast und die übermäßigen Kosten bei den Sozialleistungen anprangern konnten, weil sie nur denjenigen zugute kamen, die nichts arbeiteten, war es für die Politiker Mitteleuropas viel schwieriger, Einschnitte bei

---

1052   Claus Offe, Perspektivloses Zappeln, a.a.O., S. 814 (Hervorh. im Original)

den hohen Sozialleistungen zu fordern, da sich die arbeitende Bevölkerung durch die Sozialbeiträge Rechte darauf erworben hat."[1053]

Aufgrund der Selbstverwaltung von Sozialversicherungssystemen wäre die Verlässlichkeit einer über Beiträge finanzierten Zukunftsvorsorge eher größer als bei einer steuerfinanzierten: „Internationale Vergleiche zeigen, daß man sich auf den Finanzminister nicht verlassen kann, wenn es um die soziale Sicherung geht. Parafiskalische Systeme sind zwar in guten Zeiten oft weniger generös als steuerfinanzierte Leistungen; auf der anderen Seite können diese Leistungen aber auch nicht vom Finanzminister schnell gekürzt werden."[1054] Verglichen mit der herkömmlichen Beitragsfinanzierung, die ausschließlich jene Bevölkerungsgruppen trifft, die einer Sozialversicherung angehören, könnte die Steuerfinanzierung zwar theoretisch gerechter sein: „Deren Verteilungswirkungen hängen aber sehr stark davon ab, ob man die notwendigen Mittel durch direkte oder indirekte Steuern aufbringt."[1055] Die skizzierten Einwände gegenüber einer Finanzierung der sozialen Sicherung mittels (indirekter) Steuern gelten übrigens auch und gerade für sog. Ökosteuern, bei denen nicht das Steueraufkommen, sondern die Lenkungswirkung im Vordergrund steht: „Wenn diese Steuern sinken, weil die Umwelt geschont wird, sinkt ihr Aufkommen. Wenn dann Leistungen der sozialen Sicherung direkt an die Ökosteuern gekoppelt sind, ist die Gefahr eines ‚Sozialabbaues' groß!"[1056]

Das seit Bismarck für den deutschen Sozialstaat konstitutive Versicherungsprinzip ist nicht antiquiert, vielmehr gerade im viel beschworenen „Zeitalter der Globalisierung" ausgesprochen zeitgemäß. Es hat sich keineswegs erschöpft, sondern bietet ganz im Gegenteil gute Anschlussmöglichkeiten für seine Universalisierung und die Erweiterung der noch immer berufsständischen Sozial- zu einer Bürger- bzw. Volksversicherung. Diether Döring vermutet denn auch völlig zu Recht, „daß die Ausrichtung der deutschen Sozialversicherung auf das Versicherungsprinzip, also gewissermaßen das ‚Leistungs-/Gegenleistungsprinzip', vom Wertewandel her ‚im Trend' liegt und auf lange Sicht noch stärker akzeptiert werden dürfte, als dies schon gegenwärtig der Fall ist."[1057]

7.5 Abkopplung der sozialen Sicherung von der Erwerbsarbeit durch eine Wertschöpfungsabgabe

Als geistige Urheber und Wegbereiter der Bürgerversicherung im deutschen Parteiensystem gelten die Bündnisgrünen. Sie nahmen „beitragsfinanzierte moderne Bürgerversicherungen für Krankheit, Alter und Pflege" als Forderung in ihr neues Grundsatzprogramm auf, das am 17. März 2002 im Berliner Tempodrom beschlossen wurde: „Alle Einkommensformen müssen sozialversicherungspflichtig sein. Sonderregelungen für Beamte, Selbständige und Besserverdienende sollen aufgehoben werden. Die autonome, beitragsfinanzierte Sozialversicherung mit erweiterten Bemessungsgrenzen und ohne Aussparen bestimmter Einkommensarten kann ein dynamisches, finanzierbares und hocheffizientes System der Sozialver-

---

1053   Bruno Palier, Der Sozialversicherungsstaat in Nöten. Herausforderungen und Reformansätze im Vergleich, in: Wolfgang Neumann (Hrsg.), Welche Zukunft für den Sozialstaat?, a.a.O., S. 42
1054   Gert Wagner, Perspektiven der sozialen Sicherung, a.a.O., S. 51
1055   Ebd., S. 50
1056   Ebd., S. 52
1057   Siehe Diether Döring, Sozialstaat in unübersichtlichem Gelände, a.a.O., S. 25

sicherungen begründen."[1058] Zunächst einigte man sich aber noch nicht auf ein konkretes, praktisch umsetzbares Modell. Am 15. September 2003 unterbreitete der bündnisgrüne Parteirat jedoch unter dem Titel „Bürgerversicherung – Eine für Alle" einen Diskussionsvorschlag zur Reform des Gesundheitswesens. Noch während der laufenden Legislaturperiode sollte nach seiner Ansicht die Grundlage für einen Systemwechsel gelegt werden, wobei die Bündnisgrünen an der Beitragsbemessungsgrenze festhielten. Als entscheidend betrachteten sie wegen des demografischen Wandels (zu einer insgesamt älteren Gesellschaft) „die dauerhafte Stabilisierung und Senkung der Lohnnebenkosten auch im Gesundheitssystem. (...) Deshalb diskutieren wir den Vorschlag, ob eine prozentuale Deckelung des Arbeitgeberbeitrags in das Modell der Bürgerversicherung aufgenommen werden soll."[1059]

Außenminister Joschka Fischer hatte diese Modifikation des Konzepts einer Bürgerversicherung ins Gespräch gebracht, um es für die Unternehmer und ihre mächtigen Verbände leichter annehmbar zu machen. Mit dem Bundestagsabgeordneten und ehemaligen Gesundheitsminister Horst Seehofer sprach sich auch ein prominenter CSU-Politiker unter der Voraussetzung für die Bürgerversicherung aus, dass man den Arbeitgeberbeitrag einfriere. Nach einer Diskussion, in der Angela Merkel, Vorsitzende der Schwesterpartei CDU, die Bürgerversicherung zum „Albtraum" erklärt und das Kopfprämienmodell der Herzog-Kommission verteidigt hatte, schwenkte Seehofer im November 2003 vorübergehend wieder auf den Kurs der Unionsmehrheit ein. Schließlich einigten sich CDU und CSU auf das „Solidarische Gesundheitsprämien-Modell", welches Seehofer 1 Jahr später veranlasste, seine Ämter in der Bundestagsfraktion beider Unionsschwestern niederzulegen. Dirk Ruiss und Uwe Thiemann resümierten damals: „Das Ergebnis des Kompromisses ist ausgesprochen ernüchternd und verstärkt den Eindruck, dass vor allem eine Lösung gefunden werden musste, die keine der beiden Parteien als Verliererin im internen politischen Machtkampf erscheinen lässt. Insgesamt wirken die Eckpunkte des Gesamtkonzepts nicht stringent aufeinander abgestimmt, gibt es zahlreiche Inkonsistenzen, ist die finanzielle Belastbarkeit anzuzweifeln und ergeben sich in rechtlicher Hinsicht schwerwiegende Probleme."[1060]

Wenn man die Unternehmen (partiell) aus der sozialen Verantwortung für ihre Beschäftigten entließe, könnte von einer Versicherung aller Bürger/innen, die entsprechend ihrer jeweiligen Leistungskraft daran finanziell beteiligt werden, im Grunde keine Rede mehr sein. Mit der Beitragsparität, die bei der Sozialen Pflegeversicherung (Wegfall eines gesetzlichen Feiertages bzw. weitgehende Freistellung der Arbeitgeber von der Beitragspflicht in Sachsen), der Gesetzlichen Rentenversicherung (Teilprivatisierung der Altersvorsorge durch Einführung der kapitalgedeckten „Riester-Rente") sowie der Gesetzlichen Krankenversicherung (Finanzierung des Zahnersatzes und des Krankengeldes ausschließlich durch die Versicherten) bereits durchbrochen ist, bliebe das Solidarprinzip, wie man es bislang kannte, endgültig auf der Strecke. Daher sind Varianten einer „arbeitgeberfreundlichen" Bürgerversicherung mit deren Kernidee unvereinbar.

1058 Bündnis 90/Die Grünen (Hrsg.), Die Zukunft ist grün. Grundsatzprogramm von Bündnis 90/Die Grünen, beschlossen auf der Bundesdelegiertenversammlung vom 15. bis 17. März 2002 im Berliner Tempodrom, Berlin 2002, S. 80
1059 Bürgerversicherung – Eine für Alle. Grüner Diskussionsvorschlag zur Reform des Gesundheitswesens, in: Bündnis 90/Die Grünen (Hrsg.), Bürgerversicherung, a.a.O., S. 22
1060 Dirk Ruiss/Uwe Thiemann, Das GKV-Reformmodell der Unionsparteien – Kompromiss auf schwankendem Boden, in: Die Krankenversicherung 12/2004, S. 315

Gegen Ende der 1970er-/Anfang der 1980er-Jahre wurde viel weniger als heute über Möglichkeiten zur Entlastung der Arbeitgeber, dafür jedoch über alternative Erhebungsmethoden im Hinblick auf deren Beiträge zur Sozialversicherung diskutiert. Seinerzeit schlugen sozialdemokratische Politiker/innen, Gewerkschafter/innen und dem DGB nahestehende Wissenschaftler/innen vor, nicht mehr (nur) die Bruttolohn- und -gehaltssumme, sondern (auch) die Bruttowertschöpfung eines Unternehmens als Grundlage zu wählen, weil die heute noch gültige Regelung negative Auswirkungen bezüglich des Beschäftigungsstandes und der gesellschaftlichen Verteilungsrelationen habe: „Die gegenwärtige Bemessung der Arbeitgeberbeiträge nach den Lohnkosten bevorzugt kapitalintensive Unternehmen und benachteiligt personalintensive. Während die Arbeitnehmer proportional zu ihrer ökonomischen Leistungskraft an der Finanzierung der Sozialversicherung beteiligt werden (jedenfalls bis zur Beitragsbemessungsgrenze), ist dies beim Unternehmenssektor nicht der Fall, denn die Unterschiede in der ökonomischen Leistungskraft werden in den unterschiedlich hohen Lohnsummen nicht angemessen widergespiegelt.“[1061]

Zusammen mit anderen Fachleuten hielt es damals auch Bert Rürup für richtig, die Sozialversicherung durch Erhebung der Wertschöpfungsabgabe auf eine breitere finanzielle Basis zu stellen und gleichzeitig ihren Einnahmenfluss zu verstetigen: „Bruttowertschöpfungsbezogene Arbeitgeberbeiträge weisen, bedingt durch die Breite ihres Zugriffs, die größte Resistenz gegen Erosionen des finanziellen Fundamentes der Sozialversicherung gegenüber technologisch, arbeitsorganisatorisch und demographisch bedingten Risiken auf.“[1062] Durch den oft als „Maschinensteuer“ bezeichneten Wertschöpfungsbeitrag sollte eine ausgewogenere Belastung der Unternehmen erreicht und ein positiver Beschäftigungseffekt erzielt werden. Wolf D. Klatt, der die Forderung nach einer Besteuerung von Maschinen bis in den Vormärz zurückverfolgte, gelangte zu dem Schluss, dass ihr eigentlicher Zweck seit 1848 darin bestanden habe, das Missverhältnis zwischen Kapital und Arbeit etwas „gleicher“ zu gestalten.[1063]

Wolfgang Engler irrt, wenn er glaubt, die „Maschinensteuer“ mit dem (auch von neoliberalen Autoren in die Debatte geworfenen) Argument desavouieren zu können, dass sie das Wirtschaftswachstum hemme: „Auf diesem Wege würden die produktivsten Unternehmen bestraft, der wirtschaftliche Fortschritt am Nerv getroffen und der künftige Umverteilungsspielraum eingeengt.“[1064] Dietmar Flörke widerspricht der Verteufelung eines Bruttowertschöpfungsbeitrages (BWB), der seiner Meinung nach sowohl eine Option ist, um die Finanzierung der Sozialversicherung dem Wandel im Wirtschafts- und Arbeitsleben anzupassen, als auch den Schlüssel für eine gerechtere Verteilung der Beitragslasten auf der Arbeitgeberseite darstellt. Ein beschäftigungspolitisches Argument sollte man nicht außer Betracht lassen: „Mit einem BWB wird bei den Unternehmen der Anreiz gemindert, durch Arbeitsplatzabbau Kosten einzusparen.“[1065]

Als geeignete Finanzierungsform für eine „Sozialdividende“ schlägt Wolfgang Engler ausgerechnet *indirekte* Steuern vor. Über die Mehrwertsteuer schwärmt er unter Berufung

1061 Herbert Ehrenberg/Anke Fuchs, Sozialstaat und Freiheit, a.a.O., S. 385
1062 Bert Rürup, Wertschöpfungsbeiträge: eine Antwort auf die langfristigen Risiken der Gesetzlichen Rentenversicherung, in: Rolf G. Heinze/Bodo Hombach/Henning Scherf (Hrsg.), Sozialstaat 2000, S. 233
1063 Vgl. Wolf D. Klatt, Vom Maschinensturm zur Maschinensteuer. Historisch-experimentelle Überlegungen zum Ursprung des Wertschöpfungsbeitrags, in: ebd., S. 206
1064 Wolfgang Engler, Bürger, ohne Arbeit, a.a.O., S. 143
1065 Dietmar Flörke, Bruttowertschöpfungsbeitrag in der GKV: realistisches Zukunftsmodell oder verstaubtes Schreckgespenst?, in: Die Krankenversicherung 6/2000, S. 163

auf Lester Thurow: „Sie wird auf alle Waren erhoben, auch auf die importierten, und zieht daher (anders als bei Abgaben und direkten Steuern) keine Wettbewerbsnachteile für die je einheimische Volkswirtschaft nach sich."[1066] Folgt man weniger der Standortlogik als der Richtschnur, die soziale Gerechtigkeit zu wahren, kommt die von Engler favorisierte Mehrwertsteuer als Finanzierungsquelle des Wohlfahrtsstaates weniger in Betracht, weil sie keine Rücksicht auf die unterschiedliche Leistungsfähigkeit der ihr unterworfenen Bürger/innen nimmt und besonders kinderreiche Familien trifft, die in Relation zu ihrem niedrigen Einkommen einen relativ hohen Konsumgüterbedarf haben.

Während das Berliner Grundsatzprogramm vom 20. Dezember 1989 und das Wahlprogramm der SPD zur nächsten Bundestagswahl am 2. Dezember 1990 den Wertschöpfungsbeitrag noch als wirtschafts- und sozialpolitisches Instrument enthielten, verschwand er danach aus sämtlichen Parteidokumenten. Hierin sieht Antonia Gohr ein Indiz dafür, dass sich die SPD von der Idee einer Umverteilung von oben nach unten verabschiedete: „Hatte sie noch bis zu Beginn der 1990er Jahre für die Einführung eines Wertschöpfungsbeitrags plädiert, um Kapitaleinkommen zur Finanzierung der Sozialversicherung stärker heranzuziehen, so gehört diese Forderung seit Mitte der 1990er Jahre nicht mehr zum Forderungskatalog der Sozialdemokraten."[1067] Obwohl man davon keine Wunderdinge erwarten darf, hätte es der Wertschöpfungsbeitrag verdient, in der politischen und Fachöffentlichkeit wieder mehr Aufmerksamkeit zu finden. Ziel einer Reform kann nämlich nicht die Senkung der (gesetzlichen) Lohnnebenkosten durch Steuerfinanzierung der sozialen Sicherung, sondern muss deren Abkopplung von den unter Druck geratenen Löhnen sein, wofür sich der Wertschöpfungsbeitrag geradezu anbietet. Vor allem unter verteilungs- und beschäftigungspolitischen Gesichtspunkten gibt es keinen besseren Finanzierungsmodus. „Denn eine wertschöpfungsbasierte Abführung der Arbeitgeberbeiträge würde zu einer Entlastung arbeitsintensiver Produktionen führen, während gleichzeitig kapitalintensive Produktionen nicht auch noch für die Vernichtung von Arbeitsplätzen durch Senkung der Sozialabgaben belohnt würden."[1068]

Auf dem Bochumer SPD-Parteitag im November 2003 bestätigten die Delegierten noch einmal den Kurs der rot-grünen Regierungskoalition unter Gerhard Schröder. Gleichzeitig wiesen sie die von der CDU vorgeschlagenen einkommensunabhängigen Kopfprämien als „unsolidarisch" zurück und befürworteten die stufenweise Umwandlung des bestehenden Krankenversicherungssystem in eine Bürgerversicherung: „Am Nebeneinander von gesetzlichen Kassen und privaten Krankenversicherungen halten wir dabei fest, weil wir den Wettbewerb wollen."[1069] Klaus Jacobs und Sabine Schulze zeigen jedoch, dass auf eine solche Systemtrennung verzichtet werden muss: „Denn ein funktionaler Wettbewerb um Qualität, Wirtschaftlichkeit und Präferenzorientierung der Versorgung bedarf einheitlicher Wettbewerbsbedingungen (in Bezug auf die Solidarkomponenten der Beitragskalkulation, das Finanzierungsverfahren der Versicherer und die verfügbaren Wettbewerbsparame-

---

1066   Wolfgang Engler, Bürger, ohne Arbeit, a.a.O., S. 371f. (Fn. 133)
1067   Antonia Gohr, Auf dem „dritten Weg" in den „aktivierenden Sozialstaat"?, a.a.O., S. 44
1068   Volker Offermann, Regressive Modernisierung und Herausforderungen der Verteilungspolitik, in: Frank Schulz-Nieswandt/Gisela Schewe (Hrsg.), Sozialpolitische Trends in Deutschland in den letzten drei Dekaden, a.a.O., S. 190
1069   SPD-Parteitag Bochum, 17. Bis 19. November 2003, Beschlussübersicht Nr. 35. A 1: Unser Weg in die Zukunft, S. 34 (hektografiert)

ter) für alle am gemeinsamen Versicherungsmarkt um alle Bürger als Versicherte und Patienten konkurrierenden Versicherer."[1070]

Kritisch bewertete der Bochumer SPD-Parteitag die bereits genannten Überlegungen des bündnisgrünen Koalitionspartners: „Das in diesem Zusammenhang geforderte Einfrieren der Arbeitgeberbeiträge halten wir für falsch."[1071] Obwohl die Einführung der Bürgerversicherung „vielschichtige Fragen ökonomischer und rechtlicher Art" aufwerfe und man vorher „sozialrechtliche, wettbewerbsrechtliche, kartellrechtliche und verfassungsrechtliche Probleme" zu lösen habe, votierte der Parteitag für dieses Modell einer GKV-Reform: „Geprüft werden muss, wie neben dem Erwerbseinkommen andere Einkommensarten bei der Finanzierung der Krankenversicherung berücksichtigt werden können. Durch die Anpassung der Beitragsbemessungsgrenzen ist sicherzustellen, dass die Einbeziehung von Mieten und Zinsen die Bezieher kleiner und mittlerer Einkommen zusätzlich nicht belastet."[1072]

Eine von der ehemaligen Juso-Bundesvorsitzenden Andrea Nahles geleitete Projektgruppe des SPD-Vorstandes hatte die Aufgabe, den Bochumer Parteitagsbeschluss zu konkretisieren und ein sozialdemokratisches Modell der Bürgerversicherung zu entwickeln. Am 26. August 2004 legte die Projektgruppe ihren Bericht mit „Eckpunkten" vor, die Vorstand und Parteirat der SPD am 29. bzw. 30. August 2004 billigten. Man entschied sich für ein Konzept, das die Aufhebung der Versicherungspflichtgrenze, die freie Wahl zwischen gesetzlichen und privaten Krankenkassen sowie der Wettbewerb mit einem gemeinsamen Risikostrukturausgleich kennzeichnen. Angesichts der Tatsache, dass gesetzliche und Privatkassen nach unterschiedlichen Logiken funktionieren (Solidarität der Versichertengemeinschaft vs. Gewinnstreben der Assekuranz), erscheint die Vorstellung einer gleichberechtigten Koexistenz beider Kassenarten allerdings illusorisch. Hinsichtlich der Finanzierung legten sich die Sozialdemokraten noch nicht endgültig fest, stellten vielmehr zwei Varianten zur Diskussion: Der erste Umsetzungsvorschlag, als „2-Säulen-Beitragsverfahren" bezeichnet, zieht Kapitaleinkommen bis zur Beitragsbemessungsgrenze unter Berücksichtigung des steuerrechtlichen Sparerfreibetrages auf der Grundlage von Daten der zuständigen Finanzämter mit heran. Freibeträge für Kleinsparer/innen machen Sinn, die von DGB-Seite unterstützte Idee, Miet- und Pachterlöse von der Beitragserhebung auszunehmen, widerspricht aber dem Prinzip, alle Einkunftsarten zu berücksichtigen. Hans-Hermann Hartwich kritisiert, dass diese Version der Bürgerversicherung die sozialdemokratische Wählerklientel begünstige und damit ihren eigenen Gleichbehandlungsgrundsatz verletze: „Es werden nicht alle Einkunftsarten in gleichem Maße herangezogen, auch nicht alle Bürger gleichmäßig nach ihrer wirtschaftlichen Leistungsfähigkeit. Denn Mieten und Einkünfte aus Verpachtung bleiben ausgeklammert und bei den Kapitaleinkommen werden noch die Freibeträge berücksichtigt."[1073]

Karl Lauterbach, welcher der Nahles-Kommission angehörte, verteidigt diesen Vorschlag: „In dem Modell der Bürgerversicherung, welches 2 Säulen der Beitragsbemessungsgrenze vorsieht, ist eine Entlastung aller Unternehmen, unabhängig von der Lohnhöhe, gegeben. Besonders entlastet werden Bezieher niedriger Einkommen und entsprechende

---

1070 Klaus Jacobs/Sabine Schulze, Bürgerversicherung in wettbewerblicher Sicht, in: Ursula Engelen-Kefer (Hrsg.), Reformoption Bürgerversicherung, a.a.O., S. 106

1071 SPD-Parteitag Bochum, 17. Bis 19. November 2003, Beschlussübersicht Nr. 35. A 1: Unser Weg in die Zukunft, a.a.O., S. 35

1072 Ebd.

1073 Hans-Hermann Hartwich, Bürgerversicherung oder Gesundheitsprämie? – Die „Modelle" einer zukünftigen gesetzlichen Krankenversicherung, in: Gesellschaft – Wirtschaft – Politik 4/2004, S. 473

Wirtschaftsbereiche, die personalintensiv sind. Damit werden also der Gesundheitsbereich (Pflegepersonal), das Handwerk, die Bauindustrie und personenbezogene Dienstleistungen entlastet. Wie parteiübergreifend immer wieder gefordert, wird so indirekt auch der Abstand zwischen Niedriglöhnen und Sozialleistungen vergrößert. Es werden damit Anreize gesetzt für eine Arbeitsaufnahme im Niedriglohnsektor sowie zur Einstellung von neuen Arbeitskräften."[1074]

Die zweite Variante, „Kapital-Steuer-Modell" genannt, ergänzt die einkommensabhängigen Beiträge durch eine Abgeltungssteuer in Höhe von 7 Prozent auf sämtliche Kapitaleinkommen. „Eine vernünftige Mischung aus Beiträgen und pauschalen Steuern gewährleist Stabilität und Demographiefestigkeit."[1075] Die paritätische Finanzierung der Beiträge aus abhängiger Beschäftigung bliebe erhalten, wodurch auch die Arbeitgeber und ihre Verbände weiterhin ein unmittelbares Interesse an der Wirtschaftlichkeit des Gesundheitssystems hätten.

Auf ihrer 23. Ordentlichen Bundesdelegiertenkonferenz, die am 2./3. Oktober 2004 in Kiel stattfand, folgte eine Mehrheit von Bündnis 90/Die Grünen dem Vorstand und beschloss fünf Eckpunkte zur Bürgerversicherung. Danach soll unter Wahrung der bestehenden Vertragsverhältnisse sukzessiv ein Konzept verwirklicht werden, das zwar die Versicherungspflichtgrenze in der GKV aufhebt, aber „keine Einheitsversicherung" schafft: Bürgerinnen und Bürger sollen zwischen den gesetzlichen und den privaten Kassen, die man einem Kontrahierungszwang unterwerfen will, frei wählen können. Beiträge würden sich nach der Leistungsfähigkeit des Versicherten richten, wobei alle Einkunftsarten nach Daten der Finanzämter zu berücksichtigen wären. „Auf Kapitalerträge wird ein Freibetrag in Höhe des Sparerfreibetrags (derzeit 1340 Euro) eingeräumt. Auch wenn Einkünfte aus Vermietung und Verpachtung insgesamt statistisch die Bemessungsgrundlage nicht wesentlich erweitern würden, sollen auch solche Einkünfte herangezogen werden, weil dadurch die Gerechtigkeit in der Verteilung der Beitragsbelastung größer wird."[1076] Offen blieb sowohl, ob alle Einkunftsarten in einer gemeinsamen „Säule" verbeitragt oder ob zwei „Säulen" (für Einkünfte aus abhängiger Arbeit sowie andere Einkunftsarten) eingeführt werden sollen, wie auch die künftige Höhe der Beitragsbemessungsgrenze. Darüber wurde in Kiel kontrovers diskutiert, die Entscheidung jedoch nur insoweit präjudiziert, als man bei der Festsetzung dieser Grenzlinie berücksichtigen will, dass die Lohnnebenkosten nicht steigen dürfen. Wenn die Beitragsbemessungsgrenze nicht erhöht und der Arbeitgeberbeitrag bei 6,5 Prozent gedeckelt, also im Unterschied zu den Beiträgen der Versicherten nicht mehr erhöht wird, verliert die Bürgerversicherung jede sozialpolitische Brisanz. Man beeinträchtigt die Verdienstmöglichkeiten der Ärzte und die Gewinne der privaten Versicherer, bleibt aber dem neoliberalen Lehrsatz treu, dass die gesetzlichen Lohnnebenkosten sinken und die Arbeitgeber entlastet werden müssen, damit wieder mehr Arbeitsplätze entstehen.

Sehr viel wird davon abhängen, welches Modell der Bürgerversicherung die SPD und Bündnis 90/Die Grünen am Ende vorlegen und ob sie jemals in die Lage kommen, es auch ·in die (Regierungs-)Praxis umzusetzen. Nach den bisherigen Erfahrungen mit der *Agenda*

1074 Karl W. Lauterbach u.a., Bürgerversicherung und Gesundheit, in: Wolfgang Strengmann-Kuhn (Hrsg.), Das Prinzip Bürgerversicherung, a.a.O., S. 75
1075 SPD-Projektgruppe, Modell einer solidarischen Bürgerversicherung. Bericht der Projektgruppe Bürgerversicherung des SPD-Parteivorstandes, Berlin, 26. August 2004, S. 11
1076 Bündnis 90/Die Grünen, Leistungsfähig – solidarisch – modern. Die grüne Bürgerversicherung. Beschluss der 23. Ordentlichen Bundesdelegiertenkonferenz. 2./3. Oktober 2004, Kiel, http://www.gruene-partei.de/cms/gruene_work/dok/41/41622, 4.11.2004

2010, den vier Hartz-Gesetzen sowie der rot-grünen Renten- und Gesundheitsreform ist zu befürchten, dass es sich um eine stark verwässerte bzw. mit neoliberalem Gedankengut kompatible Version handeln würde. Wer in der Bürgerversicherung nur ein sozialdemo-kratisches Täuschungsmanöver oder eine grüne Mogelpackung sieht, wie etwa Daniel Kreutz,[1077] verkennt aber ihre gesellschaftspolitische Dynamik und die Ambivalenz des Konzepts, das für unterschiedliche Inhalte offen ist und hervorragende Anknüpfungspunkte für eine Fortentwicklung des Sozialstaates bietet.

7.6 Die solidarische Bürgerversicherung – institutioneller Kern eines zukunftsfähigen Sozialstaates

Wenn das System der sozialen Sicherung trotz der Umbrüche im Arbeitsleben und des Wandels der Lebensformen funktionsfähig erhalten werden soll, sind zwar tiefgreifende Reformen nötig, die aber in eine ganz andere Richtung zielen müssten, als es die Regie-rungspolitik bisher tat. Während die rot-grüne Bundesregierung auf Krisenerscheinungen des Wirtschafts- und Beschäftigungssystems mit teilweise gravierenden Leistungskürzun-gen und Verschärfungen der Anspruchsvoraussetzungen im Sinne eines Sozialabbaus rea-gierte, wodurch sie – nicht zuletzt bei direkt Betroffenen – immer mehr Schwierigkeiten heraufbeschwor, müsste man das System so umstrukturieren, dass es den durch die fort-schreitende Globalisierung, Modernisierung und Individualisierung steigenden Anforde-rungen besser gerecht wird. Dabei geht es im Unterschied zu dem von der Herzog-Kommission und dem Leipziger CDU-Parteitag präferierten Kopfprämienmodell nicht um einen Systemwechsel, sondern um eine genau durchdachte Weiterentwicklung des beste-henden Sozialsystems, verbunden mit innovativen Lösungen für Problemlagen, die aus den veränderten Arbeits- und Lebensbedingungen resultieren.

An die Stelle der bisherigen Arbeitnehmer- muss m.E. eine *allgemeine, einheitliche* und *solidarische* Bürgerversicherung treten. *Allgemein* zu sein heißt, dass die Bürgerver-sicherung sämtliche geeigneten Versicherungszweige übergreift: Kranken-, Pflege- und Ren-tenversicherung müssten gemeinsam und nach denselben Organisationsprinzipien restruktu-riert werden. Selbst aus rein taktischen Erwägungen ist es nicht sinnvoll, die öffentliche Debatte über eine Bürgerversicherung auf *einen* Versicherungszweig zu beschränken, wie es viele Befürworter/innen dieser Reformoption tun.[1078] Hingegen stellt die Gesetzliche Unfallversicherung insofern einen Sonderfall dar, als sie sich nur aus Beiträgen der Arbeit-geber (und staatlichen Zuschüssen) speist. Der einzige hier bisher noch nicht erwähnte Versicherungszweig, die Arbeitslosenversicherung, könnte nach einem Vorschlag des „Fo-rums Demokratische Linke 21" in eine „Arbeitsversicherung" umgewandelt werden, die nicht erst Leistungen erbringt, wenn der Risikofall eingetreten ist, und auch sämtliche

---

1077 Vgl. Daniel Kreutz, Bürgerversicherung – Chance oder eher Risiko?, in: spw – Zeitschrift für Sozialistische Politik und Wirtschaft 133 (2003), S. 2 (Sonderseite)
1078 Vgl. z.B. Ursula Engelen-Kefer (Hrsg.), Reformoption Bürgerversicherung. Wie das Gesundheitssystem solidarisch finanziert werden kann, a.a.O.; Martin Pfaff/Heinz Stapf-Finé (Hrsg.), Bürgerversicherung – solida-risch und sicher!, Die Rolle von GKV und PKV, Beitragsgrundlagen, Leistungskatalog, rechtliche Umsetzung, Hamburg 2004

Selbstständigen und Freiberufler/innen aufnehmen soll.[1079] Damit schlösse sich der Kreis zu einer fast alle Gesellschaftsmitglieder umfassenden Erwerbstätigenversicherung.

Einheitlich zu sein heißt in diesem Zusammenhang, dass neben der Bürgerversicherung keine mit ihr konkurrierenden Versicherungssysteme existieren würden. Private Versicherungsunternehmen müssten sich auf die Abwicklung bestehender Verträge (Bestandsschutz), mögliche Ergänzungsleistungen und Zusatzangebote beschränken. Damit bliebe ein weites Betätigungsfeld für die Privatassekuranz erhalten; ihre Existenz wäre nicht gefährdet.

Solidarisch zu sein heißt, dass die Bürgerversicherung zwischen den ökonomisch unterschiedlich Leistungsfähigen einen sozialen Ausgleich herstellt. Nicht nur auf Löhne und Gehälter, sondern auf sämtliche Einkunftsarten (Zinsen, Dividenden, Tantiemen, Miet- und Pachterlöse) wären Beiträge zu erheben. Entgegen einem verbreiteten Missverständnis bedeutet dies nicht, dass Arbeitgeberbeiträge entfallen würden. „Für in abhängiger Beschäftigung erwirtschaftete Lohneinkommen könnte in einer Bürgerversicherung weiterhin die paritätische Beitragszahlung durch Arbeitnehmer und Arbeitgeber gelten. Auf alle anderen Einkommensarten würde der volle Beitragssatz erhoben."[1080] Karl Lauterbach hebt an dieser Stelle hervor, dass die übermäßige Belastung kleiner Vermögen durch Einführung entsprechender Freibeträge zu verhindern wäre. Einen für alle Versicherten gleichen Freibetrag in der Sozialversicherung einzuführen, welcher die Arbeitnehmer/innen wie die Arbeitgeber entlasten würde, was nach Einschätzung des DGB zu einer Verringerung der Erwerbslosigkeit führen könnte,[1081] machte nur dann Sinn, wenn in Analogie zum Steuersystem auch die Sozialabgaben der Progression unterlägen.

Nach oben darf es im Grunde weder eine Versicherungspflichtgrenze noch Beitragsbemessungsgrenzen geben, die es privilegierten Personengruppen erlauben, in exklusive Sicherungssysteme auszuweichen und sich ihrer Verantwortung für sozial Benachteiligte (ganz oder teilweise) zu entziehen. Hinsichtlich der Beitragsbemessungsgrenzen stünde zumindest eine deutliche Erhöhung an. Umgekehrt müssen jene Personen finanziell aufgefangen werden, die den nach der Einkommenshöhe gestaffelten Beitrag nicht entrichten können. Vorbild dafür könnte die Gesetzliche Unfallversicherung sein. Dort dient der Staat quasi als Ausfallbürge für Vorschulkinder, Schüler/innen und Studierende, Landwirte, Unfall-, Zivilschutz- und Katastrophenhelfer/innen sowie Blut- und Organspender/innen.

*Bürger*versicherung heißt, dass alle Personen aufgenommen werden, und zwar unabhängig davon, ob sie erwerbstätig sind oder nicht. Da sämtliche Wohnbürger/innen in das System einbezogen wären, blieben weder Selbstständige, Freiberufler/innen, Beamte, Abgeordnete und Minister noch Ausländer/innen mit Daueraufenthalt in der Bundesrepublik außen vor. Einerseits geht es darum, die Finanzierungsbasis des bestehenden Sozialsystems zu verbreitern, andererseits darum, den Kreis seiner Mitglieder zu erweitern. Denn ihre wichtigste Rechtfertigung erfährt die Bürgerversicherung dadurch, dass sie den längst fälligen Übergang zu einem die gesamte Wohnbevölkerung einbeziehenden, Solidarität im umfassendsten Sinn garantierenden Sicherungssystem verwirklicht.

1079 Vgl. Andrea Nahles/Joachim Schuster, Das Modell Arbeitsversicherung. Vorschlag für eine soziale Reform, in: FR v. 26.9.2003; Andrea Nahles, Entweder wir teilen die Arbeit oder die Arbeitslosigkeit teilt uns, in: Gernot Erler u.a., Mehrheiten mit Links. Werkstattberichte aus Berlin für eine Politik zur Gestaltung der Globalisierung, Bonn 2002, S. 135ff.
1080 Karl Lauterbach, Ein Modell der Bürgerversicherung, a.a.O., S. 10
1081 Vgl. Heinz Putzhammer, Kleine Einkommen entlasten. Neue Forschungsergebnisse stützen den DGB-Vorschlag für einen Freibetrag in der Sozialversicherung, in: FR v. 13.12.2003

Bürger*versicherung* zu sein bedeutet schließlich, dass es sich um eine *Versicherungs-lösung* handelt, also gewährleistet sein muss, dass ihre Mitglieder, soweit sie dazu finanziell in der Lage sind, selbst Beiträge entrichten und entsprechend geschützte Ansprüche erwer-ben.[1082] Natürlich muss sich der Staat mit Steuergeldern am Auf- und Ausbau einer Bürger-versicherung beteiligen. Auf die öffentlichen Haushalte kämen dadurch sogar erhebliche finanzielle Belastungen zu, die nur mittels einer sozial gerechteren, sich stärker an der öko-nomischen Leistungsfähigkeit der Bürger/innen orientierenden Steuer- und Finanzpolitik zu tragen wären. Dies gilt auch im Hinblick auf Sozialversicherungsbeiträge, wie sie vor allem die Bundesländer für ihre Beamten zu zahlen hätten, wenn diese in eine Bürgerversicherung einbezogen würden. Andreas Bachmann macht gegen den Ausbau der Arbeitnehmerver-sicherung zu einer Erwerbstätigen-, Bürger- oder Volksversicherung geltend, dass Letztere konstruktionsbedingt steuerfinanzierten Elementarsicherungssystemen glichen, bei denen die Leistungen a priori nicht bedarfsdeckend und die Beitragssätze entsprechend niedrig seien. „Daher spricht einiges dafür, die Sozialversicherungen als Solidar- und Risikofonds aller abhängig Arbeitenden – egal was für ein formaler Vertragstyp im Arbeitsverhältnis vorliegt – auf Umlagebasis weiter zu entwickeln. In diesem Risikokollektiv dürfte politisch eher ein Konsens über ein ausreichendes Leistungsniveau herzustellen sein."[1083]

Die geplante „Bürgerversicherung" würde zum Einfallstor für einen Modell- bzw. Pa-radigmawechsel der Sozialpolitik, wäre sie nicht nach dem Versicherungsprinzip kon-struiert, sondern ausschließlich oder überwiegend steuerfinanziert. Eine solidarische Bür-gerversicherung, wie sie hier skizziert wird, bedeutet allerdings keinen Systemwechsel. Vielmehr verschwände der Widerspruch, dass sich fast nur abhängig Beschäftigte im sozia-len Sicherungssystem befinden und auch nur bis zu einem Monatseinkommen von höchs-tens 5.200 EUR (2005). Über diese Bemessungsgrenze hinaus entrichten Versicherte (und ihre Arbeitgeber) überhaupt keine Beiträge zur Renten- und Arbeitslosenversicherung. Die Gesetzliche Kranken- und die Soziale Pflegeversicherung können sie bei Überschreiten der Versicherungspflicht- bzw. -fluchtgrenze von 3.900 EUR (2005) sogar verlassen. Mit dieser systemwidrigen Begrenzung der Solidarität auf Normal- und Schlechterverdienende muss die Bürgerversicherung brechen. Wohl das schlagendste Argument für die Bürgerversiche-rung liefert ihr hohes Maß an Gerechtigkeit und sozialem Ausgleich. Durch die Berücksich-tigung anderer Einkunftsarten würde der Tatsache endlich Rechnung getragen, dass *Ar-beits*einkommen für die Mehrheit der Bevölkerung nicht mehr die einzige und häufig nicht mehr die wichtigste Lebensgrundlage bilden. Daraus ergibt sich die Frage, warum der riesi-ge private Reichtum nicht stärker an der Finanzierung des sozialen Sicherungssystems beteiligt werden sollte.

Auf dem Weg zu einer Bürgerversicherung für alle Bewohner/innen, die sämtliche Standardrisiken abdeckt, muss das Gesundheitswesen im Vordergrund stehen. Hierbei han-delt es sich einerseits um den Versicherungszweig mit den meisten Umverteilungselemen-ten, was nicht zuletzt durch das hohe Maß an für alle Kranken gleichen Sach- und Dienst-leistungen bedingt ist. Andererseits prallen dort die Interessen der Betroffenen und ihrer Lobbygruppen, z.B. der gesetzlichen und der privaten Krankenkassen, der Gesunden und der Patient(inn)en, der Versicherten und ihrer Arbeitgeber, der Ärzte und Apotheker sowie

---

1082 Vgl. Dirk Ruiss/Gerhilt Dietrich, Bürgerversicherung und Kopfprämien: Reformoptionen im Vergleich, a.a.O., S. 127
1083 Andreas Bachmann, Privatisierung der Sozialversicherung und aktivierender Staat, a.a.O., S. 98

der Pharmaindustrie härter als irgendwo sonst aufeinander, was die „politische Gefechtslage" schwierig und unübersichtlich macht.

Mittels der allgemeinen, einheitlichen und solidarischen Bürgerversicherung würden die Nachteile des deutschen Sozial(versicherungs)staates kompensiert, ohne dass seine spezifischen Vorzüge liquidiert werden müssten. Basieren könnte sie auf dem von Thomas H. Marshall kurz nach dem Zweiten Weltkrieg entwickelten Konzept sozialer Staatsbürgerrechte.[1084] Eine soziale Bürgergesellschaft bindet die Teilhabe ihrer Mitglieder an soziokulturelle und materielle Mindeststandards, deren Gewährleistung dem Wohlfahrtsstaat obliegt. Auf diese Weise würde soziale Sicherheit bzw. Verteilungsgerechtigkeit zum konstitutiven Bestandteil einer Form der Demokratie, die mehr beinhaltet als den regelmäßigen Gang zur Wahlurne, das leidliche Funktionieren des Parlaments und die Existenz einer unabhängigen Justiz. Es geht um die „sozialstaatliche Universalisierung der Bürgerrechte", wie es Jürgen Habermas formuliert.[1085] Hier lägen auch Berührungspunkte zur Debatte über das europäische Wohlfahrtsmodell,[1086] in dem unterschiedliche Sicherungssysteme bestehen, die nach denselben Grundprinzipien auf dem Weg zum „transnationalen Sozialstaat" einander angeglichen werden müssten, ohne dass es Millionen Verlierer/innen gibt.

Wenn die Bürgerversicherung in einer Gestalt durchgesetzt werden soll, die Umverteilung von oben nach unten ermöglicht, muss sich eine breite, möglichst sämtliche Bevölkerungsschichten übergreifende Bürgerbewegung herausbilden und sie mit aller Macht einfordern, was in Anbetracht der gegenwärtigen politischen und parlamentarischen Mehrheitsverhältnisse utopisch erscheint. Gleichwohl sollte die Idee einer solidarischen Bürgerversicherung schon heute zum Kristallisationspunkt einer linken Alternative zum neoliberalen Um- bzw. Abbau des Sozialstaates gemacht, das Konzept weiterentwickelt und bald ein konkretes Modell der Umsetzung vorgestellt werden.

7.7   Einwände gegen die Bürgerversicherung und Möglichkeiten ihrer Widerlegung

Wenn man von den „interessierten Missverständnissen" absieht, die Lobbyisten wie Die Privaten Krankenversicherungen (PKV), der Hartmannbund, die Kassenzahnärztliche Bundesvereinigung, die Bundeszahnärztekammer, der Deutsche Beamtenbund (DBB), die Arbeitsgemeinschaft Selbständiger Unternehmer (ASU), der Bundesverband Junger Unternehmer der ASU (BJU), der Hauptverband des Deutschen Einzelhandels (HDE), der Deutsche Industrie- und Handelskammertag (DIHT), Haus & Grund, die Bundesvereinigung der Deutschen Arbeitgeberverbände (BDA), die Centralvereinigung Deutscher Wirtschaftsverbände für Handelsvermittlung und Vertrieb (CDH), der Zentralverband des Deutschen Handwerks (ZDH) sowie der Deutsche Führungskräfteverband (ULA) kampagnenartig im Internet (www.buergerversicherung-aktuell.de) und in einer ganzseitigen Zeitungsanzeige unter dem Titel „Die Wahrheit über die Bürgerversicherung" über Monate hinweg verbreitet haben, gibt es dieser gegenüber drei Haupteinwände:

1084   Vgl. Thomas H. Marshall, Staatsbürgerrechte und soziale Klassen, a.a.O., S. 33ff.

1085   Siehe Jürgen Habermas, Nachholende Revolution und linker Revisionsbedarf. Was heißt Sozialismus heute?, in: ders., Die nachholende Revolution, Frankfurt am Main 1990, S. 192

1086   Vgl. dazu: Hartmut Kaelble/Günther Schmid (Hrsg.), Das europäische Sozialmodell. Auf dem Weg zum transnationalen Sozialstaat, Berlin 2004 (WZB-Jahrbuch)

1. Sie sei, heißt es nicht nur bei juristischen Laien, entweder mit dem Grundgesetz unvereinbar oder zumindest verfassungsrechtlich bedenklich. Dabei meint man vor allem die Ausdehnung über den bisherigen Kreis der (erwerbstätigen) Versicherten hinaus. Eine im Grundgesetz festgeschriebene Beschränkung der Sozialversicherung auf die Erwerbsbevölkerung existiert jedoch nicht. „Angesichts der zunehmenden Flexibilisierung von Erwerbsarbeit werden nicht nur die Grenzen zwischen abhängiger und selbstständiger Erwerbsarbeit, sondern auch die zwischen privater Lebensführung und Erwerbsarbeit verwischt. Insoweit kann es die Aufgabe des Staates zur sozialen Sicherung erfordern, bislang partielle Sozialversicherungssysteme auszudehnen."[1087] Das gilt auch für die Einbeziehung der Beamt(inn)en in eine Bürgerversicherung. Sofern bestehende Versicherungsverhältnisse nicht angetastet werden und nur künftige Beamte von der Neuregelung betroffen sind, dürften kaum verfassungsrechtliche Probleme auftreten. Schwieriger wird es, wenn man nur die Renten, jedoch nicht die Beiträge – wie in der Schweiz – bei einer bestimmten Höhe deckelt. Zu prüfen wäre aber, ob das (in der Krankenversicherung mit ihrer Dominanz der Sach- und Dienstleistungen gar nicht geltende) Äquivalenzprinzip in der Rentenversicherung wirklich unantastbar ist. Dirk Ruiss und Gerilt Dietrich unterstreichen denn auch das Gestaltungsrecht des Gesetzgebers im Hinblick die Konstruktion des Sozialsystems und weisen in diesem Kontext auf den Gleichheitsgrundsatz hin, der eigentlich ausschließt, dass sich gerade Kapitaleigentümer und Besserverdienende der Solidarität entziehen.[1088] Wie der Hamburger Rechtswissenschaftler Karl-Jürgen Bieback in einem Gutachten für die Hans-Böckler-Stiftung belegte, ist das Konzept der Bürgerversicherung mit dem Grundgesetz vereinbar und hält einer verfassungsrechtlichen Prüfung stand.[1089] Zu einem ähnlichen Resultat gelangt Jürgen Beck, der im Grundgesetz kein Hindernis für die Bürgerversicherung sieht. „Ein konkretes Modell wird sich an zwei Kardinalfragen messen lassen müssen: Welche konkreten Auswirkungen hat die Einführung einer Bürgerversicherung auf die Unternehmen der PKV und welche Konsequenzen entstehen für die gegenwärtig in der PKV versicherten Personen?"[1090]

2. So genial die Idee der Bürgerversicherung als solche sei, so wenig tauge sie zur Verwirklichung. Tatsächlich dürfte die Umsetzung des Konzepts seinen Befürworter(inn)en aufgrund der Macht- und Mehrheitsverhältnisse nicht leicht fallen. Freilich gilt dies für alle Reformmaßnahmen, die mit der neoliberalen Hegemonie brechen wollen. Wenn alternative Vorstellungen überhaupt eine Chance haben, dann gehört die Bürgerversicherung zweifellos zu jenen mit einer beträchtlichen Ausstrahlung. Viel hängt davon ab, ob sich im parteipolitischen und im außerparlamentarischen Raum genügend Unterstützer/innen finden, die sich auf ein gemeinsames, möglichst umfassendes und schlüssiges Konzept einigen können.

3. Die solidarische Bürgerversicherung sei ein „bürokratisches Monstrum", das trotz seines Namens eher noch weniger Bürgernähe aufweise als das bestehende Kassenwe-

---

1087 Karl-Jürgen Bieback, Verfassungsrechtliche Aspekte einer „Bürgerversicherung", in: Ursula Engelen-Kefer (Hrsg.), Reformoption Bürgerversicherung, a.a.O., S. 129
1088 Vgl. Dirk Ruiss/Gerhilt Dietrich, Bürgerversicherung und Kopfprämien: Reformoptionen im Vergleich, a.a.O., S. 127
1089 Vgl. Karl-Jürgen Bieback, Sozial- und verfassungsrechtliche Aspekte der Bürgerversicherung, Baden-Baden 2005
1090 Jürgen Beck, Bürgerversicherung: Steht die Verfassung ihrer Einführung entgegen?, in: Soziale Sicherheit 11/2004, S. 392

sen. Auch dieser Vorwurf geht aber ins Leere, denn von einer Zentralisierung kann zumindest dann nicht die Rede sein, wenn die Vielfalt der Versicherungsträger bestehen bleibt.

7.8 Die bedarfsabhängige Grundsicherung als Schritt zur (bzw. als Ergänzung der) Bürgerversicherung

Walter Hanesch, Peter Krause, Gerhard Bäcker, Michael Maschke und Birgit Otto betrachteten die Einführung einer bedarfsorientierten Grundsicherung im 2. Armutsbericht, den die Hans-Böckler-Stiftung, der DGB und der Paritätische Wohlfahrtsverband gegen Ende der 1990er-Jahre in Auftrag gegeben hatten, als Zwischenschritt auf dem Weg zu einer Volks- bzw. Bürgerversicherung: „Aufgabe eines solchen Systems wäre es, die versicherungsförmigen Leistungen bei den Standardrisiken Alter, Invalidität, Arbeitslosigkeit oder Krankheit durch steuerfinanzierte Bedarfsleistungen zu ergänzen, um Armut nicht länger institutionell auszugrenzen, sondern innerhalb der Institutionen zu bekämpfen, die bei dem betreffenden Risiko bzw. Lebenstatbestand für die Sicherung zuständig sind."[1091] Gleichzeitig betonten die Verfasser und die Verfasserin des Armutsberichts jedoch, „dass eine Grundsicherung, auch wenn sie gegenüber der bisherigen Sozialhilfe bessere Bedingungen aufweist, nur die zweitbeste Lösung gegenüber ausreichenden und eigenständigen Versicherungsleistungen wäre."[1092]

Mit der Arbeitsgruppe Alternative Wirtschaftspolitik, die seit langer Zeit jährlich ein Memorandum als fortschrittliche Alternative zum Gutachten der „Fünf Weisen" des Sachverständigenrates vorlegt, bin ich der Meinung, dass eine bedarfsorientierte allgemeine Grundsicherung überfällig ist, weil die Sozialhilfe und das Arbeitslosengeld II unter sozialen Gesichtspunkten wie auch vor dem Hintergrund einer unter den geringen Transfereinkommen leidenden Binnennachfrage unzureichend sind. „Zu fordern ist daher eine einheitliche, tatsächlich armutsfeste soziale Grundsicherung, die von BezieherInnen kleiner Renten, Arbeitslosen mit unzureichendem oder ausgelaufenem Arbeitslosengeldbezug und ihren Angehörigen und von nicht erwerbsfähigen Personen in Anspruch genommen werden kann."[1093]

Damit die Bürgerversicherung ihre segensreichen Wirkungen auf der Finanzierungsseite leisten kann, muss eine Grund- bzw. Mindestsicherungsregelung dafür sorgen, dass es auf der Leistungsseite keine Armut, Unterversorgung und soziale Exklusion gibt. Bürger- und bedarfsorientierte Grundsicherung müssen als Siamesische Zwillinge gedacht und so konzipiert werden, dass alle Bewohner/innen des Landes ohne Angst vor einem sozialen Absturz und Ausschluss leben können. Gegen die Tendenz zur Ausweitung eines Niedriglohnsektors, der weder Arbeitslosigkeit noch Armut verringert, die Letztere vielmehr zur Normalität für große Teile der Bevölkerung werden lässt, ist die Forderung nach gesetzlich fixierten Mindesteinkommen gerichtet. Die meisten EU-Länder haben einen gesetzlichen Mindestlohn, ohne dass der Beschäftigungsstand und die Tarifpolitik der Gewerkschaften

---

1091 Walter Hanesch u.a., Armut und Ungleichheit in Deutschland. Der neue Armutsbericht der Hans-Böckler-Stiftung, des DGB und des Paritätischen Wohlfahrtsverbands, Reinbek bei Hamburg 2000, S. 569
1092 Siehe ebd., S. 571
1093 Arbeitsgruppe Alternative Wirtschaftspolitik, Memorandum 2005. Sozialstaat statt Konzern-Gesellschaft, Köln 2005, S. 123

negativ berührt würden, weshalb es kaum Gründe gibt, ihn nicht auch auf die hiesigen Verhältnisse anzuwenden: „An Bedenken gegen einen gesetzlichen Mindestlohn in Deutschland scheint nur tragfähig die Befürchtung, dass der Staat mit der Festsetzung eines sehr niedrigen Niveaus lediglich eine kosmetische oder symbolische Maßnahme umsetzen könnte."[1094] Reinhard Bispinck und Claus Schäfer weisen darauf hin, dass solche Befürchtungen z.B. die Niedriglohnpraxis in den USA nährt, wo man amtlichen Angaben zufolge durch den gesetzlichen Mindestlohn nicht vor Armut bewahrt wird, sondern im Falle seiner Inanspruchnahme auf zusätzliche staatliche Unterstützung, etwa die negative Einkommensteuer oder andere Maßnahmen, angewiesen ist.

Die allgemeine, einheitliche und solidarische Bürgerversicherung, wie sie hier skizziert wird, schließt eine bedarfsorientierte Grundsicherung für sämtliche Wohnbürger/innen, die ausnahmslos Mitglieder des neuen, erweiterten Sicherungssystems sein sollten, ein. Sie muss deutlich über dem Niveau der heutigen Sozialhilfe liegen und eine weder durch Existenzangst bestimmte noch von Ausgrenzung bedrohte Teilhabe am gesellschaftlichen und kulturellen Leben ermöglichen.

Ergänzend zu einer Bürgerversicherung, die alle Wohnbürger/innen mit ihren sämtlichen Einkommen und Einkunftsarten zur Finanzierung der Leistungen im Sozial- bzw. Gesundheitsbereich heranzieht, bedarf es einer sozialen Grundsicherung, die das soziokulturelle Existenzminimum ohne entwürdigende Antragstellung und Bedürftigkeitsprüfung sicherstellt. Bleibt zu hoffen, dass dieses Modell nicht durch die „Grundsicherung für Arbeitsuchende" im SGB II nach Hartz IV für immer diskreditiert ist. Damit die verbliebenen Sozialhilfeempfänger/innen nicht stigmatisiert werden, sollte es eine Grundsicherung für sämtliche Bedürftige auf demselben Leistungsniveau und zu gleichen Bedingungen geben. Durch eine solidarische Bürgerversicherung wird die Grundsicherung also nicht überflüssig, beide ergänzen sich vielmehr wechselseitig.

7.9 Existenzgeld und bedingungsloses Grundeinkommen – Irrtümer einer linksradikalen Sozialstaatskritik

Während sich eine soziale Grundsicherung harmonisch in den Bismarck'schen Wohlfahrtsstaat und die Bürgerversicherung einfügen lässt, wäre das Bürger- oder Existenzgeld in diesem Sicherungssystem ein Fremdkörper. Nicht zufällig verknüpfen Organisationen der radikalen Linken ihre Forderung nach dem Existenzgeld mit einer Fundamentalkritik am Sozialstaat. Spiegelbildlich zum Neoliberalismus und mit teilweise ganz ähnlichen Formulierungen wie Letzterer erheben sie gegenüber dem Wohlfahrtssystem den Vorwurf, es beschneide die Freiheit seiner Klientel und hindere diese so daran, ihr Schicksal selbst in die Hand zu nehmen. Kategorisch urteilt beispielsweise eine Gruppe, die sich „Wildcat" nennt: „Die sozialstaatlichen ‚Errungenschaften' sind Verhinderungsmittel von Selbstbewusstsein und kollektiven Kämpfen. Der Staat tritt an die Stelle unserer Selbsttätigkeit, atomisiert uns durch das bürgerliche Recht und individuelle Geldzahlungen."[1095] Vor allem das (Sozial-)Versicherungsprinzip gerät ins Visier, weil es die Ausbeutung im Kapitalismus

---

1094 Reinhard Bispinck/Claus Schäfer, Niedriglöhne? Mindestlöhne! – Verbreitung von Niedriglöhnen und Möglichkeiten ihrer Bekämpfung, in: Sozialer Fortschritt 1-2/2005, S. 30
1095 Wildcat, Die Perspektiven des Klassenkampfes liegen jenseits einer Reform des Sozialstaats, in: Hans-Peter Krebs/Harald Rein (Hrsg.), Existenzgeld. Kontroversen und Positionen, Münster 2000, S. 107f.

verschleiere. Generell wird unterstellt, dass sozialdemokratischer Reformismus nicht nur Illusionen über die Klassengesellschaft, sondern auch über den Wohlfahrtsstaat verbreite.

Man fühlt sich unwillkürlich an die Debatten gegen Ende der 1960er-/Anfang der 1970er-Jahre erinnert. Seinerzeit wurde der kapitalistische Wohlfahrtsstaat einer Analyse unterworfen, die sich auf Marx und Engels berief, jedoch besonders immer dann überzogen, einseitig und sektiererisch ausfiel, wenn sie den Zusammenhang mit sozialen Kämpfen, Auseinandersetzungen und Erfahrungen der Arbeiterbewegung unberücksichtigt ließ. Hans Henning Herzog und Paul Oehlke sprachen vom Typus des „autoritären Sozialstaates", welcher sich im Spätkapitalismus als Teil einer ebenfalls deformierten Staatsverfassung herausbilde: „Daß die Arbeiterbewegung in diese als Ordnungselement eingepaßt wird, daß das parlamentarische System statt demokratischer nun Manipulationsfunktionen übernimmt, daß der über den sozialpolitischen Verteilermechanismus hergestellte Konsensus eine auf den Führer eingeschworene Massenbewegung erübrigt, kennzeichnet den autoritären Sozialstaat."[1096] Wolfgang Müller und Christel Neusüß monierten nach dem Regierungswechsel 1969, die staatliche Wirtschafts- und Sozialpolitik der neuen SPD/FDP-Koalition nähre reformistische Illusionen, d.h. falsche Hoffnungen auf eine krisenfreie Entwicklung des kapitalistischen Reproduktionsprozesses.[1097]

Die (ultra)linke Sozialstaatskritik, wie sie im Gefolge der Schüler- und Studentenbewegung bzw. der Außerparlamentarischen Opposition (APO) geübt wurde, zeitigte übrigens paradoxe Folgen. Roland Roth hebt in seinem Rückblick auf den antiautoritären Protest hervor, dass '68 auch eine „Revolte des Reproduktionsbereichs" war, die letztlich zur Expansion und zur Professionalisierung des Sozial- bzw. Gesundheitswesens beitrug.[1098] Mehr als eine Dekade später feierte die vulgärmarxistische These, wonach staatliche Sozialleistungen ausnahmslos einer Effektivierung der kapitalistischen Ausbeutung dienen und pure Systemkosmetik darstellen, im grün-alternativen Gewand fröhliche Urständ. Repräsentant(inn)en der Alternativbewegung beklagten eine „Verstaatlichung des Sozialen" und bemängelten keineswegs einzelne Fehler des Wohlfahrtsstaates, hielten ihn vielmehr selbst für einen Fehler. Thomas Schmid, mittlerweile verantwortlicher Redakteur der *Frankfurter Allgemeinen Sonntagszeitung*, schrieb: „Die heute wesentliche Kritik am Sozialstaat richtet sich nicht gegen sein mangelndes, sondern gegen sein zu gutes Funktionieren."[1099] Dabei war diese Feststellung als inhaltliche Abgrenzung gegenüber dem Neokonservatismus völlig ungeeignet, weil CDU/CSU- genauso wie FDP-Politiker/innen mit der „Überversorgung" nicht etwa die mangelnde Leistungsfähigkeit zugunsten sozial Bedürftiger, sondern umgekehrt die ihrer Meinung nach wirtschafts- bzw. wachstumsfeindliche *Hyper*effizienz des Sozialstaates monierten.

Je mehr der Wohlfahrtsstaat – etwa durch Dynamisierung fast aller Sozialleistungen – korrigierend in die Verteilungsrelationen zwischen gesellschaftlichen Klassen, Schichten

---

1096 Hans Henning Herzog/Paul Oehlke, Intellektuelle Opposition im autoritären Sozialstaat, Neuwied/Berlin (West) 1970, S. 124
1097 Vgl. Wolfgang Müller/Christel Neusüß, Die Sozialstaatsillusion und der Widerspruch von Lohnarbeit und Kapital, in: Sozialistische Politik 6/7 (1970), S. 4ff. Zur Kritik dieser Position und zum Verlauf der akademischen Diskussion über Möglichkeiten der „Staatsableitung" vgl. Christoph Butterwegge, Probleme der marxistischen Staatsdiskussion, Köln 1977, S. 93ff.
1098 Siehe Roland Roth, Achtundsechzig als sozialer Protest. Stichworte zu einigen sozialpolitischen Motiven der ApO, in: Widersprüche 68 (1998), S. 37
1099 Thomas Schmid, Nichtsnutz und Robot. Über einige Schwierigkeiten, die Verstaatlichung des Sozialen rückgängig zu machen, in: Freibeuter 11 (1982), S. 101f.

und Gruppen eingriff, umso massiver traf ihn der Vorwurf, die Freiheit seiner Bürger/innen einzuschränken und mittels einer bürokratischen Regelungswut zu ersticken. Die alternative Sozialstaatskritik blieb ihrerseits abstrakt und beschränkte sich auf die Erscheinungsebene, wo „der Mensch", unabhängig von seiner Stellung im gesellschaftlichen Produktions- und Reproduktionsprozess, durch Maßnahmen der Sozialbürokratie angeblich seiner Möglichkeiten zur Selbstbestimmung beraubt wird: „Zwischen Supermarkt und Sozialstaat wird der einzelne zu einer Art Werkstück der bürokratisch-zentralistischen Großsysteme, in denen er selbst als Roboter arbeitet und von denen er als Konsument und Klient gewissen ,Behandlungen' unterworfen wird."[1100]

Die grün-alternativen Theoretiker beschuldigten den Wohlfahrtsstaat, die seiner Hilfe am meisten Bedürftigen systematisch zu bevormunden, wenn nicht gar zu entmündigen: „Der Sozialstaat ist zwar Antwort auf die Entfremdung im Kapitalismus, greift aber immer tiefer in die Privatsphäre ein; er bietet zwar Schutz gegen soziale Ungleichheit, entfremdet die Menschen aber zunehmend von sich und ist schließlich Hemmschuh für Autonomie."[1101]   Die grün-alternative Fundamentalkritik am Sozialstaat gipfelte in der Behauptung, seine Tätigkeit hebe Klassenunterschiede durch die Entfremdung aller Gesellschaftsmitglieder auf: „Der Sozialstaat, unter der Fahne der Gleichheit erfolgreich und verdienstvoll vorangetrieben, pervertiert jenseits bestimmter kritischer Schwellenwerte und abseits orthodox sozialistischer Wahrnehmung zur Gleichschaltung, zur gleich mechanischen Unterwerfung aller, ungeachtet ihrer Klassenzugehörigkeit, unter das entstehende große Einheitssystem, das Lewis Mumford ,neue Mega-Maschine' genannt hat."[1102] Kritisiert wurden Monetarisierungstendenzen, die dem Wohlfahrtsstaat inhärent seien und jede Humanität innerhalb der Gesellschaft zerstören müssten: „Der Sozialstaat ist dabei, das Soziale zu enteignen. Er übersetzt Gegenseitigkeits- in Geldrelationen. Er huldigt implizit und explizit dem Irrglauben, mit Geld allein seien existentielle Lebensprobleme zu lösen."[1103]

Gleichwohl entwickelten die GRÜNEN gegen Mitte der 80er-Jahre das Modell eines garantierten, d.h. unabhängig vom Bedarf zu zahlenden, Grundeinkommens.[1104] Die darüber geführte Debatte galt primär der Frage, ob Erwerbsarbeit und Einkommen entkoppelt werden müssten, um der Arbeitslosigkeit beizukommen. Damit würde die Maxime des Apostels Paulus „Wer da nicht arbeitet, der soll auch nicht essen" (2, Thess. 3,10) nach 2000 Jahren außer Kraft gesetzt. Mittels eines garantierten Grundeinkommens, das Inländer(inne)n ohne Bedürftigkeitsprüfung gezahlt werden sollte, wollte man nicht nur die Armut, sondern zugleich den als bürokratisch kritisierten Sozialstaat und die traditionelle

---

1100   Joseph Huber, Kleine Netze. Ein Weg zu größerer wirtschaftlicher und sozialer Selbständigkeit, in: Jan Peters (Hrsg.), Alternativen zum Atomstaat. Das bunte Bild der Grünen, Berlin (West) 1979, S. 176
1101   Klaus-Uwe Gerhardt/Arnd Weber, Mindesteinkommen – konservativ oder libertär?, Ökologische Chancen der Arbeitslosigkeit, in: Thomas Kreuder/Hanno Loewy (Hrsg.), Konservativismus in der Strukturkrise, Frankfurt am Main 1987, S. 468
1102   Joseph Huber, Zwischen Supermarkt und Sozialstaat: die neue Abhängigkeit des Bürgers, in: Ivan Illich u.a., Entmündigung durch Experten. Zur Kritik der Dienstleistungsberufe, Reinbek bei Hamburg 1979, S. 130
1103   Bernd Guggenberger, Wenn uns die Arbeit ausgeht. Die aktuelle Diskussion um Arbeitszeitverkürzung, Einkommen und die Grenzen des Sozialstaats, München/Wien 1988, S. 85
1104   Vgl. z.B. Michael Opielka/Martin Schmollinger/Angelika Fohmann-Ritter (Hrsg.), Die Zukunft des Sozialstaats, Bd. 1: Sozialstaatskrise und Umbaupläne. Materialien zur sozialpolitischen Diskussion der Grünen, 3. Aufl. Stuttgart 1984; Michael Opielka/Georg Vobruba (Hrsg.), Das garantierte Grundeinkommen. Entwicklung und Perspektiven einer Forderung, Frankfurt am Main 1986; Michael Opielka/Ilona Ostner (Hrsg.), Umbau des Sozialstaats, a.a.O.; Michael Opielka/Margherita Zander (Hrsg.), Freiheit von Armut. Das GRÜNE Grundsicherungsmodell in der Diskussion, Essen 1988

Spaltung zwischen Arbeiter- und Armenpolitik überwinden. Peter Glotz warf den GRÜ-
NEN allerdings vor, ihr Modell eines garantierten Mindesteinkommens ziele „genau in die
falsche Richtung", weil eine dadurch ermöglichte Verdrängung vieler Millionen Menschen
vom Arbeitsmarkt die Ungleichheit nur verschärfen würde: „Der Vorschlag läuft auf eine
Spaltung der Gesellschaft in zwei Klassen hinaus."[1105] Henning Scherf, später Bürgermeis-
ter und Präsident des Senats der Freien Hansestadt Bremen, teilte diese Einschätzung nicht
nur, sondern ergänzte sie um folgende Befürchtung: „Eine massive Senkung des Lebensstandards, nicht nur des einzelnen, sondern auch im gesellschaftlichen Durchschnitt, wäre
(...) die Folge, wenn man ein solches soziales Sicherungsmodell verwirklichen wollte. Die
Gefahr einer Verarmung breiter Bevölkerungsschichten dürfte deshalb nicht gebannt, sondern geradezu programmiert sein."[1106]

Der französische Theoretiker André Gorz erkannte gleichfalls, dass ein garantiertes
Mindesteinkommen als Lohn für die soziale Exklusion wirken würde. „Im Zentrum eines
linken Entwurfs wird darum nicht die von jeder Arbeit abgekoppelte Einkommensgarantie
stehen, sondern die Verbindung zwischen dem Recht auf Einkommen und dem Recht auf
Arbeit."[1107] Später schwenkte Gorz jedoch auf die Linie der Befürworter/innen eines allgemeinen Grundeinkommens über, das nunmehr die Entwicklung kultureller, künstlerischer,
familiärer und kooperativer Aktivitäten fördern soll.[1108]

Michael Opielka stellte hingegen schon früh das Kerndilemma eines garantierten Mindesteinkommens heraus: „Eine völlige Entkopplung von Arbeit und Einkommen könnte, so
wünschenswert sie kulturell auch wäre, dazu verleiten, auch *politisch* die Teilhabe an Gü-
termärkten und am Arbeitsmarkt noch weiter zu entkoppeln."[1109] Damit würde das im Gegenwartskapitalismus ohnehin eher deklaratorische „Recht auf Arbeit" seinen Wert völlig
verlieren. Für Joachim Wiemeyer kamen im Grundeinkommen die Resignation seiner Protagonisten gegenüber massenhafter Arbeitslosigkeit und der Versuch zum Ausdruck, die
Sozialisierung der Produktionsmittel durch eine weniger diskreditierte Forderung zu ersetzen.[1110] Nunmehr schwenkte Bündnis 90/Die Grünen, der Zusammenschluss aus den westdeutschen GRÜNEN und dem ostdeutschen Bündnis '90, völlig auf den Kurs einer bedarfsorientierten integrierten Grundsicherung ein, wie sie auch Gewerkschaften, die SPD
und ihr damaliger Kanzlerkandidat Oskar Lafontaine vertraten.

Während der 90er-Jahre machte die organisierte Erwerbslosenbewegung das Existenzgeld zu ihrer Schlüsselforderung,[1111] ohne dass deren Rückhalt und öffentliche Resonanz
spürbar wuchsen. Am 9. Juli 2004 wurde in Berlin ein „Netzwerk Grundeinkommen"
(www.grundeinkommen.de) gegründet, das sämtliche Initiativen und Einzelpersonen miteinander zu vernetzen sucht, die hinter der Losung in seinem Namen stehen. Dazu gehören
unterschiedliche Gruppen und Organisationen, beispielsweise die Katholische Arbeitneh-

---

1105 Peter Glotz, Freiwillige Arbeitslosigkeit? – Zur neueren Diskussion um das „garantierte Grundeinkommen", in: Michael Opielka/Georg Vobruba (Hrsg.), Das garantierte Grundeinkommen, a.a.O., S. 143
1106 Henning Scherf, Grundsicherung und Sozialstaat – Aspekte einer bedarfsbezogenen sozialen Neuorientierung, in: Rolf G. Heinze/Bodo Hombach/Henning Scherf (Hrsg.), Sozialstaat 2000, a.a.O., S. 154
1107 André Gorz, Kritik der ökonomischen Vernunft, Berlin (West) 1989, S. 291
1108 Vgl. ders., Arbeit zwischen Misere und Utopie, Frankfurt am Main 2000, S. 126
1109 Michael Opielka, Perspektiven von Arbeit und Einkommen in der Wohlfahrtsgesellschaft, in: Aus Politik
und Zeitgeschichte 36/1986, S. 54 (Hervorh. im Original)
1110 Vgl. Joachim Wiemeyer, Grundeinkommen ohne Arbeit?, in: Aus Politik und Zeitgeschichte 38/1988, S.
48f.
1111 Vgl. Bundesarbeitsgruppen der Initiativen gegen Arbeitslosigkeit und Armut (Hrsg.), Existenzgeld. 10
Positionen gegen falsche Bescheidenheit und das Schweigen der Ausgegrenzten, Frankfurt am Main 1996

merbewegung, deren Mitglied Ralf Welter dazu ein sehr interessantes und informatives Buch geschrieben hat.[1112] Man verlangt ein von der Lohnarbeit abgekoppeltes Existenzgeld, das nach dem Willen seiner Protagonist(inn)en an die Stelle der bisherigen Sicherungssysteme treten und den Rechtsanspruch auf eine bedarfsunabhängige materielle Absicherung verwirklichen würde: „Weder soll es eine Bedürftigkeitsprüfung noch eine Abhängigkeit von zu leistenden Arbeiten geben. Das Grundeinkommen wird also bedingungslos an den einzelnen Bürger bzw. (die einzelne; *Ch.B.*) Bürgerin ausgezahlt."[1113]

Harald Rein nennt folgende Zwischenschritte, die auf dem Weg zum Existenzgeld realisiert werden könnten: Abschaffung aller Formen von kommunalen Zwangs- bzw. Pflichtdiensten sowie von Sperr- und Säumniszeiten, Sicherung des Berufsschutzes und Nulltarif für öffentliche Verkehrsmittel sowie Bildungs- und Kultureinrichtungen.[1114] Er hofft auf eine Bewegung, die das Existenzgeld außerhalb des parlamentarischen und Parteiensystems vertritt und auf die politische Tagesordnung setzt: „Alle von Lohn- und Sozialabbau Betroffenen und alle Einsichtigen, denen das Recht auf Einkommen bzw. das Recht auf ein (gutes) Leben wesentlich erscheint, sind die Träger dieser Bewegung. Hinzu kommen die Aktiven aus den Sozialen Bewegungen und globalisierungskritischen Zusammenhängen."[1115] Martin Künkler hält das bedingungslose Grundeinkommen dagegen für ungeeignet, Massen zu mobilisieren, ja für hinderlich: „Vor allem Beschäftigten – insbesondere denjenigen mit schlechten Arbeitsbedingungen und niedriger Entlohnung – ist die Forderung kaum zu vermitteln."[1116] Auf einer Betriebsversammlung wäre dafür seiner Meinung nach schwerlich Unterstützung zu erhalten, viel eher für die Forderung nach einer armutsfesten Arbeitslosenunterstützung, gesetzlichen Mindestlöhnen und einem verlässlichen sozialen Netz. Tatsächlich dürfte ein allgemeines Grundeinkommen kaum die Zustimmung einer Mehrheit der Bevölkerung finden, weil für sie die Bedürftigkeit der Empfänger/innen und die Frage eine Rolle spielen, warum jemand in eine Notsituation geraten ist.[1117]

Wolfgang Engler leitet die Forderung nach einem bedingungslosen Grundeinkommen staats- und demokratietheoretisch aus dem Bürgerstatus ab, nicht ohne in das Pathos eines Republikaners aus tiefer Überzeugung zu verfallen: „Keine Republik ohne republikanische Tugenden, keine republikanischen Tugenden ohne soziale Demokratie, keine soziale Demokratie ohne bedingungsloses Grundeinkommen, das ist der systematische Zusammenhang."[1118] Engler spricht daher auch vom „Bürgergeld", das zum Menschenrecht avanciert. „Das Bürgergeld als Menschenrecht greift über den gewohnten bürgerlichen Horizont hin-

---

1112 Vgl. Ralf Welter, Solidarische Marktwirtschaft durch Grundeinkommen. Konzeptionen für eine nachhaltige Sozialpolitik, Aachen 2003; ergänzend: Sascha Liebermann, Freiheit der Bürger statt Arbeitszwang. Auf der Basis eines garantierten Grundeinkommens kann jeder wählen, welchen Beitrag er zum Gemeinwesen leisten will, in: FR v. 2.9.2004
1113 Harald Rein, Das Ende der Bescheidenheit ... – Existenzgeld, eine Forderung von Erwerbslosen- und Sozialhilfeinitiativen, in: Axel Gerntke u.a., Einkommen zum Auskommen. Von bedingungslosem Grundeinkommen, gesetzlichen Mindestlöhnen und anderen Verteilungsfragen, Hamburg 2004, S. 53
1114 Vgl. ebd., S. 54
1115 Ebd., S. 59
1116 Martin Künkler, Wer bei Arbeitslosen kürzt, drückt auch die Löhne. Grundeinkommen ist keine Alternative zum Verarmungsprogramm Arbeitslosengeld II, in: Axel Gerntke u.a., Einkommen zum Auskommen, a.a.O., S. 81
1117 Vgl. Holger Lengsfeld/Stefan Liebig, Wie sozial gerecht wäre ein allgemeines Grundeinkommen?, in: NG/FH 7-8/2002, S. 472
1118 Wolfgang Engler, Bürger, ohne Arbeit, a.a.O., S. 152

aus; es geht in einer Welt vor Anker, die um Bedürftigkeit herum gebaut ist, nicht mehr um Äquivalenzen kreist."[1119]

Ob ein *bedingungsloses* Grundeinkommen sinnvoll, finanzierbar und realisierbar ist, kann man mit Fug und Recht bezweifeln. Ein solches, nicht auf Erwerbsarbeit gegründetes, „leistungsloses" Einkommen erscheint den meisten Beobachter(inne)n als schöne Utopie, die nie realisierbar ist. „Aber manche Utopien sind gefährlich, weil sie von der Suche nach realistischeren Alternativen ablenken."[1120] Hinzu kommt, dass ein von der Erwerbsarbeit abgekoppeltes Grundeinkommen den Druck, die Massenarbeitslosigkeit konsequent zu bekämpfen, mindern würde. Selbst wenn die Erwerbslosen damit materiell besser als bisher abgesichert wären, bliebe das Problem ihrer sozialen Exklusion bestehen.

1119   Ebd., S. 141
1120   Robert Castel, Die Stärkung des Sozialen, a.a.O., S. 113 (Fn. 14)

Abkürzungsverzeichnis

a.a.O.	am angegebenen Ort
Abs.	Absatz
ADGB	Allgemeiner Deutscher Gewerkschaftsbund
AFDC	Aid to Families With Dependent Children – Hilfe für Familien mit abhängigen Kindern
AFG	Arbeitsförderungsgesetz
AFRG	Arbeitsförderungsreformgesetz
AG	Aktiengesellschaft
AL	Alternative Liste
Alg	Arbeitslosengeld
Alhi	Arbeitslosenhilfe
APO	Außerparlamentarische Opposition
Art.	Artikel
ASG	Arbeit und soziale Gerechtigkeit – die Wahlalternative
ASU	Arbeitsgemeinschaft Selbständiger Unternehmer
Attac	Association pour la Taxation des Transfers pour l'Aide aux Citoyens – Vereinigung zur Besteuerung der (Finanz-)Transaktionen zu Gunsten der Bürger
Aufl.	Auflage
AV	Arbeitslosenversicherung
AVAVG	Gesetz über Arbeitsvermittlung und Arbeitslosenversicherung
AWO	Arbeiterwohlfahrt
BA	Bundesanstalt/-agentur für Arbeit
BAFöG	Bundesausbildungsförderungsgesetz
BDA	Bundesvereinigung der Deutschen Arbeitgeberverbände
BDI	Bundesverband der Deutschen Industrie
BJU	Bundesverband Junger Unternehmer (der ASU)
BK	Bundeskanzleramt
BSE	Bovine spongiforme Enzephalopathie (Rinderwahn)
BSHG	Bundessozialhilfegesetz
BT-Drs.	Bundestags-Drucksache
BVP	Bayerische Volkspartei
bzw.	beziehungsweise
CDA	Christlich Demokratische Arbeitnehmerschaft
CDH	Centralvereinigung Deutscher Wirtschaftsverbände für Handelsvermittlung und Vertrieb
CDU	Christlich Demokratische Union Deutschlands
CIA	Central Intelligence Agency – Auslandsgeheimdienst der Vereinigten Staaten von Amerika

CSU	Christlich-Soziale Union in Bayern
DAF	Deutsche Arbeitsfront
DBB	Deutscher Beamtenbund
DDP	Deutsche Demokratische Partei
DDR	Deutsche Demokratische Republik
ders.	derselbe
DGB	Deutscher Gewerkschaftsbund
d.h.	das heißt
dies.	dieselbe(n)
DIHT	Deutscher Industrie- und Handelskammertag
DIW	Deutsches Institut für Wirtschaftsforschung
DM	Deutsche Mark
DNVP	Deutschnationale Volkspartei
DP	Deutsche Partei
DPWV	Deutscher Paritätischer Wohlfahrtsverband
DRK	Deutsches Rotes Kreuz
DVP	Deutsche Volkspartei
DVU	Deutsche Volksunion
ebd.	ebenda
EG	Europäische Gemeinschaft(en)
EKD	Evangelische Kirche in Deutschland
EU	Europäische Union
EUR	Euro
e.V.	eingetragener Verein
FAZ	Frankfurter Allgemeine Zeitung
FDP	Freie Demokratische Partei
FGE	Forschungsstelle für gesellschaftliche Entwicklungen (an der Universität Mannheim)
FH	Fachhochschule
Fn.	Fußnote
FPÖ	Freiheitliche Partei Österreichs
FR	Frankfurter Rundschau
FU	Freie Universität
FVP	Freie Volkspartei
GG	Grundgesetz
GKV	Gesetzliche Krankenversicherung
GMG	Gesundheitsmodernisierungsgesetz
GRG	Gesundheitsreformgesetz
GRV	Gesetzliche Rentenversicherung
GSG	Gesundheitsstruktur-Gesetz
HBL	Hilfe in besonderen Lebenslagen
HDE	Hauptverband des Deutschen Einzelhandels
Hervorh.	Hervorhebung(en)
HLU	Hilfe zum Lebensunterhalt
Hrsg.	Herausgeber/in
i.d.R.	in der Regel

i.e.S.	im engeren Sinne
IG	Industriegewerkschaft
info also	Informationen zum Arbeitslosen- und Sozialhilferecht
INSM	Initiative Neue Soziale Marktwirtschaft
IT	Informationstechnologie(n)
IWF	Internationaler Währungsfonds
JUMP	Jugend mit Perspektive
KdF	Kraft durch Freude
KfW	Kreditanstalt für Wiederaufbau
Kfz	Kraftfahrzeug
KJHG	Kinder- und Jugendhilfegesetz
KSchG	Kündigungsschutzgesetz
KSK	Künstlersozialkasse
KZfSS	Kölner Zeitschrift für Soziologie und Sozialpsychologie
m.E.	meines Erachtens
Mill.	Million(en)
Mio.	Million(en)
MoZArtT	Modellprojekt(e) zur Verbesserung der Zusammenarbeit von Arbeitsämtern und Trägern der Sozialhilfe
Mrd.	Milliarde(n)
NAFTA	North American Free Trade Agreement – Nordamerikanische Freihandelszone
NATO	North Atlantic Treaty Organization – Nordatlantikpakt
NDV	Nachrichtendienst des Deutschen Vereins für öffentliche und private Fürsorge
NG/FH	(Die) Neue Gesellschaft/Frankfurter Hefte
No.	Numero
NPD	Nationaldemokratische Partei Deutschlands
Nr.	Nummer
NS	Nationalsozialismus
NSDAP	Nationalsozialistische Deutsche Arbeiterpartei
OECD	Organization for Economic Cooperation and Development – Organisation für ökonomische Zusammenarbeit und Entwicklung
o.g.	oben genannt(e/r)
o.J.	ohne Jahr
o.O.	ohne Ort
o.O.u.J.	ohne Ort und Jahr
OPEC	Organization of Petroleum Exporting Countries – Organisation Erdöl exportierender Länder
PDS	Partei des Demokratischen Sozialismus
PH	Pädagogische Hochschule
PKV	Private Krankenversicherung(en)
PR	Public Relations
PSA	Personal-Service-Agentur(en)
PVS	Politische Vierteljahresschrift
RM	Reichsmark

RMI	Revenue Minimum d'Insertion
RSA	Risikostrukturausgleich
RT-Drs.	Reichstags-Drucksache
RWE	Rheinisch-Westfälisches Elektrizitätswerk
RV	Rentenversicherung
S.	Seite(n)
SBZ	Sowjetische Besatzungszone
SED	Sozialistische Einheitspartei Deutschlands
SGB	Sozialgesetzbuch
SGI	Saar-Gemeinschaftsinitiative
sog.	so genannte(r)
SPD	Sozialdemokratische Partei Deutschlands
SSW	Südschleswigscher Wählerverband
StGB	Strafgesetzbuch
TANF	Temporary Assistance to Needy Families – Zeitweilige Unterstützung für bedürftige Familien
taz	die tageszeitung
UdSSR	Union der Sozialistischen Sowjetrepubliken
ULA	Deutscher Führungskräfteverband
US/USA	United States (of America) – Vereinigte Staaten (von Amerika)
usw.	und so weiter
ver.di	Vereinigte Dienstleistungsgewerkschaft
VES	Voll Eigenständiges System (der Altersvorsorge)
vs.	versus
VW	Volkswagen (AG)
WASG	Wahlalternative Arbeit und soziale Gerechtigkeit
WAZ	Westdeutsche Allgemeine Zeitung
WSI	Wirtschafts- und Sozialwissenschaftliches Institut (in der Hans-Böckler-Stiftung des DGB)
WTO	World Trade Organization – Welthandelsorganisation
WZB	Wissenschaftszentrum Berlin für Sozialforschung
ZAG	Zentralarbeitsgemeinschaft
z.B.	zum Beispiel
ZDH	Zentralverband des Deutschen Handwerks
ZSE	Zeitschrift für die Soziologie der Erziehung und Sozialisation

Literaturauswahl

1. Begriff, theoretische Grundlagen und Geschichte des Wohlfahrts- bzw. Sozialstaates

1.1 Basis-, Einführungs- und Überblicksliteratur

Allmendinger, Jutta/Ludwig-Mayerhofer, Wolfgang (Hrsg.): Soziologie des Sozialstaats. Gesellschaftliche Grundlagen, historische Zusammenhänge und aktuelle Entwicklungstendenzen, Weinheim/München 2000

Bäcker, Gerhard (u.a.): Sozialpolitik und soziale Lage in Deutschland, 2 Bde., 4. Aufl. Wiesbaden 2005

Boeckh, Jürgen/Huster, Ernst-Ulrich/Benz, Benjamin (Hrsg.): Sozialpolitik in Deutschland. Eine systematische Einführung, Wiesbaden 2004

Böhnisch, Lothar/Arnold, Helmut/Schröer, Wolfgang: Sozialpolitik. Eine sozialwissenschaftliche Einführung, Weinheim/München 1999

Butterwegge, Christoph: Wohlfahrtsstaat im Wandel. Probleme und Perspektiven der Sozialpolitik, 3. Aufl. Opladen 2001

Christen, Christian/Michel, Tobias/Rätz, Werner: Sozialstaat. Wie die Sicherungssysteme funktionieren und wer von den „Reformen" profitiert, Hamburg 2003

Döring, Diether: Sozialstaat, Frankfurt am Main 2004

Frech, Siegfried/Schmid, Josef (Hrsg.): Sozialstaat. Reform, Umbau, Abbau?, Schwalbach im Taunus 2004

Ganßmann, Heiner: Politische Ökonomie des Sozialstaats, Münster 2000

Huf, Stefan: Sozialstaat und Moderne. Modernisierungseffekte staatlicher Sozialpolitik, Berlin 1998

Kaufmann, Franz-Xaver: Sozialpolitik und Sozialstaat: soziologische Analysen, 2. Aufl. Wiesbaden 2005

Kaufmann, Franz-Xaver: Sozialpolitisches Denken. Die deutsche Tradition, Frankfurt am Main 2003

Lampert, Heinz/Althammer, Jörg: Lehrbuch der Sozialpolitik, 7. Aufl. Berlin/Heidelberg/New York 2004

Leibfried, Stephan/Wagschal, Uwe (Hrsg.): Der deutsche Sozialstaat. Bilanzen – Reformen – Perspektiven, Frankfurt am Main/New York 2000

Lessenich, Stephan (Hrsg.): Wohlfahrtsstaatliche Grundbegriffe. Historische und aktuelle Diskurse, Frankfurt am Main/New York 2003

Nullmeier, Frank: Politische Theorie des Sozialstaats, Frankfurt am Main/New York 2000

Opielka, Michael: Sozialpolitik. Grundlagen und vergleichende Perspektiven, Reinbek bei Hamburg 2004

Pilz, Frank: Der Sozialstaat. Ausbau – Kontroversen – Umbau, Bonn 2004 (Schriftenreihe der Bundeszentrale für politische Bildung, Bd. 452)

Prisching, Manfred: Bilder des Wohlfahrtsstaates, Marburg 1996

1.2 Solidarität, soziale Gerechtigkeit und Gleichheit als Grundwerte des Wohlfahrtsstaates

Alemann, Ulrich von/Heinze, Rolf G./Wehrhöfer, Ulrich (Hrsg.): Bürgergesellschaft und Gemeinwohl. Analyse – Diskussion – Praxis, Opladen 1999

Becker, Irene/Hauser, Richard: Soziale Gerechtigkeit – eine Standortbestimmung. Zieldimensionen und empirische Befunde, Berlin 2004

Berger, Peter A./Schmidt, Volker H. (Hrsg.): Welche Gleichheit, welche Ungleichheit? – Grundlagen der Ungleichheitsforschung, Wiesbaden 2004

Blaschke, Siegfried/Döring, Diether (Hrsg.): Sozialpolitik und Gerechtigkeit, Frankfurt am Main/New York 1998

Carigiet, Erwin: Gesellschaftliche Solidarität. Prinzipien, Perspektiven und Weiterentwicklung der sozialen Sicherheit, Basel 2001

Döring, Diether (u.a.): Gerechtigkeit im Wohlfahrtsstaat, Marburg 1995

George, Susan (u.a.): Globalisierung oder Gerechtigkeit? – Politische Gestaltung und soziale Grundwerte, Hamburg 2003

Hinsch, Wilfried: Gerechtfertigte Ungleichheiten. Grundsätze sozialer Gerechtigkeit, Berlin/New York 2003

Höpken, Jonas Christopher: Gerechtigkeit in der neuen Arbeitsgesellschaft. Impulse christlicher Sozialethik für einen modernen Politikentwurf, Münster 2001

Iben, Gerd/Kemper, Peter/Maschke, Michael (Hrsg.): Ende der Solidarität? – Gemeinsinn und Zivilgesellschaft, Münster 1999

IG Metall (Hrsg.): Was ist soziale Gerechtigkeit?, Schwalbach im Taunus 2002

Kersting, Wolfgang (Hrsg.): Politische Philosophie des Sozialstaats, Weilerwist 2000

Kersting, Wolfgang: Theorien der sozialen Gerechtigkeit, Stuttgart/Weimar 2000

Liebig, Stefan/Lengfeld, Holger/Mau, Steffen (Hrsg.): Verteilungsprobleme und Gerechtigkeit in modernen Gesellschaften, Frankfurt am Main/New York 2004

Marshall, Thomas H.: Bürgerrechte und soziale Klassen. Zur Soziologie des Wohlfahrtsstaates, Frankfurt am Main/New York 1992

Müller, Hans-Peter/Wegener, Bernd (Hrsg.): Soziale Ungleichheit und soziale Gerechtigkeit, Opladen 1995

Pioch, Roswitha: Soziale Gerechtigkeit in der Politik. Orientierungen von Politikern in Deutschland und den Niederlanden, Frankfurt am Main/New York 2000

Prantl, Heribert: Kein schöner Land. Die Zerstörung der sozialen Gerechtigkeit, München 2005

Sachße, Christoph/Engelhardt, H. Tristram (Hrsg.): Sicherheit und Freiheit. Zur Ethik des Wohlfahrtsstaates, Frankfurt am Main 1990

Schönig, Werner: Rationale Sozialpolitik. Die Produktion von Sicherheit und Gerechtigkeit in modernen Gesellschaften und ihre Implikationen für die ökonomische Theorie der Sozialpolitik, Berlin 2001

Thole, Werner (u.a., Hrsg.): Soziale Arbeit im öffentlichen Raum. Soziale Gerechtigkeit in der Gestaltung des Sozialen, Wiesbaden 2005

Tragl, Torsten: Solidarität und Sozialstaat. Theoretische Grundlagen, Probleme und Perspektiven des modernen sozialpolitischen Solidaritätskonzeptes, München/Mering 2000

Zoll, Rainer: Was ist Solidarität heute?, Frankfurt am Main 2000

1.3 Organisationsprinzipien, Strukturen und Institutionen des Sozial(versicherungs)staates

Blasche, Siegfried/Hauff, Michael von (Hrsg.): Leistungsfähigkeit von Sozialstaaten, Marburg 2003
Münch, Ursula: Sozialpolitik und Föderalismus. Zur Dynamik der Aufgabenverteilung im sozialen Bundesstaat, Opladen 1997
Nullmeier, Frank/Rüb, Friedbert W.: Die Transformation der Sozialpolitik. Vom Sozialstaat zum Sicherungsstaat, Frankfurt am Main/New York 1993
Riedmüller, Barbara/Olk, Thomas (Hrsg.): Grenzen des Sozialversicherungsstaates, Opladen 1994 (Leviathan-Sonderheft 14)
Rieger, Elmar: Die Institutionalisierung des Wohlfahrtsstaates, Opladen 1992
Schmidt, Manfred G. (Hrsg.): Wohlfahrtsstaatliche Politik. Institutionen, politischer Prozess und Leistungsprofil, Opladen 2001
Vobruba, Georg (Hrsg.): Strukturwandel der Sozialpolitik. Lohnarbeitszentrierte Sozialpolitik und soziale Grundsicherung, Frankfurt am Main 1990

1.4 Entstehung und Entwicklung des (deutschen) Sozialstaates

Alber, Jens: Der Sozialstaat in der Bundesrepublik 1950-1983, Frankfurt am Main/New York 1989
Bundesministerium für Arbeit und Sozialordnung/Bundesarchiv (Hrsg.): Geschichte der Sozialpolitik in Deutschland seit 1945, 11 (21) Bde., Baden-Baden 2001 ff.
Frerich, Johannes/Frey, Martin: Handbuch der Geschichte der Sozialpolitik in Deutschland, 3 Bde., 2. Aufl. München/Wien 1996
Hentschel, Volker: Geschichte der deutschen Sozialpolitik (1880-1980). Soziale Sicherung und kollektives Arbeitsrecht, Frankfurt am Main 1983
Hockerts, Hans Günter: Sozialpolitische Entscheidungen im Nachkriegsdeutschland. Alliierte und deutsche Sozialversicherungspolitik 1945 bis 1957, Stuttgart 1980
Machtan, Lothar (Hrsg.): Bismarcks Sozialstaat. Beiträge zur Geschichte der Sozialpolitik und zur sozialpolitischen Geschichtsschreibung, Frankfurt am Main/New York 1994
Metzler, Gabriele: Der Sozialstaat. Vom bismarckschen Erfolgsmodell zum Pflegefall, 2. Aufl. Stuttgart/München 2003
Reidegeld, Eckart: Staatliche Sozialpolitik in Deutschland. Historische Entwicklung und theoretische Analyse von den Ursprüngen bis 1918, Opladen 1996
Ritter, Gerhard A.: Soziale Frage und Sozialpolitik in Deutschland seit Beginn des 19. Jahrhunderts. Otto-von-Freising-Vorlesungen der Katholischen Universität Eichstätt, Opladen 1998
Sachße, Christoph/Tennstedt, Florian: Geschichte der Armenfürsorge in Deutschland, 3 Bde., Stuttgart/Berlin/Köln 1980 ff.
Schmidt, Manfred G.: Sozialpolitik der DDR, Wiesbaden 2005
Schmidt, Manfred G.: Sozialpolitik in Deutschland. Historische Entwicklung und internationaler Vergleich, 2. Aufl. Opladen 1998
Schulz-Nieswandt, Frank/Schewe, Gisela (Hrsg.): Sozialpolitische Trends in Deutschland in den letzten drei Dekaden. Eve-Elisabeth Schewe zum 70. Geburtstag, Berlin 2000
Wangler, Walter: Bürgschaft des inneren Friedens. Sozialpolitik in Geschichte und Gegenwart, Opladen/Wiesbaden 1998

1.5   Wohlfahrtsstaaten im Wettbewerb: Geschichte, Entwicklungsmöglichkeiten und Vergleich unterschiedlicher Sozialsysteme

Alber, Jens: Vom Armenhaus zum Wohlfahrtsstaat. Analysen zur Entwicklung der Sozialversicherung in Westeuropa, Frankfurt am Main/New York 1982

Bieling, Hans-Jürgen/Deppe, Frank (Hrsg.): Arbeitslosigkeit und Wohlfahrtsstaat in Westeuropa. Neun Länder im Vergleich, Opladen 1997

Borchert, Jens: Die konservative Transformation des Wohlfahrtsstaates. Großbritannien, Kanada, die USA und Deutschland im Vergleich, Frankfurt am Main/New York 1995

Döring, Diether/Hauser, Richard (Hrsg.): Politische Kultur und Sozialpolitik. Ein Vergleich der Vereinigten Staaten und der Bundesrepublik Deutschland unter besonderer Berücksichtigung des Armutsproblems, Frankfurt am Main/New York 1989

Gottschall, Karin/Pfau-Effinger, Birgit (Hrsg.): Zukunft der Arbeit und Geschlecht. Diskurse, Entwicklungspfade und Reformoptionen im internationalen Vergleich, Opladen 2001

Heinze, Rolf G./Schmid, Josef/Strünck, Christoph: Vom Wohlfahrtsstaat zum Wettbewerbsstaat. Arbeitsmarkt- und Sozialpolitik in den 90er Jahren, Opladen 1999

Hockerts, Hans Günter (Hrsg.): Drei Wege deutscher Sozialstaatlichkeit. NS-Diktatur, Bundesrepublik und DDR im Vergleich, München 1998

Jochem, Sven/Siegel, Nico A. (Hrsg.): Konzertierung, Verhandlungsdemokratie und Reformpolitik im Wohlfahrtsstaat. Das Modell Deutschland im Vergleich, Opladen 2003

Kaufmann, Franz-Xaver: Varianten des Wohlfahrtsstaats. Der deutsche Sozialstaat im internationalen Vergleich, Frankfurt am Main 2003

Kraus, Katrin/Geisen, Thomas (Hrsg.): Sozialstaat in Europa. Geschichte – Entwicklung – Perspektiven, Wiesbaden 2001

Lessenich, Stephan/Ostner, Ilona (Hrsg.): Welten des Wohlfahrtskapitalismus. Der Sozialstaat in vergleichender Perspektive, Frankfurt am Main/New York 1998

Lissner, Lothar/Wöss, Josef: Umbau statt Abbau. Sozialstaaten im Vergleich: Deutschland, Österreich, Schweden, Frankfurt am Main/Wien 1999

Neumann, Wolfgang (Hrsg.): Welche Zukunft für den Sozialstaat? – Reformpolitik in Frankreich und Deutschland, Wiesbaden 2004

Obinger, Herbert/Wagschal, Uwe (Hrsg.): Der gezügelte Wohlfahrtsstaat. Sozialpolitik in reichen Industrienationen, Frankfurt am Main/New York 2000

Pfau-Effinger, Birgit: Kultur, Wohlfahrtsstaat und Frauenarbeit im europäischen Vergleich, Opladen 1999

Ritter, Gerhard A.: Der Sozialstaat. Entstehung und Entwicklung im internationalen Vergleich, München 1989

Schmid, Josef: Wohlfahrtsstaaten im Vergleich. Soziale Sicherungssysteme in Europa: Organisation, Finanzierung, Leistungen und Probleme, 2. Aufl. Opladen 2002

Schmid, Josef/Niketta, Reiner (Hrsg.): Wohlfahrtsstaat: Krise und Reform im Vergleich, Marburg 1998

Siegel, Nico A.: Baustelle Sozialpolitik. Konsolidierung und Rückbau im internationalen Vergleich, Frankfurt am Main/New York 2002

Sieveking, Klaus (Hrsg.): Soziale Sicherung bei Pflegebedürftigkeit in der Europäischen Union, Baden-Baden 1998

Swaan, Abraham de: Der sorgende Staat. Wohlfahrt, Gesundheit und Bildung in Europa und den USA der Neuzeit, Frankfurt am Main/New York 1993

Theurl, Engelbert (Hrsg.): Der Sozialstaat an der Jahrtausendwende. Analysen und Perspektiven, Heidelberg 2001

1.6 Auf dem Weg zu einem gesamteuropäischen Wohlfahrtsstaat? – Probleme und Perspektiven der Sozialpolitik auf EU-Ebene

Däubler, Wolfgang (Hrsg.): Sozialstaat EG? Die andere Dimension des Binnenmarktes, Gütersloh 1989

Deubner, Christian (Hrsg.): Europäische Einigung und soziale Frage. Möglichkeiten europäischer Sozialpolitik, Frankfurt am Main/New York 1990

Kaelble, Hartmut/Schmid, Günther (Hrsg.): Das europäische Sozialmodell. Auf dem Weg zum transnationalen Sozialstaat, Berlin 2004 (WZG-Jahrbuch)

Keller, Berndt: Europäische Arbeits- und Sozialpolitik, München/Wien 1997

Kowalsky, Wolfgang: Europäische Sozialpolitik. Ausgangsbedingungen, Antriebskräfte und Entwicklungspotentiale, Opladen 1999

Leibfried, Stephan/Pierson, Paul (Hrsg.): Standort Europa. Sozialpolitik zwischen Nationalstaat und Europäischer Integration, Frankfurt am Main 1998

Lichtenberg, Hagen (Hrsg.): Sozialpolitik in der EG, Baden-Baden 1986

Lottes, Günther (Hrsg.): Soziale Sicherheit in Europa. Renten- und Sozialversicherungssysteme im Vergleich, Heidelberg 1993

Merten, Detlef/Pitschas, Rainer (Hrsg.): Der Europäische Sozialstaat und seine Institutionen. Vorträge und Diskussionsbeiträge der verwaltungswissenschaftlichen Arbeitstagung 1991 des Forschungsinstituts für öffentliche Verwaltung bei der Hochschule für Verwaltungswissenschaften Speyer, Berlin 1993

Platzer, Hans-Wolfgang (Hrsg.): Sozialstaatliche Entwicklungen in Europa und die Sozialpolitik der Europäischen Union. Die soziale Dimension im EU-Reformprozeß, Baden-Baden 1997

Rolle, Carsten/Suntum, Ulrich van: Langzeitarbeitslosigkeit im Ländervergleich. Zum Einfluß von sozialen Sicherungssystemen und Tariffindungssystemen auf die Beschäftigung in Deutschland, Österreich, Schweiz und USA, Berlin 1997

Schmähl, Winfried (Hrsg.): Möglichkeiten und Grenzen einer nationalen Sozialpolitik in der Europäischen Union, Berlin 2001

Schmähl, Winfried/Rische, Herbert (Hrsg.): Europäische Sozialpolitik, Baden-Baden 1997

Schneider, Hilmar: Europas Zukunft als Sozialstaat. Herausforderungen der Integration, Baden-Baden 2000

Schnorpfeil, Willi: Sozialpolitische Entscheidungen der Europäischen Union. Modellierung und empirische Analyse kollektiver Entscheidungen des europäischen Verhandlungssystems, Berlin 1996

Schulz, Otto: Maastricht und die Grundlagen einer Europäischen Sozialpolitik, Köln 1996

Schunter-Kleemann, Susanne (Hrsg.): Herrenhaus Europa – Geschlechterverhältnisse im Wohlfahrtsstaat, Berlin 1992

2. Teilbereiche, Entwicklungsphasen und Einzelaspekte der Sozialpolitik

2.1 Arbeitsmarkt und Beschäftigung

Adomeit, Klaus: Die Agenda 2010 und das Arbeitsrecht. Eine Reform im Kampf gegen Widerstände, München 2004

Arlt, Hans-Jürgen/Nehls, Sabine (Hrsg.): Bündnis für Arbeit. Konstruktion – Kritik – Karriere, Opladen/Wiesbaden 1999

Baumeister, Hella/Gransee, Ulrich/Zimmermann, Klaus-Dieter (Hrsg.): Die Hartz-„Reformen". Die Folgen von Hartz I-IV für ArbeitnehmerInnen, Hamburg 2005

Berthold, Norbert/Hank, Rainer: Bündnis für Arbeit: Koporatismus statt Wettbewerb, Tübingen 1999

Fertig, Michael (u.a.): Die Hartz-Gesetze zur Arbeitsmarktpolitik. Ein umfassendes Evaluationskonzept, Berlin 2004

Fickinger, Nico: Der verschenkte Konsens. Das Bündnis für Arbeit, Ausbildung und Wettbewerbsfähigkeit 1998-2002: Motivation, Rahmenbedingungen und Erfolge, Wiesbaden 2005

Gerntke, Axel (u.a., Hrsg.): Hart(z) am Rande der Seriosität?, Die Hartz-Kommission als neues Modell der Politikberatung und -gestaltung?, Münster/Hamburg/London 2002

Gillen, Gabriele: Hartz IV. Eine Abrechnung, Reinbek bei Hamburg 2004

Heinelt, Hubert/Weck, Michael: Arbeitsmarktpolitik. Vom Vereinigungskonsens zur Standortdebatte, Opladen 1998

Jann, Werner/Schmid, Günther (Hrsg.): Eins zu Eins?, Eine Zwischenbilanz der Hartz-Reformen am Arbeitsmarkt, Berlin 2004

Kempken, Jürgen/Trube, Achim: Effektivität und Effizienz sozialorientierter Hilfen zur Arbeit. Lokale Analysen aktivierender Sozialhilfe, Münster 1997

Kindler, Holger/Regelmann, Ada-Charlotte/Tullney, Marco (Hrsg.): Die Folgen der Agenda 2010. Alte und neue Zwänge des Sozialstaats, Hamburg 2004

Pankoke, Eckart: Die Arbeitsfrage. Arbeitsmoral, Beschäftigungskrisen und Wohlfahrtspolitik im Industriezeitalter, Frankfurt am Main 1990

Roth, Rainer: Nebensache Mensch. Arbeitslosigkeit in Deutschland, Frankfurt am Main 2003

Roy, Klaus-Bernhard: Sozialstaat und Strukturwandel der Arbeitsgesellschaft, Regensburg 1992

Schäfer, Claus (Hrsg.): Geringere Löhne – mehr Beschäftigung?, Niedriglohn-Politik, Hamburg 2000

Schmähl, Winfried (Hrsg.): Wechselwirkungen zwischen Arbeitsmarkt und sozialer Sicherung, Berlin 2001

Schmähl, Winfried/Rische, Herbert (Hrsg.): Wandel der Arbeitswelt – Folgerungen für die Sozialpolitik, Baden-Baden 1999

Steiner, Viktor/Zimmermann, Klaus F. (Hrsg.): Soziale Sicherung und Arbeitsmarkt. Empirische Analyse und Reformansätze, Baden-Baden 1996

Strengmann-Kuhn, Wolfgang: Armut trotz Erwerbstätigkeit. Analysen und sozialpolitische Konsequenzen, Frankfurt am Main/New York 2003

Strünck, Christoph: Mit Sicherheit flexibel? – Chancen und Risiken neuer Beschäftigungsverhältnisse, Bonn 2003

Urban, Hans-Jürgen (Hrsg.): Beschäftigungsbündnis oder Standortpakt? – Das „Bündnis für Arbeit" auf dem Prüfstand, Hamburg 2000

Vobruba, Georg: Alternativen zur Vollbeschäftigung. Die Transformation von Arbeit und Einkommen, Frankfurt am Main 2000

Weimar, Anne-Marie: Die Arbeit und die Entscheidungsprozesse der Hartz-Kommission, Wiesbaden 2004

2.2   Familien, Frauen und Kinder

Auth, Diana: Wandel im Schneckentempo. Arbeitszeitpolitik und Geschlechtergleichheit im deutschen Wohlfahrtsstaat, Opladen 2002

Bäcker, Gerhard/Stolz-Willig, Brigitte (Hrsg.): Kind, Beruf, soziale Sicherung. Zukunftsaufgabe des Sozialstaats, Köln 1994

Becker, Andrea: Mutterschaft im Wohlfahrtsstaat. Familienbezogene Sozialpolitik und die Erwerbsintegration von Frauen in Deutschland und Frankreich, Berlin 2000

Bien, Walter/Weidacher, Alois (Hrsg.): Leben neben der Wohlstandsgesellschaft. Familien in prekären Lebenslagen, Wiesbaden 2004

Braun, Helga/Jung, Dörthe (Hrsg.): Globale Gerechtigkeit? – Feministische Debatte zur Krise des Sozialstaats, Hamburg 1997

Burmeister, Kai/Böhning, Björn (Hrsg.): Generationen & Gerechtigkeit, Hamburg 2004

Butterwegge, Christoph/Klundt, Michael (Hrsg.): Kinderarmut und Generationengerechtigkeit. Familien- und Sozialpolitik im demografischen Wandel, 2. Aufl. Opladen 2003

Ekardt, Felix: Das Prinzip Nachhaltigkeit. Generationengerechtigkeit und globale Gerechtigkeit, München 2005

Frerichs, Petra/Steinrücke, Margareta (Hrsg.): Soziale Ungleichheit und Geschlechterverhältnisse, Opladen 1993

Hessische Staatskanzlei (Hrsg.): Die Familienpolitik muss neue Wege gehen! – Wiesbadener Entwurf zur Familienpolitik, Wiesbaden 2003

Kaufmann, Franz-Xaver: Modernisierungsschübe, Familie und Sozialstaat, München/Wien 1996

Kolbe, Wiebke: Elternschaft im Wohlfahrtsstaat. Schweden und die Bundesrepublik im Vergleich 1945-2000, Frankfurt am Main/New York 2002

Kränzl-Nagl, Renate/Mierendorff, Johanna/Olk, Thomas (Hrsg.): Kindheit im Wohlfahrtsstaat. Gesellschaftliche und politische Herausforderungen, Frankfurt am Main/New York 2003

Leitner, Sigrid: Frauen und Männer im Wohlfahrtsstaat. Zur strukturellen Umsetzung von Geschlechterkonstruktionen in sozialen Sicherungssystemen, Frankfurt am Main 1999

Leitner, Sigrid/Ostner, Ilona/Schratzenstaller, Margit (Hrsg.): Wohlfahrtsstaat und Geschlechterverhältnis im Umbruch. Was kommt nach dem Ernährermodell?, Wiesbaden 2004

Mädje, Eva/Neusüß, Claudia: Frauen im Sozialstaat. Zur Lebenssituation alleinerziehender Sozialhilfeempfängerinnen, Frankfurt am Main/New York 1996

Maier, Friederike/Fiedler, Angela (Hrsg.): Gender Matters. Feministische Analysen zur Wirtschafts- und Sozialpolitik, Berlin 2002

Netzler, Andreas/Opielka, Michael (Hrsg.): Neubewertung der Familienarbeit in der Sozialpolitik, Opladen 1998

Notz, Gisela: Löcher im sozialen Netz. Sozial-Politik und Geschlecht, Frankfurt am Main 2003

Schulz-Nieswandt, Frank: Geschlechterverhältnisse, die Rechte der Kinder und Familienpolitik in der Erwerbsgesellschaft, Münster 2004

Theobald, Hildegard: Geschlecht, Qualifikation und Wohlfahrtsstaat. Deutschland und Schweden im Vergleich, Berlin 1999

Weiß, Hans (Hrsg.): Frühförderung mit Kindern und Familien in Armutslagen, München/Basel 2000

2.3 Demografischer Wandel, „Vergreisung" der Gesellschaft und (Zukunft der) Alterssicherung

Birg, Herwig/Börsch-Supan, Axel H.: Für eine neue Aufgabenteilung zwischen gesetzlicher und privater Altersversorgung, Berlin 1999

Bomsdorf, Eckart: Die Renten sichern – ein Weg aus der Rentenkrise. Studie zur Zukunft der gesetzlichen Rentenversicherung, 2. Aufl. Lohmar/Köln 1998

Borchert, Jürgen: Renten vor dem Absturz. Ist der Sozialstaat am Ende?, Frankfurt am Main 1993

Döring, Diether: Die Zukunft der Alterssicherung. Europäische Strategien und der deutsche Weg, Frankfurt am Main 2002

Döring, Diether: Soziale Sicherheit im Alter? – Rentenversicherung auf dem Prüfstand, Berlin 1997

Fisch, Stefan/Haerendel, Ulrike (Hrsg.): Geschichte und Gegenwart der Rentenversicherung in Deutschland. Beiträge zur Entstehung, Entwicklung und vergleichenden Einordnung der Alterssicherung im Sozialstaat, Berlin 2000

Herfeld, Anna-Maria: Reformansätze zur Alterssicherung in Deutschland und intergenerationelle Gerechtigkeit, Frankfurt am Main 2001

Imhof-Rudolph, Heike (Hrsg.): Altersvorsorge im Sozialstaat, Berlin 2000

Leisering, Lutz: Sozialstaat und demographischer Wandel. Wechselwirkungen, Generationenverhältnisse, politisch-institutionelle Steuerung, Frankfurt am Main 1992

Niejahr, Elisabeth: Alt sind nur die anderen. So werden wir leben, lieben und arbeiten, Frankfurt am Main 2004

Roth, Richard: Rentenpolitik in der Bundesrepublik. Zum Verhältnis zwischen wirtschaftlicher Entwicklung und der Gestaltung eines sozialstaatlichen Teilbereichs 1957-1986, Mit einem Vorwort von Gerhard Bäcker, Marburg 1989

Schmähl, Winfried (Hrsg.): Mindestsicherung im Alter. Erfahrungen, Herausforderungen, Strategien, Frankfurt am Main/New York 1993

Schmähl, Winfried/Ulrich, Volker (Hrsg.): Soziale Sicherungssysteme und demographische Herausforderungen, Tübingen 2001

2.4 Entwicklungstendenzen des Gesundheitswesens: Kranken- und Pflegeversicherung im Umbruch

Alber, Jens: Das Gesundheitswesen der Bundesrepublik Deutschland. Entwicklung, Struktur und Funktionsweise, Frankfurt am Main/New York 1992

Braun, Bernard/Kühn, Hagen/Reiners, Hartmut: Das Märchen von der Kostenexplosion. Populäre Irrtümer zur Gesundheitspolitik, Frankfurt am Main 1998

Deppe, Hans-Ulrich: Zur sozialen Anatomie des Gesundheitssystems. Neoliberalismus und Gesundheitspolitik in Deutschland, Frankfurt am Main 2000

Deppe, Hans-Ulrich/Burkhardt, Wolfram (Hrsg.): Solidarische Gesundheitspolitik. Alternativen zu Privatisierung und Zwei-Klassen-Medizin, Hamburg 2002

Dietz, Berthold: Die Pflegeversicherung. Ansprüche, Wirklichkeiten und Zukunft einer Sozialreform, Wiesbaden 2002

Elsner, Gine/Gerlinger, Thomas/Stegmüller, Klaus (Hrsg.): Markt versus Solidarität. Gesundheitspolitik im deregulierten Kapitalismus, Hamburg 2004

Manow, Philip: Gesundheitspolitik im Einigungsprozeß, Frankfurt am Main/New York 1994

Paetow, Holger/Fiedler, Manfred/Leonhardt, Marion (Hrsg.), Therapien für ein krankes Gesundheitswesen. Orientierungspunkte für Versicherte, PatientInnen und Beschäftigte, Hamburg 2002

Perschke-Hartmann, Christiane: Die doppelte Reform. Gesundheitspolitik von Blüm zu Seehofer, Opladen 1994

Rothgang, Heinz: Ziele und Wirkungen der Pflegeversicherung, Frankfurt am Main/New York 1997

Stegmüller, Klaus: Wettbewerb im Gesundheitswesen. Konzeptionen zur „dritten Reformstufe" der Gesetzlichen Krankenversicherung, Frankfurt am Main 1996

Stöbener, André Paul: Die Pflegeversicherung. Ein Lehrstück über Aushandlungsprozesse eines „Sozialen Problems" in der Sozialpolitik, Konstanz 1996

Strünck, Christoph: Pflegeversicherung – Barmherzigkeit mit beschränkter Haftung. Institutioneller Wandel, Machtbeziehungen und organisatorische Anpassungsprozesse, Opladen 2000

2.5 Wohnungsbau, Stadtentwicklung und kommunale Sozialpolitik

Alisch, Monika: Soziale Stadtentwicklung. Widersprüche, Kausalitäten und Lösungen, Opladen 2002

Alisch, Monika (Hrsg.): Stadtteilmanagement. Voraussetzungen und Chancen für die soziale Stadt, 2. Aufl. Opladen 2001

Alisch, Monika/Dangschat, Jens S.: Armut und soziale Integration. Strategien sozialer Stadtentwicklung und lokaler Nachhaltigkeit, Opladen 1998

Boeßenecker, Karl-Heinz/Trube, Achim/Wohlfahrt, Norbert (Hrsg.): Verwaltungsreform von unten? Lokaler Sozialstaat im Umbruch aus verschiedenen Perspektiven, Münster 2001

Dietz, Berthold/Eißel, Dieter/Naumann, Dirk (Hrsg.): Handbuch der kommunalen Sozialpolitik, Opladen 1999

Elsen, Susanne: Gemeinwesenökonomie – eine Antwort auf Arbeitslosigkeit, Armut und soziale Ausgrenzung?, Soziale Arbeit, Gemeinwesenarbeit und Gemeinwesenökonomie im Zeitalter der Globalisierung, Neuwied/Kriftel 1998

Hanesch, Walter (Hrsg.): Überlebt die soziale Stadt? – Konzeption, Krise und Perspektiven kommunaler Sozialstaatlichkeit, Opladen 1997

Hanesch, Walter/Krüger-Conrad, Kirsten (Hrsg.): Lokale Beschäftigung und Ökonomie. Herausforderung für die „Soziale Stadt", Wiesbaden 2004

Krummacher, Michael (u.a.): Soziale Stadt – Sozialraumentwicklung – Quartiersmanagement. Herausforderungen für Politik, Raumplanung und Soziale Arbeit, Opladen 2003

Walther, Uwe-Jens (Hrsg.): Soziale Stadt – Zwischenbilanzen. Ein Programm auf dem Weg zur Sozialen Stadt?, Opladen 2002

2.6 Wohlfahrtsstaat und Zuwanderung – Widerspruch oder nützliche Wechselbeziehung?

Bommes, Michael: Migration und nationaler Wohlfahrtsstaat. Ein differenzierungstheoretischer Entwurf, Opladen/Wiesbaden 1999

Bommes, Michael/Halfmann, Jost (Hrsg.): Migration in nationalen Wohlfahrtsstaaten. Theoretische und vergleichende Untersuchungen, Osnabrück 1998

Butterwegge, Christoph/Hentges, Gudrun (Hrsg.): Zuwanderung im Zeichen der Globalisierung. Migrations-, Integrations- und Minderheitenpolitik, 2. Aufl. Opladen 2003

Märker, Alfredo: Zuwanderung und Gerechtigkeit. Eine Analyse der gegenwärtigen deutschen Zuwanderungssituation, Saarbrücken 1998

Schmidt, Christoph M. (Hrsg.): Migration und Sozialstaat. Empirische Evidenz und wirtschaftspolitische Implikationen für Deutschland, Berlin 2002

Treichler, Andreas (Hrsg.): Wohlfahrtsstaat, Einwanderung und ethnische Minderheiten. Probleme, Entwicklungen, Perspektiven, Wiesbaden 2002

2.7 Akzeptanzprobleme des Sozialstaates: Leistungsmissbrauch und seine mediale Darstellung

Andreß, Hans-Jürgen/Heien, Thorsten/Hofäcker, Dirk: Wozu brauchen wir noch den Sozialstaat? – Der deutsche Sozialstaat im Urteil seiner Bürger, Wiesbaden 2001

Bruns, Werner: Sozialkriminalität in Deutschland, Frankfurt am Main/Berlin 1996

Föste, Wilga/Janßen, Peter: Finanzierungs- und Belastungsgrenzen des Sozialstaates im Urteil der Bevölkerung, Bonn 1997

Hamann, Silke/Karl, Astrid/Ullrich, Carsten G.: Entsolidarisierung? – Leistungen für Arbeitslose im Urteil von Erwerbstätigen, Frankfurt am Main/New York 2001

Lamnek, Siegfried/Olbrich, Gaby/Schäfer, Wolfgang J.: Tatort Sozialstaat: Schwarzarbeit, Leistungsmissbrauch, Steuerhinterziehung und ihre (Hinter-)Gründe, Opladen 2000

Roller, Edeltraud: Einstellungen der Bürger zum Wohlfahrtsstaat der Bundesrepublik Deutschland, Opladen 1992

Roth, Rainer: Sozialhilfemissbrauch. Wer missbraucht eigentlich wen?, Frankfurt am Main 2004

Roy, Klaus-Bernhard: Sozialintegrative Demokratie. Legitimationsprobleme des bundesdeutschen Sozialstaats zwischen europäischer Integration und innovativer Regionalisierung, Frankfurt am Main 2001

Schäfer, Wolfgang J.: Opfer Sozialstaat. Gemeinsame Ursachen und Hintergründe von Steuerhinterziehung, Schwarzarbeit und Leistungsmissbrauch, Opladen 2002

Spieker, Manfred: Legitimitätsprobleme des Sozialstaats. Konkurrierende Sozialstaatskonzeptionen in der Bundesrepublik Deutschland, Bern/Stuttgart 1986

Ullrich, Carsten G.: Solidarität im Sozialversicherungsstaat. Die Akzeptanz des Solidarprinzips in der gesetzlichen Krankenversicherung, Frankfurt am Main/New York 2000

Wogawa, Diane: Missbrauch im Sozialstaat. Eine Analyse des Missbrauchsarguments im politischen Diskurs, Wiesbaden 2000

2.8 Einflüsse von Politikern, Parteien und Verbänden auf die Sozialstaatsentwicklung

Arentz, Hermann-Josef: Sozialstaat im Härtetest, Düsseldorf 2004

Becker, Joachim: Der erschöpfte Sozialstaat. Neue Wege zur sozialen Gerechtigkeit, Frankfurt am Main 1994

Becker, Irene/Ott, Notburga/Rolf, Gabriele (Hrsg.): Soziale Sicherung in einer dynamischen Gesellschaft. Festschrift für Richard Hauser zum 65. Geburtstag, Frankfurt am Main/New York 2001

Berger, Rainer: Der Umbau des Sozialstaates. Ansichten von Parteien und Wohlfahrtsverbänden zur Modernisierung des Staates, Opladen/Wiesbaden 1999

Breit, Gotthard (Hrsg.): Sozialstaatsprinzip und Demokratie, Schwalbach im Taunus 1996

Egle, Christoph/Ostheim, Tobias/Zohlnhöfer, Reimut (Hrsg.): Das rot-grüne Projekt. Eine Bilanz der Regierung Schröder 1998-2002, Wiesbaden 2002

Eicker-Wolf, Kai (u.a., Hrsg.): „Deutschland auf den Weg gebracht". Rot-grüne Wirtschafts- und Sozialpolitik zwischen Anspruch und Wirklichkeit, Marburg 2002

Fix, Birgit/Fix, Elisabeth: Kirche und Wohlfahrtsstaat. Soziale Arbeit kirchlicher Wohlfahrtsorganisationen im westeuropäischen Vergleich, Freiburg im Breisgau 2005

Gohr, Antonia: Was tun, wenn man die Regierungsmacht verloren hat? – Die Sozialpolitik der SPD-Opposition in den 80er Jahren, Wiesbaden 2005

Gohr, Antonia/Seeleib-Kaiser, Martin (Hrsg.): Sozial- und Wirtschaftspolitik unter Rot-Grün, Wiesbaden 2003

Grottian, Peter (u.a.): Die Wohlfahrtswende. Der Zauber konservativer Sozialpolitik, München 1988

Hengsbach, Friedhelm: Das Reformspektakel. Warum der menschliche Faktor mehr Respekt verdient, Freiburg im Breisgau/Basel/Wien 2004

Heyder, Ulrich/Menzel, Ulrich/Rebe, Bernd (Hrsg.): Das Land verändert?, Rot-grüne Politik zwischen Interessenbalancen und Modernisierungsdynamik, Hamburg 2002

Kleinhenz, Gerhard (Hrsg.): Sozialpolitik im vereinten Deutschland, 3 Bde., Berlin 1991, 1992 und 1996

Lafontaine, Oskar: Politik für alle. Streitschrift für eine gerechte Gesellschaft, Berlin 2005

Müntefering, Franz/Machnig, Matthias (Hrsg.): Sicherheit im Wandel. Neue Solidarität im 21. Jahrhundert, Berlin 2001

Schmähl, Winfried (Hrsg.): Sozialpolitik im Prozeß der deutschen Vereinigung, Frankfurt am Main/New York 1992

Zohlnhöfer, Reimut: Die Wirtschaftspolitik der Ära Kohl. Eine Analyse der Schlüsselentscheidungen in den Politikfeldern Finanzen, Arbeit und Entstaatlichung 1982-1998, Opladen 2001

3.   Ab-, Um- oder Ausbau des Sozialstaates?

3.1   Erwerbsarbeit, Ehe und Familie im Wandel

Adamy, Wilhelm/Steffen, Johannes: Abseits des Wohlstands. Arbeitslosigkeit und neue Armut, Darmstadt 1998

Altmann, Georg: Aktive Arbeitsmarktpolitik. Entstehung und Wirkung eines Reformkonzepts in der Bundesrepublik Deutschland, Wiesbaden 2004

Gerster, Florian: Arbeit ist für alle da. Neue Wege in die Vollbeschäftigung, München 2003

Kaufmann, Franz-Xaver: Herausforderungen des Sozialstaates, Frankfurt am Main 1997

Lampert, Heinz: Krise und Reform des Sozialstaates, Frankfurt am Main 1997

Lütz, Susanne/Czada, Roland (Hrsg.): Wohlfahrtsstaat – Transformation und Perspektiven, Wiesbaden 2004

Mezger, Erika/West, Klaus-W. (Hrsg.): Aktivierender Sozialstaat und politisches Handeln, 2. Aufl. Marburg 2000

Niemann, Herbert: Die Schuldenfalle. Sozialstaat in der Klemme, Köln 2003

Rosenberg, Peter: Das soziale Netz vor der Zerreißprobe? – Ökonomische, technologische und demographische Herausforderungen, Frankfurt am Main 1990

Schmid, Günther: Wege in eine neue Vollbeschäftigung. Übergangsarbeitsmärkte und aktivierende Arbeitsmarktpolitik, Frankfurt am Main 2002

Schneider, Ulrich: Solidarpakt gegen die Schwachen. Der Rückzug des Staates aus der Sozialpolitik, München 1993

Schönig, Werner/L' Hoest, Raphael (Hrsg.): Sozialstaat wohin? – Umbau, Abbau oder Ausbau der Sozialen Sicherung, Darmstadt 1996

Seifert, Hartmut (Hrsg.): Reform der Arbeitsmarktpolitik. Herausforderung für Politik und Wirtschaft, Köln 1995

Stadermann, Hans-Joachim: Arbeitslosigkeit im Wohlfahrtsstaat. Eine Bestimmung ihres Ausmaßes und ihrer Ursachen illustriert mit Daten aus dem deutschen Arbeitsmarkt, 2. Aufl. Tübingen 1998

Steiner, Viktor/Zimmermann, Klaus F. (Hrsg.): Soziale Sicherung und Arbeitsmarkt. Empirische Analyse und Reformansätze, Baden-Baden 1996

Zinn, Karl Georg: Sozialstaat in der Krise. Zur Rettung eines Jahrhundertprojekts, Berlin 1999

3.2   Globalisierung und Standortsicherung – Ende oder neoliberale Wende der Sozialpolitik?

Afheldt, Horst: Wirtschaft, die arm macht. Vom Sozialstaat zur gespaltenen Gesellschaft, München 2003

Appelt, Erna/Weiss, Alexandra (Hrsg.): Globalisierung und der Angriff auf die europäischen Wohlfahrtsstaaten, Hamburg/Berlin 2001

Berthold, Norbert: Der Sozialstaat im Zeitalter der Globalisierung, Tübingen 1997

Borchert, Jens/Lessenich, Stephan/Lösche, Peter (Red.): Standortrisiko Wohlfahrtsstaat?, Opladen 1997 (Jahrbuch für Europa- und Nordamerika-Studien 1)

Butterwegge, Christoph/Hickel, Rudolf/Ptak, Ralf: Sozialstaat und neoliberale Hegemonie. Standortnationalismus als Gefahr für die Demokratie, Berlin 1998

Butterwegge, Christoph/Kutscha, Martin/Berghahn, Sabine (Hrsg.): Herrschaft des Marktes – Abschied vom Staat?, Folgen neoliberaler Modernisierung für Gesellschaft, Recht und Politik, Baden-Baden 1999

Döring, Diether (Hrsg.): Sozialstaat in der Globalisierung, Frankfurt am Main 1999

Ehrenberg, Herbert: Die große Standortlüge. Plädoyer für einen radikalen Kurswechsel in der Wirtschafts-, Finanz- und Sozialpolitik, Bonn 1997

Hilbert, Josef/Schmid, Josef: Wirtschaftsstandort und Zukunft des Sozialstaates: Mitbestimmung vor neuen Herausforderungen, Marburg 1994

Jens, Uwe/Romahn, Hajo (Hrsg.): Sozialpolitik und Sozialökonomik. Soziale Ökonomie im Zeichen der Globalisierung, Marburg 2000

Kumpmann, Ingmar: Systemwettbewerb und Umverteilung. Gefährdet die Globalisierung den Sozialstaat?, Frankfurt am Main 2005

Lafontaine, Oskar/Müller, Christa: Keine Angst vor der Globalisierung. Wohlstand und Arbeit für alle, 2. Aufl. Bonn 1998

Mayer, Karl Ulrich (Hrsg.): Die beste aller Welten? – Marktliberalismus versus Wohlfahrtsstaat. Eine Kontroverse, Frankfurt am Main/New York 2001

Methfessel, Klaus/Winterberg, Jörg M.: Der Preis der Gleichheit. Wie Deutschland die Chancen der Globalisierung verspielt, Düsseldorf/München 1998

Meyer, Thomas: Soziale Demokratie und Globalisierung. Eine europäische Perspektive, Bonn 2002

Rieger, Elmar/Leibfried, Stephan: Grundlagen der Globalisierung. Perspektiven des Wohlfahrtsstaates, Frankfurt am Main 2001

Schmähl, Winfried (Hrsg.): Soziale Sicherung zwischen Markt und Staat, Berlin 2001

Seeleib-Kaiser, Martin: Globalisierung und Sozialpolitik. Ein Vergleich der Diskurse und Wohlfahrtssysteme in Deutschland, Japan und den USA, Frankfurt am Main/New York 2001

Zänker, Alfred: Der bankrotte Sozialstaat. Wirtschaftsstandort Deutschland im Wettbewerb, München 1994

4.   Perspektiven der Sozialpolitik und die Zukunft des Wohlfahrtsstaates

4.1   Entwicklungsalternativen, Gegenstrategien und Reformmodelle

Beier, Angelika/Spieth, Frank/Springe, Christa (Hrsg.): Alternative: Soziale Gerechtigkeit, Hamburg 2000

Böhnisch, Lothar/Schröer, Wolfgang: Die soziale Bürgergesellschaft. Zur Einbindung des Sozialpolitischen in den zivilgesellschaftlichen Diskurs, Weinheim/München 2002

Bourdieu, Pierre (u.a.): Perspektiven des Protests. Initiativen für einen europäischen Wohlfahrtsstaat, Hamburg 1997

Breitkopf, Helmut/Wohlfahrt, Norbert (Hrsg.): Sozialpolitik jenseits von Markt und Staat? – Beiträge zur Analyse der Entwicklung einer gesellschaftspolitischen Alternative, Bielefeld 1990

Deufel, Konrad/Wolf, Manfred (Hrsg.): Ende der Solidarität? Die Zukunft des Sozialstaats, Freiburg im Breisgau/Basel/Wien 2003

Dräger, Klaus/Buntenbach, Annelie/Kreutz, Daniel: Zukunftsfähigkeit und Teilhabe. Alternativen zur Politik der rot-grünen Neuen Mitte, Hamburg 2000

Ehrenberg, Herbert: Raus aus der Krise. Mit wirksamen Konzepten für mehr Arbeit und soziale Gerechtigkeit, Bonn 1999

Engelen-Kefer, Ursula (u.a.): Sozialpolitik mit Zukunft. Eine Streitschrift gegen die weitere Entsolidarisierung der Gesellschaft, Hamburg 2005

Greif, Wolfgang/Leitgeb, Gerlinde/Wintersberger, Gerald (Hrsg.): Alternativen zum Neoliberalismus. Sozial ins 21. Jahrhundert, Wien 1999

Hauser, Richard (Hrsg.): Die Zukunft des Sozialstaats, Berlin 2000

Heinze, Rolf G./Olk, Thomas/Hilbert, Josef: Der neue Sozialstaat. Analyse und Reformperspektiven, Freiburg im Breisgau 1988

Hengsbach, Friedhelm/Möhring-Hesse, Matthias: Aus der Schieflage heraus. Demokratische Verteilung von Reichtum und Arbeit, 2. Aufl. Bonn 1999

Henke, Klaus-Dirk/Hesse, Joachim Jens/Schuppert, Gunnar Folke (Hrsg.): Die Zukunft der sozialen Sicherung in Deutschland, Baden-Baden 1991

Hirsch, Joachim: Herrschaft, Hegemonie und politische Alternativen, Hamburg 2002

Kaden, Ute/Herrmann, Wolfgang: DDR kontra Agenda 2010. Streitschrift für Alternativen zur Wirtschafts- und Sozialpolitik, Berlin 2004

Lessenich, Stephan (u.a.): Den Sozialstaat neu denken, Hamburg 2005

Mäder, Ueli: Für eine solidarische Gesellschaft. Was tun gegen Armut, Arbeitslosigkeit und Ausgrenzung?, Zürich 1999

Marris, Robin: Das Ende der Armut. Perspektiven für eine gerechtere Zukunft, Bern/Stuttgart/Wien 2001

Möhring-Hesse, Matthias (u.a., Hrsg.): Wohlstand trotz alledem. Alternativen zur Standortpolitik, München 1997

Narr, Wolf-Dieter: Zukunft des Sozialstaats – als Zukunft einer Illusion?, Neu-Ulm 1999

Schmitthenner, Horst (Hrsg.): Der „schlanke" Staat. Zukunft des Sozialstaates – Sozialstaat der Zukunft, Hamburg 1995

Schmitthenner, Horst/Urban, Hans-Jürgen (Hrsg.): Sozialstaat als Reformprojekt. Optionen für eine andere Politik, Hamburg 1999

Schui, Herbert/Spoo, Eckart (Hrsg.): Geld ist genug da. Reichtum in Deutschland, 3. Aufl. Heilbronn 2000

Schulte, Dieter (Hrsg.): Global denken – sozial handeln. Neue Perspektiven der Gewerkschaften, Reinbek bei Hamburg 1996

Wagner, Antonin: Teilen statt umverteilen. Sozialpolitik im kommunitaristischen Wohlfahrtsstaat, Bern/Stuttgart/Wien 1999

4.2   Alternativkonzepte in der Diskussion: Bürgerversicherungs- und Grundeinkommens-modelle

Bieback, Karl-Jürgen: Sozial- und verfassungsrechtliche Aspekte der Bürgerversicherung, Baden-Baden 2005

Breyer, Friedrich (u.a.): Reform der sozialen Sicherung, Berlin/Heidelberg/New York 2004

Bsirske, Frank (u.a.): Perspektiven! – Soziale Bewegungen und Gewerkschaften, Hamburg 2004

Castel, Robert: Die Stärkung des Sozialen. Leben im neuen Wohlfahrtsstaat, Hamburg 2005

Dann, Sabine (u.a., Hrsg.): Kombi-Einkommen – ein Weg aus der Sozialhilfe?, Baden-Baden 2002

Eichler, Daniel: Armut, Gerechtigkeit und soziale Grundsicherung. Einführung in eine komplexe Problematik, Wiesbaden 2001

Engelen-Kefer, Ursula (Hrsg.): Reformoption Bürgerversicherung. Wie das Gesundheitssystem solidarisch finanziert werden kann, Hamburg 2004

Engelen-Kefer, Ursula/Wiesehügel, Klaus (Hrsg.): Sozialstaat – solidarisch, effizient, zukunftssicher. Alternativen zu den Vorschlägen der Rürup-Kommission, Hamburg 2003

Engler, Wolfgang: Bürger, ohne Arbeit. Für eine radikale Neugestaltung der Gesellschaft, Berlin 2005

Feist, Holger: Arbeit statt Sozialhilfe. Zur Reform der Grundsicherung in Deutschland, Tübingen 2000

Gerntke, Axel (u.a.): Einkommen zum Auskommen. Von bedingungslosem Grundeinkommen, gesetzlichen Mindestlöhnen und anderen Verteilungsfragen, Hamburg 2004

Hauser, Richard: Ziele und Möglichkeiten einer Sozialen Grundsicherung, Baden-Baden 1996

Hebel, Stephan/Kessler, Wolfgang (Hrsg.): Zukunft sozial: Wegweiser zu mehr Gerechtigkeit, Frankfurt am Main/Oberursel 2004

IG Metall Vorstand, Abteilung Tarifpolitik (Hrsg.): Denk-Schrift *fair*teilen, Schwalbach im Taunus 2000

Kaltenborn, Bruno: Von der Sozialhilfe zu einer zukunftsfähigen Grundsicherung, 2. Aufl. Baden-Baden 1998

Klönne, Arno/Kreutz, Daniel/Meyer, Otto: Es geht anders! Alternativen zur Sozialdemontage, Köln 2005

Knecht, Alban: Bürgergeld: Armut bekämpfen ohne Sozialhilfe. Negative Einkommensteuer, Kombilohn, Bürgerarbeit und RMI als neue Wege, Mit einem Vorwort von Isidor Wallimann, Bern/Stuttgart/Wien 2002

Krebs, Hans-Peter/Rein, Harald (Hrsg.): Existenzgeld. Kontroversen und Positionen, Münster 2000

Mitschke, Joachim: Grundsicherungsmodelle – Ziele, Gestaltung, Wirkungen und Finanzbedarf. Eine Fundamentalanalyse mit besonderem Bezug auf die Steuer- und Sozialordnung sowie den Arbeitsmarkt der Republik Österreich, Baden-Baden 2000

Opielka, Michael (Hrsg.): Grundrente in Deutschland. Sozialpolitische Analysen, Wiesbaden 2004

Pfaff, Martin/Stapf-Finé, Heinz (Hrsg.): Bürgerversicherung – solidarisch und sicher!, Die Rolle von GKV, PKV, Beitragsgrundlagen, Leistungskatalog, rechtliche Umsetzung, Hamburg 2004

Schmid, Susanne/Wallimann, Isidor: Armut: „Der Mensch lebt nicht vom Brot allein". Wege zur soziokulturellen Existenzsicherung, Bern/Stuttgart/Wien 1998

Strengmann-Kuhn, Wolfgang (Hrsg.): Das Prinzip Bürgerversicherung. Die Zukunft im Sozialstaat, Wiesbaden 2005

Welter, Ralf: Solidarische Marktwirtschaft durch Grundeinkommen. Konzeptionen für eine nachhaltige Sozialpolitik, Aachen 2003

Neu im Programm Soziologie

Rolf Becker /
Wolfgang Lauterbach (Hrsg.)
Bildung als Privileg?
Erklärungen und Befunde zu den
Ursachen der Bildungsungleichheit
2004. 451 S. Br. EUR 39,90
ISBN 3-531-14259-3

Manuel Castells
Die Internet-Galaxie
Internet, Wirtschaft und Gesellschaft
2005. 297 S. Br. EUR 24,90
ISBN 3-8100-3593-9

Jürgen Gerhards
**Kulturelle Unterschiede in der
Europäischen Union**
Ein Vergleich zwischen Mitgliedsländern,
Beitrittskandidaten und der Türkei
Unter Mitarbeit von Michael Hölscher
2005. 316 S. Br. EUR 27,90
ISBN 3-531-14321-2

Ronald Hitzler / Thomas Bucher /
Arne Niederbacher
Leben in Szenen
Formen jugendlicher
Vergemeinschaftung heute
2. Aufl. 2005. 239 S. Erlebniswelten.
Br. EUR 20,90
ISBN 3-531-14512-6

Aldo Legnaro / Almut Birenheide
Stätten der späten Moderne
Reiseführer durch Bahnhöfe, shopping
malls, Disneyland Paris
2005. 304 S. Erlebniswelten.
Br. EUR 36,90
ISBN 3-8100-3725-7

Michaela Pfadenhauer (Hrsg.)
Professionelles Handeln
2005. 266 S. Br. EUR 27,90
ISBN 3-531-14511-8

Georg Vobruba
Die Dynamik Europas
2005. 147 S. Br. EUR 17,90
ISBN 3-531-14393-X

Andreas Wimmer
Kultur als Prozess
Zur Dynamik des Aushandelns
von Bedeutungen
2005. 225 S. mit 1 Abb. und 4 Tab.
Geb. EUR 24,90
ISBN 3-531-14460-X

Erhältlich im Buchhandel oder beim Verlag.
Änderungen vorbehalten. Stand: Januar 2005.

www.vs-verlag.de

VS VERLAG FÜR SOZIALWISSENSCHAFTEN

Abraham-Lincoln-Straße 46
65189 Wiesbaden
Tel. 0611.7878-722
Fax 0611.7878-400

Sozialstruktur

Peter A. Berger /
Volker H. Schmidt (Hrsg.)
Welche Gleichheit –
welche Ungleichheit?
Grundlagen der Ungleichheitsforschung
2004. 244 S. mit 4 Abb. Sozialstruktur-
analyse, Bd. 20. Br. EUR 26,90
ISBN 3-8100-4200-5

Matthias Drilling
Young urban poor
Abstiegsprozesse in den Zentren
der Sozialstaaten
2004. 339 S. mit 41 Abb. und 57 Tab.
Br. EUR 29,90
ISBN 3-531-14258-5

Ronald Hitzler / Stefan Hornbostel /
Cornelia Mohr (Hrsg.)
Elitenmacht
2004. 351 S. Soziologie der Politik, Bd. 5.
Br. EUR 32,90
ISBN 3-8100-3195-X

Stefan Hradil
Die Sozialstruktur Deutschlands
im internationalen Vergleich
2004. 304 S. Br. EUR 24,90
ISBN 3-8100-4210-2

Monika Jungbauer-Gans /
Peter Kriwy (Hrsg.)
Soziale Benachteiligung
und Gesundheit bei Kindern
und Jugendlichen
2004. 205 S. mit 33 Abb. und 33 Tab.
Br. EUR 29,90
ISBN 3-531-14261-5

Gunnar Otte
Sozialstrukturanalysen
mit Lebensstilen
Eine Studie zur theoretischen
und methodischen Neuorientierung
der Lebensstilforschung
2004. 400 S. mit 35 Abb. und 50 Tab.
Sozialstrukturanalyse, Bd. 18.
Br. EUR 34,90
ISBN 3-8100-4161-0

Rudolf Richter
Die Lebensstilgesellschaft
2005. 163 S. Br. EUR 19,90
ISBN 3-8100-3953-5

Marc Szydlik (Hrsg.)
Generation und Ungleichheit
2004. 276 S. Sozialstrukturanalyse,
Bd. 19. Br. EUR 24,90
ISBN 3-8100-4219-6

Erhältlich im Buchhandel oder beim Verlag.
Änderungen vorbehalten. Stand: Juli 2005.

www.vs-verlag.de

VS VERLAG FÜR SOZIALWISSENSCHAFTEN

Abraham-Lincoln-Straße 46
65189 Wiesbaden
Tel. 0611.7878 - 722
Fax 0611.7878 - 400